ちくま学芸文庫

王の二つの身体 上

エルンスト・H・カントーロヴィチ
小林 公 訳

D. M.
MAXIMI RADIN
(MDCCCLXXX-MCML)
SACRUM

目次

下巻目次

王の二つの身体——中世政治神学研究

【凡例】

一、本書は、Ernst H. Kantorowicz, *The King's Two Bodies : A Study in Mediaeval Political Theology*, Princeton University Press, New Jersey, 1957 の全訳である。

一、原註は本文中に☆印と各章ごとの通し番号を付して巻末にまとめた。

一、原文の括弧表記は原則的にそのまま踏襲した。引用符部分は「 」、大文字ないしイタリックによる強調部分は〈 〉または傍点で替えた。原綴挿入ないしルビもそれに準ずる。書名は『 』、美術作品のうち固有名と考えられるものは《 》で囲った。

一、訳註は〔 〕で囲って本文中に挿入した。

一、固有名は、原則として各国語ごとの原音に近い表記を採用した。ただし長音・促音など慣用に従って取捨選択した場合がある。ギリシア語・ラテン語は原則として長音を採用しなかった。

序文

本書上梓の端緒は、(当時バークリー校のジョン・H・ボールト講座の法学教授であった) 私の友人マックス・ラディンと、床から天井まで、そしてドアから窓まで書物や書類や書類挟みやノート——そして生活——で一杯になったボールト・ホールの彼の小さな研究室で私が十二年前に交わした会話である。質問で彼の関心を呼び起こし、常に刺激的で興味深い話へと彼を唆すことは、そう難しいことではなかった。或る日私の郵便受けに、合衆国の或るベネディクト会修道院により公刊され、法人聖ベネディクト修道会 (The Order of St. Benedict, Inc.) という刊行者名のある、典礼に関する定期刊行物の抜刷りが送られてきた。ヨーロッパ大陸からやって来て、英米の洗練された法的思考の訓練を受けていない学者にとり、慣例的には会社その他の法人のために使用される〈Inc.〉という省略記号が、かつてユスティニアヌス帝がアテナイのプラトン学園 (アカデミア・プラトニカ) を廃止したまさに同じ年に、聖ベネディクトゥスがモンテ・カッシーノの岩山に設立した尊敬すべき団体に添えられているのを見ることほど、困惑させるものはなかった。私の質問に対してマックス・ラディンは、確かに今世紀になって修道士の団体が法人組織とされたこと、同様のことがローマ教会の司教区についても言えること、そして、たとえばサンフランシスコ大司教は法律用語で言うと「単独法人」(Corporation sole) として表現されうることを、私に教えてくれた。この話題は、当該テーマに関するメイトランドの有名な研究へと我々の会話をただちに向けさせることになり、さらに会話は、法人としての抽象的な「王冠」、エリザベス朝時代のイングランドで展開された「王の二つの身体」という興味をそそる法的擬制、シェイクスピアの『リチャード二世』そして「抽象的なる王」という観念の中世におけるいくつかの先駆的形態へと及んでいった。言い換えれば、我々は有意義な会話、読者諸氏でも常に切望しておられる類いの会話を交わしたのであり、マックス・ラディンこそこのような会話の理想的な相手だったのである。

この後間もなくして、私はマックス・ラディンの退官記念論文集に寄稿するよう依頼された。このとき、私には「王の二つの身体」に関する試論《エッセイ》を提出することほど適切なことはないように思われた(この試論は、本書の第一章から第三章までの一部、および第四章の一つの節に相当する)。彼自身この論考のいわば共著者であり、少なくとも、この論考は彼を父親にもつ私生児と言えるからである。しかし、この『記念論文集』の公刊は不幸にも実現することはなかった。寄稿された論考はそれぞれの著者に返却されたのである。人々の感謝に充分値する友人からその機会が奪われたことを私は不満に感じはしたが、それでも原稿が戻ってきたのを見てがっかりしたわけではなかった。というのも、その間に私は、このテーマをめぐる私自身の見解と素材をともに拡張させていたからである。私は自分の論文を独立して公刊し、これを（当時、プリンストン大学高等研究所の一時的なメンバーであった）マックス・ラディンの一九五〇年春の七十回目の誕生日に献呈することに決めた。カリフォルニア大学の評議員との不快きわまりない闘争といった個人的な問題や、これ以外のさまざまな義務に阻止されて、私は友人の手許に贈り物を渡すことがなかなかできなかった。一九五〇年六月二十二日にマックス・ラディンは他界した。そして、彼の批判や批評（そして、彼の大きな笑い声）を仰ぐつもりで書かれた研究は、今や彼の栄誉を追悼するためのものになったのである。

＊

本研究の当初の計画は、王の二つの身体に関する法的教説の中世における数多くの先駆的形態、あるいはそれに類似の形態を単に指摘することにあった。しかし、本書で指示された最終的なかたちにおいては、本研究はこの当初の計画の範囲を著しく越えるものとなってしまった。本研究は、その副題が示しているように、次第に「中世政治神学研究」といったものへと変わっていったのであるが、当初はこのような研究を進める意図は私には全くなかった。しかし、現にあるようなかたちで完成された本研究は、政治神学の特定の原理――この原理は、他の事柄に必要な変更を加えれば、二十世紀に至るまで有効性をもち続けている――が、とりわけどのような過程を通じて、どのような手段や方法を用いて、後期中世に展開され始めたのかを理解し、可能ならばそれを論証する試みとして把握されうるだろう。しかし、著者が近代における政治的宗教思想のいくつかの偶像の出現を探究する欲求を感じたのは、最大の国家から最小の国家に至るまで全国家がきわめて奇怪な教義の餌食となり、政治神学的な思考が、多くの状況において、人間の理性や政治的理性の基礎を否定する正真正銘の妄念となった、我々自身の時代の恐ろしい体験のゆえにすぎないと考えるのはいきすぎである。もちろん、著者はごく最近に起こった人間の錯乱状態を決して自覚していないわけではない。事実、著者は、過去の歴史的発展に関する知識をさらに拡げ深めていくにつれて、或る種の一貫した繊細な観念形態の存在を自覚するに至った。しかしながら、この種の考察は、ここで展開される探究の結果として生まれた後知恵のようなものに属するのであって、この探究の動機となり探究の過程を決定づけたものではなかった。史料自体から常に発散される魅力の方が、実際的ないし道徳的な適用に関するいかなる欲求よりも勝っていたのであり、この魅力が後に生じたあらゆる思いつきに先行していたことも言うまでもない。本研究は、主権国家とその永続性を表わす特定の暗号(王冠、威厳、祖国その他)を取り扱っているが、これはもっぱら、その当初の段階において理解されていたような政治的信条、すなわち、近世初期の国家を自立化させる手段としてそれが役立った時代に理解されていたような政治的信条を明らかにする、という問題意識に立って進められている。

この研究では、非常に錯綜した織り目のなかからただ一つの要素が分離され取り出されているにすぎない。それゆえ著者は、「国家の神話」(エルンスト・カッシーラー)と呼ばれてきたものの問題性を、どのような意味であれ完全に明示しえたなどと主張することはできない。この研究は、一つの主導観念、すなわち、「王の二つの身体」という擬制、およびその意味形態の推移や含意や拡散に限定されている。しかしそれにもかかわらず、これは既に指摘したいっそう大きな問題に対する一つの寄与と言ってよいだろう。扱うテーマをこのように限定することによって、著者は、思想史におけるあまりに包括的にすぎて野心的な諸研究につきものの或る種の危険を、少なくとも或る程度まで回避しえたと期待している。この種の危険としては、主題や史料や事実に対する抑制の喪失、用語と論証の曖昧さ、立証されることのない一般化、退屈な繰り返しからくる緊張の欠如などが挙げられる。王の二つの身体に関する教説とその歴史的発展は、本研究の場合、史的事実の集成や選択と同時に、事実の統合をも容易にする統一原理として役立っているのである。

著者は（「王への讃歌」（Laudes Regiae）に関する以前の研究と同じように）本研究においても中世史家の常道から逸《そ》れて、今度は著者が学問的に充分な訓練を受けていない中世法の分野への越境を試みた。なにゆえこうなったかについては、本研究の起源が説明を与えてくれるだろう。このような越境に対しては、著者は専門の法学者に弁解する義務がある。疑いもなく、法学者は本書の叙述の中に多くの欠点を見出すだろう。もっとも著者自身、陥りやすい欠点のいくつかは自覚しているつもりである。たとえば、一方では史料を解釈しすぎていることや、他方では際立って重要な論点を見すごしていることなどである。しかし、このようなことは、専門外の人間が通常さらされている危険であり、彼は姉妹関係にある他の研究分野の領分を侵害したことに対し、罰金を支払わなければならないのだろう。さらにまた、史料が完全でないことも弁解を要するもう一つ別の点である。中世法の葡萄園で働くあらゆる研究者は、最も重要な著述家を手掛けることさえ困難であることを痛切に自覚しているだろう。これらの著述家の作品は、たとえこれらが公刊されているにしても（しかしたとえば、ピーサのウグッチョのごとき十二世紀後半の最も影響力のある教会法学者の著作は未だ公刊されていない）、稀少であると同時に古びた十六世紀の刊本によってのみ入手可能であるにすぎない。バークリー、コロンビアそしてハーヴァードのロー・スクールの図書館での閲覧、議会図書館の法学蔵書の責任者であるV・グソフスキー博士の理解ある御好意、C・H・マクルウェインによる蒐集で今や豊富になったプリンストンのファイアーストン図書館の蔵書、そして最後に、プリンストン高等研究所図書館により筆者のために購入された文献、そして筆者自身が購入した文献などが、私をいらだたせる欠陥を徐々に埋めていった。複数の図書館が相互の貸し借りを通じて互いに援助し合うことは、通常は測り知れないほど有益なものであるが、問題がたえまなく生じるたびに大部の原典史料のたえざる点検、再点検そして比較検討が要求されるような研究の場合には、この有益さも著しく減少することになる。どれほど多くのことが見落とされているか、入手するのが遅れたために本書の探究に役立てることのできなかった原典がどれほど多いことかという点については、ほかならぬ筆者自身が一番よく承知していることである。どの著述家が不断に利用され、どの著者がほんの時折にしか、あるいは全く利用されていないかに読者はすぐさま気がつかれるだろう。他方、同じ著作が同一の版に従って画一的に引用されていない事実は、もう一つ別のことを物語っている。しかし幸いにも、本書がそうであるように、問題を解決するというよりは問題を提起することを意図した研究は、いずれにしても完璧を目指すものではないと言えるだろう。理由はこれと異なるが、同じことは二次文献に関してもあてはまる。総じて二次文献は、筆者が直接それに依拠していると感じたときに、そしてこの場合にのみ引用されるであろう。このやり方は、取り扱われている論点と関連し、おそらくは非常に価値ある諸研究が見すごされ、あるいは、著者の目にとまるのがあまりにも遅く、本書で利用できなかった可能性を排除するわけではない。また、著者が自分の研究書や論文を、おそらくはあまりにも頻繁に引用していることは、著者が自らに依拠していることを意味するのではなく、単に怠慢を意味するにすぎない。著者はわずかな場合を除いて、自分が以前に書いたことを繰り返さぬよう心がけた。

史料による立証はかなり充分に維持され、これは時としてやりすぎと思われるかもしれない。しかし、法的史料の多くは、本国のおそらくは六つの図書館以外のところでは入手することができないだろう。それゆえ、政治思想史の研究者の必要性に鑑みて、原典の箇所を控え目にではなく豊富に再録することが当を得たことと思われた。さらに、論点と直接関係のない問題は、本文の理解の妨げとなり、主要な論点のスムーズな展開を妨害することなしに議論することが不可能であるから、このような問題に関する史料は註に廻すことにした。周知のごとく、脇道に逸れた問題をさらに論じていこうとする誘惑に抗することは必ずしも常に容易なことではない（事実、しばしばこの誘惑があまりにも強いことがある）。しかし、註に廻された史料は、ことによると他の問題にとって有益なものになるかもしれない。それゆえ、註に埋もれた史料のほうが、本文で甦った史料よりも自分の好みや関心により強く訴えると読者が思われるようなことも起こるだろう。しかし、かなりの程度読みやすい本文を書き上げること、稀にしか探索されていない茂みを通じて多かれ少なかれ明確に目印をつけた道路を地図にすること、そして、睡眠病を運ぶ衒学的な蝿（ツェツェバエ）で一杯になった密林に読者を置き去りにする代わりに、可能であれば読者の注意を常に喚起し続けておくことが、著者の第一の望みであることに変わりはない。しかし、著者がこれに成功したか否かを決定するのは読者に任されている。

本書で議論されている多様な論題について結論を引き出したり、これらがどのように相互に嚙み合っているかを明示することに関しては、著者はこれを必要と感じたことはほとんどなく、仮にあったとしても、ただためらいがちにそれを示したにすぎない。しかし読者は、自ら自分なりの結論を引き出したり、自分で歯車を嚙み合わせることを容易と思われるであろう。この操作は、本書にある多数の相互参照や豊富な索引によって、行いやすいものとなっている。*いずれにしても、王の二つの身体に関連して著者が精通している以外の、もっと多くの事例や原典の所在を読者自身が発見し、他の問題領域とのはるかに多くの相互連関を見出すことができたならば、特定の問題領域に対してだけ注意を喚起するという本研究の目的は達せられたことになる。また、教会内の職務に内在する二元性が、特別の章を設けて統一的な仕方で議論されなかったことは、残念なことと思われるかもしれない。これは、それ自体において一つの研究テーマとなったであろう。しかし著者は、教会に関するもろもろの側面を考慮に入れなかったわけでは決してなく、間接的な方法ではあるが、問題となる教会側の側面も無視されずに議論されていると信ずる。

完成するのに長期間をかけてでき上がった書物は、当然のことながら他の人々に多くのことを負っているものである。著者は、さまざまな情報や好意を友人や同僚その他の助言者に負っていることを喜んで告白したい。これらの人々の本書への寄与は、感謝の気持を込めて、註や図版目録のなかで示されている。しかし、著者の感謝の念は、まずもってその若き友人たち、すなわち、バークリーにおける著者の以前の学生で、その後相次いで高等研究所で著者の助手を務めた友人たちに向けられてしかるべきである。これらの友人たちは、それぞれの仕方で本書の草稿を形のあるものにし、出版へとこぎつけるのを助けてくれたばかりでなく、助言や批判や忠告を通じて、そしてまた、著者の衰えがちな興味を逆に燃え上がらせてくれるような生き生きとした問題関心によって、本書の完成に寄与してくれたのである。この種の、そしてまたこれ以外の貢献に対して、著者はミヒャエル・チェルニアフスキー教授、ロバート・L・ベンスン氏、ラルフ・E・ギージー博士、そしてマーガレット・ベントリー・シェヴチェンコ夫人に感謝したい。他方、ウィリアム・M・ボウスキー博士に対して、著者は格別の謝意を特に表明しなければならない。というのも、数回にわたる校正刷りを繰り返して読み、文献目録を作成し、索引作りの手助けをするという、最も興醒めで報われることのない仕事は、彼の手によってなされたからである。著者の以前の学生であった他の人々については、ウィリアム・A・チェイニー教授とシェイファー・ウィリアムズ博士に対して、いくつかの論点へと著者の注意を喚起してくれたことを感謝する。他方、ジョージ・H・ウィリアムズ教授には、親切にも最初の草稿を読んでいただいた。また同教授は、自らの著書を刊行することにより、本書が扱う問題に寄与されている。

これ以外の人々にもまた、最終的な草稿の大部分を親切にも読んでいただいた。すなわち、ディートリヒ・ゲルハルト、ゲインズ・ポウスト、そしてジョゼフ・R・ストレイヤー諸教授であり、これらの方々は、おびただしい数に及ぶ示唆や付言を与えて下さり、最後に何にもまして、著者の精神的な支えになっていただいた。この点で、著者はまたなんずく、テーオドール・F・モムゼン教授に感謝の意を表明しなければならない。教授は、タイプライターから各章がそれぞれ出てくるたびに、草稿全体を誠意を込めて読まれ、自らの見解を差し控えることなく、多くの訂正を加えて下さった。そしてまた教授は、広範な問題と同時に無数の細部についても、毎晩一緒に議論する機会を著者に与えて下さったのである。さらに、著者はプリンストン高等研究所の同僚の学識を利用しうる幸運な状況にあり、質問攻めで彼らに迷惑をかけることになった。この主たる被害者となったハロルド・チャーニス教授は、古代哲学の諸問題に関する著者の質問の矢面に立たされ、ちょうどプラトンがアリストテレスの手によって被り、またアリストテレスが中世のスコラ学者の手によって被ったのと同様の曲解のゆえに拷問の苦しみを受けられたにもかかわらず、非常に複雑な問題について辛抱強く説明を繰り返して下さった。また、アーウィン（エルヴィーン）・パノフスキー教授について言えば、美術史上の問題が生じたときに著者は常に同教授に依存することができ、教授には、ひとたび著者の狩猟が開始されるや疲れを知らぬ活躍をしていただいた。クルト・ヴァイツマン教授は、いくつかの論点へと著者の注意を喚起し、写真と図版に関する諸問題について常に著者への助力を惜しまれなかった。そして、著者は古代末期に関する事柄については、アンドレーアス・アルフェルディ教授の博識の宝庫を利用することができた。以上の芳名にさらに付加されるべきなのは、バークリーでの著者の以前の同僚であるレオナルド・オルスキ教授のお名前である。著者は同教授と、長い期間にわたってダンテをめぐる無数の問題を議論することができた。本書のダンテに関する一章は、多くの点で教授の実り多き批判から有益な示唆を受けている。これらすべての友人に対して、著者は感謝の念のみならず、彼らを誤解しているかもしれない場合があれば、謝罪の念をも表したい。誤りは著者自身のものであり、おそらくは誤りこそ著者の最も独創的な寄与であろう。

ラルフ・E・ギージー博士とは、特殊なタイプの共同研究が行われ、「ルネサンス期フランスにおける王の葬儀」に関する同博士の研究は、本書第七章で扱われるいくつかの中心的問題とオーヴァーラップしている。二人の人間のあいだで着想や史料が日常的に交換されるあらゆる場合と同様、パートナーおのおのの寄与を明確に分離することは全くもって容易なことではない。しかし、どれほど惜しみなくギージー博士が彼自身の史料を——これには公刊されたテクストや写真資料と同時に未公刊のものもある——著者の利用に供してくれたかは、脚註がこれを明白に示している。著者はこれを利用したことに対していかなる良心の呵責も抱いてはいないが、これと関連した本文の諸節について、博士に恩義を感じていることに変わりはない。

最後に著者は、J・ロバート・オッペンハイマー博士に感謝の念を表明したい。寛大にも同博士は、プリンストン高等研究所の代表として、本書の出版のために資金を援助して下さった。また著者は、プリンストン大学出版局に、あらゆる点において著者の提言や個人的な要望を進んで聞き入れて下さったことに対し、謝意を表したい。

E・H・K

プリンストン、ニュー・ジャージー

一九五七年三月二日

*——註を指示している相互参照《クロスリファランス》は、通常、当の註のみならず、註に対応する本文をも指示しており、また、註が属する頁全体を指示していることさえある〔本訳書においては原本の索引は踏襲されていないことをお断りする〕。

序章

神秘主義というものは、神話と虚構の生温かい薄明から、事実と理性の冷たい探照灯の下へと移されると、もはや自らを推奨しうるいかなる理由も残されていないのが常である。神秘主義の言語は、自らに特有の呪術的ないし神秘的な圏内で反響することがないかぎり、しばしば貧困で、少しばかり愚かなもののようにさえ思われるだろう。そして、神秘主義のきわめて不可解な隠喩と空想的なイメージは、真珠の光沢をもったその翼を取り上げられてしまうと、ちょうどボードレールの「信天翁《あほうどり》」のように悲愴で哀れを催す姿に似たものへと容易に変容することだろう。特に政治的神秘主義は、それが生まれた環境や時代や空間から分離されてしまうと、その魔力を失って全く無意味なものとなる危険にさらされている。

　チューダー朝およびこれ以降の時代のイングランドの法学者によって広められることになる「王の二つの身体」という神話的な擬制も、その例外ではなかった。それは、メイトランドの「法人としての王冠」に関するきわめて刺激的で興味をそそる研究の中で、情け容赦なくその神秘の羽毛をはぎとられている。[☆一] 諷刺と皮肉を含む強い筆致でもって、この偉大なイギリスの法制史家は、「単独法人」(Corporation sole) としての王という擬制がそこへと辿り着くと思われる、また現実にそこへと辿り着いた愚かさを暴き、これと同時に、二つの身体をもった王や双生の王権に関する理論が、どのような混乱を官僚制の論理のなかに必然的にもたらすことになったかを立証している。メイトランドは、うまい語呂合わせを用いて王が「主任司祭化されている」(*parsonified*) ことに言及し、王の二つの身体を「形而上学的な——ないしは、超本性論的《メタフィジオロジカル》とでも言うべき——無意味なたわごととの感嘆すべき表現」と形容している。

法律上の実例《エクセンプラ》に関する驚くほどに豊富な貯蔵庫から、メイトランドはこの理論の非合理性を例証する具体例を逐一引用することができた。彼は、「王の大権に服する臣下の誰にも否定されていない権利が、王自身には否定されていたがゆえに」、王としてではなく臣下として、或る土地の保有を許可してくれるよう議会に申し出なければならなかった国王ジョージ三世の話を我々に伝えている。彼はまた、一七一五年の反乱における反逆者の一人がバロン領を没収され、その領地が王に引き渡されたとき、この反逆者から封土として土地を保有していた人たちに関する、もう一つ別の興味深い事例を付言している。土地保有者たちは彼らの領主が代わったことに歓喜した。というのも、今や当の領地が「法律の観点から見て決して死ぬことのない政治的資格における王およびその相続人や継承者に帰属した」という事実によって、これ以降は、(従来までは単に可死的な存在でしかなかった)彼らの領主が死去した場合に慣習上義務づけられていた上納金の支払いから解放されると彼らは信じたからである。しかし、議会は次のような意外な決定を下すことによって、彼らを落胆させることになった。すなわち、この決定によれば、当該事例において王は可死的な私人と見なされ、それゆえ、土地保有者たちは従来と同様に租税を依然として納めねばならないとされたのである。さらにメイトランドは、たとえその信憑性は疑わしいにしてもルイ十四世が言ったとされている有名な〈朕は国家なり〉(l'état c'est moi)という言葉が――あるいは、これに関しては、〈教会それ自体と言われうる教皇〉(papa qui potest dici ecclesia)というスコラ的な表現も同様に――イングランドにおいても公式に認められていたことを、史料によって立証することができた。すなわち、一八八七年の制定法は、「〈国家(State)の永続的な公務〉、〈女王(Her Majesty)の永続的な公務〉そして〈王冠(Crown)の永続的な公務〉という表現が、この場合、同じ意味をもつことを、ここにおいて宣言する」と定めていたが、メイトランドの指摘によれば、これは「ごた混ぜ」でしかない。☆二

国王二体論を嘲笑し批判したいと思う気持は、読者がこの理論に関する予備知識をもたずに、ブラックストンが彼の『イングランド法註釈』の一章で王の超越的身体や政治的身体について与えた、空想的であると同時に精細な描写を読むことによって、確かに倍化していくことだろう。ブラックストンはこの章において、幾世紀にもわたる政治思想や法的思索の成果を要領よく総括している。彼の書物から立ち現われてくるのは、近代におけるように抽象的な「国家」によって行使された絶対主義でも、また、盛期中世におけるよう

に抽象的な「法」によって行使された絶対主義でもなく、むしろそれは、世俗の思想にあってはおそらく類を見ないような、抽象的な本性論上の擬制によって行使される絶対主義なのである。[☆三]王は、法的に見て決して死ぬことのない存在なるがゆえに不可死であるとか、王は法的に見て決して年をとることがないといった言い方は、よくある周知の台詞である。しかしながら、王は「不正を為しえないのみならず、不正を考えることさえありえない。王は不適正なことを行おうと意図することさえ決してありえない。王には、愚かさとか弱さといったものは存在しない」[☆四]とまで言われると、これは通常の予想をはるかに超えたことになる。さらに、王は不可視の存在であると言われたり、[☆五]「正義の源泉」でありながら自らは決して判決を下すことがなく、しかも法的な遍在性を帯びた存在とされている。「法の目から見て、国王陛下は常に彼のあらゆる法廷のなかに現在しているのであり、これは、たとえ彼自身は裁判を執り行わないとしても、そうである」[☆六]。このような王の擬制的人格（persona ficta）に認められた超人間的な「絶対的完全性」の状態は、いわば擬制の内部におけるもう一つ別の擬制から生まれたものであった。すなわち、このような状態は、団体論的概念の一つの特殊的側面である単独法人という概念から切り離すことができない。ブラックストンは、団体という観念を創出した功績を、全面的にローマ人に帰している。「しかし、我々の法は、イングランド国民に常に見られる天賦の才能によって、ローマ人が創出したこの観念を著しく洗練し改良したのである。特に、唯一人の人間から成る単独法人に関して言えば、ローマの法学者たちはこのような法人の観念を全く知らなかった」[☆七]。

この種の人為的に創り出された非実在的な形象――人間精神によって創り出された擬制でありながら、結果的に人間精神がその虜《とりこ》となってしまうような奇妙な構築物――は、通常は、冷静で現実主義的と言われている法や政治や国制の領域におけるよりは、むしろ宗教的な領域により多く見出されるものである。したがって我々は、メイトランドのしばしば痛烈な批判をよく理解できるし、彼の批判は充分に正当なものと思われる。しかしながら、一見したところ滑稽で、多くの点においてぎこちない王の二つの身体という概念は、前述のような本性論上の興味深い特徴を有しているばかりではない。メイトランド自身も、国王二体論の法理が少なくとも一つの重要な創意溢れる擬制であり、或る一時期において法律家たちが「近代的な法と古法とを調和させ」、あるいは、統治に関する人格的な概念と、より非人格的な概念の二つを和合させるのにこの擬制が役に立ったことを、充分承知していた。[☆八] 偉大な中世史家でもあったメイトランドは、「双生の大権」という奇妙な擬制には、「我々を中世の法思想や政治思想の深みへと引き込んでいくような[☆九]」非常に長い伝統と複雑な歴史があることを、充分によく了解していたのである。

しかし残念なことに、このような歴史がメイトランドによって書かれることはなかった――もっとも、彼は前記の論点に関する有益な示唆以上のものを我々に書き残してくれたのではあるが。また今後とも、この種の歴史を書き上げること――特に、根本的に重要な十五世紀に関する歴史を書くこと――はイングランドの法や国制の発展を探究する多くの有識者のうちの或る者にとって、興味深く有望な研究課題であり続けるだろう。というのも、本書に含まれる諸研究は、あらゆる点を網羅したなどとは言えないからである。本研究の目的は、歴史的な問題それ自体を概括的に提示し、「王の二つの身体」の一般的な歴史背景を、かなり表面的に、そして簡略かつ不完全な仕方で粗描すること、そして、可能であればこの概念を、それに固有な中世の思想と政治理論の環境のなかに適切に位置づけることにある。

第一章　問題の所在――プラウドン判例集

　女王エリザベス一世治下に集大成されたエドマンド・プラウドンの判例集の中に、メイトランドは、その後イングランドの王座裁判所の法律家たちが王権と王の権能の定義をそのなかに包み込み、この定義に適切な体裁を与える際に用いた、神秘的な表現の最初の明確な定式化を見出した[☆一]。国王二体論の問題点と理論内容をともに有益な仕方で記述するためには、彼自身ミドル・テンプルの法研修生でもあったプラウドンを出発点として選ぶのが適切であり、王の裁判所において為され、彼の『判例集』の中に要約されているさまざまな議論や判決から、最も手応えのある箇所のいくつかを引用するのがよいだろう。

　ランカスター家の王たちが、王位（Crown）の財産としてではなく私有財産として所有していたランカスター公領をめぐる有名な裁判事例《コーズ・セレブル》が――確かに、この種の事件でこれが最初というわけではないが――エリザベス女王治下の四年目に起こった。先王エドワード六世は、まだ成年に達していなかったときに、公領内の特定の土地を賃貸していた。この問題について議論すべく上級法廷弁護士のイン（Serjeant's Inn）に集った王座の法律家たちは、次の点で全員の意見が一致した。

コモン・ロー上、王が王として遂行したいかなる行為も、王が未成年であるという理由で無効にされることはありえない。というのも、王は自らの内に二つの身体、すなわち自然的身体《ボディ・ナチュラル》と政治的身体《ボディ・ポリティク》を有しているからである。彼の自然的身体は（もしこれがそれ自体において考慮されるならば）可死的身体であり、本性上あるいは偶有的に生ずるあらゆる弱点に服し、幼児期や老齢期の虚弱さや、他の人々の自然的身体に起こるのと同様の欠陥にさらされている。しかし、彼の政治的身体は、目で見たり手で触れることのできない体であって、政治組織や統治機構から成り、人民を指導し、公共の福利を図るために設けられたのである。そして、この身体には、自然的身体がさらされている幼児期や老齢期は全く存在せず、他の自然的な欠陥や虚弱さも全く存在していない。そして、これゆえにこそ、王が彼の政治的身体において遂行することは、彼の自然的身体に内在するいかなる無能力によっても、無効にされたり破棄されることはないのである。[☆二]

ここでただちに指摘されうることは、王の政治的身体――「幼児期や老齢期は全く存在せず、他の自然的な欠陥や虚弱さも全く存在していない」政治的身体――という言い廻しの原型は、ジョン・フォーテスキュー卿の『イングランドの統治』から容易に採り出されえたことである。フォーテスキューはこの著作のなかで次のように書いている。

……罪を犯しうること、体を悪くしたり病気に罹ること、年老いること、あるいは傷を負うことなどは、力のない証拠である。というのも、これらの状態のすべては、無能力から生まれるからである。……それゆえ、罪を犯すことがなく、年老いたり病気に罹ることがなく、傷を負うことのない聖霊や天使は、これらすべての欠陥によって害を受ける我々よりも、大なる力を有しているのである。同様に、王たちの権力も……〔我々の力より〕大なるものである。[☆三]

ここでこの箇所を引き合いに出したのは、エリザベス朝時代の法学者がフォーテスキューからの一節を「借用した」とか、フォーテスキューの論考が彼らの「典拠」であったといったことを立証するためではない——もっとも、他の観点においては、このような可能性を排除すべきではないが。重要なのは、法的思弁がどれほど密接に神学的思考と関連しているか、あるいはもっと特定化して言えば、法的思弁が王の〈天使的性格〉[☆四]（character angelicus）という中世の概念とどれほど密接に関連しているかを、フォーテスキューの一節がよく示していることである。王権の政治的身体は、天使と同様、時間の内部にありながら不変的なものを表わすがゆえに、それは「聖霊や天使」に類似のものとして現われてくるのである。それは天使的な高みにまで引き上げられており、我々はこの事実を念頭に置いておく必要がある。

このようにして法学者たちは、いわば堅固な天上的基盤に自らの立脚点を見出した後、ランカスター公領の事例に関して以下のような議論をさらに続けて展開していった。彼らは次のように指摘する。すなわち、或る者が王になる以前に——つまり、「彼の自然的身体の権能において」——購入した土地が、その後王となった彼自身によって他に譲渡されたのであれば、この種の贈与は、たとえ彼が未成年のときに為されたとしても、王の行為と見なされねばならない。エリザベス朝時代の裁判官はこのように宣言した後、その理由づけを次のように展開しているが、ここから彼らの「神秘主義」が始まる。

たとえ彼［王］が自らの自然的身体において土地を保有ないし獲得したとしても、この自然的身体には彼の政治的身体が結び合わされており、この政治的身体には王としての身分と威厳が含まれている。そして、政治的身体は自然的身体を包含するが、自然的身体はより小なる身体であり、政治的身体はこの自然的な身体と固く結ばれている。それゆえ、王は自然的身体を有するが、これは、王としての身分と威厳を付与され、これらで飾られているのである。そして王は、職務や威厳からそれ自体として区別された別個の自然的身体を有するのではなく、むしろ、自然的身体と政治的身体は不可分である。それゆえ、これら二つの身体は唯一の人格へと合体し、単一の身体を創り上げているのであり、異なった身体が共存するのではない。すなわち、自然的身体の内に団体としての身体があり、逆に団体としての身体のなかに自然的身体がある。

したがって、自然的身体は、自らに政治的身体（この身体には王としての職務や統治権や大権が含まれる）がこのように接合されることによって、より大なる身体となり、先述の結合を通じて、自らの内に政治的身体を有することになるのである。[☆五]

かくして、王の二つの身体は、それぞれ一方が他方の内に完全な仕方で包含されているという意味で、不可分の単一体を形成している。しかし、政治的身体が自然的身体に優越していることに関しては、疑いの余地がなかった。「三人の王［ヘンリー四、五、六世］はランカスター公領を彼らの自然的身体において保有していた。この自然的身体はもう一つ別の身体ほど広く大きいものではない。しかし、四人目の王［エドワード四世］はこの公領を、自然的身体よりも広く大きい彼の政治的身体において保有していたのである[☆六]」。政治的身体は自然的身体より「広く大きい」だけでなく、前者のなかには、脆い人間本性の不完全さを減少させ、さらには取り除くことさえできる、或る種の真に神秘的な諸力が宿っている。

彼の自然的身体に接合された政治的身体は、自然的身体の弱さを取り除き、より小なる自然的身体とそのあらゆる効力を、より大なる自己自身へと引き入れるのである。なぜならば、より優れた価値をもつものは、より劣った価値しかもたぬものを自らへと引き入れるからである[☆七]（quia magis dignum trahit ad se minus dignum）。

「より優れた価値をもつものは、より劣った価値しかもたぬものを自らへと引き入れる」というラテン語の法諺は、中世の法学者の常套句であった。この法諺は、混成の人格（persona mixta）（あるいは、これとの関連で混成物 res mixta）が問題とされるときには、必ずと言ってよいほど引用されていたのである。たとえば、十四世紀の偉大なイタリアの法学者で法的権威であったバルドゥスは、きわめて適切にも、この法諺を両性具有者《ヘルマプロディトス》の両性と結びつけている。『学説彙纂《ディゲスタ》』に従えば、より卓越した諸性質が性を決定するとされているが、（バルドゥスの要約によると）その理由は、「もし二つの極の結合が生じ、おのおのの極の諸性質がそのまま存続するのであれば、より卓越し顕著な極が他方の極を自らへと引き入れることになる」からである。[☆八] 両性具有者の二つの性にあてはまることは、法学的に見て、王の二つの身体についてもあてはまる。それゆえ、チューダー朝の法学者が先述の事例において適切な法諺を採用したことは、全くもって理に適い、法律家というその職業の慣例に合致したものであった。

先述のような見解の基底にある観念は、これより一年前［エリザベス女王治世の三年目］に人民訴訟裁判所（Common Bench）で議論された〈ウィリオン対バークリー事件〉でも、同じ程度の力強さで強調されていた。ここで扱われている主題は、バークリー卿がある土地に不法侵入したということであり、これに対してバークリー卿は、自分がこの土地に対しヘンリー七世の宮廷に税を納めたこと、したがって、限嗣封土権（fee tail）によりこの土地を自己の直営地の一部と見なしていたことを主張した。裁判官たちはこの問題につき次のように指摘したと言われている。

法に従えば、国王ヘンリー七世は当該の土地を自らの政治的身体においてではなく自然的身体において保有するものと判決されねばならない。しかし裁判官たちは、王は、彼が自然的身体において保有するものに関しても特権を欠くことはない、と主張した。……というのも、この王国の王の政治的身体が自然的身体と結合し、一つの身体がこれら二つのものにより構成される場合には、自然的身体の効力の度合《ディグリー》、および自然的身体の権能において占有される事物の度合はこれによって変化をきたし、これらの効力は、もう一つ別の身体との結合によって変化するからであり、この効力は以前と同様の度合において持続することなく、むしろ政治的身体の諸効力を分有することになるからである。……その理由は次の点にある。すなわち、自然的身体と政治的身体が一つのものへと統合され、このことによって政治的身体は、自らがそれへと結合される他方の身体のあらゆる不完全性を拭い去り、他方の身体が単独の場合に有するはずの度合とは異なった度合へと、それを作り替えるからである。……したがって、［これと類比的に本件について言えば］原因は、王の自然的身体の能力が王としての威厳によって押し流されてしまうことにあるのではない。……むしろその理由は、王がそれによって土地を保有するところの自然的身体へと政治的身体が連携、結合し、このよ

うな連携ないし結合の過程を通じて、自然的身体が政治的身体の本性と諸効力を分有するようになることに存する。[☆九]

王の政治的身体が――この身体は隠れたる神《デウス・アブスコンディトウス》のごとく個人としての王の中で活動している――その自然的身体に及ぼす影響を明確に特定化することは、明らかに困難である。事実、エリザベス朝の法学者たちは、しばしば、教義を定める神学者と同じような注意深さと慎重さをもって、議論を進めていかねばならなかった。王の二つの身体の完全なる統合を擁護すると同時に、おのおのの身体が単独で有するきわめて異なった能力をも擁護しなければならないとすれば、終始首尾一貫した仕方で議論を進めることはとても容易な業《わざ》とは言えないだろう。法学者が次のように説明するとき、彼らは紛《まぎ》れもなく剣の舞いを演じているのである。

それゆえ、王における二つの身体が一つの身体となったとき、この身体に比肩しうるいかなる身体も存在せず、この二重の身体――このうち、政治的身体はより大なる身体である――は、何らかの単一の身体とともに土地を合有することはありえない。[☆一〇]

しかし［二つの身体の統合にもかかわらず］自然的身体においてものを保有する王の能力は、政治的身体と区別できないような仕方で混合してしまうのではなく、依然として

そのままのかたちで存続する。[☆一一]

これら二つの身体はいちどきに結合するにもかかわらず、一方の身体の能力が他方の身体の能力と区別できないような仕方で混合するのではなく、両者はそれぞれ別個の能力として存続する。

それゆえ、自然的身体と政治的身体は別個の身体ではなく、一つの身体として結合されているのである。[☆一二]

二つの身体が教義上は統合しているにもかかわらず、一方の身体が他方の身体から分離することがありうる。すなわち、普通の人間に関して通常は死と呼ばれている分離である。〈ウィリオン対バークリー事件〉において、後述の判例集《ロー・リポーツ》の一節が記しているように、裁判官サウスコートは次のような趣旨の注目すべき議論を提出し、裁判官ハーパーもこれに賛意を表明していた。

王は二つの能力を有している。というのも彼は二つの身体を有するからである。その一つは自然的身体であり、これは、他のあらゆる人間と同じように自然的な四肢から成り、この点で、王は他の人間と同じように感情に動かされ、死に服するのである。

他の一つは政治的身体であり、その四肢は王の臣民たちである。そして、サウスコートが述べたように、王と臣民が一緒になって団体《コーポレイション》を構成するのであり、王は臣民と合体し、臣民は王と合体する。王は頭であり、臣民は四肢である。そして王のみが臣民たちを統治する。この身体は他の身体とは異なり、感情に動かされることなく、死に服することもない。というのも、この身体に関するかぎり、王は決して死ぬことがないからである。したがって、（ハーパーが述べたように）我々の法において、王の自然的な死は王の死《デス》とは呼ばれず、王の崩御《ディマイズ》と呼ばれているのである。この（崩御という）言葉が意味するのは、王の政治的身体が死んだということではなく、二つの身体が分離したということ、そして、今や死に、あるいは王の威厳を離れた自然的身体から、もう一つ別の自然的身体へと政治的身体が移され運ばれていく、ということである。それゆえ、崩御という言葉は、この王国の王の政治的身体が、一つの自然的身体から別の自然的身体へと移転したことを意味するのである。☆二三

王の崩御という概念によって表現されている「魂」のこのような移転、すなわち、王権の不可死の部分が一つの受肉体から他の受肉体へと移転していくことは、明らかに、国王二体論全体の本質的要素の一つである。このような考え方は、来たるべきほとんどあらゆる時代を通じて、その有効性を保持し続けていった。しかし、この点興味深いのが、政治的身体が王の肉体へと「受肉」することによって、自然的身体の人間的不完全性が除去さ

れるだけでなく、「不可死性」が、王それ自体（King）としての――すなわち超身体として見られた――個々の王（king）へと伝達されるという事実である。〈ヒル対グレインジ事件〉（これは、フェリペ〔二世〕とメアリ一世の治世二、三年目の事件である）において、裁判官たちは次のような議論を行った。

　それゆえ、制定法が特許権の保持者に対して救済を認めていれば、……そしてヘンリー八世がかつて王として述べられているならば、この言及は王としての彼に対して為されており……王としての彼は決して死ぬことはない。むしろ、法がその名において言及されている王は、永遠に存続するのである。[☆一四]

この事例にあっては、チューダー家のヘンリーは十年前に死去したにもかかわらず、国王ヘンリー八世は依然として「生きている」のである。[☆一五] 言い換えれば、「単性論者」（キリストの人格は単一の性をもつとする。たとえば、キリストの人性は神性に融合し単一の性となると説かれる）たる裁判官の法廷にあっては、個体としての受肉体の人性は無視しうる程度のもの、さして重要な意味をもたないものであり、君主の永遠なる本質あるいは「神性」こそ、唯一真に重要なものとされるのである。

　これとは逆に、王の「人性」ないし自然的身体もまた、きわめて重要な意味をもつようになる場合がある。たとえば、トマス・ロース卿の訴訟事例（エリザベス一世治世の十五年目）

がそうである。[☆一六] トマス卿は、エドワード六世が未だ即位する以前に、エドワードの側近の宮廷私室の式部官であったが、これはヘンリー八世によって任命されたものであった。しかしエドワードが即位した際に、トマス卿は年金の支給を停止されてしまった。その理由は、彼の奉仕が皇太子に対してはふさわしいものであっても、王という地位に適ったものとは見なされなかったからである。この点、裁判官ソーンダズは、国王即位の後も引き続いて奉仕を行うことは、たとえば医師のような者に関しては正当視されうることを論じ、次のように述べている。

> 内科医や外科医に関しては、彼が皇太子に対して行う助言や奉仕のゆえに〔王への即位の後もこのような奉仕を続けることは正当視されうるだろう〕。したがって、王が死去し、皇太子が王になっても、奉仕の任務が解かれることはない。というのも、奉仕は自然的身体に関して行われているのであり、この身体は投薬や手術を必要とし、皇太子が王位に就く以前と同様に、これ以後も病いや事故を被るからである。それゆえ、王の大権は、このような場合には奉仕の変更を要求する理由とはならない。これは、皇太子に文法や音楽を教授する場合や、これ以外の同様の場合についてもあてはまる。このようなとき、為されるべき奉仕は、単に自然的身体に関係したことであり、政治的身体の大権には関係がないからである。[☆一七]

最小限言えるのは、法学者たちの論証のなかには一定の論理が見られることである。前記の例に比べるとはるかに複雑ではあるが、これらに劣らず論理的なのが、エドワード・クック卿によって報告されている〈カルヴィン事件〉（一六〇八年）での論証である。[☆一八]ここで裁判官たちは、王に対して宣誓したあらゆる臣民は、王の自然的人格に対して宣誓しているのであり、これは、王が自らの自然的人格において臣民に対し宣誓するのと同様であると推論し、「というのも、政治的な権能は不可視かつ不可死であり、それどころか、政治的身体は人民の政治体《ポリティク・ボディ》によって構成されているがゆえに、魂をもたないからである」と述べている。[☆一九]さらに反逆罪、すなわち「王の死と破滅を（mortem et destructionem domini Regis）意図し、これを企てることも、王の自然的身体につき言われていると理解しなければならない。なぜならば、彼の政治的身体は不可死であって、死に服さないからである」。

これらの議論は、明らかに妥当な論証を示している。もっとも、王の自然的人格に対する攻撃は、同時に王国の団体に対する攻撃でもあった。裁判官サウスコートは、先に引用された（三三頁参照）〈ウィリオン対バークリー事件〉に関する一節で、国家を人体になぞらえ、王を頭とし臣民が四肢である団体として国家を捉える観念に言及している。言うまでもなく、このような比喩は非常に古くから存在し、中世後期の政治思想に浸透していた。[☆二〇]しかしながら、裁判官サウスコートがこの古い観念を表現する際に用いた言い廻し——「王は臣民と合体し、臣民は王と合体する」——は、〈神秘体〉（corpus mysticum）の政治的・教会論的理論を直接的に指し示しており、事実、この理論は、〈ヘイルズ対ペティット事件〉において裁判官ブラウンにより、大いなる強調をもって引用されている。この訴訟において裁判所の審理の対象となったのは、自殺の法的効果であり、裁判官たちは自殺を「重罪」(Felony)行為として定義しようと試みた。首席裁判官ダイアー卿は、自殺が三重の犯罪であると指摘している。まずそれは、自己保存の法に違背するがゆえに、自然に対する加害行為であり、第二に、〔十戒の〕第六戒の違反として神に違背する行為と考えられ、最後に、「自殺によって王が一人の臣民を失い、(ブラウンが表現したように)頭としての王が自らの神秘的四肢の一部を失うという意味において、王に対して」犯される犯罪である。☆二一

「政治的身体《ボディ・ポリテイク》」と「神秘的身体《ミスティカル・ボディ》」は、それほど大きな意味上の区別を設けることなく使用されているように思われる。事実、王の政治的身体を議論した際に、クックは、括弧つきで、「そして、21・E・4〔エドワード四世治世の二十一年目〕〔一四八二年〕において、この政治的身体は神秘的身体と呼ばれている」☆二二と付言している。ここで明らかなことは、教会ないしキリスト教社会一般が「キリストを頭とする神秘体《コルプス・ミュスティクム》」であると唱えていた神学と教会法上の教説が、法学者たちの手によって、神学の領域から国王を頭とする国家の領域へと移されていったことである。☆二三

これに類似したかなりの数にのぼる箇所を、プラウドンの『判例集』や、その後の法学者の著作から容易に抜き出すことができる。☆二四しかし、新たに抜き出された箇所が、一般的な問題に関して新しい様相を付加するようなことはないだろう。事実、既に言及された箇

所は理論の本質を示している。したがって、これらの箇所だけでも、チューダー朝の法学者の主導的観念や思想傾向、そして彼らが用いた特異な慣用句を充分に例証していると言えるだろう――たとえば、彼らにとり「王の王冠は法の象形文字である[☆二五]」とされたこともよく理解できるのである。判例集《ロー・リポーツ》に見られるこれらの箇所を読む者は誰でも、そこでの議論の一見すると滑稽な論理にもかかわらず、ときとして法的言語が帯びるに至った荘重な響きに心を打たれることだろう。また読者は、中世史家の耳にはきわめて馴染み深い調子の語り口が、窮極的には何処に由来するのかという点について、いささかの疑いを抱くこともないだろう。事実、エリザベス朝の法学者の発言は、その基本的な要旨を、窮極的には神学上の言い廻しから導き出していたこと、そして、彼らの発言自体のなかに神学が隠れ潜んでいたことを充分に納得するためには、王の二つの身体の奇妙なイメージを、二つの本性に関するいっそう慣用的な神学用語に置き換えるだけでよい。事実、この種の半ば宗教的な用語法を通じて、王の性格は、キリスト論上の定義に含まれた言葉で説明されていた。ローマ法によりきわめて示唆的な仕方で「正義の司祭[☆二六]」と形容された法学者たちは、イングランドにおいては「王権の神学」――これは十二、三世紀を通じて大陸の到る所で慣例化していた――のみならず、真に「国王キリスト論」と呼びうる理論を構築していたのである。

以上のような所見は、必ずしも全面的に新しいものとは言い難い。しかし、従来これはほとんど論じられることがなかった。メイトランドは、これらイングランドの法律家が、

「アタナシオス信条と並べても少しも恥しくないほど見事な王位に関する信条」を構築したことについて、きわめて適切な解説を与えている[☆二七]。メイトランドが半ば冗談に、半ば真面目に提示しているこの比較は完全に適切であり、事実正鵠を射たものである。実に、チューダー朝の法学者の議論——「単一の人格で二つの身体」——のなかには、アタナシオス信条のよく知られた定義がこだまのように反響している。「……二ではなく一《いつ》である。……神性が肉体へと転化すること（conversio）によってではなく、人性が神へと引き受けられること（assumptio humanitatis）によって一である。……実体（本性）の融合（confusio substantiae）によってではなく、人格の単一性（unitas personae）によって、完全に一である」。これとの関連において想起されうることは、アタナシオス信条が、クランマーの指示で聖公会祈禱書に編入されたことにより、イングランドの俗界でも非常によく知られていたことである。逆にこの信条は、大陸のプロテスタント諸教会によっては採用されることがなく、またローマ教会においても日曜日に規則的に朗読されることをやめ、通常はこの信条を含んでいた中世の〈時禱書〉が廃れていくに及んで、ローマ教会の信徒の間でさえほとんど忘れ去られていた[☆二八]。

疑いもなく、他の信条にも言及することができるだろう。特に、法的議論はカルケドン信条の「混淆なく、転化なく、分割なく、分離なく」という表現を想い起こさせる[☆二九]。そして、一般的に言って、十六世紀イングランドにおいて国王二体論を効果的かつ正確に明示しようと試みた法学者の努力により、二つの本性に関する初期教会のあらゆるキリスト論的問題が、絶対王政の初期に再度現出し蘇生したいきさつに注目することには、非常に興味をそそられるものがある。また、王位に関する新たな信条を、その「正統性」に関して真剣に検討することも、啓発的なことである。この点、「アレイオス（アリウス）主義」（キリストの神性を不完全なものと考え、子と父の同質性を認めない立場）へと向かういかなる傾向も、ほぼア・プリオリに排除されうるだろう。というのも、王の自然的身体と政治的身体の「連携と結合」の過程において、これら二つの身体が同格であることは疑問の余地がないからである。他方、自然的身体がそれ自体においては政治的身体に劣る、という見解も「アレイオス主義的」とは言えず、むしろこれは、正統信条として承認された教義に見られる、〈人性によって父に劣る〉（minor Patre secundum humanitatem）という考え方と完全に一致しているのである。確かに、どの時代でも、国王論が「ネストリオス主義」（キリストの本性は単一ではなく、神的および人的な二つの本性が分離して同居するという説）に陥る危険性は大いに存在していた。しかし裁判官たちは、二つの身体の単一性をたえず強調することによって、二つの身体の分離を回避すべく腐心していたと言えるだろう。他方、「ネストリオス主義」のもう一つ別の暗礁――すなわち「人性《フマニタス》」から「神性《ディウィニタス》」への英雄的な功徳による上昇という考え方――は、世襲的君主政において何ら問題となりえなかった。王権が王族の血によって預定されていることに、疑問の余地はなかったからである。さらに、王の自然的身体のみが「本性上あるいは偶有的に生ずる弱点」を被りうるのであり、王の政治的身体が「他の身体とは異なり、感情に動かされることなく、死に服することもない」

という主張がたびたび繰り返されることにより、たとえば一六四九年において確証されたように、王に関する「天父受難説」〔神は単一の実体であり、父と子は単一の神の顕現様式の差異にすぎず、キリストの受難は父の受難であるとする説〕や「サベリウス主義」〔三世紀にサベリウスによって唱えられた説で、天父受難説に同じ〕の可能性は完全に排除されていた。「ドナトゥス主義」〔背教の経歴ある司祭や罪を犯した司祭によって行われる洗礼や叙品を無効とする説〕に対する態度もまた、完全に正統的なものであった。というのも、王の行為は、自然的身体の人格的価値や、王が「未成年や老年であるか」に関係なく有効なものとされたからである。これらの不完全さは、「政治的身体により拭い去られている」のである。他方、王の〈消えざる徴《しるし》〉(character indelibilis)をめぐる秘蹟上の問題は、常に論争の余地あるテーマであり続けただろう。☆三〇 この点については既に、「キリスト単性論」への傾向がうかがわれることを指摘しておいた。おそらくこれを否定すべきではないだろう。これは、政治的身体の可死的な「受肉」ないし個体化につき、比較的無関心な態度が採られていたことの結果である。「我々は王それ自体(King)を擁護するために、個人としての王(king)と闘う」という清教徒《ピューリタン》の叫びは、明確にキリスト単性論的な傾向を示すものであり、政治的身体が置換可能な多くの自然的身体へと反復的に受肉していく連続的過程に関して法学者が抱いていた概念は、いずれにしても王権のノエトス的〔ノエトスは三世紀の単性論者〕な解釈を示唆している。また、国王「単意論」〔キリストには、その神性と人性に相応して二つの意志があるのではなく、キリストの人格には一つの意志のみ存在するという説〕への危険性も大いに存在していた。というのも、「王冠の意志と王が欲すること」の間に明瞭な区別を設けることは困難だからである。しかしながら我々は、王室の法律家たちには二つの意志を区別する機会もしばしば与えられたことを認めるべきであり、この区別はやがて、十七世紀の革命議会における原則となったのである。[☆三一]

　これらすべてのことは、法律家たちが初期教会の公会議決議を自覚的に借用したことを意味するものではない。むしろそれは、王の二つの身体という擬制が、神人の両性を考察する際に生み出されたものと必然的に似てくるような解釈や定義を生み出していったことを意味するのである。キリスト教の初期の数世紀に行われたキリスト論的議論に詳しい者なら誰でも、法学院《インズ・オヴ・コート》での用語や思考と、初期教会の公会議のそれとの間の類似性にただちに気づくであろうし、また、イングランドの法学者が、自覚的というよりは無意識裡に、王権の性格を明確にするべく当時の神学上の議論を忠実に利用していたことにも、すぐ気づくだろう。一つの領域から別の領域へと定義を移し替えることは、それ自体としては、いささかも意外なことではなく、格別に注目に値することでさえない。対置法《クイド・プロ・クオド》――すなわち、国家を定義するために神学上の観念を流用すること――は、何世紀もの間用いられてきた方法であり、これは逆に、初期キリスト教時代に、ローマ帝国の政治的用語や儀式が教会の必要に応じて利用されていたのと同様である。[☆三二]

　確かに、宗教改革の時代にあっては、政治理論に対して宗教的要素が強い影響力を有していた。この時代には、世俗権力の神授権が力強く唱えられ、「神に由来する権力以外に権力は存在しない」という聖パウロの言葉は、教会の領域が世俗の領域に対して従属的地位にあるという主張にとって、それ以前には全く認められていなかったような重要性を獲得するに至った[☆三三]。しかし、それにもかかわらず、宗教的に高揚した十六世紀という時代自体が、チューダー朝の法学者が提示した定義の主要な要因であったと考える必要はないし、王が「自らの王国における教皇」となった〈国王至上法〉(Act of Supremacy)をここで喚起する必要もない。もちろん、このことは、教皇権を定義する団体論的な概念やその他の概念が、王権を支持するためにチューダー朝イングランドに直接に持ち込まれ、意図的に導入された可能性を排除するものではない。しかし、世俗的な目的のために教会論上の議論を借用したり、教会に関する用語を利用する法学者の習慣は、長い時代にわたる固有の伝統を有している。〈類似のものから類似のものへと〉(de similibus ad similia)結論を導出することは、古くから行われていたと同時に、全くもって正統的なやり方であった。

神学用語を隠喩的に用いることは、チューダー朝の或る一人の法学者の個人的な気まぐれといったようなものではなく、また、それが裁判官の小集団だけに限定されていたわけでもない。個々の裁判官を見てみれば、ブラウン裁判官のように、神秘的な領域へと深く立ち入ることを特に好んだ者もおそらくいたであろう。しかし、プラウドンの『判例集』は、王の二つの身体について準神学的な定義を好んで用いた相当数の法学者の名前を挙げている。たとえばプラウドンは、「スプーナーズ」——つまり、フリート・ストリートにあるスプーナーズ・ホール——で裁判官や上級法廷弁護士や法研修生たちが、ランカスター公領の訴訟事例について熱心に討論し、公領がヘンリー七世に帰属しているのは、王の自然的身体としての権能においてか、それとも政治的身体としての権能においてか、という論点を議論しているのである。[☆三四]

それゆえこの表現は、当時の、そしてこれに続く数世代のイングランドの法学者たちにとって、ごく普通の慣例的な用語に属していたに違いない。確かに、大陸の法学もまた、数多くの類似の区別とともに、人民の〈物的主権〉(maiestas realis)と皇帝の〈人的主権〉(maiestas personalis)という、二重の主権に関する政治理論へと到達していた。[☆三五] しかし、大陸の法学者はイングランドで発達したような議会の諸制度を知らなかった。イングランドでは、「主権」は単独の王とも人民とも同一視されず、むしろ「議会における王」と同一視されていたのである。そして、大陸の法学は、抽象的な「国家」概念に容易に到達し、君主を国家と同一視するに至ったにしても、議会により表現される政治的身体がそこから除外されえないような「単独法人」――言うまでもなく、これは複雑な起源を有する混成物であるが――として君主を観念するには決して至らなかった。いずれにしても、王の二つの身体に関するイングランドの「本性論的」概念に対して、大陸が――用語上も概念上も――これと正確に呼応するようなものを提示することはなかったのである。

これに対して、イングランドの政治思想からは、王の二つの身体に関する慣用語をそう簡単に無視し去ることはできない。王それ自体の永遠性と個人としての王の時間性、王の非物質的で不可死の政治的身体と物質的で可死的な自然的身体との区別のように――たとえしばしばまぎらわしくはあっても――明解な区別がなかったとすれば、議会がこれと類似の擬制へと訴えながら、政治的身体としての国王チャールズ一世の名と権威において、自然的身体としての同じ国王チャールズ一世と闘うべく軍隊を召集するようなことは、ほとんど不可能であっただろう。[☆三六] 一六四二年五月二十七日、貴族院と庶民院の宣言によって、政治的身体としての王は議会の手で議会の内部にとどめられたのに対し、自然的身体としての王は、言ってみれば締め出しを食ったのである。議会の理論的主張は次のようなものであった。

王が正義と国家の保護の源であることは承認されている。しかし、正義と保護の行為は彼自身の人格において遂行されるのではなく、また、彼の欲求に依存するわけでもない。むしろそれは、王の裁判所や大臣たちによって遂行されるのであり、たとえ彼自身の人格において王がこれを禁止したとしても、彼らはこの点に関する自分たちの義務を履行しなければならない。それゆえ、たとえ彼らが、王の意志や個人的な命令に反した裁決を下すことがあっても、これらは王の裁決なのである。議会は裁判所であるのみならず、……王国の公的平和と安全を維持し、このために必要な事柄に関して王の意志を宣言するための……評議会でもある。そして、この点において彼らが行うことには、たとえ国王陛下が……彼自身の人格において当のことに反対し、これを阻止する場合であっても、王の権威が刻印されているのである……。[☆三七]

一六四二年の五月の諸決議のすぐ後で、議会における王を刻んだメダルが鋳造された。このメダル裏面下部には議長を伴う庶民院議員、上部には貴族院議員、そして最上部の三段から成る台座には王座が認められ、王座には横顔で描かれた王が天蓋の下に坐している[☆三八]（図１ａ）。この王は、明らかに政治的身体における王であり、王国の政治的身体の頭である。すなわち、議会における王の任務は、貴族院や庶民院の議員たちと結束し、必要とあれば、自然的身体としての王に対してさえ敵対することであった。このような考え方によって、議会における王は議会体のなかに包摂され続けたと同時に、「彼自身の人格における」王が未だそこから排除されることはなかった。これらのメダルの一つの表面には、自然的身体としての国王チャールズ一世の頭像を囲むかたちで、〈PRO・RELIGIONE・LEGE・REGE・ET・PARLIAMENTO〉（宗教・法・王そして議会のために）という銘が刻まれている。しかし同時に、（これと類似のメダルの肖像［図１ｆ］では）この身体は、〈SHOULD HEAR BOTH HOUSES OF PARLIAMENT FOR TRUE RELIGION AND SUBJECTS FREEDOM STANDS〉（［汝は］真の宗教と臣民の自由な状態を護るために議会の両院に耳を傾けるべきである）という印象的な銘により戒告されている。この銘は、貴族院と庶民院の議員が「議会の両院の叡知により助言を受けるべき[☆三九]」ことを王に求めた一六四二年五月十九日の両院の宣言を、言葉通りに引用したものである。しかし、自然的身体としての王は、もはや議会の叡知から助言を受けることはできなかった。既に彼はホワイトホールとロンドンを去り、最終的にはオックスフォードに居を定めたのである。その後同じ年に制作されたもう一つ別のメダルは、より完全な事実の経過を要約的に示している(図2)[☆四〇]。新しいメダルの表面からは王の個人的肖像は姿を消し、これに代わって船の図像が登場した。この船は、我々がよく見かける国家を象徴した「航海中の船」(Ship of the State)ではなく戦艦である。一六四二年以降、海軍は議会の立場を支持していた。メダルの裏面は、表面的に見ると元のままである。ここでも再び、議会の両院と王が描かれている。しかし、もはや王は王座に坐してはいない。王は膝まで見えているにすぎず、天蓋の垂幕で縁取られた絵のようであって、それはちょうど国璽に(あるいはその中央部分において)登場する肖像にきわめて類似したものになっている(図3)[☆四一]。要するに、議会がチャールズ一世個人に反対して行動しえたのは、国璽の権威によるものであった。〈PRO：RELIGIONE：GREGE：ET：REGE〉(宗教と人民と王のために)という銘は、議会が誰のために闘っているかを充分明白に表現しており、その後チャールズ一世の肖像と船の図像が取り除かれ、議会軍の最高司令官でエセックス伯のロバート・デヴァルーの肖像(図1d)がこれらに取って代わった後も、依然としてこのことに変わりはなかった。ここでも再び、裏面では、議会における政治的身体としての王が相変わらず描かれている。換言すれば、オックスフォードにいる自然的身体としての王は、議会にとって厄介者となったが、政治的身体としての王は依然として役に立つ存在であった。したがって王は相変わらず議会にいるわけであるが、それは国璽に描かれた肖像として存在するにすぎない——これは、「王(King)

を擁護するために王（king）に対して闘え」[☆四二]という清教徒の叫びを正当化する概念を適切に例証したものであった。

また、王の二つの身体という擬制は、後に生じた一連の出来事を離れては理解することもできない。このとき議会は、大逆罪を理由として、「イングランド王として認められ、限定された権力を委託されていたチャールズ・スチュアート」を告発し、最終的には、——一七九三年にフランスで起こった出来事とは対照的に——王の政治的身体に重大な損傷を与えることも、取り返しのつかない損害を加えることもなく、その自然的身体だけを処刑することに成功したのである。イングランドの国王二体論には、きわめて重要な意味をもつ大きな強みがあった。その理由を、或る機会にブラウン裁判官は次のように説明している。[☆四三]

> 王とは持続体を示す名である。それは、人民が存続するかぎり、（法が想定するごとく）人民の首長かつ統治者として常に存在し続けるべきものである。……そして、この名において王は決して死ぬことがない。

第二章　シェイクスピア――リチャード二世

おれはなにもかも背負わねばならぬ。この苛酷な条件は
王という偉大な地位とは双子の兄弟なのだ、
おのれの痛みしか感じられぬばかものどもの悪口にも
痛めつけられるほかないのだ。一般庶民が享受しうる
無限の心の安らぎを、王はどのぐらい捨てねばならぬのか！……
どういう神なのだ、おまえを崇拝するものたち以上に
この世の人間の苦しみをなめなければならぬとは？

これが、シェイクスピアの戯曲に見られる、王の神性と人性をめぐる国王ヘンリー五世の瞑想である[☆一]。王は、偉大な地位と同時に人間の本性をもって「双子」として生まれ、したがって「ばかものどもの悪口にも痛めつけられる」のである。シェイクスピアがここでその輪郭を描いているのは、王の「双生《ゲミナテイオ》」がもたらす人間的で悲劇的な様相であって、イングランドの法律家が王の二つの身体という擬制の中に集成したさまざまな法的権能では

ない。しかしながら、「二つの身体」という特殊法学的な言い廻しは、法律家仲間が独占するような奥義に属していたわけでは決してない。王は「彼自身において永遠に生き続ける団体である」といった言い廻しは、ジョン・カウエル博士の『解釈者』（一六〇七年）のような簡単な法律用語辞典の中にも見られる、ありふれた表現であった。[☆二] そして、これより以前の時代においても、プラウドンの『判例集』で語られているような王権観念の要旨は、ジョゼフ・キッチン（一五八〇年）[☆三]やリチャード・クロンプトン（一五九四年）[☆四]といった人々の著作の中へと既に取り入れられていた。さらに、これと関連したさまざまな観念は、公的な領域にも入り込んでいった。すなわち、一六〇三年にフランシス・ベイコンは、ジエイムズ一世の下に統合されたイングランドとスコットランドの王冠のために、「自然的であると同時に政治的でもある身体の完全なる統合」の表現として「大《グレート》ブリテン」という名称を提案したのである。[☆五] プラウドンの『判例集』が広く知られていたことは、「プラウドン曰《いわ》く、判例は改められた」(The case is altered, quoth Plowden) という言葉によって明らかに示されている。この言葉は、一六〇〇年前後のイングランドで格言のごとく利用されていた。[☆六] シェイクスピアが、プラウドンによって報告されている一つの訴訟事例（〈ヘイルズ対ペティット〉）[☆七]を知っていたかもしれないという指摘も、それほどこじつけとは思われない。むしろ、これは次のような理由からして、説得的なものとなる。すなわち、シェイクスピアの「頭の中でこだまのごとく鳴り響いていた」と言われる、[☆八] 作者不詳の戯曲『ウッドストックのトマス』は、シェイクスピア自ら現実にそのなかで役者を演じた可能性さえあるが、次のような駄洒落で終わっているからである。「というのも、自分はプラウドンをくまなく勉強したのだが（plodded in Plowden）、法を見つけることができないからだ☆九」。これを別にしても、人間のほとんどあらゆる職業上の専門用語をマスターしていたシェイクスピアが、自分の周囲で語られ、当時の法律家が法廷で盛んに用いていた国制上・司法上の議論について全く無知であったとすれば、かえってそれは非常に奇妙なことだろう。一般の人々の関心を惹いた訴訟事例をシェイクスピアが知っていたことは、疑いの余地がない。そしてさらに、シェイクスピアと法学院《インズ・オヴ・コート》の学生との関係や、法廷手続きに関する彼の知識についても、別の証拠を我々は有しているのである☆一〇。

確かに、シェイクスピアが法言語の微妙な言い廻しに親しんでいたか否かは、どちらでもよいことだろう。王の双生的性格に関する詩人のヴィジョンは、どのみち国制上の基盤に依拠したものではない。このようなヴィジョンは、純粋に人間的な基盤からも、きわめて自然に生まれえたからである。それゆえ、シェイクスピアが当時の法律家の職業上の専門用語を使っていたか否かを問題にしたり、シェイクスピアの新造語が何を模範としていたかを特定化しようと試みることさえ、無益なことと思われるかもしれない。確かに、これらのことすべては、全く意味のない無関係なことのように見える。というのも、王の双生的性格のイメージ――あるいは、人間一般に認められる双生的性格のイメージでさえ――は、真の意味においてシェイクスピア自身に固有の想念だったからである。しかし、それにもかかわらず、法学院の知り合いたちと言葉を交わすなかで、シェイクスピアはおそらく王権の法的な定義に出くわすことがあったはずであり、もしこのようなことがあったとすれば、王の二つの身体の比喩がどれほど彼にとり適切なものに思えたかは、容易に想像することができるだろう。いずれにしても、どんな人間の内部にも息づいている数多くの層を明るみに出すこと、そして、彼の念頭に浮かび、彼が新たに創造しようと欲する生の様式のいかんに応じて、これらの層を相互につき合わせたり、混ぜ合わせたり、これらの間の均衡状態を維持させたりすることが、彼の芸術の生きた本質であった。したがって、たえず争い合うこれらの成層が、法律家の国王「キリスト論」によりいわば合法化されていたことは、シェイクスピアにとって都合のよいことであり、彼はたやすくこれを利用しえたのである。

王の二つの身体という法的概念が、シェイクスピアから切り離すことができない理由は、他にもいくつか存在する。というのも、近代の国制上の観念からほとんど完全に姿を消していたこの奇妙な形象が、現代において依然としてきわめて現実的で人間的な意味を有しているとすれば、それは大部分シェイクスピアのおかげなのである。この隠喩を永遠のものにしたのは彼であった。彼はこれを、自分の最も偉大な戯曲の一つの本質的で核心的な主題としたのである。『リチャード二世』は、〈王の二つの身体〉の悲劇であった。シェイクスピアの描くヘンリー五世が王の二重の状態（身分）を嘆き悲しむとき、ヘンリーがこのイメージを直接的にリチャード二世と結びつけていることを指摘しておくのも無益ではないだろう。国王ヘンリーの独白のすぐ後には、ヘンリーが自分の父親の先任者の霊を呼び出している幕間劇のような短い場面があり、後世《ウィルトンの二連板《ディプティカ》》として知られている壮麗な奉納物も、おそらくはこの場面が表わす歴史的本質に依拠したものであった[☆二一]。

今日だけは、天にまします神よ、
ああ、今日だけは、父が王冠を手に入れるために犯した罪を
忘れたまえ。私はこのたびリチャード二世の遺体を
手厚く埋葬しなおし、父がむりやり絞りとった血よりも
はるかに多くの悔恨の涙をその上に降り注ぎました。

（第四幕第一場三一二行以下〔邦訳三一七頁〕）

自分自身の王としての運命、王の二つの本性につき沈思しながら、シェイクスピアのヘンリー五世は、リチャード二世を想起することを適切と感じたのであり、リチャードは――少なくとも詩人シェイクスピアの想念において――「崇拝するものたち以上にこの世の人間の苦しみをなめなければならぬ」神の原型として現われたのである。

『リチャード二世』のなかの我々を当惑させるような三つの場面でシェイクスピアが展開する、王の「二重化」のさまざまな様態をもう少し詳細に検討することは、本研究の一般的テーマにとって適切であると同時に、他の点でも我々の役に立つと思われる[☆二三]。リチャードにおいて存在するさまざまな二重化は、すべてが一つになり、すべてが同時に作用し合

うのであるが――「こうしておれは、一人でおおぜいの人間を演じても」(第五幕第五場三一行)――これらは、王、道化そして神に潜在する二重化である。これら三つの形象は、必然的に反射鏡の中で溶解してしまう。「双生」のこれら三つの原型は交差し、部分的に重なり合い、相互にたえず干渉し合う。しかし、ウェールズの海岸(第三幕第二場)の場面では「王」が優位を占め、フリント城(第三幕第三場)では「道化」が、ウェストミンスター大聖堂(第四幕第一場)では「神」が優位を占めており、これらにはそれぞれ、永遠の伴侶であると同時に対立項たる人間の惨めさが、あらゆる段階で随伴しているように感じられる。さらに、これら三つの場面のおのおのにおいて、我々は同一の失墜に遭遇するのである。すなわち、神的な王権から王権の「名」への、そして王権の名から人間の赤裸々な悲惨への滝のごとき落下である。

王の二つの身体に固有の悲劇は、ウェールズの海岸での場面において漸次的に、ただ一歩一歩ゆっくりと展開していく。リチャードがアイルランドから帰還し、自分の王国の大地に接吻してから、王たる彼の地位の崇高性について、ほとんど引用されすぎると言ってもよいほど有名な台詞を口にしたとき、彼のなかには未だ分裂は見られなかった。事実、彼がここで説いているのは、神に類似し、あるいは天使に類似した、王の政治的身体の消し去ることのできない徴《しるし》である。聖別の香油が自然の力に――「荒海の水を傾けつくしても」――抵抗する。なぜならば、

世のつねの人間どもの吐くことばごときで
神の選びたもうたその代理人を廃位させることはできぬ。
（第三幕第二場五四行以下（邦訳一二五頁））

からである。人間の吐く言葉《ブレス》は、リチャードにとって、王権とは相容れないもののように思われた。その後、ウェストミンスターの場面では、カーライル司教がもう一度、神により塗油された者が「卑しい臣下の吐く言葉《ブレス》で」（第四幕第一場一二八行）裁かれえないことを強調することになるだろう。そして、リチャード自身、「自分の息《ブレス》で」（第四幕第一場二一〇行）王権を放棄すると同時に、臣民を服従義務から解き放つことになったのであり、その結果、最終的に国王ヘンリー五世も、リチャードの神的王権を破壊した後に、王が「ばかものどもの悪口（吐く言葉《ブレス》）に痛めつけられる」ことを正当にも嘆くことになるのである。[☆三]

第三幕第二場が始まるとき、リチャードは、最も高揚された仕方で「神の選びたもうた代理人」であり、「祭壇の前で聖油を塗られた……神の代理人」（第一幕第二場三七行）であった。依然としてこのときのリチャードは、かつて一三九七年に庶民院議長であった彼の旧友ジョン・ブッシーから、どんな代償を払っても自分の気に入った言葉を引き出そうとしていた頃と同じリチャードであった。ちなみにジョン・ブッシーは、王に向かって話しかけながら、「慣例上、国王に与えてしかるべきとされていた名誉の称号をリチャードに与えることなく、地上の権力者よりはむしろ神の威光にふさわしいような、従来使われたこともない用語や奇妙な名称を考え出した」と伝えられている。[☆一四] そして、依然としてこの場面でのリチャードは、「法は王の口のなかに在り、場合によっては彼の胸のなかに在る」[☆一五]と主張したり、「もし彼が誰か或る者を眺めたならば、その者は彼にぬかずくべき」ことを要求したと伝えられるような人物として現われている。[☆一六] 彼は依然として、自分に自信があり、自らの威厳を確信し、天上の軍勢——この軍勢を彼は意のままにできる——の援助さえ確信しているのである。

ボリングブルックがかき集めた兵士一人にたいし、
神は選びたもうたリチャードのために天使お一人を
お送り下さるだろう。
（第三幕第二場六〇行以下（邦訳一二五頁））

「神の恩寵による」王権の栄光に満ちたイメージは、長くは続かなかった。悲報が舞い込むたびに、その栄光に満ちたイメージは少しずつ色褪せていった。今や、リチャードの態度に、奇妙な変化が——あたかも、「概念実在論」から「唯名論」への変容のようなものが——起こるのである。「王権《キングシップ》」と呼ばれた普遍者が解体し始めた。王権の超越的「実在」であったもの、すなわち少し前までは大いに光輝いていた王権の客観的真理、神にも似たその実在は、虚無へと、一つの単なる「名《ノーメン》」へと青ざめていった。[☆一七] そして、この後に残った半ば虚ろな現実は、記憶喪失ないし睡眠状態に類似したものとなった。

われを忘れるところであった。おれは王ではないか、
目を覚ませ、臆病な国王、いつまで眠っておる！
王の名は、二万の兵士の名前に匹敵するものではないか。
武器をとれ、おれの名よ！ とるにたらぬ臣下が一人、
おまえの偉大な栄光に刃向かおうとするのだ。

（第三幕第二場八三行以下（邦訳一二五頁））

この半ば虚ろな現実、王たることの忘却と半覚醒の状態は、フリント城で「道化」となる王の姿をあらかじめ暗示している。そして同様に、リチャードがユダの裏切りに言及するとき、双生の神的原型たる神人が、その姿を現わし始めるのである。

おれの心に抱かれて育ちながらおれの心臓を刺す毒蛇め！
三人が三人ともユダより三倍も悪い三人のユダめ！

（第三幕第二場一三一行以下（邦訳一二六頁））

これはあたかも、リチャードが次のことを覚り始めたかのようである。すなわち、神たる

キリストを代理することが、人間キリストの代理をも意味すること、「神の選びたもうた代理人」たる国王リチャードが、自らの聖なる主人をその人間的な辱めにおいても模倣し、十字架を背負う破目になるかもしれないことを、リチャードが理解し始めたかのようである。

しかし、この場面で優位を占めているのは、双生の道化でも、双生の神でもない。ただ、リチャードがこれらにきわめて近い存在であることが予示されているにすぎない。むしろ、ここで前面に出ているのは、王の自然的で可死的な身体である。

これからは墓場や蛆虫や墓碑銘のことのみ話すとしよう……（第三幕第二場一四五行（邦訳一一二七頁））

ここでは、王の人性が王冠の神性よりも優位に立ち、可死性が不可死性を打ち負かしているだけでない。むしろ、事態はいっそう悪化している。王権自体が、その本質的な性格を変えたように思われるのである。「幼児期や老齢期」あるいは「他の自然的な欠陥や虚弱さ」によって王権が影響を受けないどころか、王権そのものが死を意味し、死以外の何ものをも意味しなくなった。回想するリチャードの目前に浮かんでくる、責め苦を受けた王たちの長い行列が、この変化を物語っている。

さあ、みんなこの大地にすわってくれ、そして
王たちの死の悲しい物語をしようではないか、
退位させられた王、戦争で虐殺された王、
自分が退位させたものの亡霊にとりつかれた王、
妻に毒殺された王、眠っていて暗殺された王の物語を。
いいかい、みんな殺されたのだ、なにしろ、死すべき人間にすぎぬ
王のこめかみをとりまいているうつろな王冠のなかでは、
死神という道化師めが支配権を握っており、
王の威光をばかにし、王の栄華を嘲笑っておるのだ。
そしてつかの間の時を与えて、一幕芝居を演じさせる、
そこで国王として君臨し、畏敬され、目でもって人を殺し、
まるでいのちを守る肉体という城壁が、永遠に攻め落とせぬ
金城鉄壁であるかのように思いこみ、むなしいうぬぼれに
ふくれあがっていると、さんざんいい気にさせておいた
死神めは、時はよしとばかり、小さな針の一刺しで
その城壁に穴を開け、王よ、さらば！　というわけだ。

（第三幕第二場一五五行以下〔邦訳一二七頁〕）

ここでは、「決して死ぬことのない」王が、たえず死ぬ王に取って代わられ、他のいかなる人間にもまして非業の死を遂げる王に取って代わられている。自然的身体と不可死の政治的身体との合一は消え失せ、「比肩しうるいかなる身体も存在しない」ような「この二重の身体」（前出三四頁）は消え失せた。また、これと同時に、王に帰せられていたあらゆる種類の特権の擬制が消え失せ、残ったものと言えば、一人の弱い人間たる王にすぎない。

生身の人間にすぎぬものを嘲笑ってくれるな。
尊敬、慣例、儀礼、格式は投げすてることだ、
おまえたちはこれまでおれを見まちがえていたらしい、
おれもおまえたち同様、パンを食って生き、飢えを感じ、
悲しみを味わい、友を求めておる。そのような欲望の
臣下であるおれが、どうして王などと言えようか？

（第三幕第二場一七一行以下〔邦訳一二七頁〕）

二重の身体の単一性という擬制は解体した。王の二つの身体を構成する神性と人性はともに、わずかな筆遣いで明確に描き上げられ、相互に相対峙するに至った。ここでリチャードは、最初の底面へと失墜したのである。今や、場面はフリント城へと移って行く。第二の偉大な場面（第三幕第三場）の構造は、最初の場面に類似している。リチャードの

王権、彼の政治的身体は、絶望的な仕方で動揺していることは確かである。しかし、聖なる輝きは失せたとは言え、王権に類似のものは依然として残っている。少なくとも、これだけは救い出せるかもしれなかった。「それにしてもなんと王にふさわしいお顔だろう」と、フリント城でヨーク公は述べている。そして、リチャードの情動のなかにも、最初のうちは自分が国王の威厳の担い手であるという自覚が優位を占めていた。リチャードは、城内において王らしく振舞おうと、かねてから決心していたのである。

不幸の奴隷となった王は、王者らしく不幸に服従しよう。

（第三幕第二場二一〇行（邦訳一二八頁））

彼は、その通りに振舞った。自らの領主であり神の代理人たる者の前で家臣や臣民は慣例としてひざまずくべきであるにもかかわらず、これを行わなかったノーサンバランドを、リチャードは次のように非難している。

あきれはてた男だな、おれはこんなにも長いあいだ
おまえが恐れかしこんでひざまずくのを待っておった、
おれはおまえの正当な王であると思っていたからだ。
もしそうなら、どうしておまえはおれの面前にあって

膝を曲げず、正当な臣下の義務を怠るのだ？

（第三幕第三場七三行以下〔邦訳一三〇—三一頁〕）

しかし、この後、最初の場面がそうであったように、リチャードは「滝のごとく」落ち始めていく。もう一度、天上の軍勢の援助が訴えられるが、ここでは、神が「おれに味方されるべく」その黒雲のなかに召集したと言われる、復讐の天使や「悪疫の大軍」が天上の軍勢とされている（第三幕第三場八五行以下）。そして、ここでも再び、王権の「名」が役割を演ずる。

ああ、このおれが
いまの悲しみほど偉大であるか、いまの名前より
卑少な人間であれば！

（第三幕第三場一三六行以下〔邦訳一三二頁〕）

失わねばならぬのか、
王の名を？　神の名において、それを捨てよう。

（第三幕第三場一四五行以下〔邦訳一三二頁〕）

王権の影のような名前から出発して、ここでもう一度、新たな解体への道が始まる。もはやリチャードは、彼の臣民や国家の神秘体を具現することはない。王としての王に代わって登場するのは、孤独な人間の悲惨で死すべき本性である。

おれの宝石のかずかずをロザリオの珠にかえよう、
おれの豪奢な宮殿を隠者の小屋にかえよう、
おれの華やかな衣装を乞食の衣にかえよう、
おれの意匠を凝らした金杯を木皿にかえよう、
おれの王笏を巡礼の手にする杖にかえよう、
そして、おれの大きな王国を小さな墓に、
小さな小さな墓に、名も知れぬ墓にかえよう。

(第三幕第三場一四七行以下〔邦訳一三二頁〕)

これら首句反覆的な震えるがごとき詩句の後に続くのが、盛期ゴシックの〈死の舞踏〉の身の毛もよだつおびただしい形象である。しかし、――最初の場面とは異なり――この第二の場面は、自己憐憫の吐露で終わることはなかった。最初の場面での自己憐憫の吐露は、〈死の舞踏〉ではなく、むしろ自分の墓の周りで行う舞踏を想起させるものである。この後に、リチャードのよりいっそうおちぶれ果てた状態が続く。

状態のさらなる悪化を示す新たな徴候が現われるのは、ノーサンバランドが王に対して、城の下の庭でボリングブルックに会いに降りてくるよう要求したとき、そして「雲のかげから現われ出る太陽」を自身の紋章とするリチャードが、人の目をくらますような輝きのある言葉と恐ろしい地口をもって、これに反駁したときである。

おりよう、おりよう、太陽神の子フェイトンのように
暴れ馬を御しかねて、天から地上へまっさかさまにな。
下の庭か？　にわかに下におりるのだ、王位にある身が
謀反人の呼び出しに応じておおいに恩恵を与えるのだから。
下の庭か？　王が裁きの庭におりるのだ、否も応もなく、
揚げヒバリが歌うべきときに夜のフクロウが鳴くのだから。
（第三幕第三場一七八行以下（邦訳一三三頁））

太陽の象徴が『リチャード二世』において卓越した地位を占めている点については、これまで何度となく指摘されてきた（図4）。そして事実、ある一節は、ローマの貨幣[☆一八]〈アウグストゥスの旭日（太陽神）〉（Oriens Augusti）の描写として読むこともできる（第三幕第二場三六―五三行、図32c参照）。リチャードの返答に織り込まれた太陽神のイメージは、ブリューゲルの《イカロスの失墜》や、最高天からの反逆天使《ルキフェル》の落下を想起させるような仕方で

「破局の輝き」を映し出しており、それはまた、「堕天使の四肢の周りに漂う……輝きの破片」のようなものを表現している。他方、この「謀反人の呼び出し」は、先行する場面の「三人のユダ」を想起させるのである。しかし、総体的に見て、聖書上の形象は、フリント城におけるかぎり、それほど重要なものではない。これは、ウェストミンスターの場面のために取っておかれている。フリント城では、無分別なパエトン（フェイトン）やイカロスたちとともに、もう一つ別の形象が存在しており、今や詩人はこの形象を描き出すことになる。リチャードは卒然と我に返り、当惑した様子で次のように語る。

〔いや、わかっておる、〕
くだらぬ話とみな笑っておるのだろう。

（第三幕第三場一七一行〔邦訳一三三頁〕）

この突然のぎこちなさは、ノーサンバランドも気づいていた。

悲嘆のあまり
たあいのないことばかり申されます、狂人のように。
おりてこられました。

（第三幕第三場一八五行以下〔邦訳一三三頁〕）

この場面でシェイクスピアは、もう一つ別の人間存在の形象を現出させている。すなわち、一《いつ》において二なる道化である。詩人は別のところでも、非常にしばしば、領主や王と対になった対型として道化を導き入れていた。今やリチャード二世は、二つの役割を演ずることになる。一つは、王としての自己自身の道化、もう一つは王権の道化である。このことによって彼は、単なる「人間」より卑しい存在、あるいは（海岸の場面におけるような）「自然的身体としての王」より卑しい者となった。しかしながら、まさにこのような道化という新しい役割においてのみ――王を演ずる道化であると同時に、道化を演ずる王としてのみ――、リチャードは、勝ち誇る彼の従弟を出迎えることができたのであり、彼の前でひざまずくボリングブルックとともに、はかなく心許ない彼の王権の喜劇を最後まで演ずることができたのであった。ここでも再びリチャードは、「愚かな語り口」へ、すなわち地口へと逃避している。

ああ、尊い従弟、高貴な膝で卑しい大地に口づけするのは
大地を思いあがらせ、その膝を卑しめるのだ。……
さ、お立ちなさい。私にはわかっておる、あんたの膝は
低く曲げられていても、あんたの心がこの高さ（王冠を指す）にあることは。
（第三幕第三場一九〇行以下〔邦訳一三三頁〕）

法学者たちは、王の政治的身体が「自然的な欠陥や虚弱さ」から完全に免れていることを主張していた。しかし、この箇所では、「弱さ」が君臨しているように見える。ところが、それでもまだ、どん底には至っていないのである。おのおのの場面が、段階を追って新たな底面を指し示すのである。第一の場面は「自然的身体としての王」、第二の場面は「道化となった王」を指し示していた。半ば秘蹟的な譲位の場面では、これら二つの双生の存在には、より底辺にある状態としての双生の神が結び合わされている。というのも、「道化」は「王」から「神」への移行を特徴づけており、人間の悲惨な状態に置かれた神ほど屈辱的な存在は、明らかにありえないからである。

第三の場面（第四幕第一場）が始まると、再び——今や、これで三度目であるが——秘蹟的な王権のイメージが場面を支配する。かつて、ウェールズの海岸では、リチャード自身が神授の王権の崇高性を布告する者であった。フリント城では、国王という称号は、もはや彼の状態には合致していなかったものの、少なくとも王の面目を護り、その「名」を正当化することを、リチャードは自らの課題としていた。ところが、ウェストミンスターでの彼は、自らの王権を自分自身で説明することもできない。彼に代わって別の人物が話をし、神により打ち建てられた王権のイメージを解釈しているのである。きわめて適切にも、この人物は一人の司教であった。今や、カーライル司教がリチャードを代弁する尚書《ロゴテテス》の役を演ずる。すなわち、彼はもう一度、〈神の似姿たる王〉（rex imago Dei）を無理やりに登場させようとする。

臣下たるものがどうして主君に宣言をくだしえましょう？
そしてここにリチャードの臣下でないかたがおられましょうか？
盗人といえども、裁かれるときには必ずその場に
いあわせます、いくら罪状があきらかであってもです。
まして、神の威厳をその身に体現しておられ、
神の選びたもうたその副官、執事、代理人として
聖油を塗られ、王冠をいただき、長年王座にあるおかたが、
この場においでにならぬのに、卑しい臣下の宣告によって
裁かれていいものでしょうか？　ああ、禁じたまえ、神よ、
キリスト教国において、清められた魂の持ち主が
そのような不正、非道、邪悪な行為をなすことを！

（第四幕第一場一二一行以下〔邦訳一四〇頁〕）

これらの言葉は、古き善き中世のスタイルで、〈神の代理者〉（vicarius Dei）の諸特徴を示したものである。そしてまた、カーライル司教が聖書の過去を背景として現在を眺めていることも、中世の伝統と合致している。確かに彼は、最後の帰結を引き出すこと、そして

卑しめられた王と卑しめられたキリストとの類似を明らかに示すことは、リチャードに委ねている。しかし、将来起こる恐怖を予言し、イングランドのゴルゴタを予告することによって聖書の情景を用意するのは、この司教である。

混乱、不安、恐怖、暴動が、わがもの顔に
ここに住みつき、わが国はゴルゴタの野、
すなわち、髑髏の原と呼ばれるにいたりましょう。
（第四幕第一場一四二行以下〔邦訳一四〇頁〕）

司教は、このような大胆な言葉を発した廉で、ただちに拘引された。しかし、司教によって用意された雰囲気のなかに、国王リチャードが登場するのである。ウェストミンスター大聖堂へと連れて来られたとき、彼は司教と同じく、聖書の情景を想い起こさせるような語り口で人々の心を動かす。リチャードは、敵対する集会とボリングブルックの周りにいる諸侯を指さして、次のように語る。

だが、このかたがたの顔には
見覚えがある。かつて私に「万歳！」と叫んだ
私の家臣たちではないか？　ユダもキリストにそうしたが、

彼には十二人の弟子のうち一人をのぞいてみな忠実だった、
私には一万二千の家臣のうち忠実なものは一人もおらぬ。

（第四幕第一場一六九行以下〔邦訳一四一頁〕）

リチャードの敵に汚名を着せるために、ユダの名が引用されたのは、これが三度目である。間もなく、これにピラトの名が続き、ここで含意されている類比が自明となるだろう。しかし、彼を裁く審判人と彼の十字架のところまで連れて行かれるに先立って、国王リチャードは、自分を「非王化」(un-king) しなければならなかった。

リチャードが「彼の王権を脱ぎ捨て」、自らの政治的身体を霧散させる場面は、観客に息もつかせない。これは、秘蹟の荘厳に満ちた場面である。というのも、聖別の効果を解く教会の儀式は、秘蹟上の顕職を創造する儀式に劣らず荘厳で重要なものであったからである。ガーター勲爵士や金羊毛騎士から騎士号を取り上げる儀式に見られる、細部に至るまでの厳格性は言うに及ばず[☆一九]、この点に関しては、教皇ケレスティヌス五世によって一つの有名な先例が与えられていた。この教皇は、ナポリのカステル・ヌオーヴォで、彼が辞任した顕職の象徴——指輪、三重冠《ティアラ》そして紫衣——を手ずから自分の身体から取り外すことによって、自らを「解いた」のであった。しかし、教皇ケレスティヌスが、自分の顕職を、彼を選出した枢機卿団へと放棄したのに対し、世襲的国王たるリチャードは「自らの職権を神へと放棄した[☆二〇]」(Deo ius suum resignavit)。リチャードが「秘儀を伝える神官のごとき荘厳性をもって自らを王位から解く」シェイクスピアの場面は、多くの批評家の注目を惹いてきた。ウォルター・ペイターは、この場面をきわめて正当にも、逆行する儀式、免職の儀式、そして戴冠の式典が裏返しになる長く苦悩に満ちた儀式と呼んでいた。[☆二二] いかなる者も、神により聖別された人間、すなわち〈消すことのできない徴《しるし》〉(character indelibilis)を帯びる王に手を触れる権限をもたない。[☆二三] それゆえ、着衣を脱ぐとき国王リチャードは、自ら儀式を執り行う司祭のように見えるのである。

> 神よ、王を守りたまえ！　だれもアーメンと言わぬのか？
> 私が一人二役〔の司祭〕を演ずるのか？　では言おう、アーメン！
> （第四幕第一場一七二行以下〔邦訳一四一頁〕）

彼は、自分の政治的身体から少しずつ自らの顕職の象徴を取り除いていき、観客の眼前に哀れな自然的身体をさらしていく。

> さあ、よく見るがいい、私が私ではなくなるさまを、
> 私の頭から、この重い冠をとってさしあげよう、
> 私の手から、この厄介な笏をとってさしあげよう、
> 私の心から、王権の誇りをとってさしあげよう。

私は自分の涙で、王の聖油を洗い落とそう、
私は自分の手で、王の冠を譲り渡そう、
私は自分の舌で、王の地位をとり消そう、
私は自分の息で、王への服従の義務を吹き飛ばそう。
あらゆる栄華も威厳も遠去けることを、私は誓う

（第四幕第一場二〇三行以下（邦訳一四二頁））

リチャードが、かつて有していた栄誉のすべてを自らの手で剥ぎ取り、自分の「後継者」に、良い意味にも悪い意味にも取れる歓呼を送るとき、彼は再度、フリント城で彼が用いた古い手段――道化の役柄――へと舞い戻っているように見える。[☆三] しかし今度は、道化の笏杖は役に立たない。冷徹な敵ノーサンバランドは、「彼が織り上げた愚かな行為」を読み上げることをリチャードに要求するが、リチャードはこの行為を「解きほぐす」ことを拒否する。そして彼は、自分の「名」の背後で身を護ることもできない。名もまた、取消し不可能な仕方で彼から離れたのである。

私には名がない、称号もない、……
いまとなって呼ぶべき名前をも知らぬとは！

（第四幕第一場二五四行以下（邦訳一四三頁））

新たな独創の才を発揮して、彼はもう一つ別の障壁の背後へと身を隠そうとする。彼は、在りし日の自分の栄光を護るために新たな分裂、一つの裂け目を創り出し、これを通じて逃避し、かくして生き残ろうとする。彼は、失われた外なる王権に対して内なる王権を置き、彼の真なる王権を、内面的人間、魂、精神そして「王の思念」へと退却させるのである。

私の栄誉、私の権力はあんたの自由になっても、
私の悲しみはそうはいかぬ、私はまだ私の悲しみの王だ。
（第四幕第一場一九二行以下〔邦訳一四二頁〕）

彼の王権は不可視なものとなり、内面へと退いた。これに対して、彼の肉体は可視的であり、人々の軽蔑や嘲笑、あるいは哀れみや冷笑にさらされている。彼の悲惨な自我に喩えられる形象としては、唯一つのものしか残されていない。すなわち、嘲りを受ける人の子イエスである。「天の記録に、堕地獄の罪と定められている」のは、ノーサンバランドだけではない、他の人々も同様である、とリチャードは叫ぶ。

やい、おまえたちはみんな、手をこまねいて突っ立ち、

みじめさにさいなまれている私を見ておるな、
なかにはピラトのように手を洗い、うわべだけ
あわれみを見せかけるものもおるようだが、いいか、結局
おまえたちピラトは、私をむごい十字架へ引き渡したのだ、
その罪は、いくら水で洗っても落ちるものではないぞ。
（第四幕第一場二三七行以下（邦訳一四三頁））

ここでシェイクスピアは、リチャードの対型として、ユダヤ人の王として嘲りを受け、十字架に引き渡された、ピラトの面前のキリストを導入しているが、キリストの形象は、何の理由もなく任意に用いられているのではない。リチャードの失墜という出来事が現実に起こったときと同時代に書かれ、シェイクスピアの典拠ともなった史料のなかには、当の場面が同じような光の下で伝えられていた。

このとき、彼（ボリングブルック）は、私にピラトを思い出させた。ピラトは、我らが主イエス・キリストを鞭打たせた後、大勢のユダヤ人の前に連れ出し、「諸君、これがあなたがたの王である」と述べ、ユダヤ人は「彼を十字架につけよ」と返答した。それからピラトは自分の手を洗い、「私は正しい血に対しては無実である」と述べた。そして彼は、我らの主をユダヤ人へと引き渡したのである。これと非常に似たやり方

で、公爵のヘンリーは、彼の正当な王をロンドンの群衆へと引き渡したが、もし群衆が王を死に至らしめることがあれば、「私はそのような行為については無罪だ」と述べたことだろう[☆二四]。

ボリングブルックをピラトと、リチャードをキリストと比較する態度は、ランカスター家に敵対する集団に見られる広範な感情を反映している。この感情は、或る程度までチューダー朝時代において復活した。しかし、目下の論点との関連では、これはさして重要なことではない。シェイクスピアが聖書上の比較を用いるとき、彼はこれをリチャードの悲惨が全面的に展開していく過程の中に組み入れているのである。リチャードは未だ悲惨のどん底には至っていない。人の子イエスは、辱しめと嘲笑にもかかわらず、精神の内奥では〈隠れたる神《デウス・アブスコンディトゥス》〉としてとどまったのであり、シェイクスピアのリチャードも同様に、ほんのわずかでも彼の内なる隠れた王権を信頼することができた。しかし、この内なる王権もまた瓦解していく。なぜならば、ランカスター家のピラトと相対峙しているとき、リチャードは自分が少しもキリストに類似した存在ではなく、むしろ自分自身、ピラトやユダのごとき人々と同じ穴の狢《むじな》であることにはたと気づくからである。彼も他の人々と同様に裏切者であり、むしろ彼ら以上に悪質でさえある。彼は、自身の不可死の政治的身体への謀反人、彼の時代まで存続してきたような王権への謀反人だからである。

私の目は涙でいっぱいだ、読もうにもよく見えぬ。
だが、いくら塩からい水が目を曇らせても、
ここに謀反人どもの群れがいることだけは見えておる。
いや、目を転じて自分を見れば、この私自身、
ほかのものと同じく謀反人だということがわかる、
なにしろ私は、栄華を極めた王のからだから……

（第四幕第一場二四四行以下〔邦訳一四三頁〕）

すなわち、自然的身体としての王は、政治的身体たる王、「栄華を極めた王のからだ」に対する謀反人となった。謀反に対するリチャードの自己告発は、一六四九年の告発、すなわち王（King）に対して王（king）が犯した大逆罪の告発を、あたかも予示しているかのようである。

このような裂け目は、未だリチャードの二重化のクライマクスではない。彼の人格の分裂は、情け容赦なく続いていくからである。ここでもう一度、例の「太陽＝王権」の比喩が現われる。しかし、リチャードが、この特異な想像から生まれた比較に踏み込むとき、それは逆しまの秩序において現われるのである。

ああ、この身が雪だるまの王であればよかった、

であれば、ボリングブルックという太陽に照らされ、
溶けて流れて水しずくと消えることもできたろうに！

（第四幕第一場二六〇行以下〔邦訳一四三頁〕）

しかし、リチャードが「溶けて消える」のは、そして、彼の人格とともに初期の典礼的意味における王権のイメージが消え去るのは[☆二五]、この新たなる太陽——これは、戯曲全体を通じて神の大権の象徴とされている——に照らされるからではない。リチャードの破産せる大権とその無名の人性は、彼自身の日常的な顔容を前にして溶解するのである。

鏡の場面は、二重化された人格の悲劇のクライマクスである。この鏡は一種の魔法の鏡のような力を有しており、リチャード自身、罠にかかり閉じ込められてしまったおとぎ話の魔法使いに似て、自分の魔法を自らに対してかけざるをえなくなった魔法使いのようである。鏡が映し出す素顔は、もはやリチャードの内的経験と一致せず、彼の外なる相貌はもはや内なる人間と同一ではない。「これが……顔か？」という三つの問いかけと、おのおのの問いに対する返答は再度、二重の本性の三つの主要な様態——王、神（太陽）そして道化——を反映している。

これが、
かつては毎日一つ屋根の下に、一万もの人間を

かかえていた顔か？　これが、太陽のように、
仰ぎ見るものをつねにまぶしがらせた顔か？
これが、愚かな行為のかずかずに顔をかしてやり、
ついにはボリングブルックに顔をつぶされた顔か？

（第四幕第一場二八一行以下〔邦訳一四四頁〕）

そして最後に、彼の顔に輝く「はかない栄光」を目の前にして、リチャードが鏡を地上に打ち砕いたとき、リチャードの過去と現在のみならず、超越世界のあらゆる様相が粉砕されたのである。リチャードの鏡占いは終わった。姿見に映った諸特徴は、彼が第二の身体ないし超越的身体のあらゆる可能性を剝奪されてしまったことを——栄華を極めた王の身体、神が選んだ代理人に認められる神との類似性、道化の愚かな行い、そして内的人間に宿る最も人間的な悲哀でさえも奪われてしまったことを——露わに示している。粉々になった鏡は、考えられうるあらゆる二重性が分解したことを意味し、あるいは分解そのものである。これらの様態のすべては、一つのものへと還元されてしまった。すなわち、一人の惨めな人間の平凡な顔、取るに足らない自然《ピュシス》、今やあらゆる超自然的性格を剝奪された単なる〈自然〉へと、これらのすべてが帰してしまったのである。それは、死以上であると同時に、死以下の状態である。それはリチャードの崩御《ディマイズ》であり、新たなる自然的身体が立ち上がることであった。

ボリングブルック　おい、だれかロンドン塔までお運び《コンヴェイ》申せ。

リチャード　なるほど、運んでくれるのか？　おまえたちはみんな、
一人の真の王が失墜すると、すばやく起き上がる運び手だ。

（第四幕第一場三一六行以下）

プラウドン　（崩御《ディマイズ》という）言葉が意味するのは……二つの身体が分離したということ、そして、今や死に、あるいは王の威厳を離れた自然的身体から、もう一つ別の自然的身体へと政治的身体が……運ばれていく《コンヴェイド》、ということである。[☆二六]

『リチャード二世』は、常に政治劇と考えられてきた。[☆二七]廃位の場面は、一五九五年の初演以降、何回も上演されていたにもかかわらず、エリザベス女王が死去するまで活字にされることがなく、あるいは活字にすることが許可されなかった。[☆二八]史劇は一般的にイングランドの人々の間で人気があり、特にアルマダ〔スペイン無敵艦隊〕の壊滅に引き続く時代においてそうであった。しかし、『リチャード二世』に対する人々の関心は、尋常なものでは

なかった。これには他の理由もあるが、特にエリザベスとエセックス伯との争いが、シェイクスピアの時代の人々にとって、リチャードとボリングブルックの争いのように映ったからである。一六〇一年、——結局は不首尾に終わった——女王に対する反乱の前日に、エセックス伯が、自分の支持者とロンドン市民の前で『リチャード二世』をグローブ座で特別に上演することを命じた事実は、よく知られている。エセックス伯に対する裁判の過程で、この上演の事実が王座の裁判官——このなかには、当時の二人の偉大な法律家、クックとベイコンがいた——によって少しばかり立ち入って議論されたが、彼らは、この劇の上演が現状への暗示を意図したものであることに気づかないはずはなかった。[☆二九]また、エリザベスがこの悲劇に対し、きわめて強い嫌悪の念を抱いていたことも、同様によく知られている。エセックス伯に対する刑執行の当日、彼女は、「この悲劇が街なかや建物のなかで四十回も上演されてきた」と苦情を述べ、自らを劇の主人公と同一視するあまり、「私がリチャード二世なのだ。おわかりにならぬのか」と叫んだほどである。[☆三〇]

『リチャード二世』は政治劇であり続けた。それは、一六八〇年代の、チャールズ二世の治下において上演禁止となった。その理由は、この劇がおそらくあまりにも露骨にイングランド革命史のごく最近の出来事を、すなわち、当時聖公会祈禱書で記念すべき日とされた[☆三一]「祝福された国王チャールズ一世殉教の日」を例証するものと考えられていたからである。王政復古は、このような事実や、これに類似の他の事実を記憶から抹殺しようとし、したがって、キリストの似姿たる殉教王の概念と同時に、王の二つの身体の暴力的な分離という、きわめて不愉快な観念をもテーマにしたこの劇を好まなかったのである。

仮にチャールズ一世自身、自らの悲劇的運命を、シェイクスピアの『リチャード二世』と同じ観点、すなわち王の双生的存在という観点から理解したとしても、驚くべきことではないだろう。『王の肖像《エイコン・バシリケ》』の刊本のいくつかには、しばしば「悲惨なる王権」(Majesty in Misery) とも呼ばれている長い哀歌が印刷されている。この詩はチャールズ一世の筆になるものとされており、このなかで、——もしほんとうにチャールズがこの詩の作者であるとすれば——不幸な王は、きわめて明白に王の二つの身体に言及しているのである。

　彼らは、私自身の力でもって私の王権を傷つけた。
　王が、王の名において自らを廃位した。
　このように、塵埃はダイアモンドを打ち砕く。[☆三二]

第三章　キリストを中心とする王権

一　ノルマンの逸名著者

王の二つの身体という法的擬制が、エリザベス朝および初期スチュアート朝時代におけるイングランド政治思想の顕著な特徴であったことは、疑いもなく確かなことである。しかし、このような思弁が十六世紀と十七世紀に限定されていたとか、それ以前には存在しなかったと考えるべきではない。

或る無名の中世の著述家が、王の「双生の」人格に関する興味深い観念を発展させていた。このことは一般の人々には知られていなかったと思われる。しかし、少なくともエリザベス朝時代の一人の卓越した大主教マシュー・パーカーは、彼が生きた時代よりほぼ五世紀も以前に、中世の或る著述家がこのような観念を既に展開させていたことを、おそらくは知っていたと想像できる。というのも、パーカー大主教は一五七五年に死去する少し以前に、自らがかつて籍を置いていたケンブリッジ大学のコーパス・クリスティ・カレッジに貴重な蔵書を遺贈したが、この蔵書のなかに、名前の知られていない一人の聖職者によって一一〇〇年前後に書かれた、きわめて興味深い神学的・政治的諸論考の現存する唯一の写本が含まれていたからである。これらの論考は、その大胆な言葉遣いにより、著者の情熱的なまでに反教皇グレゴリウス的で、激しいまでに皇帝派的な感情を露わに示しており、そこには、叙任権闘争によって燃え上がった炎が依然として息づいているのである。これらの論考は、五十年ほど前に初めて刊行されて以来、次第に歴史家たちの関心を惹くに至ったが、学者たちのあらゆる努力にもかかわらず、その著者の名前を明確に突き止めることはできなかった。もっとも、ごく最近の研究によれば、この「逸名著者」はノルマンディ公国出身のノルマン人であり、その上おそらくは公国の高位聖職者の一人であったことが疑いの余地のないものとされている。☆一

ノルマンの逸名著者は神学的文献や典礼や教会法に関する豊富な知識を有しており、教会論や教会政治の分野に属する問題で、彼が常に独創的で、しかも常に読者を驚かし、そして常に生き生きと論じなかったような問題はほとんどないと言ってよい。議論することが適切であると彼が考えた数多くの論点のなかには、多様な権能や諸成層がそこへと集中する〈混成の人格〉(persona mixta) として後世に定義されることになるものも含まれていた。言うまでもなく、いろいろな種類の権能の混成態といったものは、他のあらゆる時代と同様、今日でも見出されるだろう。しかしながら、外観において異質な二つの領域を結合させることは、現世と来世、一時的なものと永遠なもの、俗なるものと霊的なるものと

の二元性を調和させようと希求した中世という時代にあっては、格別に魅力のあることであった。当時の人々を動機づけたと思われる観念形態を把握するためには、宗教的な騎士団において要請されていた、修道士と騎士の「混成態」を想起するだけで充分である。そして、クリュニー修道院の修道士が〈すなわち、天使的にして人間的な〉(angelicus videlicet et humanus) 存在と言われたときも、これは単に偶然的に選び取られた比喩以上のことを意味していた。というのも、修道士は、依然として現世において肉体を有しながらも、天上の存在者の〈天使的生〉(vita angelica) を例証すると主張されていたことを、我々は想起すべきだからである。[☆二]

今ここでは、宗教的・政治的領域における〈混成の人格《ペルソナ・ミクスタ》〉だけを問題にすることにしよう。この領域において〈混成の人格〉は、主として司教と王により表現されており、「混成態」とは、霊的および世俗的な権力や権能が混ざり合って一つの人格のなかに統合されていることを指し示している。このような意味での二重の権能は、封建時代における聖職者については、ごく一般的で通常の特徴とされていた。この時代においては、司教は教会の王侯であるのみならず、王の封臣でもあったからである。たとえば、フランスの或る司教は、司教として自分は厳格な独身を守るが、封建領主としては正当に結婚しているのだ、と主張していた。また、ランフランクスの指摘によると、バイユーのオドは征服王ウィリアムによって、司教としてではなく伯爵として審判された。[☆三]しかし我々は、これほど極端な事例を捜し出してくる必要はない。というのも、一一〇〇年以後まもなく、司教の二重の権能は、教皇庁が世俗権力と締結した数多くの政教協約のなかに、法律用語として既に明記されていたからである。しかし、意義深いことは、司教の霊的性格と世俗的性格の区別のように一見してきわめて明白な区別――叙任権の問題は、ほとんど絶望的と言ってよいような仕方でこの区別と絡み合っていた――が、実際は大きな困難を克服することによって初めて確立されえたということである。そして、司教の二重の地位の承認という論理的な結論が最終的に導出されたのが、シャルトルのイヴォという法的権威の明晰な思考に主として依拠していたことも意義深いことである。イヴォの発意のもとに、イングランドでは一一〇七年の政教協約によって、教会における聖職叙任と並べて、司教に対する世俗的権限の賦与の問題が規律されることになったのである。そして、このとき以来、イングランドの司教＝封建貴族(バロン)という二重の身分的地位が明確に定義されることになった。エドワード一世治下の王座の裁判官たちは、同時に王権伯でもあったダラムの司教に関して、〈彼は二つの身分を有している〉(Habet duos status)と宣言しているが、この宣言によって裁判官たちは、確かに以前よりも精確な仕方においてではあるが、クラレンドン条令(一一六四年)や、その他の機会に際して既に宣言されていたことを、単に公式化しているにすぎないのである。[四]

〈混成の人格〉として現われたのは司教ばかりではない。王もそうであった。というのも、王には、彼の聖別と塗油から発出するものとして、或る種の霊的な権能が帰属していたからである。確かに、教皇派の理論は、最終的には王に対し聖職者としての性格を拒否し、あるいは、これを意味のない名目だけの称号や役職にすぎないものへと後退させていた。[☆五]しかし、それにもかかわらず、中世後期の著述家たちは、王が「単に世俗的な者ではない」こと、あるいは、法的な言葉で言えば「通常の人格ではない」ことを強調し続けたのである。[☆六]しかも、ノルマンの逸名著者がその論考を書いていた一一〇〇年頃は、霊的性格を付与された人格としての王という概念は依然として盛んに用いられ、その全盛期にあった。それゆえ、この著述家が議論することの多くは、中世の司祭＝王権の諸観念を背景として理解されねばならない。

〈混成の人格〉の理論は、国王二体論と直接的には何の関係もないように思われる。〈混成の人格〉の概念によって表現される二重化は、世俗的および霊的な権能に言及しているのであって、自然的身体と政治的身体に言及しているわけではない。しかし、初期中世にあって、王位の聖職化から生ずる王の霊的性格という理念自体のなかに、王の非人格的で不可死の超身体が潜んでいるとは考えられないだろうか。[☆七]事実、キリスト類似の王権に含まれた霊的性格の断固とした擁護者の一人であったノルマンの逸名著者は、このような解釈の可能性へと我々の注意を促すのであり、それゆえ、我々としては、彼の示唆を感じ取り、彼の導きに従う他に適切な途はないだろう。

この逸名著者の論考のなかで最も良く知られ、おそらく最も注目すべきは、『司教と王の聖別について』と題するものである。この表題が示唆するように、著者の議論は、王と司教の叙任塗油式の効果に焦点を合わせたものである。ノルマンの逸名著者は、旧約聖書から新約聖書へと、きわめて理に適った仕方で論証を進め、したがってまずイスラエルの諸王の塗油から議論を開始している。さしあたって我々は、著者がここでイスラエルの王たちの塗油のみならず、アロンやその他のイスラエルの高位聖職者の塗油にも言及している事実を、考慮の外に置いてもいいだろう。彼は次のように書いている。

> かくして我々はおのおの〔王の〕なかに双生の人格が存在したことを認めるべきである。一つは自然に由来し、他は恩寵に由来する。そして、一つは人間に固有の性格のなかに存在し、他は聖霊と聖なる徳において存在する。一方の人格は、これを通じて王が自然の条件によって他の人間と一致するところのものであり、他方の人格は、これを通じて王が、〔自らの〕神化の卓越性と〔聖別の〕秘蹟の力によって、他のあらゆる人間を超越するところのものである。一方の人格性に関して言えば、彼は自然によって一人の個人であり、他方の人格性に関して言えば、彼は恩寵によってキリスト、すなわち神人なのである。☆八

この箇所は、国制に関する用語ではなく神学の用語を用いてはいるが、チューダー朝の法律家の議論との類似性を顕著に示している。チューダー朝の法律家は、言うまでもなく恩寵についてではなく、イングランドの人民の政体について述べていたのであり、彼らはおそらく、「一方〔の身体〕は自然に由来し、他方は政体に由来する」といった表現を用いた

ことだろう。しかし、ノルマンの著述家もチューダー朝の法律家も、王の自然的で個体的な身体と或る種の神秘的な仕方で結合した王の超越的身体という類似のフィクションへと到達したのである。しかし、二つの概念の間に類似性が認められるからといって、中世における「双生の《ジェミネイト》」王と、この後裔たるチューダー朝の二つの身体をもつ王との間に、我々を困惑させるような或る種の「本性論上の」相違が存在する事実を見失うことがあってはならない。

逸名著者が言及している王は〈油注がれたる者〉、すなわち旧約聖書の塗油で聖別された王〔マーシーアハ〕たちであり、これらは、永遠に聖別された者、真の王たるイエス・キリスト到来の前兆であった。キリストが受肉してこの世に到来した後は、そしてキリストが昇天し栄光の王として讃美されるようになった後は、地上の王権は当然の帰結として変容し、救済機構の内部で、自らに固有の役割を受け取ることになった。新約の王たちは、もはやキリスト到来の「前兆」となる人々としてではなく、キリストの「影」、キリストの模倣者として現われるだろう。キリスト教の支配者は〈キリスト模倣者〉(christomimētēs)となり――この言葉は字義的には、キリストを「演ずる役者」ないしキリストの「真似をする者」を意味していた――、地上の舞台で、二つの本性を有する神の生ける似姿を表現し、これは、神の混同されることなき二つの本性をそのまま表わすものとさえ考えられた。原型たる神と神の可視的な代理者とは、大いなる類似を示すものとして理解され、相互に相手を映し出すものと想定されていた。そして、無名者によれば、永遠に聖別された者と、地上におけるその対型であり時間のなかで聖別された者との間には――本質的ではあるが――おそらく唯一の相違しか存在しない。すなわち、キリストは、まさに彼の自然〔本性〕それ自体によって王であり〈クリストゥス〉であるのに対して、地上における彼の代理者は、恩寵によってのみ王であり〈クリストゥス〉なのである。というのも、地上の王が聖別される時点で、聖霊が彼へと「跳び込み」、彼を「他の人間」(alius vir)へと変え、時間の内部において彼を変容させていくのに対して、自己と同一にとどまる聖霊は、栄光の王と永遠の過去より一つであり、これからも永遠に一つであり続けるからである。[☆九] 換言すれば、王は恩寵の力によって短い期間だけ「神化」されるようになるのに対して、天上の王は本性上永遠に神である。

この反立関係は、ノルマンの逸名著者によって再三再四具体的に利用されている。それは、彼自身が創り出したものではなく、むしろ神学の分野において当時の人々に馴染みの概念を単に再現したものにすぎない。自然《ナトゥラ》と恩寵《グラティア》の反立関係は、一般的には、人間本性の弱さが恩寵により癒されることのみならず、恩寵が人間に対して、神的本性それ自体に参与する傾向性を付与することを示すためにも用いられている。後者の意味で〈自然〉と〈恩寵〉の反立関係を理解すれば、それは初期キリスト教に事実上見られる人間一般の「神化」の道具として利用されたのであり、単に聖別され塗油された国王たちに対してだけ用いられていたわけではない。しかしながら逸名著者は、「恩寵による神化」という観念をとりわけて王へと適用し、これを王に対する塗油と聖別の儀式から生ずる効果と考えており、さらに彼は、「神化の卓越性」が王に恩寵の身体を提供し、この身体によって王は他のすべての人々を超越した「別の人間」へと生まれ変わることを指摘するために、自然と恩寵の反立関係を利用したのである――彼は、この神化を、ギリシア語のアポテオシス（apotheōsis）、古代ローマのコンセクラティオ（consecratio）と同じ意味内容をもつものとして説明している[☆一〇]。この反立関係が、逸名著者にとって、神と王の本質的な相違をきわめて厳格な仕方で把握するのに役立ったのは確かである。しかし、これはまた彼にとり、両者を区別する境界線を曖昧にさせるのにも役立ち、「自然（本性）による神」と「恩寵による神」との相違がどこで終わるのかを――すなわち、権力（potestas）の観点から見て――示すのに役立った。彼は、権力が自然によって本性上所有されているか、それとも単に恩寵によって獲得されたにすぎないかに関係なく、神と王の両者において、権力の本質と実体が同等であることを主張している。

> 王の権力は神の権力である。すなわちこの権力は、自然により神のものであり、恩寵により王のものになる。したがって、王は神でありキリストでもあるが、これは恩寵によってそうなのである。そして彼は、自らが行うあらゆることを単に人間として行うのではなく、恩寵によって神およびキリストとなった者として行うのである[☆一一]。

かくして、王の権力はキリストのそれと同一なるがゆえに、権力に関しても王は完全なる

〈キリスト模倣者〉として現われる。それゆえ、ノルマンの著者が次のように付言するのもよく理解できるだろう。すなわち、自然（本性）において神、自然において（本性上）聖別された者は、代理者たる王を通して行動するのであるが、この代理者は「恩寵によってキリストであり神」たる者、「顕職においてキリストと神の像であり似姿である[☆二二]（in officio figura et imago Christi et Dei est）」すなわち王は、他の点では個人として存在しながら、〈顕職においては〉天上にいる聖別された者（キリスト）の——したがって神の——像であり似姿なのである。

自然と恩寵の二極性と同時に潜在的な一性をめぐる以上のような考察を通じて、ノルマンの著者は、「双生の《ツィンド》」存在としてキリストを体現する王という概念へと導かれていった。恩寵により聖別された存在者たる王は、〈双生の人格〉（gemina persona）として、二つの本性を有するキリストに類似の存在として、自らを表現することになる。これは、キリストを中心とする王権の中世的観念が、西欧においてごく稀にしか見られないような極端な形態へと展開されていった一つの例であった[☆二三]。神＝人キリストと同様に、王は人間的であると同時に神的なものとして、双生の存在者とされている。しかしながら、王が二つの本性をもつ双生の人格であるのは、ただ恩寵のみにより、時間の内部においてそうであるにすぎず、自然（本性）により、そして（キリスト昇天の後に）永遠においてそうであるわけではない。地上の王は、その本性において双生の人格であるのではなく、塗油と聖別を通じて双生の人格になるのである。

〈双生の人格《ゲミナ・ペルソナ》〉という表現それ自体は、詩的な比喩であるわけではなく、むしろこれは、キリスト論上の諸定義に由来し、これと関連づけられた専門用語である。現実には、この用語がキリストに適用されることは稀であったが、これは別の問題である。正統な教義に従えば、キリストは二つの本性を有する一つの人格（una persona, duae naturae）とされていた。それゆえ、「双生の人格」という表現は、教義的には危ない表現として回避すべきものとされたのである。これは「二つの人格」という表現と同じくらい不適切なものであった。というのも、この表現では、ネストリオス主義や養子説〔イエスは初め単なる人間であったが、聖霊の働きによって神の子となったという説〕の解釈をうまく排除することができないからである。しかし、注目に値するのは、前記の脈絡においては一般的にほとんど用いられなかった「双生」のイメージが、ヒスパニア（スペイン）の初期の教会会議の決議のなかに、従来に比べるとより頻繁に見受けられるようになったことである。ヒスパニアの教会会議が生み出した多数の信仰箇条のなかには、或る種の動揺が見出されるかもしれないが、その用語上の選択は教義的に見て正しいものであった。第二ヒスパニア教会会議（六一九年）は、キリストの〈双生の本性〉(gemina natura) を強調し、「この〈双生の本性〉は依然として一つの人格を形成している」[☆一四]と正当にも付言している。第六トレド教会会議（六三八年）もまた正当に、「もしキリストが〈双生の人格〉(geminata persona) であれば、三位一体は四位一体となってしまう。こうならないように……人間と神は、二つの本性において一《いつ》なるキリストを形成する」と考えるべきことを決議した。[☆一五]六七五年に第一一トレド教会会議は、「双生」という用語に再度立ち帰ったが、注意深くも、〈双生の本性〉(gemina natura) や〈双生の人格〉(gemina persona) という表現を避けて、〈双生の実体〉(gemina substantia) という表現にこれを移し換え、「それゆえキリストは、彼の神性と我々の人性とから成る〈双生の実体〉を自らの内に有している」と説明した。そして、この問題と関連して、当の教会会議は、〈同様に彼は、自己自身より偉大であると同時に卑小なる者と考えるべきである〉(Item et major et minor se ipso esse credendus est) という注目に値する表現を造り出したのである。[☆一六] 最後に、第一四トレド教会会議(六八四年)は、新たに別の双生態を採用するに至った。キリストは、本性の双生性により分割されてはいない ―― non naturarum geminatione divisus ―― が、自らのなかに双生の意志と活動 ―― gemina in eo voluntas, et operatio ―― を有し、しかも、完全に神であると同時に完全に人間であると、司教たちは宣言した。[☆一七] ところがこれ以後、双生の本性、双生の人格、双生の実体、あるいは双生の意志といった表現は、信仰告白の中では使われることなく姿を消していった。再度、否定的な意味においてではあるが、ラバヌス・マウルスがこれらの表現に言及しており、[☆一八] また、〈双生の実体の巨人〉(gigas geminae substantiae) という言葉だけが、キリストは受肉する以前から〈双生の存在〉(geminatus) であったという主張を論駁する手段として、十二世紀のキリスト論の著作にしばしば登場しているにすぎない。[☆一九]

ノルマンの逸名著者は、ヒスパニアの諸教会会議の決議に精通していた。これらの決議は偽イシドルス教令集のいくつかの写本の一節を構成しており、ノルマン人はこの教令集成を何度も利用し引用していたからである。そして彼は、ちょうど皇帝たちが普遍教会の公会議を召集し指揮し主宰したように、西ゴートの王たちも――皇帝ではなく王として――地域的な教会の会議を召集し指揮し主宰する慣例があったことを立証するために、ヒスパニアの教会会議を慎重に検討してさえいる。それゆえ西ゴートの範例は、〈王は自らの王国において皇帝である〉(rex est imperator in regno suo) という主張が未だ定式化されていなかった時代にあって、皇帝の範例よりいっそう容易にアングロ＝ノルマンの諸条件に適用可能な重要な先例とされたのである。[☆二〇] そして逸名著者は、トレド教会会議決議から、王の「双生」という比喩もおそらく借用したと思われる。ノルマンの著者が、キリスト論的に見てネストリオス主義や養子説的な臭いを含んだ〈双生の人格《ゲミナ・ペルソナ》〉という表現だけを取り出し、この表現を明確にキリスト中心的な彼の王権理論へと導入したことは、一見して奇妙に思われるかもしれない。しかし、王が自然（本性）によってではなく恩寵によってのみ神的存在であることを彼は既に再三再四繰り返しており、したがって、王に神的「本性」を帰することなど彼には不可能であった。神であることと対置された〈神になること〉――すなわち神化《ディフィカティオ》――の原理は、一一〇〇年頃の国王キリスト論の中に、ネストリオス主義や養子説的な定式化に類似した或る種の要素を導入することになった。[☆二一]

この著者は、キリストに類似した王が有する二重の能力という観念に潜在するさまざまな可能性を、徹底的に探究している。事実、この観念は、チューダー朝の法学者の理論に劣らず首尾一貫し、巧みに展開された彼の他のあらゆる理論構成のための道具になった。

逸名著者は、王の二つの人格という概念を、手品師のように操作することを好んだ。しかし彼はこれと同じやり方で、イエス・キリスト（Christus）とイエス・キリスト（christus）という二つの形象をたえず対比させている。前者は永遠より塗油された者、後者は地上における彼の務めに際してヨルダン河で塗油された者である。[☆二二] 著者はこれらの二分法をさらに遠くへと、すなわち異教古代へと及ぼし、このことにより、きわめて興味深い結論へと達した。すなわち、旧約聖書の〈塗油された（キリストたる）王〉（reges christi）は、天の高みで〈王となるキリスト〉（Christus regnaturus）の前兆であり、彼らは――王として――或る意味で昇天以前のナザレの卑しきキリストより上位の者と考えるべきであるという趣旨の主張をほのめかしているのである。これは奇妙ではあっても受容可能な考え方と言ってよいだろう。ところが、ローマ皇帝と受肉した神との間に、より正確にはティベリウス帝とイエスとの間に、同様の関係を認めることに対し、我々は真の当惑を覚えるのである。[☆二三] 税を納めることによってティベリウス帝に服したのは、人の子イエスである。[☆二四] しかし、税はどのティベリウス帝に納められたのだろうか。逸名著者は、言い伝えを次のように解釈しながら、ティベリウス帝のなかにもう一つ別の〈双生の人格《ゲミナ・ペルソナ》〉を創り出した。

> キリストは「カエサルのものはカエサルに返せ」と述べたのであり、「ティベリウスのものはティベリウスに」とは述べなかった。権力《ポテスタス》に返すのであり、個人に返すのではない。個人は価値なきもの、しかし、権力は正しきものである。ティベリウスは

不正なる者、しかしカエサルは善なる者である。それゆえ、価値なき個人にではなく、また不正なティベリウスにではなく、正しき権力に、そして善きカエサルに、彼のものを返すべきである。……キリストは「ペテロに」「私のため、そしてあなたのために、我々が人間としてそれに服している正しき権力、善きカエサルに与えなさい」と述べたのである。なぜならばキリストは、カエサルのものをカエサルに返すことが正義に属することを知っていたからである。……これらすべてにおいて、彼は正義を全うした。というのも、人間の弱さが神的な権力《ディウィナ・ポテスタス》に服従することは、正しいことだからである。要するに、このときキリストは、彼の人性のゆえに弱き者であり、これに対して、カエサルの権力《ポテスタス》は神的なるものであった。[☆二五]

この一節に関して最小限言いうることは、それが一つの原理を異常なまでに拡大解釈したものであること、そして、通常の諸概念の意味射程内にとどまりながらも、結果的にそれが、これらの概念と対立したものとなっていることである。それ自体として見れば、〈権力〉の高揚は、「受難的服従」[☆二六]の理論と同様に、教会の教えと合致している。フン族の獰猛な王が「余は神の罰、アッティラなり」と叫んでその門を叩いた町の司教の感動的な話が想い起こされる。この司教は、「神の下僕よ、お入りなされ」と簡単に答えて門を開け、侵入者に対し、〈祝されよ、主の名において来たる者〉(Benedictus qui venit in nomine Domini)と小声で祝福を与えながら殺されてしまった。司教は、アッティラのなかにさえ

神の大権を認めて崇拝したのである。☆二七

この伝説は、疑いもなく、受動的服従の極端な事例、すなわち、「この世にある権力は神により定められしもの」という使徒の戒めの精神に従って権力に服従した、キリスト教徒の極端な事例を表現している。しかし、ノルマンの逸名著者が、人間ティベリウスに具現するカエサルの神性を、神人キリストの人性より上位に置いたとき、彼は、権力それ自体の神性を同じような極端へと押し進めたのである。著者はここで——また別の箇所でも——支配者がユダヤの王かキリスト教の君主か、それとも異教の皇帝であるかに関係なく、支配権一般が〈双生的性格〉(geminatio)を帯びるという固定観念から出発している。彼は、神々や王たちの二重の人格性を、巧みに構成された体系へと統合し、〈双生的性格〉を手際よく彼のあらゆる論証の原動力にしているのである。皇帝ティベリウスは、神人キリスト自らがそうであったのと同様に「双生の」存在として登場している。人間としてのティベリウスは不正である。しかし彼は、カエサルとしては神的な存在、権力の受肉体として神的な存在である。彼は神《デウス》であり、イエスに対しては同時に主《ドミヌス》である。そして、ティベリウスの二重の人格性は、この皇帝の〈双生の人格《ゲミナ・ペルソナ》〉がもう一つ別の〈双生の人格〉すなわちイエス・キリストと対置されることによって、さらにいっそう、そしてほとんど絶望的と言ってよいほど錯綜したものになる。すなわち、イエス・キリストは彼の神性に従えば独り子として生まれた者(unigenitus)、彼の人性に従えば初子《ういご》として生まれた者(primogenitus)であるが、逸名著者はこの区別を、今度は彼の王にも適用しようと試み

ている。[☆二八]

このようにして、想像しうる最も奇妙な交差が、二つの二重的人格性の対置から生ずる。それはあたかも、カエサルたるかぎりでのティベリウスの〈権力〉が「聖なる後光で包まれ」、他方、人間として服従の状態にあるキリストは後光で包まれていないかのようである。しかし、これと同時に、個人として自然的身体におけるティベリウスには後光はなく、他方、受肉し個体化された神には、それが〈隠れたる神〉であってもその人間としての存在に後光が認められるのである。[☆二九]

しかし、ノルマンの逸名著者はここで歩みを止めることはなかった。彼は、同じ議論を用いながら、司教もまた〈双生の人格《ゲミナ・ペルソナ》〉であり、それゆえ、この点に関して王と司教の間には相違がないことを指摘している。もっとも、両者の間には、品級上の相違が存在する。そして著者は、王と司教の間の品級《オルド》の相違を、新たな双生的性格によって正当化している。すなわち彼は、王としてのキリストと司祭としてのキリストを区別しながら、この二重性を反立関係へと変えて、これを、（よく行われていたように）神人キリストの神性および人性とそれぞれ同等視するのみならず、おのおのを地上における王と司祭の職務とも同等視した。

それゆえ、両者〔司教と王〕は、霊においてキリストにして神（Christus et Deus）である。そして、職務において両者はキリストと神の、すなわち司祭のなかの司祭、王のなかの王の像ないし似姿である。司祭は、下位の職務と本性、すなわちキリストの人性の像であり、王は上位の職務と本性、すなわちキリストの神性の像である。[☆三〇]

しかし、これでもまだ充分ではない。というのも、逸名著者は、その人格分割理論の楔を、人格であろうと制度であろうと、あらゆる存在者へと打ち込むのである。司教座の至高性をめぐって、カンタベリーとヨークの間で古来より闘争と競争が続いていた。何が至高性を要求しうるのであろうか、と逸名著者は問いかける。カンタベリー教会の煉瓦や石だろうか。それとも、ヨーク大聖堂の建物に対してカンタベリー大聖堂の建物が至高性を要求しているのだろうか。明らかに、優越性を要求するのは、カンタベリー教会の物質的な建物ではなく、カンタベリーの非物質的な教会、すなわち大司教職である。それでは、或る大司教職に対する他の大司教職の優越性は、どこに見出されるのであろうか。〈人間であることに関してか、それとも大司教であることに関してか〉(In eone quod homo est, an in eo quod archiepiscopus est?)。

確かに著者は、最終的にはこれらの要求を全面的に否定することになる。しかし、重要な点は、彼がいつもの論法を用いながら、〈大司教〉に対して〈人間〉を、すなわち役職に対して人間を対置し、カンタベリーの「大司教座」に対してカンタベリーの「煉瓦」を対置させていることである。これと同様に、別の箇所でも彼は、「無形の天」に対し「有形の空」を対置させていた。[☆三一] そして、同様なやり方で、彼はローマ教皇の単一体をばらばらに解体し、教皇の人格に対し役職を対置させ、——類比的にこう言ってよければ——教皇の「自然的身体」に対し教皇の「政治的身体」を対置させているのである。しかしこの場合、彼は、罪人《ペカトル》となりうる教皇のために、「人間以下」の層を付加している。[☆三二]

時代が十一世紀から十二世紀へと移るとき、弁証法の影響を明瞭に示すノルマンの逸名著者の政治理論の基底には、どのような重要な問題が潜んでいたのだろうか。そして、先に挙げた無数の「双生的性格」の意味は何なのだろうか。我々の注意を喚起するのは、実を言うと役職と人格の区別なのではない。初期中世にこの区別が全く知られていなかったわけではないからである。著者自身、神に仕えるべき王の義務について聖アウグスティヌスが述べた言葉を引用している。「人間なるがゆえに〔神に〕仕えることと、王なるがゆえに〔神に〕仕えることとは別ものである[☆三三]」。役職と人格の区別は、六五三年のレケスウィント王の法律でも強調されている。この法律は、偽イシドルス教会集に含まれるヒスパニアのテクストを媒介として、広く知られていた。この法律のなかで西ゴート王は、栄誉がしかるべく与えられるのは、王の人格ではなくその権力に対してであること、王の個人としての凡庸性ではなく、栄えある彼の崇高性に対してであることを指摘している。「人格ではなく、法が王を創る[☆三四]」のである。しかるべき変更が加えられて、この区別はシルヴァ・カンディダのフンベルトゥスが総大主教ケルラリオスへ宛てた書簡でも明確に述べられている。「教皇はその職務においてペテロに似た者とされるのであり……彼の功徳においてペテロに似た者とされるのではない[☆三五]」（[Papa] qualis Petrus officio... non qualis Petrus merito)。

そしてまた、帝権と教権の大いなる闘争において、皇帝ハインリヒ四世が教皇グレゴリウス七世の廃位を宣告したとき、この皇帝は、教皇の職務とヒルデブラント個人の間に明確な境界線を引いていたのである。[☆三六]

　これらすべての特徴は、明示的ないし潜在的に、ノルマンの著者の諸著にも見出される。彼が他の人々と異なっているところは、彼の理論を支え、それを構成している哲学にあり、また、王の人格の二重化が法や国制ではなく、神学を基礎としている事実にある。すなわち、王の二重化は、キリストの本性の二重化を反映しているのである。王は地上におけるキリストの完全なる具現者である。王の神的範型は神であると同時に人間なるがゆえに、キリストの模倣者《クリストミメテス》たる王は、この二重性に呼応した者でなければならなかった。そしてまた、神的範型は王であると同時に司祭なるがゆえに、キリストの王権と司祭職もその代理者たち、すなわち王と司教に反映されるべきであり、かくして王と司教は〈混成の人格《ペルソナエ・ミクスタエ》〉（霊的にして世俗的）であると同時に〈双生の人格《ペルソナエ・ゲミナタエ》〉（自然／本性において人間的な、恩寵において神的な存在者）とされたのである。[☆三七] いずれにしても、ノルマンの逸名著者の諸理論は、個人と対置された「職務」の観念や、国制的ないし社会的な考察を中核としたものではなく、キリスト論的でキリスト中心的な理論であった。

　弁証論の新しい動向に支えられ、そしておそらく直接的にはシャルトルのイヴォの影響を受けて、[☆三八] 逸名著者は統一体を分解していくその方法をキリストの両性へと適用し、大胆な類比によって、この成果を地上における〈キリストの似姿〉（imago Christi）たる王へと移していった。（神の似姿ではなく）〈キリストの似姿たる王〉(Rex imago Christi) に対するこのような過度の強調は、神＝人キリストとその似姿の間に見られる類比が、「職務」と「個人」との間の機能的な区別のなかに求められるべきでないことを明瞭に示している。というのも、キリストの神性は彼の「存在それ自体」なのであるから、この神性を「職務」と解釈することは、困難と言うよりはむしろ不可能なことであったからである。そして逸名著者は、王のなかにも、「存在」の二つの異なった形態、すなわち、一つは自然的ないし人間的な形態、もう一つは聖化あるいは（著者がそう呼んだように）神化された形態を描き出している。[☆三九] 要するに、王を〈双生の人格〉として捉えるノルマンの著者の国王観は存在論的なものであり、また、祭壇で執り行われる秘蹟的・典礼的な行為から発出するものとして、それは典礼的なものでもあった。全体として彼の国王観は、役職上の諸権能や国制上の諸権限の間の区別や、個人と対置された職務や威厳の諸概念に関連したものではなく、むしろ、それ自体イメージであると同時に現実でもある典礼という聖なる行為といっそう密接に関係するものであった。確かに、著者の弁証法が、二つの本性を相互に張り合わせることにより存在論的単一性を破壊する惧れのあったことは、疑いえない事実である。この種の危険な手段は、逸名著者が当時の知的動向と共有していたものである。しかし彼の王権論には、まずもって存在論的な層が存在し、この層を見すごすことは大きな誤りであろう。ノルマンの逸名著者は、この存在論的な層を基盤として、明瞭にキリスト中心的で、それゆえ典礼的な彼の王権哲学を構築したのである。[☆四〇]

この哲学は来たるべき時代の哲学ではなかった。ノルマンの逸名著者に関しては、塗油の秘蹟の効力に対する神秘的な信仰に支えられ、反教権的な情熱に満ちた彼の諸論考が、それが書かれた当の時代において実践的な影響を少しも及ぼさなかったことがしばしば指摘され、主張されてきた。確かにその通りである。事実、叙任権闘争に引き続いて、革新的な改革を経た教皇庁が勝利を収め、教皇の指揮下に聖職者の支配権が確立するに及び、霊的な領域は聖職者に独占され、聖職者の支配領域へと変えられていった。これにより、ノルマンの逸名著者がかくも熱烈に擁護した典礼的王権の王＝司祭的な構造を維持し復興せんとするあらゆる努力は挫折したのである。他方、十二世紀に成長し始めた新しい領域国家は、教会上および聖職位階上のモデルから多くを借用したにもかかわらず、明白に世俗的なものであった。これからは、聖油の諸効力ではなく、世俗化された教会法を含む世俗の法が支配者の聖性を正当化することになるのである。したがって、ノルマンの逸名著者の思想は、教会陣営にも世俗陣営にも影響を及ぼすことはなかった。支配権に関する彼の観念は、聖職位階制にとって受け容れ難いものであり、世俗国家にとってはもはやそれほど強い関心をそそるものではなかった。それゆえ、弁証法的で対照法的な論証を用いたにもかかわらず、彼がそのために闘ったキリスト中心的な王権の構図は、過去に属するものであった。彼は、アングロ＝サクソンのイングランド、およびオットー朝や初期のザリエル朝時代の諸理念の闘士だったのであり、彼がその諸論考で要約したのは、十世紀と十一世紀の政治理念であった。過ぎ去った時代を讃美するすべての詩人と同様に、彼は過去の理念を過度なまでに詳論し力説することにより、最も凝縮され、整合的かつ極端な形態におけるキリスト中心的な王権論の代表的な唱道者となった。それゆえ彼の論考は、同時代に効力を有していた思想とか将来の前兆となる思想の反映としてではなく、先行する時代に通用していた理念を誇張する――したがって、この理念を少しばかり歪曲させることにもなった――一種の拡大鏡のようなものとして利用されるべきである[☆四一]。図像学上の証拠が以上の主張を裏づけてくれるだろう。

二 《アーヘンの福音書》の挿絵

頭に皇帝冠を被り、肩に紫衣を纏って磔《はりつけ》にされたキリストを示す、〈聖なる顔容《ヴォルト・サント》〉として知られるロマネスク様式の十字架は、王たると同時に生贄としての神＝人の性格を、おそらくは最も簡潔に表現した図像学的定式の一例であろう[☆四二]。この図像表現の引き締まった簡潔さはきわめて印象的であり、それゆえ、そこに描かれている図像は、観者の心に直接的な感銘を与えずにはおかない。〈聖なる顔容〉は、〈二つの本性をもった単一の人格〉(una persona, duae naturae) を顕著な仕方で象徴しているのである。キリストの二つの本性は、言うまでもなく何度となく芸術的描写の主題とされてきた。しかし通常は、おのおのの本性はそれぞれ別個に描かれていたと言ってよいだろう。すなわち、パネル画の下部には生まれたばかりのキリストないし十字架を担うキリストが描かれ、これと層を成すレジスターには栄光の王たるキリストが描かれるのが常であった。しかしながら〈聖なる顔容〉では、本性の二元性はきわめて印象的で力強く表現されているので、二つの本性を別個に提示する図像よりも、この方がより強い効果を挙げているのである。[☆四三]

地上で支配する〈キリスト模倣者〉たる皇帝の二つの本性が、図像学上は前記のものと非常に異なっているが、同様に簡潔な方法で描写されえた時代が西欧文化にあったとすれば、それは、妥協を許さぬほど徹底したキリスト中心的な思想が大いに高揚した時代——大雑把に言って九〇〇年から一一〇〇年にかけての修道院の時代に相当する——以外にはありえないだろう。九七三年前後にライヒェナウ大修道院で制作された《アーヘンの福音書》の有名なミニアチュールは、玉座にある皇帝オットー二世を描いている[☆四四]（図5）。皇帝は、例のごとく巻物状のクッションで装飾された玉座の長台に坐し、その脚はストゥール（台座）に置かれている。これは確かに、カロリング朝時代以降、西欧の伝統であった皇帝の代表的で公式的な肖像である。しかし、アーヘンの写本では、芸術上の慣例や伝統が大幅に無視されている。玉座は、カロリング朝やオットー朝時代の貴重な諸写本の公式の肖像によく見られたような堅固な土台の上に置かれてはいない。皇帝の容姿全体と同様、玉座は身光《マンドルラ》に取り巻かれ、したがってそれは空中に浮かんでいるように見えるのである。しかし、玉座が地上に設けられていることは確かである。玉座は、うずくまるテルス、すなわち大地女神によってもち上げられており、テルスの腕はストゥールの脚を支えている。これと同時に、神の手が天上から下方へと伸びて、皇帝の頭上に王冠を載せ、あるいは王冠に触れてそれを祝福している。そして、神の手を取り囲む神的後光は皇帝の後光と相交わり、かくして、皇帝の頭は二つの後光の交差により形成される三角形のなかに置かれることになる。

この図像は、さらに三つの形象を付け加えている。皇帝の像の上方は、四人の福音書記者を象徴する黙示録の四体の生きもので取り囲まれており、生きものたちは一つの白い帯飾ないし飾り布を摑んでいる。皇帝の足許はるか下にいて絵画の前景を占めているのは四人の高貴な人々であり、そのうちの二人は大司教、他の二人は戦士である。これら四人は、明らかに聖俗の君侯を表現している。[☆四五] 画面中央部でストゥールの左右に立っている二人の男の姿は、紫色の三角旗が取りつけられた旗竿を肩にかけ、礼拝とは言えないまでも畏敬の態度を表わしている。両者がきわめて高位の人間であることは、その冠によって示唆される――彼らは封臣たる公爵か、あるいはおそらく王国《レグヌム》のさまざまな支配者なのだろう。これらの支配者が多数存在することが、皇帝の威厳を示すために必要とされたのである。[☆四六] いずれにしても彼らは、若き〈世界支配者〉(kosmokrator)に従属する君主ないしは王侯《レグリ》であり、世界支配者自身は、天上へと向かって、あるいは天の内部へと挙げられているのである。ここで我々は、一世紀後にノルマンの逸名著者によって提示されることになる皇帝の権力――権力それ自体――の描写を想起しうるだろう。彼は皇帝の権力《ポテスタス》を偉大かつ神聖なるものと呼び、この権力は神の恩寵と協働的(cooperatrix)なるがゆえに、「公教会の信仰に関する秘蹟と天上の事柄を取り扱う」権能を有すると考えていた。そして、彼は次のような結論を引き出している。

それゆえ皇帝は、主イエス・キリストによって天上へと高められていると言われる。天上の高みと私が言うとき、これは目で見える物質的な空ではなく、目に見えない非物質的な天、すなわち不可視の神を意味する。確かに、皇帝は神にまで高められているのである。なぜならば、皇帝は権力において神とかくも強く結合しているがゆえに、いかなる権力も皇帝ほど神に近いものはなく、皇帝以上に崇高な権力は存在せず、他のすべての権力は彼の権力に劣るからである。☆四七

これは、まさにミニアチュールが描いている思想である。皇帝は〈天上へと高められて〉(usque ad celum erectus) おり、地上のあらゆる権力は皇帝に劣り、皇帝自身は神に最も近い存在である。ミニアチュールを観て我々が最も驚くことは、〈天上へと高められた皇帝〉(imperator ad celum erectus) という言葉が示す観念が、そこにそのまま描かれていることである。画家が描こうとしたのは、まさにこの観念であった。画家はこの言葉を知っていたのだろうか。年代的な観点からは、次のように考えることに何の問題もない。すなわち、この言葉は、いわゆる『ヒスパナ教令集』ないし『イシドリアナ』から採られたものである。これは、おそらく七世紀に作成され、セビリャのイシドルスの手になるものと考えられた教会法の集成であり、後にこの集成は偽イシドルス教令集に組み入れられることにな

る。前記の言葉が現実に『ヒスパナ教令集（コレクティオ・ヒスパナ）』を起源とすることは、次の簡単な理由からして明らかである。カルケドン公会議の決議のなかには、或る一人の司教が、神は〈皇帝を熱愛［すなわち信仰の熱愛］へと高めた〉（imperatorem erexit ad zelum [i. e., fidei]）と控え目に述べた一節があるが、我々は、この決議の変造されたテクストを『ヒスパナ教令集』にのみ見出すことができるのである。言い換えれば、カルケドンの教令を筆写した者が原文を読み違え、〈熱愛へ〉（ad zelum）を〈天へ〉（ad celum）に変えてしまったわけである。原文のこのような誤読は、おそらく偽イシドルス教令集を経て、ノルマンの逸名著者の許に達していたはずである。ノルマンの著者の手にかかると、聖職政治に有利な大いなる偽作でさえ、彼の王権支持論のために利用可能な論拠へと変えられてしまうのである☆四八。これは、原典の単純な誤読であるが、それ自体注目に値する誤りである。というのも、当時において、皇帝権の途方もない高揚が、どれほど容易に一人の写字生の筆から生じえたかを、それは示しているからである。

目下の議論の目的からすれば、我々は『ヒスパナ』のテクストを考慮の外に置いてもよいだろう。ライヒェナウの画家が、〈天上へと高められた皇帝〉を描いたときに、テクストの誤読を知っていたとはとうてい思えないからである。しかし、それにもかかわらず、《アーヘンの福音書》のミニアチュールに描かれた皇帝の栄光が、東方や西方の美術において通常見られる表現をはるかに凌駕するものであることは、依然として事実である。この図像は、キリストの〈栄光／大権〉（maiestas）を帯びてキリストの玉座に坐る皇帝を示している。彼は、何も持たない左手をキリストのごとく広げ、キリストと同じ身光を伴い、〈栄光のキリスト（マイエスタス・ドミニ）〉像とはほとんど切り離すことのできない四福音書の生きものの象徴を伴って描かれている。ザンクト・ガレン修道院の象牙製ブック・カヴァー（装幀板）（図7）や、現在ダルムシュタットにある九〇〇年頃の別の象牙製ブック・カヴァー（図6）は、このような主張を裏づけてくれる。☆四九 これらの類似は、皇帝が単に〈キリストの代理者〉（vicarius Christi）とか、天上の世界支配者の人間的対応物といったものではなく、むしろほとんど栄光の王（キリスト）自身のごとき者――真に〈キリスト模倣者〉（christomimētēs）、キリストを演ずる役者のごとき者――である。これはあたかも、天上の不可視のキリスト（Christus）を地上のキリスト（christus）において具現する目的で、神人が地上の皇帝の栄光のために天における自らの玉座を譲ったかのようである。

　これと関連する思想は、他の手法による図像表現においても伝えられている。近年、パレルモのマルトラーナ聖堂のモザイク画が注目を浴びてきている。このモザイク画は、キリストの手による国王ルッジェーロ（ロゲリウス）二世の戴冠を描いており、ここでは、神を国王に具現せしめるべく意図された効果が、ルッジェーロとキリストの顔の顕著な類似によって実現されている――この双児形成《ツヴィリングスビルドゥング》に類似のものがオットー朝時代のいくつかの図像に見られ、また三世紀と四世紀初頭のローマ帝国の貨幣の中にその先駆的形態を認めることができる（図32参照）。☆五〇 しかし、《アーヘンの福音書》においては、皇帝のキリストへの同化は、支配者とその神的原型の間の顔容や身体上の類似によってではなく、むしろキリスト論上の、あるいは超身体上の類似によって表現されているのである。もっと直接的に言えば、図像は皇帝の人的かつ神的な二つの本性を表現しており、むしろ当時の言葉を用いると、「自然において人的な、恩寵において神的な」支配者を表現しているのである。

図像のいかなる解釈も、観者の注意を否応なしに惹きつける神秘的な白い帯飾、あるいはスカーフのような飾り布から出発しなければならない。これは、黙示録の象徴により表現される四人の福音書記者によって保持され、しかも帯飾の二つの先端が王侯《レグリ》たちの王冠に触れそうな仕方で持たれている。そして、一条のこの帯は皇帝の身体を分断しているように見え、頭と肩と胸は境界線の上方に、腕と胴体と脚はその下方にある。白い布は天から地を区別するためのものであるという指摘が、かなり以前になされていた。[☆五一]事実、皇帝の頭は天に触れているだけでなく、天の内部あるいは諸天体のかなたにあり、他方ストゥールに載せられた皇帝の脚は、かがみ込んだ大地女神テルスによって支えられている。これは、《バルベリーニの二連板《ディプティカ》》や、ガンダーラあるいはその後の仏教美術品を想起させる世界支配の特徴を表わすものであり、とりわけそれは、大地〔の擬人像〕テラが十字架上のキリストの脚を支えている当時の象牙細工（図8）を我々に想起させるのである。[☆五二]確かに、この図像の解釈は、帯飾をどう解釈するかにかかっており、この帯飾が何を指し示しているかを我々がひとたび理解すれば、当の図像の全体と同時に細部の理解もきわめて容易なものとなるだろう。

実は、この白いスカーフは帯や帯飾といったものではなく、また単に装飾的な布でもない。それは一つのヴェールである。事実、それは特別のヴェール、すなわち太古より存在する東方の伝統によれば、天と地を分ける空を象徴する幕屋の垂幕なのである。東方においては、ヴェールの意味をめぐる思索が常に盛んに行われていた。というのも、東方のあらゆる教会の祭式にあって明確な役割を演じていたイコノスタシスの垂幕を、何らかの仕方で説明する必要があったからである。[☆五三] しかし、幕屋のヴェールを「空」として解釈することは、西方においてもごく一般的に行われていた。たとえばベーダ・ウェネラビリスは、『幕屋について』と題するその著作で、東方の解釈者の見解と全面的に一致する仕方で、「ヴェールによって空が比喩的に表現されている」と説明している。彼が付言するところによれば、年に一回、贖いの日に、イスラエルの大祭司が犠牲を捧げるために（「レビ記」一六：一二以下）幕屋の天幕をくぐり抜けたとき、彼は――永遠の大祭司たるキリストのように――現に「天それ自体へと踏み込んだ」(in ipsum coelum intravit) のである。[☆五四] ところで、「出エジプト記」（二六：三二以下）によれば、天幕は四本の柱の前に掛けられていた。これらの柱は、しばしば世界の四隅と同一視されているが、他の解釈の余地も充分に残されている。たとえばベーダは、四本の柱を「四つの優れた徳で飾られた天上の軍隊の力」と同一視しており、幕屋の後世の解釈者たちは、柱が使徒を意味していると主張した。[☆五五] しかし、ライヒェナウのミニアチュールにあっては、幕屋のヴェールを掛ける四柱の表現と見なされるのは、天上の軍勢でも徳でもなく、また使徒でもない。むしろそれは、四体の生きもので象徴される徳《ウィルトゥス》、すなわち福音書記者なのである——これは、当の絵が福音書の冒頭を飾ることを考えれば、きわめて理に適ったことである。[☆五六]四つの福音を象徴する生きものを描いた際に、画家が皇帝の伝道的使命をもそれとなく暗示しようとしたのではないかと考えれば、話はいっそう興味深くなるだろう。結局のところ、皇帝は、〈永遠なる王の福音を説くために〉(ad praedicandum aeterni regis evangelium)、「神によって帝冠を授けられた」のである。このような思想は、公式の「国王のためのミサ」においても明言され、数多くの戴冠ミサでも繰り返し述べられている。また、オットー朝の皇帝たちは、この思想を自らの伝道政策の綱領としていた。[☆五七] しかし、ヴェールと生きものとの結合は、直接的にはカロリング朝のモデルに由来するのであり、画家はこれに従っているのである。これら細部の専門的な事柄は、たとえ興味深いことではあっても、ここでの我々の関心事ではない。[☆五八] ただ、ここで触れておく必要があるのは、カロリング朝の時代のいくつかの聖書では、四体の生きものがヴェールを頭に掛けて王座に坐る人物とともに描かれていることである(図9・10)。このミニアチュールは、帯飾を「空」として解釈する我々の見解を都合よく立証してくれる。というのも、この男性像の頭上で広がるヴェールは、古代ローマの天空神カエルスが空を示すべく頭上に掲げるヴェール(図11)から直接に由来するものだからである。[☆五九]

象徴的に解釈すると、幕屋のヴェールは天と地を分けるものであると言われてきた。この垂幕が元来有していた機能に従えば、それは神殿内部の聖所を至聖所から隔て分けるためのものである（「出エジプト記」二六：三三）。この点についても、従来の解釈に従いながら議論したベーダにとって、神殿のこのような区分は、それ自体二つの領域へと区別される教会を象徴するもののように思われた。すなわち教会は、地上を遍歴する人間と、天の高みで支配する天使や聖者へと区別されるのである。二つの領域へと区別される教会についてベーダがこのような省察へと到達した理由は、このヴェールがキリストの二つの本性を彼に想起させたからである。天と地の仲介者たるキリストは、地上において人間イエスであると同時に、天の永遠性においては神とともに世界を支配する者であった☆六〇。少なくともベーダは、天と地を分かつ垂幕をキリストの両性を暗示するものとして我々が理解するための手掛かりを提供してくれるのである。

ベーダの一見したところ奇妙な観念連合は、我々がアーヘンのミニアチュールに見られるもう一つ別の特異な形象に目を向けることによって、それほど不可解なものでなくなるだろう。すなわち、一見して巨大な皇帝の背丈である。皇帝の脚は地上に置かれ、その頭は天上にある。ちなみに、オットーと同時代人の東方の皇帝バシレイオス二世のミニアチュールにおいても、皇帝は地上から天上へと高く聳え立つ巨人のように描かれ（図12）、皇帝により打ち負かされた敵は下の方に蹲って描かれている☆六一。言うまでもなく、巨人の形象は、巨大な遺跡がその栄誉を称えているヘレニズム期や古代ローマ、あるいはビザンツの皇帝像のみならず、キリスト像の際立った特徴でもあった。これは、初期キリスト教の民衆信仰において、特にグノーシス主義者やキリスト仮現論者の集団の間で良く知られていた形象であり、この形象は、アダムに関するラビの伝統に由来するものとさえ考えられる――「人祖〔アダム〕は地上から天へと伸びていた」[☆六二]。しかしながら、巨人キリストの姿は正統信仰においても見られる。それは、「詩篇」第一九篇の「巨人が競い走るようにその道を喜び走る」という一節を通じて、教会内部でも長く人々に知られていた。「詩篇」に関するかぎり、巨人の背丈をもった神は――ユスティノスはこれを神話のヘラクレスと比較している――両性と何ら明白に関係づけられてはいないが、聖アンブロシウスは、この一節との関連で、〈双生の実体の巨人〉(gigas geminae substantiae) としてのキリストに言及していた。その後「詩篇」の一節は、キリストの受肉、あるいはキリストの復活や昇天を暗示するものと解釈されてきた[☆六三]。そして、おそらくアンブロシウスの「双生の実体の巨人」は、キリストの頭と脚としてこれを解釈する、東方で流布していた考え方と結びつけて理解すべきだろう。「頭はキリストの神性を、脚はキリストの人性を意味する」と、イエルサレムのキュリロスは述べている[☆六四]。そして、特に「ヨハネの黙示録」(一:一五)の「精錬された真鍮のような脚」という表現との関連で、キリストの脚は受肉を意味するという説明が、ごく一般的に為されていたのである[☆六五]。

オットー朝時代の知的風土を考えれば、我々がギリシアの諸著作を考慮に入れることもおそらく許されるだろう。しかし、ライヒェナウのミニアチュールを説明するために、グノーシスの著述家や東方の神学者からの助けが必要なわけではない。《アーヘンの福音書》の制作者が、伝統とは少々異なった彼の絵画表現のゆえに、伝統的素材以外のものによって啓発されたに違いないという見解は、まずもってありそうもないことである。実際のところ、少しも不明瞭なところのない一つの原典が、彼に決定的な影響を与えていたのである。アウグスティヌスの『詩篇註解』である。これはまた、アンブロシウスの「双生の実体の巨人」という言葉を解明するのにも役立つだろう。「詩篇」第九二篇を解釈しながら、アウグスティヌスは次のように強調している。「おお、キリストよ、御身天に在りて父の右に坐すれど、地上にありては脚と手をもって苦闘せり[☆六六]」。ここでアウグスティヌスは、これに先立つ「詩篇」第九一篇への註解でより詳細に論じた観念を単に繰り返しているにすぎない。「詩篇」第九一篇で彼は「幕屋」という言葉につき論じ（V・一〇）、この言葉が人間の肉体を示すために使われていることを指摘している[☆六七]。「神の幕屋とは肉体である。肉体のなかに言葉が住まう。そして、肉体は神のための幕屋とされたのである」。さらにアウグスティヌスは続けて、「まさにこの幕屋のなかで皇帝［すなわちキリスト］は我々のために闘った」(In ipso tabernaculo Imperator militavit pro nobis) と述べ、この際にもう一度、「彼はあらゆる天体のはるか彼方に在るが、その脚は地上に置かれている。その頭は天にあり、身体は地上にある」と記している。そして彼は、二分法のあらゆる可能性を排し、「単一の人格で二つの本性」という教義を維持すべく、「しかし我々は、頭が身体から分離していると考えるべきではない。空間的には分離しているが、愛において結合しているのである[☆六八]」と付言するのである。

ここで述べておくべきことは、前記の「詩篇」に対するアウグスティヌスの註釈が何回も繰り返し引用され広範な人々に知られていたということである。それは「詩篇」の標準註釈に採り入れられ、またベーダに帰せられている詩篇註解にも見出される。さらにその後、それは、カンタベリー詩篇集の欄外註釈や、ペトルス・ロンバルドゥスの詩篇釈義にも登場し、おそらくはこれ以外の数多くの著作にも見出されるだろう。[☆六九]

ライヒェナウの画家は、単に偶然にこれらの一節に目を止めたわけではなかった。彼が皇帝の勝利（凱旋）像を描くよう依頼されたことは明らかであり、このとき彼はごく当然のことながら、「詩篇」第九〇篇に目を向け、アウグスティヌスの註釈を参照したのである。というのも、「詩篇」第九一篇には、「汝は蝮《まむし》と蛇を踏み、獅子と龍を足下に踏みにじるであろう」という有名な詩節（一三節）が含まれていることから、最古の伝統によれば、これは偉大なる勝利の詩であり、卓れて「皇帝の」詩だったからである。[☆七〇]事実、この詩篇は多くの理由からして読む者に対し否応なしに皇帝の姿を想起させるがゆえに、軍装で身を固めた——金色の甲冑と、三つの垂れ飾りのある皇帝用の肩の飾り留金をつけた（図13）——ローマ皇帝の姿でキリストを描いた、ごくわずかしか存在せず、むしろ例外的とも言うべき諸図像は、すべて「詩篇」第九一篇第一三節と関連づけられるのである——もっとも、このこととは別に「軍装の神」が描かれることは、古代末期においてそれほど珍しいことではなかった。[☆七一]それゆえ、「詩篇」第九一篇に対するアウグスティヌスの註釈に促されて、画家が〈幕屋において闘う皇帝〉(Imperator in tabernaculo militans) としてキリスト類似の生ける皇帝を描くに至ったことに、少しの疑いもありえない。この結果彼は、〈幕屋〉という二義的な言葉を、その比喩的な意味（「肉体」）から、真の幕屋を指すもともとの意味に戻したのである。それゆえ、絵のなかで、「幕屋のヴェール」は彼にとり、皇帝の身体を二分し――〈足は地上に、頭は天上に〉（pedes in terra, caput in coelo）ある――皇帝の双生の本性を示すために不可欠な舞台装置となった。

ヴェールが果たす特別な役割を理解するためには、もう一つ別の図像学上の定型表現が考察されねばならない。すなわち、受肉体の脚だけを示し、体と頭は既に天上へと消え去っているキリスト昇天の像である。[☆七二] この場合に考えられるのは――必ずそうだというわけではないが――、〈巨人キリスト〉（Christus Gigas）の概念もまた、この種の図像に影響を与えているということである。たとえば、十一世紀初めの《バンベルクの福音書》には、キリスト昇天の絵を説明する次のような詩句が書き記されている。[☆七三]

見よ、最大の巨人は勝利しつつ、星々をまたいで歩む。
(Maximus ecce gigans scandit super astra triumphans)

いずれにしても、十三世紀および中世末期にきわめて一般的となった新しい形態の昇天のイメージが最初に出現したのは、一〇〇〇年前後のアングロ＝サクソンの二つの写本画と、ヒルデスハイムの《ベルンヴァルトの福音書》（図14）においてである。[☆七四] これは、西方の伝統全体と同時に東方の図像表現との全面的な訣別をも表わしている。従来までキリストの昇天は、古代風の神格化《アポテオシス》ないし神性顕現《エピパネイア》の形態で描かれるのが常であった。しかし、今やキリストは立ち現われるのではなく、天へと消え去るのである。[☆七五] すなわち、〈キリストの頭と体〉(caput et corpus Christi) は天に在るのに対し、脚だけは――脚は受肉の象徴である――受肉体が地上へと移り住んだ歴史的事実の可視的表徴として地上に残されているのである。さらに、キリストの身体を分かち、その二つの本性を示唆しているのは空であり、[☆七六] これは、ライヒェナウのオットー二世の図像において「空」が皇帝の身体を分かつのと同様である。

　皇帝の図像に見られる空は――すなわち幕屋のヴェールは――さらにもう少し説明を必要とする。ヴェールは、聖ヨハネを表わす鷲と聖マタイを表わす天使によって保持され、皇帝の頭、胸、両肩そして腕の付け根が「上方」すなわち天にあり、両手を含む身体が「下方」に留まるような仕方で描かれている。ここで我々が想い起こすべきことは、頭、胸、両肩そして腕の付け根は、皇帝が塗油で聖別された部位であったことである。それゆえ、皇帝の身体のこれらの部位は、いわば〈主のキリスト〉(christus Domini) を指し示すのに対して、胴体と手足は普通の人間のものである。我々は、皇帝の手がヴェールの上ではなく下にあることを見て意外に思うかもしれない。国王の両手も塗油されたからである。しかし、この細部も、実は正しいのである。というのも、両手の塗油が皇帝戴冠において行われる慣例はなく、アーヘンでのオットー二世のドイツ国王戴冠(九六一年)においても未だ採用されていなかった。これが戴冠の式典に導入されたのは、これより少し後の九八〇年と一〇〇〇年の間であった[☆七七]。

ヴェールのこれ以外の部分の説明は、よりいっそう困難である。聖マルコの獅子と聖ルカの雄牛は、垂幕の両端にきわめて巧い具合にぶら下がっており、布の先端は皇帝のストゥール――すなわち「地上で戦う」皇帝の脚――の両側を占める二人の〈王侯〉の冠にちょうど触れている。この形象は、カロリング朝時代のモデルから借用されたものであった。このモデルにおいては、ヴェールの先端はちょうど獅子と雄牛の口に触れており、これら二体の生きものが、小さな犬がじゃれつくように布に飛びついているのを我々は認めることができる(図10)[☆七八]。しかしながら、《アーヘンの福音書》において、ヴェールが〈王侯〉の冠に触れていることは、より明確な意義を有している。聖ペテロによる福音書の言葉ほど、このことを良く説明してくれるものはないだろう。そこでは、キリストが復活したときの出来事が次のように物語られている。キリストの墓を見張っていた兵士たちは、天から二人の天使が降り、墓に入るのを見た。その後、彼らは、「〔二人ではなく〕三人の人間が墓から出てくるのを見た。二人は他の一人を支えており、二人の頭は天にまで達していたが、彼らが支えていたもう一人の頭は、天を超えたところまで伸びていた[☆七九]」。これは、ほとんど完璧に、ライヒェナウの画家により描かれた情景と合致するだろう。二人の〈王侯〉の頭は「天にまで達している」――すなわち、空を表現するヴェールの最先端に触れている。しかし、中央の皇帝像の頭は、「天を超えたところまで伸びている」のである。

残念ながら、《アーヘンの福音書》の画家が聖書外典である「ペテロ福音書」を学んだことはありえない。この福音書が西欧の人々にとり入手可能であったことを示すいかなる証拠もないからである。[☆八〇] しかし、「ペテロ福音書」が画家の霊感源であった可能性を排除すべきだとしても、[☆八一] それは芸術家の意図を解釈する手掛かりを与えてくれるだろう。「詩篇」第九一篇に関するアウグスティヌスの解釈に合致した仕方で、画家は皇帝の頭が〈諸天のはるか上方に〉(longe super coelos)あることを示す必要があったのである。しかし彼は、皇帝に従属する王侯たちの王冠に空が触れるように描くことで、皇帝の頭が「あらゆる諸天のはるか上方に」あることを、きわめて適切に表現することができた。王侯たちの頭は天ないし空にまで達しているが、皇帝の頭は諸天を超えたところまで伸びているのである。これは、純粋に芸術上の便法であり、当の構図に関してはこれ以上の解釈は不必要と思われる。それは制作者によって自明なものと見なされているのである。

　このような解釈によって、絵画に含まれたもう一つ別の細部の形象も、それにふさわしい位置づけを与えられることになる。すなわち、絵の下方に描かれた四つの形象、聖俗の君主たちである。絵画の最上部が「あらゆる諸天の上にある」領域を、そして中間部分が、天の下にはあるが「空にまで」届く領域を示しているとすれば、第三の最も下の部分は、明らかに天の下にある「地上」を示すことになる。事実、このような三分法の特別な意味は、カロリング朝写本によって確証されている。たとえば、《トリーアの黙示録》ないし《サン・パオロの聖書》(図15a・b)は、〈栄光のキリスト〉(Maiestas Domini)を同様の方法で描いている。三つに区分された面の最上部に我々は四体の生きものの象徴とともにキリストを認め、中間部には二十四名の長老がおり、長老たちの体は救世主の膝や脚と同じ水平面に置かれ、彼らの後光は空に触れている。さらに、三部分から成る面の最下部では、後光を帯びていない群衆が、左隅にいるヨハネと右隅のイザヤにそれぞれ伴われて歩んでいる。《アーヘンの福音書》では、右隅を聖職者が占めていた[☆八二]。

　カロリング朝時代のモデルは、ライヒェナウの画家がどの点でこのモデルに従い、どの点で離れることを選んだかを明瞭に示してくれるがゆえに、我々にとって重要な意義をもつものである。アーヘンのミニアチュールとカロリング朝の有名な王の図像——たとえば《ヴィヴィアンの聖書》や《黄金写本《コデクス・アウレウス》（ザンクト・エンメラムの福音書）》のなかのカール（カロルス）禿頭王の図像[☆八三]——を比較してみると、このことはきわめてはっきりする。確かに、カロリング朝のミニアチュールにもヴェールがあり、それは玉座をアーチ状に覆う天蓋《キボリウム》の柱に取りつけられている。しかし、そのヴェールは、支配者の身体を横切ることなく、身体を分割することもない。それは、王の頭を神の手から分離しているのである。しかしライヒェナウのミニアチュールにおいては、皇帝の頭は垂幕ないし「空」を突き抜け、その結果〈神の右手〉（dextera Dei）は今や、オットーの頭に直接触れている。さらにここでは、天空を画する境界線自体が、皇帝の身体を、一つは天上の、もう一つは天の下にある二つの部分へと分割しているのである。両者の比較はまた、ヴェールの保持者としての四体の生きものの象徴的役割をも説明してくれる。玉座の天蓋の柱に取りつけられた垂幕は、「幕屋」という言葉を示唆することはなく、またライヒェナウの画家が明らかに表現しようと欲したような、「空」とか「あらゆる諸天のかなた」といった意味合いを伝えることもありえない。さらに、皇帝を取り巻く身光とともに、まさに生きものの現存自体がキリストの場所を皇帝が占めていることを示しており、「我々のために幕屋で闘う」皇帝を指し示しているのである。最後に、身体を分割しているヴェールは、地上の皇帝がキリストと同じように二つの実体を――自然により人間的であるが、恩寵と聖別により神的な二つの実体を――有することを強調しているのである。

これらすべてのことは、カロリング朝の王の図像により示唆されるものとは非常に異なった国家哲学に由来する。カロリング朝の君主にも、父なる神の手から神の祝福と恩寵が発していることは確かであり、王座にある支配者と天上のはるか遠くにいる父なる神との間には、一種の相互関係が認められる。しかし、キリストはその場に居合わせてはいない。ダビデの王権に類似したカロリング朝の王権概念は、疑いもなく神中心的な観念であった。イングランドの学者カスウルフがカール大帝〔カロルス・マグヌス、シャルルマーニュ〕に対して書いたように、「〔我が王よ〕汝は〔汝の王たる〕神の代理の地位にある。そして司教は第二次的な地位、すなわちキリストの代理の地位にあるにすぎない」☆八四のである。

このような考え方ほど、ライヒェナウの画家の意図に反するものはなかっただろう。彼の描く皇帝はキリストの地位を占めるのであり、上から下へと伸びる手は交差する後光に取り囲まれている。これは、おそらく父の手ではなく、子の手であると思われる☆八五。要するに、ライヒェナウの画家によって表現されたオットー朝の支配概念は、神中心的ではなく、明らかにキリスト中心的なものであった。百年あるいはそれ以上の長い期間にわたって存続してきた、修道院のキリスト中心的な信仰上の態度が、支配権のイメージにも影響を与えていた。[☆八六] 事実、ライヒェナウの独特なミニアチュールは、「典礼的王権」——すなわち、父なる神ではなく、神人〔キリスト〕を中核とした王権——とでも名づけうるものを、きわめて生き生きと絵画的に表現しているのである。[☆八七] したがって、ライヒェナウの画家は、神人の「一つの人格における二つの本性」をオットー朝の皇帝にも移し入れようと企図したと考えることができる。ノルマンの逸名著者の論考に劣らず明確な仕方で、《アーヘンの福音書》の制作者は、支配者の〈双生の人格《ゲミナ・ペルソナ》〉という概念を表現したのであった。

三　永遠性の後光

あまりにも複雑すぎて言葉で記述することが難しいものでも、しばしば定型的図像表現により、いっそう容易かつ簡潔に表現することが可能である。既に説明したように、ノルマンの逸名著者の論考においては、「カエサル」たるかぎりでのティベリウスは、いわば後光とともに立ち現われたのに対し、個人としての「不正なティベリウス」には明らかに後光はなかった。この比喩をここで取り上げることについてはそれなりの理由がある。この比喩は、支配者の〈双生の人格《ゲミナ・ペルソナ》〉をめぐる中世的概念のもう一つ別の側面を明らかにすることに、確かに役立つだろう。

古代末期の美術のなかに、我々はしばしば、個体を超越した理念や一般概念を擬人化した形象に後光が付与されているのを目にすることがある。この特殊な区別の徴《しるし》は、当の形象が一つの永続体を、すなわち時間と消滅の偶然性を超えた恒久的で永遠なるものをそのあらゆる様態において表現すべく意図されたものであることを示している。エジプト、ガリア、ヒスパニアその他のローマの属州は、しばしば後光を伴って——たとえば、古代末期の〈威厳あるものの記録〉[☆八八](Notitia dignitatum)におけるように——表現されていた。このような場合、これら後光を帯びた女性像を、我々は「抽象態」や「擬人態」と呼ぶのが常である。これは、そのかぎりでは正しいやり方である。しかし、我々が自覚すべきことは、あらゆる抽象態や擬人態の最も意味深い特徴は、その超時間的な性格、あるいは時間の内部におけるその永続性である。事実、後光によって顕著に示されているのは、擬人態というよりも個々の属州の〈守護神《ゲニウス》〉、つまりは永遠の創造力、生産力なのである——〈genius〉は〈gignere〉(産む)に由来する。〈永遠のローマ〉(Roma aeterna)とか〈永遠のフランス〉[☆八九](La France éternelle)といった標語に今日の我々が結びつけようとする観念の多くが、まさに〈エジプト〉や〈ガリア〉や〈ヒスパニア〉が後光で飾られたときに表現されていたのであった。同じことは概念や徳についてもあてはまる。異教古代の女神であった〈正　義《ユスティティア》〉や〈思　慮《プルデンティア》〉は、キリスト教美術において後光をもって描かれると、永久に効力をもった力や永遠に妥当する存在形態を表現するものとされた。[☆九〇] 換言すれば、我々が一つの概念を大文字で書くとき、あるいは英語で性を中性から女性へと変えるときでさえ、事実上当の言葉や概念に「後光を付与している」のであり、理念や力としてそれが有する永遠性を指し示しているのである。

このような意味において、そしてまた、まさにノルマンの逸名著者がその論考で示したような意味において、コンスタンティノポリス陥落〔一四五三年〕以前およびそれ以後のビザンツ皇帝たちも後光をもって描かれていた。皇帝の後光の起源や、これが異教の神の象徴からキリスト教の聖性の象徴へと移されていった過程については、ここで論ずる必要はないだろう。[☆九一] ビザンツ皇帝の後光は、キリスト教の時代にあっても依然としてテュケ（τύχη 運）——〈皇帝の守護神〉（genius imperatoris）——を示すものとされていたが、その後主として皇帝の権力それ自体を示すようになった。後光によって象徴される皇帝の権力は、恒久的で永遠のもの、したがってキリスト教的な意味においても高遠で神聖なものとされ、この場合、言うまでもなく、この種の高遠で神聖な性格が帝冠の個々の担い手に存在しているか否かは重要なことではなかった。もちろん、或る皇帝が、たとえばコンスタンティヌス大帝のように聖者として個別的かつ単独に崇拝されることはあっただろう。[☆九二] しかし、皇帝に頭光が付されるのは、当の皇帝が聖者であり支配者である人々の名簿に登録されたことによるのではない。それは、神に由来する永遠なる権力を担い、それを行使する者を指示し、皇帝を或る種の理念的原型の化身にするのである。そして、この原型は不可死なるがゆえに、その担い手の個人的性格や、さらには性別とさえ無関係に〈聖なる者〉（sanctus）とされた。たとえば皇妃エイレネが、息子コンスタンティノス六世の摂政として帝国を統治したとき（七九〇―八〇二年）、彼女は公文書において、「皇妃」ではなく「皇帝《バシレウス》」と呼ばれているのである。すなわち〈誠実なる皇帝エイレネ〉[☆九三]（Εἰρήνη πιστὸς βασιλεύς）と。

さらに、中世の人々は、おそらく我々以上に時間の多様なカテゴリーや尺度を知っていたと思われる。たとえば、メスのアマラリウスは、ルートヴィヒ（ルドウィクス）敬虔王に対する称讃の歓呼のなかで、きわめて明敏にも、個人としての皇帝とその永遠なる原型を区別していた。彼は「神的なるルドウィクス」に対して「長命」を祈願する一方で、カロリング朝の皇帝により受肉された「新しきダビデ」に対しては永遠性を祈願しているのである。

神的なるルドウィクスには生を（Divo Hludovico vita!）。新しきダビデには永遠を(Novo David perennitas!)。

換言すれば、ルートヴィヒが帯びる「後光」は、〈神的な《ディウス》〉という形容辞から発散するのではなく、〈ダビデの王国〉（regnum Davidicum）というカロリング朝の帝国理念がそこにおいて頂点に達し、具現するイスラエルの敬虔なる王の永遠性を通じてルートヴィヒに付与されるのである。[☆九四] そして、教皇グレゴリウス七世が、いわば〈顕職の威厳のゆえに〉(ex dignitate officii) すべての教皇が「後光」を帯びることを要求したのは、ビザンツ皇帝に対抗してのことであった。なぜならば、テオドリクス大王の宮廷詩人であったパヴィアのエンノディウスは既に、「かくも偉大な威厳の絶頂へと高められた者が聖者であることを、誰が疑いえよう」[☆九五]と述べていたからである。この種の〈顕職による〉(ex officio) 聖性の正確な意味は、ペトルス・ダミアニによりきわめて適切に表現されている。「生の功徳により聖なることと、職務上の地位のゆえに聖なるものと呼ばれることは別ものである」[☆九六]。中世において、非常にしばしば我々は、彼らが属する教会の品級《オルド》の体現者として、名もない司教や司祭や助祭を装飾する四角形の頭光ないし〈完徳の頭光〉(nimbus perfectionis) を見かけるが、これらの頭光は、職務の担い手とは無関係に、聖別された顕職それ自体、あるいは〈威厳〉[☆九七] (dignitas) の完全性と永遠性を指し示すものではないかと想定することもできるだろう。

さらに、ノルマンの著者が、「カンタベリーの煉瓦」を「カンタベリーの司教座」に対置させたとき、これは一見してそう思われるほどには独創的なアイディアではなかった。これよりもはるか以前に、ビザンツの人々は、ティベリス河の古代ローマのいわば「後光を帯びた」本質あるいはローマの永遠なる守護神《ゲニウス》が、ボスポロスの新しきローマへと移されたこと、したがってイタリアの河畔に残っているものは、土地の守護神《ゲニウス・ロキ》たる永遠の生命がそこから消え失せてしまった煉瓦や石や建物の瓦礫にすぎないと主張していたのである[☆九八]。おそらく九世紀の後半に書かれた『ローマ賦(ウェルスス・ロマエ)』と呼ばれる反ローマ的な詩は、この種の感情をきわめて鮮明に表現している。

ローマよ、汝の王はとうの昔に汝を見捨てた。
　そして汝の栄光と名誉は、ギリシアの民の許へと立ち去った……
栄えあるコンスタンティノポリスは、今や新しきローマと呼ばれている。
　古きローマよ、汝は習俗の腐敗と防壁の崩壊によって朽ち果てた。

そして、詩人は二行連句詩の前半を古くからある回文で締め括っている――〈ローマよ、愛《アモル》は汝よりただちに立ち去るだろう〉[☆九九] (Roma tibi subito motibus ibit amor)。後光を帯びたローマの体は、その物質的身体を離れ、はるか後になって法学者たちが述べるように、「今や死んでしまった自然的身体から、もう一つ別の自然的身体へと移され運ばれていくだろう」。かくして、「ローマ」はさまざまな受肉体を転々と移り渡った。それはまずコンスタンティノポリスへと移った後、第三のローマたるモスクワに移り、さらにまたカール大帝がそこに「ラテラノ教会」を建立し、明らかに〈未来のローマ〉(Roma futura) を創り上げようと計画したアーヘンへと移ったのである。[☆一〇〇] しかし、我々はここで誤解してはならない。これは「プロテスタントのローマたるジュネーヴ」と同じような趣旨の比喩や寓喩なのではない。[☆一〇一] コンスタンティノポリスやアーヘンその他の都市は、それぞれ自らが〈新しきローマ〉(nova Roma) たることを要求したのであり、これはちょうどヘレニズム時代の王やローマ皇帝が自ら〈新しきディオニュソス〉(νέος Διόνυσος) とか〈新しきヘリオス〉

(νέος Ἥλιος) たることを標榜し、カロリング朝の支配者が、自ら〈新しきダビデ〉(novus David) とか〈新しきコンスタンティヌス〉(novus Constantinus) たることを要求しえたのと同様である。彼らは神や半神(英雄)のイメージの体現者であり、その永遠の実体や生命力が時間のなかで受肉した者であった。彼らは、神や半神である彼らの原型の「後光」を限られた時間のなかで保持する人々であった[☆一〇二]。

これらすべてのことは、イェルサレムに関しては、なおさらあてはまるように思われる——もっとも、超越的なイェルサレムは、時間の内部にある連続体というよりは、むしろ無時間的な永遠性を意味するものではあるが。キリストが生きた町イェルサレムの物質的身体はティトゥスによって既に破壊されていた。ダビデの町の廃墟の上にハドリアヌスが新たに建設したアエリア・カピトリナには〈超自然体〉(metaphysis) が欠如していた。しかし「後光を帯びたイェルサレム」は、たとえ献堂の祝祭日だけに限られるにしても、いつでも地上に降下し、名もない町や村の教会に対してさえ、永遠性の輝きを付与することになるだろう[☆一〇三]。

それゆえ「後光」は、常に何らかの仕方で、時間の性格が変容することを示唆していた。それは、後光を具える個体——それが人間であれ場所であれ——が、中世の人々が理解したような、地上での自然的生を規定する時間とは異なった別の「時間」の範疇にも参与することを意味したのである。確かに後光は、そこにおいて過去と未来のすべての時間が現在するがゆえに連続というものが存在しない〈神の永遠性〉(aeternitas Dei) へと、その担い手を移行させるわけではない。しかし後光は、その担い手をいずれにしても何らかの次元へと移行させることに変わりはない。すなわち、その担い手は、スコラ学の表現を用いれば、〈時間《テンプス》〉から〈永世《アエウム》〉——終結のない時間の或る種の連続体——へと移り行くのである。後光を帯びた人間、あるいはむしろ後光たるかぎりでの人間——彼の位階《オルド》——は、「決して死ぬことがない」。さらに後光は、個人たるその担い手が、より一般的な何らかの「原型」、すなわち現世の可変的時間の内部に存在する何らかの不可変な存在者の代理として存立することを意味し、個人と結合し連携することによって、或る種の形象ないし力が生まれることを意味する。そして、このような形象ないし力の真の住処が、中世になって〈永世〉と呼ばれるようになった、終結なき連続体なのである。〈永世〉は、諸イデア、諸ロゴスあるいは諸原型の住まいであると同時に、アレクサンドリア学派流に解釈されたキリスト教哲学の「天使」たちの住まいでもあり、それゆえ最終的にはチューダー朝の法学者の王の「政治的身体」が「聖霊や天使」と酷似していること、そしてノルマンの逸名著者の〈キリストたる王〉に、自然によって人間的、恩寵によって神的な媒介者としての高次の性格が付与されたことも、我々にとって充分に理解可能なものとなるのである。[☆一〇四]

初期中世の歴史的脈絡において王の二つの身体の一般的問題を例証したものとして、ヨアンネス・クリュソストモスに誤って帰せられた説教に挿入された小さな物語ほど、適切かつ喜ばしいものを見出すことは困難であろう。これは、棕櫚の主日の説教であり、氏名不詳の或る説教者は、この日に待望された者をイェルサレムの町なかへと運んで行く小さな驢馬が救済の仕組みの中で演ずる重要な役割を、きわめて適切な仕方で論じている[☆一〇五]。忠実な被造物が教父の著作で言及されることは、それほど珍しいことではなかった。教父たちは、〈メシアの生きもの〉(animal messianum) が最後には以前の飼い主の許へ戻って行くと一般的に考えていた。棕櫚の主日の説教者も例外ではない。説教が驢馬の話の段になったとき、彼は次のように語っている。

> 確かに、動物はユダヤ人たちのイェルサレムへと入った後、その持ち主へと戻されたが、動物に関する預言はユダヤの人々の許に留まった。なぜならば、この動物についてキリストが必要としたのは、その外観ではなく理解される意味内容、すなわちその肉体ではなく理念だからである。それゆえ、肉体は戻されても理念は保持されたのである[☆一〇六] (caro remissa est, ratio autem retenta est)。

すなわち、「自然的身体」としての小さき驢馬は、イザヤの預言（六二：一〇）とゼカリヤの預言（九：九）を文字通り実現する任務を果たした後、元の持ち主に送り返される。可視的で物質的な身体はもはや主によって必要とされていないからである。しかし、驢馬のメシア的な永遠の身体、その理念《ラティオ》、イデアあるいは原型は、それが象徴し、かつ実現することに寄与する預言のヴィジョンとともに、救済過程において不可欠のものであり、メシアの形象と不可分のものであった。かくして動物の不可死の「政治的身体」は、メシアとともに聖なる都市に留まった。それは乗り手たる神の光に包まれ、「後光」を帯びていた。〈肉体は戻されても理念は保持された〉(Caro remissa, ratio retenta!)——これと同じ意味において、肉体としてのチャールズ一世はオックスフォードに戻されても、国璽に描かれた像のかたちを取り後光を帯びた彼の理念《ラティオ》は議会に留まったのである。しかし、このことは、後光を帯びない現世の可死的な驢馬が常に「オックスフォード」に捜し求められるべきこと、あるいは後光を帯びた永遠の驢馬が常に「議会」のなかに求められるべきことを意味するわけではない。

第四章　法を中心とする王権

一　典礼から法学へ

自然により人間的、恩寵により神的な〈双生の人格《ゲミナ・ペルソナ》〉たる王という観念は、「王の二つの身体」の後世の形態に対応する中世盛期の観念であり、その前兆と言えるものである。この時代の政治神学の初期的形態は、典礼上の言語および神学思想の一般的な枠組みの中に依然として囚われたままであった。教会から独立した世俗的な「政治神学」というものが未だ展開されていなかったからである。王は聖別式により、——後世の我々がそう考えるかもしれないような——単に私的人格としてのみならず、「王それ自体」として祭壇に対し義務を負うものとされた。彼は生けるキリストの姿を表現し模倣するがゆえに、またこのかぎりにおいて、王として「典礼」的な存在者であった。「汝はキリストの代理者である。キリストを模倣する者を除いては、いかなる者も真の支配者ではない」と、皇帝側の陣営に属する年代記作者ウィポは宣言している。[☆1] これに呼応するかのように、聖人に列せられた枢機卿ペトルス・ダミアニは、「まことにキリストは、自らが任じた王のなかにおいて支配するものと認められる」と述べ、[☆二] また彼より若い同時代の枢機卿デウスデディトゥスは、自ら集成した教会法のなかに、司教の集会で教皇ヨハネス八世がカロリング朝皇帝カール（カロルス）二世を〈この世の救世主〉(salvator mundi) として讃美した言葉を採り入れている。教皇によれば、カロルス二世は「神により任命された、この世の救世主」であり、彼をして「神は、自らの子で真の王たるキリストを模倣して神の民の君主の位に就かせた。……かくしてキリストが自然により有する性格を、皇帝は恩寵により獲得したと考えられる」[☆三]。

このようにキリストを模倣する王は、ごく当然なこととして、天上と地上の「媒介者」としても描かれ説明されている。この場合、「媒介者」という概念は、あらゆる媒介性には双生性を有する存在形態がいずれにしても含意されているがゆえに、ある程度の重要性をもった概念である。ノルマンの逸名著者によって書かれた例の論考は、彼によく見られる口調で次のように述べている。「それゆえ、聖職者と王とは聖者とされるべく……聖別され聖化される。すなわち、彼らはこの地上と俗界の外へと分離され、神と人民の媒介者となるのであり、天において親しく交わり、地上において彼らに服する民を導くのである」[☆四]。媒介者としての王に関するこれと関連した観念は、それらが示す内容にかなりの推移が見られるものの、同時代の国王戴冠の儀式でも表現されている——「……神と人間の媒介者〔キリスト〕が、聖職者と人民との媒介者として、汝をこの王国の王座に確立するかぎりにおいて」。というのも、ある点では聖職者の仲間にも属する王は、〈主により塗油された者〉(christus Domini) として、「自らの名において[救世主キリストの]形象《テュプス》を身に帯びる」からである。[☆五]

王を〈キリストの形象〉(typus Christi) として宣言するために到る所で使用されたのは、キリスト範型論的な言語であった。[☆六] 事実、この範型論は、王位に内在する、一つは存在論的で他の一つは機能論的な二つの様相を包摂するものであり、これらの二つの様相は、中世の支配者を讃美するために非常にしばしば用いられた、「キリストの似姿」および「キリストの代理者」という栄誉ある称号に反映されている。前者の呼び方が、おそらくは王の〈存在〉のあり方をより強く指示するものであるのに対し、後者は王の統治機能を法的な仕方で強調し、王の〈行為〉のあり方を第一次的に指し示している。これらの称号のいずれも、それ自体では二つの本性について何も特別なことを意味しておらず、また支配者と神人との「本性論的《フイジオロジカル》」な相似を強調するわけでもない。しかし、支配者とキリストを結合するこれらの称号が広範に普及するにつれて、少なくとも潜在的に王は〈双生の人格《ゲミナ・ペルソナ》〉として、すなわち地上のあらゆる王権の人的かつ神的原型たるキリストの二つの本性に対応した〈双生の人格〉として立ち現われることもありえただろう。しかしそれにもかかわらず、「キリストの似姿たる王」(rex imago *Christi*) とか「キリストの代理者たる王」(rex vicarius *Christi*) といった盛期中世の呼び名が次第に消失し、「神の似姿たる王」(rex imago *Dei*) とか「神の代理者たる王」(rex vicarius *Dei*) といった呼び名に取って代わられるに及び、王がキリストの二つの本性に対して有する純粋に潜在的な関係さえも次第に見失われていった。

確かに、神に類似した者、あるいは神の意志を執行する者として現われる君主は、古代の支配者崇拝や聖書により支えられた観念であった。[☆七] それゆえ、〈神《デウス》〉という称号や隠喩は、中世のどの世紀にも見出される。そして最終的に、九世紀後半において王位の聖職化が生ずるに及び、また戴冠の式典《オルディネス》で用いられる言語や、そこに見られる王権に関する典礼上の理念の影響の下に、王に〈キリスト〉の称号を与えることが優勢になったとき、〈神の代理者〉と〈キリストの代理者〉との差異は、おそらく必ずしも常に理解されていたわけではなく、あるいは全く理解されていなかったとも思われる。[☆八] しかし、それにもかかわらず、宗教的敬虔の類型的変遷や一般的な宗教的情調の観点から見ると、〈神の代理者〉という属性の付与が原則であったように思われるカロリング朝時代の後に、オットー朝や初期ザリエル朝のキリスト中心的な時代が来るに及んで、〈キリストの代理者〉という表現を明確に選好する態度が顕著になったことが注目されるべきである。[☆九] しかし、これら二つの名称の相違が明瞭になり、したがって歴史的に見て初めて意義あるものとなるのは、キリストの代理者という職務が聖職位階制の特権として要求されるようになったときであり――「キリストの地位を獲得した皇帝などいずこにいるのだろうか[☆一〇]」――、最終的に〈キリストの代理者〉という称号がローマ教皇の独占物となったときである。

例のごとく、政治的、宗教的そして知的な生に属する多数の要因が合流して、一般的な推移を惹き起こし、キリストを中心とする王権のイメージを解消していった。戴冠の式典《オルディネス》の呪文は、叙任権闘争の影響の下に、その力を失っていった。この闘争自体、一方で霊的権威や教会内での権限、そして典礼上の類似物を世俗権力から剝ぎ取り、他方では霊的権力を帝権類似のものとすることにより前記の傾向の一因として寄与したのである。しかしながら、秘蹟におけるキリストの現在を明確なものにしていこうとする十二世紀の教義上、神学上の発展傾向もまた、キリストの代理者としてミサ聖祭を行う司祭の人格の内部にキリストの現在を見る旧い観念を、新たに強調していこうとする態度を生み出していた。[☆二一] さらにまた、教会法の研究から生じた新たな刺激も感じ取られていた。グラティアヌス教令集は二つの引用箇所で、すなわち一つはイェルサレムのヘシュキオスから、もう一つは偽アンブロシウスからの引用において、司教と司祭をともに〈キリストの代理者〉として示しており[☆二二]、このことは——必ずしも教皇のみを意味するものとしてこの称号が理解されたわけではなかったとしても——当の称号をめぐる広範な考察へと教令集註釈者たちを促したのである。

教皇だけがキリストの代理者であるなどと言う者が、今の時代のどこにいるだろうか。これは、十全なる権力を有する者は誰かという点に関しては真であるが、これ以外の点では、あらゆる司祭がキリストおよびペテロの代理者なのである。[☆二三]……

ピーサのウグッチョは、一一八七年と一一九一年の間に書かれたその『グラティアヌス教令集註解大全』で偽アンブロシウスの一節を註釈しながら、右のように書いており、彼のこの言葉は、同時代に「キリストの代理者」という称号をもっぱら教皇を指すものとして適用することが、かなりの程度において一般化していたに違いないことを示唆している。〈十全なる権力〉(plenitudo potestatis)という観念については、ウグッチョでさえ、自らをキリストの代理と称する権利をもつのは教皇だけであることを否定しなかった。この数十年後、インノケンティウス三世は〈十全なる権力〉という観念をいっそう厳格な意味で用いている。そしてさらに、インノケンティウス三世の諸教令の発布によって、教皇は〈キリストの代理者〉であるという表現が初めて公式的な仕方で登場し、これは単に日常的な一般言語においてではなく、教会法の集成において登場することになった。[☆一四] このとき以来、教皇令註釈者《デクレタリスト》や神学者、そしてスコラ哲学者たちは、この称号を教皇だけを排他的に指示する意味において解釈する方向で一致し、現在でもこの称号はほぼこの意味で使われている。[☆一五] 逆に、ローマ法学者たちについても同様のことが言えるのである。彼らは、ローマ法や、セネカやウェゲティウスのごとき何人かのローマの著述家の用いる言葉に依拠しながら、ほぼ例外なしに皇帝を〈地上における神〉(deus in terris)、〈地上の神〉(deus terrenus)あるいは〈現存する神〉(deus praesens)と呼び始めていた。明らかに彼らは、自らが解釈する典拠を基礎として、皇帝が何にもまして神の代理者であることを当然のこととして認めていた。というのも、皇帝を指し示す呼び名として〈キリストの代理者〉という表現を用いることは、彼らの用語のレパートリーに属さないものと考えられるからである[一六]。このようにして、支配者の地位に関するキリスト中心的な観念はまた、ローマ法の影響によってさらに消滅の一途を辿るに至ったのである。これ以後、教皇を意味する〈地上におけるキリスト〉(Christus in terris)[一七]は、皇帝を意味する〈地上における神〉(deus in terris)と並置されることになる。確かに皇帝には、彼に服する人々の父(pater subjectorum)として、不可視の天上の父なる神との漠とした類似性が認められていた[一八]。しかし、受肉した可視的な神、神＝人たるキリストの代理者は司祭なのであり、それも特に聖職位階秩序の至高の地位にある教皇なのである。

後期中世における命名法上の前記のごとき推移は、しばしば認知し難い一方で非常に示唆に富むものでもあるが、それは、西欧の宗教的感情のさらにより深い層で起こっていた変化の、単に表面的な徴候でしかない。聖フランチェスコの時代以降、公式的および大衆的な宗教感情は、一方でさらに精神的なものになると同時に、他方ではより物質的なものになっていった。そしてこれに随伴して、キリスト論上の諸概念の、曖昧で捉え難い点もあるがかなりの程度明瞭にも看て取れる変遷が生じたのである。すなわち、人間と神との関係は、客観的なものを中心とした神秘の「実在論」から、後期中世の特徴である主観を中心とする神秘主義の濃霧のごとき内面的な状態へと退却していった。これらの変遷は図像表現の領域において最も明白に看て取ることができる。この領域において神＝人〔キリスト〕は――純粋にこれが現《うつ》し身の形態で表現されていないかぎり――父なる神とはほと

ん ど識別不可能なものとなり、この傾向は時代が進むにつれてますます顕著になってい
った。[☆一九] 政治的領野の内部では、王権に関するいっそうキリスト支配論的で典礼的な概念が、統治に関する神政論的で法学的な観念により次第に取って代わられる結果となり、他方、後世の支配者たちがそれに倣っていることを標榜した神的モデルからは、神の「人性」が漸次取り除かれていった。そしてこれとともに、王権の擬似聖職的で秘蹟論的な本質も次第に消失していったのである。これを別の表現で示すと次のようになる。すなわち、以前の「典礼」的な王権に対抗して、「神権」に基づく後期中世の王権は、祭壇上の神の子ではなく天上の父なる神をその模範とし、二つの性格を帯びた媒介者の——依然として古代風であった——本性論ではなく、むしろ法哲学に焦点を合わせたものであった。

しかし、変化は突然に生じたわけではなかった。事実、歴史における多くの進化的な変遷と同様に、前記の変化も緩慢かつ微妙なものであった。しかし、それにもかかわらず、以前の典礼的な王権から神権に基づく後期中世の王権へと推移する過渡的な時期というものがあり、明確な輪郭をもつこの時期を通して、媒介者たる王という観念は奇妙な仕方で世俗化されてはいるものの依然として存続しており、そして、同じくこの時期を通して、聖職者たる王という観念は法それ自体のなかで表現されることになった。王の〈双生の人格〉という観念に内在する〈キリスト模倣〉(christomimēsis) 的な王の以前の存在論的な諸様相は、次第に色褪せていったと思われるが、機能的な観点から見れば、双子のごとき君主の二重性の理念は、依然として効力を失ってはいなかった。この理念は、法と正義に

対する王の新たな関係のなかで明瞭なものとなる。この新たな関係は、秘蹟と祭壇に対して国王がかつて有していた地位に取って代わることになった。

ノルマンの逸名著者が挑戦的な論考を著した当時、学問としての法学はほとんど存在してはおらず、明らかに未だ何の影響力も有してはいなかった。しかし、これからほぼ五十年後の一一五九年前後に、ソールズベリーのヨハネス（ジョン）が『ポリクラティクス』を書いたときには、既に法的な慣用語が学問上の言語の内部に浸透し、法的諸概念は未だ中世思想の諸様式を覆すほどではなかったにしても、頻繁に使用されていた。[☆二〇]確かに、ソールズベリーのヨハネスは専門的な法学者ではなかったが、彼は大部のユスティニアヌス法典やグラティアヌス教令集を、膨大な量の古典古代の著述家や教父の著作を扱うのと同様の容易さをもって、自由に利用していた。

『ポリクラティクス』第四巻の冒頭にあたる、しばしば引用される諸章のなかで、ソールズベリーのヨハネスは〈衡平の似姿たる王〉(rex imago aequitatis) に関する彼の理論を展開している。王を「衡平の似姿」とか「正義の似姿」になぞらえる比喩は、非常に古くから見られるものである。[☆二一]そしてこの比喩は、それ自体ではいかなる意味においても、〈キリストの似姿たる王〉(rex imago Christi) という観念を無効にしたり侵害するものではない――結局のところ、〈キリストは自らが正義そのもの〉[☆二二] (Christus ipse ipsa iustitia) なのである。ソールズベリーのヨハネスが提示した表現は、旧いテーマを単に少しばかり変容させたにすぎないことを示唆しており、これは、支配者により表現されるキリストが、より典礼的な様式からより法的な様式へと推移したことを示しているにすぎず、このような推移は一見したところ重要なものとは思われない。ソールズベリーのヨハネスの場合、この変容がかくも顕著に見えるのは、彼が聖職支配的な特徴と人文主義的な特徴とが混合している自らの思想の印象的な構築物のなかへと、ローマ法上の表現を統合したからにすぎないのである。

ソールズベリーのヨハネスは、我々には自己矛盾と思われることを解決しようと試みたのであり、それは円を四角にしようとする〔不可能な〕努力のように思われる。というのも、彼は自分の描く君主に、絶対的権力と同時に法による絶対的な制限を帰しているからである。いま指摘されたこの二律背反の本質は、次のように書かれた一つの章の見出しに露呈されている。

> 君主は、たとえ法の拘束から解放されているにしても、法と衡平の下僕である。彼は公的人格を担い、罪を犯すことなく血を流す[☆二三]。

ソールズベリーのヨハネスは、君主を〈法から解放されている〉(legibus solutus) ものと宣言したローマ法の法諺の本質的妥当性を否定していない。というのも、彼が考えている君主は、確かに法の拘束から自由だからである。しかしながら、これは君主が不正を為すことを許されていないという意味ではない。君主は、ちょうど彼が罪の足枷から自由たるべきであるのと同様に、法の拘束や制限から解放されている。彼が自由で〈法から解放されている〉のは、彼が「生来の正義感を基礎として行動すると期待されている」[☆二四]からであり、刑罰への恐れからではなく正義自体への愛から法と衡平を崇敬するよう職務《エクス・オフィキオ》上義務づけられているからである。[☆二五] 君主が裁判官としての資格において血を流すとき、彼は罪を犯してはいない。なぜならば、常務として行うことを彼は「公的利益に仕える者」として、公共の福祉を利するために行っているからである。彼は〈公的人格〉(persona publica)であり、このようなものとして行動する。そして彼はこの権能において、自己の〈私的欲求〉(privata voluntas)に関してではなく〈国家〉(res publica)の福利に関するあらゆる問題を考察するものと期待されている。このようにして、君主の欲求《ウォルンタス》は法としての効力をもつとローマ法が主張するとき、ここで言及されているのは君主の恣意的な私的意志ではなく、〈公的人格〉としての彼の内に働く〈欲求〉なのである。[☆二六] しかし、公的人格として君主は公的利益に仕えるものであり、このことによって〈衡平の似姿〉の担い手は同時に「衡平の下僕」となる——〈君主は衡平の下僕なり〉[☆二七](aequitatis servus est princeps)。

ソールズベリーのヨハネスにおける〈公的人格〉と〈私的欲求〉との対立は、公的人格としての君主と私的人格としての君主の区別を暗に含んでいるように思われる。我々は、私的人格としての君主は法の下にあり法に拘束される(legibus alligatus)のに対し、君主の公的人格は法の上にあり法から解放されている(legibus solutus)というような何らかの理論を期待するかもしれない。しかしながら、これはソールズベリーのヨハネスが引き出した結論ではなかった。ノルマンの逸名著者と同様にヨハネスは、少なくともいま問題となっている論点との関連においては、私的人格としての君主には格別の関心を示してはいない。あらゆる私人は、どのみち法に拘束されているからである。彼が興味を示したのは〈公的人格〉というローマ法から導入された不可思議な観念、後期中世およびさらにその後の政治理論がそれを中心として展開することになる観念であった。我々はここで議論されているソールズベリーのヨハネスの『ポリクラティクス』のさまざまな箇所に含まれた君主の〈公的人格〉という観念自体に、一種の内的緊張関係を見出すことができる。すなわち、公的人格として君主は〈法から解放されている〉と同時に〈法に拘束されて〉おり、〈衡平の似姿〉であると同時に〈衡平の下僕〉、法の主人であると同時に法の下僕とされている。つまり、二元的性格が職務自体に内在するとされているのであるが、これは、すぐ後で説明されるようなレクス・レギア (lex regia) とレクス・ディグナ (lex digna) というローマ法大全の二つの矛盾する法律を基礎として、ほぼ不可避的にソールズベリーのヨハネスが到達せざるをえなかった結論であった[☆二八]。

ソールズベリーのヨハネスの言う君主は通常の意味での人間ではない、と述べるのが正しいのかもしれない。もし暴君ではなく、いやしくも君主であれば、彼は「完成態」なのである。君主は——中世の古き善き様態において、しかし新しい法的な意味において——正義の理念それ自体であり、この理念はあらゆる法の目的なるがゆえに、彼は法に拘束されていると同時に法の上に位置する存在でもある。君主が支配するのではなく、正義の道具であると同時に――ソールズベリーのヨハネスはこのような趣旨でユスティニアヌス法典を引用してはいないが――〈生ける法〉(lex animata) でもある君主を通じて、あるいはこのような君主において正義が支配するのである。

これらすべてのことは、今日では朦朧とし曖昧なもののように見える。しかし、このような曖昧性のなかに、我々は法によって映し出された国王の〈双生の人格〉を、そして典礼から法論の領域へと移し換えられた媒介者たる王の観念を認めるべきことを理解するだろう。

二　フリードリヒ二世

正義の父にして子 (Pater et filius iustitiae)

ソールズベリーのヨハネスの後、二世代が経過すると、法的思考は見誤ることなく典礼の精神を凌駕するに至った。今や法学が、自らの世俗的な精神性を創造すべく求められていることを自覚するに至ったのである。

法自体から生成する〈混成の人格《ペルソナ・ミクスタ》〉の新しい型の典拠となった表現は、『アウグストゥスの書(リベル・アウグスタリス)』に見出される。これは、フリードリヒ(フレデリクス)二世がローマ皇帝として(一二三一年メルフィで)発布したシチリアの国法の大集成である――もっとも、これはフリードリヒがシチリア王の資格において発布したものであり、シチリア王は〈自らの王国における皇帝〉(imperator in regno suo) として行動する権能を真の意味において有する王であった。[二九] この法典の第一巻第三一章には「正義の遵守について」[三〇] という表題が付いている。これは、皇帝の立法権の起源と法を擁護し遵守すべき皇帝の責務に関する、法学的および哲学的な議論であった。この問題は、当時の法学者たちがたえず取り上げて論じたテーマであり、「正義の源泉」[三一] と考えられていた皇帝の特権と義務がおよそいかなるものであるかに関しては、疑問の生ずる余地はなかった。しかしながら、『アウグストゥスの書』においては、当時一般に通用していた観念や表現が、簡潔かつ明確に再定式化され、フリードリヒの言葉が記されている荘厳な言語は、註釈者たるイセルニアのアンドレアスをして「この法律は壮麗なる表現で宣言されている」[三二] (Pulchre dictata est haec lex) と感嘆せしめるに充分なほど印象深く映じたのであり、他方、より後の時代の註釈者マタエウス・デ・アフリクティスは、言葉遣いの典雅さのゆえに、若い人々にこの国法の全文を暗記して学ぶことを示唆したほどであった。[三三] この法律のなかで皇帝は、ローマの公民《クイリテス》により保持されていた古《いにし》えの立法権へと話を戻して、次のように宣言している。[三四]

> 大いなる協議と賢明なる熟慮を欠くことなくして、ローマの公民はレクス・レギアによって、ローマ皇帝に立法権と帝権《インペリウム》を移譲した。これは、(カエサルたる地位の威光によって彼に委ねられた権力をもって人々を支配した者と) まさに同一の者から正義の源泉が現

われ出で、また同じ者によって正義の擁護が成就されるためである。[三五] それゆえ、利益のためばかりでなく、同一の人格に正義の源泉と正義の擁護という二つのものが共存すべく配慮され、必然的に、正義に強制力が欠け、強制力に正義が欠けることのないよう配慮されたことが確認されるのである。[三六] したがって、カエサルは正義の父であると同時に正義の子、正義の主人であると同時に正義の下僕でなければならない。すなわち彼は、正義を創造し、創造されたものを保持する点において正義の父および主人であり、同じく、正義を尊重すべき点で正義の子、正義の豊饒さに仕える点で正義の下僕なのである。

〈正義の父にして子〉(pater et filius Iustitiae) という反立的な用語法は、新しい表現のように思われるかもしれないが、このように親と子の関係を知的な意味で用いる比喩は、当時の法学者が共有する慣用的表現であった。皇帝は〈法律の父〉(pater legis)、正義は〈法の母〉(mater iuris)、そして法そのものは〈正義の下僕ないし子〉(minister vel filius Iustitiae) であり、この種の用語はすべて当時の法学文献に見出されるものである。[三七]『アウグストゥスの書』の用語に特殊な響きを与えているのは、その明白な逆説性に加えて、おそらくは主として前記の比喩が生ける皇帝の人格に集中しているからであろう。さらに、フリードリヒの威厳に満ちた厳粛な宣言のなかには、一つは法的な、もう一つは神学的な二つの軌道が重なり合っているように見える。要するにこの法書は、「神学と競い合う法学」と形容されるような、知的動向の波が最高潮に達した時期に生まれたものであり、したがって皇帝法のなかに擬似神学的な通奏低音が響いていても、これは全く予期せざることとは思えない。それゆえにこそ、このシチリアの法書を後に註釈した一人の法学者も、このような響きを聴き逃すことはなかった。マタエウス・デ・アフリクティスは、皇帝は〈父にして子である神を模範として〉(exemplo Dei patris et filii) 行動すると説明しており、このとき彼は、ローマ法によれば皇帝が〈法律の父〉であると同時に〈生ける法〉とされていたことをも喚起しているのである。[☆三八]

しかしこれらのことは、『アウグストゥスの書』が創り出した反立的用語法それ自体を未だ説明してはいない。この用語法においては、皇帝は明確に〈自分自身より大かつ小なる者〉(et maior et minor se ipso)、すなわち正義の父にして子である「媒介者」として表現されており、この際、正義自体にも同様に媒介的な地位が帰せられ、正義の女神は暗黙のうちに皇帝の母であると同時に娘ともされているのである。この一節の特異な言葉遣いはローマ法に依拠したものではない。むしろそれは、君主や、おそらくはまた高位聖職者に対して適用された或る種の讃辞を我々に想起させる。これらの人々は、しばしば〈教会の子にして父〉(filius et pater Ecclesiae) と呼ばれていたからである。[☆三九] しかし、君主と正義の関係を表わす一見して逆説的な表現は、フリードリヒと同時代の人々の心に別の連想を容易に惹き起こしたことだろう。彼らは、聖母マリアが「汝の息子の母にして娘たる処女」(Vergine madre, figlia del tuo figlio) というような表現で讃美されたのみならず、キリスト自身、その処女たる母の父にして子たる者として讃美されるのをよく耳にしていたからである。「余は汝の子にして汝の父なり」とウェイスは歌っているが、これは単に、多くの詩人たちの大合唱によってきわめて多様な仕方で繰り返されていたモティーフの反響にすぎない[☆四〇]。

「正義の父にして子」という表現を用いることによって、皇帝たる立法者が自らをキリストの地位に置くことを意図したとか、処女たる正義――すなわち、法学者たちが折にふれて言及した救世主についてのウェルギリウスの牧歌（詩選）や、その他の古典の原典に見られる〈正義の処女神（星の処女神）〉（Virgo Astraea）――に聖処女マリアの地位を与えようとしたと想定することは、仮に寓意的解釈においてはどんな種類の象徴的解釈（何を象徴するものとしてどのような表現を用いたか＝quid pro quo）も可能なことは認めても、的外れであろう[☆四一]。皇帝が用いた反立的な表現は、これとは異なった思想世界に属するのである。この表現は、一般的に言って「法律家の時代」の知的風土、特に裁判官や法律家が聖職者のごとく正義に奉仕するものと期待されているような、フリードリヒの大法廷《マグナ・クリア》の知的風土に適合したものであった。ここにおいて最高法廷の開廷は、教会の祭式にも比較しうる、細部に至るまで厳格な儀式によって執り行われ、これは「正義の最も神聖なる役務《ミニステリウム》（あるいは秘儀《ミュステリウム》）」（Iustitiae sacratissimum ministerium [mysterium]）と名づけられた。この法廷で裁判官や法実務家たちは、教会秩序の補充物であると同時にこの秩序と対置された範型を表現する〈法の礼拝〉（religio iuris）ないしは〈皇帝の教会〉（ecclesia imperialis）といった表現で「正義の祭式」を解釈したのであり、またそこにおいては、法職に就く者の着衣は、いわば聖職に任じられた司祭の着衣と見合うようにしつらえられていた。また、「至高なる名匠の手により人間として創造された」皇帝自らは「正義の太陽」(Sol Iustitiae)と呼ばれたが、これはもともとは預言者としてのキリストの呼称であった[☆四二]。この種の政治神学ないし政治と宗教の混成態の内部で、『アウグストゥスの書』――これはボローニャで教育を受けた法学者で修辞学者でもあったペトルス・デ・ウィネアにより執筆された[☆四三]――の用語は、明確な位置づけを与えられるのである。

　しかしながら、フリードリヒにおける帝国「支配の神学」は教会思想に浸され、教会法の言い廻しによって描かれ、統治の秘儀を表現するために擬似キリスト論的な言語が注入されてはいるものの、もはやキリストを中心とする王権の観念に依拠するものではなかった。フリードリヒとその法的助言者の主たる議論は、法そのもの――より正確にはローマ法――から引き出され、法によって規定されていた。事実、「正義の主人にして下僕」という皇帝の二重の役割は、『アウグストゥスの書』から引用される一節がきわめて明白に示しているように、レクス・レギアに由来し、あるいはこれと連繫したものであった。すなわち、皇帝のこの二重の役割は、古えの時代のローマ市民(クイリテス)が、限定された立法権と法の特免権とともに帝権《インペリウム》をローマの君主《プリンケプス》に譲渡したといわれる、有名な法律に由来する[☆四四]。そしてこれとともに、厳格な意味で法を中心とする観念形態《イデオロギー》が、それ以前の諸世紀に支配的であった秘義のごとき〈キリスト模倣論〉の層に取って代わって登場したのである。

レクス・レギアの解釈に二つの可能性があること、すなわち、これを人民主権の基礎として解釈することも、また国王の絶対主義の基礎として解釈することも可能であることはよく知られており、ここでこの論点を考察する必要はないだろう。ユスティニアヌス法典の『法学提要』やこれ以外の箇所でレクス・レギアは次のような主張、すなわち法が制定される仕方には他にも多数存在するが、「また、君主が好むことも法としての効力を有する」という主張を強化するために引用されている[☆四五]。ところがユスティニアヌス法典には、レクス・レギアが一般的に皇帝への完全で永久的な〈移譲〉(translatio)を意味するのか、それとも個人としての特定の皇帝への限定され取消し可能な〈認可〉(concessio)を意味するのかが明確に述べられておらず、このかぎりで矛盾と両義性がここに見られるのである[☆四六]。この両義性は後期中世にいくつかの方法で解決されるに至り、その一つが人民の〈物的大権〉(maiestas realis)と皇帝の〈人格的大権〉(maiestas personalis)という二重主権の構成であった[☆四七]。しかし、フリードリヒ二世はこの種の二重性の観念には未だ到達していない。また、彼の世紀の末期には、〈人民が行動し、神が霊感を与えることによって〉(populo faciente, et Deo inspirante)という表現のように、支配者の地位を人民および神に等しく由来するものとして説明するような言い回しが用いられるようになったが、フリードリヒ自身は未だこの表現を知らなかった[☆四八]。さらにまた、彼と同時代のアックルシウスは、「皇帝は人民に由来するが、帝国は神からのものである。そして、このような帝国を支配するがゆえに皇帝は神的存在と呼ばれる」と指摘しており、この考え方はその後、ピストイアのキュヌス（チーノ・ダ・ピストイア）によって強調されることになるが[☆四九]、フリードリヒは帝国と皇帝のこの種の区別も行ってはいない。彼は、これらの表現の本質的要素や中心的観念を既に予知していたかもしれないが、これらは彼により造り出されも使用されもしなかった。そもそもこの種の表現は彼のものではないのである。そのうえ、フリードリヒは立法者としての自らの権力を基礎づけるために、同時代のローマ法の専門家たちに依拠したのであるが、これらの人々は総体的に見て君主を唯一正当な立法者、法の窮極的な解釈者と考えていたことから、人民の独立した立法権を否定していた。しかし、それにもかかわらず、フリードリヒ二世はレクス・レギアから二重の責務を引き出し、ソールズベリーのヨハネスと類似の仕方で、皇帝《カエサル》が「正義の父にして子」と述べる一つの明白な言い廻しで、この二重の責務を表現したのである。

　支配者と法との関係についてのフリードリヒの解釈は、ユスティニアヌス法典に関するかぎり、彼が非常にしばしば言及し、自らの法書や書簡のなかで重要な意義を与えているレクス・レギアのみならず[☆五〇]、レクス・ディグナにも基礎を置いていた。この法律は、ローマ法の註釈学者たちによりレクス・レギアとの関連で引用されるのが慣例であったが（この点、ソールズベリーのヨハネスも例外ではなかった）、前記の両義性はこれにより解消されることも軽減されることもなかった。レクス・ディグナはテオドシウス帝とウァレンティニアヌス帝により発布されたものであるが、これら二人の皇帝は、君主というものは法的に見れば法律に服していないにしても、倫理的にはこれを遵守すべく義務づけられているという趣旨の言明を行っている。しかし、彼らは自らが無条件に法に拘束されることを言おうとしたわけではなく、また皇帝は〈法律から解放されている〉(legibus solutus)という主張の妥当性を否定しようとしたわけでもない。しかし、六世紀にユスティニアヌス法典を編纂した人々は、勅令を再録した際に、より実質的な意味で皇帝が法に拘束されることを要約のなかで示唆しているのである。

> 君主が自ら法に拘束されていると公言することは、支配者の威厳にふさわしい言葉である。余の権威は、かくまでに法の権威に依存しているのである。まことに、君主としての地位を法に服さしめることは、帝権を行使することよりも偉大なことである。[☆五一]

中世の法学者が、〈君主は法律から解放されている〉(princeps legibus solutus)という法諺と、〈君主は法律に拘束されている〉(princeps legibus alligatus)という法諺の間に明らかに存在する対立関係に気づかないはずがなかった。君主を〈衡平の似姿〉であると同時に〈衡平の下僕〉として解釈するようにソールズベリーのヨハネスを促したのも、――他のことの考察に加えて――この対立関係であった。そしてさらにこの解決は彼にとって、聖書上の範例たるキリストを反映したものと思われた。キリストは王のなかの王であるにもかかわらず、「法の下に誕生して法のあらゆる正義を遂行し、強制によってではなく自らの意志

によって (non necessitate, sed voluntate) 法に服した。というのも、法のなかにこそ彼の意志はあったからである」[五二]。

レクス・レギアとレクス・ディグナの一見して調和不能な二つの命題を中世の法学者が調和させようと試みたとき、彼らの大多数が依拠した便法も、おおむねこのようなものであった。彼らは、皇帝が法的には法律に拘束されてはいないにもかかわらず、自らの意志によって自分を法へと束縛し法に従って生きることを指摘した。皇帝が法に服することは、そうであること (esse) ではなくそう欲すること (velle) と考えられたのである[五三]。フリードリヒ二世も、このような慣例的なローマ法解釈に従った。彼もまた、或る機会にレクス・ディグナに触れながら、優れた判断を自発的に受け容れて、自分自身が義務を負うと考える類いの法につき厳かな説明を与えている。彼はローマの元老院議員と市民に向けて次のように書いている。

王に命令を下す強力なる理性と自然は、余の治世にローマ市の偉業を賞揚すべき義務を余に課した。そして、ローマ法に従って、余は [支配者の] 威厳に最もふさわしい言葉によって、この義務に服することを公言する。……たとえ皇帝の大権はあらゆる法律から解放されているとはいえ、すべての法の母たる理性の判断からも全面的に自由であるとは言えないからである[五四]。

この言明は結局のところ、君主の「理性によって規律された意志」（voluntas ratione regulata）と呼びうるものに言及しているのである。[☆五五] 皇帝はこの宣言のなかで、自らが〈法律から解放されている〉ことを力強く説くのであるが、これと同時に、あらゆる王に命令を下す理性に拘束されることを承認している。ここに見られる皇帝の一般的な位置づけは、フリードリヒがその法典でレクス・レギアについて説明を与え、自らを正義の父にして子であると宣言したときに彼が確認したものと類似している。この引用箇所も、理論的に見て皇帝が媒介項であることを再度言い表わしているのである。すなわち、彼はあらゆる法から解放され、実定法の拘束より上位にある。理性は、公共の利益やその時々に変化する必要性に応じて、いつでも実定法を変更することができ、皇帝が実定法の父であるように理性は実定法の母である。ところが他方で、あらゆる王の上位にある理性は、皇帝の上に位置するものでもあり、したがって皇帝は理性に拘束されることになる。彼は、〈法律から解放されている〉（legibus solutus）が、〈理性に拘束されている〉（ratione alligatus）わけである。

この理論には危険性がないわけではない。理性の解釈は容易に皇帝のみによって行われるからである。事実、これから一世紀も経たないうちに、この半ば神的な〈理性《ラティオ》〉は〈王と祖国の理性〉（ratio regis et patriae）となり、後者は国家理性と同義と見なされることになる。以前はそれ自体において目的とされていたものが、国家統治の道具となり、単なる手段となるのである。多くの点で理性は、既にフリードリヒ二世の許でこのようなものと考えられていた。しかし法哲学においては、理性は依然として女神たる諸特徴を示し、神にも等しい自然の顕現と見なされていた。[☆五六]

媒介者たる正義 (Iustitia mediatrix)

法的理性の絶対的な力を崇拝することは、フリードリヒ二世と彼の助言者たちにのみ特有な態度ではなかった。法学者、特にローマ法学者たち（彼らはまた、非教会的なストア主義の真の再発見者であり、したがって後世のペトラルカ的形態における人文主義的な新ストア主義の創始者でもあった）は、一般的に理性の観念を好んで活用し、正義とともに理性を古代の神々のごとく神聖視していた。フリードリヒ二世よりほんの少し前の世代の指導的な法学者であった偉大なるプラケンティヌス（一一九二年歿）は、あらゆる可能性から見て、『法の厳正さに関する設問集』と呼ばれる法的対話篇の著者と思われるが、この著書の詩的な序文には、いま問題にしている論点と関連する叙述が見られる。[☆五七] 事実、この序文で著者は、丘の上の心地よい木立のなかに偶然発見したと言われる〈正義の神殿〉(Templum Iustitiae) の美しさと荘厳さを、おごそかで輝かしい文彩で描きながら、法の女神を祀る文学的な記念碑を建立している。[☆五八] この想像上の聖堂の中に、彼は六つの市民的徳とともに理性、正義、衡平が住まうのを見た。そして、これは彼にとって地上のものならぬ「天上の宴」と見えたのである。ここでは理性《ラティオ》が最高の地位を占めており、正義の頭上に坐して、そこから「彼女の星のごときまなざしと精神のきらめくばかりの鋭さをもって」遠方の事物を眺めており、それは神殿の境内よりはるか遠くの事物にまで及んでいた。中央の形象たる正義《ユスティティア》は、「その言うに言われぬ威厳に満ちた態度によって」☆五九、「神と人間の両者に関わる事柄を、幾度となく嘆息しながら観じていた」☆六〇。彼女は自分の末娘である衡平《アエクイタス》を抱きかかえており、衡平の容姿は、母親が保持する秤を水平にしようと努めながら、ほかならぬ深い情愛と善意を鏡のごとく映し出していた。そして他の娘たちである六つの市民的な徳は☆六一、護衛者のごとく正義を取り囲んでいた。聖堂の内部には立ち入ることのできない至聖所《アデュトゥム》のために空間が取って置かれ、これは玻璃の壁で仕切られており、この壁には黄金の文字でユスティニアヌス法典の全文が刻まれていた。この玻璃の壁を通してのみ、観者は「鏡のなかにあるがごとく」女神たちを目にすることができたのである。至聖所の内部には、明らかに正義に仕える聖職者と思われる「少なからぬ数の高貴なる人々」が玻璃の壁の傍らで務めを執り行っていた。法を精査し秤量する衡平の目から見て法文の一節が不適正に思われるときはいつでも、彼らは黄金の文字で書かれた法文を修正しようとしていた☆六二。最後に、至聖所の外では崇むべき一人の法の教師が聴講者たちと難しい法律問題を議論している。そして、この『設問集』の著者は、その学識豊かな論考に、この法の解釈者と聴講者の間でなされた議論を再録しようと試みるのである。

　事実、著者が自分の実見談に擬した物語で叙べているのは、正義の聖堂の内部で行われている法学研究のヴィジョンであった。このヴィジョン自体は、ユスティニアヌスのトリボニアヌスへの書簡に触発されたものである。この書簡で皇帝は、「法の素材をきわめて美しい作品へと仕上げ、いわば至当できわめて神聖なる神殿を正義のために捧げる」よう命じたことを、自ら明言している。また、前記のヴィジョンは、皇帝がこの書簡より少し後に書いた元老院への書簡によって触発されたとも考えられる。この書簡で皇帝は、何千冊の書物から「ローマの正義（Iustitia Romana）の神殿が建立された」かを示してみたいと述べている。[☆六三] また、正義の女神を描くために用いられたいくつかの付加的な脚色は、二世紀の法律家で修辞学者でもあったアウルス・ゲリウスから借用されたものと思われる。彼は、『アッティカの夜』で、ストア派の原典をもとにして、〈正義〉について似たような文学的肖像を描いていた。正義は「畏怖すべき厳しい容貌と鋭い輝きのまなざしをもち、その威厳のなかに崇むべき悲しみをたたえた処女」であり、ゲリウスが〈正義の神官〉（Iustitiae antistes）と名づけた完全なる裁判官たちが、この正義の女神に供奉していた。[☆六四] プラケンティヌス――あるいは『設問集』の著者――は、さらに別の原典により影響を受けているとも考えられるが、[☆六五] いずれにしても、後の時代において〈正義の神殿〉を思い描くことは、決して稀なことではなかった。[☆六六] しかしここで重要なことは、『設問集』の著者が〈正義の神殿〉という比喩を利用したばかりでなく、法理念の擬人化を、当時一般に受容されていた法哲学の位階的体系へと統合したことである。彼の論考のなかで、理性は結局のところ自然法と同一のものとして呈示されており、自然法は実際には神法と同一のものなのである。[☆六七] 衡平は疑いもなく実定法の領域、すなわち国家統治のために発布される人定法の領域に属する。このことは、聖堂がそれへと捧げられ、最も卓越した形象とされている正義には媒介的な地位が与えられていることを示している。[☆六八] 正義のみが、自らの上位にある自然法と下位の実定法の双方を分有するのであるが、同時に正義は双方のどちらとも同じではない。確かに正義というものは、あらゆる判断や状態の、そして人間のあらゆる制度の目的であり窮極的な規準である。しかし〈正義〉それ自体は、たとえあらゆる法に内在していても、固有の意味での法であるとはとうてい言えないのであり、むしろ法が発布される以前から存在するものである。[☆六九] 〈正義〉はあくまで一つの理念、あるいは女神である。[☆七〇] 事実、正義は法的思考の「法外在的な前提」であり、[☆七一] あらゆる理念がそうであるように、媒介者としての機能を有する。〈媒介者たる正義〉(Iustitia mediatrix)は、神法と人定法、ないし理性と衡平を媒介する存在なのである。

ここで当時の美術作品を調査して、何らかの彫刻か絵画が、正義とその聖堂に関する中世の法律家のヴィジョンを描写してはいないかどうか明らかにしてみたい気持に駆られる向きもあるだろう。事実、《カエサルの正義》という彫刻が伝えられており、これは、カプアにあるフリードリヒ二世の凱旋門に彫られたものと言われている。そこでは正義の女神の等身大以上の大きさの胸像が皇帝の玉座の下、門の入口のすぐ上という主要な場所に置かれ、言い伝えられているところによれば、彼女は左右の両側面を裁判官たちの胸像で取り囲まれていた[☆七二](図17)。しかし、カプア門の彫像の全体的な構図は決定的な結論を下すにはあまりにも不確定なものであり、いずれにしても、その構図は『設問集』の著者が描いたものとは非常に異なっている。[☆七三]

これよりもっと示唆的なのは、十四世紀初頭に描かれた絵画、シエーナのパラッツォ・プブリコ（市庁舎）にあるアンブロージョ・ロレンツェッティのフレスコ画《善き統治》である[☆七四]。この絵の寓意的な内容は、複雑でしかも不明瞭でさえあるが、ここではその内容にまで立ち入る必要はない。この絵の二つの主要な形象、すなわち〈正義〉と〈善き統治〉（図18a・b）を指摘するだけで充分であろう。正義の女神は等身大以上の大きさで描かれ、事実、〈天上へと揚げられた乙女〉（puella erecta in coelum）、〈畏怖すべき厳しい容貌の〉（aspectu vehementi et formidabili）形象とされている[☆七五]。彼女は一段高くなった台座に身を置いている。そして、彼女の頭上に舞うのが〈叡　知《サピエンティア》〉であり、これは〈正義の神殿〉における〈理性〉と同じもの、あるいはそれに代わるものであって、正義はこの叡知を見上げている。ここで我々は少なくとも、『設問集』の著者が、理性は「正義の頭上に横たわっていた[☆七六]」と述べるとき、何を言わんとしていたのかを理解するのである。さらに、《善き統治》に描かれた〈正義〉の足元には、もう一人の「末の」娘たる〈和　合《コンコルディア》〉が描かれている。〈和合〉は、中世の法律家たちが正義と関連させてしばしば言及していたものであった[☆七七]。我々は、正義と同じ台座に〈善き統治〉が身を置いているのを見る。これは皇帝のごとき巨大な形象で描かれ、六つの徳により取り囲まれている。〈統治〉の頭上に舞うのが〈慈愛《カリタス》〉であり、これの側面には〈信仰《フィデス》〉と〈希望《スペス》〉が描かれている。ここで描かれている徳がキリスト教の枢要徳であることは明らかであるが、この場合、「祖国愛は慈愛に根ざすものなり[☆七八]」（Amor patriae in radice Charitatis fundatur）という、一三〇〇年頃に一般に知られていた意味づけに従って、慈愛がここでは同時に祖国愛《アモル・パトリアエ》をも意味していることを指摘しなければならない。この祖国愛的な意味は、おそらく皇帝に似た形象がシエーナの都市を表わす色である黒と白で描かれていることで暗示されていると思われる。そして、この形象の足元には、雌狼とともにローマの双子が描かれているが、これは、都市がローマにより建設されたことを象徴するシエーナの紋章である。

周知のごとく、ロレンツェッティの絵画は後世のものであり——ルネサンスの寓意表現によく見られる美術上の不明瞭さに包まれているので——、十二世紀の法学者の描いた像ほどには鮮明なものではない。しかしそれにもかかわらず、この絵画は、中世の法学者がおよそどのような観念を心に抱いていたのかを教えてくれる。このフレスコ画は明らかに、〈媒介者たる正義〉の役割を担うものとして正義の女神を描き、「皇帝」ないし〈善き統治〉は〈正義〉と対になるものとされているのである。

プラケンティヌスの夢幻的な〈正義の神殿〉と関連して、これ以前に書かれた一つのミニアチュールにしばしば人々は注意を喚起してきた。これは、法的な問題における仲裁者として皇帝を描いている。このミニアチュールは、一二〇二年ないし一二〇三年に皇帝ハインリヒ（ヘンリクス）[☆七九]二世がモンテ・カッシーノ修道院に贈呈した壮麗な福音書に見られるものである（図20）。第四福音書（「ヨハネによる福音書」）のすぐ前に挿入されたフォリオには、人々がそこに期待するような聖ヨハネの像ではなく、多数の擬人像とともに皇帝の姿が頁全体に描かれている。これは大いに政治的で法哲学的な絵画と言えるものであり、その中央の大きな円のなかに帝権のあらゆる権標を身につけた皇帝が玉座に坐っている。そして上の隅に我々は〈正義〉と〈敬虔《ピエタス》〉を認めることができ、皇帝の右と左には、往昔より王権の従者で玉座をともにするとされてきた〈叡 知《サピエンティア》〉と〈思 慮《プルデンティア》〉が小円のなかに置かれている。そして、支配者の下の隅には、実定法の象徴たる〈法律《レクス》〉と〈法《ユス》〉が描かれており、[☆八〇]両者は皇帝に依存し、皇帝の意志を執行している。「皇帝の命令を受けて、法律と法は暴君を断罪する」[☆八一]という銘が、皇帝の足元の円の周りに記されている。暴君は、皇帝がそれを欲する場合には処刑されねばならない。しかし、皇帝の意志は上方からの教示により導かれているのである。確かに、ここで皇帝に助言を与えているのは、星のごときまなざしをもった法律家たちの女神たる〈理性〉ではない。しかし、〈理性〉はこの図像のなかに不在であるわけではない。皇帝の頭上の円のなかに、我々は鳩のかたちをして天から舞い降りる聖霊を認めるが、この鳩はまた、神的叡知と理性をも象徴しているのである。[☆八二]鳩は皇帝の精神に正しい判断を吹き込み、さらにこの後で、皇帝が法律と法の執行力へと自らの霊感を伝えるのである。

　このような裁判の場面において、明らかにハインリヒ二世は、神的理性と人定法の媒介者としての役割を果たしている。しかし、オットー朝の君主にふさわしい仕方で、皇帝の媒介的地位は典礼的に、すなわち聖霊の降臨を求める祈りである〈エピクレシス〉により表現されているのである。この絵の表現様式は神学的であり、法学的なものではない。皇帝は法学の世俗的精神を通じてではなく、聖霊の力を通じて神の意志を仲介し執行する者とされているのである。

オットー朝のミニアチュールは、しばしば想定されてきたほどには十二世紀の法学者が心に描いた〈正義の神殿〉と密接な関連性をもたないのかもしれない。しかしそれにもかかわらず、このミニアチュールは我々に多くのことを示唆してくれる。というのもこれは、支配権が描かれた時代からホーエンシュタウフェン朝の時代を分かつ時間の経過のなかで、支配権の観念がどれほどまでに典礼的な領域から遊離していったかを、きわめて明瞭に例証しているからである。しかし、典礼的な時代に支配権を特徴づけていた超越的な価値が、引き続く時代において専門的な法学を中心に政治理論が明確な形態を取り始めた段階で、単純に放棄されてしまったと考えるのは全くの誤りである。事実はこれと反対であり、このことは支配者の媒介的な地位という特殊な論点に関してだけでなく、一般的にそうなのである。王権に関する中世的なパターンや概念は、フリードリヒ二世によっても、またその他の人々によっても、単純に消し去られることはなかった。実際は、以前のあらゆる価値が温存されていたのである。しかしながら、これらの価値は、世俗的で主として法学的な新しい思考様式へと翻訳し直され、世俗的な環境へと移されることによって存続していった。さらにこの場合、パターンや価値は神学的手段によって合理化されるのではなく、むしろ理論的な法律学を積極的に援用することによって合理化されたのである。

皇帝ハインリヒ二世は、聖霊の鳩から助言を受け取る一人の審判者として示されていた。しかし、フリードリヒ二世の頭上に鳩が舞い降りることなど、確かに想像することさえ困難であろう。フリードリヒ二世の像は——カプアの門にあった彼の彫像や、有名な金貨〈アウグスタレス〉を想起するとよい——秘蹟や祭壇や塗油式の世界から遠く離れた観念と理想を表わしているからである。にもかかわらず、この皇帝が、立法や裁判といった国家のあらゆる公的な行為において自らが神により直接的に霊感を与えられていると主張したとすれば——事実、彼は繰り返しこれを主張しているのであるが——、この主張の正当な根拠は、主としてユスティニアヌスの先例に従っているのである。[八三]天上からの霊感を別にしても、フリードリヒ二世は中世のあらゆる支配者と同様、自らが神の代行者であることをも主張している。皇帝は、『アウグストゥスの書』の偉大なる序文の最も際立った一節で、人間の堕罪の後、王や君主は自然の必要性によるのみならず神の摂理（神慮）によって創出され、彼らには次のような使命が課せられていると述べている。

彼らは、人民にとって生と死の裁定者であり、神の摂理の執行者であるかのごとく、各人がどのような運命や境遇や状態にあるべきかを裁定するのである。[八四]

しかし、きわめて重要なことは、このような〈神の摂理の執行者〉(executor divinae Providentiae) たる王の伝統的な任務が、聖書や教父の文言——フリードリヒはこれらのどれも利用しようと思えば利用することができた——ではなく、セネカによると皇帝ネロが述べたとされる言葉によって言い表わされていることである。

　余は、地上における神々の代理として行動すべく万人により選ばれたのではないだろうか。余は人民にとって生と死の裁定者である。各人がどのような境遇や状態にあるべきかは、余の手に握られている。運命の女神はおのおのの人間に彼女が与えようと欲することを、余の口を通して宣言するのである。☆八五

フリードリヒの尚書は、傲慢で尊大と思われる惧れのある言葉を、確かに少し和らげてはいる。しかし、フリードリヒの法的な助言者によって、神の代理という職務がセネカの皇帝観を模範として解釈され、ネロが語ったと想定される言葉で言い表わされている事実に変わりはない。しかもネロは、中世の伝承において模範的な支配者とは考えられていなかったのである。

　これに劣らず重要なのは、ローマ法の註釈者たちが純粋に聖書の引用句を註釈する際に、好んでユスティニアヌス法典の学説彙纂《デイゲスタ》や勅法彙纂《コデクス》、新勅法《ノウエラエ》そして法学提要《インスティトウティオネス》に言及していることである。（任意に一例を挙げてみると）マリヌス・デ・カラマニコは、『アウグストゥスの書』序文への註釈で「王や君主が神に由来する」ことを指摘する際に、引用してしかるべきと思われる「ローマ人への手紙」第一三章を引用せずに、ユスティニアヌス帝の『勅法彙纂』の一節を引用しているのである。そして、〈我を通じてもろもろの王は支配す

る〉(Per me reges regnant) という有名な言葉を註釈するときにも、彼は読者に対して「箴言」第八章一五節ではなく、この言葉が引用されている『勅法彙纂』一・一・八・一および、これと関連した観念が表現されている新勅法七三の題目を参照箇所として指示している。[☆八六] この場合、マリヌス・デ・カラマニコはローマ法学者たちの一般的な慣行に従っているにすぎない。言い換えれば、ローマの法典の世俗的権威は、法学者たるかぎりでの法学者にとり聖書にもまして価値があり、重要で、より説得力のある証拠と思われたのである。その結果、聖書からの直接的な引用でさえ、可能とあれば廻り道をして、すなわちローマ法の箇所を引用することによってそこへと到達するのが望ましいとされた。確かに、註釈学派と後期註釈学派の法学者たちは、それが彼らの目的に資する場合には、聖書をたびたび引用することはあった。しかし、彼らにとって至上の権威は〈法〉なのである。

王権に認められる宗教的な諸価値は、典礼上および秘蹟上の諸概念から流出するものとして、叙任権闘争の時代に至るまで一般的に承認されていたが、今やユスティニアヌス法典がこれに取って代わり、同時にこれらの諸価値を回復することになったのである。叙任権闘争が最高潮に達したとき、ノルマンの逸名著者は他のどの著述家にもまして熱烈に王の聖職者的性格を擁護したことを想起しよう。彼は、王のこのような性格を、「恩寵によって」、すなわち聖別の秘蹟の効力によって、真に〈王にして司祭たるもの〉(rex et sacerdos) として解釈していた。[☆八七] 彼は、主のキリスト (christus Domini) たる王に対して、供犠の主要なる務めを行うことさえ認めていたのである。旧約聖書のイスラエルの王は「生ける犠牲、聖なる犠牲、神意に適う犠牲として自らを神に捧げた」とノルマンの逸名著者は明言していた。イスラエルの王は、讃美の生贄、苦しみを受けた霊の生贄とともに真なる〈正義の生贄〉(sacrificium iustitiae) を捧げ、それゆえ、彼のみが霊的な意味で供犠の務めを行ったと言いうるのである。これとは反対に（ノルマンの逸名著者の述べるところによれば）レビ族の祭司が霊的ならざる可視的な〈肉の犠牲〉(sacrificium carnale) を祭壇に捧げたとき、彼らは単に象徴的な行為によって王の霊的な犠牲を再現しているにすぎない。[☆八八]

王による〈正義の犠牲〉、および〈王にして聖職者〉という古来の理念に関して新たに登場した思想は、ノルマンの著者に見られる祭壇への情緒的な接近とは非常に異なったものである。君主は、〈王にして聖職者〉たることをやめたわけではない。むしろ君主は、以前の聖職者的な性格——叙任権闘争の後に損なわれ、少なくとも軽減されていた性格——を、法律家を司祭になぞらえるローマの法哲学の高らかな自負を通して再び回復するに至った。シチリア王ルッジェーロ二世が、一一四〇年の法令《アシセ》の序文で自らの法の集大成を慈悲と正義の捧げ物、神前の供物と呼び、次のように付言したとき、そこには典礼上の言語の荘厳性と、ローマ法学者に特有な言語の新たな荘厳性が奇妙にも入り混じっているのである。

神へのこの奉献により (In qua oblatione) 王の職務は、自らに司祭としての特権を要求する。このことにより、或る賢者や法学者は、法を解釈する人々を「法の司祭」と呼

ぶのである。[☆八九]

この序文に含まれるいくつかの言葉は、ミサ聖祭の典礼を想起させる。[☆九〇] しかし、序文の主たる出典はユスティニアヌスであり、ユスティニアヌスは彼の法律の一つを、〈余が神に捧げるきわめて敬虔にして神聖なる奉献〉(piisima sive sacrosancta oblatio quam Deo dedicamus) として発布していた。[☆九一] 類似の観念は、彼の法典の他の部分でも表明されており、これらはフリードリヒ二世や他の国王たちによって繰り返された。[☆九二] すなわち、原典や出典はもはや「サムエル記」や「列王記」あるいは「詩篇」といったものではなく、ユスティニアヌスの法典なのである。まさにこの皇帝を模範として、新しい法典は〈正義の犠牲〉を表現するものとされ、法典それ自体が支配者の奉献であり神への供物となった。[☆九三] さらにその上、『学説彙纂《ディゲスタ》』の最初の一節には、法律家と裁判官を「正義の司祭」とする観念が表明されている。

我々は、このような業《わざ》のゆえに司祭と呼ばれてしかるべきであろう。我々は正義を崇拝し、善と公平に関する知識を公けに宣言するからである。[☆九四]

『学説彙纂』はウルピアヌスを引用し、ウルピアヌスはハドリアヌス帝時代の法学者ケルススを引用している。それゆえ、ここでは比較的古い時代の言葉遣いが保存されているのである。我々は、アウルス・ゲリウスが裁判官の道徳的・倫理的な性格を〈正義の神官〉(antistes iustitiae) という言葉で要約していたのを想起する。[☆九五] 彼よりも一世紀前に、クインティリアヌスは、古典期の偉大な法学者たちの一人を〈法の神官〉(iuris antistes) と表現していた。[☆九六] ギリシア語圏においては、他の比喩が同様の観念を表現するべく使用されていた――たとえば、「正義《ディケ》と玉座を分かち合う者」とか「正義《ディケ》の玉座の御者」といった表現がそうである。もっとも、四世紀になると、総督のような者もまた「正義の神殿」と呼ばれることはあったが。[☆九七] しかしラテン語の表現のほうがより荘厳であり、非視覚的かつ抽象的である。四世紀の終わり頃、シュンマクス――あるいはむしろローマそれ自身――が、皇帝たちに対し〈正義の司祭〉(Iustitiae sacerdotes) という呼び名を与えていた。[☆九八]〈神官〉(antistes) という表現が〈司祭〉(sacerdos) という表現に変わっていった点については、これがほんとうに教父の影響を示唆するものであるかどうかきわめて疑わしい。[☆九九] いずれにしても、ウルピアヌスを通じて『学説彙纂』の編纂者たちが法律の専門家を〈司祭〉と名づけたとき、彼らは当時既によく知られていた比喩を永久に後世へと伝えることになったのである。

中世の註釈学派の法学者が、この一節に註釈を加えないでおくことなどありえなかった。「法は神聖なものと呼ばれてしかるべきである。それゆえ、法を取り扱う人々は司祭と呼ばれる」とアゾは書いている。[☆一〇〇] アックルシウスも、その標準註釈で、教会の司祭と法の司祭を明白に類似したものと見なしている。

ちょうど司祭たちが聖なるものごとを司り、これらを完遂するように、我々も同じことを行う。というのも、法はきわめて神聖なものだからである。……そして、告解を司るときに司祭が各人にとり正しいことを各人に与えるごとく、我々も裁判において同じことを行うのである。[☆一〇一]

これから三世紀を経た後も、依然としてギヨーム・ビュデは、法律家と司祭の類似を指摘したことに対してアックルシウスを讃美している。[☆一〇二]しかし、霊的な司祭と世俗的な司祭との類比を示す言葉は、『標準註釈』のはるか以前から、広く一般に受け容れられていた。たとえば、ルッジェーロ二世の〈法令〉の序文を想起すればよいし、また法律用語の定義を集成した十二世紀の一人の著者を想起すればよい。この著者は、〈聖なるもの、および聖別されたものについて〉(De sacris et sacratis) という項目の下に、新たな、あるいは古くからの二重の意味を次のように解説している。

> 聖なるものには、法のように人的なものと、教会に属する事物のように神的なものとがある。そして聖職者のうち、或る人々は司祭のように神的な者であり、他の人々は司法官のように人的な者である。[☆一〇三]後者が聖職者と言われるのは、彼らが聖なるもの、すなわち法を統《す》べる者だからである。

〈裁判官たる世俗的な聖職者〉(sacerdos temporalis, qui est iudex)と〈司祭と言われる霊的な聖職者〉(sacerdos spiritualis, qui dicitur presbyter)との区別は、何世紀もの間慣例として存続した。[☆一〇四] 他の著述家たちはアックルシウスによりいっそう近いやり方でこれと類似の区別を設けている。たとえば、(一二三八年前後に)『ポデスタの鑑』を著した帝国の裁判官ヴィテルボのヨハネスもその一人である。彼はローマ法のなかから、裁判官を司祭類似の者と記している慣例的な箇所のみならず、「裁判官が神の現存により聖化されている」こと、「あらゆる法的事項において、裁判官は他の人間に対して神であると言われ、そう信じられてさえいる」ことを示唆する他の箇所をも抜粋している。この場合、裁判官が〈誓約〉(sacramentum)を司り、自らの机上に聖書の写しを置いている事実は、法律家＝聖職者を宗教的な仕方で讃美する目的に適った――あるいは、強いてこの目的に適うように解釈された――ものであった。[☆一〇五]

今まで述べてきたようなさまざまな区別、反立、類比、適合の諸形態は、何度も繰り返されることによって、世俗国家とその「神秘」[☆一〇六]の新しい聖性を創出することに寄与したのであり、それゆえ、単に法的職業を神聖視することや、法学を神学と同等の地位に置くこと、あるいは法的手続きを教会の祭式になぞらえるといった試みをはるかに超えて、重要な意味をもつものであった。法律学の職業上の誇りが重要な役割を演じていたことは確かである。既にアックルシウスは、「法学者や法律家になろうと欲する者は誰でも、神学を学ぶ必要があるか」と自問し、きっぱりと「否と私は答える。なぜならば、すべてのことが法典の中に見出されるからである」[☆一〇七]と答えていた。バルドゥスも、法学の博士たることは高位の顕職に数えられるべきかという問いを提出し、「なぜそうであってはならないことがあろうか。彼らは聖職者としての任務を果たしているがゆえに」[☆一〇八]と答え、自らボローニャ大学の法学教授であった彼は同様に、「法学教授は聖職者と言われていることを知るべきである」ときわめて率直に述べていた。[☆一〇九]また言うまでもなく、法学の教授たちは「伯」と呼ばれることをも望んでいた。というのも、〈或るものを別のものと対等とみなす〉(quid pro quo)法学上の「対置法」は、人間の社会層の形成に関して実際上の成果を収めていたからである。すなわち、十三世紀の終わり頃になると法律家たちは、誤って解釈されたユスティニアヌス法典中のいくつかの箇所を根拠として、彼らが正当な権利として要求してきた準騎士とも言える身分を現実に獲得していた。これ以降、博士への昇進と騎士身分の授与は、社会的に同等な地位の授与を意味するがゆえに、対等的なものと見なされたのである。今や、顕職の新たな体系は、聖職者の〈天上の騎士団〉(militia coelestis)および貴族の〈武装騎士団〉(militia armata)と並んで、いわゆる〈法の騎士団〉(militia legum)ないし〈学識の騎士団〉(militia litterata)が加わることになり、バルドゥスは後者をしばしば〈博士の騎士団〉(militia doctoralis)とも呼んでいる。[☆一一〇]しかし言うまでもなく、法律家たちに聖職者たる性格を付与する擬制については、これと比較しうるような事態は全く生じなかった。法律家たちは自らを「法の騎士」とする要求を現実のものにしたわけであるが、これと同じ仕方で「法の聖職者」への要求を実現すべく試みることさえなかった。法律家は聖職者であるという言明のすべては、神学と法学の間の長きにわたる戦いを反映しているのである。この戦いは、世俗精神の事実上の勝利でもって終結した。しかし、法律家の聖職的性格をめぐる言明は、唯一つの点において、聖職身分に関する現実の問題と密接な関係を有している。すなわち、支配者の聖職的性格に関する問題である。

君主は要するに法的な位階の頂点に位する者であり、したがって裁判官について言えることは君主にも言えることであった。『学説彙纂』で〈聖職者〉と呼ばれているのは、確かに法学者だけである。しかし、聖職者に似た性格を「裁判官」から「王」へと移すことには、何の問題もなかった。既に国王ルッジェーロ二世が、王の職務に「聖職者としての或る種の特権」[☆一一]が伴うことを敢えて主張したとき、彼はウルピアヌスの言葉を援用していた。きわめて奇妙なことに、王のこのような法の聖職者たる性格は、教会の内部における支配者の聖職者的な身分を証明し、かくして、王は教会論的に見ても〈単なる世俗的な存在ではなく〉(non omnino laicus)、かつてピエール・ダイイが王の塗油に言及しながら指摘したように、〈霊的なものと世俗的なものとの中間的人格〉(une personne moyenne entre spirituelle et temporelle)[☆一二]であるという一般的な主張を支持することに、結果的に役立った。他方、「正しき王はすべて聖職者としての地位を有している」[☆一三]と述べることも——少なくともエイレナイオス以降は明白に——稀なことではなかった。しかし、十三世紀の終わり頃になると、新しい表現が広範に用いられることになる。偉大な法学者で典礼に関しても博識であったグイレルムス・ドゥランドゥス（ギヨーム・デュラン）は、——自身の意見を表明したわけではないにしても——「『このような価値のゆえに、我々〔法学者たち〕は聖職者と呼ばれている』という一節に従って、皇帝は司祭の位を有している」[☆一四]と主張した、おそらくは註釈学派の法学者と推測される他の人々の意見を引用している。ここにおいて確かに注目すべきことは、塗油による聖別の効果としてではなく、ウルピアヌスによる裁判官と司祭との厳粛な比較から帰結するものとして、教会内部における君主の非世俗的性格を積極的に証明しようとする努力が払われていることである。ここでグイレルムス・ドゥランドゥスは、皇帝が司教の地位を占めるものと見なされていることに言及しているが、これはそれほど我々を困惑させることではない。[☆一五]というのも、この場合、彼の典拠は、セビリャのイシドルスを引用したグラティアヌス教令集[☆一六]か、あるいはユスティニアヌスの『法学提要』を註釈した教多くのローマ法学者のうちの一人と想定されるからである。特に註釈学派のあらゆるローマ法学者は、神殿その他の聖物（res sacrae）を司教たち（pontifices）に寄進する事例を議論する際に、かつて皇帝が大神官（pontifex maximus）の職務にあったことを想起するのが慣例であった。[☆一七]

　十六世紀における人文主義的な歴史法学の創始者の一人であったギヨーム・ビュデは、古代ローマの司祭《サケルドテス》や神官《ポンティフィケス》を自分たちの時代の司祭や司教と混同する傾向のあったアックルシウスその他の註釈学派の法学者の誤りを嘲笑しているが、これは全くもって正当なことであった。[☆一八]確かに、中世の法律家の著作にはこの種の客観的に言って誤った曖昧な用語法が数多く見られる。しかしながら、まさにこの種の用語法を通じて、真に新しい洞察が少しずつ生まれたのであり、多くの点で我々自身の時代を形成し、今日においてさえ依然として大きな影響力を有している社会的帰結がそこから生じたのである。当然のことながら、中世の法律家たちは古代ローマ法の偉大なる荘厳さに強い感銘を受けていた。古代ローマ法が宗教や聖なるもの一般と不可分であったことは言うまでもない。そこで今や中世の法学者たちは、ユスティニアヌス法典に見られるローマの宗教的エートスを自分たちの思想世界の状況にも積極的に適用していこうと試みた。それゆえ、まさに法律家たちの活動を通して、かつて王権の属性とされ、好んで王権の直喩として用いられていたもの——神により霊感を与えられた王、犠牲を捧げる王、司祭たる王といった観念——が、典礼上のキリストを中心とする王権概念の時代から受け継がれ、法律学を中心とする新しい支配者観へと取り入れられていった。確かに、言うまでもないことであるが、王権の旧来の典礼上の諸価値が完全に消失したわけではない。これらの価値は、さまざまな程度の強さにおいて、それらが元来妥当していた領域においても相変わらず効力をもち続けていた。ただ、これらの価値の内実は、王の聖別の法的および宗教的な重要性が薄れるにつれて、次第に色褪せたものになっていったのである。しかし、それでも次のように言うことはできるだろう。すなわち、法学者たちは王権の或る種の特殊教会論的な性格を法的な場面へと移し入れることによって中世的遺産の多くを救出し、このことにより当時形成途上にあった国民国家、そしてまた幸か不幸か絶対王政の新たな威光を準備したと。

しかし、中世の王権論は、一つの事例において、王を神と人間の媒介者と見なす観念を強化するような、ローマ法に由来する或る世俗的概念の導入によって、さらに大胆な仕方で浮彫りにされることとなった。初期中世の人々は、神の霊感を受けた預言者や女預言者がかつて有していた媒介的性格に類似する特徴を立法者たるローマ皇帝に帰していた。「神から霊感を与えられた敬虔なるローマ皇帝の口から発せられる言葉を通じて、崇むべきローマ法が発布された」と教皇ヨハネス八世は述べており、この教皇の言葉はその後、教会法の諸集成に取り入れられた。[☆一九]《モンテ・カッシーノの福音書》に見られるハインリヒ二世のミニアチュールには、明らかにこれと関連する観念が反映されている。そして、手抜かりのなかったノルマンの逸名著者も、当然のことながら、自らの目的のために王の媒介性という中世的な観念を援用していた。しかし、ローマ法の影響が効力を及ぼし始めたとき、君主は単に神の力の〈宣託〉(oraculum)として現われるだけでなく、彼自身〈生ける法〉(lex animata)、魂をもつ法となり、最終的に正義の体現者となったのである。

「生ける法」としての君主観念は、ローマの法思想にとっては外来のものであった。この観念自体はギリシア哲学に由来するものであり、ギリシアではノモス・エンプシュコス(νόμος ἔμψυχος)と言われていた。ローマへと移入されることによって、この観念は、ローマ皇帝はあらゆる徳の、そして生きるに値する他のすべてのものの化身であるという思想と混淆し、そしておそらくはまた——少なくともユスティニアヌス帝がこの比喩を自らの人格へと適用した形態においては——キリスト教の影響をも免れてはいなかった。ユスティニアヌスの新勅法中の一つの勅令の最後の部分で、同帝は次のように宣言している。

皇帝のテュケ（Tychē 守護神）は、［以前の勅令において］余が既に定めたあらゆることから解放されているべきである。神は皇帝を生ける法として人々の許へと遣わすことにより、法それ自体を皇帝に服さしめたからである。☆二〇

近年になりしばしば注目され強調されていることは、ユスティニアヌスのこの勅令の言葉遣いが、哲学者で弁論家であったテミスティオスが皇帝テオドシウス一世に宛てた三八四年の式辞に依拠している可能性が高いということである。☆二一 ビザンツの思想に対するテミスティオスの影響については、ローマ帝国末期のこの弁論家に対してヘレニズムの政治哲学が影響を与えていた事実と同様、ほとんど疑いをさしはさむことはできない。☆二二 しかし、このことと関連して明らかに一般に見すごされてきたのは、既にラクタンティウスが、ローマ法の『法学提要』をキリスト教の立場から補完するものとしてコンスタンティヌス大帝に捧げた著作『神学提要』で、これときわめて類似した観念を提示していたということである。ラクタンティウスは次のように書いている。

……それゆえ、至高なる神が人類に自らの正義の戒律を教えるために、使者であり告知者たる者を遣わしたとき、神は、この者に可死的な肉体を纏わせることを欲した。

……地上にはいかなる正義も存在しなかったがゆえに、神は新たなる名と新しき神殿を築くべく、生ける法として一人の師を送ったのである。[☆一二三]

言うまでもなく、ラクタンティウスは皇帝についてこのように述べているのではない。彼は、神の正義と地上の正義の仲介者である受肉した神の子について語っているのである。「生ける法」――ないしはこれと同等の観念――をめぐる論議は、ギリシア哲学においてはごくありふれたものであったが、この問題は、天上から「遣わされた」仲介者という観念と明瞭な仕方で結合されてはいなかった。二つの観念の混合はラクタンティウスにまで遡るように思われる。ラクタンティウスは、神の受肉についての解釈のなかで、父たる神により「遣わされた」神殿の師として福音書（「ヨハネによる福音書」七：一四以下）に登場するキリストの形姿を「生ける法」に関するギリシアの政治哲学と結合させたのであった。事実、テミスティオスとユスティニアヌスによる後の形態は、ラクタンティウスが問題にしていた受肉の教義を既に前提としたもののように思われる。[☆一二四]

いずれにしても、初期中世の西欧では事実上知られていなかった〈生ける法《レクス・アニマタ》〉としての君主という観念が、[☆一二五]ボローニャにおける法学の再興と文学上の表現形式を通じて、再び生き返ったのである。ヴィテルボのゴフリドゥスの言を信じれば、有名なボローニャの四博士は、一一五八年のロンカリア議会において、皇帝バルバロッサに対し次のような言葉を述べた。

生ける法たる御身は、法を発布し、緩和し、宣言することができる。御身は審判者にして、諸公は栄枯盛衰に服し、諸王は支配する。御身は生ける法として、自ら欲するあらゆることを遂行する。[☆一二六]

これらの言葉がほんとうに述べられたものであるか否かは、この場合さして重要なことではない。というのも、いずれにせよ十二世紀の末頃には、君主を〈生ける法〉(lex animata, lex viva) と捉える考え方はごく一般的なものとなっていたはずであり、それゆえ一一九一年に歿したヴィテルボのゴフリドゥスにも知られていたと思われるからである。さらに、一二〇一年と一二一〇年の間に書かれた著作で、イングランドの教会法学者アラヌスは、このように早い時期において既に、当の観念をローマ教皇へと転移させていた。婚姻がときに裁判官により禁止され、ときに法により禁止されている事実につき語りながら、アラヌスは「生ける法、ないし生けるカノンたる至高のローマ教皇による禁止につき、貴君が何か特別なことを言おうと欲しないかぎり」裁判官の裁定がそのまま効力をもつことになると主張している。[☆一二七]〈地上における生ける法〉(lex animata in terris) という表現を教皇に対しても用いることは、十三世紀末葉以降においてさほど珍しいことではなかった[☆一二八]が、この用語をローマ皇帝に対して用いる方がいっそう自然なことであった。標準註釈は再三再四、「地上における生ける法」としての皇帝に言及している。しかも、しばしばこの表現は、これとは異なる理念を表現するレクス・ディグナと関連させて用いられてさえいるのである。[☆一二九] 一二三八年頃、ヴィテルボのヨハネスは、その『ポデスタの鑑』で、ユスティニアヌス帝の『新勅法』の一節を、ほとんど逐語的にそのまま引用している。

> 皇帝は神から法を発布する許しを受け取った。神は法を皇帝に服さしめ、皇帝を生ける法として人民に遣わしたのである。[☆一三〇]

これと同じ脈絡において、『アウグストゥスの書』の註釈者を含む南イタリアの法学者たちも、皇帝を〈生ける法〉と形容していた。[☆一三一] そして言うまでもなく、フリードリヒ二世自身も自らの立法権について、この表現を援用している。一二三〇年に南イタリアの或る文書のなかで、「主たる皇帝」が〈生ける法〉と称されており、[☆一三二] この二年後に皇帝は、或る裁決の無効を宣言した際に、「地上における生ける法であり、世俗の法がそこから発するところの権威」と自らの人格に言及しながら、当の裁決がこの権威に違背することを無効の理由として述べている。[☆一三三] 後者の箇所に見られる言葉遣いは、皇帝は自らの「胸中の文庫に」(scrinio pectoris) あらゆる法を納めているという法諺に近いものとなっている。[☆一三四] この法諺も同様にローマ法に由来し、同種の観念の一般的な複合態に属するものであった。それゆえ、一二三五年頃に、ボローニャの作文《ディクタメン》教師として有名だったボンコンパーニョは、フリードリヒ二世を「ローマ人のなかで最も高貴な皇帝にして、その胸の内奥にあらゆる自然法と市民法を保持せる者」と呼ぶことを適切と考えたのである。[135] しかし、〈生ける法〉という観念は、全く予想もつかない領域にまで浸透していった。一二四五年前後に『聴罪司祭の書』を著したヨハネス・デ・デオ（ファン・デ・ディオス）は、皇帝は自由に聴罪司祭を選んで告解することができると述べ、その理由として、「君主は法に服してはおらず、君主自身が地上における生ける法だからである」と述べている。[136] これに対して、フリードリヒ二世の息子であるハインリヒ（ヘンリクス）七世が一二三二年に、「王の絶大なる権力によって、地上において生ける法たる余は、法の上に位する者である」[137]と強調したのは、おそらく彼がドイツにおいて父王フリードリヒの代行を務めていたという事実によるものと考えられる。というのも、慣用的な用語法が発展していく過程で、一国の王もまた、〈自らの領土において生ける法〉(in terra sua lex animata) と形容され、自らをそのようなものであると主張するようになるのは、もう少し後の時代に属すと思われるからである。王をこのように呼ぶことは、後世の絶対主義王政の政治理論において大きな役割を演ずることになる。[138] また、〈生ける法〉の理論が、立法団体である〈統合体〉(universitas) に適用されたことも、驚くにあたらないだろう。[139]

これらすべての事例において、ユスティニアヌスの〈新勅法〉が中世のローマ法学者や教会法学者にとって共通の典拠であったことは明らかである。しかし、十三世紀の後半になると、ユスティニアヌスの表現自体がそこに由来する窮極的な源泉の一つが、これに劣らず重要なものとなった。アリストテレスである。『ニコマコス倫理学』でアリストテレスは、完全なる裁判官をディカイオン・エンプシュコン（δίκαιον ἔμψυχον 生ける正義）と呼んでいた。通常これは英語で〈animate justice〉と訳されている。このような生ける正義という資格において、裁判官は、正義それ自体以外にはいかなるものも追求することのない、訴訟当事者の中間（仲裁）者なのである。それゆえ、「正義とは中間的な何ものかであり」、生ける正義たる「裁判官も同様である」とアリストテレスは結論している。[☆一四〇]

　ここで重要なのはアリストテレス自身ではなく、むしろ十三世紀における彼の解釈者たちである。言うまでもなくトマス・アクイナスは、『ニコマコス倫理学』註解で、裁判官というものが〈或る種の生ける正義〉（quoddam iustum animatum）であることを認めている。しかし彼は、裁判官を「仲裁者」（medios）とする定義に対して、「あるいは媒介者」（vel mediatores）であるという註釈を付しているのである。「媒介者」は仲裁者と同じものではない。[☆一四一]『神学大全』において、トマス・アクイナスはこのような媒介者の形象に王も加え、「裁判官は生ける正義であり、王は正しきことの守護者である」と述べている。[☆一四二]さらに、アリストテレスの『政治学』への註解をトマス・アクイナスから引き継いだオーヴェルニュのペトルスは註解の後半部分を書き上げたが、そこでは裁判官は完全に省かれ、王だけが残っている。そして、王の職務は「正　義《ユスティティア》の守護者たることであり、……それゆえ王へと訴えることは、生ける正義《ユストゥム・アニマトゥム》へと訴えることである」と書かれているのである。[☆一四三]裁判官から王への移行は、ウルピアヌスの〈正義の司祭〉の場合と同様、ここでも円滑に行われている。元来、〈生ける正義〉というアリストテレスの比喩は、臣民たちの紛争を執りもつ仲裁者としての裁判官や王に言及したものであったが、この比喩が、君主を〈生ける法〉とするユスティニアヌスの有名な定義のもう一つ別の形態と見なされていったのである。これは当然のなりゆきとして仕方のないことであろう。いずれにしても、君主は間もなく「生ける正義」と同一視されることになり、一三〇〇年頃に、パリのヨハネス〈ジャン・ド・パリ〉はごく率直な口調で、君主を〈生ける正義〉であり〈正しきことの守護者〉と呼んでいる。[☆一四四] そして、アリストテレスとユスティニアヌスとの混同は、最終的にバルドゥスによって完璧なものとなった。バルドゥスは王を〈生ける正義〉と形容し、これをアリストテレスではなくユスティニアヌスの『新勅法』に帰しているのである。[☆一四五] いずれにしても、今や王は、生ける法としてのみならず、生ける正義としても表現されるに至った。これ以前にも既に、アルベルトゥス・マグヌスは、王というものは怠惰であったり居眠りをしてはならず、「生ける正義、眠ることなく監視する正義」でなければならないと主張し、さらに王は「法の生ける形相」(viva forma legis) なるがゆえに、法の上に位するものであると付言していた。[☆一四六] そして、ダンテは思慮深くもユスティニアヌスに対して、自らに霊感を吹き込む神を指すために、〈生ける正義〉(viva Giustizia) という表現を使わせているのである。[☆一四七]

　支配者を生ける法、あるいは生ける正義として捉える理論は、トマス・アクィナスの弟子で追随者であったアエギディウス・ロマヌスによって或る種の結論へと到達したと主張してよいかもしれない。彼は、一二七七年と一二七九年の間に、自らの政治的論考『君主統治論』をフランス国王の息子（後の国王フィリップ四世）に献呈した。「君主の鑑」のジャンルに属するこの著作は、政治的主題に関して後期中世を通じ最もよく読まれ引用された著作の一つであったことから、主要な諸問題に対してこの著者自身が与えた解決は、引き続く数世紀の間、妥当なものと見なされたのである。アエギディウス・ロマヌスは、アリストテレスを徹底的に精読しており、したがって彼もアリストテレスと同様に君主を「正義の守護者」と形容した。「正しき法の機関にして道具なる者」と君主を定義した。さらに彼は、『ニコマコス倫理学』を直接的に参照しながら、〈生ける正義〉を体現する裁判官に言及したアリストテレスの一節を引用している。しかしここで彼は、「国王自身はなおさらのことである」(et multum magis ipse rex) という言葉を付け加えているのである。その理由をアエギディウスは次のように説明している。

> 王や君主は一種の法である。そして、法は一種の王ないし君主である。なぜならば、法は魂をもたない君主のごときものだからである。しかし、君主は魂のある生ける法のごときものである。そして、魂あるものが魂なきものに勝るかぎりにおいて、王や君主は法に勝るものでなければならない。[☆一四八]

我々は、法と君主の相互関係についてのこの記述のなかに、魂をもった王と魂をもたない法との反立を見ることができる。これは、突き詰めていくと最終的にはプラトンの『政治《ポリティ》家《コス》』にまで遡るものである。そしてまた、魂なき法の厳格さに対して生ける王は優越するという考えにも、さまざまな先駆的形態がある。[☆一四九] アエギディウスの定義は再三再四、繰り返し用いられ、[☆一五〇]「法によって支配されるよりは王によって支配されるほうがよい」と言う彼の付加的な結論は、最終的には法学者たちの手によって〈より善きは、善き法より善き王なり〉(Melius est bonus rex quam bona lex) という格言に集約されるに至った——これは、アリストテレスが述べたこと、そしてその言葉で彼が意味していたことの全面的な逆転である。[☆一五一] さらにまた、媒介者たる国王＝法に関する以上の考察は、自然法と実定法に対する支配者の地位をめぐる数多くの議論の要約へと、アエギディウスを導いていった。そして、彼が実際に到達しえたのは唯一の結論、すなわち「自然法が支配者の上にあるように、実定法は支配者の下にある」という結論であり、あるいは、これとの関連で彼が明言しているごとく、「支配者は自然法と実定法の媒介者である」[☆一五二] という結論であった。このようにして、媒介者と法の二元性という、二つの観念が融合するに至ったのである。

二つの法の媒介者たる君主、神が人間たちに遣わした〈生ける法〉たる君主、〈法から解放されている〉(legibus solutus) と同時に〈法に拘束されている〉(legibus alligatus) 君主といった諸観念は、明らかな理由によって、当時において少しも珍しいものではなかった。というのも、中世のあらゆる法哲学的思考は、不可避的に次のような想定に基礎を置いていたからである。すなわち、いわば超法的な自然法というものが存在し、この自然法は、あらゆる実定法から独立してそれ自体において自足的に存在するがゆえに、何らかの王国とか国家の存在には――事実、いかなる王国や国家の存在にも――依存していないという想定である。法のこの根本的に二重的な様態については、法学者と神学者の間で深刻な見解の対立は存在しなかった。事実、この点に関して少なくとも一つの本質的な論点を完全に明確にしたのは、トマス・アクイナスである。彼は、実定法はいずれにしても自らの効力を君主から受け取るのであるから、実定法の強制的な力（vis coactiva）に関するかぎり、確かに君主は〈法から解放されている〉（legibus solutus）のであると説明している。しかし他方でトマスは、君主は自然法の指導的な力（vis directiva）に服しており自然法に自ら進んで従わなければならないと主張した[☆一五三]（トマス・アクイナスはこの趣旨でローマ法のレクス・ディグナを引用し、これに全面的に同意している）。巧妙な用語によるこの定義は、難問に対する許容可能な解決を明らかに提示したものであり（これは、後世の国王絶対主義の敵対者と擁護者の双方にとって許容可能なものであり、ボシュエによっても依然として引用されている[☆一五四]）、本質的な点に関してはソールズベリーのヨハネスの考え方に合致するだけでなく、皇帝は法の上に位するが、理性の指導的な力には拘束されていると述べたフリードリヒ二世の考えにも合致していた。

今や、自然法と人定法という法の二元的性格が、法的諸問題における媒介者という観念と、そしてまた君主に内在すると同時に正義自体にも内在する二元的性格とどの程度まで連繫しているかが、かなり明白になったことと思われる。そして、「正義の父にして子」として自らを規定するフリードリヒの態度が、哲学的な重要性を帯びてくるのも、この点に存する。というのも、法的諸問題における媒介者として自らを規定するフリードリヒの主張は、同時代の政治思想に由来し、これと歩調を合わせたものであったからである。もし正義が「神と現世を媒介する」[一五五]力であるならば、〈生ける正義〉である君主も、必然的に同様の地位を獲得することになる。それゆえ、ローマ法とアリストテレス、法哲学と政治哲学の試みが結合することにより、そしてさらに、これらが伝統的な神学上の表現形式に支えられることによって、正義と君主、および両者の相互的な関係が、新たな光の下に立ち現われたのである。

初期中世の正義観念に特徴的であった伝統的性格がそのまま保持されていたことは確かであり、これらの性格は、哲学的な表現を好む法学者たちの正義讃美の感情の吐露によっても影響を受けることはなかった。法学者たちが正義を、「他のあらゆる徳に勝る」徳そのもの、ほとんど神自身と同等の徳として力強く定義したとき、或る種の強調点の置き方や、おそらくはそれがより具体的な定義である点を除けば、この種の言明のなかに特に目新しい要素はなかった。[一五六]また、正義が帯びる二つの性格――〈一つは神的な、もう一つは人間的な〉(alia divina, alia humana)――がたえず強調されたのも、それ自体では新しいことと言えなかった。というのも、天上の正義と地上の正義との区別、宇宙を支配し、創造されたあらゆる法に時間的に先立って存在する絶対的で不変の正義と、人間が創る法のなかに不完全なかたちで具現し、地上の移ろいやすい諸条件に左右されて外観を変えていく――それゆえ、「神と人間に関する事柄を数多くの嘆息をもって眺めてきた」[一五七]――正義との間の区別は、従来より常に認められてきたからである。さらにまた、法学者たちが〈抽象的形態における〉(in abstracto) 正義と〈具体的形態における〉(in concreto) 正義とを区別したとき、我々は前者に「イデア」ないしは「普遍者」を、そして後者に、当のイデアが人定法へと現実的に適用されていることを容易に認めることができる。新たに設けられた区別がアリストテレスに、そしてアリストテレスによって提示された徳のさまざまなカテゴリーに由来することは確かである。しかし、たとえば正義を〈常態〉(habitus) として定義することは、アリストテレスが再発見される以前から、キケロを通じて中世に既に知られていた[☆一五八]。

しかし、これらすべては重要なことではない。法学者の時代において現実に変化したのは正義それ自体ではなく、正義を新たに解釈する人々の精神的な態度であった。これらの人々は神学的ないしは霊的な関心のためにではなく、専門的な目的のために学問的な方法で正義を論じたのである。したがって決定的に重要なことは、専門の学問的な法律学が生まれ、このことによって正義というものが学者たる解釈者の特別な学問研究の対象となったことである。これらの解釈者は、ちょうど神学者が三位一体の神の本性や神の摂理の働きをもっぱら解釈したのと同じ職業的な献身と内的な衝動をもって、正義《ユスティティア》と法《ユス》の本性を探究することに努力を傾けたのであった。この場合、哲学的表現に彩られたユスティニアヌスの『学説彙纂』序章や、『法学提要』の同じく哲学的な序文が、そこに見られる深遠で厳かな語調と神聖な雰囲気によって、数世代にわたる法学者たちに、自らの学問的な営みの性格につき熟考し、自らの職業の尊厳に省察や解説を加えるよう促したのである。要するに正義は、その道に熟達した法学者の窮極的な存在理由《レゾン・デートル》たることを要請し、逆に法学者たちは彼らなりに、自らの学問的な職業の道徳的・倫理的な価値を強調するだけではなく、正義というものを彼らの崇敬の中心的な対象、彼らの〈法の礼拝〉(iuris religio) の生ける中心と見なしたのである。[☆一五九]

ローマ法によれば、法学とは「神的および人的な事柄に関する知識」である。[☆一六〇] 法学は「学知《スキエンティア》」としてのみならず技芸《アルス》としても定義された。そして技芸は法学者にとって――ルネサンス期の芸術家がこの定義を採り上げるはるか以前から――「自然の模倣」とされていた。[☆一六一] このような技芸に関して法学者は祭司とも呼ばれうるのであり、この点についてウルピアヌスは、「なぜならば、我々は正義を礼拝するからである」(Iustitiam namque colimus) と述べていた。後世の或る註釈はこのウルピアヌスの一節につき説明しながら、「女神として」(ut Deam) という言葉を付け加えている。[☆一六二] 正義が〈徳それ自体〉と考えられようと、あるいは〈普遍者〉とか〈イデア〉とか〈女神〉と考えられようと、法学者による正義崇拝は、半ば宗教的な意味合いを有し、後世バルドゥスのような偉大な法律家はほとんど正義を神格化するに至り、これを「死すことのなき (non moritur) 常態」、魂のごとく永遠かつ不可死で、宗教的礼拝および神へと我々を導くものと呼んでいる。しかし既に『アウグストゥスの書』が、明白にこれと同様の半ば宗教的なエートスを帯びたものであった。そこで語られている言葉の調子は、後世の法言語と同様に高揚したものであり、事実それは、重要な訴訟事例について裁決を下す裁判官が、「裁判官の精神のなかで理性の命令が指揮を執る」とか、「真理を審問する正義が判事席に座を占める」とか、「玉座にある王のように、判決の正しさが座を占める」といった表現を用いながら、あるいは、地上の裁判官を、正しい判決がその容貌から発せられる永遠の〈裁判官〉になぞらえながら[☆一六三]、自らの判決の冒頭を飾ろうとするときに用いる言葉と同じものであった。それゆえ、このような言葉は、法廷で適用されることによって、予期しえなかったほどの現実性を帯びることになり、大仰な比喩以上のものとは思えなかったことが、生命を与えられ、裁判官の発言を通じて真実味を獲得するに至ったのである。

フリードリヒ二世の「正義の父にして子、正義の主人にして下僕」という反立的表現を理解しようとするならば、我々は前記の諸観念や関連する他の諸観念を背景としながら、これを理解しなければならない。初期中世に支配的であった〈正しき王〉(rex iustus)という古代の理念が、十三世紀においても途切れることなく効力をもち続けたことを否定するのは愚かなことだろう。というのも、フリードリヒ二世自身、聖書に見られるメシア的な正義の王という古えの理念を、これが自分の役に立つと思われた場合には、充分容易に生かしえたと思われるからである。ところが、他の数多くの観念についても見られるように、〈正しき王〉という終末論的な形象は、後期中世の政治世界においては次第に色褪せたものになっていった。むしろこの形象は、以前のアウグスティヌス的装いの下ではなく法学者の姿をとって、政治的に永続することになった。それは、生き延びるために、祭壇から法廷へ、恩寵の王国から法学の王国へと移されるという代価を払う必要があった。そして他方、イエス・キリストの像を担う（gerens typum Jesu Christi）王は、正義の像を担う（gerens typum Iustitiae）君主によって漸次取って代わられていった。しかし、法学者の時代で言われる君主は、もはやメルキゼデク（この名は〈正しき王〉を意味する）のような意味ではなく、アックルシウスの言う意味における正義、あるいは（メイトランドを引用すれば）「ウルピアヌスの要請に従って永久に司祭たる者」[☆一六四]という意味で正義を体現するのである。そして、この新たな形象はその力を、聖別の諸効果からではなく、学識としての法律学から引き出している。君主は、神＝人の体現者ないしはその対型ではなく、〈媒介者たる正義〉（Iustitia mediatrix）の体現者ないし対型となった。しかし、以前の諸価値が新たな諸価値と並置されることになっても、前者は弱化することなく存在し続けた。このことは、どれほど強調しても強調しすぎることがない。キリストと正義との相互的連関はあまりにも明白であり、両者は多くの点で関連し合うがゆえに[☆一六五]、前記の移行をそれと明確に認知することはしばしば不可能であり、また、以前に効力を有していたもろもろの特徴は、「法学者の世紀」においても、君主のメシア的ないし黙示録的なイメージを形づくることに寄与したのである。

　ここで重要なことは、新たな法学を通じて王の媒介的性格が明白に世俗化されていったことである。これは、〈王にして司祭たる者〉（rex et sacerdos）という理念や、その他数多くの観念の世俗化と軌を一にした展開であった。確かに、皇帝《カエサル》を〈正義の父にして子〉

(pater et filius Iustitiae) と規定するフリードリヒの表現は、その言葉遣いのなかに半ば「キリスト本性論的」な内容を依然として宿しており、この内容は、支配者を〈双生の人格《ゲミナ・ペルソナ》〉と捉える往昔の解釈へとフリードリヒを結びつけているように見える。キリストを中心とした支配者観と法を中心としたそれとの間に、いくつかの表面的な一致が見られることは否定できない。しかし、たとえ両者の間に類似点があったとしても、我々はこれに欺かれてはならない。あらゆる典礼的な王権思想の本質的要素であった〈恩寵〉は、法学者たちが構築し、「生ける正義」として君主をそのなかに配置した形而上学的な超越世界においては、いかなる場所も占めえないのである。ノルマンの逸名著者にとって、聖別を受けた王が〈双生の人格〉として現われたのは、〈恩寵によって〉(per gratiam) この王が神＝人の二つの本性、すなわち「自然によって人間、聖別を通じての恩寵によって神」という二つの本性を表現したからであった。すなわち、王の両義的な相貌は、神学的な意味で、「人間的自然と神的恩寵」との緊張関係の上に基礎を置くものであった。そして、個々の人間に超身体——聖別された国王が、その生ける似姿として現われる超身体——を付与するのも恩寵であった。

　しかし、法を中心とする時代においては、そして法学者たちの用いる言葉の内部にあっては、君主はもはや「恩寵による神」でも恩寵の生ける似姿でもない。彼は正義の生ける似姿なのである。そして職務上、君主は、神的であると同時に人間的なイデアの体現者である。君主の新たな二重性は神学思想で色づけされた法哲学に基礎を有するものであり、

〈法の礼拝〉の女神に基礎を置くものであった。しかしながら緊張関係の領野は、もはや「人間的自然（本性）と神的恩寵」の両極性によって規定されてはいない。それは、「自然の法と人間の法」という法学的に定式化された両極性へと、あるいは「自然と人間」の両極性、そして少し後には「理性と社会」の両極性へと移行し、ここにおいて神は、もはやそれと識別しうる地位を占めることがなかったのである。

バルドゥスは、倫理的にきわめて高邁な筆致で書かれた法的助言の一つで、「君主は正義に、すなわち善と衡平の実体に身を委ねる。というのも、裁定者は誤りを犯すことがあっても、正義は誤ることがないからである」と語る一方で、「人格を伴わずしては、理性と正義は何も行うことができない」と指摘している。理性と正義は、これらの実体を体現する者がいなくては無能力であり、したがって紛争が生じたときに「正義を司る役職にある者がいなければ、正義は葬り去られる[☆一六六]」。それゆえ君主は、〈生ける正義〉としての資格において、正義の女神を顕現させねばならない。そして、女神を構成する一要素として君主は、或る種の内在的な論理をもって自らが法廷に事実上遍在することを主張することができた。フリードリヒ二世が繰り返しそう表現したように、彼は個人的な身体としては必ずしもあらゆる場所に現在することができなくても、役人を通じて、「潜在的な遍在性」を身に帯びているのである[☆一六七]。

要約すれば、生ける法ないし生ける正義としての君主は、あらゆる普遍者や「イデア」に内在する二重性を、正義とともに共有しているのである。人間的であると同時に神的な正義の二重の様態は、地上におけるその代理者たる皇帝により映し出され、さらに皇帝が神の代理者とされるのも、主としてこの〈正義〉を通してである。少なくとも法学の言語において、正義は依然として父なる神と不可分であったにしても、祭壇の神とはもはや同一視されることはなかった。また正義は、絶対主義的な、あるいは神格化された国家に未だ従属してはいなかった。過渡的なこの短い期間において、正義はそれ自体において生ける〈徳〉であり、法学が主導的地位を占め、ほとんどあらゆる分野の知識に生命を与える偉大な知的賦活者であった時代の女神なのである。これと対応して君主は、もはや永遠の王たるキリストを体現する〈キリスト模倣者〉(christomimētēs)ではなく、また未だ不可死な国家を代表する者にもなっていなかった。王が不可死性を分有するのは、彼が不可死なイデアの実体化とされたからである。〈正義〉の女神を原型とし、君主を女神の受肉、女神の〈大神官《ポンティフェクス・マクシムス》〉とすることにより、〈混成の人格《ペルソナ・ミクスタ》〉の新しいパターンが、法それ自体から発生したのである。

三　ブラクトン

法の下にして上なる王 (Rex infra et supra legem)

法の下にあると同時に上にある王という、一見して矛盾する概念は、「スコラ学的詭弁であり操作不可能である」[☆一六八]と批判されてきた。この批判の意味するところが何であろうと、またこの判断がどのような観点に由来するものであろうと、ここで我々にとって関心のある唯一のことは、自己矛盾的とされた当の概念が形成された時点において、またそれらが効力を認められた数世紀を通じて、ほんとうに人々がそれらを詭弁であり操作不可能なものと考えていたかどうか、ということである。ソールズベリーのヨハネスやフリードリヒ二世、あるいはトマス・アクイナスといった人々は、当時の状況に関してそれなりの経験を身につけた人々であった。そして、もし彼らが前記の矛盾した概念を、近代の批判者ほどには操作不可能で詭弁的であると考えていなかったとすれば——明らかに彼らはそう考えていなかったのであるが——、彼らは或る種の思想上の諸条件や、おそらくはまた「思想の制約」といったものに強いられて、自身の見解を現にそうであったような仕方で形成していったと想定してさしつかえないだろう。結局のところ、自らのためにだけ存在する国家という観念は、この時代とは無関係の観念であった☆一六九。当時のあらゆる思想家によって共有されていた信念、すなわち実定法と対置された神的な自然法が存在するという信念自体が、ほとんど必然的に、支配者の地位が法の上にあると同時に下にあることを要請したのである。最後に我々は、この自己矛盾した観念が、中世の王の神的なモデルによって直接的ないし間接的に条件づけられていなかったか否かという論点を問題にすることができるだろう。すなわち中世の王は、法の領域の外においては人間であると同時に神と見なされ、これと同様に、法の領域内においては法の下にあると同時に上にあると見なされたのであるが、前記の矛盾した観念が、このような王のモデルによっても条件づけられていなかったか否かを問題にしうるだろう。あるいはまた我々は、或る法的状態を例証するために教会法によりしばしば言及された聖処女マリアが、「処女であると同時に息子の母であり娘でもある」者として——〈息子の娘、父の母〉(nata nati, mater patris)として——、同様に通常の相続法の規定に容易に適合させることなどできない明白な自己矛盾を含む存在ではなかったかどうかを問題にしうるだろう。[☆一七〇]

いずれにしても、後期中世の政治的思想家や法哲学者たちにとり、この種の矛盾は少しも操作不可能なものとは思われなかった。逆に、これらの矛盾は、自然法と実定法の領域の内部で、神的なものと人間的なものとの二元性を調和させる唯一可能な解決手段と思われたのである。このようなことを背景にして見ると、中世の法体系における皇帝の地位を「正義の父にして子」と捉えるフリードリヒ二世の定義は、高度に完成され、成熟した定式化として現われてくる。そして、もし我々がこのことを念頭に置くならば——我々はそうすべきなのであるが——、フリードリヒの定義は、当時の他の法学者たち、とりわけブラクトンの政治理論に見られる、「現代の我々が勝手に矛盾に仕立ててしまった」[☆一七一]いくつかの別の観念を理解するためにも、きわめて有用で有益な定義であることが判明するだろう。「ブラクトンの王権論」をめぐり現在活発に行われている議論では、しばしば重要な焦点が不当にないがしろにされているように思われるからである。[☆一七二]

フリードリヒ二世とブラクトン(のヘンリクス)は同時代人であった。偉大な皇帝が死去したのは、ブラクトンがその著作『イングランドの法律と慣習について』を執筆し始めたときである。[☆一七三] イングランドの法学者ブラクトンが『アウグストゥスの書』を知っていたかどうかについては、これを裏づける証拠がなく、我々はこれを肯定することができない。しかしながら十三世紀の五〇年代は、イングランドとシチリア王国との間で、きわめて活発な政治外交上の交渉が事実上最高潮に達したときであった。[☆一七四] 皇帝の表現とブラクトンのそれとの間にはかなり多くの類似点がある。しかしこれらの類似点は、シチリアの法学者とイングランドの法学者たちが、彼らの王権概念を支持するために——特にローマ法に関して——しばしば同一の原典に依拠していたという事実によって容易に説明がつくのである。たとえばアゾの著作は、イタリア南部とイングランドにおいて、通常同じような仕方で利用されていた。[☆一七五] レクス・レギアや〈君主の好むことは（法としての効力を有する）〉(quod principi placuit) という格言、そしてレクス・ディグナやこれ以外のユスティニアヌス法典の他の有名な箇所は、二つの国において援用され、有効な論拠として用いられていた。そしてさらに、この時代の重要な知的諸問題は、当時のあらゆる法学の著述家たちにその特徴を確実に刻みつけていたのである。

このような明白な合致点にもかかわらず、王権および法に関する皇帝とイングランドの概念の間には、顕著な相違が見られる。多くの点でホーエンシュタウフェン朝の皇帝は、ブラクトンに比べて暗示的な表現を用いることがはるかに少ないのである。フリードリヒ二世は、或る点で皇帝が法に拘束されることを率直に認めながらも、皇帝がレクス・レギアによると同時に神の霊感によって、立法権を排他的に独占することを断固として強調することによって、正義の下にあると同時に上にある自らの地位を、非常にはっきりとした口調で述べていた。彼は、自らが「法それ自体」であり〈生ける法〉であること、正義のイデアそのものの化身たることを当然のことと見なしていた。この観念はさまざまな色調を帯び、法的・政治的な問題に効果的に適用しうるほど充分に明確であると同時に、霊的ないしはメシア的な解釈がそれに施されることにより、政治的で反教皇的なプロパガンダの目的に役立ちうるほど充分に不明瞭な観念でもあった。

　我々は、このような空想的とも言える観念形態や形而上学を、ブラクトンのなかにほんのわずかでも見出すことはできない。正義の理念がブラクトンの著作全体にも浸透していることは確かである。しかし、ブラクトンの〈正義〉は、黄金時代の処女神とはほど遠いものであり、また国王ヘンリー三世に——それゆえイングランドのどの王にも——正義が体現されているといった考え方さえ、ブラクトンにはなかった。十三世紀のイングランドは、イタリアやそれ以外の大陸の諸地域ほどにはメシア的な精神の影響を受けてはおらず、新しきアストライア（正義の女神／星の処女神）たるエリザベス女王の時代以前のイングランドは、神の命令で天上界から人間の許へと降りてきた〈生ける法〉としての支配者という理論の種子の発育にとり、特に不毛な土壌であった[☆一七六]。抽象的理念の支配を受け容れることをイングランドは決して好まなかったのである——もっとも、それが役に立つ擬制であればもっと容易に受け容れられたとも思われるが。それゆえブラクトンの著作においても、正義の理念は法の具体性によって少しばかり色褪せたものとなっている。そこで問題とされているのは、王は「正義の父にして子」であるか否かということではなく、王は「法の上にあるのか、それとも下にあるのか」ということであった。

　ブラクトンは、王を無条件的に実定法の拘束に服さしめることによって、王冠の崇高性を低めたり王の大権を損なうつもりは全くなかった。王は実定法の支配者だからである。しかしそれにもかかわらず彼は、フリードリヒがただ留保づきで認めていたことを力強く主張したのである。すなわち王は「法の下にある」ということである。換言すれば、フリードリヒは自らが或る程度まで自然法と理性に服することを是認する一方で、彼個人の大権の確証をローマの法典から導き出していたのに対し、ブラクトンはローマ法の同じ箇所から王が国法の下にあることを導き出す一方で、法というものを王に対して法的に適用することが不可能であるような王の特異な地位を認めていたのである。それゆえブラクトンの王も、或る点では法の上にあると同時に下にあるものと考えられていた。フリードリヒとブラクトンの間にある他の数多くの相違点を考慮の外に置いても、両者には君主と法の関係について、強調の置き方にかなり明白な相違が見られる。しかしながら、この相違は、法が支配者へと受肉されているか否かは別として、法というものがそれ自体において真の主権者として現われたような、政治＝法思想の同じ一般的体系内部での相違にすぎない。

　ブラクトンをはじめとして、この時代の他の多くの政治理論家について我々が直面する一つの難問は、法《レクス》という言葉の多義的な用法に関するものである。この言葉は、神法ないし自然法と実定法の両者を、そして成文法と同時に不文法をも意味するものとして用いられていた。確かに、十三世紀のイングランドには、トマス・アクイナスの言葉を用いれば、自然法の〈指導的な力〉(vis directiva) のみならず、実定法の〈強制的な力〉(vis coactiva) にも国王を服さしめ、かくして「法の専制」を確立しようとする強い傾向が見られた。この法の専制は、まさにブラクトンが生きた時代に、そしてその後もしばしば統治の秩序立った働きを麻痺させる危険を孕むものであった。いかなる区別や限定をも設けることなく、ブラクトンが王を実定法に縛りつけようと努力したと主張するのは、確かにいきすぎであろう。これは、マクルウェイン教授が明白に認めていたことである。教授はブラクトンの著作から、統治 (gubernaculum) と裁判権 (iurisdictio) の区別を見事な仕方で抽出した――前者は王が「絶対的な」権限をもつ支配の領域であり、後者は王がいかなる権限ももたない法の領域である。また我々にとってきわめて喜ばしいことに、ブラクトン以外の人々もまた、次の事実を強調していたのである。すなわち、たとえ法《レクス》という言葉が人定法 (leges humanae) をも包括する意味で用いられても、しばしばこの言葉は実定法のなかでも「神法に呼応し、過去の何世代にもわたる人々のたえざる同意によって是認されてきた」部分だけに言及しているにすぎないという事実である。[☆一七七] また、後にアエギディウス・ロマヌスはこの問題をきわめて正確なかたちで定式化していた。

何らかの実定法が君主の上にあると言われるとき、この言葉は実定法それ自体に言及しているのではなく、自然法の或る種の効力が実定法のなかに保持されていることに

言及しているのである。[☆一七八]

要するに、王は神法ないし自然法にのみ拘束される。しかし、王は単に超越的で超法律的な抽象態における自然法に拘束されるだけではなく、聖職者や貴族、そして人民の諸権利を含むところの、現世での具体的形態における自然法にも拘束されている——このことは、法の大部分が不文法や慣習法に依存していたイングランドのようなところでは、非常に重要な意味をもったのである。

王がそれに拘束されているとブラクトンが考えた法の総体は、実際のところフリードリヒ二世が自らの忠誠を公言した法の総体よりも、実質的に見てはるかに大きいものであった。しかし、それにもかかわらず、「法の下にある」王の地位に関しブラクトンが展開している説明を見ると、そこでは「法の上にある」王の地位も放棄されてはいない。ブラクトンの政治理論のどこを採っても、我々は次のような意図を読み取ることができない。すなわち、王冠に属し、間もなく「大権《プリラガティヴ》」と呼ばれるものを形成するに至る〈半ば神聖なるもの（準神聖物）〉(res quasi sacrae)——明確に定義された権限と並んで王に認められる、慣習的な実定法には服さない多かれ少なかれ不分明な諸権利——を無効にしようとする意図を——あるいは、これを減じようとする意図さえ——我々はブラクトンに読み取ることができないのである。〈法は王の上にある〉(lex supra regem) というブラクトンの格言を強調するあまり、王は「法の上にある」という彼の理論の反対の側面が不当にないがしろにされる傾向は、現代のみならず既に中世においても存在していたように思われる。[☆一七九]言うまでもないことであるが、「法の上にある」王の地位自体が、完全に法的なものであり、法によって保証されたものである。「司法と平和に属する事柄」に奉仕する王の超法律的な諸権利と、これらの諸権利の保護は、法自体により王に認められている。

〔これらの〕事柄は、ほかでもない王冠と王の威厳のみに属するのであり、これらこそ王冠を王冠たらしめるものである。それゆえ、これらが王冠から分離することはありえない。[☆一八〇]

同様に、ブラクトンの非常に有名な格言――たとえば〈法が王を創る〉(lex facit regem)――とか、ボローニャの法学者に典型的に見られる韻を踏んだ表現――〈法が彼を王にする〉(Facit enim lex, quod ipse sit rex) など――には、これと表裏一体の逆の意味があり、もっぱら限定的な意味だけでこれを解釈すべきではない。[☆一八一]これに類似の表現は、中世を通じてそれほど珍しいものではなかった。たとえば、「人格ではなく法が王を創る」(Regem iura faciunt, non persona) という表現は、教会法学者たちにもよく知られており[☆一八二]、また、レクス・ディグナ自体に従いながら、皇帝たちは「余の権威は法の権威に依存する」と公言していた。[☆一八三]また我々が忘れてはならないのは、王の人格を拘束することが、通常これと逆比例して国王の権力の増大や、さらにはその高揚さえをも可能にしたことである。王は、彼を王にした法に拘束されている。しかし、彼を王にした法は王としての彼の権力を高めることにもなり、多くの点で彼を法的な仕方で法の上に置くことになるような特別の権利を支配者に付与するのである。

アゾやその他のローマ法学者一般にとって、王をつくる法のなかでも卓れてその名に値するのは、きわめて当然のことであるがレクス・レギアであった。ローマ人民は、この法律によって自らが有した権力や支配権を皇帝に譲渡したのである。ブラクトンが、その師であるアゾの見解を拒否することなどありえなかった。

> 王は地上における神の下僕であり代理者なるがゆえに、法によって彼が行いうることだけを行い、それ以外のことを行うことはできない。そしてこのことは、「君主の好むことは法としての効力を有する」と述べられていることと抵触しない。というのも、この法律（『学説彙纂』一・四・一）の末尾に「なぜならば、彼の帝権に関して制定されたレクス・レギアによって「人民は自ら有するあらゆる支配権や権力を彼に譲渡したからである」」と続けられているからである。[☆一八四]

ここでブラクトンは、括弧に入れられた最後の一節を落としているが、このことから生ずる難しい問題を考慮の外に置いても、この箇所はそう単純なものではない。[☆一八五] ブラクトンが明らかに表明しようと欲しているのは、次のことである。すなわち、王の権力は法から彼が導き出す事柄だけにしか及ばない（ちなみに、この事柄は決して少ないわけではない）。しかし、このような限定が「君主の好むことは法としての効力を有する」という有名な表現と衝突することはない。というのも、「君主の好むことが法である」という事実自体が法に由来し、それゆえ法により認められたものだからである。つまりこの事実は、レクス・レギアによって人民が、他のさまざまな権利とともに、まさに「彼の好むままに」法を制定する権限を君主に譲渡したことに基礎を置いているからである。それゆえブラクトンは、フリードリヒ二世や彼以前と彼以後の他の人々と同様、王をつくったレクス・レギアに当の王が忠誠を誓い、それに依存していることだけでなく、人民の利益のために立法し、彼が好むように法を解釈する法的な権力と権威を王が有することをも、同じレクス・レギアから導き出しているのである。

　確かにこのことは、ウルピアヌスの〈君主の好むことは法としての効力を有する〉という表現がしばしばそう解釈されたように、堅固なる絶対主義へと人々を導いていくことになっただろう。周知のごとく、法学者や政治哲学者たちは、レクス・ディグナを慣例的に引用することによって、このような危険を回避しようとした。レクス・ディグナでは、法に対する誓約を皇帝が公言しているからである。ブラクトンも例外ではない。彼もまた同じ一節でレクス・ディグナに言及し、これをかなり徹底したやり方で解釈している。[☆一八六] しかし彼は、この法律を引用するに先立ち、〈君主の好むことは〉(Quod principi placuit) という格言中の「好む」(placuit) という言葉自体を制限的に解釈することによって、格言に限定を加えているのである。フリードリヒ二世とは異なり、ブラクトンはウルピアヌスの言葉を「立憲主義」に適合させるべく、それにきわめて重要な曲解を施した。すなわち彼は、「好む」という言葉から、神に鼓吹された無抑制的な君主の人格的支配ではなく、評議会により抑制され、評議会によって鼓吹される王のほとんど非人格的で超人格的な支配を導き出しているのである。「君主の好むこと」が法である。しかし彼が好むことは、まずもって貴族の評議会が好むことなのである。それゆえ、ブラクトンは次のように議論を続けることによって、自らの論証をさらに具体的に展開する。

〔君主の好むことが法である。〕すなわち、王の〔人格的な〕意志として無造作に想定されたものではなく、彼を取り巻く重要な人々が助言《コンキリウム》し、これに対して王が認可を与えることによって、そして、これに関する熟慮と討議を経た後に、正当な仕方で明確になったものが法なのである。☆一八七……

「好む」という危険な言葉に対するブラクトンの立憲主義的な限定の重要性は、過小評価されてはならない。このことは、中世イングランドにおけるその後の立憲主義上の闘争を考えると、特に重要な意味をもつ。イングランドにおいては再三再四、王の評議会とその構成が論争の焦点となっていた。事実、十三世紀において、評議会の助言なしで立法を行いえたような、あるいは行うような王はほとんどいなかったことは言うまでもない。また、助言なしで立法を行うことがローマ法や中世ローマ法学者によって奨励されていたわけではなく、ましてや教会法や教会法学者がこれを奨励することなどありえないことであった。いかなる高位聖職者や司教も、そして教皇でさえ、助言を受けることなしには——これに従うよう彼らが強制されることはなかったものの——事を開始することは不可能であった[☆一八八]。それゆえブラクトンの見解は、当時の一般的な実践と合致したものであり、彼がウルピアヌスの言葉を引用し援用しながらも、王の好むことを王の正当な助言者たちの好むことへと委ねることにより、その言葉の趣旨を限定したとき、実際は十二世紀の偉大なイングランドの法学者グランヴィルの模範に倣っていたのである[☆一八九]。

しかし以上のことをすべて認めたうえで、ブラクトンの見解は、王の評議会の理解に関してもイタリアの法学者のそれとは異なったものであった。或るローマ法上の格言——これは最終的には教会法によっても採用されたが——は、「君主（ないし教皇）は、自らの胸中の文庫にあらゆる法を納めている」と述べていた。これが意味するところは、立法を行う際に君主は、関連するあらゆる法を自己の精神に現前させ、自らの活動領域内において的確に行動しうるものと想定され期待されているということである[☆一九〇]。おそらくこれは君主に対する過大の要求であろう。というのも、（マタエウス・デ・アフリクティスが述べたように）「君主が専門の法学者であることは稀有のことである[☆一九一]」（raro princeps iurista invenitur）からである。王は、「王冠と世俗権力に属し、王国統治に関連する物理的な剣の力に属するすべての法を手中に収めている」とブラクトンが述べたとき、彼が前記の格言を念頭に置いていたかどうかは定かではない。〈すべての法を手中に収めている〉(habet omnia iura in manu sua) という重要な語句は、典礼上の表現であった。[一九二] しかし、彼が前記の格言を念頭に置いていたことはありうることである。というのも、或るフランスの法学者が、ローマ皇帝と同様にフランス国王も「あらゆる法、特に彼の王国に属する法を自らの胸中に閉じ込めている」と主張していたからである。[一九三] しかしいずれにしても、前記の格言との関連で、イタリアの法学者たちは好んで王の助言者たちに言及していた。たとえば、ピストイアのキュヌス(一二七〇—一三三六年)は、格言を字義的に解釈しないよう誓告している。なぜならば、キュヌスの言によると、「自らの胸中の文庫」は「数多くの優れた法の博士が集まるはずの彼の宮廷」という意味で解釈されるべきであり、「法を尊ぶ君主は、これら法の博士の口を通して言葉を発する」からである。[一九四] そしてマタエウス・デ・アフリクティスも、「王自身の身体の一部である助言者たちのゆえに、王は自らの胸中の文庫にあらゆる法を納めていると言われる」と説明している。[一九五] 換言すれば、実際には王室の専門的な法学者たちが関連するすべての法を彼らの精神に現前させているがゆえに、彼らは「王の胸中の文庫」なのであり、これらの法学者たちの合議体がここで「君主の口」と表現されているのである。そして、かつてフリードリヒ二世が慣例として行っていたように、君主は助言者たちを通じて言葉を発する。[一九六] これとは逆に、ブラクトンにとって助言者は「君主の口」として登場するのではなく、むしろ君主ないし王が「合議体の口」として表現されており、君主は貴族たちとの討議の後に初めて、彼らの助言に基づいて法を「彼が好む」ものとして発布する。すなわち、王の「好むこと」は、「貴族たちが古来の慣習であると宣言したことが王の権威により発布される」かぎりで法とされるわけである。[☆一九七]

しかし、立法それ自体が貴族たちの助言や協議を経て彼らの合議体から発するものとされても、この事実もまた、もっぱら王を拘束するような意味で解釈されてはならない。というのも結局のところ、「王が認可を与えることによって」(rege auctoritatem praestante) 法は法となるからである。さらに——ブラクトンが次の引用箇所で強調しているように——王こそ〈法の創り手〉(auctor iuris) なるがゆえに、立法の責任を担うのも王なのである。

> 王の権力は法を創る権力であって不法を創る権力ではない。そして、彼は法の創り手《アウクトル・ユリス》なのであるから、法が生まれる場所から不法《インユリア》への機会が生ずるようなことがあってはならない。[☆一九八]

立法は王の権限に属するがゆえに、法の解釈も王に属することをブラクトンは力強く宣言している。[☆一九九] そして、フリードリヒと同様にブラクトンも、法の起源と法の保護がともに王という一人の人間の手に共存することを強調する。[☆二〇〇] 要するに、王の立法権は法それ自体に——より正確には王を王たらしめたレクス・レギアに——由来するのである。かくして、王を創る法と法を創る王は相互に条件づけ合い、王と法とのよく知られた関係がブラクトンにおいても再び登場することになる。すなわち、法の息子たる王は法の父となるのである。法と君主のこの種の相関性と相互依存性は、当時のほとんどあらゆる政治=法理論に見受けられるものであった。

このような精神は、ブラクトンが王権を論じている論考のあらゆる箇所に浸透している。ここで我々は、王を拘束する要因と高挙する要因とを均等に分配しようとする、裁定者の公平な態度を讃美したい気持になるだろう。しかし実際のところ、王の拘束と高挙は、まさに両者が相互依存的であるからこそ均等に分配されているように思われる。すなわち、王が「神の代理者」と認められるのは、彼のものであると同時に神のものである法に服することにより、王が「神に似た」存在として行動する場合に限られるのである。

> 王は地上における神の代理者であり神の下僕なるがゆえに、法によって彼が有しうる権力だけがその権力であり、これ以外の権力を王が有することはない。[☆二〇]

他の箇所は、これよりいっそう説得的かつ明晰である。ブラクトンは、王が自らの王国において、上位者は言うまでもなく同位者をも持たないことを指摘することから議論を始め、次のように続けている。

> 王自身は人間の下に置かれてはいなくても、神と法の下に置かれねばならない。とい

うのも、法が王を創るからである。……そして、法ではなく恣意が支配するところに王は存在しないからである。王が神の代理者なるがゆえに法の下にあるべきことは、王がそれに代わって地上で支配するイエス・キリストとの類比から明らかなことである。というのも、神のまことの慈愛は、筆舌に尽くし難い仕方で人類を立ち直らせる数多くの手段を利用しえたにもかかわらず、悪魔の仕業を打ち砕く他のすべての手段に優先して、一つの手段を選んだからである。すなわち、強力な権力ではなく正義の掟を神は選んだのである。それゆえ神は、法の下にある人々を救済するために、自らも法の下にあることを望んだ。神は、力ではなく理性と判断を用いることを望んだのである。[☆二〇二]

言うまでもなく、「法の下にあるキリスト」という言葉は人々によりたびたび引用され、美術の分野でも何回となく画題として用いられていた。たとえば、ノルマンの逸名著者は、人間としてのイエスよりも皇帝《カエサル》としてのティベリウスの方が優位にあることを立証するために、キリストが法に服従していた事実に言及していた。[☆二〇三] そしてソールズベリーのヨハネスも、〈王のなかの王〉(Rex regum)たる「キリストの意志が法のなかにある」がゆえに、キリスト自ら法に服したことを強調していた。[☆二〇四] オロシウスからダンテへと至る中世の著述家たちは、次のように想定された事実について考察を加えていた。すなわち、キリストは「人類の特異な戸籍簿のなかにローマ市民(civis Romanus)として」登録されることを選び、他のあらゆるローマ市民と同じようにローマの裁判官の裁定に服したという事実である。[☆二〇五]しかしながら、王権に関する初期のキリスト中心的な概念は、王とキリストがともに法に服することを論拠として、塗油された王がキリスト類似の性格を帯びることを立証するまでには至っておらず、仮にこのような試みがあったとしても、それはきわめて例外的なことであった。これに対して、キリストと同様に租税を納めるように義務づけられた教皇に関しては、以前からこれに類似の論証が存在していた。[☆二〇六] ブラクトンが用いた類比は、〈法の下僕〉(servus legis) のみが同時に〈法の主人〉(dominus legis) たりうること——あるいは〈法の主人〉となること——を含意しており、事実、このような考え方は中世の最良の伝統に属するものである。さらにその類比は次のことを含意している。すなわち、王は処女より生まれた神の子と同様、法に服する場合にのみ——そして、この限りにおいてのみ——神の代理者《ウィカリウス・ディ》として他のすべての人間の上位に置かれるということ、そして王が有するあらゆる大権は、まさにこれらの大権を彼に付与した法に自らが拘束されていることを自身が認める場合に限られるということである。事実、このような場合には、

> 王にとって、上位者は言うに及ばず、いかなる同位者も存在すべきではない。特に、王が裁判権を行使するときはそうである。このとき、王について「我らの主は大いなる神、力も豊かなり」[「詩篇」一四七：五]と真に言いうるのである——たとえ、[原告として]王が裁判を受けるときには、彼が自らの王国内の最も卑しい人間に比せられ

ようとも。[☆二〇七]

王は、たとえ神の代理者たる彼に比肩しうる者が存在しなくても、法には依然として拘束されている。そして、裁判官の面前では、彼は自己の臣民のなかで最も下位の者と同じように扱われるべきである——言うまでもなく、これは王が原告の場合に限られる。というのも、王に対してはいかなる訴訟も提起されえないことが、その大権に含まれているからである。[☆二〇八]

ブラクトンが用いる方法は、いつも同じ形式を採っている。すなわち、限定を通じての高挙であり、限定自体が王の高挙から生じ、神の代理者たる彼の地位に由来するのである。王は法により限定され拘束されないかぎり、神の代理者たる彼の地位も危うくなる。このような方法を弁証論的方法と呼ぶこともできるだろう。これは、一方で法に服することなくしては他方で真の「大権」も存在しえないという論理に依拠しているのである。法の上位にある法的地位が正当なものとして存在しうるのは、法の下位にある法的地位が同時に存在する場合に限られるという論理である。それゆえ法を遵守する王は、この事実自体によってただちに「神の代理者」となる。王は法に従うことによって法の上位にある法の創り手《アウクトル・ユリス》となる。そして彼は、既存の法および王たる自己の行為の責任ある解釈者となるのであり、彼の行為が公職にある人々や私人による批判の対象となることはない。[☆二〇九]というのも、もし王が法を遵守しなければ、彼はとうてい王とは言えず、むしろ暴君となるか

らである。[二〇]

ブラクトンの政治理論は、一見すると矛盾に満ちた以上のような考え方に依拠していた。しかし、神法と実定法の二元性を伴う中世法の体系を考えれば、ソールズベリーのヨハネスやフリードリヒ二世やブラクトンが提示したものとは異なる政治理論で、しかも理に適った理論が展開される可能性はおそらく全くなかったと言えるだろう。どのような方法を用いても、結果的には、「法の下にあると同時に上にある」支配者、あるいは「正義の父にして子」でもある支配者、あるいは「衡平の似姿にして下僕たる」支配者といった概念に常に辿りつくのである。またブラクトンの論考においては、イングランドの王は、〈自己より大にして小なる者〉(et maior et minor se ipso) とも表現されていた。

さて、ブラクトンは王をキリストに、すなわち謙虚な態度でローマの裁判官に服したキリストになぞらえているが、このことは、ブラクトンの王権概念に関するもう一つ別の問題へと我々の注意を向けさせることになる。すなわち、政治的「キリスト論」の問題である。彼は次のように書いている。

彼が王として創造され、王として選ばれたのは、彼が全世界に正義を実現するためであり、彼のなかに主が坐し[二一]〔「詩篇」九：五、八九：一五〕、彼を通じて主が自らの裁定を見極めるためである〔「列王記」上三：一一〕。

ブラクトンが引用している聖書の箇所から明らかなように、王のなかに宿り、王を通じて裁決を下す「主《ドミヌス》」とは、神の子イエス・キリストではなく、父なる神であろう。もっとも、後期中世においては、三位一体の第一と第二の位格《ペルソナ》を明確に区別することが次第に難しいものになっていたことは確かである。しかし、ブラクトンの論考においては、人間としてローマの裁判官に服従したキリストと王との類比を除けば、王は、首尾一貫して〈キリストの代理者〉(vicarius Christi) ではなく〈神の代理者〉(vicarius Dei) とされているように思われる。事実、神の子を代理するのは王以外の人々の任務であるとブラクトンが見なしてきたことに、我々は気づくのである。ブラクトンは「序文」で、法的修辞法や文章作成法《アルス・ディクタンディ》の準則に全面的に従いながら、自分の論考の「効用」について論じている。全体として見れば、彼はアゾの言葉をほとんどそのまま模しているだけであるが、重要な意義をもついくつかの言葉(イタリックで示した部分(本訳書では傍点))をこれに付加している。彼は次のように書いているのである。

〔この論考の〕効用は、これからさらに学ぼうとする人々を高貴なものにし、彼らの名誉と成功を倍化する点にある。また、この論考は、王国において彼らが支配することを可能にし、王の宮廷で、いわば神の玉座たる王の玉座自体に彼らが坐って、もろもろの民族や国民、そして訴訟の原告や被告を、イエス・キリストの代理者のごとく王の代理者として——というのも、王は神の代理者だからである——君主にふさわしい

方法で裁決することを可能にするのである。それゆえ、彼らの裁決は人間の裁決ではなく神の裁決となる。[☆二二]

ブラクトンがアゾに付加したいくつかの言葉は、表面的には、王が神の玉座を占めていることを読者に教示するための言葉にすぎない。[☆二三] 引用箇所の終わりの方にある第二の付加は、最初の付加と関連づけられており、一見するとそれは混乱しているように見えるかもしれないが、実際にはいささかも混乱してはいない。この一節全体において、王は神の代理者として行動し、神に代わって神の玉座を占める者として表現されている。これとは反対に、たとえばオットー朝のミニアチュール（図5）は、キリストに代わってキリストの玉座を占める者として皇帝を描いていた。しかしブラクトンは、アゾの原文に対する第二の加筆において、父と子の間にきわめて明確な区別を設けている。彼は、王に代わって（vice regis）行動する者たち――すなわち王座の裁判官――はイエス・キリストの代理者のごとく（quasi vice Jesu Christi）行動し、これに対して王は神の代理者のごとく（quasi vice Dei）行動すると述べているのである。換言すれば、裁判官たちは神の子の地位にあるのに対して、王は父なる神の地位に置かれているのである。[☆二四]

実際のところ、この区別には一見してそう思われる以上に興味深いものがある。というのも、この区別は中世イングランドにとって格別の意義をもつ教説を反映しているからである。〈司教がキリストの似姿を帯びるように、王は神の似姿を帯びる〉（Dei imaginem habet rex, sicut et episcopus Christi) という言い廻しを最初に考え出したのは、おそらく四世紀の「偽アンブロシウス」(Ambrosiaster) と呼ばれている人物であろう[☆二五]。この教説――父なる神の対型としての王、および子なる神を象徴的に代表する司教という観念――は、イングランドの領域内においてはかなり頻繁に繰り返し用いられたのに対し、他の領域ではそれほど用いられていなかったように思われる。たとえばそれは、イングランドの学者カスウルフがカール大帝に宛てた書簡で引用されており[☆二六]、また、よりいっそうキリスト中心的な形態においてではあるが、ノルマンの逸名著者の論考にも、見誤ることなく登場している。曰《いわ》く「司祭はキリストの一つの本性、すなわち人間の本性を予示し、王はそのもう一つの本性、すなわち神としての本性を予示する[☆二七]」と。最後に、この理論の全容は――これは後世、ジョン・ウィクリフによって繰り返されることになるが[☆二八]――一一〇〇年頃に書かれたフルーリのフーゴーの『王の権力と聖職者の威厳について』に見出される。この論考はイングランドのヘンリー一世のために著され献呈された。フルーリの修道士フーゴーは次のように述べている。

まことに王は自らの王国において父なる神の座を占め、司教はキリストの座を占めるように思われる。それゆえ、――彼の本性によってではなく、彼が占める地位によって――神の子が父なる神に服するように、あらゆる司教は正当にも王に服しているように思われる[☆二九]。

このようにして、司教たちはイエス・キリストの代理者として統治するのに対し、王は神の代理者として支配するのである。

ノルマンの逸名著者の論考がブラクトンに知られていたことはほとんどありそうにないが、フルーリのフーゴーの小論考がブラクトンの目に留まっていたことはありうるだろう☆二〇。いずれにしても、ブラクトンの著作においては、〈神の似姿たる王、キリストの似姿たる聖職者〉(rex imago Dei, sacerdos Christi) という教説は、〈神の似姿たる王、キリストの似姿たる裁判官〉(rex imago dei, judex Christi) という教説へと変化している。教説は神学の領域から法学の領域へと、あるいは聖職者から法曹へと、さらにまた〈教会の聖職者〉(sacerdotes Ecclesiae) から〈正義の聖職者〉(sacerdotes Iustitiae) へと移されたのである☆二一。今や、裁定者キリストの似姿として行動するのは「正義の聖職者」たちであり、彼らは神の代理者たる王が地上で体現する父なる神と「玉座を分有する者」となったのである。

したがって、ブラクトンの著作にあっては、王はまずもって神の代理者である。しかしながら、我々がここで想起すべきは、〈神の代理者〉としての王が同時に卑下せるキリスト、すなわち、その人間的本性が法とローマの裁判官に服せしめられた卑下せるキリストの対型として提示されていることである。言い換えれば、王というものは、彼の裁判官たちとともにいるかぎりにおいて、天の玉座で神的キリストとともにいる父なる神を象徴的に代表する者であるが、同時にまた王は、彼が裁判官ではなく法に服する一個人であるときには常に、人間キリストの対型とされているのである。裁判し、立法し、法を解釈するときの王は神に類似の法の上位にある存在者であるが、同時に彼は、法の下にある神の子あるいは通常の人間と同様の存在者でもある。なぜならば、彼もまた法に服従するからである。ここで我々は、次のことに気がつく。すなわち、オットー朝のミニアチュールやノルマンの逸名著者の論考で力強い効果を発揮し、そしてさらにはフリードリヒ二世の『アウグストゥスの書』にも依然として認めることのできるキリスト論的な基層が、ブラクトンの著作にも消えずに息づいているということである。このようなキリスト論的基層は、国王ヘンリー三世をあからさまに非難したアランデルの女伯爵の怒りの声からも読み取ることができる——「おお、国王陛下よ。なにゆえにあなたは正義から顔をそむけられるのですか。……あなたは神と我々の間に置かれている［medius inter Deum et nos constiueris］のです。しかしあなたは、あなた御自身も我々をも正しく支配しようとなさらないのです[☆二三]」。

要約すると次のようになる。ブラクトンの王は、法の下にあると同時に法の上にあるという意味で二重の地位を占めている。この観念からすれば、ブラクトンの王は、フリードリヒ二世に類似した存在者と映るだろう。しかし、たとえこのような類似が見られるにしても、それは全くもって表面的なものにすぎない。皇帝は、たとえ理論的に〈理性〉の指導的力に服してはいても——この〈理性〉は或る程度まで後世の〈国家理性〉を予期させるものである——、事実上は異論の余地なく法の上にあり続けるのに対して、ブラクトンのイングランドにおいては、〈法の下に〉(sub lege) ある王という観念は、きわめて現実的で明確な意味を——たとえ、しばしばこの意味合いが明瞭に定義されることはなかったにしても——帯びていたのである。さらにその上、「法の下に」ある王の地位を明確にしていこうとする真剣な努力は、これに対応して別の努力、すなわちどのような点で同時に王が「法の上に」もあるのか——そして必然的に「法の上に」あらねばならないのか——を明確にしていく努力を生み出すことになった。この世紀の終わり頃、王座の裁判官たちは、しばしば引用される〈ブーンのハンフリー対クレアのギルバート事件〉（一二九二年）において次のように議論している。

　公共の利益のために、彼［王］は多くの事例において自らの特権により、法と彼の王国で通常承認されている慣習の上にある者とされている。……しかしまた王は、彼の王国内のあらゆる個人に対しては、正義の負債者でもある。[☆二三]

ここでは王座裁判所自体が次のように主張することによって、すなわち、特権によりしばしば王は法の上に置かれると同時に、他の場合においては王は〈正義の負債者〉(debitor iustitiae) として法の下にあると主張することによって、一見すると自己矛盾した結論へと達している。ここでも再び我々は、「正義の父にして子」たるべき皇帝《カエサル》の義務を想い起こす。しかし、この種の碑銘にも似た表現の、最も真なる意味においてイングランド的と言える形態は、これとは全面的に異なった方向に捜し求められるべきである。すなわち、イングランド国王ヘンリーに対する有名な令状（Praecipe Henrico Regi Angliae）に含まれた、前記のものに劣らず碑銘的な表現にそれは求められるべきなのである。この令状のなかで、王（King）ヘンリー三世と言われる者が、彼の役人を通じて、個人としての王（king）ヘンリー三世に対し或る種の行動を改めるよう命じ、あるいはその行動を改めることを拒否するならば、その理由を示すよう命じている。[☆二二四] 十四世紀のある法学者はこの令状を現実に存在したものと主張しているが、ほんとうに存在したとしても、これは冗談のようなものか、あるいは諸侯戦争時代の学校の実習問題のようなものであった。というのも、王に対しては訴訟はありえず、王を召喚することは不可能であったからである。しかしそれにもかかわらず、この滑稽な文書は、法の上にあると同時に下にある王、自身より偉大であると同時に卑小でもある王の観念を、きわめて印象的に表現しているのである。さらに、〔大文字の〕王が〔小文字の〕王に命令を与えている令状は、少なくとも十三世紀中葉のイングランドの人々にとって想像可能なものであったに違いない。いずれにしても——もし我々がパリのマタエウスの言を信じてよいならば——、高位の役人であったノルマン人のシモンは、王が発することを望んだ特許状を、王冠および王冠の権益に違背し、それゆえこれを認めることは官吏の誓約にも反すると考え、このような〈王の王冠に反する〉（contra coronam domini regis）特許状に証印を捺すことを拒絶した廉で免職された。[☆二二五] この種の事件に比較しうるような出来事が、フリードリヒのシチリア王国で起こることなどありえなかった。王のもう一つ別の非人格的な分身を見出すには、法理論の領域ではなく、国家統治ないし法実務の領域に我々は目を向けねばならないだろう。

キリスト＝国庫（Christus-fiscus）

ブラクトンの著作において、キリスト論的考察は周縁的な地位しか占めていない。彼の思考と真の関心は、形而上学的理念や神学的弁別というよりは、法的、行政的そして国制的な問題をめぐって旋回している。しかし、たとえそうであるにしても、ブラクトンの時代において国家に関する或る種の神学的議論が展開されていたことは否定できない事実である。ブラクトンをその典型的な代表者とする前記の冷静な国制的法学的領域のなかに、この種の神学的な議論を見出すことは期待できないかもしれない。それでもこの領域にも、一見して不合理な表現が存在しているのである。これらの表現は、部分的には神学的な言語や思想を世俗国家の新しい状況に適合させようとした結果であり、部分的には王国の共同体自体に固有の必要性から生じた非人格的な公的領域を確立しようとする試みから生まれたものであった。

〈王に対し時は経過することなし〉（Nullum tempus currit contra regem）という格言は、永遠性の観念や超個人的な連続性の観念がそこに含まれていることから、特別の興味をそそるものである。格言自体が「時効」（prescription）と「不可譲性」（inalienability）という、少なくとも二つの観念の概念的実在を前提にしている。時効とは通常、他者が法律によって定められた——長期ないし短期の——時間的経過を通じて中断することなく、また異議を唱えられることなく平和裡かつ善意にものを占有することにより、従来の所有者が所有物への権限ないし権利を失うことを意味し、これと相関的に、通常「使用取得」(usucaption)は、このような他者が所有物への権限ないし権利を獲得することを意味する。十二世紀イングランドの王座の裁判官たちにとって、時効という法的概念が馴染みのものであったことは確かである。というのも、この概念は教会法において決定的に重要な意義を有し、グラティアヌスは『教令集』のなかで時効のために一章全体を充て、教令集の註釈学者たちも、当然のことながら、この概念に対して再三再四註解を施しているからである。ところがイングランドの王座の裁判官は、明らかに時効の観念について自ら反省を加える必要性を全く感じていなかった。というのも、彼らはこの観念についていかなる説明も加えていないように思われるからである[☆二二六]。しかし、時効に対するこのような無関心な態度は、次の世紀になると変わっていった。ブラクトンは繰り返し学問的な仕方で、「長期の占有は権利を生む」(Longa possessio parit ius)という原則を論じている。この場合、ブラクトンがローマ法に依拠していることは、彼が時効の問題を議論している章の冒頭にある〈使用取得〉(Usucapio)という専門用語によって示されている。しかし、これは目下の論点にとってさして興味あることではない[☆二二七]。重要なのは次のこと、すなわち彼の時代において、時効取得への要求を考察することが王座の裁判官たちにとって重大な意味をもつに至ったことである。事実、王の領地や諸権利が「譲渡不可能」なものとして別格の扱いを受けるようになるに及んで、時効は公的領域の内部で現実的意義を帯びるに至った。この時点において、時効および時間から生ずる時効的効果は、不可譲性の観念と衝突する――あるいは衝突しうる――がゆえに、きわめて重要な意味をもつことになったのである。すなわち王座の裁判官たちは、私人が時効による所有権の取得を法的に主張できるか否かだけでなく、この種の主張がどの程度まで「不可譲」と形容された王の諸権利や領地に影響を与えるかということについても判断を下さねばならない状況に、たびたび直面したのである。それゆえ、王の諸権利および領地の不可譲性という概念と、時効の概念が結び合わさって、〈王に対し時は経過することなし〉という定式化の前提条件が形成されたのであり、この定式化によって、王冠の不可譲な財産に対する、時効を根拠とした私人の主張が無効とされたのであった。

　この点しばしば注目されてきたのは、王冠に属する時効不可能な特定の権利の存在を含意する不可譲性の原則が、大陸においてはゆっくりと、しかも強い制限に服しながら発展していったという事実である。[☆二二八] イングランドにおいても、王の直領地が不可譲であることを明白かつ簡潔に述べる最初の公文書が現われたのは、比較的後代のことである。「同じく、私は、王冠の古来の直領地に属する財産のいかなるものも譲渡しないことに同意する」という一節を含む国王評議会会員の誓約が初めて現われたのは一二五七年、すなわちブラクトンの時代であった。[☆二二九] しかし、このことは、不可譲性の原則それ自体が以前には存在しなかったことを意味するものと解釈されてはならない。現実にイングランドにおいて、この原則は大陸よりもはるかに古くから現われていた。もちろん、十二世紀前半において、不可譲性の概念がイングランドの国家統治の実践に全面的に欠如していたことは、全くもって確かなことである。しかし、ヘンリー二世の即位とともに変化が起こった。ヘンリー二世による王直領地に対する権利の強化は、他の行政上・法律上の改革と相俟って、領地に関する或る種の権利や領土そのものが不可譲であるという考え方を発展させていった。[☆二三〇] ローマ法と教会法の両法が、[☆二三一] 国家の財産は不可譲であるという観念を明確にする要因として寄与したことは確かである。しかし、本質的に重要な要因は、ヘンリー二世が事実上不可譲な諸権利と領土の複合体を創り上げたことであり、これは、その後十三世紀になると、「古来の直領地」(ancient demesne) として知られるようになり、ローマ法の用語を用いれば、〈公的財産〉(bona publica) ないし王国の国庫財産を形成していったのである。[☆二三二] さらにその上、――個人としての王から分離され、彼の私有財産とは明確に異なるものとされた、超個人的な諸権利と領土の複合体である――「古来の直領地」の単なる事実上の存在自体が、これと同時に発展していった非人格的な「王冠《クラウン》」の観念に実質的内容を付与していった。[☆二三三] ヘンリー二世の役人たちは、「封建的権利によって君主のものになった領地と、よりいっそう固有の意味で王ないし王冠に属する直領地との間に」[☆二三四] 行政上の区別を設けることを余儀なくされた。このような発展の結果は、十三世紀初頭に提示された非公式の言明から読み取ることができるだろう。或る法的な覚書の氏名不詳の編者は、戴冠式における王の誓約がどのような内容を含むべきかに関する自らの見解を書き留める際に、王は「この王国の王冠に属するあらゆる領土を損なうことなく、その総体において (in integrum cum omni integritate）保持する」こと、そしてまた、譲渡ないし喪失したあらゆる領土を回復することを誓約すべきであると指摘しているのである。☆二三五

我々が予期しうるように、ブラクトンは〈王に対し時は経過することなし〉という格言の熱心な擁護者であった。実際は、封建領主の典型的な権限や特権の或るものは王に対する時効に由来するものであったが、この事実はブラクトンにとって問題とはなりえなかった。☆二三六 というのも、事実上存在する状況は、法的に妥当する原則の効力を減ずることはないからである。この意味でブラクトンの議論は純粋に法学的なものであった。王国の治安と王の裁判権に属する事物は「半ば神聖な事物（準神聖物）」（res quasi sacrae）であって、教会に属する「神聖な事物（神聖物）」☆二三七（res sacrae）と同様、譲渡不可能であるという説明をブラクトンは何度も繰り返している。半ば神聖なこれらの事物は、正義や平和の維持といった、王国の或る種の共通利益のために存在する「公的な事物（公物）」であった。ブラクトンの主張によれば、これらの事物は、万民《ユス・ゲンティウム》法に由来する国王の特権として、王冠それ自体に属するものであり、さらに万民法は自然《ユス・ナトウラレ》法に類似の半ば神的な——あるいは、まさしく神的とさえ言える——特性を有すると考えられているのである。☆二三八

準神聖物に関するかぎり、王権は明らかに〈法〉の上に位するものであった。たとえば、王が或る特権に異議を唱えるとき、証拠を提供する必要はなかった。というのも彼は、王としての自らの権利を〈長期にわたる時間の経過によって〉（ex longo tempore）保持しているのではなく、こう言ってよければ、〈王冠の本質によって〉（ex essentia coronae）保持し

ているからである。それゆえ、彼の唱える異議は、私的な満足を得るためではなく王国の公共の利益のためのものである。[☆二三九] さらに、公物ないし準神聖物に関して言えば、王は事実上〈自らが当事者である訴訟の裁判官〉(iudex in causa propria) となるであろう。いずれにしても、このことは、大逆罪や不敬罪の事例についてあてはまる。なぜならば、王自身に関する訴訟は、公的な訴訟 (causa publica) あるいは王国の訴訟 (causa regni) となって現われるからである。[☆二四〇] 最後に、準神聖物に対してなされた不正は、他の問題に関しては効力のある時効法の適用に服さないことになるだろう——イタリアの法学者が説明したように、〈直領地は時間の経過によって時効にかかることはない〉[☆二四一] (Demanium nullo tempore praescribitur) のである。なぜならば、ブラクトンが述べているように、「このような場合、時間の長さは不正を減少させるどころか、それをいっそう悪しきものにする」からである。[☆二四二]

要するに、〈王に対し時は経過することなし〉という格言は、王とその時効不可能な諸権利を、他のあらゆる人々を拘束する〈法〉の上に置くのである。王以外の人々には、限定された一定の時間の経過を通じて時効により権利を喪失する危険があるが、王にはそのようなことはない。問題となっている権利が王自ら他に譲渡しうるささいな権利であっても、王は時効から保護される。たとえば、難破貨物や埋蔵物、あるいは巨大魚(マグロやチョウザメその他の魚)といった王権の対象となる事物は、確かに王冠に属するものではあるが、「公共の利益」に関わるものではない。その結果、もし王がそれを望めば、これらの権利、ないしその一部を私人に譲渡することができた。というのも、ブラクトンが述べているように、「このような譲渡は、王ないし君主自身以外の何人《なんぴと》をも害することがないからである」[☆二四三]。ここで、ブラクトンは、「王冠を王冠たらしめている」本質的権利と、王に単に属している付帯的権利との間の明白な区別へと到達した。あるいはこの区別は、王国共同体に共通な公的利益のために王に付与された権利と、個人としての王の利益に奉仕する権利との区別と言ってもよいだろう。しかしながら、後者は確かにささいな王権ではあるが、これらもまた万民法《ユス・ゲンティウム》に由来するものと主張されており、王による特別の許可によってのみ獲得されうる。これらが時効によって取得されることはありえなかった[☆二四四]。

時間の効果による譲渡から王権が一般的に保護されているとは言っても、「それほど神聖ではない事物」(res non ita sacrae)に関する場合には、王自ら時効法に服することがあった。たとえば、通行税や荘園の裁判権といったものがそうである[☆二四五]。これらは、「古来の直領地」には属さず、王権のなかに含まれていないものであり、当時のローマ法学者が、〈国庫財産〉(fiscalia)と区別して、王の〈世襲財産〉(patrimonialia)と呼んだものに相当する[☆二四六]。すなわち、王が欲するままに譲渡できる一定の権限や土地や自由は、王の職務の本質に触れるもの、したがって「すべての人々に触れる[☆二四七]」ものではなく、単に王の地位を強化するのに役立つにすぎない(〈これらのものにより王冠は強化される〉per quae corona regis roboratur)、それゆえ、これらに関しては、王自ら時効法に拘束されるのである——「この種の事物に関しては、すべての私人に対してと同様、王に対しても時間は経過する[☆二四八]」。

要約すると次のようになるだろう。或る観点において王は時効法の下にある。王は「時間のなかの存在者」であり、全くもって「時間の内部に」ある。したがって彼は、他の普通人と同様に、時間の効果に服することになる。しかし他の観点においては、すなわち〈半ば神聖な〉あるいは公的な事物に関して言えば、王は時間や時効の効果によって影響を受けることがない。「聖霊や天使」と同様、王は時間を超えており、したがって永遠で恒久的な存在者である。王は、少なくとも〈時間〉との関係で言えば、明らかに「二つの本性」を有している。一つは時間的本性であり、これによって王の状態は他の人間の状態と一致する。もう一つは永遠の本性であり、これによって王は、他のあらゆる存在者に勝って長く生き続けるのである。[☆二四九]

換言すれば、時間との関連において王は〈双生の人格〉を有するのである。或る様態において王は時間に拘束されているのに対し、他の様態において彼は時間の上に、あるいは時間を超えたところにある。しかし、ここで次の点に注意を喚起しておく必要があるだろう。ブラクトンは、時間を超えたところにある永遠なる王それ自体と、時間の内部にある一時的な私的人格としての王との間に明確な区別を設けているようには思えない。純粋に私的な人格としての王という観念はソールズベリーのヨハネスやフリードリヒ二世の政治思想のなかに存在しなかったと同様に、ブラクトンの政治思想の射程内にもなかった。[☆二五〇]人格の分断は王の「自然的身体」によって条件づけられたものではない。むしろそれは、支配権の観念それ自体に内在する二重性によるのである。王のこの新たな〈双生性〉(geminatio) は、王国内の封建的な領地に組み込まれていない領域、すなわち優越支配権

(dominium eminens) の確立から結果したものであった。この優越支配権の永続性は、個人たる王の生命を超えて、一般の公共的利益に関わる問題となった。というのも、この高権の連続性と無欠性は、「万人に触れる」[☆二五]問題だからである。それゆえ、区別の境界線は、個々の臣民との関係における王のみに関わる問題と、あらゆる臣民――すなわち王国の全政体、王国の全共同体――に影響してくる問題との間に引かれたのである。したがって、私人としての王と非私的人格としての王との間に区別を設けるよりは、封建的な王と国庫としての王の間に区別を設けるほうが適切であろう。この場合に前提とされるのは、「封建的」という言葉が卓れて意味するところのものは、封建君主と臣下の個人的関係に触れる事項であり、これに対し「国庫」とは、「万人に触れる」事項を意味するということである。

　ブラクトン自身、或る一節でこの区別を支持するような説明を行っているように思われる。この一節で彼は、〈準神聖物〉(res quasi sacrae) という表現を解説し、永遠性と不変性を彼がどのような事柄に帰しているかを明確に提示している。この場合、明らかにブラクトンは充分慎重に自分の言葉を選択しているのである。というのも、彼は「支配する王」(rex regnans) と「王冠」(corona) とを注意深く区別する一方で、同時に〈準神聖物〉を〈国庫に属する事物〉(res fisci) と同一視しているからである。

　準神聖物とは国庫に属する事物である。これらは君主や支配する王によって他の者へと贈与され、売却され、譲渡されることはありえない。そして、これらの事物が王冠を構成するのであり、これらの事物がさまざまな形態をとる平和や正義といった公共の利益を配慮するのである。[☆二五二]

ブラクトンは、王権や国庫につき彼が語るとき、明らかに公的領域や「公共の利益」に言及している。しかし、とりわけ注目すべきは、彼が不変性と永遠性を、教会財産——〈神聖物〉あるいは、他の人々がそう呼んだように〈キリストの事物〉(res Christi)——だけでなく、〈準神聖物〉ないしは〈国庫に属する事物〉にも帰していることである。そして、一見すると異様な感じを与えるキリストと国庫の対立ないし並列関係も、このことに由来する。キリストと国庫との関係については、従来ほとんど、あるいは全くと言ってよいほど関心が払われてこなかった。しかし、この関係は、中世から近世への過渡期における政治思想の中心的な問題を、きわめて正確に例証しているのである。

一四四一年に、アウグスティヌス会に属する或る修道院が、財務府裁判所において審理を受けた。その理由は、或る公の緊急事態に際して、修道院長と修道士たちが、かつてエドワード三世によって認可された王からの特権を根拠として、課税の免除を要求したからである。これは、エストッペル(禁反言)に関する事例である。というのも、裁判官たちが抱く見解によれば、王が修道士たちに個人的に特権を付与することは、公の福利のために税を課する王の通常の権利を害するものとされたからである。この裁判の審理過程において、人民訴訟裁判所の裁判官で、後にペイストン家の書簡集成者として知られるようになるジョン・ペイストンは、その議論で一つの具体例を取り上げている。その詳細はここでの関心事ではないが、興味深いのは、死手――すなわち教会――に対して土地を譲渡した後に重罪人として死んだ男の例を、ペイストンが想定していることである。このような場合、ペイストンの注目すべき論証によれば、重罪人の他の家財は王に没収されることになるだろう。「というのも、キリストが摑まないものは国庫が摑むからである」(quia quod non capit Christus, capit fiscus)。当該訴訟の学識ある一人の解釈者がペイストンのこの説明を絶妙なものと考えていたことは明らかであり、彼はこれを「忘れてしまうにはあまりにも惜しい」表現と見なし、脚註で引用している[☆二五三]。もっともペイストンの説明は、どのみち忘れ去られることはなかったであろう。偉大なイタリアの法学者で人文主義者アンドレーア・アルチャーティは、一五三一年に公刊した寓意画集のなかで、最後の一滴が落ちるまで海綿を絞る王(すなわち国庫)の描かれた寓意画を掲載しており、そこには〈キリストが摑まないものは国庫が奪い去る〉(Quod non capit Christus, rapit fiscus) という標語《モットー》が書かれている[☆二五四](図21)。アルチャーティの著作は類い稀な影響力を及ぼすことになった。この著作に倣って、およそ千三百人ほどの著者が、同じような寓意画集を三千以上も公刊するに至り、他方アルチャーティのもともとの著作は、ヨーロッパのあらゆる言語に翻訳された[☆二五五]。それゆえ、キリスト=国庫の標語も、これらおびただしい数に上る寓意画集や標語集や格言集――ことに、ルネサンスの人々はこれらを非常に好んだ[☆二五六]――のなかを遍歴することになったのである。

この表現を最初に考え出したのは裁判官ペイストンだったのだろうか。あるいは、或る種の科料は「王とキリスト」との間で——後者のキリストとは司教の金庫を意味する——分割されるべきであるという趣旨の、アングロ゠サクソンの王の法令（ドゥーム）でしばしば繰り返された法規定をペイストンは想起していたのか、それとも、これをたまたま知っていたのであろうか。[☆二五七] 答えは全くもって簡単である。すなわち、前記の標語はペイストンが考え出した名文句ではなく、また法学者たちによって格言的に用いられている表現をアルチャーティやペイストンが借用してきたわけでもない。一五一〇年前後に著作活動を行ったマタエウス・デ・アフリクティスは、十分の一税との関連で、この標語を繰り返し引用していた。[☆二五八] また、ペイストンよりも一世紀ほど以前の一三五五年頃に、統治に関する法学論考を著したフランドルのローマ法学者レイデンのフィリップスは、無遺言相続財産に対する国庫の権利につき論じたが、この際に彼は、やや唐突と思える仕方で、「キリストの世襲財産と国庫は、相互に比較することが可能である」[☆二五九] (Bona patrimonialia Christi et fisci comparantur) という説明を、それとなく付加していた。明らかに、このオランダの法学者は、彼が指摘している比較を法学的表現の一般的な用法に属するものとして提示したのである。そして、事実彼は正しかった。というのも、今まで触れた法学者たちの窮極的な典拠は、グラティアヌス教令集[☆二六〇]だからである。ここには、「キリストが受け取らないものは、国庫がこれを取り立てる」(Hoc tollit fiscus, quod non accipit Christus) という表現が見られ、グラティアヌスは、この言葉でもって、神とカエサルに対して人々が負う十分の一税についての簡単な議論を締め括っている。グラティアヌスはこの一節全体を偽アウグスティヌスの説教から借用しているのであるが、この説教のなかで、氏名未詳の説教家は、神に納められる十分の一税が少なければ少ないほど、国庫に納められる租税がより重くなるという点について議論している。[☆二六一] しかし、国庫たるキリストに言及する正真正銘の聖アウグスティヌス自身の言葉を我々は手にしている。この言葉は、彼の詩篇註解に見出される。「キリストが自らの国家（ないし共同体）をもたないのであれば、自らの国庫をもつこともない」[☆二六二] (Si non habet rem suam publicam Christus, non habet fiscum suum)。この箇所では、国家 (res publica) と国庫 (fiscus) という政治的概念は、比喩的で霊化された意味で用いられている。すなわち、相互的な愛と慈愛の共同体は霊的な富に依存しており、慈善を実行し施し物を与える者は、このことによって世俗の「国庫のドラゴン」、すなわち帝国の「国庫の取立て人」を恐れる必要なく、キリストの「国庫」に寄進を行うのである。[☆二六三] この一節は、法学者たちによっても受け容れられた。たとえば、ルカス・デ・ペナは教会財産を議論する際に、この一節を全面的に引用している。[☆二六四] 事実、これらの箇所は、教会にとって、重要な意味をもたないものとは言えなかった。というのも、ヨハネス二十二世の時代に行われた清貧論争の過程において、これらの箇所は他の典拠とともに、キリストは国庫《フィスクス》を有するがゆえに財産をも所有していたはずであるという主張を立証するために役立ったからである。[☆二六五]

中世の法学者にとって、なにゆえにキリストと国庫とが——近代人の感覚からすると、これら二つのものを共通の尺度で比較することは不可能である——相互に比較可能なものとなったかを理解するのは、それほど困難なことではない。両者が比較可能な理由は、教会財産と国庫財産がともに譲渡不可能であるという点にある。[☆二六六]教会の霊的な「死手」と並んで、国家の世俗的な「死手」、すなわち国庫が生まれ、あるいは法学において注目されるようになった。あるいはルカス・デ・ペナの示唆に従って、「死手」(manus mortua)という用語に代えて、「永久手」(manus perpetua)という用語を用いるほうが適切かもしれない。永久的な性格こそ、教会と国庫に共通の真に重要な特徴だからである。これらは、「決して死ぬことがない」[☆二六七]。確かに、法学者たちが述べているように、「教会と国庫は対等に歩みをともにしている」[☆二六八]のであり、その理由は「帝国とローマ教会に対しては、いかなる時効も成立しない」[☆二六九]からである。そして、法学者たちが〈コンスタンティヌス帝の寄進〉の信憑性ではなくその効力に異議を唱え始めたのも、このような見解を基礎としていた。なぜならば、彼らの議論によると、皇帝には、全属州は言うに及ばず帝国の財産でさえ譲渡する権限がないからである。教会側も、コンスタンティヌスにより寄進された土地については今や時効が成立しているといった主張を行うことができない。帝国財産についてはいかなる時効もありえないからである。[☆二七〇]いずれにしても、十三世紀には次のような見解が一般に受け容れられるに至った。すなわち、国庫は帝国ないし王国の内部において超個人的な連続性と永遠性を帯びた領域を構成しており、この領域は、教会財産が個々の司教や教皇の生命に依存していないように、個々の支配者の生命に依存することはないという見解である。

ローマ法、およびその複雑な国庫法（ius fisci）が、支配者の人格から切り離された「不可死の国庫」の存在を説明する新しい方法に直接的な影響を与えていたことは明白である。しかし、これと同時に、教会財産の不可譲性に関する教会法上の概念は、自立的で非人格的な国庫を確立するための模範として役に立った。[☆二七一] 十二世紀以来、法学者たちは「国庫」と呼ばれる不可思議なるものの意味を解釈しようと努めてきた。[☆二七二] もちろん、この言葉自体は既にカロリング朝時代においてごく一般的に用いられ、そこでは国庫は王の私有財産を意味していた。[☆二七三] そして、十二世紀の法学者も同じようなやり方で、国庫を「王の財布」(sacculus regis)、すなわち「王の金銭が仕舞い込まれる財布」として好んで解釈したのであり、この解釈は何世紀もの間繰り返された。[☆二七四] しかし法学者は、このような国庫の個人的で私的な様態から離れ、ただちに国庫財産のよりいっそう非人格的で公的な様態へと関心を移していった。彼らは、国庫が実際には何であるのか、そしてそれは誰に属するのか、という点を明らかにしようと努めた。国庫は国家《レスプブリカ》と同一のものなのだろうか。あるいはプラケンティヌスが説いたように、国家は国庫の単なる用益権者なのだろうか。それともアゾが考えたように、国家は国庫に対して完全な所有権《ドミニウム》を有する所有権者なのだろうか。さらに、皇帝と国庫との関係は何か。レクス・レギアによって、国庫は帝国支配権とともに皇帝に移譲されたのだろうか。もしそうであれば、国庫は皇帝の財産となったのか、それとも皇帝は単に国庫の管理者ないし代理者にすぎず、そこから生ずる特権を有してはいても、自分の後継者たちのために国庫を減少させないよう維持する責務に服しているのだろうか。また、他の従物、すなわち皇帝が譲渡する権限を有し、自由に処分することが可能で、現実に時効の効力に服すような他の従物と国庫との関係は何か。最後に、国庫は国家とも君主とも同一でないと想定するならば、おそらく国庫はそれ自体において一つの擬制的な人格、すなわち固有の財産を所有し、いろいろなことを経験し、自らの評議会を有し、そして「胸中にあらゆる法」を宿した一つの「人格」なのだろうか——すなわち、国庫はそれ自体で単独に、一つの団体として自立的に実在しているのだろうか。[☆二七五]

　これらすべての疑問に満足に応じ、そこに含まれた諸問題を解決してくれるようないかなる答えもありえないだろう。また、「国庫」の解釈に関してあらゆる法学者が同一の見解を抱いていたとも言えないだろう。しかし、今や明らかになったことは、法学者が以前の時代におけるよりもいっそう注意深く、「私的なもの」と「公的なもの」を区別しようと試みていたこと、そして明確な定義を通じて、〈公法〉に属する事物の新しい領域——いわば王国内部の新たな王国とでも称しうるもの——を、彼らがこれから創り出そうとしていたことである。そして、これらの事物は、同じような他の事物、すなわち教会法において教会自体に属するものとされ、きわめて古い時代から王国内部の王国を同様に形成していた事物と対置され、あるいは比較されるようになったことである。既に標準註釈は国庫を公的なものとして説明していた。すなわち国庫は人民とか皇帝の金庫（aerarium）ではなく、帝国の金庫と考えられていたのである。一つの点では、すべての法学者の見解が一致していた。つまり、国庫財産は通常は譲渡不可能であり、国庫は永遠ないし不可死であるということである。[☆二七六]

言うまでもなく、これと全く異なる問題は、非常に長い期間にわたって――「それ以上遡ると人間の記憶では反証を見つけることができないような」時点から――私人や領主その他の人間の手にあった国庫上の損失や国庫上の権利ないし財産を、どのような方法で取り戻すべきかという実際的な問題である。[☆二七七] ユスティニアヌス帝は〈記憶されうる期間〉(tempus memoratum) を、ローマ教会に関しては百年と定めていた。[☆二七八] ローマ教会と教会財産一般に対する時効の主張は、百年の期間が経過した後に初めて有効になるとされた。百年という期間が、いかなる人間もそれ以前に遡っては記憶を有しえない期間とされたのである。[☆二七九] この百年の時効期間は、西欧においてはローマ教会だけに認められた特権であった。これは教会財産を保護することに役立ち、この財産を事実上譲渡不可能なものにした。しかしバルドゥスは、他の法学者たちと同様に、「時効に関してローマ教会が享受するものと同じ特権が帝国によっても享受されている」こと、あるいは「ローマ帝国は教会と同じ（百年の時効という）特権を享受している」ことを繰り返し述べていた。彼は、さらにいっそう具体的に、「今日では［帝国に対抗して主張できる時効としては］百年未満の時効は認められていないように思われ、このことは帝国が教会と同列に取り扱われていることを示している」と述べており、また、教会に対する百年の時効を強調しながら、「これと同じ特権が、今日では帝国によっても享受されているように思われる」と付言している。[二八〇]「今日」(hodie) という言葉が中世ローマ法学者によって非常にしばしば、ユスティニアヌス帝の時代を指すものとして使われたことは確かである。[二八一] しかし、目下の論点に関するかぎり、そうではなかった。というのも、古代ローマ法は国庫に対抗する時効を確かに認めてはいたが、百年の時効について何ら言及していないからである。国庫は通常四十年、あるいは(ランゴバルド法によれば)六十年の期間によって保護されていた。それゆえ、バルドゥスが再三再四、「今日では」という言葉を強調していたことは注目に値する。なぜならばそれは、教会と帝国＝王国の国庫が、比較的最近になって初めて、百年の時効に関して「同列に置かれる」ようになったことを意味するからである。事実、教会と国庫を「同列に置くこと」(equiparatio) は、教会の特権を世俗国家へと及ぼしたフリードリヒ二世以前には遡らないように思われる。『アウグストゥスの書』のなかで、フリードリヒは明確な言葉で次のように述べている。

余は公的な事項において、従来国庫に対抗して有効とされた四十年間ないし六十年間の時効を、今後は百年間へと延長する。[二八二]

そしてシチリアの註釈学者たちも、国庫に対する百年の時効がフリードリヒの法律によって定められたこと、また、この皇帝が教会の特権を国庫へと及ぼしたことをきわめて明白に指摘していた。[☆二八三] このようにして、教会と国庫の〈同列化〉はシチリアにおいて早い時期に成し遂げられたのであり、これはフリードリヒ二世やノルマン朝の先任者たちが行った、関連する他の政策と軌を一にするものであった。しかし、これに似た考え方はイングランドにもあったに違いない。イングランドでも、「それ以上遡ると人間の記憶では反証を見つけることができない時点」は、同じように大雑把に言って百年と定められていた。一二三七年以前は、この時点はヘンリー一世が死去した一一三五年と定められ、次にそれはヘンリー二世が即位した一一五四年へと移され、そして最後に、一二七五年にはリチャード一世が戴冠した年（一一八九年）が「人間の記憶」が始まる出発点とされ、この後もそう考えられ続けた。[☆二八四]

かくしてキリストと国庫は、不可譲性と時効の両者に関して相互に比較しうるものとなった。「同列化」の法学的根拠はローマ法の数多くの箇所に見出され、たとえばユスティニアヌスの『勅法彙纂《コデクス》』では、教会堂（templa）に属する事物は、皇帝の「聖なる所有権」（sacrum dominium）に属する事物と同等のものとして取り扱われている。[☆二八五] それゆえにこそ、法学者たちは「至聖なる国庫」（sacratissimus fiscus）とか「最も神聖なる国庫」（fiscus sanctissimus）といった言葉を用いたのであろう。この表現は、近代人の耳には奇妙に響いても、なにゆえ中世の人々がごく容易にキリストと国庫を類比的に捉えていたかを説明している。[☆二八六] バルドゥスは国庫を〈魂なき身体のようなもの〉[☆二八七]（quoddam corpus inanimatum）と考えながら、これを「国家の魂」[☆二八八] とも呼んでいるが、こう表現されれば、おそらく我々にとりいっそう納得のいくものとなるだろう。

しかし、聖なる事物と国庫に属する事物との類比関係は、〈時間〉のみに限定されていない。それは〈空間〉にも及んでいた。法律家たちは、国庫に対し遍在的性格を帰している。アックルシウスは、時効法への註釈で、国庫は「至るところに、いつでも現在する」がゆえに、国庫の事例に関して「所有者の不在」を根拠とする議論が役に立たないことを指摘すべく、〈国庫は遍在する〉(Fiscus ubique praesens) と述べていた[☆二八九]。同じ言葉は、少し後に『アウグストゥスの書』に対するマリヌス・デ・カラマニコの註釈のなかで繰り返されている[☆二九〇]。そしてバルドゥスも、同じように国庫が王国に「不在」であるとは決して主張されえないことを指摘し、「国庫は遍在しており、この点で国庫は神に類似している」という、理に適った結論を最後に導き出している[☆二九一]。

この種の言葉は我々にとって馴染みのものである。これは、国庫=キリストをめぐるもう一つ別の形態のテーマを単に表現しているにすぎない。もちろんこれは、以上のような比喩が額面通り真面目に理解されていたことを意味しない。聖フィスクスは、決して聖者の公式の目録に入れられることはなかった。また、この比喩は国庫を「神化」しようとする法学者の努力を示しているわけでもない(あるいは、未だ示してはいなかった)。むしろ、それは国庫の永遠性と普遍的性格を説明しようとする法学者の努力を示しており、このような目的のために彼らは神学上の用語を利用したのである。この際、「神」ないし「キリスト」は擬制的存在の象徴ないし暗号として用いられ、遍在性および永遠性という国庫の擬制的性格を説明するために役立った。「国庫は……その本質に関して言えば永遠で恒久的なものである。国庫は欠して死ぬことがないからである」[☆二九二]。我々はこれとは逆に皇帝に関する用語が教皇庁の国庫所有へと適用されたことを忘れるべきではない。教皇庁の国庫は、おそらく十一世紀以来「福者ペテロの王権」(regalia beati Petri) として現われ、皇帝たち、および教皇の封臣たちはこれを擁護する誓約を行っていた[☆二九三]——ちなみに、この「福者ペテロの王権」という専門用語は、しばしば聖職者を王と見なす聖職政治的理論を支えるものであった。すなわち、司教は王権《レガリア》を享受するがゆえに王なのである[☆二九四]。かくして、教皇職の帝権化と同時に世俗国家とその制度の聖化が並行して進行していたわけである[☆二九五]。

ここで、ユスティニアヌスの『新勅法《ノウエラエ》』の一節に触れる必要がある。これは、しばしば教会財産と国家財産の類似性を立証するために引用されていた。なぜならば、この『新勅法』のなかで、立法者は明確な言葉でもって、皇帝権《インペリウム》と司祭の教権《サケルドティウム》との間にはそれほどの相違はなく、神聖な事物《レス・サクラエ》と共通で公共の事物《レス・コムネス・エト・プブリカエ》との間にもそれほどの相違はない[☆二九六]と宣言しているからである。この点でブラクトンは、同時代に芽を出しかけていた国庫「神学」に同調していた。確かにブラクトンの議論は、国庫は人民と同一なのか、それとも支配者と同一なのか、あるいは自己自身と同一なのかという論点について議論したボローニャの法学者の精緻な概念区分にはほど遠かった。また、〈擬制的人格〉(persona ficta) という概念が彼の時代に既に導入されていたにもかかわらず、国庫をそのようなものとして把握することを彼は思いつかなかった[☆二九七]。しかしブラクトンは、〈神聖物〉と〈準神聖物〉の両者とはともに「無主物」(bona nullius) であると述べながら、無主のという専門用語を用いたとき、擬制的人格の概念のすぐ近くにまで来ていた。「すなわち、これらは誰か特定の人間の財産ではなく、あたかも神あるいは国庫の財産に属する」[☆二九八]。我々は――後世の法思想に関する長い傍論を通じて――ブラクトンも同じように、神的なるものと国庫との奇妙な結合体を作り出していたことに気がつくのである。ブラクトンの場合、〈神〉と〈国庫〉の共通項は〈無主物〉である。そしてこの概念は、〈キリスト〉と〈国庫〉を比較した後世の法学者の「同列化」と同じくらい有効に、教会財産と国庫財産の法的同義性を表現するものとなった。また、ブラクトンが〈支配する王〉(rex regnans) と王冠を区別したのも、この論点と関連していた[☆二九九]――これは賢明な区別である。なぜならば、可死的な王ではなく王冠それ自体こそ、多くの点で無主物と――すなわち非人格的で超個人的な国庫と――内的関連性を有するものと思えたからである。今ここで、後の章で提示されるいくつかの結論をあらかじめ示唆すれば、「王冠」の抽象的観念の発展は、結局のところヘンリー二世の時代における国庫ないし「直領地」の発展と軌を一にするものであった。そして、ちょうどブラクトンが神と国庫を類似のものと考えたように、同時代の仲間の裁判官たちは、一般的な傾向として、国家の公的領域と教会の公的領域を並置しようと欲するときはいつでも、王ではなく抽象的な王冠に言及しようとしたのである[☆三〇〇]。

ブラクトンが依拠した原典については、ほとんど説明の言葉を必要としない。たとえ、ブラクトンが現実にアゾの『法学提要大全』にどの程度まで依拠していたかが全く知られていなくても、〈神聖物〉との関連で彼が〈無主物〉という法的概念を用いている事実は、このイングランドの法学者がユスティニアヌス帝の『学説彙纂』と『法学提要』の〈物に関する法〉に従っていたこと、あるいはこれを別の言葉で言い換えたにすぎないことを、きわめて明白に示していると言えるだろう。[☆三〇一] ブラクトンは、「誰によっても」所有されていない非教会財産を〈準神聖物〉(res quasi sacrae) と呼んでいるが、ローマ法はこれらを〈公物〉(res publicae) と呼んでいた。[☆三〇二] 公物ないし国庫に対してブラクトンが用いた用語（準神聖物）は、ボローニャの法学者の間でよく知られていた言葉ではなく、ブラクトンのほうに何らかの誤解があったとも考えられる。[☆三〇三] しかし彼が選んだ呼称は、教会財産と国庫財産とを法的に類似のものとして把握するために便利なものであった。もっとも、全体として見てブラクトンには、世俗国家一般を賞揚したり、時間に打ち勝つ国家の不易的本性を、フリードリヒ二世や彼の助言者が多くの点で熱望したような、半ば神聖な次元へと高めようとする傾向は全く窺えない。

〈神聖物〉と〈準神聖物〉とは同一の共通項へと還元することが可能であった。両者とも無主物として、自然人格ではなく、時間の継起に服することのない擬制的な法人格（「キリスト」ないし「国庫」）に属する財産だからである。結局のところ、キリストと国庫との間の、一見すると異様な比較は、ローマ法思想の最も初期の段階に遡ることになる。古代ローマの人々にとり、神々の財産と国家の財産とは、法的定義においては同一の次元にあるものと思われた。〈神物〉(res divinae) と〈公物〉とは無主物なるがゆえに、個人の手の届かないものである。[☆三〇四]その後、「神々に属する財産」の異教的観念は、当然のごとくキリスト教会へと移され、したがって聖アンブロシウスは若き皇帝ヴァレンティニアヌス二世に対し、「神物は皇帝権に服していない」ことを喚起しえたのである。[☆三〇五]言うまでもなく、アンブロシウスの言う意味は、神物は無主物なるがゆえに、皇帝であってもそれを自分のものにすることはできないということである。封建時代になると、社会構造についての家長的諸観念と相俟って、これらの概念、特に〈公物〉の概念は、それが過去に有していた意義を失い、時折想い起こされることはあっても事実上意味をもたないものになった。[☆三〇六]十二、十三世紀において〈神聖物〉と〈公物〉という古代の相補的概念が新たな社会的条件のもとで以前の意義を回復するようになったのは、もっぱらボローニャでの法学活動の影響によるものであり、これは学としての法律学の再生が生み出したものであった。これらの諸概念は、古代末期と中世の伝統に従いながら教会財産へと適用されたばかりでなく、形成途上にあった世俗国家に属する財産にも適用されるに至った。そしてこの場合も、古代ローマにおけると同様、〈無主物〉という専門用語が次のような観念を表現することになった。すなわち、公物と国庫は〈神聖なる〉(sacer)ものであって、神々に属する財産——この財産は後期中世に「キリスト」という法的暗号で示されることになる——と同様、いわば「不可侵」なもの、それゆえ、永遠で「時間を超越した」ものであるという観念である。

それゆえ、〈キリスト＝国庫〉という定式化は、長く錯綜した発展過程を単に手短に表現したものとして現われてくる。キリスト教的な意味においても、また他のあらゆる意味においても明らかに世俗的であり、一見して「神聖でない」もの、すなわち国庫が「半ば神聖な」ものへと変わっていった経過を、それは表現しているのである。国庫は最終的に、それ自体において一つの目標となるに至った。それは主権の徴表として理解され、また元来の秩序を全面的に逆転させることによって、「国庫は国家と君主を象徴する」と言われたのである。[☆三〇七] さらに、国庫と国家のみならず、国庫と〈祖国〉(patria)も同一の次元に位置すると既にバルドゥスが指摘していた。[☆三〇八] ローマにおける神々や公的職務の荘厳なる祭儀こそ、近代における国家機構の神化と偶像化の根源であると考えるべきだとすれば、我々はこのことのなかに論理的必然性を見るべきなのだろうか、それとも歴史のアイロニーを見るべきなのだろうか。

ブラクトンの政治理論のなかで、〈無主物〉という概念は公法上の諸問題を揺り動かすような主要な梃子として機能しているわけではない。しかし、ローマ＝カノン法上の実務に由来する他の無数の刺激と相俟って、神と国庫の類比は、王国内部の永遠なる公的領域の概念を明確にすることに寄与したのである。王国の内部における「支配する王」と財務の「神聖な」領域との——未だほとんど目に見えない——分断が姿を現わし始めた。しかし、十三世紀にイングランドを支配していた王が、自己自身と公物とが分裂している事実さえ無視しようとしたのに対して、王に対抗する諸侯(バロン)たちのさまざまな集団はこの分裂を積極的に拡大し、〈支配する王〉に〈公物〉(国家)を対抗させようとした。この点、意義深いことは、十三、十四世紀の国制上の闘争のなかで、諸侯の抵抗が常に国庫

＝直領地——この領域に付着した特権をも含む——を中心としていたのに対し、厳密に封建的な領域は——この領域には個人的な封建領主としての王により行使される、封建的献金その他に対する権利が含まれる——全体として攻撃の対象とされないままで残ったことである。しかし、公的事項、特に公的財務の圏内においては、諸侯たちは王を抑制し、彼ら自身で選んだ評議会へと王を拘束し、かくして、公的事項に関わる問題は、もはや王だけに触れる問題ではなく、「万人に触れる」問題、王と同時に王国の総体に触れる問題であることを示そうと試みたのである[☆三〇九]。事実、ボローニャの法学者たちも、支配する皇帝を多くの観点からして単に国庫の管理者で代理人と考えていた[☆三一〇]。そして、イングランドの諸侯たちも、王を公的財物の所有者本人ではなく管理人と見なしていた。すなわち王は、全政治的身体の利益と安全に役立ち、——個人としての王の生命をはるかに超えて——永遠にその政体に奉仕すると想定された公的財物の管理人と見なされたのである。

　どのような視座から我々がイングランドの政治思想の展開を考察しようと、そしてこの目的のためにどのような要素を取り出し研究することを選択しようと、常にブラクトンの時代が最も重要な時代として立ち現われてくるだろう。「王国共同体」が、個人的な封建領主としての王と、公的領域——すなわち、「決して死ぬことがなく」、それに対して時間が経過することがないゆえに永遠なる国庫を含む公的領域——の超個人的な管理者としての王との相違を自覚するに至ったのは、この時代である。発展段階の初期にあった統治の諸概念に深い影響力を与え、これを規定してさえいた宗教思想は、一見すると滑稽な方法で——すなわち、国庫の恒久性を神ないしはキリストの永遠性になぞらえることによって——、公的事項の新たな圏内へと移し入れられた。ノルマンの逸名著者は、恩寵による神的本性を王に帰することにより、王の超時間的な属性を明らかにしていた。しかし、王が二つの本性を有する点においても「キリストの似姿」であることを理由に、王を〈双生の人格〉として提示していたノルマンの逸名著者の観念は、既に過去に属するものとなった。そして、〈生ける法〉としてフリードリヒ二世は、正義の不朽の概念のどこかに自らの支配権の本質を捜し求め、依然として半ば宗教的な意味合いを有していた自らの職務を、いわば〈キリストの代理者〉から〈正義の代理者〉へと変えていった。しかしながら、皇帝の宮廷における形而上学的諸観念や終末論的思想は、イタリアの社会状況に適合し、教皇庁との偉大なる闘争には有効であったかもしれないが、ブラクトンのイングランドに適合したものではなかった。ブラクトン自身は、よりいっそう冷静な精神の持ち主であり、或る意味でフリードリヒの宮廷の法学者たちよりは、いっそう世俗的であった。確かに、ブラクトンの時代の王も変容していった。少し誇張して、「国庫」という言葉で公的領域一般を理解することが許されるならば、王は〈キリストの代理者〉から〈国庫の代理者〉へと変容したとおそらく言えるだろう。すなわち、超個人的な王の永遠性は、国庫が属する非人格的な公的領域の永遠性にも依存し始めたのである。いずれにしても、結局のところ十三世紀の支配者たちに共通していることは、彼らが自らの永遠性の雰囲気を教会からというよりはむしろ、——それが〈正義〉の名によるにせよ、〈国庫〉の名によるにせよ

――法学者たちによって提示された正義や公法から取り出していたということである。

旧来の典礼的な王権観念は次第に解体し、法の領域を中核とした王権の新しい型に途を譲っていった。この新しい型にも、それ固有の神秘主義がなかったわけではない。しかし、新たな聖なる「後光」は、新しい〈祖国の父〉(pater patriae) を頭とする揺籃期の世俗的な国民国家へと降り注ぎ始めたのである。このとき国家は、自らの統治機構と公的制度に対し、これまでは教会のみに帰せられ、またローマ法やローマ法学者たちによってローマ帝国に帰せられていた――〈帝国は永遠なり〉[☆三一] (Imperium semper est) ――恒久性ないし永遠性を自らに要求し始めた。明らかに、中世における〈教権〉(sacerdotium) と〈王権〉(regnum) の二分法は、王と法の新しい二分法によって取って代わられた。法学の時代にあって主権国家は、教会に倣って、しかし教会とは独立に自らの本質を聖化するに至り、また王が「自らの王国における皇帝」(imperator in regno suo) となるに及んで、ローマ帝国の永遠性をも獲得するに至った。しかし〈王と王国の状態〉(status regis et regni)、国家の諸制度そして利益や必要性や緊急性といったものの神聖視は、新たに生まれた国家それ自体が世俗の〈神秘体《コルプス・ミュスティクム》〉として、さらにその団体的様態においても教会と同等な存在と見なされないかぎり、不完全なものに留まったことだろう。

第五章　政体を中心とする王権——神秘体

中世の全世紀を通じて相互に影響を及ぼし合った教会と国家の間での無限の交錯関係は、それぞれの陣営に混成物を生み出した。位階を表わす標章、政治的象徴、そして特権や栄誉の相互的な貸し借りや交換が、キリスト教社会の霊的および世俗的指導者の間で、継続的にとり交わされたのである。[☆一] 教皇は自らの三重冠《ティアラ》を黄金の王冠で飾り、皇帝の紫衣を纏い、そしてローマの街路を荘厳に行進するときには皇帝の旗を先頭に立てた。他方、皇帝は自らの帝冠の下に司教冠を被り、教皇の靴やその他聖職者用の衣装を身につけ、戴冠式の際には司教と同じように指環を授与された。[☆二] 初期中世にあっては、このような交換は主として霊的および世俗的な個々の支配者のみに関わるものであったが、最終的には、〈教皇権〉(sacerdotium) は帝権のごとき外観を呈し、〈王権〉(regnum) は聖職的な色合いを帯びるに至るのである。

或る種の飽和状態のようなものが十三世紀の初めに達せられ、このとき霊的顕職と世俗的顕職の双方が、おのおのの職務のあらゆる本質的な属性を具備するに至った。しかし、これら二つの権威の領域間での属性の貸し借りが、これで終局に到達したわけではなかった。もっとも、その後、後期中世を通じて生じた変化は、単に属性の主体に関わるものにすぎない。すなわち、後期中世において論点の重心は、いわば支配する諸個人から支配される集団へ、新たに興った君主国や、その他人間社会のさまざまな政治的集団へと推移していったのである。言い換えれば、教会と国家の間の交換関係は存続しており、ただ、この相互的な影響の領野が個人たる権威者から、結合した共同体へと拡張することによって、これ以降は諸政体の構造と解釈に関わる法的および国制的な問題によって規定されることになった。教皇は「君主」ないし「真の皇帝」とも呼ばれていたが、この〈教皇の大権〉(pontificalis maiestas) の下で、ローマ教会の位階的な機構は、次第に神秘的基礎を有する絶対的で理性的な君主国の完全なる原型と見なされるようになった。[☆三] そして同時に他方で国家は、擬似的な教会ないし理性的な基礎を有する神秘的団体となる傾向を漸次示していった。

新しい君主国が、多くの点で、意味の転移による「教会」であったことはこれまでしばしば理解されてはいたが、後期中世および近世の国家が実際にどの程度まで教会のモデルによって影響されていたか、特に教会の〈神秘体〉という包括的で霊的な団体概念の原型によってどの程度影響されていたかについて詳細に論じられることは、はるかに稀なことであった。

一　教会の神秘体 (Corpus Ecclesiae mysticum)

ローマ教会の国体理論は、一三〇二年に教皇ボニファティウス八世によって、教令『ウナム・サンクタム』の碑文のような表現のなかで要約され、教義化された。

信仰により促され、余は普遍的にして使徒的なる唯一の聖なる教会を信ずるべく義務づけられている。……この教会の外では救済も罪の赦しもありえない……、そしてこの教会は、キリストを頭《かしら》とする一つの神秘体を表わしており、キリストの頭は神である。

教令が発布された一般的な歴史的脈絡を考えれば、この序文の意味についていかなる疑いもさしはさむことはできない。ここには、当時生まれつつあった世俗的な政体の自足性を主張する挑戦に応え、可能とあればこれに打ち勝とうとする、宗教的権力の側からの絶大なる努力が示されている。教皇ボニファティウスは政治的な諸存在形態を、彼がこれらに固有のものと考える場所に位置づけようと腐心し、それゆえ次のような教皇至上主義的な見解を強調し、しかもこれを過度な仕方で強調したのであった。すなわち、さまざまな政治体は、その性格上〈キリストの神秘体〉(Corpus mysticum Christi)という世界共同体の内部においてのみ機能しうるにすぎず、この神秘体こそキリストを頭とする教会であって、その可視的な頭がキリストの代理たるローマ教皇であるという見解[☆四]を。

キリストの神秘体としての教会――これは、過去、未来および現在の信徒たち、現実に存在する信徒と同時に潜在的な信徒たちすべてで構成されたキリスト教社会を意味する[☆五]――は、歴史家にとって典型的に中世的な観念、そしてきわめて伝統的な観念と思われるがゆえに、フランスのフィリップ美王〔四世〕に対する生死を賭けた闘争においてボニファティウス八世がこの観念を武器として用いながら、その強さと効力を立証しようと試みたとき、実は当の観念が未だ比較的新しい観念であったことを歴史家は簡単に忘れてしまうのである。もちろん、〈キリストの体〉(corpus Christi) としての教会という観念自体は聖パウロにまで遡る[☆六]。しかし〈神秘体〉(corpus mysticum) という用語は聖書の伝統には見られないものであり、我々が想像するほどには古い用語ではない。これが最初に普及したのはカロリング朝時代であり、ともにコルビー修道院に属していたパスカシウス・ラドベルトゥスとラトラムヌスによって長い年月をかけて戦わされた聖餐論争の過程で、この用語は何がしかの重要性を帯びるに至った。或る機会にラトラムヌスは、苦しみを受けた肉体がキリストにとって「固有の真なる体」(proprium et verum corpus) であるのに対して、聖餐はキリストの〈神秘体〉であると指摘した。このとき、おそらくラトラムヌスは、ラバヌス・マウルスの権威に依拠したと思われる。後者はこれより少し以前に、教会内で〈神秘体〉――これは聖餐を意味する――は司祭職により施されると述べていた[☆七]。

それゆえ、キリストの神秘体という観念は、――この観念の普遍的な意義と最終的な影響力は、どれほどこれを評価しても、そう安易に評価しすぎることにはならないのであるが――このように教義と典礼の領域に起源を有している。カロリング朝の神学者が用いる言葉として、「神秘体」が教会の体を意味するようなことは全くなく、またそれはキリスト教社会の単一性や統一性を意味するものでもなかった。むしろそれは、聖別された聖体（ホスティア）を意味した。ごくわずかな例外を別として、これが「神秘体」という言葉の公式的な意味として何世紀もの間存続したのであり、これに対して教会ないしキリスト教社会は、聖パウロの用語法に従って、長い間〈キリストの体〉として知られていたのである。このような呼び方はその後、奇妙で錯綜した位置交換（un curieux chassé-croisé）[☆八]を通じて、遂に十二世紀の半ば頃、その意味を変えるに至った。この変化を、漠然とした仕方ではあるが、化体に関する十一世紀の大論争と結びつけることができるだろう。聖餐台の秘蹟を霊化し神秘化しようとするトゥールのベレンガリウスの異端の教えに対抗し応ずべく、教会は、神であると同時に人間であるキリストが聖餐において、単に霊的ないし神秘的な仕方ではなく現実に実在することを、断固として強調せざるをえなかった。聖別されたパンは、今や意味深長な仕方でキリストの〈真の体〉（corpus verum）ないし〈自然の体〉（corpus naturale）、あるいは単に〈キリストの体〉（corpus Christi）と名づけられ、また、この最後の言葉にちなんで、〈キリストの聖体〉の祝日が一二六四年に西方教会により設けられたのである。[☆九] すなわち、もともとはキリスト教会を指し示していたパウロの用語が、今や聖別された聖体を指し示すようになったわけであるが、これと逆に、従来までは常に聖体を意味していた〈神秘体〉の観念が――一一五〇年以降――次第に、聖餐台の秘蹟において統合されるキリスト教社会の組織体たる教会へと移されていった。要するに、元来は典礼ないし秘蹟上の意味を有していた「神秘体」という表現が、社会学的な内包的意味合いをもつに至ったのである。そして最終的に、ボニファティウス八世が「キリストを頭とする一つの神秘体」として教会を定義したとき、この言葉は、このように比較的新しい社会学的な意味において用いられたのである。

　秘蹟におけるキリストの現在を新たに強調する理論――この理論は最終的に一二一五年に化体説の教義へと到達し、これにより、聖餐は〈真の体〉として公式に命名されることになった――に随伴して生じたのは、制度的・教会論的な側面における教会を指し示すものとして、〈神秘体〉という言葉が広く用いられていったことである。この言葉は、教会史における一つの転換期に採用されるに至った。叙任権闘争の後、さまざまな理由によって、政体としての「教会の制度的・団体的な側面があまりに強調されすぎる危険」が生じていた[☆一〇]。これは、中世における教会の世俗化と呼ばれるものの始まりであり、この世俗化の過程に対しては、教会の統治体や聖職位階制の技術的な機構でさえをも意図的にいっそう「神秘的」に解釈していこうとする試みによってバランスを保つ必要があったのである。〈神秘体〉という新しい言葉は、〈キリストの法的な体〉[☆一一](Corpus Christi Juridicum)を――すなわち〈戦う教会〉(Ecclesia militans)の基礎にある巨大な法的・経済的な統治機構を――いわば同時に聖化することによって、可視的な教会組織の構築物を以前の典礼の領域と連結させたのである。しかし、これと同時にこの言葉は、政体あるいは政治的・法的組織体としての教会を、当時自足的な存在として自らを主張し始めていた世俗的な政体と同じ次元に置く結果となった。このような観点に立つと、〈神秘体〉という新たな教会論上の呼称は、当時のより一般的な熱望、すなわち、世俗的な政体と、これらの統治制度を聖化していこうとする熱望と軌を一にするものであった。十二世紀に、聖職上の官僚制を含む教会が「キリストの神秘体」として確立されたとき、世界の世俗的な部分領域は、自らが「神聖なる帝国」(sacrum imperium)であることを標榜したのである。これは、どちらか一方が原因となって他方に影響を与えたということを意味しない。このことは単に、相互に関連し合う衝動や野望の協働を通じて、霊的な〈神秘体〉と世俗的な〈神聖なる帝国〉が、たまたま同時に——十二世紀の中葉に——形成されたことを示しているにすぎない☆二二。

確かに、当時において教会論上の団体を指し示す〈神秘体〉という表現は散発的にしか見出されない。しかしながら、神学者と教会法学者の両者が「主の二つの体」——すなわち、一つは祭壇上の個体としての〈真の体〉たる聖体《ホスティア》、もう一つは集合体としての〈神秘体〉たる教会——の間に区別を設け始めたのはこの頃であった☆二三。一一六五年にパリで教鞭を執り始めたトゥルネのシモンは、一二〇〇年頃に次のように書いている。

キリストの身体には二つのものがある。一つは彼が聖処女マリアから受け取った人間の肉体であり、もう一つは霊的な団体、すなわち教会の団体である☆二四。

トゥルネのシモンがキリストの超人格的な身体を、〈霊的な団体〉(spirituale collegium) ないし〈教会の団体〉(collegium ecclesiasticum) として述べたとき、団体論上の用語法が彼に影響を与えていたのか、あるいはどの程度まで影響を与えていたのかという問題は、ここでは考慮の外に置くことにしよう。ここで重要なことは、キリストの二つの身体の区別が、古いキリスト論に見られるキリストの神的および人間的な二つの本性の区別と、単純には同一視できないことである。トゥルネのシモンがここで設けているのは、個人の身体と集団の身体の間の、むしろ社会学的とも言うべき区別であり、これは、彼と同時代のベルガモのグレゴリウスによってきわめて明確な仕方で提示されている。グレゴリウスは次のように説明する。

> 一つは聖体たる身体、もう一つは、この身体がその聖体であるところの身体である。……すなわち、一つはキリストそれ自身たるキリストの体であり、もう一つはキリストがその首長たるところの身体である☆二五。

同時代の他の著述家たちの著作のなかに、我々はこれと類似の二分法を見出すことができる。たとえば、ノジャンのグイベルトゥスは「主の二分された身体」(corpus dominicum bipertitum) について論じ、原型としての個人の体と〈神秘体〉とを区別し、後者は〈比喩的身体〉(corpus figuratum) とも呼ばれている。そしてキリストは、自らが個体として有する〈原初的身体〉(corpus principale) から出発して、彼の超個体的な〈神秘体〉へと人類を導いていくことを意図したと、彼は主張した。[☆一六] 一二〇〇年前後の学者たち――たとえばクレモーナのシカルドゥスやセーニのロタリウス（後のインノケンティウス三世）――は、聖餐に関する彼らの議論のなかで、ほとんど習慣的と言ってよいほど、キリストの個人的な身体 (corpus personale) と集団的な〈神秘体〉とを区別していた。そして、十三世紀の最初の四半世紀に、オーセールのグリエルムス（ギヨーム）は〈キリストの二重の身体〉(duplex corpus Christi) について考察し、自然的身体 (corpus naturale) と〈神秘体〉とを対照させていた。[☆一七]

遂に我々は、「主の二つの身体」に関する以上のような新たな所説のなかに――すなわち、キリストの自然的および神秘的な身体、人格的および団体的な身体、そして個体的および集合的身体のなかに――「王の二つの身体」の明確な先駆形態を見出したように思われる。さらに検討すべきこととして残されているのは、教会論の領域と政治的な領域との間に相互的な関係が実際にあったかどうかという論点である。

銘記しておくべきことは、先に引用された定義が依然として多かれ少なかれ直接的に聖餐と結びついていること、そして、より一般的には典礼の領域と結びついていることである。しかし、聖別された聖体《ホスティア》が〈自然的身体〉とされ、教会という社会的団体が〈神秘体〉とされる用語上の変化が起こったのは、西洋の思想史における一時期、すなわち、社会の団体的および有機的構造に関する諸理論が西洋の政治理論に再び浸透し始め、盛期中世と後期中世の政治思想の形態をきわめて重要かつ決定的な仕方で規定するに至った時期と合致していた。[☆一八]――古典的な例だけに言及すれば――ソールズベリーのヨハネスがその『ポリクラティクス』において、プルタルコスを装って、国家を人間の有機的身体になぞらえた有名な章を書いたのも、まさにこの時期であった。そしてまた、このような比喩は、当時の法学者の間においても広範に用いられていた。[☆一九]聖パウロの言葉（「コリント人への第一の手紙」一二：一四以下）に刺激を受けて、教会を人体になぞらえる同様の試みは、中世全体を通じて散見される。ソールズベリーのヨハネスと同時代人のステラのイサアクが、人体の比喩を非常に念入りに〈神秘体〉へと適用し、この神秘体の頭をキリスト、四肢を大司教、司教および教会の他の役職と見なしたのも、新たな用語法への適合の一例にすぎなかった。[☆二〇]要するに、擬人的な比喩が当然のこととして「キリストの神秘体」たる霊的な意味での教会と、同じく〈神秘体〉と形容された有機的統治体たる教会の両者へと移し入れられたのである。

有機体論的な鋳型は、十三世紀の間、〈神秘体〉の標準的な解釈枠組みを提供することになった。特にこれはトマス・アクイナスが「神秘体」という言葉をかなり自由に社会的事実としての教会へと適用し始めた後に言えることである。しかし、トマスは多くの点で伝統の枠内に留まっていた。ステラのイサアクやその他の人々と同様、トマスは〈神秘体〉を人間の自然的身体と比較している。

ちょうど教会全体が、人間の自然的身体と類似していることから、そして教会のさまざまな活動が、さまざまな四肢に対応していることから、一つの神秘体と形容されるように、キリストは教会の「頭」と呼ばれるのである☆二……。

確かにトマス・アクイナスは、神秘体が実際は聖餐の領域に属していること、そして〈神秘体〉が聖別された聖体《ホスティア》によって表現される〈真の体〉と対置されるべきことを、依然として充分に自覚していた。しかしながら、その彼でさえも、聖餐式のパンに言及することなく――真の体と神秘体という――二つの身体につき語っているのである。彼の教説で繰り返し述べられている「真の体」は、聖餐式における祭壇上のキリストではなく、生身の肉体を具えた個体的存在としてのキリストであり、このキリストの個体としての「自然的身体」は、社会学的な意味における教会の超個人的で集合的な神秘体の模範となった。事実、〈キリストの真の体との類似による……キリストの神秘体〉(corpus mysticum... ad similitudinem corporis Christi veri) という表現がトマスに見られるのである☆二三。別の言い方をすれば、教会とその構成員を一つの――あるいは何らかの――人体になぞらえる慣例上の擬人的比喩が、これよりもいっそう特殊な比喩、すなわち〈神秘体〉としての教会をキリストの個体としての身体――キリストの真のあるいは自然的な身体――になぞらえる別の比喩と、並列的に置かれているのである。さらに、〈真の体〉という表現は、次第に聖餐におけるキリストの「現在」のみを単に指示することはなくなり、また厳格に聖餐的な意味や機能のみを保持し続けたわけでもなかった。個体としてのキリストの自然的身体は、社会的で団体的な機能を与えられた有機体として理解されたのである。すなわち、頭と四肢を具えたキリストの自然的な身体は、〈神秘体〉たる教会という超個人的な集合体の原型および個体原理として機能したのである。

発展はここで止まることはなかった。トマス・アクイナスは、「教会の神秘体」(corpus Ecclesiae mysticum) という用語を、非常に頻繁に使っている。従来までは「キリストの神秘体」としての教会について語るのが一般的な慣行であったが、この「キリストの神秘体」という言葉は聖餐に関してのみ意味のある言葉である。しかしながら、まさにキリストの神秘体そのものと見なされてきた教会が、今やそれ自体において独立の一つの神秘体となったのである。[☆二三] すなわち、教会という有機体は、ほとんど法学的な意味における「神秘体」、すなわち「神秘的な法人」となった。用語上の変化は、単に偶然に導入されたわけではない。それは、〈教会の法的身体〉(corpus ecclesiae iuridicum) たる聖職者の制度的団体が〈教会の神秘体〉(corpus ecclesiae mysticum) と合致することを可能にし、このような仕方で「神秘体」の観念を世俗化していくことを可能にするような、さらなる一歩を意味したのである。トマス・アクイナス自身、この発展過程のなかで重要な地位を占めている。というのも、この天使的博士《ドクトル・アンゲリクス》は折に触れて、典礼上の用語に代えて直截に法律用語を使用することを適切と考えていたからであり、これは必ずしも内的な論理を欠いた態度ではなかった。〈神秘体〉という用語は、それが獲得した社会学的で有機体論的な意味合いにもかかわらず、単に「身体」という言葉が依然として聖別された犠牲を想起させるという理由によって、明確に聖餐的な響きを保持していた。しかしながら、トマス・アクイナスが「頭と四肢は、あたかも一つの神秘的人格のごときものと言うべきである[☆二四]」と述べたとき、祭壇の領域との最後の繋がりが切断された。ここにおいて何にもまして印象的と言えるのは、〈神秘体〉が〈神秘的人格〉(persona mystica) によって善意に (bona fide) 置き換えられていることである。ここでは、〈神秘体〉という用語——この意味合いが従来どのようなものであったかに関係なく——に依然として含まれていた神秘的な物質性が放棄されている。「キリストの神秘体がキリストの団体へと変化した[☆二五]」のである。それは、法的な抽象観念である「神秘的な人格」によって置き換えられた。この「神秘的人格」という観念は、法律家が法思想のなかへと導入し、後期中世を通じてきわめて多くの政治理論の基礎に置かれることになる〈表象された人格〉(persona repraesentata) ないし〈擬制的人格〉(persona ficta) を想起させ、むしろこれらと同義の概念とも考えられるのである[☆二六]。

まぎれもなく、〈神秘体〉という以前の典礼上の概念は色褪せていき、相対的に見て無色な社会学的・有機体論的ないし法学的な観念へと変容していった。このような「変性」は、特に教皇ボニファティウス八世を取り巻く神学者たちの一団においてきわめて顕著に認められることが指摘されており、この指摘は正当と思われる[☆二七]。確かに、この傾向は、教皇至上主義的な立場から時事的な政治問題について著作活動を行っていた十四世紀初頭の著述家について言えることである。彼らの著作において、教会は「キリスト教の政体」――教会の王国（regnum　ecclesiasticum）あるいは教会の、使徒の、そして教皇の君主国[☆二八]（principatus ecclesiasticus, apostolicus, papalis）――と表現され、これは時代が下るにつれて、より顕著なものとなっていく。それゆえ、たとえばルカス・デ・ペナのようなローマ法学者でさえも、トマス・アクイナスを引用しながら、「それゆえ、教会は人々の政治的な集合体になぞらえることができ、教皇はその十全なる権力のゆえに、王国における王にたとえることができる」[☆二九]と述べえたのである。しかし、教会が他の世俗的団体と同様の政体として解釈される程度に応じて、〈神秘体〉という観念自体も、世俗的で政治的な内容を付加されることになる。とりわけ、もともとは典礼上の観念であり、かつては聖餐において統合される教会を高挙するために用いられた〈神秘体〉は、教皇の皇帝類似の地位――「キリスト教の全政体を動かし規律する第一の君主」（primus　princeps　movens　et　regulans totam politiam Christianam）――を高挙する手段として、位階的な教会内部において用いられ始めたのである。[☆三〇]今や我々は、新たな第一動者《プリムム・モビレ》でありキリストの代理者たる教皇を中心とした、周知の直喩や隠喩や類比のすべてを見出すことができる。

ちょうど自然的身体のあらゆる部分が頭へと関係づけられているように、教会の神秘体の内にあるすべての信徒は、教会の頭たるローマ教皇へと関係づけられている。[☆三一]

用語上の変化の意味するところが今や明白になった。教皇にとっては、「キリストの神秘体」の頭となるよりも、団体ないし政体、あるいは〈王国〉としての「教会の神秘体」の頭になるほうが、ずっと容易である。しかし、前者になることでさえ、教皇にとって不可能なことではなかった。[☆三二] アルウァルス・ペラギウス（アルバロ・ペラヨ）は、教皇が教会それ自体であることを理由にして、教皇がローマに居住しようとアヴィニョンに居住しようといかなる相違も生じないことを論証すべく、次のように書いている。

> キリストの神秘体であり……公教会の信徒の共同体である教会は、［ローマ市の］壁によって範囲を限界づけられているわけではない。キリストの神秘体は、その頭が存在するところ、すなわち教皇が存在するところに存在するのである[☆三三]（Corpus Christi mysticum ibi est, ubi est caput, scilicet Papa）。

〈国庫あるところに帝国あり〉（Ubi est fiscus, ibi est imperium）という表現は、「皇帝のいますところにローマあり」[☆三四]という古代の格言をバルドゥスがもじったものである。そしてまた、教皇のいるところが――「たとえ教皇が農夫の納屋に閉じ込められているとしても」――ローマであるという表現が、教会学者により何度も繰り返し用いられていた。彼らはまた、イェルサレム、シオン山、使徒たちの墓所《リミナ・アポストロルム》そして「共通の祖国」といったものを、教皇の人格に結びつけていた[☆三五]。秘蹟論的な意味において、「キリストのいますところにヨルダン河もあり」という言い方も、かなり一般的に用いられていた。言うまでもなく、その意味するところは、あらゆる洗礼盤はキリストと関連づけられることによって、そしてキリストがそこに共在することによって「ヨルダン河」となるということである[☆三六]。しかし、この種の表現をもじってアルウァルス・ペラギウスが新たに創り出した前記の言い廻しは、表現の意味をさらに著しく拡張していく結果となった。すなわち、聖別された聖体《ホスティア》があるところではなく、教皇のいるところに〈神秘体〉が現在すると想定されているのである。かくして、長期にわたる経緯を通じて、典礼上および秘蹟上の〈神秘体〉が、教皇を頭とする神秘的政体へと推移していった。

　アルウァルス・ペラギウスの興味ある定義は、ここで少なくとも触れておくべきもう一つ別の用語上の変化と軌を一にするものであった。オッカムのウィリアムが教会財産を譲渡する権限を教皇に対し否定したとき、彼はすでに彼以前に多数の法学者が指摘してきたことを単に繰り返しているにすぎなかった。だが、オッカムのさまざまな議論のうちの一つは、目下の論点との関係で興味をそそるものである。オッカムによれば、教皇がこれらの財産を譲渡しえない理由は、これらが教皇個人に属するのではなく、「神と、教会たる神の神秘体に[☆三七]」(Dei et corporis eius mystici quod est ecclesia) 属するからである。キリストの神秘体ではなく神の神秘体としての教会という概念は、〈神秘体〉という観念が元来属していた犠牲論の領野である祭壇と聖餐式から急速に分離していったことを示しており、その結果、後世の或る法学者は、「肉体をもたず可死的でない」がゆえに、「かつて生きていたとは言えない人格（すなわち神）を表現する」[☆三八]団体として、容易に教会を定義することができた。明らかにオッカムは、自分の言い廻しを弁護することもできたであろう。というのも、三位一体の第一と第二の位格は、初期中世の頃とは異なり、彼の時代においてそれほど明確には区別されていなかったからである。[☆三九]それにもかかわらず、〈神の神秘体〉という表現には奇妙な響きがある。これは思想の新しい動向を指示する表現なのであって、オッカムのウィリアムは、きわめて多くの観点において、この新動向を代弁する人物であった。

次のように要約することができるだろう。もともと祭壇上の聖体を指示していた〈神秘体〉という観念は、十二世紀以降、教会の政体ないし〈法的身体〉（corpus iuridicum）を表現するために用いられるようになった。――もっとも、以前よりこの観念に含まれていた意味合いの或るものは、依然として保持され続けたのであるが。その上さらに、キリストの内なる二つの本性という古典的なキリスト論上の区別は、一一〇〇年前後のノルマンの逸名著者の政治神学においてなお力強く存続していたものの、今や政治的な論議や理論の領野からほとんど完全に姿を消すに至った。これに代わって登場したのが、キリストの二つの身体に関する団体論的で非キリスト論的な概念である。キリストの二つの身体のうち一つは自然的かつ人格的な真の身体、もう一つは超個人的な政治体かつ集合体たる〈神秘体〉であり、これはまた〈神秘的人格〉として解釈された。〈真の体〉という観念が、化体の教義および〈キリストの聖体の祝日〉の制度化を通じて自らの生命と神秘論を発展させていったのに対して、固有の意味での〈キリストの神秘体〉は、時の経過とともに次第に神秘的性格を失っていき、単に政体としての教会、あるいは用語の転移によって、俗界の政治体を意味するに至ったのである。

二　国家の神秘体（Corpus Reipublicae mysticum）

〈キリストを頭とする神秘体〉(corpus mysticum cuius caput Christus) という崇高な教会観念が、法的であると同時に団体論的な世俗の内容で満たされていった間、世俗的な国家自体も――いわば、逆の側から出発して――自らの高揚と半ば宗教的な栄光とを獲得しようと努力していた。〈神秘体〉という高貴な概念は、その超越的な意味の多くを喪失して政治的なものとなり、また、多くの点で教会自体の手によって世俗化されていったが、この後この概念は、当時形成途上にあった世俗の領域国家のために新しい観念形態《イデオロギー》を発展させていた政治家や法学者やスコラ学者たちの思想世界へと容易に取り入れられ、転用されていったのである。たとえば我々が想い起こすのは、バルバロッサ（フリードリヒ一世）が自らの帝国を〈神聖〔ローマ〕帝国〉(sacrum imperium) という栄えある名称でもって聖化したことである――この名称は教会論上のものではなく、バルバロッサはこの完全に正当な用語を、教会用語ではなくローマ法の用語から借用した。しかしながら、教会思想や教会論上の言語が他の領域に適応しやすく、一般的に有用であったことに加えて、国家の諸制度に一種の宗教的な威光を付与しようとする努力が、間もなく世俗国家の理論家たちをして、ローマ法のみならず教会法や神学一般の用語を単に表面的に転用するだけでなく、これ以上の営みへと導いていったのである。自らの主張によると、自足的で教会や教皇庁から独立した領域的で半ば国民国家的な新しい国家は、操作するのにきわめて便利な教会に関する豊富な観念を探索し、最終的には、自らの現世的な性格を戦う教会の永遠性と同じレヴェルに置くことによって、自己の存在を力強く主張するに至った。このような過程のなかで、教会によって展開された他の団体論的な諸理論と同様、〈神秘体〉の観念もきわめて重要な意味をもつことになったのである。[☆四〇]

一つの「身体」としての教会に、同じく一つの「身体」としての国家を対置させる初期の具体例は、叙任権闘争のパンフレット的な著作のなかから現われた。このとき、一人の皇帝派の著述家は、〈教会の一つの身体〉(unum corpus ecclesiae) を補足するために、〈国家の一つの身体〉(unum corpus reipublicae) の存在を唱えていた。[☆四一] この対置は、国家と教会に関する、当時としては慣例の有機体論的な概念以上のものを表現しているわけではない。また、ソールズベリーのヨハネスの〈国家は或る種の身体である〉(res publica corpus quodam) という有名な言葉も、それ自体では常套的な思想からの逸脱を示しているわけではなかった。[☆四二] ところが、十三世紀の中葉にボーヴェのウィンケンティウス (ヴァンサン・ド・ボーヴェ) が、国家の政治体を指し示すために「国家の神秘体」(corpus reipublicae mysticum）という用語を使ったとき、これは従来とは非常に異なったものを意味し、有機体としての国家のこれまでとは異なった様態を提示したものであった[☆四三]。これは、教会に関する豊富な諸観念を借用し、通常は教会が保有している超自然的で超越的な諸価値の或るものを世俗国家へと移し換えた明白な一例なのである。国家というものを、その純粋に自然的な存在形態から引き上げて超越化しようとする意図は、ウィンケンティウスと同時代のフランシスコ会士トゥルネのギルベルトゥスの『君主の鑑』から、おそらく読み取ることができるだろう[☆四四]。彼は、キリストの代理者たる王によって支配され、教会の聖職者たちにより導かれた完全なる理想の王国を具体的に描いており、また、これとの関連で〈神秘体〉という用語を使用してもいるのである。しかし、トゥルネのギルベルトゥスは、彼の描く王国がキリスト教社会の統一性を意味する伝統的な神秘体の内部にある、他から区別された一つの存在者たることを欲したのに対し、ボーヴェのウィンケンティウスにとっては、世俗的な存在者それ自体が一つの「神秘体」とされたのである[☆四五]。

〈神秘体〉という観念は、まず第一に、有機体論的様相におけるキリスト教社会の全体を、すなわち頭と四肢から成る一つの身体を意味していた。この解釈は、後期中世を通じて正当なものとされ、近代初期まで継受されたのであり、当該観念が意味の転移によって、より小さな社会集団へと適用されるようになった後でも、依然として有効なものとされていた。しかしこれに加えて、〈神秘体〉という表現は、一定の法的な内包的意味合いを獲得した。すなわちこれは、「擬制的」ないしは「法的」人格を意味するようになり、団体論的性格を帯びるに至ったのである。既にトマス・アクィナスが、〈神秘体〉と代替可能な表現として〈神秘的人格〉という言葉を使用していたことを想起できるだろう。後者の表現は、法学者が用いた〈擬制的人格〉(persona ficta) とほとんど異なるところがない。事実、有機体論的な解釈に団体論的な内容が並置され、あるいは前者が後者と融合するようになったのは、そしてこれに応じて〈神秘体〉という観念が〈擬制的身体〉、〈想像された身体〉(corpus imaginatum)、〈表象された身体〉(corpus repraesentatum) といった観念やこれと似た類いのものと同義に用いられた——すなわち、法的人格や団体の記述として同義に用いられた——のは、法学者たちだけとは言わないまでも、主として彼らの間に見られた現象であった。このことによって法学者は、神学者と同様に——個人の有形の身体たる——〈真の身体〉(corpus verum) と、法学上の擬制としてのみ存在する無形の団体的集合体たる〈擬制的身体〉(corpus fictum) との間の区別に到達したのである。[☆四六] これ以後、法学者たちは、自然的人格と対照させると同時に、神学上の用語法と類比させる趣旨で、自分たちの言う擬制的人格を「神秘体」として定義することが多くなった。この用語は、団体たる共同体の位階秩序に組み込まれた、あらゆる階層の、そしてあらゆる大きさの〈統合体〉(universitas) に適用可能なものとなったのである。中世の社会哲学は、アウグスティヌスとアリストテレスの定義を混合させながら、この位階秩序を、家、近隣、都市、王国、そして全世界という五つの階層に区分している。[☆四七] これに呼応して、後期中世の法学者アントニウス・デ・ロセリス(一三八六年生)は、少しばかりこれに変更を加えているにしても、人間社会に見られる五つの〈神秘体〉を枚挙し、村、都市、地方、王国、全世界の五つを、それぞれ〈神秘体〉と見なしていた。[☆四八]これは確かに、もともとは非常に複雑な意味をもった典礼上の用語であったものを格下げし陳腐にすることである。しかしながら、〈神秘体〉の観念は、これ以外の世俗社会の単位にも容易に移し入れられることができた。たとえば、バルドゥスは〈人民〉（populus）を神秘体と定義している。彼の見解によれば、〈人民〉とは、単に共同体を構成する個々の人間の寄せ集めではなく、「一つの神秘体へと結合した人間の集合」（hominum collectio in unum corpus mysticum）であり、実在的ないしは質料的な身体ではないがゆえに、知性によってのみ把握されうる或る種の団体（quoddam corpus intellectuale）である。[☆四九]テクニカルな意味において、バルドゥスの言う「人民の神秘体」が、「政体」や統合体《ウニウエルシタス》あるいはトマス・アクイナスやアリストテレスの言葉で言えば〈秩序づけられた多数者〉[☆五〇]（multitudo ordinata）と同等のものであったことは明らかである。しかしそうは言っても、〈神秘体〉という呼び名を用いることは、世俗的な政体のなかにいわば別世界から、一陣の薫香を吹き込むようなものであった。

しかし、十三世紀の間によく用いられるようになった、もう一つ別の観念が存在していた。「政治的身体」という観念である。この観念は、初期団体理論の時代およびアリストテレス再興の時代と不可分に結びついていた。

「神秘体」という用語は間もなく、アリストテレス的な意味において〈道徳的かつ政治的な身体〉（corpus morale et politicum）と言われうる、すべてのものに適用可能となっていた。

後期中世の政治言語に対するアリストテレスの影響を、ここであえて評価することはできないし、この後、国家がアリストテレスの影響によって「政治的身体」として解釈されるだけでなく、「道徳的身体」ないしは「倫理的身体」として性格づけられたことの意義を、ここで問題にすることもできない。いずれにしても国家は、それゆえまた他のあらゆる政治的集合体は自然理性の結果生じたものと理解されたのである。国家は自らの内に道徳的な目的を有し、自己固有の倫理的規範を具えた制度と見なされた。そして法学者や政治理論家は、〈道徳的かつ政治的な身体〉としての国家を、教会の〈神秘的かつ霊的な身体〉(corpus mysticum et spirituale) と比較し、両者を対照的に配置する新たな可能性を与えられることになった。[☆五一]

トマス・アクィナスがアリストテレスを教会化した後は、アリストテレスの諸概念を教会思想や教会論上の用語と結びつけることにもはや何の困難も生じなかった。たとえば十三世紀末フランドル（ベルギー）の哲学者ゴドフロワ・ド・フォンテーヌは、きわめて手際よく、〈神秘体〉の概念をアリストテレスの体系へと統合することに成功していた。[☆五二] 彼にとって、「神秘体」は超自然的な基礎をもったものではなく、自然の賜物と思われた。彼の大前提は、「あらゆる人間は［自然（本性）によって］社会的共同体の一部であり、それゆえ何らかの神秘体の構成員である」ということである。つまり、人間は「自然によって」社会的動物《アニマル・ソキアレ》であるが、同時にまた、「自然によって」――「恩寵によって」ではなく――何らかの神秘体の一部でもある。この神秘体は、或る種の社会的集団ないし集合体であり、少し後にダンテはこれを〈人類の世俗国家〉（humana civilitas）として容易に定義しうることになるだろう。他方、ダンテ以外の人々は、必要に応じてこれを〈人民〉（populus）とか〈国家〉（civitas）、〈王国〉（regnum）ないしは〈祖国〉（patria）として、あるいは他の任意の社会的共同体や団体として定義するようになった。そして、これらの団体が目指す目的は、それ自体において「道徳的」なものとされたのである。アリストテレスの著作から発する新たな光が、人間社会の有機的な団体を照らし出すことになった。教会の〈神秘体〉が発するものとは異なった、道徳的および倫理的な光である。しかし、両者は決して相互に両立不可能なものではない。事実、〈神秘体〉と〈道徳的かつ政治的な身体〉とは、ほとんど置換可能な観念となった。ちょうどダンテが、地上の楽園と天上の楽園をともに人類の二つの目的として捉え、これらに共通の名称を与えたのと同じ容易さで、前記の二つの観念は同列に置かれることになったのである。

このような態度はその後、法学者たちによってさらに推し進められていく。彼らは、とりわけ国庫財産の不可譲性を論ずる際に、支配者とその王国の結婚という比喩を用い始めた。この比喩は古代において知られていなかったわけではないが[☆五三]、初期中世に関するかぎり、この比喩が用いられた例をそう容易には見つけることができないだろう。もちろん、カロリング朝時代以降、中世の君主は戴冠に際して、他の象徴物や権標とともに指環を授与されたことは確かである。しかし、中世の著述家たちは注意深くも、この指環は〈信仰の小さき徴《しるし》〉（signaculum fidei）としてのみ与えられることを指摘し、これを、司教が聖職按手式に際して受け取る指環と区別した。司教はこの指環によって、自分が婚姻を結んだ教会の花婿《スポンスス》となり夫となるのであり、教会法学者はしばしばこの比喩について長々と議論を展開している。[☆五四] しかしながら、世俗的婚姻の比喩は、法学上の類推解釈や団体理論の影響の下に、君主とその〈神秘体〉――すなわち彼の国家の〈神秘体〉――との婚姻という比喩的表現が国制的に見て意味あるものに思われるようになった後期中世において、かなり一般的に用いられるに至ったのである。

教会法上の比喩が、いつ、どこで、誰によって、世俗的な法＝政治思想へと最初に転用されたかを述べるのは容易なことではない。[☆五五] これは、一三〇〇年頃にはかなり一般化していたと考えてよいだろう。たとえば、この頃にピストイアのキュヌスは、ユスティニアヌスの『勅法彙纂』の註解のなかで、多少とも何気ない仕方でこの比喩を用いている。キュヌスは選挙された皇帝に認められる権限の範囲につき論じながら、国家《レスプブリカ》による皇帝の選出と、この選出に対する皇帝の受諾を、婚姻の基礎となる契約に類似した、一種の相互的合意として考察しており、さらに、この類比につき簡単な説明を展開している。キュヌスはこの類比を当を得たものと考えており、したがって彼がこれを銘記していたことも明らかである。

そして、肉体的な婚姻と精神的な婚姻との比較は適切なものである。というのも、夫が妻の保護者と言われるように、……皇帝は国家《レスプブリカ》の保護者と言われるからである。[☆五六]

キュヌスの議論は、ほとんど同じ言葉でもってアルベリクス・デ・ロサーテによっても繰り返されている。[☆五七] キュヌスが『勅法彙纂』への註解を書いたのは一三一二年と一三一四年の間であり、当時、他の人々もまた、この比較を用いていた。たとえば一三一二年に、皇帝ハインリヒ（ヘンリクス）七世を取り巻いていたイタリアの法学者の一人は、皇帝の戴冠を婚姻の儀式になぞらえることを適切なものと考えていた。[☆五八] しかしルカス・デ・ペナほど、このような比較を明瞭に提示し、それを極端な形態にまで推し進めた法学者はいなかった。ナポリの法学者であった彼は、十四世紀の中頃に『勅法彙纂』の最後の三巻《トレス・リブリ》への註解を著している。

ルカス・デ・ペナは、「荒地の先占」に関する法律（『勅法彙纂』一一・五八・七）――国庫や皇帝の世襲財産はこれから除かれている――に註解を加えている。彼は、自分の議論をルカヌスの『ファルサリア』の一節を引用することから始めている。この一節において、カトーは「［ローマの］都市の父であると同時に都市の夫」と形容されていた。[☆五九] このような冒頭部分から出発して法学者は、〈婚姻のミサ〉に関する使徒の教えへと議論を進めている。これは、「エペソ人への手紙」第五章を基礎として、国家の基本法を論ずる機会を彼に与えることになった。ルカス・デ・ペナにとって、君主は明白に〈国家の夫〉（maritus reipublicae）であり、君主と国家との結婚は〈道徳的かつ政治的な婚姻〉（matrimonium morale et politicum）のようなものに思われた。このような前提に基づいて、ルカスは類比による論証を行うことができたのである。

君主と国家《レスプブリカ》との間に道徳的かつ政治的な婚姻が結ばれた。また、教会と高位聖職者の間に霊的かつ神的な婚姻が結ばれたように、……君主と国家との間には世俗的かつ現世的な婚姻が結ばれたのである。そして、教会が高位聖職者のなかにあり、高位聖職者が教会のなかにあるように、……君主は国家のなかにあり、国家は君主のなかにある。[☆六〇]

ここで我々の注意を惹くのは、君主と国家の新しい関係を解釈するために、法学者が司教とその司教座の間で結ばれた神秘的婚姻の非常に古い比喩を用いていることである。[☆六一]事実、ルカス・デ・ペナは、グラティアヌス教令集の一節にある「司教は教会のなかにあり、教会は司教のなかにある」[☆六二]という言葉を、ほとんどその言葉通りに引用している。この表現の歴史が意味するところは、未だ研究されるべき課題として残されている。[☆六三]しかし、チューダー朝の法学者たちが、政治的身体としての「王は臣民と合体し、臣民は王と合体する」[☆六四]と説明したとき、彼らがこの定式的表現をどこから引き出してきたかを知ることは、それほど難しいことではない。

ルカス・デ・ペナは自分の議論を例証するために、ネロに向けてセネカが述べた「あなたは、あなたの国家の魂であり、国家はあなたの身体である」[☆六五]という言葉を引用している。

しかしルカスは、さらにこれに続けて、「エペソ人への手紙」第五章に関する政治的な註釈を提示し、そしてまた「夫は妻の頭であり、妻は夫の身体である」という句を君主へと適用することによって、同じような効果を挙げることができた。そして彼は、論理的ないし類推的な仕方で、「同じようにして、君主は王国の頭であり、王国は君主の身体である」☆六六と結論している。しかし、彼が次のように議論を続けるとき、団体論的な主張がさらにもっと簡明なかたちで表明されている。

> そして、四肢が人間の身体において肉体的な意味で結合され、また人間がキリストをその頭とする霊的身体において霊的な意味で結合されているのと同様に、……人間はまた、一つの身体である国家において道徳的かつ政治的な意味で結合されており、国家という身体の頭が国王なのである。☆六七 ……

我々はここでも、アリストテレスの潜在的な影響を読み取ることができるだろう。しかし、とりわけ我々の注目を惹くのは、「国家の神秘体の頭たる君主」（エネア・シルヴィオが後にこう表現したように）☆六八が、教会の神秘体の頭たるキリストと大胆にも同等視されていることである。ルカス・デ・ペナは、彼の言う対置法《クイド・プロ・クオ》を用いて、それぞれ王国と司教区の花婿として君主と司教とを同列に置いただけでなく、君主とキリストをも同列に置いたのである。事実、この法学者は、彼が次のように付言するとき、キリストと君主との相似関係を鮮明に表現している。

さらに、キリストが異国で生まれたもの、すなわち異教の教会を自らの妻として迎えたのと同様に、……君主は、所有権に関して彼のものではない国家を、彼が支配権を手にしたときに自らの妻《スポンサ》として迎えるのである。[☆六九]……

このようにして、キリストと彼の教会を花婿《スポンスス》と花嫁《スポンサ》とする伝統的に尊重されてきたイメージは、霊的領域から世俗的領域へと移され、君主と国家の関係を明確にしようとする法学者の必要性に適合したものとなった――すなわち法学者は、神秘的ないし政治的な身体として、それ自体で独立した存在である国家、王から独立し王には属さない所有権を与えられている国家という観念を明確にしていったのである。君主の〈道徳的かつ政治的な婚姻〉について詳説する際に、ルカス・デ・ペナが目的としていたのは、国庫財産の不可譲性に関する基本法を具体的に説明することであった。[☆七〇] それゆえ、きわめて的確にも、彼は国庫というものを花嫁たる国家の嫁資と解釈し、夫には単に妻の財産を利用する権限があるだけで、それを他に譲渡する権限はないことを説明したのである。さらに彼は、婚姻の際に新郎と新婦の間で交わされる誓約を、王や司教が聖別される際に行われる誓約になぞらえている。この誓約によって、王および司教という二つの顕職の担い手は、国庫と教会にそれぞれ属する財産を他に譲渡しないことを約していた。[☆七一]

ここで、次の点を想起しておくのが、少しばかり重要なことと思われる。すなわち、アリストテレスが婚姻を「ポリス的〔民主的な〕」統治になぞらえ、他方で父親が子供たちに対してもつ権力を「王的な」統治に類似したものと見なしていたことである。この特定の一節を、ルカス・デ・ペナが念頭に置いていたかどうかは定かでない。[☆七二] いずれにしても、彼がアリストテレスに依拠していた事実は過小評価されてはならないだろう。しかし、ルカス・デ・ペナが用いた法的な類比や対比の真の重要性は、別のところに求められねばならない。君主と国家の関係について彼が用いたモデルは、――グラティアヌス教令集を基礎として――司教が自らの教会に対して有する関係にあったのであり、さらにこの関係は、キリストが普遍的教会に対して有する関係を模範としていたのである。キリストがその頭であると同時に夫でもある、超個人的なキリストの集合的身体たる教会は、その正確な対応物を、君主がその頭であると同時に夫でもある、超個人的な君主の集合的身体たる国家のなかに見出したわけである――「君主は王国の頭であり、王国は君主の身体である」。換言すれば、法学者ルカス・デ・ペナは、通常はキリストと教会との関係――すなわち、教会の花婿、そして神秘体の頭であると同時に神秘体そのものであるキリスト――を説明するために用いられた、きわめて重要な社会的、有機体的そして団体論的な諸要素を、君主と国家へと転移させたのであった。

　この種の政治神学が我々にとってどれほど奇妙なものに思われようと、これはルカス・デ・ペナの個人的な気まぐれから生まれ出たものではない。〈神秘体〉の類比は政治的身体の諸身分と王の関係を明確にするために役立ったのであり、婚姻の比喩は国庫の特殊な性格を記述するのに役立ったのである。それゆえ、この種の比較を用いることは、ルカス・デ・ペナに限られていたわけではない。もっとも、次のことは認めねばならないだろう。彼の議論は後世になって、特に十六世紀フランスにおいて驚くほど大きな影響を与えることになった。この時代のフランスにおいて、〈神秘体〉の類比と王と王国との婚姻という比喩は、フランス王国の基本法に組み入れられるに至ったのである。

　国家を〈神秘体〉になぞらえることは、フランスにおいて古くから根を下ろした伝統であった。これは、シャルル五世の治世と、これに続く時代に最初の最盛期を迎えたフランス王権の神秘性と親和した考え方であり、同時にそれは、諸身分の神秘性をもって王の神秘性に対抗しようとしたのである。たとえばパリ大学の総長であったジャン・ジェルソン（一三六三―一四二九年）は、三つの身分に現われているような王国の有機的構造を彼が議論するときにはいつも、少しばかり紋切り型なやり方で、フランスの〈神秘体〉につき語るのが常であった。彼は慣例的な議論に立ち戻りながら、ちょうど自然的身体においてあらゆる部分が頭を保護する用意のあるように、〈神秘体〉においてもすべての臣民は彼らの王を擁護すべく義務づけられていると明言している。[☆七三] そして彼は人々に対し、各人は自らの身分に満足すべきであると述べ、さもないと「国家（la chose publique）の神秘体秩序は完全に覆されてしまうからである」[☆七四]と警告するのである。他方ジェルソンは、王と王国を擁護するために必要な租税は、〈全神秘体〉（totum corpus mysticum）に均分に割り当てられねばならないと要求した。[☆七五] そして、フランス王太子の教育に関する書簡の一つで、この若き王太子に次のようなことを黙考するよう促したとき、そこで問題とされたのも三つの身分に関連したことであった。「あなたは、王の政体であるあなたの神秘体を擁護するきわめて強力な腕として、第一身分の人々［騎士］を有しているのです」——ここでは、君主は政治的身体ないし神秘体と同一視されているが、これは決して一般に認められていたことではなかった。しかし、この同一視によって、ジェルソンはただちに王に——未だ二つの身体とまではいかなくても——少なくとも二つの生命を、すなわち一つは「自然的」で他の一つは「国家的ないし政治的」な生命を帰属させるに至ったのである。[☆七六]

フランスの法学者ジャン・ド・テール・ルージュは、（シャルル七世の）王太子のフランス王位継承権の熱心な擁護者であり熱烈な立憲主義者でもあったが、一四一八年ないし一九年頃に著された論考のなかで、同じく三つの身分との関連でフランスの〈神秘体〉に言及している。彼の主張によれば、王位継承は古来の慣習によって確立されたものであり、三つの身分および「王国の国家的《キウィリス》（公民的）ないし神秘的な全身体の」合意によって導入されたものである。そしてまた、彼が指摘するところによれば、王国内の王位やその他の世俗的顕職は私的に所有されたものでなく公的なものであり、その理由は、ちょうど教会内の顕職が教会に属するように、これらの顕職も「王国の国家的ないし神秘的な全身体に」属するからである。[☆七七] それゆえ、王といえども王位継承について恣意的な規定を設けることはできない。ルイ十二世治下の行政に携わっていた法学者クロード・ド・セセルは、ジャン・ジェルソンの言葉に類似した表現を用いながら、おのおのの身分に属する臣民が自らの運命に満足しないかぎり、「君主政体の破滅と神秘体の解体が結果として生じるであろう」と警告している。[☆七八] そして、十六世紀の終わり頃、独立独歩の法学者であったギ・コキーユは、数多くの表現を用いながら、頭である王と四肢である三身分の全体が王国の「政治的かつ神秘的な身体を形成している」と繰り返し述べている。[☆七九]

他の場合と同様にここでも、「政治的かつ神秘的な身体」という有機体的観念のなかに国制上の諸力が生き続け、これらの諸力が王の絶対主義を限定していることを、我々は理解するのである。このことは、一四八九年にフランスの最高裁判所であるパリの高等法院《パルルマン》が、シャルル八世治下の枢密院（国王顧問会議）の要求に対し諫言した際に、明瞭に現われている。高等法院は、国王を首長とし十二名の大貴族、王国の尚書（大書記長）、四名の法院長、数名の官吏および顧問官、そしてこれ以外に（ローマの元老院に範を採ったと言われている）百名の構成員から成る集団であるが、この高等法院が枢密院の干渉に異議を唱え、自らを「聖職者と俗人により構成され、……王の人格を代表する神秘体《コール・ミステイク》」と宣言した。なぜならば、王国のこの最高裁判所は、「フランス王国の至高の正義、真の玉座、そして王自身の権威、威光、大権そのものだからである」[☆八〇]。言うまでもなく、ここに示されている観念は、王とその枢密院は高等法院の意向に反して行動することができないということであり、その理由は、高等法院という「神秘体」は王の人格を代表するもの、あるいは王の人格と同一のものとさえ言えるからである。

同じく、王権を限定する趣旨で、フランスの法学者たちは王と王国の婚姻という比喩を用いていた。というのも、この比喩のなかには、国庫の不可譲性という、もう一つ別の国家の基本法が暗に含まれていたからである。この点、フランスの著述家たちは、概してルカス・デ・ペナの直接的ないし間接的な影響下にあった。ルカスの定式化は、フランソワ一世治下の著述家シャルル・ド・グラッサイユにより、そのままのかたちで繰り返されている。ド・グラッサイユはフランス王を、〈国家の花婿〉(maritus reipublicae) と形容し、自らの教会と結婚する聖職者に倣って、王がとり結ぶ〈道徳的かつ政治的な婚姻〉(matrimonium morale et politicum) について論じている。[☆八一] 彼と同様に他の法学者たちも——たとえばルネ・ショパン、フランソワ・オトマン、ピエール・グレゴワール、そして最後にボダンも——、王はフランス王国と結婚することにより国家《レスプブリカ》から嫁資として国庫財産を受け取ること、そしてこの嫁資が不可譲であることを主張していた。[☆八二] フランス王の戴冠の儀式が現実に変化したことも、おそらく法学者の手によるものと思われる。ド・グラッサイユは一五三八年に、大著『フランスの王位に属する権利について』を著していた。[☆八三] 一五四七年にアンリ二世が即位したとき、我々は初めてフランスの戴冠式の規則のなかに、指環の授与に先立つ、ほとんど法的とも言える式語を見出すのである。すなわち、この指環により「王は厳粛に王国との婚姻を結んだ」(le roy espousa solemnellement le royaume) という文言である。[☆八四] 一五九四年の戴冠式次第に規定されている文言は、よりいっそう明瞭である。この文言には、王は聖別の当日に自らの王国と婚姻を結び、その結果、両者が夫と妻のごとく相互に愛し合うように、王が自らの臣民と不可分に結びつけられたこと、そして〈この相互的な結合の徴として〉(pour marque de ceste reciproque conjonction)、シャルトル司教が王に指環を授与する旨が述べられている[☆八五]。これは、キュプリアヌスやグラティアヌス教令集の精神を——すなわち、王国は王のなかにあり、王は王国のなかにある、そして臣民は王と合体し、王は臣民と合体するという見解——少し変えたかたちで提示したものであった[☆八六]。したがって、法学者の一人であるルネ・ショパンが、「王は国家の神秘的な配偶者である」[☆八七]とまで主張したとしても驚くべきことではない。神的な花婿と婚姻を結ぶ教会の〈神秘体〉という理論が、一周して元の場所に戻ってきたのである。

中世のイングランドに関するかぎり、我々は婚姻の比喩をほとんど見出すことができない。しかし、ジェイムズ一世は、彼が開いた最初の議会(一六〇三年)での演説で次のように述べている。

「神が結び合わせたものを、いかなる人間も引き離すことはできない」。余は夫であり、この島の全土は余の合法的な妻である。余は頭であり、この島は余の身体である。余は羊飼いであり、島は余が牧する羊である[☆八八]。

しかし、〈神秘体〉という表現は、イングランドにおいても確かによく知られていた。いずれにしても、ランカスター朝時代のイングランドの最も偉大な法学者ジョン・フォーテスキュー卿は、躊躇することなく王の「神秘体」につき語っている。『イングランド法の礼讃について』のなかの一つの重要な章で、フォーテスキューは自らの政治理論の中核的内容を提示しているが、この章で彼は、「人民全体によって」(politically) 統治される——すなわち、アリストテレスの用語に従い、王国の全政体により統治される——王国の起源につき論じ、これらの王国を、フランスのように「王により」(regally) ——つまり、王のみによって——統治される王国と対置させている。[☆八九] 彼が述べるところによれば、もし人民が自らを一つの王国、ないし他の何らかの政体として確立しようと欲するのであれば、全政体を統治するために一人の人間、すなわち王を擁立する必要があるだろう。フォーテスキューはこの必要性を、社会的身体と人体の類比という慣用的な手段に立ち戻ることによって論証しようと試みる。

> ちょうど自然的身体が一つの頭により規律されて胎児から成長していくように、王国も人民から生成するのであり、この王国は頭たる一人の人間により統治された〈神秘体〉として存在する。

他の箇所でフォーテスキューは、自然的身体の心臓と神経を政治的身体の構造になぞらえ、肉体の神経を国家の法と同一視しながら次のように説明している。

群《ケトウス》衆《・ホミヌム》がそれによって人民《ポプルス》へと構成される法は、自然的身体の神経に類似している。というのも、ちょうど身体が神経によって結合されるように、「人民の」〈神秘体〉も法により結合され、一つのものへと統合されるからである。☆九〇

フォーテスキューは、明らかに〈神秘体〉を人間社会の最終的な完成段階として描いており、この社会は、単なる群衆 (cetus hominum) から出発して、次に「人民」の状態を獲得し、最後に王国の「神秘体」の形成——この神秘体は、頭である王なしには不完全な身体にすぎない——によって頂点に達する。

フォーテスキューのように政治的な論点に関して〈神秘体〉という用語を用いることは、当時において例外的なことではなかった。一四三〇年の議会開会に際して、オックスフォードの法学博士で神学教授であったリンドウッドのウィリアム師は——彼は後にセント・デイヴィズ司教となり、『カンタベリー教区教令集』の著者として有名になった——説教のあとで慣例的な基調演説を行った。このなかで彼は、王国の有機的な統一性につき説明し、これを人体と四肢の統一性にたとえ、さらに王国における意志の合致と相互的愛を顧慮すると、この王国が〈神秘体〉にもたとえられる旨を述べている。☆九一 リンドウッドのウィリアムとフォーテスキューの二人の法学者はともに、〈政治的身体〉(corpus politicum) と〈神秘体〉(corpus mysticum) を無差別に、明確な区別を設けることなく用いている。このことは、同じ世紀のもう一人の議会の説教者でありリンカン司教でイングランドの大法官

であったジョン・ラッセルについてもあてはまる。彼は、一四八三年の議会開会に際して行った説教で、「至高の君主たる王」を頭として三つの身分から構成されるイングランドの政治的身体につき論じた。彼は、「コリント人への第一の手紙」第一二章一二節[☆九二]に見られる周知の引用句に言及しながら、おのおのの四肢が固有の機能を有している自然的身体を王国の政治的身体と比較し、「それゆえ、人民の集合体の神秘的ないし政治的な身体においても同様である」[☆九三]と述べている。彼はまた、別の説教の草稿のなかでも、人民の「神秘的ないし政治的な身体」に関して同一の表現を繰り返し用いており[☆九四]、また折に触れて、「イングランドの大いなる公的身体は、このような〔人民の神秘的ないし政治的な〕身体にほかならず、この身体においては、王のいるところに彼の裁判所や評議会がある」[☆九五]とも述べている。

　ここに我々は、皇帝や教皇について用いられた表現と類似のものを認めることができる。帝国は皇帝のいるところにあり、神秘体は教皇のいるところにある。しかしここで我々は、フランスの立憲主義者や、一四八九年の『諫言』あるいはギ・コキーユの立言をも想起するのである。というのも、司教ジョン・ラッセルは、注目すべきことに、「彼の裁判所や評議会」という言葉を付け加えることによって、「王」という言葉の意味をより明確なものにしているからである[☆九六]。その意味するところは、イングランドの政治的・神秘的あるいは公的な身体は、個人としての王ないし頭だけによって定義されるのではなく、むしろ国王評議会と議会を伴った王によって定義されるということである。このような「複合的」

身体——そしてまた「複合的な」権威——という観念は、当時において必ずしも目新しいものではなかった。[☆九七] 既に一三六五年に、エドワード三世の王座の裁判官が、「議会は全王国の身体を象徴的に代表している」と考えていたのである。[☆九八] 確かにこのような見解は、今から振り返ってみると、英国立憲主義に深く根ざした伝統的な考え方であったと見なされるべきではない。しかし、この観念を示唆するものがほとんど到る所に見出されるのも事実である。[☆九九] たとえばウォルター・バーリーほどの偉大な哲学者を導いていたのも、これと関連した観念である。彼は、（一三三八年前後に書かれた）アリストテレス『政治学』註解で、トマス・アクイナスやオーヴェルニュのペトルスの公式的な解釈から離れる解釈を提示したが、これは単に、「難しい任務を果たすべく」議会に召集される「王や有力な貴族たちや賢者によって構成された集団」（これは、いわば貴族と庶民を伴った王である）に関する一節を挿入するためであり、また、「今日、イングランド人の王［エドワード三世］に関して明らかなように」(sicut hodie patet de rege Anglorum)、これらの人々が「王において、そして、王とともに支配している」事実に関する一節を挿入せんがためであった。[☆一〇〇]

これらすべてのことの最終的な帰結として、イングランドの統治を〈王と人民による支配〉(dominium regale et politicum) と捉えるフォーテスキューの有名な定義が生まれた。この定義は、王唯一人ではなく、王と人民が一緒になって国全体の責任を負うような類いの統治体としてイングランドを説明している。フォーテスキューは彼の有名な定式を、トマス・アクイナスの未完の論考『君主統治論』を補って継続的に書かれた著作から借用したのであり、この著作はさらに遡ってアリストテレスの政治思想から発したものである。トマスの論考を引き継いだルッカのトロメーオは、このような統治形態の原型を(「人民統治と国王統治の中間を占める」medium tenet inter politicum et regale)帝政ローマに、そしてまた、その支配権が王たる神自身により支えられているイスラエルの士師たちの統治に見出している。フォーテスキューは、特に彼の最も初期の著作において、この理想的な〈王と人民による支配〉が三度目にはイングランドで実現したことを立証しようと試みている。かくしてイングランドは、イスラエルとローマという聖化された二つの模範に合致したものとされた。それゆえイングランドの王は、「王が単独で」支配しているにすぎないフランスとは対照的に、明確に人民の政体を中心とした存在者であるようにフォーテスキューには思われた。しかし逆に言えば、人民の政体自体は――あるいは王国の神秘体は――王という頭なしで存立しえないことにもなるのである。☆一〇

全政治的身体による統治というイングランドの統治形態は、世俗の制度と教会上の制度とを類比的に捉える、一見して独特な思考様式を生み出すに至った。君主および君主の役割の解釈に関する半ば神学的な神秘主義は、我々が常に見かけるものであるが、イングランドにおいて、これと類似の特徴が議会に関しても見られることに我々はとまどいを感ずるのである。一四〇一年の議会が閉会する直前に、庶民院の議長は王国の政治的身体を三位一体と比較するのが適切であると考えた。すなわち、王、聖俗の領主、そして平民が結合して、一者における三者、三者における一者を形成するのである。同じ機会に議長は、

議会の手続きをミサ聖祭とも比較している。つまり、議会の開会における使徒の書簡の朗読と聖書の解説は、ミサの聖なる祭式に先立って行われる冒頭の祈りや諸儀式に類似しており、また教会を保護し法を遵守する王の誓約は、ミサにおける犠牲と比較することができ[☆一〇二]、最後に議会の閉会は、司祭が宣言する信徒の解散――〈行け、ミサは終われり〉(Ite, missa est)――と、聖なる祭式を締め括る〈神に感謝〉(Deo gratias)に類似している[☆一〇三]。個々に見れば、これらの比較自体はそれほど重要な意味をもつわけではない。しかし、これらの比較は一種の知的な風土を反映しており、「盛期ゴシック」の時代において政治思想がどの程度まで王国の政治的身体の神秘化へと引き寄せられていったかを示しているのである。さらに、王と領主と平民とを三位一体になぞらえる類比は、権威の「複合的」性格に関する比較的明確な観念が存在していたこと、そして、イングランドにおいては、王唯一人ではなく、王と領主と平民とが一緒に結合して王国の「神秘体」を形成していることを示す、傍証として理解しうるのである[☆一〇四]。

王だけが「神秘体」を象徴的に代表すべきであるという見解は、中世のイングランドに関してはありそうもない見解である。たとえエドワード・クック卿が一六〇八年に、このような趣旨の傍註を書いていたとしてもそうである。クックはエドワード四世の年書に言及し、この年書では王の「政治的身体」が〈神秘体〉と形容されていると記している。しかし、この主張は必ずしも正しいとは言えない。なぜならば、年書が言及しているのは王ではなく修道院長だからである[☆一〇五]。確かに年書のこの一節は、十五世紀末のイングランドにおいて、団体論的観念がどれほど充分に発展していたかを示してはいる。しかし厳格に団体論的な解釈をそれなりに示しながらも――たとえば、「王と領主と平民とから成る議会は一つの団体である」と一五二二年に首席裁判官フィニューは述べている[☆一〇六]――頭と四肢とを区別する古い有機体論的な観念が依然として広範にいきわたり、王は単に神秘体ないし政治的身体がそこにおいて頂点に達するところの頭とされていた。このような意味合いで、ヘンリー八世は一五四二年に国王評議会に対し次のような言葉を述べている。

> 裁判官たちによって余が告げ知らされたところによれば、議会が開かれているときほど、余が王としての地位において高みに昇るときはなく、議会においては、頭としての余と四肢としての汝らが、一つの政治的身体へと結合し、編み合わされるのである[☆一〇七]。

これに先立って一五三三年に「上訴の制限に関する制定法」の序文で使われた言葉も、前記と同じ精神に立っている。この制定法の序文でヘンリー八世は、きわめて古い権威ある典拠によれば、イングランド王国が一つの帝国であった旨を宣言している。

> 〔この帝国は〕一人の至高なる頭、すなわち王により統治されており、この王は、前述と同じ帝位の威厳と王位を保持している。そして、呼称で区別され、聖と俗の名称で区別された、あらゆる種類、あらゆる階級の人々の集合体たる政治的身体は、この王

に結びつけられているのである。☆一〇八

ここに我々は、とうの昔にその有用性が立証されていた古い有機体論的な理論を、依然として認めることができる。この古い理論は、フランスのフィリップ四世が教皇ボニファティウス八世と争い、王を頭とするフランスの祖国《パトリア》の一部として全「ガリア教会」をフランスに組み入れようとしたときに、既に役に立っていた。そして、今やこの理論は、ヘンリー八世が、いわば彼の「帝国」の真の〈神秘体〉たる英国国教会（Anglicana Ecclesia）を、王として彼がその頭であるイングランドの〈政治的身体〉へと組み入れる際に役立つこととなった。☆一〇九政治的身体と霊的身体の融合は、絶対的かつ完全なものとなり、ここから生じた混同はポール枢機卿によって痛切に感じ取られていた。ポール枢機卿は、ヘンリー八世に宛てて書かれた小論考で次のように語っている。

> あなたの全推論は、あなたが教会を政治的身体《コルプス・ポリティクム》と見なしているという結論へと至ります。……〔しかし〕天と地に大いなる隔たりがあるように、世俗的権力と教会の権力の間にも大きな隔たりがあります。そして、キリストの体たるこの教会の身体と、単に人間的なものにすぎない政治的身体との相違も、同様にきわめて大きなものです。☆一一〇

ここでは、奇妙にも立場が逆転している。ヘンリーは、国家を〈神秘体〉として取り扱う

のではなく、教会を単なる〈政治的身体〉として、それゆえイングランド王国の一部として取り扱っている。これとは逆に、ポール枢機卿は、教会の超政治的性格を回復し、十三世紀以来〈教会の神秘体〉(Ecclesiae mysticum) が被ってきた世俗化の過程を阻止しようと無駄骨を折っているのである。

団体理論が結果的に全政治的身体をその頭だけと同一視することにもなりえたという点については、教会の神秘体は教皇のいるところにありと主張した教皇派の著述家たちがこれを例証している。[☆一一] その後フランスにおいても政治的身体が君主と同一視され、ジャン・ド・テール・ルージュその他の立憲主義者たちは依然としてこれに異議を唱えていたのであるが、[☆一二] このような同一視は、頭が身体を呑み込みうることを同時に示唆するだろう。もっとも、フランスではおそらくローマ法学者の観念――たとえばバルドゥスは、〈君主は帝国であり、国庫である〉(Princeps est imperium, est fiscus) と述べている[☆一三]――のほうが、より重要な影響力をもっていたと思われる。ヘンリー八世治下のイングランドにおいても、グラティアヌス教令集やイタリアの法学者たちに見られるキュプリアヌスの表現が強い影響力をもち始め、今やこれに新たな曲解が加えられることによって、この表現が、あらゆるイングランド人は王と合体していること、そして王の個人的な行動や振舞いは、頭たる君主により吸収された政治的身体の行動や振舞いであることを意味するようになった。しかし、これらの表現を援用しながらも、イングランドの法学者たちは、〈ウィリオン対バークリー事件〉に見られるように、依然として頭と四肢を区別していた。彼らは次のように述べている。

もう一つ［別の身体］は政治的身体であり、その四肢は王の臣民たちである。……王と臣民が一緒になって団体を構成するのであり、王は臣民と合体し、臣民は王と合体する。王は頭であり、臣民は四肢である。そして王のみが臣民たちを統治する。☆一一四

しかしながら、団体理論をそれ自体として考察すれば、この理論がまずもって有機体論的であることは確かだとしても、必ずしもこれから前記のような四肢と頭の完全な同一視が帰結するわけではなく、事実、イングランドにおいてはそうでなかった。リンカン司教が、イングランドの政治的ないし神秘的身体は王と国王評議会と議会があるところにあると宣言したとき、人はこの表現を言葉通りに受け容れることができただろう。しかし、リチャード二世の事例に見られるごとく、身体が頭によって呑み込まれることを、人は注意深く回避したのであり、また同様に別の機会には、頭から四肢が切り離されることに対しても異議が唱えられた。☆一一五おそらく、イングランドの統治形態を真なる意味での〈王と人民による支配〉(dominium regale et politicum) と表現したフォーテスキューの定義が、最も正確な記述であり続けたと思われる。この定義は、一時的にないがしろにされたことはあっても、その価値を維持し続けた。この不可思議な表現は元来スコラ哲学者たちに由来するものであったが、スコラ哲学者の間でよりもイングランドの政治思想においてはるかに大きな役

割を演じていたのである。この表現の意味するところは、頭と身体は相互に依存し合うこと、或る点では王が至高の存在であるのに対し、別の点では人民が至高の存在であるということである。ここで、フォーテスキューと同時代のニコラウス・クサヌスを想起することも、あながち不適切なことではないだろう。クサヌスは『普遍的和合について』のなかで、君主というものは、自らを「集団として理解された彼の全臣民の被造物」と見なすかぎりにおいて「個々の臣民の父となる」と述べている。[☆一一六] 後にこの観念は、「君主は個々の人民より偉大であり、人民の総体より卑小である」(Princeps maior singulis minor universis)という、碑文にも似た表現へと単純化された。[☆一一七] 王が支配すると同時に人民が支配するイングランドについて、フォーテスキューが自己の理論を発展させたとき、彼はこれと類似の観念を抱いていたと思われる。彼の言う王は、ちょうど十三世紀の王が法の上にあると同時に法の下にあったごとく、王国の政治的身体の上にあると同時に下にあるのである。[☆一一八]

後期中世の王権をどのような観点から考察しようと、それは十三世紀の転換期以降、人民の政体を中心とした王権となっていた。最初はキリストにより保証され、次に法によって保証された王権の連続性は、今や王国の〈神秘体〉によって保証されることになった。この〈神秘体〉は、いわば決して死ぬことがなく、むしろ教会の〈神秘体〉のように「永遠の」ものとされた。「神秘的」性格を帯びた政治共同体の観念がひとたび教会により明確にされるに至ると、世俗国家は——これに対する対型を確立することによってこれに処すべく——ほとんど否応なしに教会の模範に従うことを余儀なくされた。このような解釈は、おそらくいっそう大きな影響力を有していたと思われる他の複雑な要因——アリストテレスの理論、ローマ法や教会法の理論、後期中世の政治的・社会的そして経済的な発展の総体——の意義を過小評価するものではない。しかし、これらの要因も同一の方向へと作用していたように思われる。すなわち、人民の政体を教会と同等に永遠なものと考え、——王を伴うにせよ伴わないにせよ——政体を政治的議論の中心に据えるような考え方へと向かっていったのである。

いずれにしても、後期中世の団体論的な問題は、これ以前の時代において法的問題や「法の専制」が占めていた優越的地位を脅かし始めた。これは、法と王の関係がどうでもよい問題になったことを意味するわけではない。むしろ、法と王の関係は、王と政体の関係についてのいっそう広範な問題によって吸収され包摂されていったのである。すなわち、政体そのものが法であることが主張され、政体は、自らに内在する動力によって——教会とは別個に——倫理的で半ば宗教的な固有の規範体系を発展させていった。

三　祖国のために死ぬこと（Pro patria mori）

宗教的祖国と法的祖国

政体を中心とした王権観念からも、また〈道徳的・政治的・神秘的身体〉としての国家観念からも容易には切り離すことのできない、もう一つ別の観念が存在する。この観念は、有機体論的および国体論的な諸理論と同時に――しかし、これらとは独立に――、新しい生命をもつに至った。政治的献身の対象、そして半ば宗教的な感情の対象となった〈祖国〉(patria) としての王国《レグヌム》という観念である。☆一一九

祖国《パトリア》は古典古代において、きわめてしばしば、人々がそのために生き、そのために死のうと欲する政治的、宗教的、倫理的そして道徳的なあらゆる価値の集合体を意味していた。しかし初期中世になると、この祖国はほとんど忘れ去られた政治的存在となってしまった。☆一二〇領主と家臣との人格的絆が、他の多くの政治的結束にもまして政治生活を規定し、社会全体に浸透していた封建時代において、〈祖国〉という古代の理念は、完全に消失するか解体してしまうほかはなかった。これは、中世ラテン語の語彙から〈祖国〉という言葉が全面的に姿を消したことを意味するわけではない。たとえこの言葉が、当時の現実の生活状況には適用不可能であり、政治的現実に適合しないものであったとしても、用語自体は、中世の詩人や学者――彼らはウェルギリウスやホラティウスその他の古典作家から霊感を得ていた――の著作のなかに、きわめて頻繁に見出されるだろう。☆一二一

〈祖国〉という言葉は日常語のなかにも存在していた。狭い純粋に局所的な意味において、それは故郷の小邑や村落、町や地方を意味し、フランス語の〈pays〉やドイツ語の〈Heimat〉と同様に、人が生まれた家とか場所を指し示す言葉であった。☆一二二また、イングランドの法律用語においても、この言葉は同様な意味で用いられ、たとえば〈パトリアによって自らを弁護する〉(per patriam se defendere) とは、被告が自己弁護する手段を意味し、これ

によって被告は自分が生活している地域の共同体の判決に服したのである。[☆一一三] 確かに、学識者たちが、〈パトリアのために〉(pro patria) 人が死ぬことを賞揚する趣旨で、この言葉を相変わらず用いることはあったかもしれない。しかし、〈patria〉という言葉が現実に意味したのは、前記のごとき狭い局所的な社会単位であり、このような社会のために死ぬことは――家や住居を守るという自然な行為を超えて――いかなる政治的意義も有してはいなかった。ごくわずかの例外を除けば、[☆一二四] この種の死にはいっそう広範な政治的・哲学的背景が欠如しており、それは公的な犠牲ではなく私的な犠牲として現われたことだろう。結局のところ戦いというものは、通常一般の人々によってではなく、封建的家臣や騎士で構成された軍によって行われたのであり、彼らは自分たちの領主や、領主の政治上の目的ないし個人的利益を護るために召集されたのである。家臣が自分の領主のために死ぬことは、言うまでもなく忠節のための自己犠牲として大いに讃美され、中世の英雄伝説は、忠誠《フィデリタス》や忠節《フィデス》のために犠牲となった人々への讃美に満ちている。しかし、これらの戦士は〈主君のために〉(pro domino) 自らを捧げるのであり、〈祖国のために〉そうするのではない。したがって、十三世紀初頭に法学者たちが「祖国を防護する義務は、主君に対する臣下の封建的責務より崇高なものである」[☆一二五] と指摘したとき、これは政治生活の中心が一般的に推移していったことを例証するものであった。

しかしながら、〈祖国〉という慣用語が、――たとえ、これが意味の転移によって超越的な形態を採ることになった結果だとしても――いわば、それがもともと有していた完全な意味と、かつてそれが帯びていた情緒的価値とをそのまま保ち続けているような領域が存在していた。教会の言語である。初代教会と教父たちの教えによれば、キリスト教徒は、もう一つ別の世界の国の住民となった。彼の真の祖国は天の王国、天上の国イェルサレムである。使徒の書簡によれば、霊的で永遠なるこの「祖国」へと最終的に還帰することが、地上を旅するキリスト教徒の魂の本来の願望である。たとえば、司祭が、葬式に際して死者の霊魂を受け容れこれを〈楽園の祖国へと〉(ad patriam Paradisi) 導くことを天使に命ずるよう神に懇請するとき、これは単なる詩的な比喩といったものではなく、「ヘブライ人への手紙」(一一：一三―一四)の精神に従って発せられる言葉なのである。要するに、至福者と聖者の共同体は、霊魂がそれへと加わろうと望む天上の〈祖国〉の公民集会である。殉教者たちが自らの血を流すのも、天上における〈共通の祖国〉(communis patria) のためである。それゆえ、不可視なる政体のために自らを捧げ、彼らの主なる神への〈忠節のために〉(pro fide) 死ぬキリスト教殉教者は――事実、十二世紀に至るまで――公民的な自己犠牲の真正な模範であり続けた。[☆一二六] キリスト教の教説は、都市国家《ポリス》の政治的観念を別世界へと転移させ、これを同時に〈天の王国〉(regnum coelorum) へと拡張することによって、現にしばしばそうしたように古代世界の政治理念を忠実に保存し維持しただけでなく、世俗世界がかつて有していた特殊な価値を自らに回復する時のために新しい理念を用意していたのである。

それゆえ、我々は議論の最初から、少なくとも次のような可能性について考察を加えねばならない。すなわち――法学的ないし人文主義的な諸理論の影響力が充分な効力を発揮する以前に――〈祖国〉という新しい観念の拡がりは、おそらくキリスト教的伝統の再度世俗化し直された支脈として展開したのではないだろうか。そして、新たな祖国愛は、天上の〈祖国〉から地上の政体へと転移された倫理的価値をも基礎として育まれていたのではないだろうか。事実、この問題と関連した或る種の変化が、十字軍の遠征に引き続いて生じていた。すなわち、西欧の王国では、「聖地の守護（ないし緊急事態）のために」（pro defensione [necessitate] Terrae Sanctae）十字軍税が課せられた例に倣って、「王国の守護（ないし緊急事態）のために」（pro defensione [necessitate] regni）、税が導入されたのである。王たるキリストの王国、イェルサレム、そして聖地にとって善なることは、シチリア、イングランドあるいはフランスの王の王国にとっても善なることである。もし、イェルサレムの危急存亡の事態において特別の税を例外的に徴収することが正当化されるならば――特に十三世紀という時代にあって、十字軍が純粋に政治的で世俗的なものであったことに鑑みれば――、同じようなやり方で王国領土の緊急事態に対処することも正当と考えられた。[☆一二七]しかし、十三世紀の中葉になると、特にフランスにおいて課税という無味乾燥な営為のなかに新しい要素が混合していることに我々は気づくのである。このとき、税はしばしば〈祖国の守護（保護）のために〉（ad defensionem [tuitionem] patriae）課せられ[☆一二八]、あるいはフランス王フィリップ四世がそう表現したように、「故国の守護のために」（ad defensionem natalis patriae）課せられた。

この新しい用法は、フランスの愛国主義者の或る種の抜け目ない造語能力の結果生じたものではない。むしろこれは、法律用語を国家の目的へと適用したものであった。〈patria〉という言葉は教会法のなかに見出されるのみならず、事実、ローマ法のなかにも非常に頻繁に登場し、そのたびに註釈学派の法学者はこの言葉に註釈を加えて、自由にこれを用いていた。また、十二世紀の後半以降、教会法学者たちは、〈正戦〉(bellum iustum)について論ずる際に、「不可避的かつ緊急の必要性」が存在する場合には、信仰と教会を守護するために戦争が正当化されるのと同様、〈祖国〉を守護するためにも戦争が正当化されることを指摘し、東方のキリスト教徒が聖地の異教徒に対して行った戦争に言及しながら、この種の〈必要性〉が存在すると言える事例を繰り返し挙げていた。[☆一二九] この点で、教会法学者はローマ法学者の態度と一致している。ローマ法学者も、緊急事態において皇帝が〈祖国〉の守護のために新しい税を課す権限を有していることを主張し、『学説彙纂』の言葉に倣って、「甘美なる」あるいは「最も甘美なる祖国」について語っていた。[☆一三〇] 当初、法学者たちは〈祖国〉という言葉の意味を明確に特定することなく、概括的な用語としてこれを用いていたが、間もなく見るように、彼らは徐々にいっそう精確な言葉で自分たちの見解を提示するに至る。しかし、疑いえない明白な事実は、フィリップ美王の時代のフランスに関するかぎり、〈祖国〉という言葉が現実に王国全体を意味するに至ったことであり、この時代になるとフランスの領域国家——おそらく我々はこれを国民国家とさえ呼ぶことができるだろう——は、あらゆる国民の〈共通の祖国〉として自らを宣言し、祖

国の名において異例の奉仕を要求しうるに充分なほど強力に形成されていたということである。[☆一三一]

イングランドにおいては、この種の用法がほぼ同じ時代に文学と法学の両者において発展していた。[☆一三二] ブラクトンは、彼が生きた世紀の前半に書かれた法的資料からの引用によって、〈祖国〉という言葉をごくあたりまえのものとして使用している。たとえば彼は、封建領主に対して負う役務と、〈祖国の守護と敵の打破のために〉(ad patriae defensionem et hostium depressionem) 王に対して負う役務を区別した。この区別はまた、封建的責務と公的責務との間にしばしば生ずるディレンマを反映している。[☆一三三] また再びブラクトンは、〈不出廷正当化事由〉(Essoign) ——すなわち、裁判所に現われなかったことに対する有効な弁明——との関連でも、〈祖国の守護のため〉に王の軍務に服していたことを正当化事由に挙げており、また王に対して通常負う役務 (servitium regis) とは別の正当化事由として、王のための海外での永久的役務 (servitium regis aeterni) を認めている。このような事実は、〈聖地〉(Terra sancta) と〈祖国〉の守護が、法廷におけると同様に法学者の用語にあっても、同列に扱われていたことを証している。[☆一三四]

ここで、海外の〈聖地〉の「聖《きよ》き土地」と〈甘美なるフランス〉(la dulce France) の「聖き土地」とが、フランスにおいてはいささかも両立不可能で比較不可能な観念ではなかったこと、そして両者ともに同じく情緒的価値に満たされていたことを想起するのがおそらく適切だろう。フランス王国の〈フランキア〉(Francia) という名称自体、そこが自由人（franci）の土地であることをその民に示唆し、新たに選ばれた民の故郷であると考えられていた[☆一三五]。かつてプリニウスはイタリアを、神々にとって聖き土地——「この土地は神々にとって聖きイタリアなり[☆一三六]」（Haec est Italia dis sacra）——と讃美したが、今やフランスが〈神にとって聖きフランキア〉（Francia Deo sacra）、〈神により祝福された王国[☆一三七]〉（regnum benedictum a Deo）として立ち現われたのである。神はフランスを特別な慈愛で抱擁し、キリストはフランスに対して格別に卓越せる特典を授与し、聖霊はフランスを住処とするがゆえに、フランスの聖き土地のために至高の犠牲を払うことは価値のあること、そして甘美なことでさえあった。したがって、フランスの土地を防衛し守護することは、本来の聖地の聖き土地を防衛し守護することにも似た、半ば宗教的な意味合いを有していたと考えられるだろう[☆一三八]。

教会に対する役務において神の大義のために自らの生命を犠牲にした騎士に対して、或る種の宗教的な栄誉を与えることが、十字軍以前から既に慣例となっていた[☆一三九]。しかし、十字軍を通じてこの種の栄誉を得る可能性は、騎士階級からより広範な民衆へと拡張され、兵士＝殉教者となる特典は、通常は戦闘に全く従事することのなかったような階層の人々にまで及んでいった。キリスト教の信仰のために異教徒と闘い、王たるキリストに奉仕すべく聖地のために死んだ十字軍兵士は、一般の人々の信念に従えば、天上の楽園にただちに入り、その自己犠牲に対する報酬として来世において殉教者の冠を受けることを正当に期待することができた。

聖地へと船出せし者、
その闘いにて死せる者は
天上の至福を報酬として受け
聖者らとともにそこに住まうべし。[☆一四〇]

十字軍の歌で表現されているような来世の報酬への確信が、教義の観点からして正しいものであったか、それとも教皇の教令（これは、十字軍兵士に対して罪の赦免を認めたわけではなく、教会の規律が彼らに科することもありえた類いの刑罰の赦免を認めていたにすぎない）の誤解に基づいたものであったかは、当時としてはどうでもよいことであり、ここでもそのようなものとして理解すべきである。十字軍兵士は楽園へと昇天するという信仰はすべての人々により共有されており、たとえばダンテも依然としてそう考えていた。ダンテは、殉教者や神の戦士たちで占められている火星天で、第二回十字軍で戦死した御先祖のカッチャグイーダに会い、[☆一四一]「余は殉教により、この平和へと来たれり」（Venni dal martiro a questa pace）と語らせている。

確かに、封建領主のために臣下が死ぬこと、特にキリスト教の信仰を守る闘いで死ぬことも、同じような仕方で魅惑的な色づけを与えられていたと思われる。一〇三一年、〈神の平和〉が討議されたリモージュの公会議において、或る公爵の家臣は次のように告げられた――「あなたの主君のために死を受け容れねばならない。……そして、この忠誠に対してあなたは神の殉教者となるであろう」[☆一四二]。すなわち、聖なる大義を護持する主君に身を捧げた封臣は、主なるキリストのために犠牲となったキリスト教の殉教者と比較されているのである。これと同じ精神で、『ローランの歌』のフランク族の戦士は、ランス大司教トゥルピヌス（テュルパン）により次のように告げられている。

我らが王のため、我らは死ぬべし。
キリスト教の信仰を支う手助けとなれ。……
余は汝らの罪を赦し、汝らの魂を浄めん。
汝、死すれば、聖なる殉教者となり、
天堂にて高き座を占むべし。[☆一四三]

カール（カロルス）大帝（シャルルマーニュ）の伝説中の戦士たちは、スペインのサラセン人（イスラーム教徒）と戦った。それゆえ、彼らは十字軍兵士と見なされ、詩が謳われた当時、十字軍兵士を一般的に他の人々から区別する或る種の特権を彼らも享受していた。[☆一四四]しかし、サラセン人と戦うこれら「フランスの」十字軍兵士の死は、同時に至高の主君カール大帝、〈甘美なるフランスの皇帝シャルル〉（li empereres Carles de France dulce）のための死でもあった。十二世紀フランスの読者にとって、まさにこのような事実が、戦死者の殉教にたえず国民的な色合いを与えていたのである。

しかるべき留保をした上で、『ローランの歌』がフランス人にとって意味したのと同じことが、モンマスのジェフリーの『ブリテン列王史』とイングランド人についても言えるだろう。モンマスのジェフリーにとって、〈祖国〉は明らかに「島全体の君主国」(totius insulae monarchia)を意味していた。この国の王アーサーは、相続権により同島を獲得した後、[☆一四五] 不信仰の民たるサクソン族、スコット族、そしてピクト族に対して国を守らねばならなかった。サクソン族が〈祖国〉ブリタニアに侵入したとき、アーサー王は軍隊を召集し、休戦を無視したサクソン族の不実さに対して我が身の忠実さを賞揚すべく、兵士たちに簡単な演説を行った。しかしここでも、重要な演説は再度一人の司教、カーリーアンの聖ドゥブリキウスにより行われた。この司教は、同胞の民のために〈敬虔〉(pietas)と〈祖国〉(patria)の勇敢なる擁護者たるべきことを兵士たちに諭したのである。[☆一四六]

汝らの祖国のために戦え。たとえ死が汝らに降り懸かろうと祖国のためにそれさえも甘受せよ。実に、死そのものが勝利であり、魂の救済手段である。なぜならば、誰であれ同胞のために死を被る者は、自らを生ける犠牲として神に捧げる者であり、同胞のために自ら命を捨て給うたキリストに明らかに倣う者だからである［「ヨハネの第一の手紙」三・一六］。それゆえ、もし汝のなかの誰かがこの戦いで死を被るときは、その死を、彼が犯したすべての罪の贖いとし、赦免としよう。[☆一四七]

『ローランの歌』におけるランス大司教トゥルピヌスの言葉と同様、カーリーアン司教の言葉も、おそらく十字軍説教者の説教に範を取ったものと思われる。ただ、「聖戦」の犠牲者に約束された——赦罪と魂の救済という——霊的報酬が、ここでは祖国のために死ぬ殉教者に与えられる点が異なっているにすぎない。アーサー王のウェールズの戦士はサクソン族の異教徒と戦うのであるから、彼らがキリスト教の信仰のために死ぬことは確かであり、また彼らが自分たちの主君であり王である者のために死ぬことも全く確かである。しかし、それにもかかわらず、信義のための（pro fide）——すなわち信仰と忠誠のための——死は、彼らが死ぬのは〈祖国のため〉（pro patria）、すなわち「島全体の君主国のため」であるという考え方によって背後に押しやられ、あるいはこの考え方に吸収されている。さらに彼らの死は、〈同胞のための〉（pro fratribus）自己犠牲と解釈されており、作者はこれを、自らの同胞のために死んだキリストの自己犠牲と比較している。[☆一四八] このことによって、〈祖国のための〉死は、信義《フィデス》の行いというよりは、——もちろん、これを全面的に排除すべきではないが——慈愛《カリタス》の行いとして表現されているのである。

既に、十字軍との関連において、「同胞愛」の旋律がしばしば奏でられることがあった。たとえば、ウルバヌス二世は、サラセン人に対してタラゴナを防衛するスペイン人に宛てた書簡のなかで、次のように宣言していた。

すなわち、神と自らの同胞に対する愛のためにこの戦いで死ぬ者は、我らが神の慈悲深き心により、彼が罪の赦免を得て、来世における永遠なる生に与ることに疑いを抱くべきではない[☆一四九]。

そして、これより少し後にシャルトルのイヴォは、その重要な著作である『教令集』と『パノルミア』に、「信仰の真理と祖国の救済、そしてキリスト教徒の守護のために」死んだ人々に天上の報酬を約束する教父や教皇の書簡から関係箇所を抜き出して集録した。これらの箇所は、間もなくグラティアヌス教令集へと取り込まれ、永続的な影響を及ぼすことになった[☆一五〇]。

しかし、〈慈愛〉というキリスト教の徳が見誤られることなく政治的な意味をもつようになり、従来よりいっそう恒常的に用いられるようになったのは、十三世紀に入ってからのことである。〈慈愛〉は、政治的な意味における「祖国」のために死ぬことを、倫理的・道徳的に是認し正当化する機能を果たすに至った。

〈祖国への愛は、慈愛という基体に基礎づけられている〉(Amor patriae in radice caritatis fundatur)。慈愛は私的な事柄を公的な事柄に優先させるのではなく、公的な事柄を私的な事柄に優先させる。……正当にも、慈愛の徳は他のあらゆる徳に優先する。なぜならば、あらゆる徳の価値は慈愛のそれに依存するからである。それゆえ祖国への愛は、他のすべての徳に勝って栄誉に値するものである。

かくして、〈祖国愛〉の神学的な理論が権威ある仕方で確立されることになった。というのも、これらの言葉は、実際にはトマス・アクイナスの未完の著作『君主統治論』を引き継いだルッカのトロメーオによって書かれたものであるが、トマス・アクイナス自身の見解として通用していたからである。[151]〈祖国〉に関する議論のなかで、ルッカのトロメーオが概して依拠しているのは、地上の祖国に対する天上の祖国の優越性を考察した聖アウグスティヌスの見解であった。しかし彼は、キケロをも引用している。この引用箇所でキケロは、両親や子供、親類や一族の成員たちが我々にとって親愛なる者であっても、「祖国は、慈愛によって (caritate)、これら人間の間柄すべてを抱擁する」と述べている。そして、キケロとともにルッカのトロメーオは、「もし死ぬことが祖国のために役立つのであれば、死を喜んで迎えることをためらうような善き市民がいるだろうか」と強調している。[152]これらの議論や原典の引用は、法学者たちが慣例的に行っていたものであり[153]、トロメーオ自身、少なくとも教会法の扱い方には充分精通していた。

〈祖国〉に関する問題の全体は、聖俗両法によって刺激されただけでなく、アリストテレス研究の進展と実践的・政治的なアリストテレス解釈にも刺激されることにより、トマス・アクイナスの時代以降、中世の以前のいかなる時代にもましていっそう活発に議論されるに至った。トマス・アクイナス自身、この問題にたびたび触れている。彼もまた、有徳な人間が国家防衛のために死の危険に立ち向かうべきことを説き、〈慈愛〉としばしばほとんど弁別不可能な〈敬虔〉の徳が、両親と〈祖国〉の双方に対する献身と畏敬の念を鼓舞する力であると主張していた。[☆一五四] そして、同じ世紀のこれより少し後に、パリで教えていた荘厳博士《ドクトル・ソレムニス》ヘント（ガン）のヘンリクスも、これと関連した諸問題を議論することになった。[☆一五五] キリスト教徒がアッカー（アッコ）から退却し、一二九一年にこの都市が陥落したことを議論の出発点として、ヘンリクスは兵士が自らの生命を犠牲にすべきとき、あるいは逆に、背を向けて逃亡すべきときはどのような場合かという問題を扱っている。ヘンリクスは、利己的な理由（虚栄心、軽率さ、不正その他）によるいかなる自己犠牲をも強く拒絶し、逃亡や保身のほうがより価値あるものとして賞讃される場合がしばしばあることを明確にした――しかし、司祭の場合は例外である。司祭は、魂の救済や病人の看護のために彼がそばにいるよう求められたときは、逃亡を許されない。[☆一五六]

しかし他方でヘンリクスは、兵士の犠牲が愛によって導かれた場合には、このような自己犠牲の高潔さを讃美している。彼は、「雅歌」（八：六）――「愛は死のように強く／熱情は陰府《よみ》のように酷《むご》い」――を引用し、同胞に対する兵士の犠牲が愛と信仰の行いであることを論証しており、さらに〈祖国〉と〈霊性〉(spiritualia) を守護するための〈正戦〉(bellum iustum) を支持している。そして彼は、自分の議論をいっそう強固なものにするために、古代の著述家からの格言を引用し、たとえばウェゲティウスの一節や、また、いかなる者も国家《レスプブリカ》を愛する以上に自分や自分の生命を愛すべきでないという趣旨のキケロの一節を引用している。また彼は（キケロの『義務について』を通じて中世に伝えられていた）プラトンとともに、人間は自分自身だけのために生まれてきたのではないことを主張し、さらに「祖国は私にとって自分の生命よりも大切である」(Patria mihi vita mea carior est) というキケロの信条を是認している。しかし、古代の著述家からのこのような数多くの引用にもかかわらず、ヘントのヘンリクスの議論は、伝統的なキリスト教の諸議論を中核としたものであり、祖国を守護するために死ぬことは、彼にとっても、〈慈愛〉のなせる業《わざ》と思われた。ヘンリクスは、モンマスのジェフリーと同様、市民が同胞や共同体のために犠牲となることを、キリストが人間の、そして人類の救済のために行った至高の自己犠牲になぞらえることによって、〈祖国のために死ぬこと〉(pro patria mori) に対し、いわば決定的な祝福を与えている。[☆一五七] かくして、十三世紀に至って殉教者の冠は、世俗国家の戦争犠牲者の頭上に降り始めたのである。

ヘントのヘンリクスの議論のなかに、人文主義者の語調を聴き取ることができる。これはダンテにおいていっそう強くなる。ダンテにとり、たとえばローマのデキウス一族のごとく、〈祖国〉の救済のために命を捧げた者たちは、「最も神聖なる犠牲者」として、すなわちカトーがその模範的人物として讃美されている「言語に絶して偉大な犠牲」[☆一五八] (illud inenarrabile sacrificium) を捧げた人々として現われている。「祖国のために戦え」(Pugna pro patria) という標語は、おそらくカトーが考え出したものだろう。というのも、誤って彼に帰せられていた『二行詩』のなかにこの表現が見られるからである。[☆一五九] 学識者も法学者も好んでこの表現に言及し、これを具体的に適用し解説を加えることによって、国家のために命を絶った異教徒を模範にしながら、〈祖国〉の理念を倫理化していった。

言うまでもなく、ローマ法にも祖国愛的なエートスは豊富に存在する。法学者たちは、「国家（respublica）のために〔戦いにおいて〕死せる者は、その栄光によって（per gloriam）、永遠に生きる者と理解される」と述べる『法学提要』の一節に必ずといってよいほど出くわし、これに註釈を施していた。この一節では、永遠の名声ないし栄誉がきわめて明瞭に永遠の至福に取って代わり、あるいはこれと対をなすものとされている。また彼らは、ハドリアヌス帝時代のローマの或る法学者により定式化された、『学説彙纂』中の一つの法律を見すごすこともなかった。この法律は、〈祖国〉のためには息子が父親を殺し、父親が息子を殺すこともありうると述べている[☆一六〇]。中世の法学者は、この法律を解釈する際に、通常は父親殺しと見なされる行為であっても、それが祖国の名においてなされたのであれば、賞讃に値する行為であると指摘していた。もっとも、法学者の見解によれば、この行為が許されるのは、自己防衛のためになされた場合に限られる[☆一六一]。彼らは、人文主義者たち――たとえばコルッチョ・サルターティ――がしばしば唱えたような、愛国的な殺戮というような考えに溺れることはなかった。サルターティは次のように言挙げしている。

> あなたは、祖国愛《アモル・パトリアエ》がどれほど甘美なものか理解していない。もし、祖国を守り、大ならしめる〔原文通り〕ために有益とあらば、父親の頭に斧を打ち込み、兄弟を踏み

つぶし、妻の子宮から胎児を剣で取り出すことも苦痛ではなく、困難なことでも犯罪でもない。[☆一六二]

この種の学識者の血に飢えた誇張された机上愛国論は、一般的に言って、より冷静な思考をこととした法学者の好みに合わないものであった。法学者は、ほとんどすべての点においてサルターティに異議を唱えたことだろう。[☆一六三] しかし、神や〈祖国〉の名において残虐行為を正当化することは、古くて新しい問題である。たとえばバルドゥスは、〈祖国〉のために敵を殺す兵士は、創造主に犠牲を捧げる点で、〈神への務め〉(opus divinum)と同様のことを遂行していると主張することができた。そして、この行為は〈慈愛〉の名において遂行されるのである。もっとも、これはもはや、積極的な兄弟愛の表現である福音的な徳としての慈愛ではなくその世俗化された対応物、すなわちバルドゥスの言葉を借りれば、〈自分が生まれた祖国〉(naturalis patria)を守るための〈公的慈愛〉(publica caritas)であった。[☆一六四]

世俗化にはまた他の側面がある。確かに、聖地のために闘う十字軍の兵士と、〈祖国のため〉に闘う戦士は同等の関係にある。しかし、聖地に関してあてはまる諸規準は、ただ限定された範囲においてのみ世俗の王国に移されうるにすぎない。他の諸規準は、ローマにより提供された。というのも、世界の首都たるローマに関してあてはまることは、伸長期にあった王国についてもあてはまるからである。帝国に関するローマの諸観念は、フランス、シチリア、イングランドそしてスペインといった王国に移し入れられ、応用可能なものになった。

『学説彙纂』は二つの〈祖国〉を区別していた。或る人間が住む個々の都市――〈彼の〉(sua) あるいは〈自分の〉(propria) 祖国――と、ローマ、すなわち〈共通の祖国〉(communis patria) との区別である。すなわち、おのおのの個人には自分自身のローカルな祖国があるが、帝国のあらゆる人民は、ローマを彼らの「共通の祖国」と考えていた。[☆一六五] しかし、〈共通の祖国〉としてのローマという観念は、急速にその意味を変えていった。十三世紀初頭の或る教会法学者が『学説彙纂』に異議を唱えて、「今日ではそうでない。なぜならば、必ずしもすべての人々が皇帝に服しているわけではなく、むしろすべての人々は教会に服するからである[☆一六六]」と述べたとき、彼は〈共通の祖国〉として使徒のローマ、あるいはローマ帝国を事実上具現している教会を考えていたと思われ、あるいは、ことによるとそのどちらでもなかったかもしれない。これに対して、フランスの法学者《レジスト》たちは、〈共通の祖国〉たるローマという暗号を、他の目的のために用いていた。彼らは、これを個々の王国に転用したのである。たとえば――パリが、「フランス王国のより優れた共通の都市」であるという理由で、共通の祖国と同一視されていた事実は、広範な現象の単なる一例にすぎない。[☆一六七] もともと都市を指す〈祖国〉が、今や一つの王国あるいは君主国を指す〈祖国〉に途を譲ったことのほうが、よりいっそう重要な意味を担っている。王ないし王冠によって象徴的に表現される領域的王国たるフランス王国それ自体が、各個人のローカルな〈祖国〉と対照されたとき、それはローマに取って代わったのである。今や、フランスがすべてのフランス人の〈共通の祖国〉となったのである。一二七〇年頃、フランスの或る法学者は、法学博士《ドクトレス・レグム》たちの通説を要約しながら、「ちょうどローマが〈共通の祖国〉であるように、王国の頭たる王冠が〈共通の祖国〉である」と述べている。ローマの主権という観念は国民国家たる王国へと移り、これとともにローマと普遍帝国への忠誠という観念も王国へと移っていった。[☆一六八] 換言すれば、仮想的な普遍帝国の超国家的な紐帯に取って代わり、限界づけられた新しい領域的〈祖国〉、王冠に従属するあらゆる臣民の共通の祖国が登場したのである。人々は、法に従えば正戦は君主によってのみ宣言され実行されうることを認めていたが、「〈祖国〉がいかなる上位者も有さないかぎりで」[☆一六九]と彼らは付言し、さらに「今日、帝国は分断されている」という前提ないし事実を根拠として、あらゆる君主は〈自らの祖国において皇帝である〉(est in patria sua imperator)と結論していた。[☆一七〇]〈共通の祖国〉たるローマが、〈共通の祖国〉としての国民国家的な王国と同等視されたことは、当時の一般的な傾向、すなわち、上位者を認めない王、自らの王国において皇帝たる王に関する新しい諸理論の形成と軌を一にするものであった。[☆一七一] そしてこのような一群の諸観念のなかには、祖国愛的な倫理規範も含まれており、当時確立されたこの規範は現代に至るまで伝統的に保持されてきた。「正義とは〈祖国〉と同胞を守ることである」[☆一七二]――祖国のためになす行為は常に正当化されるからである。「徳は〈祖国〉のために生き、〈祖国〉のために子供たちを産むことを義務として要求する[☆一七三]」、あるいは「我々は何よりもまして、君主と〈国家〉を自分の父親以上に愛さなければならない[☆一七四]」。同様の格言は枚挙に暇がないほど数多く存在する。

神学、スコラ哲学そして法学が奏でるこのような交響楽のなかに、人文主義の響きを聴き逃したり、また〈祖国〉という西欧の観念形態《イデオロギー》の発展に対して古典古代の文献が与えた影響を過小評価するのは誤りであろう。ペトラルカ、ボッカッチョ、サルターティ、ブルーニその他の著作から数多くの関連箇所を抜き出し、この時代以降、〈殉教〉や〈慈愛〉のごときキリスト教的概念が世俗化され、さらにどのようにして〈英雄〉や〈祖国への〉〈愛《アモル》〉といった古典的概念によって強化されていったかを示すのは、きわめてたやすいことと思われる。しかし、自明なことを単に立証するために、ここでさらに多くの典拠を挙げる必要もないだろう。〈祖国〉崇拝や国民的自己讃美に対して人文主義が容易にそれと認知しうる影響を与えていたこと、そして祖国のために死んだ戦士が最終的に英雄視されるに至ったのも人文主義者たちの功績によること、これらはともに明白な事実である。ローマ的な〈祖国愛〉が――人文主義者によりかくも情熱的に復興され、洗練され、賞揚されることを通じて――近代の世俗的精神を形成していったことは、疑いのない事実であった[☆一七五]。

しかし、人文主義が実際に影響を及ぼし始めたのは、〈祖国〉の観念が既に形成され、神学と法学の両者によって倫理化された後のことであり、それ以前ではない。〈祖国のため〉の死が「殉教」として当初有していた半ば宗教的な様相は、明らかに教会の教えに由来し、教会のさまざまな観念形態が世俗の政体へと適用されたことに由来するのである。人々はこの源泉からたえず水を汲み、特にフランスにおいては指導的な政治家が宗教的感情を体系的な仕方で利用し、新しい〈神秘体〉、すなわち領域的国民国家たる王国の赤裸々な政治目的へと、これらの感情を役立てようとしていた。教皇ボニファティウス八世とテンプル騎士団に対しフィリップ四世により開始された「十字軍」に引き続き、堅固な祖国愛の最初の偉大な高揚が生じたとき、人文主義の影響が（ローマ法とアリストテレスを別とすれば）ささいなものであり、ほとんど存在しなかった事実に注目するのは、きわめて興味深いことである。

この闘争は、新たに生まれた祖国愛が現実に社会を動かした最初の事例を示している。以前に神学者や法学者たちが、宗教的ないし法的な根拠によって、〈祖国〉に対する献身と〈祖国〉のための死を正当化すべく——多かれ少なかれ何気なく——提示したあらゆる論証が、この闘争を機に、いわば集成され要約されて、一つの整合的な体系、首尾一貫した観念形態《イデオロギー》となり、明確に特定化された〈祖国〉、すなわちフランス王国のために利用されることになったのである。ここでは、この有名な出来事の周知の細部を蒸し返して論ずるつもりはない。しかし、最近になって初めて世に出た一つの興味深い文書が、多くの源泉から湧き出た水流がどのようにして合流したかを我々に示すと同時に、目下の研究と関連するいくつかの新たな要因を例証してくれるだろう。

祖国愛のプロパガンダ

教令『ウナム・サンクタム』が世俗的支配権一般――特にフランス――に対して投げつけられた後、そしてフィリップ四世が、王国全体から発せられた公的な抗議表明により、教皇に対する自らの立場を強化すべくフランス最初の三部会を召集した後に、そしてさらに王が、フランドルの職人や農民に対する災い多き出征において、クルトレで悲惨な敗北を喫した（一三〇二年七月十一日）後に、フランスの或る無名の聖職者が、国王軍の出陣に際して一つの説教を垂れた。この説教は、王が当時行っていた政治的なプロパガンダをいっそう強化する目的で述べられたものと思われる。フィリップは王国全土に祈禱を命じ、少しばかり近代的とも言える仕方で、全臣民に対し〈祖国愛〉を一般的に呼びかけていたのである。彼は、戦争継続のための新たな資金を調達し、「祖国の防衛のために」、聖職者をも含むすべての人々に対し財政的援助を求めた。[☆一七六] ここでは、〈祖国〉という言葉が故郷の小邑や村や地方ではなくフランス王国全体を意味することが暗示されているだけでなく、王冠の卓越した法律顧問の一人ノガレのギヨームによって、〈明示的な言葉でもって〉言明されてもいるのである。ノガレは、他のすべての人々と同様に自分も、公教会の信仰と教会の統一と同時に「彼の王と、彼の祖国であるフランス王国」を守護する用意のあること、そして彼自ら騎士として〈我が祖国、フランス王国〉(patriam meam regnum Franciae)を守護すべく進んで死ぬ覚悟であることを、何度も繰り返し宣言している。[☆一七七] そして彼は、或る機会に、――他の法学者と同様に――祖国の防衛において人が自分の父親を殺すことになっても、それは犯罪ではなく功績であると説明している。[☆一七八] これほど極端に走ることはなかったにせよ、フランスの司教たちも、教会法学者の理論に従いながら、教皇庁への書簡のなかで、フランスのあらゆる勢力が〈王国と祖国の防衛のために〉(ad defensionem regni et patriae) 動員された場合には、教会上の諸特権や免除も停止されるべきことを認めざるをえなかった。[☆一七九] 現に、もう一人の偉大なフランスの法学者でマンド司教のグリエルムス・ドゥランドゥス(ギヨーム・デュラン)は、これより二十年ほど前にその『法律の鑑』で、〈祖国と王冠を守護するために〉(pro defensione patriae et coronae) 王がとりうる例外的な措置につき論じていた。「祖国」と「王冠」との並置は珍しいことではなく、これは当然のことながら、「王冠」やその担い手が支配する全王国ないし政治的身体を〈祖国〉と同義のものとしたのである。[☆一八〇]

王、法学者《レジスト》、そして不承不承ではあるが司教たちをも大同団結させた、この広範にわたるプロパガンダのなかに、氏名不詳の一人のフランスの聖職者が一三〇二年に行った説教が位置づけられる。[☆一八一] 彼は「第一マカベア書」(三:一九―二二)の次の一節につき説教を行った。

彼らは傲慢と無法とに満たされて……我らに向かって進軍する。……されど我らは、我らの魂と律法のために闘う。そして、主自ら、我らの面前で彼らを打ち砕かれるだろう。

これは祖国愛の宣言として恰好の言葉であり、あらかじめ他の人々により選び出されていたものである。おそらくこの一節は、どの時代においても、自らの立場が正しいという前提に立ってあらゆる種類の戦争を正当化するための理想的な標語として役立つだろう。[☆一八二]

彼らがそのために闘うフランスの正当性と大義名分を立証すべく、この説教者は、〈高貴にして神聖なるフランス王〉(nobiles et sancti reges Francorum) の聖性を揚言することから説教を始めている。彼によれば、フランス王が聖なる者たる理由は、第一に王家の血筋の完全な純粋性による。純粋であること自体、或る種の聖性を意味する (puritas quae est sanctitas quaedam) がゆえに、王家の血筋は神聖である。第二にフランス国王は、教会の聖性を守護するからである。第三に王は新たな聖者、すなわち聖なる王を生み出すことにより聖性を拡大させていくからであり、そして第四に王は奇蹟を行うからである。これらの議論は、フランスに王朝の体制が形成されつつあった時代に一般的に唱えられ、何度も繰り返されていた。ちょうど、ホーエンシュタウフェン朝を支持する人々が皇帝の〈神的な先任者たち〉(divi praedecessores) を想起したときと同じ容易さをもって、フランスでも、王の〈聖なる先任者たち〉(sancti praedecessores) が呼び起こされていたのである。[☆一八三] フランスの〈最もキリスト教的なる王〉(reges christianissimi) こそ、教会を守る特別の世襲的な保護者であるという主張は古来からのものであり、当然のことながら、この主張は、教会と真の信仰を教皇に対抗して守護することを標榜する闘争において、再度繰り返されることになった。「瘰癧」を癒す王の奇蹟は、説教者や演説家が好んで取り上げた話題であり、彼らは、他の王に対するフランス王の一般的な優越性や、王国内部での王の霊的至高性を立証するためにこれを用いた。[☆一八四] ただ、〈聖なるフランス王〉はまた「聖なる王を生み出していく」という主張のみが、当時において基本的によく知られていた観念を、通常よりは少しばかり先へと推し進めたもののように思われる。これは、ウェルギリウスから採られた着想だったのかもしれない。ウェルギリウスは、アエネアスの息子であった若きトロイア人アスカニウスを「神々の息子にして来たるべき神々の父祖」と呼んでいた――古代において効果的な役割を演じていたこの詩句は、今や、必ずしも不適切とは言えない仕方でフランス王家の君主たちに適用されたのである。彼らは、民間の英雄伝説に拠りながら、自分たちがトロイア人の子孫であり、プリアモス王の家系の後裔であると主張することができた。[☆一八五]

説教者は、王朝の聖性という前提から当然の結論として「神聖王」の要求は正義そのものの要求に他ならないという主張を容易に導き出すことができた。フランス人は正しい要求のために闘っているのであるから、言うまでもなくフランドル人は不当な要求のために闘っていることになる――〈我らは正義のために闘うがゆえに、彼らは不正のために闘う〉(cum autem nos bellemus pro iustitia, illi pro iniustitia)。しかし邪悪なるフランドル人にはむしろ祝福の言葉を述べてもいいだろう。というのも、神聖なる王が彼らに対して挑む戦いにより、彼らはいわば不正から「解放」される幸運を与えられたからである。邪悪なる生の哲学あるいは邪悪それ自体によって征服されるよりは、フランスの聖なる王によって征服されるほうがましであろう――スコラ哲学の理論に影響されたこのような思想は、都合よくフランドル人の立場を政治的かつ道徳的な「不信仰の族《うから》」へと貶め、自らの戦いを正義のための十字軍として正当化することになった。[☆一八六]

さらに説教者は、――王の正義から必然的に帰結する――王の平和が、フランス王国だけの平和ではなく、教会の平和、そして学問や徳や正義の平和でもあることを主張し、また王国の平和が聖地奪回のための諸勢力糾合を可能にすると主張している。フランスの文化的・教育的使命を強調することは以前から流行となっており、ちょうどイタリアに教皇権《サケルドティウム》が宿り、ドイツには皇帝権《インペリウム》が宿るように、――フランス以外の国の人々でさえ――学問《ストウディウム》をほぼ独占した功績をフランスに一般的に帰していた時代において、この使命を強調することは攻勢的であると同時に政治的に重要な意味をもっていたのである。[☆一八七] また、聖地の窮境を対外政策や国内政策の梃子として利用することは、十三世紀後半のフランスやその他の国々がたえず用いていた戦略であった。[☆一八八] 最後に、フランスの問題と教会の問題が同一であることも、従来より常に強調されており、これはフィリップ美王の時代に、政治的プロパガンダのきわめて有効な手段として用いられることになった。〈王の平和は汝らの平和、王の救済は汝らの救済である〉[☆一八九](Pax regis, pax vestra ; salus regis, salus vestra)という言葉は、聖職者を国家の聖職者とし、フランスの教会を国教会化することを目指したものである。それゆえ、説教者は難なく次のような結論を単刀直入に導き出すことができた。

〔フランスの〕王に対して戦いを挑む者は、全教会、カトリック教会の教え、聖性と正義、そして聖地に対して反抗する者である。[☆一九〇]

ここにおいて、何であれ万事がいっしょくたに同一視されるに至った。王のための戦争、フランスのための戦争、正義のための戦争、文化と教育のための戦争、教会のための戦争、キリスト教信仰のための戦争――これらすべてのことは、同一の公分母の上に配置された、相互に関連し合い依存し合う変数のごときものである。したがって我々は、このような時代において次のように言挙げするもう一人別の説教家の言葉を聴いても、少しも驚くことはないだろう。この説教家は、「適切に言えば、キリストと至福者たちの唯一の王国以外のいかなる王国も、フランスの王国（regnum Franciae）と呼ばれるべきではない」と唱え、現世の神聖なる王国を諸天体の王国（regnum coelorum）のモデルとして来世へと投影しているのである。[☆一九一] 我々は、ここにおいて既に、「聖なるフランスの王国に対して戦いを挑む者は、王なるイエスに対して戦いを挑んでいるのだ」[☆一九二]と述べた、ドンレミの甲冑の乙女〔ジャンヌ・ダルク〕の言葉を聴いているような気がする。

宗教的な諸価値が混ざり合ったこのような大量の倫理的・政治的諸理念は、これで拡張を止めたわけではなかった。というのも説教家は、さらにもう一つ別の議論をそれに統合することができたからである。予期されえたことではあるが、彼はフランスの同胞に対して、必要とあれば聖なる王のために進んで死を身に引き受けるよう求めた。彼は、このような死をも辞さぬ態度を、主君と臣下の間の古い封建的な絆ではなく、「自然理性」と有機体論的な国家概念を根拠として、人々に要請したのである。☆一九三 説教家が主張するところによれば、自然理性は身体のあらゆる器官が頭によって指揮され頭に仕えるのみならず、頭のために進んで自らを危険にさらすことを命ずる。王国の頭は王である。それゆえ、王を攻撃する王国のどのような部分も、頭を攻撃しているのであり、大胆にも全身体の破壊を企て、結局は自らを破壊しようとしているのである。☆一九四 フランスの政治的身体のために闘うことは、同時に聖なる王によって象徴されている正義のために闘うことを意味する。したがって、正義のために戦場で死んだ人々に対しては、ちょうど十字軍兵士に与えられるような霊的報酬が約束されている。

最も高貴な類いの死は、正義のために苦闘して死ぬこと〔「集会の書」四：二八〕である。それゆえ、〔フランスの〕王と王国の正義のために死ぬ人々は、疑いもなく殉教者として神により冠を授けられるであろう。☆一九五

換言すれば、聖者であり、それゆえ正義の闘士でもある王を頭とした政治的〈神秘体〉の

ために戦死することが、「殉教」として公式に認められることになった。このような戦死は、キリストを頭とする教会の〈神秘体〉のために死んで聖列に加わった殉教者たちの自己犠牲と同等視された。キリストがその模範を示したような、「正義のために苦しんで死ぬこと」は、国家のために殉死した者が冠と棕櫚の枝とを授かるために支払う代価であった。この場合、たとえ「正義」が全くもって単なる便宜上のもの、すなわち、自然理性に従ってフランスの政治的身体とその頭たる聖なる王にとり単に役に立つとされたものを意味したとしても、前記のことに変わりはない。正義の装いの下に、「国家理性」の理念が自らの本性を現わし始めたのである。[☆一九六]

これらすべての点において、説教家はその全説教を通じて、王やその助言者たちを含む他の人々が既に表明していた思想を単に繰り返しているにすぎない。ノガレのギヨームは、「すべての人々は自らの祖国を守護すべく義務づけられている」(Quisque teneatur patriam suam defendere) と宣言していたが、[☆一九七]この宣言は一三〇〇年前後のフランスの法的見解や慣習と明らかに合致するものであった。一二一四年のブーヴィーヌの戦い以来ずっと、軍務を分担する武装市民の分遣隊が国王軍の一部を形成していた。しかし、第三身分に加えて聖職者もまた、フランス国民の政治的身体の「器官」に加わり、普通の市民と同様に〈祖国〉フランス、およびこれと同時にガリア教会の〈神秘体〉を守護する責務を負うために、少なくとも財政的な貢献をしなければならなかった。[☆一九八]一三〇二年にはフィリップ自身も、輸出を禁止する王の命令に従うことを拒否し、かくして王国の防衛に貢献することを拒否した人々に対しては、財産の没収をもって威嚇した。なぜならば、「祖国の防衛を顧みない」これらの者は、万人の協力によって生まれ、他の人々が負う負担から結果する収益や報酬を享受するに値しないからである。[☆一九九] 国王フィリップの勅令に潜在する有機体的・団体論的観念は、現実に一二九六年に公にされた或る小論考で、きわめて明確なかたちで主張されている。そこで述べられているところによれば、これは聖職者に対する課税に関連した教皇の書簡への返答として書かれたということであるが、当の論考自体は、明らかに国王側の法学者、おそらくはピエール・フロットにより著されたものであり、この著者は率直な口調で次のように宣言している。

全体に合致しない部分は堕落しており、自らの身体を援助することを拒否する器官は無益で、麻痺しているも同然である。聖職者であれ俗人であれ、高貴な人間であれ卑しい身分の人間であれ、自分の頭や身体、すなわち〔フランスの〕王と王国、ひいては自分自身に対する支援を拒否する者は、自らが不従順な部分であり、また無益で麻痺したも同然の器官であることを証しているのである。[☆二〇〇]

このようにして、国王派の法学者は「フランスの政治的身体との不一致」を、ほとんど大逆罪に等しい犯罪として断罪した。しかし、これと同じ解釈に従って既にローマ教皇が、ガリア教会派の聖職者をこのような犯罪を犯す者として断罪していた。そこで、ローマ教皇の攻撃の矛先をかわすべく、フランスの法学者は、フランス王国の有機的性格を引き合いに出すという思い切った手段に訴えたのである。ガリア派の聖職者は、フランスの俗人とともに「ガリア教会」を形成しており、〈祖国〉の身体を構成する一部分であることが明らかにされた――普遍教会の神秘体内部でのこれらの聖職者の地位が、他の観点からしてどのようなものであれ、彼らはフランスの政治的身体の器官であることに変わりはなかった。かくして、ガリア教会の聖職者をフランス国民たる身分と同列に置くことによって、小論考の著者は、教会の〈神秘体〉という観念によってではなく、フランスの〈祖国〉という神秘的な〈政治的身体〉の観念によって、聖職者と俗人の二元論を、少なくとも政治的な意味において超克することに成功したのである。[☆二〇一]〈祖国の神秘体〉(corpus mysticum patriae)は〈教会の神秘体〉(corpus mysticum ecclesiae)と対抗的な関係に置かれるに至った。[☆二〇二]

王と祖国(Rex et patria)

ノガレのギヨームは何度となく、自分が〈王と祖国のために〉(pro rege et patria)進んで死ぬ用意のあることを宣言していた。或る機会に彼は、より具体的に次のように述べている――「忠誠の誓約によって彼は、主君たる王を……彼の祖国であるフランスの王国と同様に守護すべき義務を負っている」[☆二〇三]。ノガレのギヨームが言おうとしていることは明白である。彼は一人の戦士《ミレス》として、自らの封建的主君を守護するよう拘束され、また他のすべてのフランス人と同様、フランスの政治的身体の一部としてまさにこの身体である祖国を守護すべく義務づけられているということである。さらにノガレのギヨームは、キリスト教徒として自分が教会を守護する義務にも服していることを何度も繰り返しているが、今、問題となっている論点からすれば、これはそれほど重要なことではない。「王と祖国のために」という表現は、現代に至るまで存続してきた。しかし、実際のところ、この表現のなかに封建的なものと公共的なものという二つの異なった層が重なり合い、二つの異なった義務が共存していることは――十三世紀におけると同様、二十世紀の現代においても――通常、自覚されてこなかったように思われる。結局のところ、封建的主君は同時に政治的身体の頭でもある。したがって、或る人が自らの生命を「頭」に捧げようと、「器官」あるいは「頭と器官」の双方に捧げようと、そこに何か相違があるのだろうか。境界線が正確にはどこに引かれるべきかを判断することは困難だろう。しかし明らかに、義務が衝突する可能性が全くないわけではなかった。[☆二〇四]

王の観点からすると、事態は少しばかり異なった様相を帯びることになる。王は〈祖国のために〉戦い、死ぬことはできても、〈王のために〉、すなわち自分自身のために死ぬことはできない。このような場合、もし王がいやしくも戦うことを選択したとすれば、彼は王家のために、あるいは王位継承者のために死ぬと言えるだろうし、また「王冠」や「王の威厳」のために死ぬとも言えるだろう。中世の王が自ら戦場に赴き、剣を振り回したことは言うまでもない事実であり、少なくとも西欧ではそうであった。戦う王という理念は、全体的に見て十三世紀において疑問視されることはなかった。一二八三年に、ナポリとシチリアの二人の王、アンジュー家のカルロ（シャルル・ダンジュー）とアラゴンのペドロは、決闘という手段を用いて両者の間の政治的闘争を決着させようとしたのである。[☆二〇五] 法学者たちは、王国の共通善のために戦いを挑む者は、また王国の王冠を受けるに最もふさわしい者でもあると主張していた。[☆二〇六] 一三〇八年にフランスの人民は、自分たちの王が〈自らの生命を危険にさらしながら〉(sus le péril de votre vie) 自軍を戦場まで指揮していくことを当然のことと考えていた。[☆二〇七] これに類似した言葉を人文主義者たちの著作から手当たり次第に取り出し、その具体例の数を増やしていくことは容易だろう。[☆二〇八] また、後期中世ないしルネサンス期の年代記のなかにも、戦う闘士たる王の例が見られる。現実に、〈祖国のために〉自らの生命を捧げる王の義務を論じた、哲学的に見てきわめて興味深い議論が——これは、十三、十四世紀の伝統的な議論と人文主義的理念を結合したものである——、後期中世の著述家で、後に教皇ピウス二世となったエネア・シルヴィオ・ピッコローミニの手によって書かれているのである。

　この博学な人文主義者は、一四四六年にハプスブルク家の皇帝フリードリヒ三世に一つの論文を献呈した。その表題は『ローマ帝国の起源と権威について』というものであり、これ自体、当の論文が先行する世紀の政治的著作の系列に属していることを示している。[☆二〇九] この小論考でエネア・シルヴィオは、他の論題とともに戦争と国家の生成について論じている。彼は、伝統的な論法を用いて、国家の非常事態《ネケキタス》にあっては、市民の——たとえ、それが有徳な市民であっても——私有財産を没収する権限が君主にあることを主張する。そして、彼が述べるところによれば、君主は〈公的な利益のために〉(ad usum publicum) 市民の生命でさえ要求することができる。「なぜならば、我々は我々自身だけのために生まれてきたのではないからである」[☆二〇]。そして、彼は皇帝に対して共同体や同胞や人民のために生命を犠牲にした著名な男女の例を想起させ、これとの関連で、ヨナやアリオン、ローマのクルティウス、ギリシアのイピゲネイアなどを想起している。「一人の人間が人民のために死ぬことは立派なことである」[☆二一] (Expedit enim unum hominem mori pro populo)。彼の議論におけるルネサンスの影響は、古典古代や聖書上の多様な人物が盛り沢山に引用されていることに示されている。しかしこの後、エネア・シルヴィオは、より伝統的な筋道に再び立ち帰り、次のように論じている。

たとえ、身体の安全のために足や手が——これらは国家においては市民に相当する——切り離されるべきであると我々が述べたとしても、ひどいことを言っていると考えるべきではない。なぜならば、国家の神秘体の頭たる君主も、公共の安全がそれを要請するときには、自らの生命を捧げるように義務づけられているからである[☆二二]。

ここで我々が気づくことは、「キリストを頭とする教会の神秘体」が——法学者たちの著作におけると同様に——「君主を頭とする国家《レスプブリカ》の神秘体」によって置き換えられたことである。そして、エネア・シルヴィオは――彼より前のルカス・デ・ペナと同様に――、彼がどのような類比関係を念頭に置いているかを我々に明白に示している。すなわち、キリストが教会の首長であり、――皇帝と同じように――教会の〈君主にして指導者〉(princeps et recctor) であるにもかかわらず、教会のために自ら犠牲になったことを、彼は付言しているのである。[☆二三] エネア・シルヴィオは、四肢の――手や足の――自己犠牲と同時に、頭の自己犠牲についても述べている。国家のために自らを犠牲にした通常の市民は、疑いもなく殉教者となり、彼の愛《カリタス》はキリストの愛を模倣している。しかし、君主がその〈神秘体〉――世俗国家――のために犠牲となることは、より直接的な仕方で、そして異質な次元において、キリストの犠牲と比較することができる。すなわち両者はともに、彼らの神秘的身体の一部としてのみならず、その頭として自らの生命を捧げたのである。いずれにしても、ここにおいては、霊的な〈神秘体〉と世俗的な〈神秘体〉、神秘体の聖なる頭と君主の頭、天上の超越的共同体のための自己犠牲と地上の――倫理的かつ政治的な――共同体のための自己犠牲といった対応関係が、一定の帰結へと到達したことが示されている。封建的慣習によって規律されているような、主君と臣下の間の相互的忠誠がここで問題とされているのではない。君主の自己犠牲は、キリストの自己犠牲と同様、端的に政体を中心としたものなのである。

一三〇〇年前後にフランスのフィリップ四世によって開始された愛国的なプロパガンダ運動においても、また、〈祖国のため〉の市民の自己犠牲をめぐる政治的・法的議論においても、王や故国を守護するために自らの生命を捧げるよう要求されたのは、言うまでもなく政治的身体の四肢たる人々であった。頭たる王や、政治的身体のために自らを捧げる王の義務については、法学者の議論はそれほど活発なものではない。しかし明らかに彼らは、王も臣民と同じ重荷と危険を当然負うべきであると考えていた。それゆえ、フランスの法学者の一人であるピエール・デュボワが、きわめて明瞭にこれと反対の見解を表明していたことは、非常に驚くべきことである。彼は、戦争が起こった場合に王は危険に身をさらすべきではなく、軍隊に参加することさえすべきではないと主張していた。王は「自分の故国の地に留まり、嗣子をもうけることと教育や教化に、そして軍隊の整備に専心しなければならない。これは神の栄光のためである」[☆二二四]と彼は書いている。すなわち、通常の人民は〈祖国〉のために財産と生命を犠牲にすることが期待され、このような義務さえ負っているのに対して、政治的身体の頭たる王は、同じような犠牲を払うようには期待されておらず、むしろ、——デュボワが付言するところによれば——「王国の只中で平穏に休らいながら」、戦争のために将軍を派遣したローマの皇帝たちやモンゴルの汗《ハーン》の範に倣って、戦争以外の愛国的な任務に専念すべきものと考えられている。[☆二二五]ピエール・デュボワにおいては明らかに、神たるキリストを模倣することよりも、王国の利益のほうが優先されている。

ピエール・デュボワは、少しばかり粗野な仕方で自分の見解を披瀝したのかもしれない。しかし、彼が表明した思想が特に独創的であったわけではない。事実、王権に関する一つの新しい観念が後期中世に散見されるのである。すなわち、君主というものは自ら戦場で闘わず故国に留まり、将軍だけが戦場で闘うという考え方である。この点に関しても、（いわば「法学者たちの時代」にあって大きな影響力を有していた）ユスティニアヌスの模範が、権威として用いられていたのかもしれない。[☆二六] ピエール・デュボワの念頭にあった「ローマの皇帝たち」の一人は、ユスティニアヌスではないだろうか。また、十三世紀を通じて二回ばかりラテン語に翻訳された偽アリストテレスの論考『世界について』が、このような新しい王権観の一つの要因であったと考えるのも不可能なことではない。この著作においては、ペルシアの偉大な王が神の対型として描写されている。「あらゆる人々にとって不可視な」存在たる王は、スーサないしエクバタナの宮殿に住み、彼は、人々から隔離された状態にありながら、「あらゆることを観て、あらゆることを聴いている」。というのも、巧妙な情報収集システムを用いて王は、遠くまで広がる帝国で起きているあらゆる出来事を敏速に知ることができるからである。彼は官吏を通じて行動する。なぜならば、あらゆる場所に自ら赴くことは王にとってふさわしいことではなく、むしろ神のごとく遠く離れた至上の領域に住まいながら、「王から全世界へと及ぼされる権力によって」あらゆることの原因たりうることが、どのような場合でも王にとっていっそう威厳に満ち崇高なことだからである。[☆二七] この種の「天上のヴェルサイユ」とでも言いうる支配権の合理的形態の反響は、十三世紀に人々の間で広く読まれていた『シドラク』と呼ばれる哲学的な物語のなかにも見出される。レヴァントの伝説上の王たる対話者が、王は戦場に赴くべきか否かをシドラクに尋ねたとき、賢い彼は、王たるものは戦いに参加すべきではなく、軍隊の背後に留まるべきであると忠告した。というのも、「たとえ軍隊が敗北しても王がその場を逃れることができれば、別の軍隊を再編成できるが、王が敗北すればすべてが失われてしまう」からである。[☆二八] ピエール・デュボワが『シドラク』の影響を受けていたかどうか、我々には判断できない。しかし、「戦うことなき王」という観念は、次第に人々に受け容れられていった。もっともフロワサールは、フランス王シャルル五世が、〈自室で気晴しごとをしながら〉(estans en ses cambres et en ses deduis)、前任の王たちが――〈頭を武装し、手に剣をもちながら〉(la teste armée et l'espée en la main)――戦場で失ったすべてのものを奪回したことを、少しばかり逆説的な事実として言及している。[☆二九]

　戦争の危険に身をさらすことのない王は、暗黙のうちに臣民に対して一方的な犠牲を要求していることになる。政治的身体の諸器官は頭のために一方的に犠牲となるべきであるという考え方は、スコラ学の領域において、その極端な帰結へと導かれていった。周知のごとく徹底した教皇支持派であったアウグスティヌス・トリウムフスは、『至高の教会権力について』と題する著作のなかで、教皇に対する上訴の問題をさまざまな法的観点から議論している。人は教皇から神へと上訴することができるだろうか。教皇から神への上訴は、神に逆らって上訴することではないだろうか。教皇から枢機卿団への上訴はありうるだろうか。一般公会議への上訴は認められるだろうか。著者は、神がまず第一に事物のなかの秩序を観て、自らの被造物を「きわめて善き」ものと是認した(「創世記」一:三一)ことを根拠に、また「教皇は教会の全秩序の指揮官であり首長である」ことを理由に、公会議への上訴を否定し、さらに次のように論じている。

〔公会議への〕上訴によって、このような秩序が覆されてしまうように、このような善も無に帰するだろう。なぜならば、軍隊の善さは指揮官の善さなくしてはありえず、教会の善は教皇の善による以外には存在しえないからである。指揮官の善さは軍隊の善さに勝り、教皇の善は全教会の善に勝るものである☆二〇。

ここにおいて、頭は全神秘体をいわば呑み込むに至った。重要なのは〈教会の体〉（corpus Ecclesiae）ではなく〈教会の頭〉（caput Ecclesiae）であり、生命それ自体ないし生命の連続性が、頭と四肢の合一体にではなく、頭だけにあるかのように言われているのである。生命の連続性は「頭」だけに依存するという見解に関連した或る問題が、ピエール・デュボワとアウグスティヌス・トリウムフスの興味深い説明の背後に潜んでいたと想定してさしつかえないだろう。デュボワの場合、それは明らかに王朝の連続性であり、この連続性は政治的身体全体にとっては、王が戦争で不慮の事態に身をさらすことより重大なものに思われたのである。アウグスティヌス・トリウムフスに関しては、彼の議論から連続性の問題を取り出すことはより困難である。彼の奇妙な言明は、アリストテレスが「善」の本性を考察している『形而上学』の一節を誤解し、誤って適用したことから生じたものである。アリストテレスが考察したのは、善とは全体を構成する諸部分の秩序ある配置のなかに内在的に存するものなのか、それとも分離し独立した何ものかとして、全体を超えたところに超越的に実在するものなのかという問題であった。アリストテレスは、おそらく善はこれら二つの意味の双方において実在するという判断を下し、軍隊を例に採ってこれを具体的に説明している。

軍隊の力は部分的には自らの秩序に存し、部分的には指揮官に存するがゆえに。しかしその力は、主として後者に存する。なぜならば、指揮官は秩序に依存しないが、秩序は彼に依存するからである。[☆二二]

言うまでもなくアリストテレスは、軍隊全体が指揮官の利益のために崩壊してもよいなどと言っているのではない。しかし、彼の比喩が、位階秩序的で目的論的な意味において容易に解釈されえたことも明らかである。既にトマス・アクィナスにおいて、このような傾向が見られる。しかしトマス・アクィナスは、「指揮官」自身が目的ではないことをきわめて明確に指摘していた。すなわち、軍隊の秩序が「指揮官の善の実現のために」あると言えるのは、それが「勝利を達成せんとする指揮官の願望の実現」に役立つかぎりでのことにすぎない。[☆二三] そして、トマス・アクィナスは別の箇所において、窮極的な目的は神それ自体にほかならないのであるから、仲介的存在者たる天使と同様に、「指揮官」もそれ自体において目的ではないことを、再度繰り返し確認している。[二二三] アウグスティヌス・トリウムフスは、まさにこの点において解釈の誤りを犯しているように思われる。トマス・アクイナスの警告にもかかわらず、彼は〈キリストの代理者〉を、教皇がその代理者である者（神たるキリスト）と明らかに取り違えており、かくして、教皇が（あるいはトマス・アクイナスの言う「天使」が）可視的な教会の窮極的な——そしてさらに永遠な——善であるかのような印象を我々に与えているのである。彼の場合、連続性は、その正否はともかくとして、教皇において現実化すると信じられた〈至高善〉（supremum bonum）のなかに求められるべきであろう。それゆえ、頭となるのが天使であれ、また教皇や指揮官であれ、四肢が頭のために一方的に犠牲となるのは、この〈至高善〉によって正当化されるのである。換言すれば、ただ頭だけのために殉教死することは、〈神秘体の頭〉（caput corporis mystici）がキリスト自身であるかぎりにおいて、すなわち、単に可死的な人間であるのみならず、神の玉座を永遠に共にする不可死の存在者でもあるキリスト自身であるかぎりにおいてのみ正当化されるのである。トマス・アクイナスが述べているように、[二二四] キリストは〈あらゆる時において〉（secundum omne tempus）教会の頭であるのに対して、普通の可死的人間である教皇は、〈限定された時において〉（secundum determinatum tempus）のみ（可視的な）教会の頭であるにすぎず、したがって教皇は、永遠なる〈神秘体〉の永遠なる頭を特徴づけている永久性ないし連続性を、自らに対して要求することはできない。

疑いもなく、有機体論的な理論には袋小路のようなものが存在する。この理論は、政治的ないし神秘的身体の連続性を指摘しえたかもしれないが、単なる頭のみの連続性を提示することはできなかったはずである。しかし他方、ちょうど自然的身体におけるように、あらゆる器官は頭を守護する義務を負っていると主張されるのが通例であった[☆二二五]。議論のこのような行き詰まりを我々は念頭に置いておく必要がある。というのも、まさにこの種の欠陥を手掛かりとして、我々は問題の核心とその本質に到達することができるからである。この問題の性格は、我々の研究の諸成果が集積された段階で、より明確なかたちで把握されることになるだろう。

本章の冒頭部分（二六二頁）において、教会の〈神秘体〉と新しい世俗的諸政体の間に有効な相互関係が実際に存在していたか否か、という問題が提起された。今やこの問題に対しては肯定的に答えることができるだろう。〈神秘体〉の観念が政治的諸団体に移し入れられ利用されたことは、否定できない事実である。教会論上の用語そのものが利用されたか否かに関係なく、あるいはアリストテレスの〈道徳的かつ政治的な身体〉という表現や、よりいっそう情緒的な〈祖国〉といった、もっと特殊な用語が同じ観念を示すために好んで用いられたか否かに関係なく、前記のことは否定できない。この新しい存在形態を創り上げている要素には、神学的、法学的、哲学的、人文主義的といったさまざまなものがあり、たとえば、ローマや帝国の観念形態《イデオロギー》が領域的な君主国家へと移し入れられたことは、宗教思想の具体的適用に劣らず重要な意味をもつ。しかしながら、その初期の段階に関するかぎり、〈祖国〉崇拝の主要な内実は、広義の意味において宗教的な思想世界から引き出されたものであった。そして、祖国に対する献身の主要な原因は、歴史の或る一時点において、国家が教会と比肩しうる〈神秘体〉として現われた事実に存するのである。〈祖国のために死ぬこと〉、神秘的かつ政治的な身体のために死ぬことが意味をもつのは、このためであった。すなわち、キリスト教の信仰や教会や聖地のために死ぬことと同じ価値と重要性とをもつと見なされることによって、祖国のための死も有意味なものになったのである。もし、「教会の体のなかに生きる」すべてのキリスト教徒が、「この体を守護すべく立ち上がる義務を負っている」とするならば、フランスの体のなかに生きるすべてのフランス人も、この国家的身体を守護すべく立ち上がらねばならないという主張が、端的かつ直接的な帰結として導き出された[☆三六]。それゆえ、政治的身体ないし〈祖国〉のための死は、類比によって真に宗教的な視座において観念され、宗教的な意味をもったものとして理解されたのであり、このことは、古典的な英雄視や、熱弁をふるって祖国愛を唱道した後世の人文主義者たちの態度なくしても充分に起こりえたのである。祖国のために死ぬことは、道徳的かつ政治的な身体のために死ぬこと、すなわち自ら永遠の価値を育み、教会の〈神秘体〉と並んで道徳的・倫理的な自律性を確立した政治的身体のために死ぬことを意味するがゆえに、それだけいっそう、このような犠牲を捧げることは価値あるものとされたのであった。

しかし、これと同時に提起されるもう一つ別の問題に答えることは、はるかにいっそう困難である。すなわち、〈キリストの二重の身体〉(duplex corpus Christi)という概念が、「王の二つの身体」と何らかの関連性を有しているか否かという問題である。キリストの二つの身体——二つの「本性」ではなく——という考え方、すなわちキリストは自然的身体と神秘的身体を、あるいは個人的身体と集団的身体を有するという考え方は、言うまでもなく有機体的・団体論的な教会観念に基礎を置いている。〈キリストの体〉としての教会が聖パウロにまで遡る観念であるのに対して、〈キリストの神秘体〉としての教会は比較的新しい時代の観念であり、後者は、十三世紀を通じて法的な意味内容をさらに獲得するに至った。二重性の観念——すなわち、一つはキリスト自身であるところのキリストの身体、もう一つはキリストがその頭であるところの別の身体[☆二七]——は、〈国家の神秘体〉が出現したとき、世俗的領域においてこれと対応する観念を見出しえたのであろうか。

一見したところ、我々はこの問いのなかに、国王二体論の問題全体に対する解答を捜し求めたい気持に駆られるかもしれない。法学者や哲学者によって構成された類比にはさまざまのものがある。君主は国家の神秘体の頭であり、場合によっては神秘体それ自体であるとさえ考えられ、したがって、教会の神秘体の頭であると同時に神秘体それ自体でもあるキリストに類似した存在と見なされた。また、キリストが彼の団体的身体のために自らの生命を捧げたのと同様に、君主も国家のために自らの生命を犠牲にするものと考えられた。さらに我々は、この種の類比が根強く存続していたことを想起しうるだろう。たとえば、自殺者が重罪を犯すものとされたのは、彼が自然と神に違背して行動したのみならず、（チューダー朝の法学者が指摘したように）「自殺によって王が一人の臣民を失い、頭としての王が自らの神秘的四肢の一部を失うという意味において」、王に違背して行動したからである。[☆二二八] ちなみに傍論として、次のことに触れておこう。『ニコマコス倫理学』によれば、自殺者は自分自身や誰か他の人間に害を加えているのではなく、むしろポリスに対して――キリスト教の用語では〈神秘体〉ないしその頭に対して――、害を加えているのである。[☆二二九]〈神秘体〉の霊的頭と〈政治的身体〉の世俗的頭の類似性をよりいっそう印象的に言い表わしているような史料をさらに収集することも、それほど困難なことではないだろう。それでは、なにゆえ我々は〈キリストの二重の身体〉という観念から〈王の二重の身体〉を導き出し、これによって問題の全体が解決されたと考えてはいけないのだろうか。

しかし、さらに立ち入って考察してみると、国家に関する有機体的観念は他の点では確かにきわめて有効な観念ではあっても、この観念自体からただちに「王の二つの身体」が導出されると考えたり、また、これからキリストの「二つの身体」の世俗的対応物が導出されると考えることは不可能のように思われる。まず第一に言えるのは、我々に与えられているいかなる史料も、このような想定を支持しないということである。政治的身体の頭としての王が二つの身体を有するといった考えが、単に国家の有機体的観念だけを基礎として表明されている例を、我々はどこにも見出すことができない。[☆二三〇] また、王が二つの身体を有すべき理由も存在しない。フランス王フィリップ四世は、自然的な人間としてフランスの政治的身体の頭なのであり、他のすべてのフランスの人民と同様、この身体の――最も卓越せる部分ではあっても——単なる一部分にすぎなかった。教会法が、司教と司教座聖堂参事会の間に明確な区別を設けていたことは確かである。或る観点からすれば、司教と参事会は両者ともに合わさって一つの身体を形成し、この身体の頭が司教であったが、別の観点においては、おのおのは〈分離身体〉(corpus separatum) と言われていた。[☆三二] しかし、この考え方は有機体論的な理論とは別のものを前提としており、世俗国家の理論家たちは、国家の頭を一つの〈別個の身体〉として認めてはいなかったように思われる。むしろ逆に彼らは、頭から四肢を分離したり、四肢を頭から切り離すことを強く嫌ったのである。頭と四肢の有機的統合という観念は、両者の分離を認めるにはあまりに強い観念であった。[☆三三] 王が二つの異なった権能において——すなわち、封建領主であると同時に全政治的身体の頭として——現われたことは、既に指摘した通りである。〈王と祖国のために〉死ぬという表現は、王の権威のこのような二重の様相を指すものと考えられる。しかし、この種の二重性は、キリストの自然的身体と神秘的身体の二重性とは似ても似つかないものである。というのも、たとえ人が次のような類比的表現を案出したとしても、すなわち、「王自身であるところの王の身体が存在し、彼がその頭であるところのもう一つ別の身体が存在する」といった表現を仮に造ったところで、それは何を意味し、どんな役に立つというのだろうか。このように定義したところで何ら重要な帰結は生じないし、このような定義を認めるべき理由も存在しない。結局それは、何も意味してはいないのである。

もう一つ別の可能な議論を、手っ取り早く片づけてしまうことにしよう。すなわち、国家を〈擬制的人格〉(persona ficta) として、個々の成員を超越した抽象的人格と見なす考え方である。トマス・アクイナスが折に触れ、教会を〈神秘的人格〉(persona mystica) と定義したことは確かである。[☆二三三] この疑問の余地ある用語を根拠として、我々は、国家をも同様に〈政治的かつ道徳的な人格〉(persona politica et maralis) と理解してよいのだろうか。このような表現は存在していなかったと思われる。というのも、一三〇〇年前後において、国家は「擬制的人格」ではなく、有機的ないし有機体論的な統一体と考えられていたからである。国家はそのメンバーを離れて実在するものではなく、また「国家」は、頭や四肢を超越して、あるいは道徳的諸価値や法を超越して、それ自体で存在する何らかの上位者でもなかった。[☆二三四] 簡潔に言えば、〈王国〉や〈祖国〉は人格化されてはおらず、むしろそれは「身体化」されていたのである。人が国家を教会の神秘体の類似物として構成しえたのは、まずもって国家が一つの「身体」として考察されえたことによる。両者の類比関係は、いわば身体《コルプス》という言葉に依存しているのであり、人格《ペルソナ》という言葉にではない。これはちょうど神学者たちが、〈キリストの二つの人格〉ではなく、〈キリストの二つの身体〉について考察したのと同様である——いずれにしても〈キリストの二重の人格〉などと言えば、ネストリオス主義になってしまうだろう。これと同様のやり方で、チューダー朝の法律家は「王の二つの身体」について議論したのであり、「王の二つの人格」——たまに、この表現が誤って用いられたことがあるかもしれないが——について彼らが議論することはなかった。したがって、用語法自体が次のような考え方を阻止するはずである。すなわち、政治的身体における頭と四肢の古来の有機的合一を気軽に無視し、これに代えて人格化された国家の抽象観念を性急にあてがうような考え方は、用語法自体がこれを許さないのである。☆二三五

教会の〈神秘体〉と国家の〈神秘体〉の相互関係をめぐる骨の折れる探究は、我々の問題を次のように定式化し直すことによって、それほど無益なものでなかったことがわかるだろう。霊的領域から世俗的領域へと移された諸特徴を問題にする代わりに、我々は次のように問うべきである。すなわち、「キリストの二つの身体」という観念が国家の神秘体の頭へと移し入れられることがなかったのはなぜか、あるいは、前者が間接的にでも後者へと適用されることがなかったのはなぜかという問題である。類推を拒む亀裂はどこに存在するのだろうか。

ここに含まれる主要な問題が、おそらく時間性の問題であることを我々がひとたび認めれば、前記の問いに答えることはごく容易になるだろう。キリストは人であると同時に神であり、したがって教会の神秘体の頭は永遠に存在する。それゆえキリスト自身の永遠性は、同じくその神秘体に対しても永遠性を、あるいはむしろ無時間性という価値を付与することになる。これとは逆に、政治的身体の頭としての王は普通の可死的人間である。王は可死的存在であり、現実に死ぬがゆえに、いささかも永遠の存在者ではない。すなわち、(チューダー朝時代の法学者が表現したような)例の奇妙な存在形態を王が身に帯びるためには、つまり天使のように不可死かつ不可視で遍在的な性格を有し、未成年たることがなく、病

気になったり老衰することのない存在形態を王が取りうるためには、王は単に可死的存在者たることを停止するか、何らかの仕方で不可死性という価値を獲得しなければならない。神学の用語で言えば、その「本性（自然）において」キリストが帯びていた永遠性を、王は別の源泉から受け取る必要があった。何らかの〈永遠性〉(character aeternitatis) を有することなしに、王が〈天使性〉(character angelicus) を具えることは不可能であり、また、永遠性を帯びた何らかの内在的価値なくしては、彼が「二つの身体」や、自然的身体と区別された超越的身体をもつことも不可能であった。

言うまでもなく、恩寵とともに正義や法も、容易には無視することのできない永遠性の価値であり続けた。これらは、新しい君主国の連続性を確立することに寄与したのである。というのも、「神の恩寵による」支配という観念は、王朝のイデオロギーのなかで新たな生命を獲得し、他方「決して死ぬことのない」正義の永続性は、王冠の連続性に関して大きな役割を演じていたからである。しかし、政体を中心とする新たな支配観念を育んだ不可死性ないし連続性という価値は、「決して死ぬことのない」統合体(universitas)、すなわち不可死の人民や政体や〈祖国〉の恒久性に帰属していたのであり、個々の王がこれらから容易に分離することはあっても、王朝や王冠や王の威厳がこれらから分離することはなかった。

原註

序章

☆一——F. W. Maitland, *Selected Essays* (Cambridge, 1936), pp. 104-127. これは、*Law Quarterly Review*, XVII (1901), 131-146 を再版したものである。

☆二——*Ibid.*, 117. 言うまでもなく、このような「ごた混ぜ」がイングランドに限られていなかったことを、メイトランドが知らないわけではなかった。というのも、Otto von Gierke, *Deutsches Genossenschaftsrecht* (Berlin, 1891), III, 294, n. 148 に、これと驚くほど似た主張が引用されているからである。十四世紀の教会法学者アントニウス・デ・ブトリオは、「キリストが所有していると言おうと、あるいは聖職者が、普遍教会が、特定の教会が、司教が、またこれ以外の高位聖職者が、あるいはキリストの代理者たる教皇が所有していると言おうと」(sive dicas Christum, sive praelatum, sive ecclesiam universalem, sive particularem possidere, sive episcopum, sive alium praelatum, sive Papam vicarium Christi)、教会財産の所有に関して、いかなる相違も生じないと主張している。

☆三——Sir William Blackstone, *Commentaries on the Laws of England*, 1, c. 7 (初版は一七六五年), 237 ff.

☆四——*Ibid.*, 1, 246.

☆五——王の不可視性は、ブラックストンにより直接には言及されていない。しかしこれは、政治的身体の標準的な定義に含まれている。プラウドン判例集については後出第一章註☆二参照――「……政治的身体は、見ることも手で触れることもできない身体である」。また、Sir Edward Coke, *The Reports*, ed., George Wilson (London, 1777), VII, 10-10 a 所収の「カルヴィン事件（一六〇八年）」においては、「……というのも、政治的権能は不可視かつ不可死だからである」と言われている。

☆六――Blackstone, *Comm.*, 1, 270.

☆七――*Ibid.*, 1, c. 18, 469; Maitland, *Sel. Ess.*, 75.

☆八――F. Pollock and F. W. Maitland, *The History of English Law* (2nd ed., Cambridge, 1898, 1923), I, 512, および 495, そして *Sel. Ess.*, 105 ff. に見られるメイトランドの説明を参照。さらに彼の論文 "The Corporation Sole," *Sel. Ess.*, 73-103 および p. 264 に掲載された「年書」(Year Book) のさまざまな判例の目録（*LQR*, XVI [1900], 335-354 の再録）を参照。この論文のなかで、メイトランドは類い稀な学識を駆使して、初期中世の〈私有教会法〉(Eigenkirchenrecht) が、単独法人の概念をも含めた後世の諸観念に与えた影響を明らかにしている。

☆九――Maitland, *Sel. Ess.*, 105.

第一章

☆一——Maitland, *Sel. Ess.*, 109——「この種の言葉遣いが一五五〇年頃ほんとうに新しいものであったか、あるいはプラウドンが現われる以前に用語として使われることがなかったか、という点につき明言することは容易でない。そして、「年書」も我々にこの点についての解答を与えてはくれない」。

☆二——Edmund Plowden, *Commentaries or Reports* (London, 1816), 212 a. この事例はクックによって引用されている。——*Rep.*, VII, 10（カルヴィン事件）.

☆三——Sir John Fortescue, *The Governance of England*, c. VI, ed., Charles Plummer (Oxford, 1885), 121 ; cf. 218 f. そして *Song of Lewes* からの引用 (p. 217) を参照。また、フォーテスキューの *De Natura Legis Naturae*, c. XXVI 参照。S・B・クライムズは、この箇所のかなりの部分をフォーテスキューの *De Laudibus Legum Angliae* の称讃すべき版 (Cambridge, 1942) のなか (p. 154) で引用している。またこれと関連する観念については、*De Laudibus*, c. XIV, ed. Chrimes, 34, 27 f. 参照。

☆四——王の〈天使的性格〉は、現代の文献のなかできわめて頻繁に言及されている。たとえば、Eduard Eichmann, "Königs- und Bischofsweihe," *Sitz. Ber. bayer. Akad.* (München, 1928), No. 6, S. 8 ; Max Hackelsperger, *Bibel und mittelalterlicher Reichsgedanke* (München Diss., 1934), 28, n. 35 ; E. Kantorowicz, *Laudes Regiae* (Berkeley, 1946), 49, n. 126. しかし問題の全体は未だ研究されてはいない。この観念にとって決定的に重要な箇所が聖書（たとえば、「サムエル記」下、一四：一七および二〇）に見出されるだけではない。これと同じくらい、あるいはいっそう重要なのは、おそらくヘレニズム思想の影響だろう。王と賢者が、神と人間を仲介する第三の独立した階級を形成しているという観念については、

Erwin R. Goodenough, *The Politics of Philo Judaeus* (New Haven, 1938), 98 ff. および同じ著者の "The Political Philosophy of Hellenistic Kingship," *Yale Classical Studies*, 1 (1928), 55-102, 特に 76 ff., 100 f. 参照。グディナフにより論じられた諸論考は、より最近になってルイ・ドラットにより刊行され註解されている。——Louis Delatte, *Les traités de la royauté d'Ecphante, Diotogène et Sthénidas*, Bibliothèque de la Faculté de Philosophie et Lettres de l'Université de Liège, XCVII (Liège, 1942). さらに、Artur Steinwenter, "ΝΟΜΟΣ ΕΜΨΥΧΟΣ: Zur Geschichte einer politischen Theorie," *Anzeiger der Akademie der Wissenschaften in Wien*, phil. -hist. Kl., LXXXIII (1946), 250-268, 特に 259 ff. 初期キリスト教の観念については、たとえば、Günther Dehn, "Engel und Obrigkeit," *Theologische Aufsätze Karl Barth zum 50. Geburtstag* (München, 1936), 90 ff. および Harald Fuchs, *Der geistige Widerstand gegen Rom in der antiken Welt* (Berlin, 1938), 58 f. による批評を参照。

☆五——Plowden, *Reports*, 213. ランカスター公領の事例については、後出第七章註☆三〇二以下を参照。

☆六——Plowden, *Reports*, 220 a. クックも同様にこの訴訟事例に言及している。ランカスター公領については、後出第七章註☆三〇二以下を参照。

☆七——Plowden, *Reports*, 213 a. ラテン語の格言（次註を参照）は、その後も、たとえばクックにより繰り返されている。Sir Edward Coke, *The Second Part of the Institutes of the Laws of England* (London, 1681), 307——「より優れた価値をもつすべてのものは、より劣った価値しかもたぬものを自らへと引き入れる」(Omne maius dignum trahit ad se minus dignum)。この格言自体は、最も遅くても十三世紀以降にはイングランドにおいて知られていたに違いない。Matthew Paris, *ad a.* 1216, ed., Luard

(Rolls Series), II, 657 は、ジョン王の断罪を敢行しようとしたフランスの諸侯に反対する教皇インノケンティウス三世の見解を繰り返し提示している――「……下位者としての諸侯たちにより死刑へと断罪されることはありえなかった。なぜならば、より優れた価値はより劣った価値を或る程度まで吸収するからである」(...per barones, tanquam inferiores, non potuit ad mortem condemnari, quia maior dignitas quodam modo absorbet minorem)。イングランドの法律用語に見られる法諺一般については、David Ogg, *Joannis Seldeni "Ad Fletam Dissertatio"* (Cambridge, 1925), Introd., pp. xlii-xlvi 参照。

☆八――両性具有については、*Digesta*, I, 5, 10 参照。聖職推挙権に関するグレゴリウス九世教皇令集につき議論しながら、バルドゥスはこのウルピアヌスの判断に言及している。この権利は、世俗的性格と同時に聖職的性格をも有していたことから、両性具有に――あるいは〈王の二つの身体〉に――喩えられうるような〈混成態〉(quid mixtum) に見えたのである。教皇令集 (c. 3 X 2, 1) へのバルドゥスの註解 (n. 7) (*In Decretalium volumen*, Venezia 1580, fol. 152^{v}) 参照。ここには他の数多くの引用箇所や結論が提示されている――「同じように、二つの極端が一つとなったとき、両極の性格は残りながらも、より主要でより顕著なものが他方を自らへと引き入れる」(Item quando ex duobus extremis fit unio, remanentibus qualitatibus extremorum, magis principale et magis notabile aliud ad se trahit)。さらに(医学的に見ても興味深い)マラスピーナ家の両性具有に関するバルドゥスの法的意見も参照――Baldus, *Consilia* (Venezia, 1575), III, 237, n. 1, fol. 67^{v}. 教皇令集 (c. 3 X 2, 1) に対する標準註釈(パルマのベルナルドゥス)も、この格言に触れている――「霊的なものと世俗的なものの中間にある混合的な事例は、世俗的性格よりは霊的性格に従うことに注意すべきである。……このように、その実体においてはより効力のないものであっても、裁判権に関しては、より大きな効果を有するのである」(Nota quod *causa mixta* inter spiritualem et civilem magis sequitur natura[m] spiritualis quam civilis . . . et sic quod est minus dignum in sui substantia, maioris est efficaciae quo ad iurisdictionem〕。バルドゥス自身も、勅法彙纂への註解でこの格言に繰り返し言及している。たとえば Baldus on *Codex*, 9, 1, 5, n. 4 (*Commentaria in Codicem*, Venezia, 1586, fol. 194ᵛ)、あるいは *Codex*, 6, 43, 2, n. 1 (fol. 157ᵛ) を参照。バルドゥスの註解は、かなりの程度、イングランドにおける後世の理論と合致している――「相互に統合されたものにおいては、より優れた価値をもつものが、より劣った価値しかもたぬものを自らへと引き入れる。同様に、最も力あるものは最も力なきものを自らへと引き入れ、自らに固有の価値と特権を後者へと伝達することに注意すべきである」(Nota quod in unitis ad invicem, dignius trahit ad se minus dignum. Item quod plurimum potest, trahit ad se quod nimium potest et communicat illi suam propriam dignitatem et privilegia)。また、グレゴリウス九世教皇令集 (c. 3 X 3, 40) に対する標準註釈 (ヨハネス・テウトニクス) を参照。ここでは、格言は聖油に適用されている。「同様に、聖別されていない油は聖別された油と混ぜ合わされることが可能であり、そのすべてが聖別されたと言うべきである」(Item oleum non consecratum potest commisceri oleo consecrato et dicetur totum consecratum) という教皇令集の一節について、この註釈者は〈consecratum〉という言葉への註釈で「このように、より価値あるものとしての聖なるものは、聖ならざるものを自らへと引き入れる」(Et ita sacrum tanquam dignius trahit ad se non sacrum) と述べている (筆者がこの箇所およびルカス・デ・ペナからの引用箇所 [後出] を知ることができたのは、ゲインズ・ポウスト (Gains Post) 教授が筆者の研究に対して示してくださった親切な御関心のおかげである)。さらに、再び聖職推挙権との関連において、教皇令集 (c. un. VI 3, 19) に対するヨハネス・アンドレアエの註釈 (n. 12) (*Novella in Decretales*, Venezia 1612, fol. 126)、および代理裁判官に言及するホスティエンシス (セグシアのヘンリクス）の教皇令集（X 1, 29）への註釈（n. 9）（*Summa aurea*, Venezia, 1586, col. 297）も参照、また、Oldradus de Ponte, *Consilia*, XVII, n. 1（Lyon, 1550）, fol. 7v 参照。ローマ法学者に関して言えば、たとえばナポリの法学者ルカス・デ・ペナ（Lucas de Penna, *Commentaria in Tres Libros*, Lyon, 1597, p. 33）は、*Codex*, 10, 5, 1 への註解（n. 17）で、「より大なるものがより小なるものに結合するたびに、より大なるものはより小なるものを自らへと引き入れる。……」（Quotiens enim maius minori coniungitur, maius trahit ad se minus . . .）と述べている。また、上位の裁判官は下位の裁判官の権能を吸収するという、これと関連した観念については、フリードリヒ二世の *Liber augustalis*, I, 41（刊本：Cervone, Napoli, 1773. これには註釈が含まれている）, p. 93――「……より大なる光の到来により輝き失せる小なる光……」（. . . minori lumine per luminare maius superveniens obscurato）という一節につき、十三世紀の註釈学者マリヌス・デ・カラマニコ（*ibid.*, 93）は、*Digesta*, 5, 1, 54 に言及しながら、「より大なる原因は小なる原因を自らへと引き入れる」（maior causa trahit ad se minorem）と述べている。また六歩格の形式を採った同じ観念の表現は、Nicolaus de Braia, *Gesta Ludovici Octavi*, line 643（Bouquet, *Recueil des historiens*, XVII, 323）の「より大なる光によって小なる光が暗くされるように」（Ut maiore minus cecetur lumine lumen）に見える。マリヌス・デ・カラマニコの註釈については、Matthaeus de Afflictis, *In utriusque Siciliae . . . Constitutiones novissima praelectio*（Venezia, 1502）, 1, fol. 167. 格言自体は Paulus, *Sententiae*, I, 12, 8――「確かに、より重要な問題は、より小なる問題を自らへと引き入れる」（maior enim quaestio minorem causam ad se trahit）という一節に由来しているように思われる。*Fontes iuris romani anteiustiniani*, ed. S, Riccobono et alii（Firenze, 1940）, II, 330 および *Digesta*, 5, 1, 54 を参照。

☆九———Plowden, *Reports*, 238. この訴訟事例は後にクックにより言及されている（Coke, *Reports*, VII, 32）。政治的身体が「不完全性を拭い去る」ことは一般的な見解であった。たとえば、Bacon, *Post-Nati*, in：*Works of Sir Francis Bacon*, eds., J. Spedding and D. D. Heath（London, 1892）, VII, p. 668——「王冠の政治的身体は、王の自然的身体にこれらの完全性を賦与する。……王が以前に堕落していたとしても、王冠を戴くことにより浄化される」。また、Blackstone, *Comm*., 1, c. 7, 248——「たとえ王冠の相続人が反逆罪や重罪で汚れていても、その後王冠が彼の頭上へと降りたならば、まさにそのこと自体により、これは汚れた者を浄化することになる」。この理論は一四八五年頃にはイングランドで完全な仕方で展開されていた。一四八五年に、財務府会議室で裁判官たちはヘンリー七世に関して次の点で意見が一致していた——「王は、王位に即き王となったこと自体により、品位ある者となり汚れから解放される」（que le Roy fuist personable et discharge dascun attainder *eo facto* que il prist sur le Raigne et estre roy）。以下を見よ——Chrimes, *Const. Ideas*, Appendix 74, p. 378, cf. p. 51. 事実、この理論は、秘蹟の浄化力という観念を世俗化したものであった。ビザンツ帝国について言えば、テオドロス・バルサモン（Theodōros Balsamōn, *PGr*., CXXXVII, 1156）は、皇帝の聖別は洗礼と同じ効果を有し、その結果、皇帝ヨアンネス・ツィミスケス（九六九－九七八年）の場合、聖別行為は、彼が以前の生活で犯した罪科を取り除いたと主張した。同じ見解は、国王シャルル五世治下のフランスにおいて、ジャン・ゴランにより唱えられていた。すなわち、王は、塗油されて「その罪から浄められることにより」、新たに洗礼を受けた者のようになる。Marc Bloch, *Les rois thaumaturges*（Strasbourg, 1924）, p. 483；George H. Williams, *Norman Anonymous*（後出第三章註☆一）, p. 159 f. を見よ。これと関連するいくつかの事例（婚姻や司祭職）については、Kantorowicz, "The Carolingian King in the Bible of San Paolo fuori le Mura," *Late Classical and*

Mediaeval Studies in Honor of Albert Mathias Friend, Jr. (Princeton, 1954), p. 293.

☆一〇——Plowden, *Reports*, 238 a.

☆一一——*Ibid.*, 242.

☆一二——*Ibid.*, 233 a, 242 a.

☆一三——*Ibid.*, 233 a. これは、Blackstone, *Comm.*, I, 249 に引用されている。一般的な言い方として、「政治的身体が、一つの自然的身体から離れて他の自然的身体へと……移転すること」という特殊な意味で王の崩御《ディマイズ》という慣用語を用いることは、十五世紀の薔薇戦争時代以前に遡ることはない。この時代において、ランカスター家からヨーク家、あるいはヨーク家からランカスター家へと権力が交互に移行することが、敗れた王の崩御として法的に解釈されていた。しかし、この言葉自体はそれ以前にも用いられていた。たとえば一三八八年には、或る訴訟が国王（エドワード三世）の崩御によって (par demys le Roy)「無期限に延期された」（すなわち、裁判所において）と言われていた。後出第七章註☆一九五参照。

☆一四——Plowden, *Reports*, 177 a. 王という称号の記載は本質的に重要であり、しばしば決定的な意味を有していた。というのも、法的に見て、人間が「その威厳の名において公示されている (celebrati sunt nomine dignitatis)」か、その固有名において公示されているかによって大きな相違が生ずるからである。Baldus, *Consilia*, III, 159, n. 5 (Venezia, 1575), 45^{v} 参照。また、イングランドについては、Maitland, *Sel. Ess.*, 77. ここでは、或る礼拝堂付司祭が、その団体名、すなわち彼の礼拝堂の名のみを用いている。後出第七章註☆二九八以下参照。また、*Year Books, 8 Edward II* (1315), Y. B. Series, XVIII (Selden Society, XXXVII; 1920), p. 202 f. 参照。

☆一五——これは、大教皇レオの『信仰教説に関するフラウィアヌス宛書簡』(*Ad Flavianum*, ep.

XXVIII, c. 8), *PL.*, LIV, 763 の次の言葉を想い起こさせる——「……一方の自己において死すこと能うれど、他の自己においては死すこと能わず」(... et mori posset ex uno, et mori non posset ex altero)。

☆一六——Plowden, *Reports*, 455 a.

☆一七——類似の事例については、Bacon, *Post-Nati*, p. 657 f. 参照。ウィリアム・ポーレット卿は、彼が担う複数の役職のゆえに、十三人の礼拝堂付司祭を有する資格があったであろう——「三つの役職を担っていたにもかかわらず、彼が有する魂は唯一つであった」。

☆一八——Coke, *Reports*, VII, 10-10 a.

☆一九——政治的身体が魂をもたないことは、法学者たちの間で一般に通用していた主張であった。たとえば、Coke, *Rep.*, VII, 10 a(「それ自体では、それは魂も肉体ももたない」)。この主張は非常に古くから見られ、団体理論の起源にまで遡る。Gierke, *Gen. R.*, III, 282, n. 112 を見よ。

☆二〇——Gierke, *Gen. R.*, III, 517, 546 ff. メイトランドは、ギールケの英訳(*Political Theories of the Middle Ages* [Cambridge, 1927])の序文(p. xi, n. 1)で、プラウドンの引用箇所を「この古い概念の後世の一事例」と呼んでいる。

☆二一——Plowden, *Reports*, 261; cf. Maitland, *Sel. Ess.*, 110.

☆二二——Coke, *Rep.*, VII, 10(カルヴィン事件). 後出第七章註☆三一二参照。

☆二三——〈神秘体〉としての国家については、後出第五章参照。

☆二四——クックの『判例集』(特にカルヴィン事件)に多くの報告が見出される。また、*Rep.*, VII, 32 を参照。しかし、これらの事例のほとんどにおいてクックが証拠資料としてプラウドンの『判例集』を参照していることは注目に値する。

☆二五——Coke, *Rep.*, VII, 11 a.

☆二六——*Digesta*, 1, 1, 1——「誰であれ余を聖職者と呼ぶべきである。というのも、余は正義を尊重するからである」（... quis nos sacerdotes appellet. Justitiam namque colimus)。この箇所は、言うまでもなく頻繁に引用された。イングランドに関しては、Bracton, *De legibus et consuetudinibus Angliae*, fol. 3, ed., G. E. Woodbine (New Haven, 1922), II, 24；Fortescue, *De Laudibus*, c. III, ed., Chrimes, 8. 後出第四章註☆九四以下参照。

☆二七——Pollock and Maitland, *History*, 1, 511.

☆二八——G. Morin, "L'Origine du Symbole d'Athanase," *Journal of Theological Studies*, XII (1911), 169, n. 2.

☆二九——August Hahn, *Bibliothek der Symbole und Glaubensregeln der alten Kirche* (3rd ed., Breslau, 1897), 174 ff.（アタナシオス信条について）および 166 ff.（カルケドン信条について）.

☆三〇——後出第三章註☆二三。

☆三一——Kenneth Pickthorn, *Early Tudor Government*：*Henry VII* (Cambridge, 1934), p. 159 (*Abbot of Waltham's Case* が言及されている)。この訴訟事件自体については、T. F. T. Plucknett, "The Lancastrian Constitution," *Tudor Studies*, ed., R. W. Seton-Watson (London, 1924), p. 172 ff；また、団体の「意志」に関しては、Gierke, *Gen. R.*, III, SS. 308 ff., 390 ff., および Gierke, *Political Theories* のメイトランドによる序文 p. xi を参照。清教徒《ピューリタン》の標語については、後出註☆四二参照。

☆三二——A・アルフェルディ (Alföldi) の数多くの研究（特に、*Mitteilungen des deutschen archäologischen Instituts*：*Römische Abteilung*, Bde. XLIX および L, 1934-35）、さらに、より最近では、

Th. Klauser, *Der Ursprung der bischöflichen Insignien und Ehrenrechte* (Bonner Akademische Reden, 1; Krefeld, 1948) がこの展開について多くの解明の光を投げかけている。

☆三三——Gierke, *Johannes Althusius* (Breslau, 1913), S. 64.

☆三四——Plowden, *Reports*, 212 a; cf. 220 a (スプーナーズ・ホールについて).

☆三五——たとえば、Gierke, *Gen. R.*, IV, SS. 219, 315 ff. and passim 参照。また S. 247 ff. も参照。「二重主権」(人民と王)の理論や、王としての王と私人としての王の区別は、言うまでもなく大陸でも充分に確立されていた。しかし、これら二つの理論のいずれも、国王二体論のイングランドの「本性論的」擬制とは正確に合致するものではなかった。さらに、イングランドの習慣は、ひとたび「記録なしにはいかなることも行いえない王としての地位が〔自然的人格に〕結合した」後は、王の行為をすべて記録することによって、可能なかぎり王の「私人性」を減じていこうと明らかに試みていた。Cf. Plowden, *Reports*, 213 a. これらの相違のいくつかは、メイトランドにより、Gierke, *Political Theories* への序文 (p. xi and passim) で触れられている。

☆三六——この宣言については、C. Stephenson and F. G. Marcham, *Sources of English Constitutional History* (New York, 1937), p. 488; C. H. McIlwain, *The High Court of Parliament* (New Haven, 1934), pp. 352 f., 389 f. 参照。また、S. R. Gardiner, *The Fall of the Monarchy of Charles I* (London, 1882), II, p. 420 and passim 参照。David Hume, *History of England* (New York, 1880), V, p. 102 (一六四二年初版) においてヒュームが、議会は「王の職務と人格との間の、前代未聞の区別を創り出した」と考えていたことは、議会の独創性を過大評価するものとして興味深い。この区別それ自体は何世紀もの昔から存在し、イングランドでも知られていた(たとえば、一三〇八年の諸侯たちの宣言)。しかし議会は、この

区別を具体的に適用しようとして極端にまでこれを推し進めたのである。

☆三七―――McIlwain, *High Court*, p. 389 f. 参照。これには、ジョン・アラン（John Allan）からの次の引用が載せられている――「……両院は、王の自然的能力から政体を分離しただけでなく、理念的性格における王に法学者たちが帰していた主権を、自らへと移したのである」。

☆三八―――E. Hawkins, *Medallic Illustrations of the History of Great Britain and Ireland*（London, 1911), pl. XXV, pp. 5-6. また、E. Hawkins, A. W. Franks, and H. A. Grueber, *Medallic Illustrations*（London, 1885), I, p. 292 f., No. 108 f. 図1aは、ニューヨークのアメリカ古銭学協会（American Numismatic Society）の所蔵するメダルの一つ（裏面には画像なし）である。この一枚のメダルに注意を促し、写真を提供してくださったことに対し、筆者はヘンリー・グランサル（Henry Grunthal）博士に深く感謝する。

☆三九―――*Ibid*., p. 292, No. 108. 他の題銘については No. 109.

☆四〇―――*Ibid*., pl. XXV, 7, and p. 292.

☆四一―――*Trésor de numismatique et de glyptique : Sceaux des rois et reines d'Angleterre*（Paris, 1858), pl. XX ; W. de Gray Birch, *Catalogue of Seals in the Department of Manuscripts in the British Museum*（London, 1887), I, 63, No. 597――ここでは第五国璽が描かれているが、これは一六四〇年から四四年にかけて使用された第四国璽と同じものである。

☆四二―――清教徒の標語（或るものは詩のかたちを採る）については、Ethyn Kirby, *William Prynne, a Study in Puritanism*（Harvard, 1931), p. 60. エセックス伯の紋章については、Hawkins, pl. XXV, 10-11, and I, p. 295, No. 113.

☆四三——Plowden, *Reports*, 177 a.

第二章

☆一——*King Henry V*, IV. i. 254 ff.〔『ヘンリー五世』第四幕第一場（小田島雄志訳、白水社版『シェイクスピア全集V』三一六頁)。なお、後に引用される『リチャード二世』と『ジョン王』の邦訳は同全集VIに所収されている〕

☆二——Dr. John Cowell, *The Interpreter or Booke Containing the Signification of Words* (Cambridge, 1607), s. v. "King (*Rex*)," また s. v. "Prerogative". ここでは、現にプラウドンが引用されている。一般的には、Chrimes, "Dr. John Cowell," *EHR*, LXIV (1949), 483 を参照。

☆三——Joseph Kitchin, *Le Court Leete et Court Baron* (London, 1580), fol. 1 r-v. ここでは、ランカスター公領の事例が言及されている。

☆四——Richard Crompton, *L'Authoritie et Jurisdiction des Courts de la Maiestie de la Roygne* (London, 1594), fol. 134r-v. ここでは、プラウドンに基づいて、ランカスター公領の事例との関連で国王二体論が再述されている。

☆五——ベイコンによって書かれた論文。*Brief Discourse Touching the Happy Union of the Kingdoms of England and Scotland*, in J. Spedding, *Letters and Life of Francis Bacon* (London, 1861-74), III, 90 ff. 一六〇三年の刊本については、S. T. Bindoff, "The Stuarts and their Style," *EHR*, LX (1945), 206, n. 2. ビンドフはこの論文の二〇七頁で、ベイコンの一節を引用している。

☆六——A. P. Rossiter, *Woodstock* (London, 1946), 238.

☆七——シェイクスピアとプラウドンについては、C. H. Norman, "Shakespeare and the Law,"

Times Literary Supplement, June 30, 1950, p. 412 および、この論文に対する Sir Donald Somerveil, *ibid.*, July 21, 1950, p. 453 の補足的解説を参照。この訴訟事例については前出第一章註☆二一参照。

☆八——John Dover Wilson により刊行された『リチャード二世』（後出註☆一二）の「序文」(p. lxxiv)。シェイクスピアと『ウッドストック』の一般的な関係については、pp. xlviii ff. 参照。

☆九——*Woodstock*, V., VI., 34 f., ed., Rossiter, 169.

☆一〇——全般的に、George W. Keeton, *Shakespeare and His legal Problems* (London, 1930) 参照。また、Max Radin, "The Myth of Magna Carta," *Harvard Law Review*, LX (1947), 1086 では、「法学院の騒々しい学生」とシェイクスピアとの親密な関係がきわめて力強く主張されている。

☆一一——V. H. Galbraith, "A New Life of Richard II," *History*, XXVI (1942), 237 ff. 美術論上の諸問題と豊富な参考文献については、Erwin Panofsky, *Early Netherlandish Painting* (Cambridge, Mass., 1953), 118 and 404 f., n. 5 および、Francis Wormald, "The Wilton Diptych," *Warburg Journal*, XVII (1954), 191-203.

☆一二——『リチャード二世』の最も権威ある版は、ケンブリッジ大学出版局刊行の『シェイクスピア著作集』(*Works of Shakespeare*, Cambridge, 1939) 所収の、ジョン・ドーヴァー・ウィルソン (John Dover Wilson) によるものである。ウィルソンの「序文」(Introduction, pp. vii-lxxvi) は、文芸批評と情報提供の模範である。筆者は、この序文に多くを負っていることを認める。本書の脚註が示唆する以上に、筆者は幾度となくこの序文を参考にした。同じ巻には、ウィルソンの序文と同様に有益な、ハロルド・チャイルドの議論が収められている——Harold Child, "The Stage-History of *Richard II*," pp. lxxvii-xcii. この劇の政治的側面は、John Leslie Palmer, *Political Characters of Shakespeare* (London, 1945), 118 ff.

により、我々の興味を刺激するような仕方で議論されている。筆者は、パーマーの研究からも、註で示唆されている以上に多く裨益された。また、Keeton, *op. cit.*, 163 ff. も参照。歴史上のリチャード二世に関して歴史家が置かれている状況は、それほど恵まれたものではない。この王の史実については、史料と一般的な解釈の両面から徹底した再評価が進行中であり、ガルブレイス教授やその他の人々の数々の研究がこのことを証している。ここ数十年の分析的研究を要約した最初の試みは、Anthony Steel, *Richard II* (Cambridge, 1941) によりなされている。

☆一三——*King John*, III. i. 147 f.〔『ジョン王』第三幕第一場一四七行以下（邦訳一九一頁）〕も参照。
この世のいかなる名をもってしても、神聖な国王から思うままに返答を引き出す (task the free breath of a sacred king) よう尋問することはできぬぞ！

☆一四——これは、ホリンシェッドによってのみ報告されている。以下を見よ——W. G. Boswell-Stone, *Shakespeare's Holinshed* (London, 1896), 130 ; Wilson, "Introduction," p. lii.『議会公式記録簿』(*Rotuli Parliamentorum*) は、一三九七年のジョン・ブッシーの演説に言及していない。しかし、議会での慣例的な説教から判断すると、一三九七年の演説家が、聖書の比喩を大仰な仕方で安易に王へと適用したことは、充分ありうることである。たとえば、Chrimes, *Const. Ideas*, 165 ff.

☆一五——「彼は、大胆不敵な態度で、自らの法は自らの口の中にあり、場合によっては胸のなかにあると明白に述べ、そして彼だけが自らの王国の法を改正し、制定することができると述べていた」(Dixit expresse, vultu austero et protervo, quod leges suae erant in ore suo, et aliquotiens in pectore suo : Et quod ipse solus posset mutare et condere leges regni sui)。これは、リチャードが一三九九年に、いわゆる「暴虐行為」(Tyrannies) の廉で告発されたとき、彼の暴虐の最も有名なものの一つであった。E. C.

Lodge and G. A. Thornton, *English Constitutional Documents 1307–1485* (Cambridge, 1935), 28 f. を見よ。しかし、リチャード二世は、フランス国王と同様（後出第四章註☆一九三）、ローマ法および教会法上のよく知られた格言に単に言及しているにすぎない。「君主の（胸中の）文庫のなかにあらゆる法を」(Omnia iura in scrinio (pectoris) principis) という格言については、*Codex*, 6, 23, 19, 1 を参照。これは註釈学者によっても、しばしば引用されており（たとえば、*Glos. ord.*, on *Digesta*, 33, 10, 3, v. *usum imperatorem*, あるいは、*Glos. ord.*, on c. 16, C. 25, q. 2, v. *In iuris*）、また、トマス・アクイナスによっても引用されている——Thomas Aquinas (Tolomeo of Lucca), *De regimine principum*, II, c. 8, IV, c. 1. この格言を有名にしたのは教皇ボニファティウス八世であった。c. 1 VI 1, 2, ed., Emil Friedberg, *Corpus iuris canonici* (Leipzig, 1879-81), II, 937 を参照——「自らの胸中の文庫にあらゆる法を有すると考えられるローマ教皇は、後の法令を制定することにより、……以前の法令を廃棄したものと認められるにしても……」(Licet Romanus Pontifex, qui iura omnia in scrinio pectoris sui censetur habere, constitutionem condendo posteriorem, priorem ... revocare noscatur ...)。リチャードへの告発が正しかったことを認めるとすれば、リチャードが言及していたのは、おそらくこの箇所であったと思われる。この格言の意味（すなわち、立法者は関連する法を、自らの精神に現前させねばならないということ）については、F. Gillman, "Romanus pontifex iura omnia in scrinio pectoris sui censetur habere," *AKKR*, XCII (1912), 3 ff., CVI (1926), 156 ff. (also CVIII [1928], 534; CIX [1929], 249 f.); Gaines Post, "Two Notes," *Traditio*, IX (1953), 311, and "Two Laws," *Speculum*, XIX (1954), 425, n. 35. そして、Steinwenter, "Nomos," 256 ff.; *Erg. Bd.*, 85; Oldradus de Ponte, *Consilia*, LII, n. 1 (Venezia, 1571), fol. 19^{r} を参照。この格言は、場合によっては裁判官へと転用され (Walter Ullmann, *The Mediaeval Idea of Law as*

Represented by Lucas de Penna [London, 1946], 107)、また国庫や（Gierke, *Gen. R.*, III, 359, n. 17)、公会議へと（後出第四章註☆一九一以下、☆一九四以下参照）転用されていた。リチャードの他の要求（「法を改正し制定する」こと）も同様に、教皇や皇帝の諸理論から取り出されたものである。グレゴリウス七世の *Dictatus papae*, § VII, ed., Caspar（*MGH*, Epp. sel., 11), 203 を参照。また、フリードリヒ二世の *Liber aug.*, I, 38, ed., Cervone, 85（*Codex*, 1, 17, 2, 18 に言及する註釈を含む）を参照。

☆一六――「ぬかずくこと」については、*Eulogium Historiarum*, ed., Hayden（Rolls Series, 1863), III, 378; Steel, *Richard II*, 278 参照。年代記作者は、「戴冠の諸祝祭」（Festival Crownings［したがって、これはリチャードの治世を通じて続けられていたことになる］）との関連でこれに触れ、王の不気味な行状を報告している。

> 祝祭日には慣習上、王位の標章を用いるのが常であったが、彼は部屋に王座が自分のために準備されることを命じ、昼食のあと、自らを誇示しつつこの王座に、夕べの祈りまで何も語らず、ただ個々の人々を眺めながら坐しているのが習いであった。そして、彼が誰かを注視したときは、その人はどのような位にあるかに関係なく、ぬかずかねばならなかった（In diebus solemnibus, in quibus utebatur de more regalibus, iussit sibi in camera parari thronum, in quo post prandium se ostentans sedere solebat usque ad vesperas, nulli loquens, sed singulos aspiciens. Et cum aliquem respiceret, cuiuscumque gradus fuerit, oportuit genuflectere)。

☆一七――単なる名前としての政治的身体については、たとえば、Pollock and Maitland, *History*, 1, 490, n. 8 参照――「団体は……名前でしかなく、名前は老いることがありえず（前出第1章註☆二、三）、実体でもない」。〈法の名前〉（nomina iuris)、〈知性の名前〉（nomen intellectuale）としての団体、および哲学上の唯名論との関連については、Gierke, *Gen. R.*, III, 281 を参照。

☆一八――リチャードの「旭日」の象徴については、Paul Reyher, "Le symbole du soleil dans la tragédie de Richard II," *Revue de l'enseignement des langues vivantes*, XL (1923), 254-260 参照。このテーマに関するさらなる文献については、Wilson, "Introduction," p. xii, n. 3, そして、この紋章を使用したと想定されうる先駆者については、John Gough Nichols, "Observations on the Heraldic Devices on the Effigies of Richard the Second and his Queen," *Archaeologia*, XXIX (1842), 47 f.「ヨークの太陽」(『リチャード三世』第一幕第一場二行）についてはまた、Henry Green, *Shakespeare and the Emblem Writers* (London, 1870), 223 を、そして、〈アウグストゥスの旭日〉(Oriens Augusti) については、近く発表される拙論を参照――「雲のかげから現われ出る太陽」は事実、黒太子が掲げる軍用旗印であった。リチャード二世は、輝く太陽を一頭の白い雄鹿にもたせ、他方、彼の軍用旗印には「四囲に光を放つ」(in splendor) 十個の太陽が鏤められ、そこには一頭の白い雄鹿が同居していた。Lord Howard de Walden, *Banners, Standards, and Badges from a Tudor Manuscript in the College of Arms* (De Walden Library, 1904), figs., 4, 5, 71 を見よ。この写本に注意を向けさせてくださったことに対して、筆者は、ロンドン・ナショナル・ギャラリーのマーティン・デイヴィス (Martin Davies) 氏に深く感謝しなければならない。

☆一九――教会の〈聖職剥奪の形式〉(Forma degradationis) は、全体として忠実に遵守されていた。グイレルムス・ドゥランドゥスの「司教用礼式書」(ca. 1293-95), III, c. 7, §§ 21-24, ed., M. Andrieu, *Le pontifical romain au moyen-âge* (Studi e testi, LXXXVIII, Roma, 1940), III, 607 f. and Appendix IV, pp. 680 f. 参照。聖職を剥奪される人物は、司教職を象徴するすべてのものを身につけて出頭しなければならず、

その後、或る種の酸でもって塗油した箇所がこすられた。そして最後に、「順を追って一つずつ［司教は］、聖職を引き受けたときに彼が手に入れたあらゆる標章や聖なる装飾を彼から取り去り、ついには聖職の衣を脱ぐことになる」(seriatim et sigillatim detrahit [episcopus] illi omnia insignia, sive sacra ornamenta, que in ordinum susceptione recepit, et demum exuit illum habitu clericali . . .)。また、S. W. Findlay, *Canonical Norms Governing the Deposition and Degradation of Clerics* (Washington, 1941) を見よ。騎士については、Otto Cartellieri, *Am Hofe der Herzöge von Burgund* (Basel, 1926), 62 (p. 272 の諸註も参照のこと)。また、Du Cange, *Glossarium*, s. v. "Arma reversata" 参照。

☆二〇――教皇ケレスティヌス五世については、F. Baethgen, *Der Engelpapst* (Leipzig, 1943), 175 を、リチャードについては、*Chronicle of Dieulacres Abbey*, eds., M. V. Clarke and V. H. Galbraith, "The Deposition of Richard II," *Bulletin of the John Rylands Library*, XIV (1930), 173, また 146 を見よ。

☆二一――Walter Pater, *Appreciations* (London, 1944), 205 f.; Wilson, XV f.; Palmer, *Political Characters*, 166.

☆二二――Cf. Chrimes, *Const. Ideas*, 7, n. 2. ここでは、*Annales Henrici Quarti*, ed., Riley (Rolls Series), 286 が引用されている――「彼は、自分に刻印された特徴の霊的な名誉と塗油を放棄することを望まなかった。彼はこれらを放棄することも、停止させることもできなかったのである」(Noluit renunciare spirituali honori *characteris sibi impressi* et inunctioni, quibus renunciare non potuit nec ab hiis cessare)。王が、彼に対する塗油を通じ、テクニカルな意味での〈消し去ることのできない特徴〉を果たして有していたか否かという問題は、あまりにも複雑すぎて、ここで議論することはできない。事実、「秘蹟上の特徴」という観念は、王（皇帝）の聖別が七秘蹟から除かれた時代になって初めて一般化したものであった。Cf. Ferdinand Brommer, *Die Lehre vom sakramentalen Charakter in der Scholastik bis Thomas von Aquino inklusive* (Forschungen zur christlichen Literatur- und Dogmengeschichte, VIII, 2), Paderborn, 1908. 教皇インノケンティウス三世の態度については、後出第七章註☆一四以下および☆一八参照。これと区別すべき問題は、王の塗油の秘蹟上の特徴に関する一般の人々の見解、および〈秘蹟〉(sacramentum)という用語の不正確な使用である。後者の問題について、たとえば、P. E. Schramm, "Der König von Navarra (1035-1512)," *ZfRG*, germ. Abt., LXVIII (1951), 147, n. 72 (ここでは、アレクサンデル四世が王の塗油を〈秘蹟〉と述べている)。全般的には、Eduard Eichmann, *Die Kaiserkrönung im Abendland* (Würzburg, 1942), I, 86 ff., 90, 208, 279, II, 304 ; Philipp Oppenheim, "Die sakralen Momente in der deutschen Herrscherweihe bis zum Investiturstreit," *Ephemerides Liturgicae*, LVIII (1944), 42 ff. イングランドに関しては、ブロワのペトルス(*PL*., CCVII, 440 D)とロバート・グロステスト(*EP*., CXXIV, ed., Luard, 350)に見られるよく知られた説明を参照。実際のところ、どの時代をとっても、この点かなり精確さが欠如していた。

☆二三――第四幕第一場二一四行以下。

☆二四――この一節は、*Chronique de la Traïson et Mort de Richard II*, ed., B. Williams, in : *English Historical Society*, 1846 に見られ、また、フランス語の韻文で書かれたクレトン(Créton)の *History of the Deposition of Richard II*, ed., J. Webb, in : *Royal Society of the Antiquaries* (London, 1810) にも見られる。本文で引用された十五世紀の英語版の一節は、J. Webb (*Archaeologia*, XX, 1824, p. 179) により公刊されている。これらの原典については、Wilson, "Introduction," lviii (cf. xvi f. および211) を参照。大逆罪は、ごく自然に、ユダとの比較を喚起したと思われる。ピラトとの比較も同様に、か

なり一般化していた（たとえば、Dante, *Purg.*, XX, 91 参照）。もっともピラトの役柄は、必ずしも常に、純粋に否定的なものとはかぎらなかった。たとえば、灰の水曜日に象徴的に「彼の手を洗った」ビザンツ皇帝の儀式におけるピラトのインク壺については、O. Treitinger, *Die oströmische Kaiser- und Reichsidee nach ihrer Gestaltung im höfischen Zeremoniell*（Jena, 1938）, 231, n. 104 を見よ。

☆二五———後出一三九頁以下参照。

☆二六———Plowden, *Reports*, 233 a. 前出第1章註☆一三。

☆二七———Palmer, *Political Characters*, 118 f.

☆二八———Wilson, "Introduction," xvi ff., xlix ; Child（*ibid.*）, lxxvii ff. ; cf. Keeton, *Legal Problems*, 163.

☆二九———Wilson, xxx ff. ; Keeton, 166, 168.

☆三〇———Wilson, xxxii.

☆三一———Wilson, xvii ; Child, lxxix.

☆三二———Rosemary Freeman, *English Emblem Books*（London, 1948）, 162, n. 1 に従えば、この詩は、一六四八年版の『王の肖像』（*Eikon Basilike*）において初めて印行された。Margaret Barnard Pickel, *Charles I as Patron of Poetry and Drama*（London, 1938）は、Appendix C でこの詩全体を掲載しているが、ピッケルは、チャールズ二世に献呈されたバーネット司教（Bishop Burnet）の *Memoirs of the Duke of Hamilton*（London, 1677）で、この詩が初めて公刊されたと想定しているように思われる。同詩のいくつかの節は、F. M. G. Higham, *Charles I*（London, 1932）, 276 にも再録されている。

☆一———逸名著者の諸論考の大部分は、一八九九年にハインリヒ・ベーマー（Heinrich Böhmer）により、*MGH, LdL*, III, SS. 642-678 および彼の *Kirche und Staat in England und in der Normandie im 11 und 12 Jahrhundert*（Leipzig, 1899）, SS. 436-497 に収録されている。後者には、諸論考をめぐる豊富な議論と、この論考の著者についての示唆が含まれている（SS. 177-269）。解説付きの関係書目を含む、当該問題に関する一般的な研究については、現在では、Harald Scherrinsky, *Untersuchungen zum sogenannten Anonymus von Yark*（Würzburg-Aumühle, 1940）に加えて、George H. Williams, *The Norman Anonymous of ca. 1100* A.D.: *Toward the Identification and the Evaluation of the So-called Anonymrous of York*（Harvard Theological Studies, XVIII; Cambridge, 1951）がある。筆者は以下の本文を通じて、同研究にたえず依拠している。

☆二———John of Salerno, *Vita S. Odonis*, c. 5, *PL.*, CXXXIII, 63 C——「彼は実に、四角の隅石のごときもの、すなわち、天使的であると同時に人間的な存在であった」（Erat enim velut lapis angularis quadrus, angelicus videlicet et humanus）。ここで知っておくべきことは、キリスト教の解釈に従えば、聖書の「隅石」は、「二つの壁」すなわちユダヤ人と異教徒とを結び合わせたキリストと同一視されたことである。それゆえ、このような意味において、クリュニーのオドは、キリストに然るべく帰せられていた形容辞を自ら受けるに値するだけでなく、「二つの壁」、すなわち天使と人間との壁を結び合わせる者と言われている。この概念については、Gerhart B. Ladner, "The Symbolism of the Biblical Corner Stone in the Mediaeval West," *Mediaeval Studies*, II (1940), pp. 43-60.〈天使的生〉（vita angelica）としての修道生活については、たとえば、Kassius Hallinger, "Zur geistigen Welt der Anfänge Klunys," *DA*, X (1954), SS. 417-445, 特に S. 429 f., そして、呼称としての〈あなたの天使〉(Angelus tuus) については、Henri Grégoire, "'Ton Ange' et les Anges de Théra," *BZ*, XXX (1929-30), pp. 641-644.

☆三――― T. F. Tout, *The Place of Edward II in English History* (Manchester, 1914), p. 130, n. 1 ; James Conway Davies, *The Baronial Opposition to Edward II* (Cambridge, 1918), p. 22. バイユーのオドについては、Oredericus Vitalis, *Historia ecclesiastica*, III, c. VII, 8, *PL.*, CLXXXVIII, 529 f., ed., A. Le Prevost (Paris, 1845), III, p. 191――「余は、聖職者や司祭を断罪するのではない。むしろ、余が、余の代わりに王国に置いた伯を断罪するのである」(Ego non clericum nec antistitem damno, sed comitem meum, quem meo vice mea preposui regno)。

☆四――― *Constitutions of Clarendon*, § 11, ed., Stubbs, *Select Charters* (Oxford, 1921), p. 166 ; *Close Rolls, 1296-1302*, 330 ff. ; *Rot. Parl.*, I, 102 ff. ; cf. Davies, *op. cit.*, 23 ; Pollock and Maitland, I, 524. 司教の二重の性格は、フランキスクス・アックルシウスによっても強調されている。G. L. Haskins and E. H. Kantorowicz, "A Diplomatic Mission of Francis Accursius," *English Historical Review*, LVIII (1943), 436, 446, § 27. 言うまでもなく、教皇の権能も数えきれないほどである。クレルヴォーのベルナルドゥスは教皇を次のように呼んでいる――「汝は誰か。大祭司であり、至上の神官である。汝は司教たちの君主、使徒たちの相続人、首位権においてアベル、舵取りにおいてノア、族長においてアブラハム、司牧職においてメルキゼデク、威厳においてアロン、権威においてモーセ、判断力においてサムエル、権力においてペテロ、塗油においてキリストなり」(Quis es ? Sacerdos magnus, summus Pontifex : Tu princeps episcoporum, tu haeres Apostolorum, tu primatu Abel, gubernatu Noe, patriarchatu Abraham, ordine Melchisedech, dignitate Aaron, auctoritate Moyses, iudicatu Samuel, potestate Petrus, unctione Christus)。それでも聖ベルナルドゥスは、司法的・行政的な権能には言及していない。Cf. Bernardus, *De consideratione*, II, 8, 15, *PL.*, CLXXXII, 751.

☆五———王の副助祭および読師としての役割については、Eichmann, *Die Kaiserkrönung*, I, 203, 282 f., 319. また次註☆六を参照。〈混成の人格〉(persona mixta) に関するノルマンの逸名著者の見解については、後出註☆三〇参照。

☆六———前出第三章註☆二三参照。「皇帝（王）は単に世俗的な者ではない」(imperator (rex) non omnino laicus) という表現については、Eichmann, "Königs- und Bischofsweihe," 58, also 52 ff.; cf. *Die Kaiserkrönung*, I, 105 ff., 203, and passim. また、ケンキウス（二世）の戴冠式儀軌を参照——ed., P. E. Schramm, " Die Ordines der mittelalterlichen Kaiserkrönung," *Archiv für Urkundenforschung*, XI (1929), 379. ここには、「(教皇は) 彼を聖職者とした」((Papa) fatiit eum clericum) という表現が見られ、これは、皇帝がサン・ピエトロ大聖堂の聖堂参事会員になったことを示したものである。以下も見よ——A. Schulte, "Deutsche Könige, Kaiser, Päpste als Kanoniker an deutschen und römischen Kirchen," *Historisches Jahrbuch*, LIV (1934), 137 ff., また、Schramm, "Sacerdotium und Regnum im Austausch ihrer Vorrechte," *Studi Gregoriani*, II (1947), 425 ff. 叙任権との関連においては、Norman Anonymous, *MGH*, *LdL*, III, 679, 16 ff.——「なにゆえ（王は）世俗的なる者と呼ばれるべきではないのか。彼が主のキリストだからである」(Quare [rex] non est appellandus laicus, quia christus Domini est) (cf. 685, 42 ff.)。何人かの後世の法学者も同一の見解を採っていた。後出第七章註☆一六参照。シチリアに関しては、たとえば Marinus de Caramanico, *Prooemium*, in *Lib. aug.*, ed., Cervone, XXXV, および

ed., F. Calasso, *I glossatori e la teoria della* sovranità (Milano, 1951), 189, 26——「王は、霊的な権能を欠く……単に世俗的なる者なのではない」(Reges enim non sunt mere laici in quos . . . spiritualia iura non cadunt)。王が「通常の人格」でないことは、何度も繰り返されている。イングランドについては、たとえば G. O. Sayles, *Select Cases in the Court of King's Bench* (London, 1939), Introd., xliii, n. 3. 〈混成の人格〉としての王については、Schramm, *A History of the English Coronation* (Oxford, 1937), 115, n. 1. また Chrimes, *Const. Ideas*, 8, and *ibid*., 387 にはブライアン首席裁判官の（ヘンリー七世治世十年目）興味深い言葉が引用されている——「王は混成の人格である。というのも、彼は、聖なる教会たる聖職者たちと結合した人格だからである」(*quod Rex est persona mixta* car est *persona unita cum sacerdotibus* saint Eglise)。この一般的な概念から、最終的に、プロテスタントの諸国における〈世俗的かつ教会的な二重の人格〉(*duplex persona, saecularis et ecclesiastica*) としての君主に関する理論が生まれた。Gierke, Gen. R., IV, 66 f., n. 20 を見よ。そして一般的には、Hans Liermann, "Untersuchungen zum Sakralrecht des protestantischen Herrschers," *ZfRG, kan. Abt., XXX* (1941), 311-383 参照。

☆七———おおよそ、ランスのヒンクマルスとカール禿頭王とともに始まった国王職の「聖職化」については、Schramm, *Der König von Frankreich* (Weimar, 1939), 17 f., 26 ff.; cf. Kantorowicz, *Laudes regiae*, 78 ff., and passim.

☆八———*MGH*, *LdL*, III, 664, 26 ff.: "Itaque in unoquoque gemina intelligitur fuisse persona, una ex natura, altera ex gratia, una in hominis proprietate, altera in spiritu et virtute. Una, qua per conditionem nature ceteris hominibus congrueret, altera qua per eminentiam deificationis et vim sacramenti cunctis aliis precelleret. In una quippe erat naturaliter individuus homo, in altera per gratiam Christus, id est Deus-homo."

☆九———「塗油の後、実に、主の聖霊が彼のなかへと跳び込み、彼は預言者とされ、他の人間へと変化した」(Post unctionem vero insilivit in eum spiritus Domini, et propheta factus est, et mutatus est in virum alium)。このような聖霊の「跳び込み」から、王の二つの人格が現実に由来する。Cf. 664, 20 ff. ——「[塗油に際して] 主の聖霊と神化の力が彼らに跳び込み、これによってキリストの像と似姿が生まれ、これが彼らを別の人間へと変えたのである。その結果……彼もその人格において別の人間となり、霊において別の者になる……」([ad unctionem] insiliebat in eos spiritus Domini et virtus deificans, per quam Christi figura fierent et imago et que mutaret eos in viros alios, ita ut . . . *in persona* sua esset *alius* vir, et *alius in spiritu* . . .)。

☆一〇———キリスト教における神化については、たとえば M. Lot-Borodine, "La doctrine de la déification dans l'église grecque," *Revue de l'histoire des religions*, CV-CVII (1932-33); J. Gross, *La divinisation du chrétien d'après les pères grecs* (Paris, 1938); G. W. Butterworth, "The Deification of Man in Clement of Alexandria," *Journal of Theological Studies*, XVII (1916), 157 ff., Cuthbert Lattey, *ibid.*, 257 ff.; A. D. Nock, in: *Journal of Religion*, XXXI (1951), 214 ff., および Kantorowicz, "Deus per naturam, deus per gratiam," *Harvard Theological Review*, XLV (1952), 253-277. アポテオシスとコンセクラティオについては、後出註☆一三参照。

☆一一———*MGH*, *LdL*, III, 667, 35 ff. 王により任命された司祭は、人間の力ではなく神の力により任命される "Potestas enim regis potestas Dei est; Dei quidem est per naturam, regis per gratiam. Unde et rex Deus et Christus est, sed per gratiam, et quicquid facit non homo simpliciter, sed Deus factus et

Christus per gratiam facit." また、*ibid.*, 676, 14 ff. も参照――「天上の至高なる皇帝の権力と、地上の第二の皇帝の権力は同一の権力ではない。むしろ、天上の権力は第一のもの、地上の権力は第二のものである」(Summi et celestis imperatoris et secundi terrenique una eademque potestas est, sed celestis principaliter, terreni secundarie)。〈神の次なる者〉(Deo secundus) としての支配者――これは、既にテルトゥリアヌス『護教論』(Tertullianus, *Apologeticus*, XXX, 1) に見られる――、および〈第二の神〉(*δεύτερος θεός*) としてのキリスト――たとえば、オリゲネス『ケルスス駁論』(Origenes, *Contra Celsum*, V, 39, and VII, 57) 参照――は、別の問題領域に属する観念であり、これについては、H・フォルクマンがいくつかの関連史料を収集している――H. Volkmann, "Der Zweite nach dem König," *Philologus*, XCVII (1937), 285-316. しかし、興味深いことに、ビザンツの皇帝は、しばしば「恩寵によって第二の神」(「汝は恩寵を受けたる者、第二の神であらせられる」*ὄντος σοῦ τοῦ κατὰ χάριν καὶ δευτέρου θεοῦ*) と呼ばれていた。Spyridon P. Lampros, *Μιχαὴλ 'Ακομινάτου τοῦ Χωνιάτου τὰ σωζόμενα* (Athens, 1879), I, 221, 11 f.; M. Bachmann, *Die Rede des Johannes Syropulos an den Kaiser Isaak II. Angelos (1185-1195)* (München Diss., 1955), 11 and 26 参照。

☆一二――― *MGH*, *LdL*, III, 667, 8 f.――「〔彼は〕……霊の恩寵においてはキリストにして神、顕職においてはキリストと神の像にして似姿である」(... in spiritu et Christus et deus est, et in officio figura et imago Christi et Dei est)。*Ibid.*, 667, 39――「確かに、自然において神にしてキリストである者自身が、彼の任務を代行する代理者を通じて、これを行うのである」(Immo ipse, qui natura Deus est et Christus, per vicarium suum hoc facit, per quem vices suas exsequitur)。

☆一三――― *Ibid.*, 665, 19 f. ――「〔彼は〕……主のキリストであり、聖霊の主と同一であった。キリストは神であり人間だからである」(Erat enim . . . christus Domini et unus cum Domino spiritus. Christus etenim Deus et homo est)。そして、より明示的には、*ibid.*, 665, 28 ff., この一節は、王とキリストが「二つの本性」を共に有することを述べている。

他方、王は……神にして人間であるこのキリストの似姿であり像であった。なぜならば、……王は塗油の恩寵と祝福の聖別によって、完全に人間であると同時に、完全に神化され聖化された者だからである。すなわち、もしあなたがギリシア語源の言葉を用いれば、聖別すなわちアポテオシスという言葉があなたの言葉で神化(デイフィカティオ)を意味するのである。それゆえ、もし……王が……恩寵により神にして主のキリストであるならば、この恩寵に従って彼が行い、遂行するすべてのことは、もはや人間としての彼が行い、遂行しているのではなく、神にして主のキリストたる者がそうしているのである(Rex autem . . . *huius* Christi, id est Dei et hominis, imago et figura erat, quia . . . totus homo erat, totus deificatus erat et sanctificatus per gratiam unctionis et per benedictionis consecrationem. Nam et si Graeci sermonis utaris ethimologia, consecratio, id est *apotheosis*, sonabit tibi deificatio. Si ergo . . . rex . . . per gratiam deus est et christus Domini, quicquid agit et operatur secundum hanc gratiam, iam non homo agit et operatur, sed deus et christus Domini)。

筆者は、これまでずっと司教への言及を省略してきた。後出註☆三〇参照。アングロ=サクソンの王が〈主のキリスト〉とされていたことについては、Haddan and Stubbs, *Councils and Ecclesiastical Documents* (Oxford, 1871), III, 454, § 12 にある、七八七年の教皇特使の報告を参照。ヘンリー二世については、Pierre de Blois, *PL.*, CCVII, 440 D. 一般的には、Leonid Arbusow, *Liturgie und Geschichtsschreibung im Mittelalter* (Bonn, 1951), 95, n. 60 参照。しかし、逸名著者によれば (670, 5 ff.)、王だけが真の意味で真正

な〈キリスト模倣者〉(christomimētēs) であることを付け加えなければならない。というのも司教たちは、「使徒たちの仲介的な代理者として、使徒たちに倣って」(interposita vice et imitatione apostolorum) 行動するからである。彼らはいわば〈使徒模倣者〉(quasi-apostolomimētai) なのであり、使徒を通してただ間接的にのみ、〈キリスト模倣者〉でもあるにすぎない。逸名著者の「語源論」は完全に正しい。ローマでは、皇帝の聖別(コンセクラティオ)は、彼のアポテオシスであり、他方、デイフィカティオという言葉は、ギリシア語のテオポイイア(θεοποιΐα)と同じように、ほとんどもっぱらキリスト教の用語に属すのである。

☆一四——*PL*., LXXXIV, 599 C; Hinschius, *Decret. Ps. Isid*., 440 b, cf. 441 a.

☆一五——*PL*., LXXXIV, 395 A; Hahn, *Symbole*, 237; Hinschius, 376 b.

☆一六——*PL*., LXXXIV, 456 BC; Hahn, 246 f.; Hinschius, 407 a.

☆一七——*PL*., LXXXIV, 506 Df., cf. 508 B.

☆一八——Hahn, *Symbole*, 357——「なぜならば、二つの実体の統合が人格を双生化したことはなく、人格の統一は双生の実体を一つにすることもないからである」(quia nec geminavit utriusque substantiae integritas personam, nec confudit geminam unitas personae substantiam)。またレオ一世 *Ep*. 33, *PL*., LIV, 797 に見られる表現(「双生の本性」gemina natura)、およびネストリオスに対する大教皇グレゴリウス *Moralia*, XVIII, 85, *PL*., LXXVI, 90 B(「本性の区別により双生化されることのない」nec naturarum distinctione geminatus)という表現を参照。〈双生化〉(geminatio)の危険性をきわめて明確に指摘したものとしては、Beda, *Expositio Actuum Apostolorum*, ed., M. L. W. Laistner (Cambridge, Mass., 1939), 51——「……我々がキリストの本性を双生化し、ネストリオスの教義に陥っていると思われないように」

(...ne Christi naturam geminare et in Nestorii dogma cadere videamur)。
☆一九――キリストを巨人《ギガス》と見る考え方は、「詩篇」一九：六――「花婿がその祝いの部屋から出てくるように、また巨人が競い走るように、その道を喜び走る」(tanquam sponsus procedens de thalamo suo, exsultavit ut gigas ad currendam viam) に由来する。「詩篇」のこの一節の具体的転用は、アルメニアの典礼から十七世紀フランスの国王崇拝に至るまで、思いもかけない領域にまで及んでいる。初期のいくつかの転用については、F. J. Dölger, *Sol salutis* (2nd ed., Münster, 1925), 217 および *Die Sonne der Gerechtigkeit* (Münster, 1918), 102 ff.; A. Alföldi, "Der iranische Weltriese auf archäologischen Denkmälern," *Jahrbuch der Schweizerischen Gesellschaft für Urgeschichte*, XL (1949-50), 24. 〈双生の実体の巨人〉(gigas geminae substantiae) という表現は、(偽?) アンブロシウスの *Hymni*, IV, 15 (*PL.*, XVI, 1474) によって知られるようになったのかもしれない――「彼の祝いの部屋、貞潔の王宮から出た双生の実体の巨人が、潑剌とその道を走るように」(Procedens de thalamo suo, /Pudoris aula regia, /*Geminae Gigas substantiae*, /Alacris ut currat viam)。後出註☆六三以下参照。キリストの〈二重の本性〉(natura duplex) を指し示すためにこの比喩が使われている例を散見することができる。たとえば、Rangerius de Lucca (d. ca. 1112), *Liber de anulo et baculo*, lines 26 f., *MGH*, *LdL*, II, 509 参照。その後十二世紀になると「双生の実体の巨人」は、一一七九年に第三ラテラノ公会議で否定された、いわゆるキリスト人性否定（軽視）論 (Nihilianism) 者に特徴的な言葉となったように思われる (cf. Hefele, *Konziliengeschichte*, V [1886], 616, 719)。たとえば、Pierre de Poitiers, *Sententiae*, IV, 7, *PL.*, CCXI, 1161 C――「双生の実体の巨人が喜び走る道を……」(Viam quam geminae gigas substantiae exsultando cucurrit...) 参照。さらに、*Quaestiones Varsavienses trinitariae et christologicae*, ed., F. Stegmüller, in *Miscellanea Giovanni*

Mercati (Studi e Testi, 122; Vatican, 1946), II, 306, §15――「双生で両形態の本性、すなわち神的にして人的な本性をもつ巨人が生まれた」(Coepit esse gigas geminae substantiae biformisque naturae, divinae scilicet et humanae) 参照。ペトルス・ロンバルドゥス (Petrus Lombardus, *In Ep. ad Romanos*, c. 1, *PL.*, CXCI, 1307 C, 1308 A) は、ただ〈双生の実体〉という表現だけを使っているように思われる。しかし、メイトランドにより刊行された ("Magistri Vacarii Summa de Matrimonio," *Law Quarterly Review*, XIII [1897], 143) ウァカリウスの *Opusculum de assumpto homine* の序文 (Prooemium) は、ロンバルドゥスのキリスト人性否定（軽視）論に対して向けられていた――「人間は人格であるのに対して、イエスは人格を引き受けたと言われるのであり、人格それ自体であったわけではない。そして、栄光の主キリストや双生の実体の巨人は、二つの実体を示す名と考えるべきである」(Et quod homo cum sit persona, ipse [Jesus] tamen assumptus dicitur et non ipsa persona. Et quod Christus et dominus glorie et gigas gemine substantie duarum sint substantiarum nomina)。一般的には、Joseph de Ghellinck, "Magister Vacarius: Un juriste théologien peu aimable pour les canonistes," *Revue d'histoire ecclésiastique*, XLIV (1949), 173-178. これには豊富な参考文献が掲載されている。

☆二〇――*MGH, LdL*, III, 675, 16 ff. ここで逸名著者は、皇帝と王との相違をきわめて簡潔に結論している (後出註☆四七参照)。しかし彼は、西ゴートの王たちが教会に対して皇帝と同じ権力を行使していたことを指摘し、それゆえ、一般的に王も教会に対して帝権を有している旨を結論する――「それゆえ、王たちが、主に仕える司祭に対してさえ教会制度上の神聖な権力を有し、後者に対し帝権を有していたことは明らかである」(Unde manifestum est reges habere sacrosanctam potestatem ecclesiastici regiminis super ipsos etiam pontifices Domini et imperium super eos)。王＝皇帝という観念は、イングランドにおいて比較的早くから展開されていた。もっとも、Carl Erdmann, *Forschungen zur politischen Ideenwelt des Frühmittelalters* (Berlin, 1951), 15 ff., 38 ff. により例として挙げられているいくつかの箇所は、十二世紀のものと推定される偽作であることが判明した。Richard Drögereit, "Kaiseridee und Kaisertitel bei den Angelsachsen," *ZfRG*, germ. Abt., LXIX (1952), 24–73 参照。また、ソールズベリーのヨハネスによりヘンリー二世に帰せられている言葉については、W. Holtzmann, "Das mittelalterliche Imperium und die werdenden Nationen," *Arbeitsgemeinschaft für Forschung des Landes Nordrhein-Westfalen*, VII (1953), 19, n. 20, また、Gaines Post, "Two Notes," 303 参照。理論自体については、Calasso, *Glossatori*, 35 ff.（イングランドに関して）. 一般的には、Sergio Mochi Onory, *Fonti canonistiche dell'idea moderna dello stato* (Milano, 1951). また、Gaines Post, "Two Notes," *Traditio*, IX (1954), 296 ff. によるごく最近の議論も参照。公会議を召集する権利は、王＝皇帝が通常自らに要求した権限には含まれていなかったように思われる。もっともこれは、イングランドでは宗教改革とともに変わっていく。たとえば、トマス・ハーディング（Thomas Harding）に対する司教ジョン・ジュエル（John Jewel）の『イングランド教会の擁護』(*Apology of the Church of England* (1560), in *The Works of John Jewel* [Cambridge, 1848], III, 98 f.; cf. Frances A. Yates, "Queen Elizabeth as Astraea," *Warburg Journal*, X [1947], 39 f.) 参照。ジョン・ジュエルの議論は、しばしばノルマンの逸名著者の議論を想い起こさせる。

☆二一 ―――逸名著者が、王と司教は「養子の霊によって神にしてキリストである」(sunt et dii et christi per adoptionis spiritum) と述べ (675, 12)、また、王は「キリスト以後の養子縁組により、もう一人のキリストである」(alter Christus per adoptionem post Christum) と述べている (675, 12) としても、これらの表現やこれと類似の他の表現は、「養子説」とは何の関係もない。むしろこれらは、「ローマ人への手紙」八：一五と、したがって、洗礼において作用する〈養子の聖霊〉(Spiritus adoptionis) と関連したものである。養子による「神々」については、Kantorowicz, "Deus per naturam," 256, 262 参照。しかし、これには Honorius Augustodunensis, *Summa gloria*, c. 5, *MGH, LdL*, III, 66 f. を付け加える必要がある。ホノリウスは、司祭たちが「神の息子、神々、キリストたち、そして天使たち」(filii Dei, dii, christi, angeli) と呼ばれ、王は単に「人間たちの息子」(filii hominum) にすぎず、このことは、「神的な権威に［関するかぎり］、司祭たちがその威光において王たちより勝れている」ことを立証していると主張した。

☆二二―――ヨルダン河でのキリストの塗油は（「使徒行伝」一〇：三八、「イザヤ書」六一：一、「ルカによる福音書」四：一八）「キリストの戴冠」とも解釈されていた。これは、歴史学的な、そして特に考古学的な探究を要するテーマである。冠をもって舞い降りる鳩については、ダンバートン・オークス・コレクションにある五世紀ないし六世紀の金製箱の蓋を参照。これは、*The Walters Art Gallery: Early Christian and Byzantine Art* (Baltimore, 1947), pl. CXIX, B に写真が掲載されている。さらに、Adolf Goldschmidt, *Karolingische Elfenbeinskulpturen* (Berlin, 1914), I, No. 154, pl. LXV 参照。イングランドに関しては、J. Strzygowski, *Iconographie der Taufe Christi* (München, 1885), 59, pl. XVIII, 4 の「聖エセルウォルドの祝禱書」（九六三―八四年）を参照。

☆二三―――以下の一節の解釈については、Williams, *Norman Anonymous*, 131 f. 参照。ノルマンの逸名著者は、「イザヤ書」四五：一においてクロス（キュロス）が〈油注がれたる者（受膏者）〉(christus Domini) と言われているのと同じ意味で、同様にローマ皇帝をも「塗油された者」と見なしていたのかもしれない。たとえば、ハルバーシュタット司教ハイモ (Haymon, 841-853) の *Commentarium in Isaiam*, c. 45, *PL*., CXVI, 942 D 参照――「キリストは塗油された者（受膏者）と解される。その昔、ユダヤの民の間では、ローマの民におけると同様、王冠により王が生まれていた。……それでは、キュロスが祝別の油を塗られたことがないにもかかわらず、なにゆえキリストと呼ばれるのだろうか。その理由は、皇帝の威厳が彼にとっては塗油に代わるものであったからである［キュロスは第二の――すなわちペルシアの――世界帝国の始祖であり皇帝であった］。主は、『主のキリストに』であるところを『我がキリストに』と言って、これらのことを述べているのであり、すなわち『主が塗油した者に』、というのは『主の王に』となるのである」(Christus interpretatur unctus. Antiquitus enim in populo Judaeorum, quemadmodum apud Romanos diadema, faciebant et regem . . . Quare ergo appellatur Cyrus christus, cum non sit perunctus de oleo benedictionis? Quia *dignitas imperialis* pro chrismate ei fuit. Haec dicit Dominus 'christo meo' pro eo quod est 'christo suo': vel uncto suo, hoc est, regi suo)。ベーダにより、キュロスはイエス・キリストを予表する者のように思われた（*In Esdram et Nehemian Prophetas*, c. 1, *PL.*, XCI, 811）――「しかし実際、神秘的な意義に従えば、キュロス王はその名［キュリオス?］と業《わざ》により救世主を意味するのである。……すなわち、彼自身は自らが神に似た者であることを知らなかったが、神は彼を自らの子に似た者にしたのである。これはまず、神が彼を自分のキリストと呼ぶことを欲した事実に現われている。……それゆえ、主はキュロスを、自らの独り子で神たる我らが主イエス・キリストに似た者としたのである」(At vero juxta mysticos sensus Cyrus rex Dominum Salvatorem et nomine [*κύριος*?] designat et factis . . . Assimilavit namque eum Deus filio suo, quamvis ipse Deum se assimilantem minime cognoverit ; primum in eo quod Christum suum eum cognominare dignatus est . . . Assimilavit ergo Cyrum Dominus unigenito Filio suo, Deo et Domino nostro Jesu Christo . . .)。通常、ギリシアの著述家たちは、キュロスが「塗油された者」と呼ばれたのは、彼が神の手によって支配の座に即いた王だからであると説明するだけにとどめている。たとえば、Cyrillus Alexandrinus, *In Isaiam*, IV, *Oratio* II（＝*Is.*, 45）, *PGr.*, LXX, 950 D-951 A；Procopius, *In Isaiam*, c. 45, *PGr.*, LXXXVII, 2418. ペルシアの権力とたえず抗争していたギリシアの人々は、明らかにキュロスに対してはそれほどの好意を抱いてはいなかった。もっとも、キュロスは神の摂理の完遂者として認められていた。たとえば、アレクサンドリアのキュリロスの「註解」を参照。ed., F. C. Conybeare, *The Armenian Version of Revelations and Cyril of Alexandria's Scholia on the Incarnation and Epistle on Easter*（London, 1907）, 169――「そして、この者［キュロス］は偶像崇拝者ではあったが、天からの命令で塗油によって王座に即いたことから、塗油された者と呼ばれている。彼が力によってバビロニア人を制圧するように、神は計画したのである」。それゆえ、これと同じ意味において、確かにティベリウスは、救済の機構において卓越した役割を有していた。

☆二四――「マタイによる福音書」二二：二一は、周知のごとく、中世の政治理論においてきわめて重要な役割を演じた。たとえば、叙任権闘争をめぐる文献でカエサルへの税が有した意義については、Max Hackelsperger, *Bibel und mittelaterlicher Reichsgedanke*（Diss., München, 1934）, 29 f. ノルマンの逸名著者は、おそらく（偽）アンブロシウス（*In epist. ad Roman.*, XIII, 6, *PL.*, XVII, 172 AB）の次のような見解にきわめて近い立場を採っていた――「彼らは、神に服すように、神の代理者を務める彼らの君主に服している。……それゆえ、主は『〔カエサルのものはカエサルに〕返せ』と述べられたのである。したがって、彼らは神に服すべきであるのと同様、君主にも服すべきである……」（... principi enim suo, qui vicem Dei agit, sicut Deo subiiciuntur ... Unde et Dominus：'Reddite etc,' Huic ergo subiiciendi sunt sicut Deo ...）。この註解の著者は、おそらく、偽アンブロシウス（Ambrosiaster）と言われた人物であろう。cf. E. Dekkers and A. Gaar, *Clavis patrum Latinorum*（Sacris erudiri, III, Bruges and Hague, 1951）, 30,

No. 184. 税が「争いを回避するために」(ad scandalum vitandum) 納められたという解釈は、驚くほど無意味な解釈であり、トマス・アクイナス以前には、このような解釈を行う者はいなかったと思われる。Thomas Aquinas, *Summa theol.*, II a-II ae, q. 10, a. 10, ad 1――「マタイ(十七章)が述べるように、彼らは貢物を拒むこともできた。彼らは自由な子らだからである。しかし、争いを回避するために、税が納められることを主は命じられたのである」(Sicut etiam Dominus Matth. XVII ostendit, quod poterat se a tributo excusare, quia liberi sunt filii ; sed tamen mandavit tributum solvi ad scandalum vitandum)。この問題については、また、E. Gilson, *Dante the Philosopher* (New York, 1949), 208, n. 1 を参照。

☆二五―――*MGH*, *LdL*, III, 671, 35 ff.: "Reddite, inquit, que sunt cesaris cesari, non que sunt Tyberii Tyberio. Reddite potestati, non persone. Persona enim nequam, sed iusta potestas. Iniquus Tyberius, sed bonus cesar. Reddite ergo non persone nequam, non iniquo Tyberio, sed iuste potestati et bono cesari que sua sunt . . . 'Da,' inquit, 'pro me et te, iuste potestati et bono cesari, cui secundum hominem subditi sumus' . . . Sciebat enim hoc pertinere ad iusticiam, ut redderet cesari que sunt cesaris . . . Sed in iis omnibus implevit iusticiam. Iustum quippe erat, ut humana infirmitas divine subderetur potestati. Christus namque secundum hominem tunc infirmus erat, cesaris vero potestas divina."

☆二六―――このような態度の権威ある典拠は、たとえば「ペテロの第一の手紙」二:一三―一八を参照。暴君への服従は、確かにギリシアの政治思想とは反対の考え方であった。しかし、これはユダヤの伝統と合致していなかったとは思えない。ピロンによれば、暴君は地震や疫病と同様に、神の怒り、天罰の一形態である。Erwin R. Goodenough, *The Politics of Philo Judaeus* (New Haven, 1938), 100 を見よ。貢納に関するアマルキウス（Amarcius, ca. 1080-1100）の詩は、明瞭に次のように語っている。

　それゆえ、善なる王は敬重され、模倣さるべし、

　邪悪なる王は模倣さるべきにあらず、ただ敬重さるべし。

　Reges ergo boni venerandi et sunt imitandi,

　Perversi non sunt imitandi, sed venerandi.

Cf. Erdmann, *Ideenwelt*, 133. 一般に叙任権闘争の時代については、Hackelsperger の研究（前出註☆二四参照）に加えて G. Tellenbach, *Church, State, and Christian Society at the Time of the Investiture Contest*（Oxford, 1938）参照。

☆二七——John of Salisbury, *Policraticus*, 514 b, ed. Webb（Oxford, 1909）, I, 236.

☆二八——*MGH*, *LdL*, III, 669, 35 ff.——「……［神は］自らの使徒に対するごとく聖職者に霊的な聖油を注ぎ、自らの初子《ういご》に対するごとく、そして時代に先駆けて生まれた者に対するごとく、あらゆるともがらに勝って王に聖油を注ぐ」（... sacerdotes quidem unxit [Deus] sicut apostolos suos unctione spirituali, regem vero sicut filium suum primogenitum et ante secula genitum pre omnibus participibus suis）。「詩篇」四五：八参照。

☆二九——このような秩序づけられた無秩序を正確に記述すべく、適切な表現を思いのままに用いることのできたメイトランドも、残念なことに逸名著者にはたったの一行しか費やしていない。逸名著者は「マルシリウスやウィクリフが否認しなかったと思われるような文章を書いていた」とだけ記している。Gierke, *Political Theories* に対する彼の序文（xliv）を参照。

☆三〇——*MGH*, *LdL*, III, 667, 8 ff.：“Unde et uterque in spiritu et Christus et deus est, et in officio figura et imago Christi et Dei est. Sacerdos sacerdotis, rex regis. Sacerdos inferioris officii et naturae, id est humanitatis, rex superioris, id est divinitatis."王の〈双生の本性〉を立証するために、これまで引用された議論のほとんどは、司教に関してもあてはまる。というのも、司教は「司祭としてのキリスト」の似姿ではあっても、或る程度までは「上位の職務と本性」、すなわち王権とキリストの神性をも共有しているからである。逆に国王についても同じことがあてはまる。*Ibid.*, 665, 36 ff. 参照——「……そして、法的に見れば、王を司祭、司祭を王と呼ぶことができる。なぜならば、キリストの霊において人民を支配することは司祭の権限に属するからである」（... et rex sacerdos et sacerdos rex ... iure potest appellari. Nam et sacerdotis est in spiritu Christi regere populum)。同様にフルーリのフーゴー（Hugo）の *De regia potestate*, I, 10, *MGH*, *LdL*, II, 477, 21 は次のように述べている——「この者［司祭］は……地の塩と呼ばれ、彼が人民に提供すべき指揮のゆえに王と呼ばれ、善きことを告げ知らせるがゆえに天使と呼ばれ、かつまた神の言葉の食物によって人民を満足させるがゆえに牧者と呼ばれる」（Hic［sacerdos］... sal terrae vocatur, et rex propter ducatum, quem praebere populo debet, et *angelus*, quia bona nuntiat, et pastor, quia divini verbi dapibus homines explet)。また、*ibid.*, 477, 38 では、「なぜならば、司教は……王としての顕職を担うと思われるからである」（Nam et regalem dignitatem habere ... videtur episcopus）と述べられている。しかし、司教は、「王と、自らに託された羊たちの間の」（inter regem et oves sibi creditas）仲介者として行動しなければならない。王（rex）としての聖職者という考え方は、司祭（sacerdos）としての王と同じように、長い歴史を有している。たとえば、*Didascalia Apostolorum*, II, 34, ed., R. Hugh Connolly（Oxford, 1929), 96, 17 ff. あるいは、偽クレメンス一世の *Recognitiones*, I, 46, *PGr.*, I, 1234 A 参照——「大祭司アロンは、聖油を塗られることによって、人々の君主であった。そして、人民を裁く任務を引き受けた……王のように、浄きものと汚れたものを裁いていた」(pontifex Aaron, chrismatis compositione perunctus, princeps populi fuit, et tanquam rex . . . iudicandi plebem sorte suscepta de mundis immundisque iudicabat)。Cf. Hinschius, *Decret. Ps. Isid.*, 53. しかし、このような前提からは、相互に異なる結論が引き出されえた。たとえば、James of Viterbo, *De regimine christiano*, II, c. 4, ed ., H. X. Arquillière, *Le plus ancien traité de l'Église : Jacques de Viterbe, 'De regimine chistiano'* (Paris, 1926), 199 参照。ヴィテルボのヤコブスは、王たるキリストが司祭たるキリストより高貴な存在であり、上位にあることを認めている——「キリストは確かに、単に人間たるかぎりでは司祭であるが、神かつ人間たるかぎりでは王である。……したがって、司祭と言われるよりも、王と言われることによって、より大いなる威厳がキリストに与えられる」(Est enim sacerdos in quantum homo, rex autem est et in quantum Deus et in quantum homo . . . et sic maior dignitas importatur ex eo, quod rex dicitur, quam ex eo, quod sacerdos)。しかし、この後、彼は次のように結論している——「それゆえ、教会の聖職者においては、裁判権と言われる王的な権力のほうが、司牧権と言われる司祭としての権力よりも上位にある」(Quare et in prelatis ecclesie superior est potestas regalis, que dicitur iurisdicitionis, quam sacerdotalis, que dicitur ordinis)。以下を見よ。R. Scholz, *Die Publizistik zur Zeit Philipps des Schönen und Bonifaz' VIII.* (Stuttgart, 1903), 144 f. ; Martin Grabmann, "Die Lehre des Erzbischofs und Augustinertheologen Jakob von Viterbo," *Episcopus : Festschrift für Kardinal Michael von Faulhaber* (Regensburg, 1949), 190 f.

☆三一 ——— *Tractate XXIX*, in Böhmer, *Kirche und Staat*, 479. この種の議論はそれほど珍しいものではなかった。たとえば、Isidorus, *Etym.*, XV, 2, 1 では、「石造建築ではなく、その住民が都市と呼ばれる」

(civitas autem non saxa, sed habitatores vocantur) と言われている。また後出註☆九九参照。さらに、Maitland, *Sel. Ess.*, 90 には、「教会は建物とか壁ではなく、霊的教会 (ecclesia spiritualis) として理解されるべきである」と書かれている。天と空については後出註☆四七参照。

☆三二――― Böhmer, *Kirche und Staat*, 436 f.

☆三三――― *MGH*, *LdL*, III, 673, 24 : "Aliter enim servit quia homo est, aliter quia etiam rex est." Augustinus, *Ep.* CLXXXV, c. 5, 19, ed., A. Goldbacher (*CSEL.*, LVII), 17, 21. これは非常に頻繁に引用される『ボニファキウス宛書簡』(*Ad Bonifacium*) である。ここで引用された箇所については、*Decretum Gratiani*, C. 42, C. XXIII, q. 4, ed., Friedberg, I, 923. もっとも、この一節はより前の教会法集成、たとえばシャルトルのイヴォの *Decretum*, X, 121, *PL.*, CLXI, 727 にも見られる。これは、イヴォとノルマンの逸名著者の間に、他の点でも関係が見られることを考えると興味深い。Williams, *Norman Anonymous*, 55 ff. 参照。

☆三四――― *PL.*, LXXXIV, 431 A ; Hinschius, *Decret. Ps. Isid.*, 392 ――「王位は、自らがすべてのものを支配すると自覚する際の根拠によって、すべてのものが自らの支配下にあることを明らかに示している。それゆえ、ほかならぬ自らの許に集ったものを、王位は正当にも擁護する。したがって、これらのものは、王の人格に対してではなく、王の権力に対して義務を負うことは明白である。法が王を創るのであって、人格が王を創るのではない。というのも、王はその人格の凡庸性によってではなく、崇高性の栄誉によって存在しているからである。それゆえ、栄誉に対し義務を負うものは、栄誉に奉仕しなければならない。そして王は、自らが蓄積したものを王国へと残さねばならない」(Regalis proinde ordo ex hoc cuncta sibi deberi convincit, ex quo se regere cuncta cognoscit ; et inde conquisita non alteri quam sibi iuste defendit ;

unde *non personae, sed potentiae suae* haec deberi non ambigit. Regem enim iura faciunt, non persona ; quia nec constat sui mediocritate sed sublimitatis honore. Quae ergo honori debent, honore serviant, et quae reges accumulant, regno relinquant)。〈栄誉〉(honor) という観念は、後世の政治理論における〈威厳〉(dignitas) の意味に非常に近い (後出第七章)。最後の言葉に示されている原則——王は、自らが蓄積したものを王国へと残すという原則——は、明らかに、カロリング朝時代と、これに続く時代において無視されてしまった。一つの例外は、ウィポ (Wipo, *Gesta Chuonradi*, c. 7, ed., H. Bresslau [*MGH*, *SS. r. Germ.*], 29 f.) が、おそらく古代の権威ある典拠に従いながら、コンラート二世に帰している言葉により与えられている——「船の舵手が死んでも船は残るように、王が死去しても王国は存続していた。[パヴィアの市民により破壊された] 宮殿は、私的なものではなく公的なものであった」(Si periit rex, regnum remansit, sicut navis remanet cuius gubernator cadit. Aedes *publicae* fuerunt, non *privatae*)。Cf. A. Solmi, "La distruzzione del palazzo regio in Pavia nell' anno 1024," *Rendiconti dell' Istituto Lombardo di scienze e lettere*, LVII (1924), 97 ff.

☆三五——Anton Michel, *Die Sentenzen des Kardinals Humbert, das erste Rechtsbuch der päpstlichen Reform* (*MGH*, *Schriften*, VII ; Leipzig, 1943), 32, n. 1.

☆三六——一〇七六年の王の書簡 (*H. dei gratia rex Hildebrando*), ed., C. Erdmann, *Die Briefe Heinrichs IV* (*MGH*, Deutsches Mittelalter, 1, Leipzig, 1937), 14 f., nos. 11 and 12 ; C. Erdmann and D. von Gladiss, " Gottschalk von Aachen im Dienste Heinrichs IV," *DA*, III (1939), 168 参照。

☆三七——前出註☆九で引用された一節は、司教ないし高位聖職者にも言及したものである。また註☆三〇も参照。

☆三八――――シャルトルのイヴォと逸名著者の関係については、Williams, *Norman Anonymous*, 55 ff.

☆三九――――前出註☆一三参照。

☆四〇――――（かつては「ヨーク論考」と呼ばれていた）逸名著者の論考に関する簡単ではあるが非常に優れたいくつかの解説が、Wilhelm Berges, *Die Fürstenspiegel des hohen und späten Mittelalters* (*MGH*, *Schriften*, II, Leipzig, 1938), 28 ff. に見られる――「『ヨーク論考』におけるほど、キリストを中心とした王権思想が政治理論を支配したことは、後にも先にもなかった」。Williams, *Norman Anonymous*, 190 は、もう少し詳細に、次のような結論へと到達している――「逸名著者の教会＝政治理論はキリスト中心的な理論である。しかし、彼の王が模倣し、その権力を分有するキリストは、王として高挙された永遠のキリストであり、このようなキリストにとり十字架上の死は司祭によって思索されるべき単なる一つの出来事にすぎない。キリスト論はほとんど完璧なまでに王権化されたのである」。高挙されたキリストの過度な強調をもたらす展開が、ヨーロッパの一般的動向を背景として理解されるべきであること――ウィリアムズはこの背景を自覚していた――は、最近 Josef Andreas Jungmann, "Die Abwehr des germanischen Arianismus und der Umbruch der religiösen Kultur im frühen Mittelalter," *Zeitschrift für katholische Theologie*, LXIX (1947), 36-99 で論じられている。

☆四一――――Williams, *Norman Anonymous*, 199 ff. の「要約」を参照。

☆四二――――*Volto Santo* については、A. Kingsley Porter, *Spanish Romanesque Sculpture* (New York, 1929), II, pls. 63 ff.; G. Schürer and J. M. Ritz, *Sankt Kümmernis und Volto Santo* (Forschungen zur Volkskunde, XIII-XV, Düsseldorf, 1934) ――これには豊富な参考文献が付されている――また、Clairece Black, "The Origin of the Lucchese Cross Form," *Marsyas*, 1 (1941), 27-40 参照。

☆四三――しかし、後世のビザンツ美術は、典礼に関する驚くべき宗教画や、ケルビム讃歌（「汝は捧げ、そして捧げられる者。受け取り、そして施与される者」）の挿画に、これと類似の絵画表現を生み出していた。J. D. Stefanescu, "L'Illustration des liturgies dans l'art de Byzance et de l'Orient," *Annuaire de l'institut de philologie et d'histoire orientales*, 1 (1932), 72 ff.; 典礼の形式的表現それ自体については、J. M. Hanssens, *Institutiones liturgicae de ritibus orientalibus* (Roma, 1932), III, 289, § 1117 参照。

☆四四――Stephan Beissel, *Die Bilder der Handschrift des Kaisers Otto im Münster zu Aachen* (Aachen, 1886), 61 ff., pl. 3; Adolph Goldschmidt, *German Illumination, II: Ottonian Period* (New York, n. d.), pl. I; P. E. Schramm, "Das Herrscherbild in der Kunst des Mittelalters," *Vorträge der Bibliothek Warburg 1922-3*, I (1924), 198 ff.（豊富な議論がなされ、文献目録が付されている）。また、同じくシュラムの *Die deutschen Kaiser und Könige in Bildern ihrer Zeit* (Leipzig, 1928), 81 ff., 191, and pl. 64; K. Vöge, *Eine deutsche Malerschule um die Wende des ersten Jahrtausends* (Westdeutsche Zeitschrift, Ergänzungsheft, VII, Trier, 1891), 7 f.; A. Boeckler, "Die Reichenau Buchmalerei," in *Die Kultur der Abtei Reichenau, Erinnerungsschrift* (Müünchen, 1925), II, 982 ff. を参照。

☆四五――皇帝の左側に座を占めているのが聖職者であり、この点でこの図像は、ラヴェンナのサン・ヴィターレ教会にあるユスティニアヌスのモザイク画や、同じくラヴェンナのサン・タポリナーレ・イン・クラッセ教会にあるこれよりも褪色したその模写に似ているという指摘がなされている。Schramm, "Herrscherbild," 198 f. 参照。これに類似した他のいくつかの例については、Beissel, *Bilder*, 62. しかし、聖俗の顕職の担い手を両側に分けて配置することは、ビザンツ美術を模範としたものではなく、カロリング朝における黙示録の絵画表現に影響されたものである。

☆四六——Schramm, "Herrscherbild," 199 および、*Die Deutschen Kaiser*, 83 は、冠を被るこれらの君侯を、彼らが肩に負う三角旗のついた旗竿を理由に、「公爵」と呼んでいる。しかし、彼らのモデルはカロリング朝の《ザンクト・エンメラムの福音書》(Schramm, *Kaiser*, pl. 29 a. 後出図16 b) に見出され、ここでは君侯に対応する形象は、〈フランキア〉(Francia)、〈ゴティア〉(Gothia) と記されている。これらは同様に膝を折り曲げ (これは、左より右側の形象のほうがより顕著である)、城壁冠は君侯の冠で置き換えられ、豊饒の角は槍に変えられている。したがって、これらの君侯は、独立王国の王侯 (reguli) を表わしたものと思われるのである。というのも、数多くの王国の上位にあって、これらを支配する「超越的王権」という意味での古風な「帝国」観念は、ローマ帝国の理念が一方において発展していたにもかかわらず、オットー朝の時代にあっては依然として非常に力強く存続していた。C. Erdmann, *Forschungen*, 43 ff., and passim；同じくエルトマンの研究、"Das ottonische Reich als Imperium Romanum," *DA*, VI (1943), 412-441.

☆四七——「そして、皇帝の偉大にして神聖なる権力は、神の恩寵と協働して、真理の発芽で自らの羊たちを司牧し、神により万人を統轄することを許され、全世界の司教を公会議へと召集する権限を有し、公教会の信仰に関する秘蹟と天上の事柄を取り扱い、これを取り扱うために司教たちに命令を下す権能が彼と協働する恩寵によって与えられている〔以下、本文での引用箇所へ続く〕」(Et utique magna et sancta imperatoris potestas, que cooperatrix est gratie Dei in pascendis ovibus eius veritatis germinibus et cui a Deo omnes regere concessum est, cui totius mundi pontifices ad concilium convocare, cui de sacramentis catholice fidei et celestibus negotiis tractare et ipsis pontificibus, ut inde tractent, imperare per cooperantem sibi eandem gratiam collatum est. Propter quod usque ad celum a domino Iesu

Christo erectus esse dicitur. Ad celum, inquam, non utique istud corporeum quod videmus, sed incorporeum quod non videmus, id est invisibilem Deum. Usque ad Deum quippe erectus est, quia ei in potestate ita coniunctus est, ut nulla potestas Deo sit propinquior, imperatore sublimior, sed omnis, sit alia inferior)。*MGH*, *LdL*, III, 676, 5 ff. 皇帝の権力が神聖であることについては、前出註☆二五参照。「空」と「天」の区別は伝統的なものである。というのも、註釈学者はエリヤの昇天とキリストの昇天とを区別し、前者が〈大気の空〉(caelum aereum) へと昇ったのに対し、キリストはアイテル (エーテル) の天 (caelum aethereum) へと昇ったことを示す必要があったからである。大教皇グレゴリウスの *Homiliae in Evangelia*, II, 29, 5 f., *PL.*, LXXVI, 1216 f. を参照。また、Bede, *Expositio Actuum Apostolorum*, I, II, ed., M. L. W. Laistner, Cambridge, Mass., 1939, 9 ——「……事実キリストが、エリヤのように擬似的な天にではなく、天へと行くことを示すために……」(... ut vere in caelum illum ire monstrarent, et non quasi in caelum sicut Eliam)。この問題については、Meyer Schapiro, "The Image of the Disappearing Christ," *Gazette des Beaux Arts*, LXXXV (1943), 140 参照。

☆四八 —— Hinschius, *Decret. Ps. Isid.*, 283. また、*MGH*, *LdL*, III, 676, 41 に見られるベーマー (Boehmer) の註記を参照。偽イシドルス教令集の写本を研究しておられるシェイファー・ウィリアムズ博士は、誤読が見られるのは、F. A. Gonzalez, *Collectio canonum ecclesiae Hispaniae* (Madrid, 1808) で印行され、*PL.*, LXXXIV, 163 C に再録された『ヒスパナ』の純正なテクストただ一つであることをご親切にも筆者に教示してくださった。また、G. Williams, *Norman Anonymous*, 189, n. 640 参照。当該箇所においてノルマンの逸名著者は、カルケドン決議を終始、別の言葉で言い換えている。

☆四九 —— Adolf Goldschmidt, *Die Elfenbeinskulpturen aus der Zeit der karolingischen und sächsis-*

chen Herrscher (Berlin, 1914), pl. LXXV には、ザンクト・ガレンにあるブック・カヴァー（九〇〇年頃）が載せられている。ここでは、「最後の審判の図像によくあるように」何ももたない右手が広げられている (cf. p. 80, No. 162)。ベルギーで制作され、今はダルムシュタットにあるブック・カヴァーについては、*ibid.*, pl. LXXIV および p. 80, No. 163 a を参照。ここでは、キリストは右手に巻き物をもち、左手は「聖痕を示すために」広げられている。また、Vöge, *Malerschule*, 282 を参照。フェーゲも同様に、「最後の審判」と「キリスト昇天」の図像を想起している。事実、オットー二世の身振りは、キリストの図像においては少しも珍しいものではないが、中世の皇帝の図像では唯一の例であると思われる。Beissel, *Bilder*, 62 f. は、《アーヘンの福音書》に見られる皇帝の図像が、現実にキリストの図像と間違えられてきたと述べているが、Schramm, *Die deutschen Kaiser*, 82 は、この仮説が不可能であることを簡潔に示唆している。

☆五〇——Ernst Kitzinger, "On the Portrait of Roger II in the Martorana in Palermo," *Proporzioni*, III (1950), 30-35. オットー朝時代の類例については、オットー三世とハインリヒ二世に関して、Schramm, *Die deutschen Kaiser*, 94 f., 112（また、pl. 65 も）参照。同じような考察を行っているものとして、Georg Leidinger, *Miniaturen aus Handschriften der bayerischen Staatsbibliothek in München*, München (n. d.), VI, 25 and pl. XIII. いくつかの貨幣の作例（ポストゥムス、プロブス、コンスタンティヌス大帝）については、Kantorowicz, "The Quinity of Winchester," *Art Bulletin*, XXIX (1947), figs. 27-29 (p. 78 から続く). また、H. Usener, "Zwillingsbildung," *Kleine Schriften*, IV (1913), 334 ff. また、*Panegyrici latini*, VI, 21 (Paneg. Constantino Aug. dictus, ed., Baehrens, 1911), 218, 6——「汝は、アポロンを見て、その外見に、汝を認めた」(Vidisti [Apollinem] teque in illius specie recognovisti)。後出エピローグ〔下巻〕二八九頁以下参照。

☆五一――Schramm, "Herrscherbild," 199. また、「帯」ないし布については、Vöge, *Deutsche Malerschule*, 282 f. 参照。Beissel, *Bilder*, 62が、この布をカロリング朝時代の王座の図像（《ヴィヴィアンの聖書》、《ザンクト・エンメラムの福音書》）に見られる幕と比較するとき、或る観点において、他の研究者より正しい考察がなされていると言えるだろう。カロリング朝の王座像においては、神の手は常に、幕によって王の頭から切り離されている。後出註☆八三および図16 a—b参照。

☆五二――《バルベリーニの二連板》については、André Grabar, *L'Empereur dans l'art byzantin* (Paris, 1936), 48 ff., pl. IV; cf. Beissel, *Bilder*, 61; Schramm, "Herrscherbild," 195, n. 172. ガンダーラ美術については、Hugo Buchthal, "The Western Aspects of Gandhara Sculpture," *Proceedings of the British Academy*, XXXI (1945), fig. 29（繰り返し登場する特徴について）. うずくまる〈大地《テラ》〉により担われた「ゴータの十字架」については、Goldschmidt, *op. cit.*, II, pl. IX, fig. 23 参照。バンベルクで制作され、今はミュンヒェン（Clm. 4454）にある福音書抄録の「生命の樹」のキリストを、女像柱として支えるのも、同じく〈テルス〉である。Cf. Leidinger, *op. cit.*, VI, 26, pl. XIII. さらに、十世紀ビザンツの或る写本（ヨアンネス・クリュソストモスの福音書講話。Athens, Bibl. Nat. MS 211 fol. 34^{v}）に見られる奇妙なミニアチュールには、素焼のランプでキリストを運び、自らは大地によって支えられたアダムが描かれている。Grabar, "À propos du nimbe crucifère à Castelseprio," *Cahiers archéologiques*, VII (1954), pl. 54, fig. 1 (p. 161 の対向)。非常にしばしば、大地は大洋とともに描かれている（たとえば、Goldschmidt, I, pl. LXXV）が、これはキリストの支配権が大地と大洋（terra marique）に及ぶことを示している。過去にキリストがこのような皇帝類似の称号で呼ばれていたことについては、A. Momigliano, "Terra marique," *Journal of Roman Studies*, XXXII (1942), 53-64. これは再びフリードリヒ二世に対して用いられた――

「大地が仕え、大洋が喝采する余に、ローマは従属すべきである」(nobis Roma subiaceat, quibus terra servit, mare favet)、「大地と大海はこの者を敬慕する」(hunc terra et pontus adorant)、「彼は大地において統治し、大洋において支配し、そして両者において命令を下す」(dominatur in terra, principatur in mari et imperat in utroque); cf. *Erg. Bd.*, 204 f. 大地と大洋、そして実際には諸元素にまでも及ぶ支配権が、厳格な意味において皇帝の大権と見なされていたことは、フィリップ四世の宮廷法学者ギヨーム・ド・プレジアンが、次のような言葉でジェヴォーダン司教に対する王の裁判権を主張したとき、明白に示されている——「同様に、王は自らの王国において皇帝たるべきであり、したがって、大地と大洋を支配することができなければならない」(Item quod dominus Rex sit imperator in regno suo et imperare possit terre et mari)。この言葉に対して、司教は嘲笑的に次のように答えている——「そして、王が自らの王国において皇帝であり、大地や大洋や諸元素に命令を下すことができようと、また、もし王が元素に命令を下せば元素がこれに従うとしても、……〔王は〕企て通りにするわけにはいかないし司教に反抗するわけにもいかない」(Porro utrum dominus Rex sit imperator in regno suo et utrum possit imperare terre et mari et elementis et, si obtemperarent ipsa elementa, si eisdem imperaret, . . . nichil ad propositum nec contra Episcopum facit)。きわめて重要な、*Mémoire relatif au Paréage de 1307*, ed., A. Maisonobe, in *Bulletin de la société d'agriculture, industrie, sciences et arts du Département de la Lozère*, XLIX (Mende, 1897), p. 521 および p. 532 を参照。Cf. Strayer, "The Laicization of French and English Society in the Thirteenth Century," *Speculum*, XV (1940), 82, n. 5 参照。この興味深い一節に筆者の注意を親切にも向けてくださったのは、ストレイヤー教授である。

☆五三———幕の解釈については、Carl Schneider, "Studien zum Ursprung liturgischer Einzelheiten östlicher Liturgien: ΚΑΤΑΠΕΤΑΣΜΑ," *Kyrios*, I (1935), 57-73; J. Sauer, *Die Symbolik des Kirchengebäudes* (Freiburg, 1902), 133 f.; Robert Eisler, *Weltenmantel und Himmelszelt* (München, 1910), 191 and 250 f.

☆五四――――Bede, *De Tabernaculo*, II, 8, *PL.*, XCI, 445 f; 446 D――「ヴェールによって天が比喩的に表現されている」(velum quo coelum figuratur); 445 C――「このヴェールは天と解釈される」(Velum hoc, coelum interpretatur)。本文で引用されている一節については、445 D――「年に一回、生贄の血をもって至聖所に立ち入る至高の聖職者は大祭司と理解され、この大祭司は(キリストのように)『汝は永遠に祭司なる者』と言われていた。……永遠の祭司(たるキリスト)が、我々の罪を贖うために唯一度犠牲となり、祭司でありながら自らの血による生贄となって、天自体へと踏み込んだ(ように)」(Summum vero sacerdotem, qui semel in anno sancta sanctorum cum sanguine victimarum ingrediebatur, ipsum intellegi esse pontificem magnum, cui dictum est: 'Tu es sacerdos in aeternum ...' Qui semel oblatus pro peccatis nostris, ipse sacerdos et hostia per proprium sanguinem in ipsum coelum intravit)。ベーダの幕屋論は、東方の原典に依拠している。M. L. W. Laistner, in A. H. Thompson, *Bede, his Life, Times and Writings* (Oxford, 1935), 246. ベーダのこの著作は権威であり続け、写され、別の言葉で表現し直され、さらにはきわめて多くの大陸の著述家によって引用された。たとえば、Peter of Poitiers, *Allegoriae super Tabernaculum Moysi*, eds., P. S. Moore and J. A. Corbett, in *Publications in Mediaeval Studies*, III (Notre Dame, Indiana, 1938), 122 f. を参照。

☆五五――――Bede, *op. cit.*, 446 A――「このヴェールがその前に垂れ下がっている四本の柱は、四つの優れた徳で飾られた天上の軍隊である」(Quatuor autem columnae, ante quas appensum est hoc velum, coelestium sunt potestates agminum, quatuor virtutibus eximiis praeclarae)。大教皇グレゴリウスは、四体の生きものを四つの徳と同一視しており、またビザンツでは、これらは主として「天使の力」を意味していた。大教皇グレゴリウスの *In Ezech.*, I, Homil. III, 8, *PL.*, LXXVI, 809 A, そして、F. van der Meer, *Maiestas Domini* (Vatican City, 1938), 227 f. を参照。これ以外の解釈については、Sauer, *Symbolik*, 134.

☆五六――四体の生きものに関する文学的な伝統の概観としては、van der Meer, *Maiestas Domini*, 223 ff.; Irenaeus, *Adversus haereses*, III, 11, 8 参照。

☆五七――「永遠なる王（王国）の福音を説くために、フランク人の（ローマの）帝国を準備された汝、神よ」(Deus, qui ad praedicandum aeterni regis (regni) evangelium Francorum (Romanum) imperium praeparasti) なる祈りについては、Gerd Tellenbach, *Römischer und christlicher Reichsgedanke in der Liturgie des frühen Mittelalters* (S.-B. Heidelberg, 1934-35), Abh. 1 参照。ここに掲載されているテクストに加えて、八世紀の *Sacramentarium Pragense*, eds., Alban Dold and Leo Eizenhöfer (Texte und Arbeiten der Erzabtei Beuron, 1. Abt., Heft 38-42; Beuron, 1949), II, 137*, No. 246, 4 を参照。また、Hans Hirsch, “Der mittelalterliche Kaisergedanke in den liturgischen Gebeten,” *MÖIG*, XLIV (1930), 9 ff. 参照。これに対して G. Erdmann, “Der Heidenkrieg in der Liturgie und die Kaiserkrönung Ottos I,” *MÖIG*, XLVI (1932), 129-142（また *Ideenwelt*, 19 f., nos. 6-7）は、〈福音の説教〉(praedicatio evangelii) は、あらゆるキリスト教王の任務であり、ローマ皇帝に限られないことを強調している。たとえば、五八九年の第三トレド教会会議における王レカレドに対する歓呼を参照――「まことに、使徒の務めをなせる者は、然るべく使徒の報酬を受くるべし」(Ipse mereatur veraciter apostolicum meritum, qui apostolicum implevit officium); *PL.*, LXXXIV, 345 CD. オットー朝における伝道の思想については、Joseph

Kirchberg, *Kaiseridee und Mission unter den Sachsenkaisern und den ersten Saliern von Otto I. bis Heinrich III.* (Historische Studien, 259 [Berlin, 1934]); M. Bünding, *Das Imperium Christianum und die deutschen Ostkriege vom zehnten bis zum zwölften Jahrhundert* (Historische Studien, 366 [Berlin, 1940]) 参照。戴冠の式典における祈りについては、たとえば Schramm, "Die Ordines der mittelalterlichen Kaiserkrönung," *ArchUF*, XI (1929), 371; "Die Krönung bei den Westfranken und Angelsachsen von 878 bis um 1000," *ZfRG*, kan. Abt., XXIII (1934), 220; Paul L. Ward, "An Early Version of the Anglo-Saxon Coronation Ceremony," *EHR*, LVII (1942), 360 参照。

☆五八———筆者はこれらの問題を別個に議論するつもりである。

☆五九———このタイプに属する三つの図像資料（《ヴィヴィアンの聖書》、《グランヴァルの聖書》、《サン・パオロの聖書》）は、J. Croquison, "Une vision eschatologique carolingienne," *Cahiers archéologiques*, IV (1949), 10-129 で綿密に研究されており、これには豊富な文献目録が付されている（Caelus については、p. 116 f. 参照）。この論文は、王座にいる鬚の男性を福音書記者のヨハネと同一視している。これは示唆的ではあるが、必ずしも説得力のある解釈ではない。

☆六〇———Bede, *De Tabernaculo*, *PL.*, XCI, 447 AB——「神殿のこのヴェールの内側に、契約の櫃が置かれた。なぜならば、神と人間の仲介者たる人間イエス・キリストは、彼のみが秘められたる父祖たちの仲間であり……諸天体のさらなる諸天体を超えて上昇し（後出註☆七二以下）、父たる神の右に坐すからである。このヴェールにより、聖所と至聖所が区別される。というのも、聖なる天使と人間から構成される教会は、部分的には今なお低きところを遍歴し、部分的には最も高きところにある永遠の祖国で支配するからである」(Intra hoc velum templi posita est arca testamenti; quia mediator Dei et hominum, homo

Christus Jesus, qui solus paternorum est conscius arcanorum, . . . super coelos coelorum ascendens, sedet ad dexteram Patris. Hoc velo sanctuarium et sanctuarii sanctuaria dividuntur ; quoniam Ecclesia, quae ex angelis sanctis et hominibus constat, partim adhuc peregrinatur in infimis, partim in aeterna patria regnat in supernis)。

☆六一――――Grabar, *L'Empereur*, pl. XXIII, 1, および p. 60.

☆六二――――決定的なのは、「ペテロによる福音書」四〇（後出註☆七九以下参照）である。ed., Léon Vaganay (Paris, 1930), 298 ff. また、この福音書の他類例（その多くは既に、H. B. Swete, *Εὐαγγέλιον κατὰ Πέτρον* : *The Ahmim Fragment of the Apocryphal Gospel of St. Peter* [London, 1893], p. 18, n. 2 で枚挙されている）をも参照。ラビ・エレアザルによれば、人祖は地上から天へと伸びていたが、「彼が罪を犯したので、聖なる者は……自らの手を彼に触れ、彼を小さくした」。H. L. Strack and P. Billerbeck, *Kommentar zum Neuen Testament aus Talmud und Midrasch* (München, 1928), IV, 888 参照。キリストはアダムの原罪を取り消したのであるから、新しきメシアはアダムの元来の背丈を有していたはずだと考えることは理に適っており、ラビの伝統でも、「メシアの時代は、巨人の背丈以上のものをイスラエルの民に回復するはずである」とされていた。また、これに付け加えるべき史料について、Strack-Billerbeck, IV, 947 f. また、III, 851 も参照。

☆六三――――〈双生の実体の巨人〉については、前出註☆一九。また、Justinus, *Apologia*, 1, 54 は、「詩篇」一九：六が実際にはキリストに言及しているにもかかわらず、ヘラクレスに関する異教の神話全体がこの一節から盗用されたと主張する。昇天と復活の意味でこの詩篇を解釈することについては、Dölger, *Sonne der Gerechtigkeit*, 102 ff., および *Sol Salutis*, 217 f. ; Pseudo-Bede, *In Psalmorum librum exegesis*,

XVIII, *PL.*, XCIII, 581 D. さらに Hubert Schrade, "Zur Ikonographie der Himmelfahrt Christi," *Bibliothek Warburg : Vorträge 1928-29*（Leipzig, 1930）, 119 f., そして *Ikonographie der christlichen Kunst : Die Auferstehung Christi*（Berlin und Leipzig, 1932）, 39 ; Helena Gutberlet, *Die Himmelfahrt Christi in der bildenden Kunst*（Strassburg, 1934）, 70 f. 参照。

☆六四 ——— Cyril of Jerusalem, *Catechesis*, XII, 1, *PGr.*, XXXIII, 726 ——「……脚とともに頭を受け取ろう。頭は神性を意味するものと考えられ、脚は人性と解される」（... *κεφαλὴν μετὰ τῶν ποδῶν μεταλάβωμεν· κεφαλῆς μὲν τῆς θεότητος νοουμένης, ποδῶν δὲ τῆς ἀνθρωπότητος ἐκλαμβανομένης*）。この一節を「ソロモンの頌歌」（四二：一三）の反映と理解することもできるだろう。Rendel Harris and Alphonse Mingana, *The Odes and Psalms of Solomon*（Manchester, 1920）, II, 55 f. 参照。また Pseudo-Chrysostomos, *In Pascha*, II, *PGr.*, LIX, 728 は、「出エジプト記」一二：九の「頭と脚」という表現に、キリストの再臨への示唆を読み取っている。Bede, *In Exodum*, c. 12, *PL.*, XCI, 306 D は、この註釈を知らなかったと思われるが、「頭と脚」を〈二つの法をもったキリスト〉（Christus cum duabus legibus）と解釈している。

☆六五 ——— Andreas of Caesarea, *In Apocalypsim*（I, 15 について）, *PGr.*, CVI, 229 A. ここでは、ナジアンゾスのグレゴリオスの「彼の脚は肉体である」（*πόδες γὰρ αὐτοῦ ἡ σάρξ*）が引用されている。また、Arethas of Caesarea, *Comm. in Apoc.*（I, 15 について）, *ibid.*, 519 AB. 十二世紀に関しては、Michael Akominates, *Comment. in Apocalypsim*, ed., Dyovouriotis, in *'Επετερὶς ἑταιρείας βυζαντινῶν σπουδῶν*, V（1928）, 24, 19 ——「脚は肉体を貫いて存在していると考えよう」（*νοήσωμεν πόδας τὴν διὰ σαρκὸς ἐπιδημίαν*）。西欧に関しては、たとえば、Haymon of Halberstadt, *PL.*, CXVII, 956 B ——「[脚は] 或る

ときは永遠の安定性を、或るときは神性の認識がそれを通じて我々に与えられる人性を、そして或るときは説教者を意味する」（[pedes] aliquando significant stabilitatem aeternitatis, aliquando vero humanitatem per quam ad nos venit cognitio divinitatis, aliquando praedicatores）。〈説教者〉を脚とする解釈については、Victorin of Pettau, *In Apocal.*, *PL.*, V, 319 参照。そしてさらに、R. J. H. Jenkins and C. A. Mango, in *Dumbarton Oaks Papers*, IX-X (1956), 132, n. 52 をも参照。

☆六六———Augustine, *Enarrationes in Psalmos*, XCI, 11, *PL*, XXXVII, 1178: "O Christe, qui in coelis sedes ad dexteram Patris, sed pedibus tuis et membris tuis laboras in terra."

☆六七———比喩的な意味における tabernaculum（σκηνή, σκᾶνος）については、「コリント人への第二の手紙」五：四および「ペテロの第二の手紙」一：一三参照。人間の肉体を「魂の幕屋」とする考え方には哲学上の先駆形態が存在する。Delatte, *Traités de la royauté*, 181; cf. Kantorowicz, "Deus per naturam," 270, n. 56.

☆六八———Augustinus, *op. cit.*, XC, 5, *PL.*, XXXVII, 1163: "Tabernaculum Dei caro est. In carne inhabitavit Verbum, et caro facta est tabernaculum Deo: *in ipso tabernaculo Imperator militavit* pro nobis... Longe est super omnes coelos, sed pedes habet in terra: caput in coelo est, corpus in terra... Sed ne putemus quia separatum est caput a corpore: discretum est enim locis, sed iunctum est affectu." キリストに〈皇帝〉という称号を与えている例は、〈王〉という称号ほどには多くない。しかし、言うまでもなく、特に初期キリスト教時代においてこの称号はよく知られていた。たとえば、Erik Peterson, "Christus als Imperator,"（これは、同じ著者の論文集 *Theologische Traktate* [München, 1951], 151-164 に所収）は、本文で言及されている一節とは異なるが、同じくアウグスティヌスを引用している。この称号

は、後世の法学者にも見られる。たとえば、Summa *Inperatorie maiestati* には「……風と海とに命令する我らが皇帝イエス・キリスト……」(. . . inperator noster, Christus Jesus, ventis imperans et mari . . .) という言葉が見られる。Stephan Kuttner, *Repertorium der Kanonistik* (Studi e Testi, 71 ; Vatican, 1937), 179 f. ; S. Mochi Onory, *Fonti canonistiche dell'idea moderna dello stato* (Milano, 1951), 112 f., n. 3 参照。

☆六九――Pseudo-Bede, *In Psalmos*, XC, *PL.*, XCIII, 975 C-976 B ; Anselm of Laon [誤って Walafrid Strabo に帰せられている], *Glossa ordinaria*, Ps. XC, *PL.*, CXIII, 999 ; *Canterbury Psalter*, fols. 163ᵛ-164ʳ, ed. M. R. James (London, 1935) ; Peter the Lombard, *Comm. in Psalmos.* XC, 10 (cf. titulus), *PL.*, CXCI, 852 C (cf. 847 D).

☆七〇――Grabar, *L'Empereur*, 237 ff. を参照。そして、カロリング朝時代の西欧に関して、Josef Deér, "Ein Doppelbildnis Karls des Grossen," *Forschungen zur Kunstgeschichte und christlichen Archäologie*, II (1953), 103-156, 特に 118 ff.《ユトレヒト詩篇》(fol. 53ᵛ, ed. E. T. Dewald [Princeton, 1932]) に見られる第九一篇の挿絵は、ライオンと蝮を踏みつけるのみならず、王冠を受けるキリストを描いている。

☆七一――ラヴェンナにあるネオン洗礼堂については、Grabar, *op. cit.*, pl. XXVII, 1, そして大司教の宮殿にある図像については、J. Wilpert, *Die römischen Mosaiken und Malereien* (Freiburg, 1917), 1, pl. 89 および p. 47.〈留金〉(fibula) については、後出第七章註☆三四一参照。「軍装の神々」については、さしあたって R. Paribeni, "Divinità straniere in abito militare romano," *Bulletin de la société archéologique d'Alexandrie*, XIII (1910), 177-183 参照。また、E. Breccia, *ibid.*, XVII (1919-20), 184 ff. これ

に付加されるべき非常に多くの遺品が存在する。神々に対して与えられた〈アウグストゥス〉という称号については、A. D. Nock, "Studies in the Graeco-Roman Beliefs of the Empire," *Journal of Hellenic Studies*, XLV (1925), 93. この称号は、キリスト教時代へと受け継がれていった。たとえば、Petrus Chrysologus, *Sermo* CXXX, *PL.*, LII, 557 B には *augusta Trinitas* という表現が見られる。

☆七二——ジュミエージュのロベルトゥスのミサ典書については、E. G. Millar, *English Illuminated Manuscripts* (Paris and Brussels, 1926), pl. 13 a（および p. 73). 十一世紀の進句集については、*ibid.*, pl. 29 a 参照。《ベルンヴァルトの福音書》については、Gutberlet, pl. XXIX; Schrade, "Ikonographie der Himmelfahrt," pl. XV, fig. 30. モーガン図書館（MS 333）の《聖ベルタンの福音書》については、Schapiro, "Disappearing Christ," 147. 一般的に新しい形態のものについては、Gutberlet, 243 ff.; Schrade, 165 ff.; Schapiro, 140 ff. 筆者は、昇天を描く様式の図像とライヒェナウのミニアチュールの相互関係を示唆してくださったアーウィン・パノフスキー教授に多くを負っている。

☆七三——Goldschmidt, *German Illuminations*, II, pl. 40 B; Stephan Beissel, *Geschichte der Evangelienbücher in der ersten Hälfte des Mittelalters* (Stimmen aus Maria-Laach, 92-93, Freiburg, 1906), 218 参照。

☆七四——Gutberlet, pl. XXIX; Schrade, "Ikonographie der Himmelfahrt," pl. XV, 30（前出註☆七二).

☆七五——Schrade, *op. cit.*, 166.

☆七六——Augustinus, *Enarrat.*, Ps. CIX, 7, *PL.*, XXXVII, 1450——「同じ［肉体］において、［キリストは］天へと昇り、父の右に坐す」(in eadem [carne] ascendit in coelum et sedet ad dexteram Patris)。

すなわち、永遠に神として父とともに支配するキリストは、人間として父の右手に坐すのである。このことはしばしば忘れられていた。Jungmann, "Die Abwehr des germanischen Arianismus," 75, n. 8. これとの関連できわめて意義深いのが、フロワモンのヘリナンドゥス（十二世紀後半）である。ヘリナンドゥスは、大教皇レオを引用しながら次のように述べる――「空へと昇るキリストは、教皇レオが述べるごとく、不可思議にも神性へとより近づき、人性からより遠い者となる」(Christus ascendens in altum, miro modo, ut ait Leo papa, factus est divinitate praesentior, et humanitate longinquior), PL., CCXII, 606 D. この一節は、Schrade, *op. cit.*, 177 に引用されている。

☆七七――九六一年頃の戴冠式典では両手は塗油されなかった。Schramm, "Die Krönung in Deutschland bis zum Beginn des Salischen Hauses," *ZfRG*, kan. Abt., XXIV (1935), 254 f. および 315, § 12. 手の塗油はもっと後になって採用され (Schramm, 255 および 328, § 12 a)、しかも、アーヘンでの戴冠で行われたにすぎない。いずれにしても、ローマでの皇帝戴冠では手は塗油されなかったし、手の塗油は、十四世紀以前のフランスにおける慣例でもなかった。Schramm, *Der König von Frankreich* (Weimar, 1939), 157, nos. 5-6.

☆七八――《サン・パオロの聖書》においても同様である。W. Köhler, *Die karolingischen Miniaturen* (Berlin, 1930-33), I, 141 は、生きものがヴェールを引き裂いていると解釈しているが、これは全くもって受け容れ難い解釈である。

☆七九――Gospel of Peter, 36-40, ed., Vaganay, 294 ff.; 前出註☆六二。

☆八〇――「ペテロ福音書」の影響については、Vaganay, 163 ff. 参照。しかし、美術作品は考慮に入れられていない。

☆八一——Gutberlet, *Himmelfahrt*, 226 は、十二世紀初期にまで至っても「ペテロ福音書」の影響が依然として存在していた可能性を否定していない。ごく初期の時代には、この影響を想定することも可能であろう（Dölger, *Sol Salutis*, 212 ff.; Kantorowicz, "The King's Advent," *Art Bulletin*, XXVI [1944], 226)。もっとも、「ペテロの黙示録」の影響のほうがおそらく強かったと思われる。しかし、より後の時代に関しては、格別な証拠が新しく出てこないかぎり、この影響——少なくとも直接的な影響——を想定することは不可能である。

☆八二——たとえば、《サン・パオロの聖書》において、この構図はきわめて明瞭である。f. 115; van der Meer, *Maiestas Domini*, 336 f., fig. 78. また、《トリーアの黙示録》については、147 ff. (fig. 34), 287 f. (fig. 67) 参照。

☆八三——Schramm, *Die deutschen Kaiser*, figs. 26, 29 a-b, また fig. 28.

☆八四——*MGH*, *Epp*., IV, 503, 3 ff.: "... tu [rex mi] es in vice illius [Dei regis tui] ... et episcopus est in secundo loco, in vice Christi tantum est." M. Buchner, in *Hist. Jhb.*, LV (1935), 604 は、何の証拠も挙げずに、カスウルフの書簡が九世紀の偽作であると主張する。この想定には何の根拠もない。しかし、この想定が仮に正しいとしても、目下の諸論点とはほとんど無関係である。他の点では知られていないカスウルフが、同じく他の点では無名な当時の「学校の練習問題」の作者によって置き換えられるだけだろう。ただ、この作者にはいわゆる「偽アンブロシウス」の影響が見られ、この事実だけが重要な意味をもつ。Williams, *Norman Anonymous*, 175 ff. 参照。教会法における「偽アンブロシウス」については、後出第四章註☆一二参照。

☆八五——言うまでもなく、天から下へと伸びるのが神の手であるか（Beissel, *Evangelienbücher*,

211）、それとも子の手であるか判断するのは不可能である。しかし、手の周りにある十字架の後光は、中世後期になるとごく一般的なものになるが、この時代としては非常に珍しいものであることから、きわめて示唆に富んだ特徴と言える。似た作例で、これより古いものは三つしかない。十世紀の象牙の飾り板（Goldschmidt, *Elfenbeine*, II, pl. IX, 24 b——使徒聖トマスの疑い）、同世紀のプリュムの交誦聖歌集（Paris, Bibl. Nat., MS. lat. 9448, fol. 10ᵛ——ユダヤ教会堂の聖ステパノ）、そして一〇〇〇年から一〇一〇年頃のバンベルクの黙示録（Bamberg, Staatsbibl. MS 140, fol. 24ᵛ, ed., H. Wölfflin, 1921, pl. 24——「ヨハネの黙示録」一九：一三）の三つである。さらに、これらに加えて、明らかに最も古い図像として《カール（カロルス）禿頭王の聖書》における十字架上の手の絵（Bibl. Nat., MS. lat. 1, fol. 317ʳ, W. Köhler, *Die Schule von Tours* [1930], pl. 89, fig. n——二人の天使によって囲まれ、上に挙げられた手）を指摘することができる。これらの例のすべてにおいて、手が神の手を意味するのか、それともキリストの手を意味するのかは、各事例につき全く定かではない。しかし、いずれにしても、一つの事実はそれ自体きわめて興味深いものである。すなわち、キリストの象徴が父なる神にも帰せられ始めたことである。このようなことは、当時のビザンツの図像表現においては——特に戴冠の情景の表現として——ありえないことであった。逆に、戴冠を執り行う者としてキリストを描くことは、きわめて頻繁に見受けられる。たとえば皇帝ハインリヒ二世の聖礼典式書（Schramm, *Die deutschen Kaiser*, fig. 85 a）を参照。ビザンツについては、Grabar, *L'Empereur*, pl. XIX, 1-2, また（後出図12、前出註☆六一参照）バシレイオス二世の凱旋を参照。《アーヘンの福音書》においては、キリストの全身を描くことは不可能であったと思われ、したがって十字架状の後光のなかの手は、戴冠を執り行うキリストの省略表現であることが暗黙の了解とされている。

☆八六——Georg Schreiber, *Gemeinschaften des Mittelalters* (Münster, 1948）は、しばしばこのこと

に言及しているが、さらに深く同問題を研究する必要がある。また、Hallinger, *DA.*, X, p. 430 f. 参照。言うまでもなく Jungmann（前出註☆七六）は、特に彼の基本的に重要な著作 *Die Stellung Christi im liturgischen Gebet* (Liturgiegeschichtliche Forschungen, 7-8; Münster, 1925) で、この一般的な問題を充分に自覚していた。しかし彼は、修道院的な宗教感情を特に論じているとは思えない。

☆八七———後出第四章一四二頁以下参照。

☆八八———ここでは、後光の意味や起源を詳細に考察するつもりはない。このテーマについては、A. Krücke, *Der Nimbus und verwandte Attribute in der frühchristlichen Kunst* (Strassburg, 1905), および K. Keyssner, "Nimbus," *RE.*, XXXIII (1936), p. 591 ff., 特に、§18, 24, cols. 611, 622. *Notitia Dignitatum*, ed., Seeck (Berlin, 1876) については、たとえば pp. 108（〈イタリア〉、〈イリュリクム〉、〈アフリカ〉）、101（〈幸福〉、〈徳〉、〈兵術〉）、102（〈四季〉、ここでは〈秋〉に十字架状の後光が付されている）. 後光を帯びた〈四季〉については、George M. A. Hanfmann, *The Season Sarcophagus in Dumbarton Oaks* (Dumbarton Oaks Studies, II, Cambridge, Mass., 1951), I, p. 266; II, p. 115, n. 29, 3 および pp. 45, 46, 48, 52 and passim 参照。

☆八九———「永遠のフランス」という表現は、十六世紀以前には遡らないように思われる。そして、〈共通の祖国ローマ〉（*Roma communis patria*）が十三世紀にフランスに移されたごとく———「［フランスの］王国の王冠は共通の祖国である」（corona regni [Franciae] est communis patria）———「永遠のフランス」も、「永遠のローマ」をフランスへと置き換えたものかどうか問題にしうるだろう。Gaines Post, "Two Notes," *Traditio*, IX, p. 288 ff.（n. 44）および p. 301 参照。

☆九〇———これと隣接したテーマに関するいくつかの説明については、筆者のノート "*Σύνθρονος*

Δίκη," *American Journal of Archaeology*, LVII (1953), 65-70 参照。

☆九一――皇帝の後光については、何よりもまず、Alföldi, "Insignien und Tracht der römischen Kaiser," *RM*, L (1935), 139 ff. を参照。また、H. U. Instinsky, "Kaiser und Ewigkeit," *Hermes*, LXXVII (1942), 313-355; Treitinger, *Oström. Reichsidee*, 122, n. 372. ビザンツの美術は、ほとんど例外なしに皇帝を後光を帯びた者として描いており、これは、同じく後光を帯びた諸聖人の集団の前にひれ伏す皇帝が描かれる場合でさえそうである。cf. Paul Buberl, *Die Miniaturhandschriften der Nationalbibliothek* (Denkschriften der Wiener Akademie, LX, 2, Wien, 1917), 6, pl. IV, fig. 7.

☆九二――コンスタンティヌス帝崇拝は、通常、帝母聖ヘレナと結びつけられている。両者の肖像と名前は、ホスティアにさえ現われていた。Carl Maria Kaufmann, "Konstantin und Helena auf einem griechischen Hostienstempel," *Oriens Christianus*, N. S. IV (1915), 85-87.

☆九三――J. B. Bury, *The Constitution of the Later Roman Empire* (Cambridge, 1910), 24; F. Dölger, in *Byz. Zs.*, XXXVI (1936), 129 ff. また、ハンガリーにおいて、ルドウィクス大帝（ラヨシュ一世、一三四二―一三八二年）の娘マーリアが「王」の称号を受け――「確かに、マーリアは〈フンガリア（ハンガリー）の王〉と呼ばれていた」(quae quidem Maria appellabatur *Rex Hungariae*) ――、「王」へと戴冠した (coronata fuit in regem) ときにも現実に生じていた。彼女は、ジーギスムントとの結婚の後に初めて〈女王〉(regina) の称号を受けた。Du Cange, *Glossarium*, s.v. "rex" 参照。十八世紀になっても、熱狂的なハンガリー人は彼らの女王に対し〈我らが王マリーア・テレジアのために死のう〉(Moriamur pro rege nostro Maria Theresia) と叫んでいた。「ハンガリーの王冠」という特に抽象的な概念が、この称号の抽象的性格をも生み出していたのかもしれない。ハンガリーの〈聖なる王冠〉(Sacra Corona) についての膨大な数にのぼる現代の文献については、Patrick J. Kelleher, *The Holy Crown of Hungary* (Papers and Monographs of the American Academy in Rome, XIII [Roma, 1951])、そして一般的には、Fritz Hartung, *Die Krone als Symbol der monarchischen Herrschaft im ausgehenden Mittelalter* (Abh. Berl. Akad., 1940, No. 13 [1941]), 35 ff. 〈神には性別がない〉 (In divinitate nullus est sexus) という聖ヒエロニュムスの言葉をもじって〈政治的身体には性別がない〉 (In corpore politico nullus est sexus) と言えるかもしれない。ガリエヌスは、自己の超個人的な身体を穀物の女神ケレスの象徴で飾り、〈皇妃ガリエナ〉 (Galliena Augusta) という銘の入った貨幣を鋳造していた。A. Alföldi, "Zur Kenntnis der Zeit der römischen Soldatenkaiser," *Zeitschrift für Numismatik*, XXXVIII (1928), 174 ff. 参照。

☆九四――― *PL.*, CV, 988; Kantorowicz, *Laudes*, 69, n. 15 参照。後光を帯びたルートヴィヒ敬虔王については、Schramm, *Die deutschen Kaiser*, pls. 15 a-b. ここでは後光に〈キリストよ、ルドウィクスに戴冠し給え〉 (Christe, corona tu Hludovvicum) という銘が付されている (Schramm, 171)。支配者を身光に包んで描くことはカロリング朝時代において、それほど珍しいことではなかった。ローマのラテラーノ宮と聖スザンナ教会にあるカール大帝（シャルルマーニュ）のモザイク画には四角の後光が描かれている。G. B. Ladner, *I ritratti dei papi nell'antichità e nel medioevo* (Vatican, 1941), I, 114 f., 127. 最も印象的なのが、パリ国立図書館の聖礼典式書断片（MS lat. 1141）にある後光を帯びた国王像であり、A. M. Friend, "Two manuscripts of the School of St. Denis," *Speculum*, I (1926), 59-70, 特に 64 f. は、この王をカール禿頭王と同定しているが、J. Croquison, "Le 'Sacramentaire Charlemagne'," *Cahiers archéologiques*, VI (1952), 55-71 は、この絵を、聖ゲラシウスと聖グレゴリウスの間にいる若きカール大帝と解釈している。拙論 "The Carolingian King in the Bible of San Paolo fuori le Mura," *Late Classical and Mediaeval*

Studies in Honor of Albert Mathias Friend, Jr. (Princeton, 1955), 298 ff. にある説明を参照。また、Schramm, *op. cit.*, fig. 67 (and p. 86, also 192); Hermann Beenken, *Romanische Skulptur in Deutschland* (Leipzig, 1924), 76 f., pl. 38 a.

☆九五――Gregory VII, *Regist.*, II, 55 a, § 23, ed. Caspar, 207, cf. 560, n. 1; Hinschius, *Decret. Ps. Isid.*, 666. Julia Gauss, "Die *Dictatus*-Thesen Gregors VII. als Unionsforderungen," *ZfRG*, kan. Abt., XXIX (1940), 1-115 は、論者自身のテーゼを誇張しすぎているが、ビザンツとローマ教皇庁の対抗関係について、いくつかの興味深い事例に注意を喚起しており、これらは別個に研究する価値がある。

☆九六――Petrus Damiani, *Liber gratissimus*, c. 10, *MGH*, *LdL*, 1, 31, 29: "Aliud namque est ex vitae meritis sanctum esse, aliud ex ministerio conditionis dici". そして、ノルマンの逸名著者――彼は他の点でもペトルス・ダミアニから多くを借用していたのであるが――に非常に似た表現として、*ibid.*, 31, 9 ff.――「人格は……卑しくとも、職務は……善きものである」(licet persona . . . indigna, officium tamen . . . bonum)。前出註☆二五参照。

☆九七――G. B. Ladner, "The so-called Square Nimbus," *Mediaeval Studies*, III (1941), 15-45, 特に 38 ff. にある一覧表は、非常にしばしば、四角の身光が個々の人間ではなく、職務のみに帰せられていたことを示している。

☆九八――Franz Dölger, "Rom in der Gedankenwelt der Byzantiner," *Zeitschrift für Kirchengeschichte*, LVI (1937), 1-42, 特に 24 ff.; *Byzanz und die europäische Staatenwelt* (Ettal, 1953), 93 ff. も参照。

☆九九――*Versus Romae* については、William Hammer, "The Concept of the New or Second

Rome in the Middle Ages," *Speculum*, XIX (1944), 50-66 ; *ibid*., 53, n. 6 に引用された箇所は、第四行以下、および第九行以下である。

Deseruere tui tanto te tempore reges,
Cessit et ad Graecos nomen honosque tuus . . .
Constantinopolis florens nova Roma vocatur
Moribus et muris, Roma vetusta, cadis . . .

二十四行のうち十二行目にある回文が、この詩の中核である。ローマ（Roma）＝アモル（Amor）の言葉遊びは非常に古くから存在する。現にこれは、〈エロス〉（ΕΡΩΣ）という銘のある、コンスタンティヌス帝時代の貨幣に見出される。H. Dressel, "Numismatische Analekten," *Zeitschrift für Numismatik*, XXIII (1900), 36 ff. 参照。

☆一〇〇――アーヘンに関しては、Hammer, *op. cit.*, 56 ; R. Krautheimer, "The Carolingian Revival of Early Christian Architecture," *Art Bulletin*, XXIV (1942), 30 ff., 34 ff. ; Kantorowicz, *Lauden*, 63. ここでは、アーヘンの理念は、反ローマ的であると同時に反ビザンツ的なものとして解釈されている。これと同様の見解が、私の研究とは全く独立に、C. Erdmann, "Das ottonische Reich als Imperium Romanum," *DA*, VI (1943), 418 f. および、より広範な基礎の上に、*Ideenwelt*, 22 ff.（「非ローマ的な皇帝理念」）によって提示されている。

☆一〇一――この表現や、これに類似の他の表現については、Hammer, *op. cit.*, 62 参照。

☆一〇二――〈新しき〉（novus）という称号については、A. D. Nock, "Notes on Rulercult," *Journal of Hellenic Studies*, XLVIII (1928), 35 ff. ある原型の受肉体が同時に複数存在してはならない理由はなか

った。たとえば、二人の皇帝ヘラクレイオス父子は、ともに「新しきコンスタンティヌス」と歓呼されていた（「新しきコンスタンティヌスたちの……偉大な時代」*Κωνσταντίνων τῶν νέων . . . πολλὰ τὰ ἔτη*）。Henri Grégoire, *Recueil des inscriptions grecques chrétiennes d'Asie Mineure* (Paris, 1922), Fasc. 1, 21 f., Nos. 79, 80. カロリング朝や、これ以外の例については、Kantorowicz, *Laudes*, 57, n. 148 および 69, n. 15.

☆一〇三――献堂式に際して天上のイェルサレムが降下することについては、〈天より新たに来る者〉(Nova veniens e caelo . . .) という一行を含む、本来の形態における聖歌 *Urbs beata Hierusalem dicta pacis visio*（イェルサレムと呼ばれる祝福された町、平和の光景）を参照。C. Blume, *Annalecta hymnica medii aevi*, LI (1908), 110. トリエント公会議以降、この聖歌が教会による「改良」を通じて本来の形態を変えていったことについては、A. L. Mayer, "Renaissance, Humanismus und Liturgie," *JLW*, XIV (1938), 166 f.; X. Schmid, "De Breviario Romano reformando commentatio," *Ephemerides Liturgicae*, XLIII (1929), 308 ff. ちなみに、この聖歌は、政治的な意味をも有していた。典礼用の皿にはんだ付けされた皇帝「オットー」のメダルには、〈イェルサレム、平和の光景〉(Jerusalem visio pacis) という銘が入っていた。Schramm, "Die Magdeburger Patene mit dem Bilde Ottos des Grossen," *Thüringisch-Sächsische Zeitschrift für Geschichte und Kunst*, XVII (1928); Gerd Tellenbach, *Die Entstehung des Deutschen Reiches* (München, 1946), pl. IX (p. 128 に面して). また、地上における無時間的なイェルサレムの具現については、Kantorowicz, "The King's Advent," 209 f. を参照。

☆一〇四――このテーマに関するいっそう広範な議論については、後出第六章参照。

☆一〇五――ラテン語のみによって伝えられているこの説教は、ヨアンネス・クリュソストモスに帰せ

られた *Opus imperfectum in Matthaeum*（*PGr.*, LVI, 836）に見出される。この著作についてトマス・アクイナスは、パリ市全体を所有するよりも、同書を所有するほうを選ぶと述べたと言われている。Cf. Olradus de Ponte, *Consilia*, LXXXIV, n. 1（Venezia, 1571), fol. 31^v ——「そして、福者トマスは、パリ市よりも『マタイによる福音書』に対するクリュソストモスの註解を手に入れたいと述べたと伝えられている。学問を好む者なら誰にとっても、多くの書物をもつことは有益である」(Et narratur quod beatus Thomas dixit, quod magis vellet habere Chrysostomum super Mattheum, quam civitatem Parisii. Expedit enim cuilibet studioso habere multos libros)。著作それ自体については G. Morin, "Quelques aperçus nouveaux sur l'Opus imperfectum in Matthaeum," *Rev. bénéd.*, XXXVII（1925), 239-262（また *ibid.*, LIV [1942], 9 ff.）は、ラヴェンナ、あるいは北イタリアのどこかで、これが書かれたことを示唆している。Cf. K. Jordan, "Der Kaisergedanke in Ravenna zur Zeit Heinrichs IV.," *DA*, II（1938), 111 ff. アエルフリクの棕櫚の主日の説教は、他の点については前述の *Opus imperfectum* の言い換えにすぎないが、本文で引用された一節を含んではいない。Benjamin Thorpe により公刊されたアエルフリクの著作（London, 1844), I, 206 ff. を参照。驢馬は教父たちの著作でかなりしばしば言及されている。たとえばエフラエムは、雌の驢馬とその仔が、天上の王に対し讃美の歓呼を行うことを認めている。*In festum Epiphaniae hymnus*, II, 27, ed., T. J. Lamy（Mecheln, 1882), I, 23 参照。また *Hymni de miraculis*, XIII, 6, ed., Lamy, II, 720. ここでは、驢馬は二重の意味を有している。「強壮な首をもった小さき動物は像における主を運び、人々の心は真理における主を運んだ」(Pullus durae cervicis portavit Dominum in figura, cor gentium portavit eum in veritate)。後世の伝説では、聖なる動物は、非常に年をとり、長い遍歴の後にヴェローナで死去し、ヴェローナでは地域的な祭式が発展したとされている。E. Staedler, "Über das Eselsrelief am Dome zu

Como : Ein Beitrag zur Überlieferung des *caput asininum*," *Theologische Quartalschrift*, CXXIII (1942), 177-188 参照（これには豊富な参考文献が付されている）。また、Leclercq, "Âne," *DACL*, 1, 2063 f. そして、古代ローマ末期の貨幣に見られる驢馬と、その仔については、A. Alföldi, "Asina : Eine dritte Gruppe heidnischer Neujahrsmünzen im spätantiken Rom," *Schweizerische Münzblätter*, II (1951), 57-66.

☆一〇六 ――― *PGr.*, LVI, 836 : "Animal quidem postquam ingressum est in Jerusalem Judaeae, ad dominum suum remissum est, animalis autem prophetia in Judaea remansit. Nam de animali illo non hoc, quod videbatur, necessarium erat Christo, sed illud, quod intelligebatur, id est, non caro, sed ratio : ideoque caro remissa est, ratio autem retenta est."

☆一———Wipo, *Gesta Chuonradi*, c. 3, ed. Bresslau（*MGH*, *SS. rer. germ.*, 1915), 23——「御身は至高の顕職へと至れり。汝はキリストの代理者なり。キリストの模倣者ならずして、いかなる者も真の支配者たること能わず」(Ad summam dignitatem pervenisti, /vicarius es Christi. /Nemo nisi illius imitator/ verus est dominator)。Cf. c. 5, p. 26, 18. またウィポの *Tetralogus*, line 19, p. 76, 21 および lines 121 f., p. 79, 15 f. も参照。ここでは、皇帝は〈キリストの次なるもう一人のキリスト〉(alter post Christum)、そして〈天の主の次なる第二の主〉(secundus post dominum caeli) と呼ばれている。〈神の次なる者〉(Deo secundus) としての君主については、前出第三章註☆一一参照。

☆二———Petrus Damiani, *Ep.*, VII, 2, *PL.*, CXLIV, 436——「まことにキリストは自らが任じた王のなかにおいて支配するものと認められる」(in rege suo vere Christus regnare cognoscitur)。

☆三———Deusdedit, *Collectio canonum*, IV, 92, ed., Victor Wolf von Glanvell, *Die Kanonessammlung des Kardinals Deusdedit* (Paderborn, 1905), 1, 439. この箇所は、同時代のルッカのアンセルムスによっても引用されている（一〇八三年頃）。*Coll. can.*, 1. 79, ed., M. Thaner (Innsbruck, 1906-1915), 52 f. (*PL.*, CXLIX, 489, numbered 1, 78). 八七七年ラヴェンナでの教皇の演説については、Mansi, *Concilia*, XVII, App. 172 参照。また、Bouquet, *Recueil*, VII, 695 C——「……主なる神は彼に塗油を施し……自らの子で真の王たるキリストを……模倣して、彼を神の民の君主の位に就かせた。……かくしてキリストが自然により有する性格を、この者［皇帝］は恩寵により獲得したと考えられる」(... unxit eum Dominus Deus ... principem populi sui constituens ad imitationem scilicet ... veri Regis Christi filii sui ..., ita ut, quod ipse [Christus] possidet per naturam, iste [imperator] consequeretur per gratiam)。また、Schramm, *König von Frankreich*, I, 40. 45 および II, 36, n. 3; Eichmann, *Kaiserkrönung*, I, 88 参照。この一節をノルマンの逸名著者は容易に知ることができたと思われる。Williams, *Norman Anonymous*, 57 f., n. 169; Kantorowicz, "Deus per naturam," 258 参照。

☆四——*MGH*, *LdL*, III, 669, 8 ff.; "Ideo igitur consecrantur sacerdotes et reges et sanctificantur, ut . . . sancti sint, id est extra terram et extra mundum segregati, inter Deum et populum mediatores effecti, et in celis conversentur [「ピリピ人への手紙」三：二〇参照] et in terris subditos moderentur." Williams, *op. cit.*, 158 ff. そして特に p. 225 ff. の補遺に掲載された〈「聖者」(sanctus) という言葉の意味に関する長大な傍証〉(Magna digressio de voce 'sanctus') では、本文に引用した一節が説明されている(たとえば、「ギリシア語においては、ハギオスという言葉は、いわば地上の外に存在することを意味する」in Greca lingua quod dicitur *hagios* quasi extra terram esse significat)。また、ブロワのペトルスは「……王は、主の聖なるキリストであり、王の塗油の秘蹟を無益に受けてはいない [「コリント人への第二の手紙」六：一参照]」(. . . sanctus et christus Domini rex est nec in vacuum accepit unctionis regiae sacramentum) と述べている。*PL.*, CCVII, 440; cf. Eichmann, *Kaiserkrönung*, I, 208, n. 74. 関連箇所については、Philipp Oppenheim, "Die sakralen Momente in der deutschen Herrscherweihe bis zum Investiturstreit," *Ephemerides Liturgicae*, LVIII (1944), 46 f. また、Leonid Arbusow, *Liturgie und Geschichtsschreibung im Mittelalter* (Bonn, 1931), 95, n. 60 参照。

☆五——Schramm, "Krönung in Deutschland," S. 320, § 19: ". . . quatenus mediator Dei et hominum te mediatorem cleri et plebis in hoc regni solio confirmet." また、S. 317, § 14: ". . . cum mundi

Salvatore, cuius typum geris in nomine." さらに S. 319, § 17 ―― 「汝が、その名を帯び、その代理者の地位を占めると考えるべき、贖い主にして救世主たるイエス・キリストとともに……」(cum redemptore ac salvatore Iesu Christo, cuius nomen vicemque gestare crederis)。また、〈聖職の分有者〉(sacerdotalis ministerii particeps) としての王については、Schramm, "Austausch", S. 425 ff., 450 参照。〈キリストの人格を帯びる〉(personam Christi gerere) という言い方や、これと同等の他の言い方は、「体現する」とか「表現（代理）する」という意味の特殊な表現であった。この言い方は、このような意味で、典礼において聖職者が占める地位を明確に示した教皇ピウス十二世による回勅 *Mediator Dei* でも用いられている。Joseph Pascher, "Die Hierarchie in sakramentaler Symbolik," *Episcopus*, 278 ff. 参照。言うまでもなく、司教も、しばしば王と人民の媒介者と形容されていた。たとえば、Hugh of Fleury, *Tractatus de regia potestate et sacerdotali dignitate*, I, c. 10, *MGH*, *LdL*, II, 477, 43 ff.

☆六 ―― 印象的な事例は、フライジングのオットーにより与えられている。Otto von Freising, *Gesta Friderici*, II, c. 3, ed., G. Waitz (*MGH*, *SS*, *rer. germ.*, 1912), 105, 7 ff. ここでオットーは、アーヘンにおける（一一五二年三月九日）、王（フリードリヒ一世）と司教（ミュンスターのフリードリヒ）との二重の聖別につき報告している。すなわち、同日、同教会において、同じ聖別者の手により、同じ名前を有する二名の〈主のキリスト〉(christi Domini) が塗油され、至高の王で司祭たる者（すなわちキリスト）自身がその挙式に居合わせたかのようであった。Cf. Arbusow, *Liturgie und Geschichtsschreibung*, 26 ff. ここでは、フライジングのオットーが、過ぎ去った時代の観念に固執していたことが強調されている。

☆七 ―― 〈神の似姿（代理者）たる人間〉(homo imago [vicarius] Dei) と、〈神の似姿（代理者）たる王〉(rex imago [vicarius] Dei) との融合は既に、いわゆる偽アンブロシウスによって成し遂げられ、長い複雑な歴史を有している。Kantorowicz, "Deus per naturam," 264 ff., and passim. その後の発展に対する偽アンブロシウスの重要性は、Berges, *Fürstenspiegel*, 26 f. で強調されている。また、G. B. Ladner, "The Concept of the Image in the Greek Fathers and the Byzantine Iconoclastic Controversy," *Dumbarton Oaks Papers*, VIII (1953), 1-34.

☆八――戴冠の〈式典〉(Ordines) が言語と思想に及ぼした影響については、ノルマンの逸名著者が真っ先に、その一例として挙げられる。*MGH*, *LdL*, III, 677 ff. 参照。Michele Maccarrone, *Vicarius Christi: Storia del titolo papale* (Lateranum, N. S., XVIII, Roma, 1952) が、この優れた研究のなかで、これら二つの表現の相違に気づいていなかったと言うのは正しくないだろう。しかし、マッカローネは、これらの歴史的な意義と、他の論点との関連でユングマン (Jungmann) (前出第三章註☆八六) がきわめて精確に議論していた問題に注意を向けてはいなかった。キリスト論的な問題は、詳細な論述をもともと意図した研究ではないが、Berges, *Fürstenspiegel*, 26 ff. によって明確に提示されている。J. Rivière, *Le problème de l'église et de l'état au temps de Philippe le Bel* (Louvain, 1926), 435 ff. によって収集された、〈神ないしキリストの代理者〉(vicarius Dei [Christi]) に関する原典史料は、マッカローネの包括的研究で議論されており、この研究はまた、A・フォン・ハルナックの有名な研究 A. von Harnack, *Christus praesens-Vicarius Christi* (S. B. Berlin, 1927, No. XXXIV), 415-416 の欠陥をかなりの程度埋めるものであった。より前の時代におけるキリスト論と支配権の相互関係については、G. H. Williams, "Christology and Church-State Relations in the Fourth Century," *Church History*, XX (1951), No. 3, 3-33 and No. 4, 3-26.

☆九――Maccarrone, *op. cit.*, 79 f. によって収集されたカロリング朝の諸事例のなかで、支配者をキリストの代理者と呼ぶものは一つしかない（Smaragdus, *Via regia*, c. 18, *PL*., CII, 958）が、実際にはより多くの事例が見出される（前出註☆三参照）。〈神の代理者〉から〈キリストの代理者〉への移行は、九世紀後半における、王位の聖職化（Schramm, "Austausch," 404 f. に従えば〈聖職の模倣〉*imitatio sacerdotii*）。戴冠式典の用語、および修道院の宗教的敬虔の帰結として、おそらく探究されるべきだろう。

☆一〇――*De ordinando pontifice*, *MGH*, *LdL*, I, 14, 4: "Ubi enim inveniuntur imperatores locum Christi obtinere?"

☆一一――Pascher, "Die Hierarchie in sakramentaler Symbolik," 285 f.; J. Geiselmann, *Die Eucharistielehre der Vorscholastik, Forschungen zur christlichen Literatur- und Dogmengeschichte*, XV, 1-3 (Münster, 1926).

☆一二――Cf. c. 35, D. 3, *De penitencia* (C. 33, q. 3), ed., Friedberg, I, 1222――「……キリストは［聖職者たちを］教会における自己の代理者として置いた（ヘシュキオス）」（. . . quos [sacerdotes] Christus vicarios suos in ecclesia constituit）。これにつき標準註釈は「身分の低い聖職者であっても」（sacerdotes etiam simplices）と述べている。さらに、偽アンブロシウスからの引用は、c. 19, C. 33, q. 5, ed., Friedberg, I, 1255 f.――「それゆえ、あたかも審判者たるキリストの面前にいるかのごとく、司教の面前にいる。司教はキリストの代理者だからである……」（Quasi ergo ante iudicem Christum, ita ante episcopum sit, quia vicarius Domini est . . .）。マッカローネ（*op. cit.*, 106）は、これらの箇所を引用しているが、さらにこれらに加えて c. 13, C. 33, q. 5, Friedberg, 1254 をも引用しており、これも偽アンブロシウス（cvi, 17）からの一節である（cf. Kantorowicz, "Deus per naturam," 265, n. 40）。ここでは、人間一般が「神の代理者であるかのように神の命令権を」（imperium Dei quasi vicarius eius）有していることが述べられているが、グ

ラティアヌス教令集は、これに続く一節「なぜならば、あらゆる王は神の似姿を有するからである」(quia omnis rex Dei habet imaginem) を省いている。これらは、王は神の代理者であり、聖職者はキリストの代理者であるという、偽アンブロシウスの主張に特徴的な箇所である。教会法文献における偽アンブロシウスの影響は、特別な研究に値するテーマであろう。グラティアヌス教令集において、偽アンブロシウスは何回も引用されている (Friedberg, p. xxxiv, s. v. Augustinus, *Questiones veteris et novi testamenti.* しかし、これに加えて、Friedberg, p. xxxii, s. v. Ambrosius, *In S. Pauli epistolas* の引用も付け加えなければならない。これも偽アンブロシウスの著作だからである。前出第三章註☆二四参照)。そして、これらの箇所に対するフリートベルクの註解は、シャルトルのイヴォ、ルッカのアンセルムス (*Collectio Caesar-augustana, Collectio trium Partium*)、そしてさらにペトルス・ロンバルドゥスが偽アンブロシウスを直接・間接に引用していたことを示している。それゆえ、ノルマンの逸名著者は、文学的な文献ではなく法学的な文献を通じて、これらの著作を容易に知ることができたのであろう。Cf. Williams, *Norman Anonymous*, 175 ff.

☆一三――Maccarrone, *op. cit.*, 106, n. 87 ; cf. 107, n. 89.

☆一四――Maccarrone, 119 ff.

☆一五――Maccarrone, 118 ff., 129 ff.

☆一六――通常、典拠とされていたのは *Digesta* 35, 2, 1, 5 (lex Falcidia――「……神に遺贈されるもの」. . . ea, quae Deo relinquuntur)。これについては、標準註釈が「天上の（神へ、という意味であるが）、同じく、地上の神にも」(celesti, idem in terram) と述べている。*Digesta* 14, 2, 9 (Lex Rhodia de iactu. ここでは皇帝が自らについて、「確かに余は世界の支配者である……」Ego quidem mundi dominus . . . と

語っている)。また、*Codex* 7, 37, 3, 5 (de quadriennii praescriptione——「神の意向により、余は皇帝の標章を受け取った」nutu divino imperiales suscepimus infulas)。しかし、これ以外にも関連箇所が存在する。たとえば、バルドゥスは前記の箇所をも引用していたが、〈地上における神〉(Deus in terra [terris]) との関係で、〈皇帝は生ける法〉(lex animata) であると述べる *Novellae* 105, 2, 4 を、非常にしばしば引用している。たとえば、Gierke, *Gen. R.*, III, 563, n. 122 によって引用されている箇所に加えて *Consilia*, 1, 333, n. 1, fol. 105 参照。好んで引用された他の箇所は、Seneca, *De clementia*, I, 1, 2——「地上にて神の代理者を務める…… [余、ネロは]」([Ego, Nero,] . . . qui in terris deorum vice fungerer) であり、これは (全く同じ言葉を引用しているわけではないが) フリードリヒ二世の *Liber augustalis*, prooem., ed., Cervone, 4 で引用され、ここにはマリヌス・デ・カラマニコの註釈 (Marinus de Caramanico, v. *Velut executores*) が付されている。Cf. A. Marongiu, "Concezione della sovranità ed assolutismo di Giustiniano e di Federico II," *Atti del Convegno Internazionale di Studi Federiciani* (Palermo, 1952), 43, n. 70, および "Note federiciane," *Studi Medievali*, XVIII (1952), 298. また、Vegetius, *De re milit.*, 2, 5——「……確かに、皇帝がアウグストゥスの名を受け取ったとき、肉体をもった現存の神であるかのように、彼に対して献身が示されねばならない」(. . . nam imperator cum Augusti nomen accepit, tamquam praesenti et corporali deo est praestanda devotio) も引用されていた。たとえば、Andrea de Isernia, on *Authentica* 'Habita' (cf. *MGH*, *Const.*, 1, 249, No. 178), n. 3, in *In usus feudorum commentaria* (Napoli, 1571), fol. 318 および Gierke, *loc. cit.* によって引用されている箇所、そしてさらに、John of Salisbury, *Policraticus*, IV, c. 1 および VI, c. 7 (ed., Webb, I, 235 f. および II, 20) 参照。法的原典からの数多くの箇所は、M. A. Peregrino, *De Privilegiis et iuribus fisci*, 1, 2, n. 46, および 1, 3, n. 2 (Venezia, 1587), pp. 26

および 52 (Venezia, 1611), fols. 7 and 14ᵛ に見られ、そのほとんどは、上位者を認めない王に適用されている。また、Andreas de Isernia, on *Feud*. II, 56 ('Quae sunt Regalia'), n. 63, fol. 301——「『余の神の』と言われている。なぜならば、皇帝ないし自己の王国にある王は神性を有すると言われ、天における神のごとく地上にあるからであり、それゆえ彼の勅令は天の神託と呼ばれている」(et dicitur 'nostri numinis,' quia Imperator vel Rex in Regno dicitur habere numen divinum, quia est in terris sicut Deus in coelo, inde dicitur rescriptum suum coeleste oraculum . . .)。

☆一七———Carl Mirbt, *Quellen zur Geschichte des Papsttums und des römischen Katholizismus*, 4th ed. (Tübingen, 1924), 211, no. 373 にあるウィラノウァのアルナルドゥス(アルノー・ド・ヴィルヌーヴ)からの一節を参照。

☆一八———通常、この点に関して引用されていた箇所は、*Novellae* 98, 2, 2——「神の次に万人に共通の父は[さらに、帝権を有する者は、と余は言おう]、法律によりこれを維持しなければならない」(hoc post deum communis omnibus pater [dicimus autem qui imperium habet] per legem . . . servet)。*Glos. ord*., v. *Dicimus autem*; Marinus de Caramanico, on *Lib. aug*., 1, 74, v. *Post Deum*, ed., Cervone, 134 参照。さらに、Andreas de Isernia, on *Lib. aug*., prooem., ed., Cervone, 6——「王は、その王国における臣民の父である」(Rex est pater subiectorum in regno suo)。*Lib. aug*., III, 26 への註釈 (Cervone 355) において、アンドレアスは「君主は立法者、地上における生ける法……そして臣民の父である」(Princeps legislator, qui est lex animata in terris . . . est pater subiectorum) と述べ、*Codex* 3, 28, 34, 1——「しかし、父の愛と、父を模倣することによって、あらゆる臣民を子や孫として有すると考える余は……」(Sed nos qui omnes subiectos nostros et filios et nepotes habere existimamus adfectione paterna et imitatione . . .) を引用している。「臣民の父」という観念の起源については、A. Alföldi, "Die Geburt der Kaiserlichen Bildsymbolik : 3. Parens patriae," *Museum Helveticum*, IX (1952), 204-243 および X (1953), 103-124.

☆一九——この事実自体は周知のものであるが、——たとえば、V. Leroquais, *Les sacramentaires et les missels manuscrits* (Paris, 1924), 1, p. xxxvii, および pl. 87 参照。ここでは、「栄光の王」が父なる神のごとく現われている——この事実の歴史的展開や、キリスト論上の変遷との関連性は、これまで研究されてこなかったように思われる。

☆二〇——『ポリクラティクス』(*Policraticus*) と、その存在論的性格についての、簡単ではあるが深い分析は、Berges, *Fürstenspiegel*, 131-143 参照。これに対して W. Kleineke, *Englische Fürstenspiegel vom Policraticus Johanns von Salisbury bis zum Basilikon Doron König Jacobs I.* (Studien zur Englischen Philologie, Heft xc, Halle, 1937), 23-46 は、表面的な議論に留まっている。ごく最近の研究 Hans Liebeschütz, *Mediaeval Humanism in the Life and Writings of John of Salisbury* (Studies of the Warburg Institute, XVII, London, 1950) は、ここで論じられている問題にほとんど触れていない。参考文献については、Berges, *op. cit.*, 291-293 参照。これには、Fritz Schulz, "Bracton on Kingship," *EHR*, LX (1945), 164 ff. および W. Ullmann, "The Influence of John of Salisbury on Mediaeval Italian Jurists," *EHR*, LIX (1944), 384-393 が付け加えられるべきであろう。また、Ullmann, *Lucas de Penna*, Index, s. v. John of Salisbury. 『ポリクラティクス』の、特に偽プルタルコスの諸章は、ルカス・デ・ペナとマタエウス・デ・アフリクティスを通じて、後世のフランスの法学者に顕著な影響を及ぼした。プルタルコス問題については、H. Liebeschütz, "John of Salisbury and Pseudo-Plutarch," *Warburg Journal*, VI

(1943), 33-39 が、偽プルタルコスをヨハネス自身と同一視しており、これは私には説得的な解釈と思われる。しかし、A. Momigliano, "Notes on Petrarch, John of Salisbury and the *Institutio Traiani*," *ibid.*, XII (1949), 189 f. を参照。『ポリクラティクス』のなかに、古い要素と新しい要素がどのように相互に浸透し合っているかについては John Dickinson, "The Mediaeval Conception of Kingship as Developed in the Policraticus of John of Salisbury," *Speculum*, I (1926), 307-337 がこれを立証している。

☆二一――この種の比喩の最も単純な表現形態は、言うまでもなく〈生ける法〉(lex animata) と〈生ける正義〉(iustitia animata) である。しかし、これと関連する数多くの表現も存在し、Louis Robert, *Hellenica* (Paris, 1948)、特に vol. IV は、古代末期の統治者の銘文に見られる数多くの例を挙げている。これらは、中世の政治思想を理解するためにも、きわめて有益な史料である。前出第三章註☆九〇で引用されている拙論を参照。

☆二二――Honorius Augustod., *Elucidarium*, III, 19, *PL.*, CLXXII, 1150 A.

☆二三――IV, c. 2, ed., Webb, 1, 237――「法とは何か。君主は、たとえ法の拘束から解放されているにしても、法と衡平の下僕である。彼は公的人格を担い、罪を犯すことなく血を流す」(Quid lex ; et quod princeps, licet sit legis nexibus absolutus, legis tamen servus est et aequitatis, geritque personam publicam, et innocenter sanguinem fundit)。

☆二四――Ullmann, "Influence of John of Salisbury," 389.

☆二五――*Policraticus*, IV, c. 2, ed., Webb, 1, 238, 2 ff.――「……彼は（法から）解放されていると言われる。これは彼に不正が許されているからではない。むしろ彼は、刑罰への恐れからではなく正義への愛によって、衡平を崇敬する者たるべきだからである」(. . . dicitur absolutus, non quia ei iniqua liceant, sed quia is esse debet, qui non timore penae sed amore iustitiae aequitatem colat . . .)。

☆二六――この一節全体（p. 238）は、〈意志〉（voluntas）の種々の様態、および私的意志と公的意志の区別を扱っている。

☆二七――「というのも、彼の意志は、これらの事柄において判決の効力を有さねばならないからである。彼の判決は衡平の精神から逸れることがないのであるから、この種の事柄において彼の欲することが法の効力をもつべきことは、きわめて正当である。……確かに、堕落することなき裁判官とは、衡平をたゆまず熟慮して下されるその判決が、衡平の似姿となるような裁判官である。それゆえ、君主は公けの利益に仕える者、衡平の下僕であり、自らの内に公的人格を担うのである」（Eius namque voluntas in his vim debet habere iudicii; et rectissime quod ei placet in talibus legis habet vigorem, eo quod ab aequitatis mente eius sententia non discordet . . . Judex etenim incorruptus est cuius sententia ex contemplatione assidua imago est aequitatis. Publicae ergo utilitatis minister et aequitatis servus est princeps, et in eo personam publicam gerit)。

☆二八――レクス・ディグナ（lex digna）は、IV, c. 1, ed., Webb, 237, 1 ff. で引用されている。レクス・レギア（lex regia）とレクス・ディグナは後に論じられる。

☆二九――フリードリヒ二世が、自らの王国における皇帝としてその法律を発布したとき、彼は実際のところ、〈王はその王国における皇帝である〉（Rex est imperator in regno suo）という新しい格言に文字通り合致して行動した十三世紀におけるただ一人の君主であった。シチリア王国におけるこの格言の発展については、フランチェスコ・カラッソのごく最近の研究、Francesco Calasso, *I glossatori e la teoria della sovranità*（2nd ed., Milano, 1951）参照。カラッソは、以前の文献を検討し（26 ff.）、また、『アウグストゥスの書』(*Liber augustalis*) に対するマリヌス・デ・カラマニコの註釈の序文を再録している。さらに、*Liber aug.*, ed., Cervone, pp. xxxiii-xl 参照。もちろん、同じ見解は『アウグストゥスの書』に対するイセルニアのアンドレアスの *Lectura* の序文 (ed. Cervone, pp. xvii-xxxii) でも展開されている。この表現や、これと同じ類いの表現の起源をめぐる問題は、Sergio Mochi Onory, *Fonti canonistiche dell'idea moderna dello stato* (Pubblicazioni dell'Università del Sacro Cuore, XXXVIII, Milano, 1951) によって大いに解明されている。さらに、(モキ・オノリによって用いられていない法的史料を基礎とした) きわめて重要な学問的寄与と、オノリの見解の訂正は、Gaines Post, "Two Notes on Nationalism in the Middle Ages: II. Rex Imperator," *Traditio*, IX (1953), 296-320, またポウストの研究 "Blessed Lady Spain—Vincentius Hispanus and Spanish National Imperialism in the Thirteenth Century," *Speculum*, XXIX (1954), 198-299 を参照。

☆三〇――――*Lib. aug.*, ed., Cervone, 81 (この版にはさまざまな註釈が収載されていることから、本書全体を通じてこの版を利用することにする)。Huillard-Bréholles, IV, 33; Theseider, *L'idea imperiale* (後出註☆四四参照), 179 を見よ。

☆三一――――*Lib. aug.*, I, 38, ed., Cervone, 85 f. (〈正義に仕える者〉magister iustitiarius の義務と〈大法廷〉Magna Curia の裁判官について)。この法律の前文は *Cod.* 1, 17, 2, 18 に従っている。最後の文章 (「ここから [すなわち宮廷 (法廷) から]、正義の規範が小川の水源からのごとく王国の至るところへと伝えられていく」a qua [sc. Curia], velut a fonte rivuli, per regnum undique norma iustitiae derivetur) は、たとえばプラケンティヌスやカプアのトマス、そしてまたブラクトンといった法学者によって既に利用されていた比喩を繰り返したものである。ブラクトンは、この比喩をアゾの『法学提要大全』(Azo,

Summa Institutionum, on *Inst*. 1, 1, rubr. [Lyon, 1530], fol. 268^{v}, ed., Maitland, *Bracton and Azo* [後出註☆一七五参照], 18.) から引き出していた。しかし、法学者が述べているのは「あらゆる法は正義から発する」(Ex iustitia omnia iura emanant) ということであり、このことは、〈大法廷〉あるいは皇帝自身が(後出註☆一三三参照)、いわば〈正義〉を人格化していたことを意味すると言えるだろう。後世のフランス絶対主義の諸理論において、〈正義の源泉〉(fons iustitiae) という比喩がどれほど多く繰り返されていたかは注目に値する。William Farr Church, *Constitutional Thought in Sixteenth-Century France* (Harvard Historical Studies, XLVII; Cambridge, 1941), 38, n. 50, also 53, n. 30, and passim を参照。

☆三二———Andrea de Isernia, on *Lib. aug*., 1, 31, Cervone, 81. また、同じ箇所に掲載されているマリヌス・デ・カラマニコの註釈「この勅法は壮麗であり、普通法を含んでいる」(et pulchra est haec constitutio, et continet ius commune) を参照。

☆三三———Matthaeus de Afflictis, *In Utriusque Siciliae Neapolisque sanctiones et constitutiones novissima praelectio* (Venezia, 1562), 1, fol. 147^{r}, on *Lib. aug*., 1, 31, rubr. ——「この勅法は非常に典雅である。それゆえ若い人々に対してその全文を記憶するよう推奨すべきである。そして、この勅法は普通法を含んでいる」(Ista constitutio est multum elegans, et tota esset momoriae commendanda a iuvenibus, et continet ius commune)。前出註☆三二参照。

☆三四———"Non sine grandi consilio et deliberatione perpensa condendae legis ius et imperium in Romanum Principem lege regia transtulere Quirites, ut ab eodem, qui commisso sibi Caesareae fortunae fastigio per potentiam populis imperabat, prodiret origo iustitiae, a quo eiusdem defensio procedebat. Ideoque convinci potest non tam utiliter quam necessario fuisse provisum, ut in eiusdem persona concurrentibus his duobus, iuris origine scilicet et tutela, ut a iustitia vigor et a vigore iustitia non abesset.　Oportet igitur Caesarem fore iustitiae patrem et filium, dominum et ministrum : Patrem et dominum in edendo iustitiam et editam conservando, sic et in venerando iustitiam sit filius, et in ipsius copiam ministrando minister."

☆三五――Cf. *Quaestiones de iuris subtilitatibus*, 1, 16, ed., H. Fitting（Berlin, 1894）, 56――「帝権の名を担う者は、法がそれによって発布され保護される権威と同じ権威によって、それを担うべきである」（Qui enim nomen gerit inperii, gerere debet auctoritate quoque eiusdem, qua tuenda sunt eadem iura, que sunt ab ea profecta）。この十二世紀の論考の著者が誰であるか（おそらくプラケンティヌスと思われる）については、後出註☆五七参照。この一節はまた、Sergio Mochi Onory and Gianluigi Barni, *La crisi del Sacro Romano Impero : Documenti*（Milano, 1951）, 150 によっても刊行され、ここでは、同論考は著者不詳の作品とされている。

☆三六――ここには、レクス・レギアや〈クイリテス〉に関するものとは別に、ローマ法の影響が見られる。強制力（vigor）と正義（iustitia）については、*C.* 10, 1, 5, 2 およびこの一節の vigorem という言葉への標準註釈「すなわち、正義の強制力である君主を意味し、それゆえ君主は生ける法と言われるのである」（id est principem, qui est vigor iustitiae, unde dicitur lex animata［= *Nov.* 105］）を参照。これは標準的な解釈として妥当していた。たとえば、Andreas de Barulo, on *C.* 10, 1, 5, n. 5（*Commentaria super tribus libris Codicis*, Venezia, 1601）, p. 6――「皇帝は正義の強制力である……（*Nov.* 105 の引用）、ここでは皇帝は生ける法律と呼ばれている。そして、法は皇帝から発し……彼の胸のなかにあると言われている。……そして皇帝は法律の父である。……」（Imperator est vigor iustitiae . . . , ubi dicitur lex animata.　Et iura dicuntur ab eo oriri . . . et in pectore suo esse . . . Et pater est legum. . .)。『アウグストゥスの書』が言及しているのは、君主の〈意志は法の効力を有する〉(voluntas legis habet vigorem) という有名な言葉ではなく、この法律 (C. 10, 1, 5, 2) であった。

☆三七——〈法律の父〉(pater legis) については、*Nov.* 12, 4——「……余は正当にも自らをあたかも法律の父であるかのように見なした」(. . . aestimavimus recte se habere nos tamquam legis patres. ここでの複数形は威厳を表わす複数形である)、および patres に対する標準註釈「皇帝が法の父と呼ばれていることに注意すべきである。それゆえ、法律は皇帝に服していることになる」(Nota imperatorem vocari patrem legis, unde et leges sunt ei subiectae) を参照。この一節の後にも再び (前出註☆三六参照)、皇帝を〈生ける法〉と表現する *Novellae* 105 の援用が引き続く。〈法律の父〉という言葉は、註釈学派により繰り返し引用されている。たとえば、*Glos. ord.* on *Nov.* 99, 2, v. *Dicimus autem* および後出註☆三八参照。〈法の母〉(mater iuris) としての正義については、たとえば *Glos. ord.* on *D.* 1, 1, 1 および後出註☆六〇、六九参照。しかし、この表現も再三再四繰り返された。たとえば Ullmann, "Baldus," 389, n. 9. 〈下僕ないし子〉(minister et filius) については、*Glos. ord.* on *D.* 1, 1, 1, v. *Et iure*——「法は、下僕ないし子のごとく、正義に随行する」(ius iustitiam prosequitur ut minister vel filius)。

☆三八——Matthaeus de Afflictis, on *Lib. aug.*, 1, 31, n. 8, fol. 147^{v}——「……詩篇第七二篇に『神よ、あなたの公平を王に与え、あなたの正義を王の子に与えてください』とあるように、父にして子である神を模範として……。それゆえ［皇帝は］、*Nov.* 105, 2, 4 にあるように、地上の生ける法と言われ、*Nov.* 73, praef.［誤った引用。実際は *Nov.* 12, 4. 前出註☆三七参照］にあるように、法律の父と言われるのである」(. . . exemplo Dei patris et filii, ut patet in psal. LXXI: 'Deus iudicium tuum regi da et iustitiam tuam filio regis.' Et ideo dicitur [imperator] *lex animata in terris*, ut in Auth. de consulibus. § fin. [= *Nov.* 105, 2, 4], et *pater legum*, ut in Authen. de fide instrum. in princ. [= *Nov.* 73, praef.])。

☆三九――Anton L. Mayer, "Mater et filia," *Jahrbuch für Liturgiewissenschaft*, VII (1927), p. 65は、皇帝ハインリヒ二世に対する、テーゲルンゼーのフラウムントの『王を迎える言葉』(*susceptaculum*)を引用している――「教会の子……教会の父」(filius ęcclesię . . . pater aecclesię)。Cf. *Die Tegernseer Briefsammlung*, ed., Karl Strecker (*MGH*, *Epist. sel.*, III; Berlin, 1925), No. xx, p. 57. さらに、チューリヒの写本 (C. 58/275, fol. 8^{v}) から引き出された伯爵テオバルドゥスの墓の銘には、「母たる教会の子、否むしろその父」(Ecclesiae matris filius, immo pater) とある。高位聖職者たちもまた、〈教会の子〉としてと同時に〈教会の父〉、すなわち彼らの教会やその司教座聖堂参事会員たちの父として敬われていたことは、充分ありうることと思われる。

☆四〇――この反立的表現の非常に豊かな史料は、Anton L. Mayer, "Mater et filia," *op. cit.*, 60-82で注意深く収集され、研究されている (これには、第一一トレド教会会議 [*Toletanum*, XI] の決議にある〈母の父であると同時に子〉ipse et pater matris et filius という表現が付加されうるだろう。A. Hahn, *Bibliothek der Symbole und Glaubensregeln der alten Kirche* [2nd ed., Breslau, 1877], 176)。ハーン (81 f.) は、この種の言葉が、以前においては (特に東方教会において) きわめて稀であったのに対して、聖母マリアへの新しい信仰の結果として十二世紀にはかなり一般化するに至ったこと (それゆえ、聖ベルナルドゥスは、ダンテの「天国篇」第三三歌第一行の既に引用された言葉でもって処女マリアに話しかけている)、そして、この表現が「ゴシック時代」において流行の頂点に達したことを指摘する。ウェイス (Wace) の〈余は汝の子にして汝の父なり〉(Je suis ton fil, je suis ton père) については p. 78 参照。さらにまた、

Helmut Hatzfeld, "Liturgie und Volksfrömmigkeit in den südromanischen Dichtersprachen," *Jahrbuch für Liturgiewissenschaft*, XII（1935）, 72. Jungmann, "Arianismus," 81, n. 31 を参照。ここでは、L. E. Wels, *Theologische Streifzüge durch die altfranzösische Literatur*（Vechta, 1937）, 1, 33-51 が引用されているが、この論文を筆者は入手できなかった。ハッツフェルトは、この反立的表現を、ほとんど一種のサベリウス主義と見なしている。しかし、処女マリアが同時に教会の象徴でもあったことを想起すれば、この反立的表現は、キリストもまた〈母たる教会の子、否むしろその父〉であったことを含意するだろう（前出註☆三九参照）。

☆四一 ―――正義の女神＝星の処女神（Astraea）については、たとえば、Baldus, on c. 34 X 1, 6（*Venerabilem*）, n. 13, *In Decretales*（Venezia, 1580）, fol. 78^{v} が、ウグッチョを引用して、「アストラエア、すなわち天から降りる正義は、アステル、すなわち星から降りることから、そう呼ばれている。その光は、当然のことながら、宇宙の被造物へと伝わっていくからである、とウグッチョは述べている」（dicit Ugutio quod Astraea, id est, iustitia que de coelo descendit, dicta est ab astris, id est, a stellis, quia lumen suum naturaliter communicat universae creaturae）と記している。寓意の誤解は珍しいことではない。*Gesta Romanorum*, c. 54, ed., Oesterley（Berlin, 1872）, 349 f. で、フリードリヒ二世のカプアの凱旋門は――フリードリヒの玉座の図像の側面には一人の男性像と一人の女性像（徳の象徴か）が描かれていたように思われる――次のような仕方で解釈されている――「親愛なる人々よ、この皇帝は我らが主イエス・キリストであり、大理石の門は聖なる教会である。……この門に図像が刻まれている。……［すなわち］側にある二人、イエスの母マリアと福音書記者ヨハネを伴った［皇帝の］像が刻まれており、マリアとヨハネの像は、我々にとりキリストの慈愛と正義を示すものである」（Carissimi, imperator iste est dominus noster Jhesus Christus, porta marmorea est sancta ecclesia . . . In qua porta sculpta est imago . . . [scil. imperatoris] cum duobus collateralibus, i. e. cum Maria matre Jhesu et Johanne evangelista, qui designant nobis eius misericordiam et iustitiam)。かくして、寓意好きの聖職者は、三つの形象を〈祈願〉(Deēsis) の言葉で解釈しているのである。Carl A. Willemsen, *Kaiser Friedrichs II. Triumphtor zu Capua* (Wiesbaden, 1953), 68 f., 103, n. 222. この論文は、一つの重要な点で筆者の解釈の誤りを正している。しかし問題は依然として、同論文によっても解決されてはいない。拙著、*Kaiser Friedrich II.*, 486 および *Erg. Bd.*, 210 f. を参照。はるかに後の時代については、Frances A. Yates, "Queen Elizabeth as Astraea," *Warburg Journal*, X (1947), 27-82 参照。この論文は、〈処女たる正義の女神〉(Virgo Astraea)、〈処女マリア〉(Virgo Maria)、そして〈処女たる女王〉(Virgo Regina) の三者の関係に関して興味深い史料を集めている。特に、p. 75 と p. 62 および pl. 20 a 参照。ここで、もろもろの徳の中央に描かれている〈正義〉は、エリザベス一世の衣服に似た衣服を着ている。十二世紀のスタブロの琺瑯細工には、我々がマリアないし教会を期待する場所に〈正義〉が描かれている。これについては後出註☆七三参照。

☆四二——ここで要約されていることに関する史料について、一般的には *Erg. Bd.*, 88 ff. を、〈正義の聖職者〉(sacerdotes iustitiae) については、後出註☆九四以下参照。〈法律家たるキリスト〉(Christus iurisconsultus) については、Herman Kantorowicz, *Studies in the Glossators of the Roman Law* (Cambridge, 1938), 21. 〈正義の秘儀〉(mysterium iustitiae [*Erg. Bd.*, 88]) および、〈ミニステリウム〉(ministerium) と〈ミュステリウム〉(mysterium) の互換可能な用法については、F. Blatt, "Ministerium-Mysterium," *Archivum latinitatis medii aevi*, IV (1928), 80 f. および拙論 "The Absolutist Concept *Mysteries of State*, and its Late Mediaeval Origins," *Harvard Theological Review*, XLVIII

(1955), 71, n. 22 参照。〈法の礼拝〉(religio iuris) については後出註☆一五九参照。そして〈皇帝の教会〉(ecclesia imperialis) については *Erg. Bd.*, 208. ペトルス・デ・ウィネアが、皇帝を「至高なる名匠の手により人間として創造された、最も正しき調停者」(pacator iustissimus, quem supremi manus opificis formavit in hominem) と呼んだことについては、Petrus de Vinea, *Epistolae*, III, 44, ed., Simon Schard (Basel, 1566), 469, ed., Huillard-Bréholles, *Vie et correspondance de Pierre de la Vigne* (Paris, 1865), 426, no. 107 参照。この言葉の歴史に関するいくつかの説明については、拙論 "Kaiser Friedrich II. und das Königsbild des Hellenismus," *Varia Variorum : Festgabe für Karl Reinhardt* (Münster und Köln, 1952), 171-174.〈正義の太陽〉(Sol Iustitiae) としてのフリードリヒ二世については、Huillard-Bréholles, VI, 811 および拙論 "Dante's Two Suns," *Semitic and Oriental Studies Presented to William Popper*, ed., W. J. Fischel (Berkeley and Los Angeles, 1950), 221 f., 227 ff. この称号がフランス国王に適用されたことについては、Berges, *Fürstenspiegel*, 263 ; Johannes Haller, *Papstum und Kirchenreform* (Berlin, 1903), 1, 470, n. 1. さらに、ごく最近になって発見された、バーリのニコラウスによるフリードリヒ二世への頌詞は、*Rudolf M. Kloos*, "Nikolaus von Bari, eine neue Quelle zur Entwicklung der Kaiseridee unter Friedrich II.," *DA*, XI (1954), 166-190, esp. 169 ff. において印行されている。

☆四三——— Hans Niese, "Zur Geschichte des geistigen Lebens am Hofe Kaiser Friedrichs II.," *Hist. Ztschr.*, CVIII (1912), 535 は、ペトルス・デ・ウィネアが、「『アウグストゥスの書』に編入されたすべての法律を書き表わした」ことを強調している。筆者は、今では以前にもまして彼の見解に同意している。あらゆる種類の「神学」(政治神学や学問の神学あるいは修辞の神学) を構築しようとする傾向を伴った修辞学上の「混種語法」は、現実にボローニャで教えられていた。たとえば拙論 "An 'Autobiography' of

Guido Faba," *Mediaeval and Renaissance Studies*, 1 (1941-43), 253-280 参照。

☆四四——レクス・レギア（主権法）に関する史料の有益な抜粋集については、Eugenio Dupré Theseider, *L'Idea imperiale di Roma nella tradizione del medioevo* (Milano, 1942), 255 ff. これ以外の文献については、*Erg. Bd.*, 85 ff. また、Karl Jordan, "Der Kaisergedanke in Ravenna," *DA*, II (1938), 110 ff.; F. Schulz, "Bracton on Kingship," *EHR*, LX (1945), 153 ff.; Ullman, *Lucas de Penna*, 48 ff.

☆四五——レクス・レギアに言及している箇所（*D.* 1, 4, 1, 1 および C. 1, 17, 1, 7）は最近、中世に関して、Schulz, "Kingship," 154 ff. で議論されている。〈また〉(et) という言葉（*Inst.* 1, 2, 5; ガイウスの『法学提要』[cf. 1, 1, 3, 5] は、中世において、ただユスティニアヌス法典を通じてのみ人々に知られていた）は、しばしば無視されることが多いが、Max Radin, "Fontescue's *De Laudibus*: A Review," *Michigan Law Review*, XLIV (1944), 182 によって、その重要性が強調されている。また、ウェスパシアヌス法（lex de imperio Vespasiani）に関しては、S. Riccobono, *Fontes iuris Romani antejustiniani* (Firenze, 1941), 1, 154 ff., No. 15（文献目録も参照）。また、Theseider, *op. cit.*, 256. ローマの法律は、皇帝が法律から解放される事例を、アウグストゥスおよび彼の直後の後継者たちの時代に既に慣例化していたものへと限定している。銘文は、コーラ・ディ・リエンツォにより発見されるまで、中世において知られていなかった。Burdach, *Rienzo und die geistige Wandlung seiner Zeit* (Berlin, 1913), 304 ff., and passim 参照。

☆四六——*Inst.* 1, 2, 5——「権力を認可した」(potestatem concessit); C. 1, 17, 1, 7——「移譲された」(translata sunt)。この問題については、E. Schoenian, *Die Idee der Volkssouveränität im mittelalterlichen Rom* (Leipzig, 1919), esp. 17 and 58 ff.; また A.-J. Carlyle, "The Theory of the Source of

Political Authority in the Mediaeval Civilians to the Time of Accursius," *Mélanges Fitting* (Montpellier, 1907), 1, 181-194 参照。カーライルは、法学者たちの議論を、正当にも慣習法と制定法の衝突の問題と関連させている。

☆四七———Gierke, *Gen. R.*, IV, 215 ff., 315 ff., and passim.

☆四八———John of Paris, *De potestate regia et papali*, c. XIX, ed., Dom Jean Leclercq, *Jean`de Paris et l'ecclésiologie du XIIIe siècle* (Paris, 1942), 235, 11. 後出第六章註☆五一以下参照。

☆四九———*Glos. ord.*, on *Nov.* 73, rubr. 1, v. *De caelo*（後出第六章註☆五三）。キュヌスについては、Theseider, *L'Idea imperiale*, 262 ; Ullmann, *Lucas de Penna*, 175. キュヌスは、〈人民に由来する〉(a populo) 皇帝と、〈神に由来する神的な〉(divinum a Deo) 帝国を明確に区別している。後者が本文註箇所の定義である。

☆五〇———これらの箇所については、*Erg. Bd.*, 86 and 183 を参照。

☆五一———*Codex* 1, 14, 4 : "Digna vox maiestate regnantis *legibus alligatum se principem profiteri* : adeo de auctoritate iuris nostra pendet auctoritas. Et re vera maius imperio est submittere legibus principatum." Schulz, "Kingship," 160 f. の簡にして要を得た説明を参照。シュルツ教授によれば、ここでイタリック体にした言葉は、後世の編纂者により挿入されたものである。最後の文章の筆者による英訳は、シュルツ教授が示している訳とは異なっている。シュルツ教授は maius imperio を「皇帝にとって、より高貴なことである」(imperium を imperator の意味で理解している) と訳しているが、筆者は文字通りの訳を選んだ（つまり imperio を maius にかかる奪格として理解した)。なぜならば、この解釈のほうが、文章全体の中核にあると思われる imperium-principatus の反立（〈帝権〉と〈君主たること〉の反立）を損なわないからである。また、W. Ensslin, "Der Kaiser in der Spätantike," *Hist. Ztschr.*, CLXXVII (1954), 465 参照。レクス・ディグナは、フリードリヒの息子ハインリヒ七世の一二二八年の演説（arenga）のなかでも、別の言い方で述べられている。J. F. Böhmer, *Acta imperii selecta* (Innsbruck, 1870), 1, 283, No. 326. ここには vice とあるが、これは digna voce と解すべきである。

☆五二――レクス・ディグナを〈(君主は) 法から解放されている〉(legibus solutus) という格言と連結させることによって、このディレンマを解決することは、法学者や政治哲学者が一般的に用いていた方法であった。たとえば、Azo, *Summa Instit.*, prooem ("Quasimodo geniti," この作者は、ボンコンパーニョであった), fol. 267v――「たとえローマの君主が法から解放されていても、君主が法に拘束されていると公言することは、大権によって支配する者にとってふさわしい言葉である」(Licet romanus princeps sit legibus solutus, tamen digna vox ex maiestate regnantis legibus alligatum se principem profiteri)、また、Carlyle, *Political Theory*, V, 97, and 475 f.; A. Esmein, "La maxime *Princeps legibus solutus est* dans l'ancien droit public français," *Essays in Legal Histlory* (Oxford, 1913), 203, n. 1; 208, n. 4; 209, n. 1 を参照。フリードリヒ二世については後出註☆五四参照。この難問は、しばしば、王のなかの王（Rex regum）であるにもかかわらず、法の下に（sub lege）服したキリストという模範を指摘することによって解決された。たとえば John of Salisbury, *Policraticus*, 523 bc, ed., Webb, 1, 252, 6 ff.――「女より生まれ、法の下に誕生した王のなかの王が、法のあらゆる正義を遂行し、強制によってではなく自らの意志によって法に服したように……。というのも、法のなかにこそ彼の意志はあったからである」(... sicut Rex regum, factus ex muliere, factus sub lege, omnem implevit iustitiam legis, ei non necessitate sed voluntate subiectus; quia in lege voluntas eius)。

☆五三――Schulz, "Kingship," 168（n. 6も含めて）および163, n. 1. ソールズベリーのヨハネスについては前出註☆五二参照。また、Esmein, *op. cit*., 203, n. 1も参照。

☆五四――"Ad extollendum imperii nostri temporibus decus Urbis ... et ratio prepotens, que regibus imperat, et natura nos obligat, et civiliter obligatos voce dignissima profitemur ... Sed quamquam soluta imperialis a quibuscumque legibus sit maiestas, sic tamen in totum non est exempta iudicio rationis, que iuris est mater." Huillard-Bréholles, V, 162; Theseider, *L'Idea imperiale*, 187. あらゆる権威が理性に服すべきことは、初期の註釈学派によって強調されていた。たとえば、十二世紀に書かれた『法の厳正に関する設問集』（*Quaestiones de iuris subtilitatibus*, IV, 4, ed. Fitting, 58）には、「権威がそれによって支えられている理性自体が……述べるべきである」(Dicat ipsa Ratio, qua et ipse nituntur auctoritates ...)とある。civiliterという言葉は曖昧に見えるが、明らかに*D*. 1, 1, 8:「市民法の生ける声である」（viva vox est iuris civilis）に言及するものであり、それゆえ、digna voxとviva voxの混合を考慮しなければならない。digna voxと関連する法律viva voxについては、Steinwenter, "Nomos," 266 f., そして、ius civileとlex dignaの結合については、Boncompagno, *Rhetorica Novissima*, IX, 5, ed., Gaudenzi, *Bibliotheca juridica medii aevi*（Bologna, 1892), II, 289. 幸運にも、フリードリヒの〈大法廷〉の裁判官の一人であったグリエルムス・デ・ウィネアの註釈がある。Guillelmus de Vinea, on *Lib. aug*., III, 5, v. *iure proprio*――「……君主は法から解放されている。しかし……法律ディグナ・ウォクスにあるように、君主は私法（?）に従って生きなければならない」(... quod princeps sit absolutus legibus, tamen iure privato（?）vivere debet, ut *C*. de leg. et cons. l. digna vox)。Cf. B. Capasso, "Sulla storia esterna delle costituzioni di Federico II," *Atti della Accademia Pontaniana*, IX（1871), 439, n. 2. もう

一人別のシチリアの法学者を挙げれば、Andreas de Barulo, on C. 10, 8, 3, n. 1, pp. 24 f. ——「たとえ君主が法から解放されていても、……法律ディグナ・ウォクスにあるように、君主は法に従って生きることに注意すべきである」(Nota quod licet Princeps sit legibus solutus, vivit tamen secundum leges, ut ... de legib. digna)。

☆五五 ——トマス主義的な意味での〈理性によって規律された意志〉(voluntas ratione regulata) については、A. P. D'Entrèves, *The Mediaeval Contribution to Political Thought* (Oxford, 1939), 39. そして、中世ローマ法学者たちの原則「君主の意志が衡平や正義や理性から逸れたならば、それは法ではない」(cum voluntas principis ab aequitate, iustitia et ratione deviet, non est lex) については、Ullmann, *Lucas de Penna*, 54 f. 皇帝が理性に服すことについては、後にバルドゥスが或る程度まで、この点に関する権威となった。Baldus, on *D.* 4, 4, 39, n. 45, fol. 234ᵛ ——「カエサルは偉大である。しかし、理性はより偉大である」(magnus est Caesar, sed maior est ratio)。また、*Cons.*, 1, 36, n. 6, fol. 100ᵛ ——「さらに、君主は、自らを理性に服させることができる」(Praeterea princeps potest se subiicere rationi)。ここでは、*D.* 2, 1, 14 が引用されている。そしてまた、*Cons.*, 1, 333, n. 1, fol. 105ᵛ ——「同様に君主は、理由を述べることなくして有益な法を発布することができる。……なぜならば、彼〔君主〕と理性は同一だからである」(Item princeps iura utilia potest con (ce)dere sine causa ... nam ipse [princeps] et ratio idem sunt)。さらにまた、Matthaeus de Afflictis, on *Lib. aug.*, 1, 7, n. 37, fol. 57ᵛ を参照。マタエウスはたえずバルドゥスを引用している——「……皇帝は法から解放されていても、神の掟と聖母教会の掟からは解放されていない。……同様に、皇帝は理性の命令からも解放されていない。なぜならば皇帝は理性的動物だからである。……それゆえ、君主は確かに自然理性に拘束されていることになる」(... Imperator licet sit solutus legibus, tamen non est solutus a praeceptis divinis et sanctae matris ecclesiae . . . Item non est solutus a dictamine rationis, quia est animal rationale . . . Ideo princeps etiam ligatur naturali ratione . . .)。

☆五六———〈事物と時間の変化によって〉(per rerum mutationes et temporum) 惹き起こされる新しい法の制定の必要性については、*Lib. aug.*, 1, 38, ed., Cervone, 85 参照。この序文は、C. 1, 17, 2, 18 に倣って作成されている。既に、*Dictatus papae* (§ 7) に見られるこの主導的観念は、言うまでもなく、何度も繰り返されていた。また、万民法 (ius gentium) と自然理性の類似性については、*Lib. aug.*, 1, 16 の序文 (Cervone, 35) 参照——「万民法の権威は、自らの身体を保護することが各個人に許容されるべきことを採用し、自然理性もこれを嫌悪することはない」(Iuris gentium induxit auctoritas et naturalis haec ratio non abhorret, ut tutela cuilibet sui corporis permittatur)。さらに、*Lib. aug.*, 1, 31 で皇帝は、〈理性〉の助言に促される者であることを主張している——「それゆえ、この理性による助言に促されて……」(Hac igitur consulta ratione commoniti . . .)。

☆五七——— *Quaestiones de iuris subtilitatibus* は、これを刊行した H. Fitting (前出註☆三五参照) によってイルネリウスに帰せられていたが、より最近では、きわめて正当な根拠によってプラケンティヌスに帰せられている。Hermann Kantorowicz, *Glossators*, 181-205 および彼の研究 “The Poetical Sermon of a Mediaeval Jurist: Placentinus and his ‘Sermo de Legibus’,” *Warburg Journal*, II (1938-39), 22 ff. この *Sermo* は、*Quaestiones* の序文に類似した詩的精神を示しており、このようなことはイルネリウスには全く見られないことであった。しかし、言うまでもなく、この設問集の作者を絶対的な確実性をもって特定することは、今のところ不可能である。

☆五八――*Quaestiones* の序文（ed., Fitting, 53 f.）は、Herman Kantorowicz, *Glossators*, 183 f. によっても印行されている。詩的幻想という文学上のジャンル一般はここでの関心事ではない。いずれにしても、これは十二世紀の文学に広く見受けられるものである。ここで関心を惹くのは、このような文学上のジャンルが法学上の専門的論考に適用されていることである。〈正義の神殿〉は、それほど哲学的ではない別の形態において、アンセルムス・デ・オルトによっても描写されている。Anselmus de Orto, *Iuris civilis instrumentum*, prol., ed., Scialoja, in: *Bibliotheca iuridica medii aevi*, II, 87 ; cf. Fitting, *op. cit.*, 7 f.

☆五九――「……言うに言われぬ威厳に満ちた態度の〈正義〉が私には見えた」（... michi visa est ineffabili dignitatis habitu Iustitia）。作者はここで、〈正義〉に関する慣例的な定義――「正義とは、精神の善き態度、ないし善き状態にある態度である」（Iustitia est *habitus* mentis bonus vel bene constitutae）――Azo, *Summa Institutionum*, on *Inst.* 1, 1, fol. 269 参照）。Cf. Fitting, *Schriften*, 160（また 34）; H. Kantorowicz, *Glossators*, 60 ff., 240, 272, 16. さらに、*Glos. ord.* on *Inst.* 1, 1, v. *Iustitia*――「……精神の善き態度のごときものである。……しかし、トゥリウス（キケロ）は次のように定義している。『正義とは……各人に各人の価値を分配する魂の態度である』」（... quasi habitus mentis bonus. Sed Tullius sic definit: 'Iustitia est habitus animi ... suam cuilibet tribuens dignitatem'）。あらゆる註釈学者が Cicero, *De invent.*, II, 159 を引用している。後出註☆六一参照。

☆六〇――“... causas enim et Dei et hominum crebris advertebat suspiriis.” 正義の女神の憂鬱は、伝統的なモティーフである。ゲリウスについては後出註☆六四参照。〈衡平〉（Aequitas）は、部分的には〈正義〉と同一であるが、実践的な〈法〉の領域に属すものであった。Cf. *Glos. ord.* on *D.* 1, 1, 1, v. *Iustitia*――「すぐ後に続くように、法とは善と衡平の術である。そして、正義とは衡平と善にほかならない。それゆえ、衡平は正義を母にもつのである」(Ius est ars boni et aequi, ut subiicit ; et iustitia nihil aliud est quam ipsa aequitas et bonitas : ergo iustitiam habet matrem)。

☆六一――――作者によって枚挙されている六つの徳は、〈敬神〉(Religio)、〈愛〉(Pietas)、〈友愛〉(Gratia)、〈復仇〉(Vindicatio)、〈崇敬〉(Observantia)、そして〈真理愛〉(Veritas)であり、これもまた Cicero, *De invent.*, II, 159 ff.(前出註☆五九)と合致している。これらが正義の娘であることは、(窮極的にはアリストテレスに由来する)通説であり、これに従えば、あらゆる徳は正義へと還元可能とされた。*Nicom. Ethics*, 1129 b 参照。ムールベーカのギョームのラテン語版には、「正義のなかにはあらゆる徳が同時に内在しており、正義は最高に完全な徳である」(In iustitia autem simul omnis virtus est, et perfecta maxime virtus)とある。Cf. Thomas Aquinas, *In decem libros Ethicorum Aristotelis ad Nicomachum expositio*, ed., R. M. Spiazzi (Torino e Roma, 1949), 246 f.(アリストテレスのテクストについては No. 642, トマスの註解「正義それ自体のなかにはあらゆる徳が同時に包含されている」[in ipsa iustitia simul comprehenditur omnis virtus] については No. 907). また、後出註☆一五六参照。

☆六二――――Hermann Kantorowicz, *Glossators*, 185 は、〈少なからぬ数の高貴なる人々〉(honorabiles viri, non quidem pauci) が、「法に仕える聖職者」である旨を指摘しているが、これは確かに正当である。明らかに彼らは、十二世紀に書かれた *Materia Institutionum*, ed., Fitting, *Schriften*, 148, 10 の著者が、〈神殿〉(templum) の住民として語る〈高貴なる人々の集団〉(galaxia) と同一のものであった。「『正義をこれから保持し、尊重し、称揚する者は、あなたがこの神殿の中央に見る場所に住まう』と或る哲学者が述べ、高貴なる人々の集団を指し示すように」(Sicut quidam philosophus ait : 'Qui iusticiam tenuerint, coluerint, auxerint, illum incolunt locum, quem in templo hoc medium vides,' et ostendit galaxiam)。ここで

言われている〈或る哲学者〉が誰であるか定かではないが、この一節は疑いもなく〈正義の神殿〉に言及している。

☆六三——*Codex* 1, 17, 1, 5, および *Codex* 1, 17, 2, 20 a. また、『学説彙纂』(*Digesta*) に先行する勅令 *Deo auctore* (§5) も参照。〈正義の神殿〉は、中世の法学者によって、しばしば引用され解釈された。たとえば、Marinus de Caramanico, on *Lib. aug.*, 1, prooem., v. *Et iura condendo*, ed. Cervone, 6. これに対して、Andreas de Isernia, *In usus feudorum commentaria*, praeludia, n. 16 (Napoli, 1571), fol. 2^{v} は、自分の著書を〈至当で最も神聖なる正義の神殿〉(proprium et sacratissimum templum iustitiae) として神聖視している。興味深いのは、〈正義の聖職者〉(sacerdotes iustitiae)、すなわち法学者 (iurisconsulti) を、〈神殿〉と結びつけている後世の法学者たちである。たとえば、Cujas, on *D.* 1, 1, 1, *Opera* (Prato, 1839), VII, col. 11 f. あるいは、François Hotman, on *Inst.* 1, 1 (Venezia, 1569), p. 7. これに対して、Louis d'Orléans, *Les Ouvertures des Parlements faictes par les Roys de France* (Lyon, 1620), 399-446 は、冗長な「第二の諫言」(一五九〇年) の全体を、正義の神殿、特に〈フランスの永遠なる正義の神殿〉(Temple eternel de la justice Françoise) の説明にあてている (後出第七章註☆三三四参照)。また、このようなさまざまな正義の神殿の非建築的な性格に関しては、*American Journal of Archaeology*, LVII (1953), 67 にある筆者の解説を参照。

☆六四——Gellius, *Noctes Att.*, XIV, 4 は、主として正義に関するクリュシッポスの記述を提示しているのである——「畏怖すべき厳しい容貌と鋭い輝きのまなざしをもち、卑下もせず狂暴でもなく、その威厳のなかに崇むべき悲しみをたたえた処女なる形象」(Forma atque filo virginali, aspectu vehementi et formidabili, luminibus oculorum acribus, neque humilis neque atrocis, sed reverendae cuiusdam tristitiae dignitate)。〈悲しみ〉(tristitia) については前出註☆六〇参照。〈正義の神官たる〉(qui Iustitiae antistes est) 理想的な裁判官に対して、ゲリウスは「威厳に満ち、神聖で、厳格で廉潔たるべきであり、……衡平と真理の力と威厳とによって畏敬されるべきである」(oportere esse gravem, sanctum, severum, incorruptum . . . , vi et maiestate aequitatis veritatisque terrificum) と要求している。ゲリウスによるこの理想的な裁判官の描写は、中世の法学者に顕著な影響を及ぼしている。たとえば、Bonaguida of Arezzo (ca. 1255), *Summa introductoria super officio advocationis*, I, c. 1, ed., Agathon Wunderlich, *Anecdota quae processum civilem spectant* (Göttingen, 1841), 36 f. は、他の法学者と同様に、裁判官が〈威厳〉(gravitas) を示すべきことを強調している。また、ゲリウスの一節は、クヤキウスやオトマン (前出註☆六三)、そしてギョーム・ビュデ (Guillaume Budé, *Annotationes in XXIIII Pandectarum libros* [Lyon, 1551], 70 [on *D.* 1, 1, 1]) といった十六世紀の法学者にも影響を与えていた。

☆六五――――いわゆる *Mythographus III* (十二世紀) は、〈正義の女神〉を〈金色か玻璃の処女の容貌〉(vultum virgineum, aureum vel vitreum) を有する〈天へと高められた乙女〉(puella erecta in coelum) として描くべきことを要求していたと思われる。Cf. Hans Liebeschütz, *Fulgentius Metaforalis* (Studien der Bibliothek Warburg, IV, Berlin und Leipzig, 1926), 53.「玻璃の」顔容は、『法の厳正に関する設問集』にある玻璃の壁を想い起こさせる。しかし、〈すべてが玻璃でできた居間〉(cubicula holovitrea) は、幻想的な文学においてよく見かけるものであった。たとえば、Laistner, in *Harvard Theological Review*, XXXIV (1941), 260 で引用されている *Acta S. Sebastiani*, in *Patr. Lat.*, XVII, 1045 A-B 参照。

☆六六――――前出註☆五八および註☆六二―六四参照。

☆六七――――*Quaestiones*, IV, 6, ed., Fitting, 59, 4 ; H. Kantorowicz, *Glossators*, 185.

☆六八——*Quaestiones*, IV, 6——「……職務の威厳のゆえに、私がより高い地位へと置いた正義……」(. . . Iustitia quam pro officii dignitate potiori gradu collocavi)。

☆六九——〈正義は法より先に存在した〉(Prius fuit iustitia quam ius［*Glos. ord*. on *D*. 1, 1, 1, v. *Iustitia*］) という言い方は、再三再四繰り返されていた。たとえば、Bartolus, on *Inst*. 1, 1, n. 1 (Venezia, 1567), fol. 68^{v}——「抽象ないし抽象的なものが具体的なものに先行するごとく、正義は法より先にある……」(Iustitia est prius quam ius sicut abstractio vel abstractum ante concretum . . .)。同様に、バルドゥスは「創造主の正義は、世界が創造され形成される以前に永遠の昔から存在していた」(Iustitia creatoris fuit ab aeterno antequam orbis crearetur et formaretur) と述べ、また、「［抽象的正義は］法の母であり原因である」(［Iustitia in abstracto］est mater et causa iuris) と述べている。Cf. Ullmann, "Baldus," 389, n. 9 および 390, n. 16. Iustitia in abstracto は既に、*Glos. ord*. on *Inst*. 1, 1, v. *Iustitia* で言及されていた——「しばしば正義は抽象的形態において考察され、この場合、正義は恒常的で永久のものである」(Aliquando consideratur iustitia prout est in abstracto, ut tunc iustitia est constans et perpetua)。

☆七〇——抽象的理念としての〈正義〉については、前出註☆六九。〈徳〉(Virtus) としての正義は、最も古い定義の一つである。たとえば、Placentinus, *Summa Institutionum*, 24, ed., Fitting, *Schriften*, 221——「法とは規範ないし学問である。しかし正義は徳である」(ius est preceptum vel scientia, set iusticia virtus est)。この定義は、*Glos. ord*. on *Inst*. 1, 1 にも見られる。『法学提要』にある〈恒常的で永久の意志〉(constans et perpetua voluntas) という正義の定義は、一方で、正義を〈態度〉(habitus) と解釈することへと導き (前出註☆五九)、他方で、これを神ないし神の〈意志〉(voluntas) と同一のものと解釈することへと導いていった。たとえば、*Glos. ord.* on *Inst.* 1, 1 ——「正義のこの定義は、神の正義につき述べたものと理解されうる。それゆえ、神の正義は恒常的で永久の意志であるとでも言うべきである」(Haec iustitiae definitio potest intelligi de divina iustitia, quasi dicendum: Divina iustitia est voluntas constans et perpetua)。十六世紀の法学者は、一方で標準註釈に依然として依拠しながらも、正義は〈徳〉(virtus) なのか、それとも〈女神〉(dea) なのかを問題にし、(*D.* 1, 1, 1 を基礎として) これを女神と見なしている。なぜならば、法律家たちは〈聖職者〉と呼ばれているが、〈人間の徳の聖職者〉など存在しないからである。したがって、ユスティニアヌスは〈正義をユピテルの娘たる女神として〉(Iustitiam deam, Iovis filiam) 定義すべきであった (Hotman, *loc. cit.* [前出註☆六三])。そして、クヤキウス (*ibid.*, col. 12) は「確かに我々は、神聖なる女神として正義を尊重する」(Iustitiam namque colimus, quasi Deam sanctissimam) と率直に語っている。

☆七一——Ullmann, *Lucas de Penna*, 35 ff. また、彼の研究 "Baldus," 388 ff. を参照。

☆七二——Willemsen, *Triumphtor*, 65 ff. は筆者の解釈 (*Kaiser Friedrich* II., 485 f.) を採用しているが、筆者は *Erg. Bd.*, 211 では、この解釈を繰り返して述べることを故意にさし控えた。ヴィレムゼンの仮説については、Baethgen, in *DA*, XI (1955), 624 参照。側面にある胸像を裁判官として解釈することは (「おのおのの像は二人の裁判官の像である」hinc et hinc imagines erant duorum iudicum)、ルカス・デ・ペナまで遡る。Lucas de Penna, on *C.* 11, 41 (40), 4 (Lyon, 1582), 446 は「(余の) 像が奉献される」(imagines consecrari) という言葉を註釈しながら、「すなわち、奉献された (像が) 傍らに置かれたということ、あるいはカプアの都市の門にあるように、門に据えられたということである」(id est, consecratas apponi, vel in porta collocari, ut in porta civitatis Capuae) と述べる。いずれにせよ、「像の奉献」との関係で、ルカスが「皇帝フリードリヒの彫像が置かれた」(apposita statua Frederici Imperatoris) ことを想起していることは興味深い。彼はフリードリヒという支配者を、他の点では教会の敵として嫌悪していたからである。ルカスはカプア門についての説明を次のように述べて締め括っている――「これらの功績によって、王の彫像が聖化されたと言いうるのである。これと異なり、王のなかに正義が停止すれば、聖化されるというよりは呪われると言うべきである」(Ex his operibus possent dici regales statuae consecrari; alias cessante in regibus iustitia, dicendi sunt potius execrari quam consecrari)。ルカスは、Andreas de Isernia, *In usus feudorum*, on *De statutis et consuetudinibus*, n. 28, fol. 315^{v} を援用しているが、これは、王の像と聖者やキリストの像の類似性に関するものである。

☆七三――復元については、Willemsen, *Triumphtor*, pl. 106. そして、石膏の「補飾物」が取り除かれた後で初めてわかるようになった壮大な女性の頭像については、pls. 44-49 参照。事実、正義の女神が通常は処女マリアないし〈教会〉にあてられていた場所を占めえたことは、スタブロで制作された十二世紀の琺瑯《エナメル》引きの三連板に示されている（アリステア・ブラッドリー・マーティン夫妻所蔵）。これは、Yvonne Hackenbroch, "A Triptych in the Style of Godefroi de clair," *Connoisseur*, CXXXIV (1954), 185-188 に印刷・掲載されている。ここには図像学上の問題が含まれており、筆者は別の論点との関連でこれを議論するつもりである。しかし、〈キリストの体の秤たる十字架、すなわち教会〉(Crux statera corporis Christi, quod est Ecclesia) という観念については、Francis Wormald, "The Crucifix and the Balance," *Warburg Journal*, 1 (1937-38), 276-280, 参照。もちろん、この場所で〈正義の女神〉が描かれていることを示唆するのは秤 (statera) である。図19参照。この複製は、R・H・ランドルJr.博士の仲介で所蔵者の親切な許可を得て著者が自由に使えるようになったものである。

☆七四——この絵の説明については、Ernst von Meyenburg, *Ambrogio Lorenzetti* (Heidelberg diss., 1903), 51 ff.; 文献目録については Giulia Sinibaldi, *I Lorenzetti* (Siena, 1933), 209 ff. また L. Zdekauer, "IUSTITIA: Immagine e Idea," *Bullettino Senese di storia patria*, XX (1913), 384-425, 特に 400 ff. も参照。ズデカウアーは、〈正義の新しい理念〉(ideale nuovo della Guistizia) を、十三世紀、およびこれ以降におけるイタリアのコムーネの新しい精神と結びつけ、この歴史的観点からロレンツェッティの絵画を論じているが、残念なことに新たに形成された法学の重要性を考慮に入れていない。最後に、ロレンツェッティの〈媒介者たる正義〉(Iustitia mediatrix) を筆者に想起させていただいたことに対し、T・E・モムゼン教授に感謝しなければならない。

☆七五——前出註☆六五。正義は時として冠を被った男性のごとく描かれていたように思われる。というのもパリ国立図書館の或る写本 (Paris, Bibl. Nat. MS. lat. 541. 十三世紀後期ないし十四世紀初期) に我々は次のような説明を見出すからである——「正義の女神は、金の冠を被った男性のごとく描かれていた」(Iustita pingitur ut vir habens coronam auream)。*Catalogue général des MSS latins de la Bibl. Nat.*, ed., Ph. Lauer (Paris, 1939), I, 190 参照。

☆七六——原典は "cuius in vertice recumbebat" である。H. Kantorowicz, *Glossators*, 185 は、「要するに理性は、居心地は悪くても、正義の頭上に栄光に満ちて坐す」と解している。しかし、筆者は〈頭上に〉(in vertice) という言葉は単に「上に」ということを意味しているのではないと考える。〈神殿〉の諸形象を「栄光の処女マリア」の諸形象 (たとえばドゥッチョの《ルチェッライの聖母》) と連結させるH・カントーロヴィチの試み (p. 180) は的外れである。そして、実際は《ユトレヒト詩篇》の系統に属するニュー・ミンスター写本に見られる、頭上に鳩のとまる処女マリア像は、『設問集』との関連で言及されるべきではなかった。ニュー・ミンスター素描については、拙論 "The Quinity of Winchester," *Art Bulletin*, XXIX (1947), 73 ff. 参照。

☆七七——たとえば、Bartolus, on *Inst.* 1, 1, n. 1, fol. 68——「神には敬虔を、両親には従順を、同位者には和合を……割り当てる[正義]」([Iustitia] tribuens . . . Deo religionem, parentibus obedientiam, paribus concordiam . . .) 参照。また、Baldus, on *D.* 1, 1, 5, n. 4, fol. 10v, その他数多くの箇所を参照。

☆七八——トマス・アクイナスの著作を継続して書き上げた、ルッカのトロメーオの『君主統治論』の一節 (Tolomeo da Lucca, *De regimine principum*, III, c. 4, ed., J. Mathis [Roma e Torino, 1948], 41) を参照。後出、第五章註☆一五一参照。マイエンブルク (Meyenburg) は正当にも、ロレンツェッティの〈慈愛〉(Caritas) から〈愛〉(Amor) を想起している。R. Freyhan, "The Evolution of the Caritas Figure in the Thirteenth and Fourteenth Centuries," *Warburg Journal*, XI (1948), 68 ff. を参照。しかし、ここでは、〈祖国愛〉としての〈慈愛〉が見過ごされている。〈善き統治〉と〈祖国愛〉との関係は、ズデカウアー (前出註☆七四) によって言及されている。Millard Meiss, *Painting in Florence and Siena After the Black Death* (Princeton, 1951), 51 は、ロレンツェッティの〈慈愛〉を、神への愛 (Amor Dei) と隣人愛 (amor proximi) の両者を意味するものと解釈している。

☆七九——Schramm, *Deutsche Kaiser*, pl. 86 and pp. 112 ff., 198 参照。そして、ヘルベルト・ブロッホの徹底的な研究、Herbert Bloch, "Monte Cassino, Byzantium, and the West in the Earlier Middle Ages," *Dumbarton Oaks Papers*, III (1946), 177 ff. (完全な文献目録は、p. 181, n. 53) も参照。A. Gaudenzi, "Il tempio della Giustizia a Ravenna e a Bologna e il luogo in esso tenuto dal diritto longobardo," *Mélanges Fitting* (Montpellier, 1908), II, 699 ff. は、このミニアチュールを (当時は未だイ

ルネリウスに帰せられていた）プラケンティヌスのヴィジョンと結びつけているが、かなり的外れな結論を誤って導き出している。ついでながら、皇帝ハインリヒ二世が〈正義の糸〉(Linea Iustitiae) という仇名で呼ばれていたことを述べておこう。Wipo, *Gesta Chuonradi*, prol., ed., Bresslau, p. 8, 5 参照。

☆八〇——擬人化一般については、Adolf Katzenellenbogen, *Allegories of the Virtues and Vices in Mediaeval Art* (Studies of the Warburg Institute, X; London, 1939.《モンテ・カッシーノの福音書》については p. 36) 参照。この点重要な意義をもつ古代末期の諸世紀については、Glanville Downey, "Personifications of Abstract Ideas in Antioch Mosaics," *Transactions of the American Philological Association*, LXIX (1938), 349 ff. また、玉座の随伴者たる諸徳については、*American Journal of Archaeology*, LVII (1953), 65 ff. 所収の拙論を参照。中世において徳に関する最も重要な権威は、おそらくキケロであった。Cicero, *De finibus*, 2, 21 (cf. Augustinus, *De civitate*, 5, 20). そして特に、*De invent.*, 2, 159 ff. は、中世の法学者によりたびたび解説された箇所であった。H. Kantorowicz, *Glossator*, Index s. v. "Cicero." 正義は、あらゆる徳の集合として現われたことから、法律家たちはさまざまな徳を全般的に体系化し議論することに関心を抱いていた。そして、彼らの議論が芸術家たちにも新たな刺激を与えていたのだろう。

☆八一——"Caesaris ad nutum dampnunt Lex Iusque tyrannum." ここで示唆されている政治的状況および暴君については、Bloch, "Monte Cassino," 185 f. 参照。

☆八二——H. Kantorowicz, *Glossators*, 186.

☆八三——Cf. *Erg. Bd.*, 84: C. 1, 1, 1, また、C. 5, 4, 28, 1 その他多くの箇所を参照。確かに、聖霊はフリードリヒ二世を称揚する讃辞に見られないわけではなかった。たとえば、Kloos, "Nikolaus von

Bari," 171, §8——「……彼の上には、ちょうどかぐわしい花の上の蜜蜂のように、満ち足りた聖霊が安らっている」(... super quem almus spiritus quasi apis super florem oderiferum requiescit)。

☆八四———*Lib. aug.*, prooem., Cervone, 4: "Qui [principes gentium] *vitae necisque arbitri gentibus qualem quisque fortunam, sortem, statumque haberet*, velut executores quodammodo divinae providentiae stabilirent . . ." イタリック部分はセネカから借りた言葉であることを示している。次註を参照。

☆八五———Seneca, *De clementia*, 1, 2: "Egone ex omnibus mortalibus placui electusque sum, qui in terris deorum vice fungerer? Ego *vitae necisque gentibus arbiter; qualem quisque sortem statumque habeat*, in mea manu positum est; quid cuique mortalium *fortuna* datum velit, meo ore pronuntiat." 皇帝側の法学者たちによるセネカの引用も、ただちに認めることができる。Marinus de Caramanico, on Proemium, v. *Statumque haberet*. テクストのこの合致は、比較的最近に、Antonio Marongiu, "Concezione della sovranità," 42 f. および "Note federiciane" 296 ff. (前出註☆一六) によって指摘された。セネカの *De clementia* は法学者たちにより繰り返し引用された。たとえば後出第七章註☆四〇五参照。

☆八六———v. *Divinae provisionis*, ed. Cervone, 4——「王や君主は神に由来することに注意すべきである。たとえば…… [C. 7, 37, 3, 5] および…… [C. 1, 17, 1, 1] および…… [C. 1, 1, 8, 1] にあるように。ここでは [C. 1, 1, 8, 1 では] 我を通じてもろもろの王は支配する云々と述べられている。そして…… [*Nov*. 73 の題目] にあるように」(Nota quod reges et principes sint a Deo, ut . . . [C. 7, 37, 3, 5] *et* . . . [C. 1, 17, 1, 1] *et* . . . [C. 1, 1, 8, 1]; ibi, per me reges regnant etc, et in . . . [*Nov*. 73, rubr.])。また、イセルニアのアンドレアスは (Andreas de Isernia, *Usus feudorum*, prael., n. 46, fol. 8)、「本書においては、数多

くの聖書上の権威が引用されていることに注意すべきである。なぜならば、これらは訴訟において、制定法と同じように援用されているからである」(Item attendendum, quod in hoc opusculo producuntur plerumque authoritates sacrae Scripturae ; nam illae allegantur in causis sicut leges scriptae) と述べてはいるが、これも前記のことを否定するわけではない。アンドレアスは、この主張を、今度はローマ法上の箇所を引用することにより補強しているからである。Cf. McIlwain, *The High Court of Parliament* (New Haven, 1910), 99, n. 2. ここでは、これと関連する、十七世紀イングランドの言明が扱われているが、その言明の理由は全く異なっている――「我々の王に与えられた権力を、我々は、聖書ではなく制定法によって判断しなければならない……」。

☆八七――前出第三章註☆一三、また本章註☆二一参照。

☆八八――*MGH, LdL*, III, 665, 38――「……霊的な犠牲と生贄を捧げることは王に属する。すなわち、生ける犠牲、聖なる犠牲、神意に適う犠牲(「ローマ人への手紙」一二：一)として自らを神に捧げ、神に対して、讃美の生贄、正義の生贄(「詩篇」四：六)、苦しみを受けた霊の生贄を捧げることは王に属する。これらすべては、祭司が秘蹟の可視的な儀式に則って捧げる肉の犠牲により表現されている」(... et regis est sacrificare et immolare in spiritu. Ipsius etenim est exhibere se ipsum hostiam vivam, hostiam sanctam, hostiam Deo placentem (Rom. 12: 1), et immolare Deo sacrificium laudis, sacrificium iusticie (Ps. 4: 6), sacrificium spiritus contribulati, quod totum significatum est per carnale sacrificium, quod sacerdos offerebat iuxta ritum visibilem sacramenti)。著者はここで、グレゴリウス大教皇に帰せられていた『交誦の書』(*Liber responsalis*) のなかの〈王を迎える交誦〉(Antiphonae de suceptione regum. *PL.*, LXXVIII, 828 B) から、これらの言葉を引き出したとも思われる。Cf. Williams, *Norman Anony-*

mous, 168, n. 566. この交誦においては〈王にして司祭〉という理念が、きわめて力強く謳われている――「℟主は汝を、讃美の生贄を捧げるべく自らに仕える司祭に選んだ。℣その時、汝は正義の生贄と燔祭と全き燔祭とを受けるだろう。（主に讃美の生贄を）捧げるために。℣主に讃美の生贄を捧げ、汝への供物を至高なる者に返還せよ」（℟. Elegit te Dominus sacerdotem sibi, ad sacrificandum ei hostiam laudis. ℣. Tunc acceptabis sacrificium iustitiae, oblationes et holocausta. *Ad sacrificandum（ei hostiam laudis). ℣. Immola Deo sacrificium laudis et redde Altissimo vota tua)。この「王を迎える詩」(susceptaculum）の題目に regum という複数形が用いられていることは、それがかなり古い時代のものであることを示唆している。おそらく、これは、東方の数多くの皇帝を意味していると思われるからである。政治的な祈りにおけるこの複数形については、G. B. Ladner, "The Portraits of Emperors in Southern Italian *Exultet* Rolls and the Liturgical Commemoration of the Emperor," *Speculum*, XVII（1942), 189 ff. 参照。

☆八九――F. Brandileone, *Il diritto Romano nelle leggi Normanne e Sveve del regno di Sicilia*（Torino, 1884), 94: "In qua oblatione regni officium quoddam sibi sacerdotii vendicat privilegium: unde quidam sapiens legisque peritus iuris interpretes iuris sacerdotes appellat." また、Hans Niese, *Die Gesetzgebung der normannischen Dynastie im Regnum Siciliae*（Halle, 1910), 49 は、正当にも、〈王国の職務〉（officium regni）という表現すなわち、職務としての王権の性格を強調している。また、Gierke, *Gen. R.*, III, 563, n. 123; Maitland, *Political Theories*, 34 および 141 f. 参照。

☆九〇――国王ルッジェーロの法令の序文の最初の言葉〈ふさわしく必要なことであり〉（Dignum et necessarium est）を、ミサの序誦にある〈実にふさわしく正しいことであり〉（Vere dignum et iustum est）と比較すべきであり、また、In qua oblatione と、聖変化の前にある Quam oblationem との相関性に注目すべきである。両者が類似していることも、また両者が少しばかり異なっていることも、単なる偶然ではない。ここでは、ミサの言葉との類似性が欲せられていると同時に、ミサの言葉を世俗化することがさし控えられてもいるのである。このようなためらいは、フリードリヒの下ではそれほど顕著なものでなくなっている。たとえば、ロンバルディア人に対する勝利の書簡（Vinea, *Epp.*, II, 1）を参照――「今や、ローマ帝国の権威は歓喜すべし。かくも大いなる君主の勝利のゆえに、全世界は喜ぶべし」（*Exultet iam* Romani Imperii culmen, *et pro tanti victoria* principis *mundus gaudeat* universus）。同様に、Vinea, *Epp.*, II, 45――「今や、全世界の信徒の集団は歓喜せよ。……君主のかくも大いなる勝利のゆえに、汝らは殊に喜ぶべし」（*Exultet iam* universa *turba* fidelium ... *et pro tanta victoria* principis precipue *gaudeatis*）。これらの表現を「復活祭の讃歌」（Praeconium paschale）――「今や、天の天使の集団は歓喜せよ。……かくも大いなる王の勝利のゆえに、救いの喇叭は鳴り響け。地よ喜べ。……」（*Exultet iam* Angelica *turba* caelorum ... *et pro tanti* Regis *victoria* tuba insonet salutaris. Gaudeat et tellus ...）と比較せよ。Hans-Martin Schaller, *Die Kanzlei Kaiser Friedrichs II.: Ihr Personal und ihr Sprachstil* (Göttingen diss., typescript, 1951), 84 ff. は、フリードリヒ二世の書簡や宣言から、これに類似の典礼上の表現の数多くを集録し、このような典礼的言語への好みがフリードリヒ一世やハインリヒ六世の演説（arengae）に散見しうるにもかかわらず、ただフリードリヒ二世の下においてのみ、帝国尚書が、〈帝権の神聖化〉（Sakralisierung des Kaisertum）のために体系的に典礼上の言語を用いたこと、そして、教皇派の人々が、事実「早朝の祈りや讃歌を、カエサルの讃美へと変えるのに」（matutinas et laudes in preconia Cesaris ... commutando. *Vita Gregorii* IX, c. 31, in *Liber censuum*, eds., P. Fabre et L. Duchesne [Paris, 1889 ff.], II, 30）腐心した帝国の書記を非難したことにもそれなりの理由があったことを指摘している。廷臣によって用いられた〈救世主的文体〉(Salvatorstil) には、古代末期にこれと著しく類似したものがあり、この頃のローマ帝国の文体は「典礼的」であった。Schaller (p. 69) は、「フリードリヒ二世は、聖職的なものを世俗化したのではなく、彼の世俗的支配を聖職化し教会化したのである」と述べているが、これは完全に正しい。しかし、銘記すべきは、この傾向が優勢になったのは、法学者の努力にも負っていること、そして、ボローニャの〈作文教師〉(dictatores) も、豊富に典礼上の言語を用いていたことである。拙論 "An 'Autobiography' of Guido Faba," *Mediaeval and Renaissance Studies*, 1 (1943), 253 ff., 特に 260 ff., 265, また Hermann Kantorowicz, "The Poetical Sermon of a Mediaeval Jurist," *Warburg Journal*, II (1938-9), 22 ff. 参照。

☆九一——*Nov.* 9, epil. また、この法律の序文を参照——「神の栄誉のために捧げられる特別の法律」(lex propria ad honorem Dei consecrata)。さらに、ユスティニアヌスの *De confirmatione Digestorum*, §12——「人間の支えとなるべく、この著作を余は敬虔なる心をもって全能の神に捧げた」(omnipotenti Deo et hanc operam ad hominum sustentationem pis optulimus animis)。

☆九二——*Lib. aug.*, prooemium——「……正義を崇敬し、法を制定するために、若き仔牛を犠牲に捧げるべく用意した」(... colendo iustitiam et iura condendo mactare disponimus vitulum labiorum)。マリヌス・デ・カラマニコはただちに、これに対応するローマ法の一節 (*Nov.* 8, 11——「余が、主なる神に余自らを献げんと志すように」valeamus domino deo vovere nosmet ipsos) を引用し、mactare という言葉に関して、「そして、或る種の甘美なる香りとして、この国法の書を神に捧げる。……法のなかにある正義によって、この皇帝が神に自らを捧げたように」(Et sic ipsi Deo pro quodam odore suavitatis praesentem librum constitutionum offerre ... ut sic per iustitiam, quae est in lege, Imperator iste domino Deo voverat seipsum . . .）と付言する。また、*Erg. Bd.*, 85 参照。さらに Chrimes, *Const. Ideas*, 69 では、議会においてイングランド国王が行った、教会を保護し法律を遵守するという約束が、議長にとって「ミサの犠牲のように」思えたことが記されている。〈王は神に法律を捧げるべきである〉（Rex debet offerre legem Deo）は、十六世紀フランスの法学者の著作においても依然として広範に見られる。たとえば、Church, *Constitutional* Thought, 60, n. 51 参照。

☆九三――――もちろん、根本的な典拠は聖書である。「詩篇」五一：二一――「その時、汝は正義の生贄と燔祭と全き燔祭とを受けるだろう。その時汝の祭壇に雄牛が捧げられるだろう」（Tunc acceptabis sacrificium iustitiae, oblationes et holocausta ; tunc imponent super altare tuum vitulos）参照。これは「サムエル記」下一四：一七――「我が主たる王の言葉は生贄のごとく捧げられる。我が主たる王は神の使いのごとし」（fiat verbum domini mei regis sicut sacrificium ; sicut enim angelus Dei, sic est dominus meus rex）に関連するはずである。これ以外にもいくつかの箇所を引用することができる。それゆえ、既にシリアのエフラエム（Ephrem Syrus, *Hymni de Resurrectione*, XIX, ed., Lamy, II, 754）は、「司教は自らの説教を、司祭たちは自らの讃辞を……君主たちは自らの行為を……我らが主に捧げる」（Offerant Domino nostro . . . pontifex suas homilias, presbyteri sua encomia . . . , principes sua acta）と述べたのである。

☆九四――――*D.* 1, 1, 1, *De iustitia et iure*. この称号に関する優れた議論として、Ulrich von Lübtow, “De iustitia et iure,” *ZfRG*, rom. Abt., LXVI（1948）, 458-565. 後出註☆九九参照。

☆九五――――前出註☆六四参照。

☆九六――――Quintilianus, *Inst. orat.*, XI, 1, 69.

☆九七——Louis Robert, *Hellenica* (Paris, 1948), IV, 24 and 103 には、クレタ島の或る総督が〈善き正義の船〉(*νηὸς Εὐδικίης*) と呼ばれていたとある。*AJA*, LVIII (1953), 65 ff. の拙論にはこれ以外の称号も扱われている。

☆九八——Symmachus, *Epist.*, x, 3, 13. これは、〈勝利〉(ウィクトリア) の祭壇に関して三八四年にテオドシウス大帝に宛てた有名な書簡である——ed., Otto Seeck (*MGH, Auct. ant.*, VI), 282, 28. 現に、sacerdos iustitiae は或る碑銘にも見出される——*CIL*, VI, 2250.

☆九九——G. Beseler, *Beiträge zur Kritik der römischen Rechtsquellen* (Tübingen, 1920), IV, 232 f. は、この箇所を後世の改竄と考えている——「これは思想としては美的なエートスに満ちているが、(特に〈聖職者〉という比喩のゆえに) 古典法学的なものではなく教父のものである」。ベーゼラーの見解に対する反論については、Félix Senn, *De la Justice et du Droit* (Paris, 1927), 38, n. 3 および Lübtow, "De iustitia et iure," 461, n. 12 参照。

☆一〇〇——*Glos. ordin.* on *D.* 1, 1, 1, v. *Cuius*: "Meruit enim ius appellari sacrum, et ideo iura reddentes sacerdotes vocantur." この註釈はアゾのものとされている。しかし、アゾはその『法学提要大全』(*Summa Institutionum*) の序文では、単に『学説彙纂』の一節を引用しているにすぎない。

☆一〇一——*Ibid.*, v. *Sacerdotes*: "quia ut sacerdotes sacra ministrant et conficiunt, ita et nos, cum leges sint sacratissimae, ut C. de legi. et consti. l. leges (C. 1, 14, 9); et ut ius suum cuique tribuit sacerdos in danda poenitentia, sic et nos in iudicando." 『学説彙纂』のゴトフレドゥス版のなかには、いくつかの付加的な註釈が見られる——「正義を司るものは、神の聖務に従事すると言われうる」(Qui iustitiam colit, sacris Dei vacare dici potest)。そして「もう一つ別のウルピアヌスの集成から」(ex altera

Ulpiani collectione)、ゴトフレドゥスは「あらゆる法律家は正義の司祭である。そして、これは確かにみせかけではなく真の司祭である。法律家は正義を司る。……確かにこれは、正義を司り、その神聖なる神殿に仕えることである」(Omnis iurisconsultus est iustitiae sacerdos, et quidem verus et non simulatus: Iustitiam enim colit . . . Hoc vere est iustitiam colere et sacris temploque eius ministrare) という言葉を引用している。

☆一〇二――Budé, *Annotationes in Pandectarum libros*, on *D.* 1, 1, 1 (Lyon, 1551), p. 29――「アックルシウスは(多くの人々もそうであったように)賢明にも、この箇所の司祭たちを絶対的な意味で理解している。……彼自身告解を司る者と述べているように」(Accursius peracute sane [ut solet plerumque] sacerdotes hoc in loco absolute intelligit . . . , ut ipse inquit, poenitentiam dantes)。判決を下すときに裁判官によって用いられていた決まり文句については、Durandus, *Speculum iuris*, II, part. iii, §5, n. 13 (Venezia, 1602), II, 787――「これこれしかじかの者を私は断罪する、あるいは解放する、あるいは、そう宣言するのが適切と思える他の仕方で判決を宣《の》べるべきである」(. . . talem condemno vel *absolvo*. Vel aliter proferat, sicut viderit proferendum . . .)。このような代替可能な表現については、*ibid.*, §6, n. 2, p. 790 参照。もちろん、裁判官は罪人の「告白」をも聴く。Cf. *ibid.*, §6, n. 2, p. 788――「これこれの裁判官たる私は、汝の告白を聴いた後、汝に……と命ずる」(Ego talis iudex, *audita confessione tua*, praecipio tibi . . .)。これに先行する〈神の名への呼びかけ〉(invocatio nominis Dei) については、§6, nos. 6–7, pp. 789 f. 参照。これは、現在でも教会裁判所では慣例となっており(cf. *Codex Iuris Canonici*, ca. 1874, §1――「判決は、常に最初に神の名へと呼びかけることによって下されるべきである」Sententia ferri debet divino Nomine ab initio semper invocato)、十三世紀およびそれ以降の世俗裁判所でも慣習とされて

いた。たとえば、一二四三年にトスカーナの皇帝代理によって宣告された判決については、F. Schneider, “Toscanische Studien,” *QF*, XII (1909), 287 参照。判決が「王の名において」宣言され、その結果、王（ないし皇帝）が、至高の法的権威として神に取って代わるのは、もっと後の時代のことである。もっとも、このような判決も、一五〇〇年頃には散見される。たとえば、*Decisiones Sacri Regii Consilii Neapolitani* (Lyon, 1581), p. 3, Matthaeus de Afflictis, *Decisio* I, n. 1 ―― 「議会の長は王の大権の名の下に判決を宣言できるか」(utrum praesidens in consilio possit ferre sententiam sub nomine Regiae maiestatis . . .)。あるいはまた、*ibid.*, p 457, Antonius Capycius, *Decisio* CXI, n. 1 ―― 「私は王の名において司法を行った。……カエサルの大権の名の下に私は判決を宣べた」(. . . quod facerem iustitiam nomine regio, etiam nomine Caes. maiest. protuli sententiam)。現代の共和国においては、もちろん判決は「……の人民の名において」宣言される。

☆一〇三 ―― *Petri Exceptionum appendices*, I, 95, ed., Fitting, *Jurist. Schriften*, 164: “Sacrum aliud humanum, ut leges, aliud divinum, ut res ecclesie. Sacerdotes alii sacerdotes divini, ut presbyteri, alii humani, ut magistratus, qui dicuntur sacerdotes, quia dant sacra, id est leges.” ローマ法 (*D.* 1, 1, 1, 2) によると、聖なるものと公的なもの、司祭と政務官の間にあるとされる類似関係に由来するこの考え方は、しばしば *Nov.* 7, 2, 1 への言及を伴って何度も繰り返された。*Nov.* 7, 2, 1 には、「……聖職と支配職、そして聖なる事物と一般的な公共の事物は、相互にそれほど異なったものではない」(. . . nec multo differant ab alterutro sacerdotium et imperium, et sacrae res a communibus et publicis) とある。そして、この考え方は、簡潔な仕方で「なぜならば、神法と公法は歩みをともにするからである」(nam ius divinum et publicum ambulant pari passu) という文言に定式化されている。Post, “Two Notes,” 313, n. 81 (ジャッ

ク・ド・レヴィニー［一二七〇―八〇年頃］を引用している）、および、Post, "Statute of York," 421, n. 18 参照。また、*Glos. ord.*, on *D.* 1, 1, 1, 2, v. *in sacris.* さらに、Dante, *Monarchia*, III, 10, 47 ff.（後出第八章註☆三五）参照。

☆一〇四――*Lib. aug.*, 1, 72, ed. Cervone, 131 は、聖職者と裁判官に対して、地方の領主の下で裁判官として行動することを禁止している。マリヌス・デ・カラマニコは、その註釈のなかで、裁判官がここで聖職者と同様に取り扱われているのは、「おそらく、人々が［裁判官を］正当にも聖職者と呼ぶのと同じ理由による」(forte illa ratione, qua quis [iudices] merito sacerdotes appellat) と説明している。それゆえ、類似関係は、――少なくとも註釈学派においては――司法実務にも導入されることになった。マタエウス・デ・アフリクティスは、この法律（1, 69 と頁付けされている。Vol. 1, 228）を註釈して、さらに議論を先へと推し進めている。彼はマリヌスに言及して次のように付加している――「［世俗の裁判官は］彼らが正しく判決するときは、世俗の聖職者と言われうる。したがって、聖職者には二種があることになる。世俗の聖職者たる裁判官と司祭と言われる霊的聖職者である。あるいは、裁判官は、君主の命令によって聖なる法律を起草するときに聖職者である。……そして、［アルベリクス・デ・ロサーテ――後出――は］、正しく判決する裁判官は、聖職者と呼ばれるのみならず神の使者とも呼ばれ、修道士よりも価値ある者であると付言している」([iudices laici] quando iuste iudica[n]t, possunt dici sacerdotes temporales. Et sic duplex est sacerdos: temporalis, qui est iudex, et spiritualis, qui dicitur presbyter; vel ibi iudex est sacerdos, quando componit iussu principis sacras leges ... Et subdit [Albericus de Rosate] quod iudices, qui iuste iudicant, non solum appellantur sacerdotes, sed etiam angeli Dei, et plus merentur quam religiosi)。アルベリクス・デ・ロサーテについては、Albericus de Rosate, on *D.* 1, 1, 1, n. 11

(Venezia, 1585), fol. 10——「ここで、『我々は正義を尊重する』云々とあるのは、聖職者の唇が正義を保護し、法が彼の口を通じて尋ねられるからである。これは、マラキ書第二章にある通りである［「マラキ書」二：七——「(祭司の唇は知識を保護し、人々が彼の口から律法を尋ねるのが当然である。) 彼は万軍の主の使者だからだ」］。この箇所についてヒエロニュムス（?）は、彼らは神の使者であると述べている」('ibi, 'iustitiam namque colimus' etc., quia labia sacerdotis custodiunt iustitiam et leges requiruntur ex ore eius. Malachiae. c. 2 [Mal. 2 : 7 : '... quia angelus Domini exercituum (sacerdos) est'], ubi dicit Hieronymus [?] quod sunt angeli Dei) を参照。ここでアルベリクスは、司祭の〈天使的特徴〉(Character angelicus) に関する古典的な一節を単に引用し、これを裁判官へと引き移しているにすぎない。Cf. Friedrich Baethgen, *Der Engelpapst* (Schriften der Königsberger Gelehrten Gesellschaft, X : 2, Halle, 1933) は、この問題に関する豊富な史料を収集している。また、Henri Grégoire, "'Ton Age' et les anges de Thêra," *Byzantinische Zeitschrift*, XXX (1929–1930), 641–645 参照。この後、アルベリクスは、ホスティエンシスの「代訴人や裁判官で、自らの職務を正しく遂行する者は、聖職者よりも価値がある」(quod advocati et iudices exercentes recte eorum officia plus merentur quam religiosi) という言葉を引用している。Cf. Hostiensis, *Summa aurea*, prooem., n. 8 (Venezia, 1586), col. 6——「滞りなく実践的生を全うする正しい裁判官……〔この実践的生は〕もし善く全うされれば、思索的生よりいっそう実り多いものとなるだろう」(... iusti iudices vitam activam sine plica ducentes, quae si bene duceretur, magis fructifera esset, quam contemplativa)。

☆一〇五——John of Viterbo, *De regimine civitatum*, c. 25, ed., Gaetano Salvemini, in : *Bibl. jurid. med. aevi*, III, 226——「聖なる事柄を司るがゆえに裁判官は、或る場合には聖職者と言われ（前出註☆一

〇三参照）……或る場合には『裁判官は神の現存によって神聖化されている（*C.* 3, 1, 14, 2）』と言われる……。そして〔裁判官は〕あらゆる事柄において、人間にとっての神であるとさえ言われ、確かにこのように信じられている（*C.* 2, 58［59］, 2, 8）」（... nam iudex alias sacerdos dicitur quia sacra dat ...; et alias dicitur: Iudex dei presentia consecratur（*C.* 3, 1, 14, 2）...; dicitur etiam, immo creditur, esse deus in omnibus pro hominibus（*C.* 2, 58［59］, 2, 8）裁判官が聖書に手を置くことについては *C.* 2, 58 (59), 1, 1 参照。

☆一〇六———この問題一般については、拙論 "Mysteries of State," *Harvard Theological Review*, XLVIII（1955), 特に 74 ff. 参照。

☆一〇七———*Glos. ord*. on *D.* 1, 1, 10, v. *Notitia*——「しかし、このことから、法学者や法律家になろうと欲する者は誰でも神学を学ぶべき必要があることになるのだろうか。否と私は答える。なぜならば、すべてのことが法典のなかに見出されるからである」(Sed numquid secundum hoc oportet quod quicumque vult iurisprudens vel iurisconsultus esse, debeat theologiam legere? Respondeo, non; nam omnia in corpore iuris inveniuntur)。

☆一〇八———Baldus, on c. 15 X 1, 3, n. 9, *In Decretales*, fol. 37v——「しかし、法学博士は［高位の顕職にある者たちの間に］含まれるであろうか。なにゆえそうであってはならないのか。彼らは聖職者として任務を果たしているからである」(Sed numquid includantur legum Doctores [inter maiores et digniores]? Dic quia non, quia funguntur sacerdotio)。

☆一〇九———Baldus, on *D.* 1, 1, 1, n. 5, fol. 7: "Item nota quod legum professores dicuntur sacerdotes." 法学博士が聖職者の地位を有することも擁護されるだろう。*Ibid*., n. 17, fol. 7v——「第四に〔上記

の主張に対しては」、法学博士は、叙階を有さないがゆえに聖職者ではないと反論され、現にそのように思われる。解決。聖職のうち或るものは霊的であり、聖職をこう解すれば、反論は正しい。しかし、聖職のうち、或るものは世俗的であり、こう解すれば上記の主張は正しい」(Quarto opponitur et videtur quod Doctores non sint sacerdotes quia non habent ordines sacros. Solutio: sacerdotium aliud spirituale, et sic loquitur contra; aliud temporale, et sic loquitur hic)。さらにバルドゥスは、〈博士であること〉(doctoratus) は〈公法に属し〉(publici iuris)、したがって〈公的権威による顕職〉(dignitas auctoritate publica) であり、「この徴《しるし》として、君主や立法者のように頭飾りが与えられる」(in signum huius datur infula tanquam Principi seu praeceptori legum) がゆえに、博士が法学教授のそれに似た「聖職者」の地位を有しうることを付言する。また、Paulus Castrensis, on *D.* 1, 1, 1, n. 3 (Venezia, 1582), fol. 2 ——「それゆえ、法の教授は聖職者と言われうる。なぜならば、彼らは至聖なる法を司るからであり、……法の教授は正義を尊ぶからである」(propter quod iuris professores dici possunt sacerdotes, quia administrant leges sacratissimas ...; quia professores iuris colunt iustitiam) 参照。以上の、あるいは以上と類似の考察に促されて、トマス・ディプロヴァタティウスは、偉大な法学者と儀式における彼らの優先権に関する摘要を著すに至った。Thomas Diplovatatius, *De claris iuris consultis*, eds., H. Kantorowicz and F. Schulz (Berlin und Leipzig, 1919), 145, cf. 28 ff. また、次註参照。

☆一一〇——史料は、Fitting, *Das Castrense peculium in seiner geschichtlichen Entwicklung und heutigen gemeinrechtlichen Geltung* (Halle, 1871) で集められている。フィッティングは、既にプラケンティヌスが法学者たちを〈非武装の軍団、すなわち学問の戦士たち〉(milites inermi militia, id est, literatoria militantes) と形容していたと述べている (p. 543, n. 1)。〈博士の軍団〉(milita doctoralis) につい

ては、Baldus, on *C.* 7, 38, 1, n. 1, fol. 28 参照。ここでバルドゥスは、この軍団のなかにヘブライ人や非キリスト教徒は参加して戦えない旨を主張している。プラケンティヌスと同時代人で、ソールズベリーのヨハネスの友人であったラルフ・ニゲル（Ralph Niger）は、法律家たちが domini と呼ばれており、彼らが博士や修士の称号を軽蔑していたことを強調しているが、この非難は、「聖職者たちは、自分たちが司祭とか聖堂参事会員と呼ばれるより、domini と呼ばれることを望んだ」（Sacerdotes etiam magis volunt vocari *domini* quam sacerdotes vel capellani）という、スティーヴン・ラングトン（Stephen Langton）の指摘により支持される。H. Kantorowicz, "An English Theologian's View of Roman Law : Pepo, Irnerius, Ralph Niger," *Mediaeval and Renaissance Studies*, 1 (1943), 247 (n. 2), および 250, 32 f. 参照。

☆一一一——Andreas de Isernia, on *Feud*. II, 56 ("Quae sunt regalia"), n. 64, fol. 301——「君主は裁判官のなかの裁判官である」(Princeps est iudex iudicum . . .)、および前出註☆八九（ルッジェーロ二世について）参照。

☆一一二——Dom Jean Leclercq, "L'idée de la royauté du Christ pendant le grand schisme," *Archives d'histoire doctrinale et littéraire*, XXIV (1949), 259 f.

☆一一三——少なくとも、エイレナイオスは、Antonius Melissa, *Loci Communes*, II, 1 (=CIII), *PGr*, CXXXVI, 1004 B により、「正しいすべての王は、聖職の叙階を有している」(*πᾶς βασιλεὺς δίκαιος ἱερατικὴν' ἔχει τάξιν* [rex omnis iustus sacerdotalem obtinet ordinem]) と述べたとして引用されている。この考え自体は繰り返し見出される。たとえば、〈義《ただ》しき王〉(rex iustitiae) たるメルキゼデクについてのノルマンの逸名著者の説明は、*MGH*, *LdL*, III, 663, 7 ff. 参照。

☆一一四——Durand, *Rationale divinorum officiorum*, II, 8, 6 (Lyon, 1565), fol. 55v——「確かに、

或る人々は、『このような価値のゆえに、我々〔法学者たち〕は聖職者と呼ばれている（*D*. 1, 1, 1）』という一節に依拠し、*D*. 1, 8, 9 の註釈のなかで、皇帝は司祭の位を有していると述べている」(Quidam etiam dicunt ut not. ff. de rerum divis. l. sancta (*D*. 1, 8, 9) quod fit presbyter, iuxta illud, 'Cuius merito quis nos sacerdotes appellat' (*D*. 1, 1, 1))。Cf. Marc Bloch, *Rois thaumaturges*, 188, n. 3；また、Eichmann, *Kaiserkrönung*, 1, 283（しかし、ここでは、括弧で付加された言葉は、imperatorem ではなく iurisperitos と読むべきである）。この問題に関して、註釈学派の法学者が〈聖職者たる裁判官〉(iudices sacerdotes) を慣例的に引用していたわけではないが、それでもこのような引用は存在している。たとえば、パヴィア出身で皇帝党に属していた法学博士ヨハネス・ブランカゾルス (Johannes Branchazolus) は一三一二年に「備忘録（メモランドゥム）」のなかで、「……そして、このような王は、司教や司祭と呼ばれていた……（以下 *D*. 1, 1, 1；*D*. 1, 8, 9 および *Inst*. 2, 1, 8 の引用が続く）」と書いている。Edmund E. Stengel, *Nova Alemanniae* (Berlin, 1921), 1, No. 90, 1, § 2, p. 46 参照。ドゥランドゥスのこれ以外の引用箇所は、通常のものである。次註参照。

☆一一五――Durand, *loc. cit.*――「皇帝は司教とさえ言われた」(Imperator etiam pontifex dictus est)。また、*Rationale*, II, 11 には古代ローマが言及されている（「それゆえ、ローマの皇帝たちは神官と言われていた」Unde et Romani imperatores pontifices dicebantur）が、これはグラティアヌス教令集からの引用である（次註参照）。中世ローマ法学者は、伝統的に、*D*. 1, 8, 9 (*Glos. ord.*, v. *Dedicavit* 参照) および *Inst*. 2, 1, 8 (*Glos. ord.*, v. *Pontifices*) で述べられている聖なる場所の奉納との関連で、〈祭司〉や〈神官〉としての皇帝の性格を議論していた。

☆一一六――*Decretum*, c. 1, D. XXI, ed., Friedberg, 1, 68――「確かに、王が司祭であり神官であるこ

とは、古《いにしえ》の人々の慣習であった。それゆえ、ローマの皇帝は神官と呼ばれていたのである」(Nam maiorum haec erat consuetudo, ut rex esset etiam sacerdos et pontifex. Unde et Romani Imperatores pontifices dicebantur)。グラティアヌス教令集が、イシドルスを介して引用したのは、実際はセルウィウスの『アエネイス註解』(Servius, on *Aeneis*, III, 268) であり、この著作は、いずれにしても中世の法学者に知られていたと思われる。中世ローマ法学者は、皇帝がかつて有していた聖職者的性格を議論するときは、ほとんど決まって教令集に言及していた。Azo, *Summa Inst.*, on *Inst.* 2, 1, n. 6, fol. 273v ――「古代の皇帝たちは、教令集に述べられているように、聖職者であり、それゆえ人々は彼を神として祀ったのである」(Imperatores enim antiquitus erant sacerdotes, ut fertur in canonibus, et ideo poterant dedicare)、また、*Glos. ord.* on *Inst.* 2, 1, 8, v. *pontifices* ――「教令集に述べられているように」(ut in canonibus dicitur) 参照。

☆一一七――ローマ法上の箇所は、*Inst.* 2, 1, 8 および *D.* 1, 8, 9 である。しばしば *D.* 1, 1, 1 も引用されていた (前出註☆一一四、一一五参照)。これらは教会法学者によっても引用されている。また、Baldus, on *Rex pacificus*, n. 5, *In Decretales*, p. 5 (グレゴリウス九世教皇令集の序文) 参照。

☆一一八――Budé, *Annotationes*, p. 30 ――「アックルシウスの、あるいはむしろアックルシウスの時代のこれに類似の無知は、今の時代にあっては滑稽である。……ウルピアヌスが、古代の人々の間で神官法がそこから発せられた神官団について語りながら神官たちに言及しているところで……、アックルシウスはこれを我々の時代の教皇と関連づけているのである」(Similis est ignorantia Accursii vel saeculi potius Accursiani, quae hac aetate ridicula est ... Ubi pontificum Ulpianus meminit, de collegio pontificum loquens, a quo ius pontificium apud antiquos dictum, quod Accursius ad nostros pontifices retulit)。

☆一一九―――ヨハネス八世については、*MGH*, *Epp.*, VII, 281, 11: "venerande Romane leges divinitus per ora piorum principum promulgate." グラティアヌス教令集（*Decretum*, c. 17, *C.* XVI, q. 3, ed., Friedberg, I, 796）を通じて、この箇所は広く知られるようになった。Cf. Ullmann, *Lucas de Penna*, 78, n. 2.

☆一二〇―――*Nov.* 105, 2, 4. この問題全体に対する最も詳細なモノグラフは、Steinwenter, "Nomos," 250 ff. であり、ここでは現代の文献も挙げられている。同論文に加えて、Pietro de Francisci, *Arcana Imperii*（Milano, 1948）, III: 2, 114 ff. およびドラットの新しい研究、Delatte, *Traités de la Royauté*, 245 ff. が挙げられる。また、Schulz, "Kingship," 157 ff. そして、拙論 "Kaiser Friedrich II. und das Königsbild des Hellenismus," 171 ff. 参照。

☆一二一―――Steinwenter, "Nomos," 260; Themistius, *Orat.*, xix, ed., Dindorf, 277. De Francisci, *Arcana Imperii*, III: 2, 208.

☆一二二―――ビザンツへの影響については、Delatte, *Traité*, 152 ff. また、Vladimir Valdenberg, "Le idee politiche di Procopio di Gaza e di Menandro Protettore," *Studi Bisantini e Neoellenici*, iv（1935）, 67 ff.（特に 73 f.）, および "Discours politiques de Thémistius dans leurs rapport avec l'antiquité," *Byzantion*, I（1924）, 557-580, 特に 572 f.; Johannes Straub, *Vom Herrscherideal in der Spätantike*（Stuttgart, 1939）, 160 ff. Themistius, *Oratio*, XV, Dindorf, 228 f. は、ユスティニアヌスの『法学提要』の序文に影響を与えていたと思われる。Cf. Kantorowicz, "On Transformations of Apolline Ethics," *Festschrift für Ernst Langlotz*（Bonn, 1957）.

☆一二三―――Lactantius, *Divinae Institutiones*, IV, 25, 1 ff.: "... quare Deus summus, cum legatum ac nuntium suum mitteret, ad erudiendam praeceptis iustitiae suae mortalitatem, mortali voluerit eum carne indui ... Nam cum iustitiae nulla esset in terra, doctorem misit, *quasi vivam legem*, ut nomen ac templum novum conderet ...” 筆者がこの重要な一節に注意を向けるに至ったのは、Arnold Ehrhardt, “Das Corpus Christi und die Korporationen im spät-römischen Recht,” *ZfRG*, rom. Abt., LXXI（1954）, 29, n. 9 を通じてである。エアハルト氏は、その論文を刊行される前に、筆者が草稿を精読することをご親切にも許可してくださった。

☆一二四――ラクタンティウスの〈師たるキリスト〉（Christus doctor）という表現は、明らかに「ヨハネによる福音書」七：一四以下の〈教えるキリスト〉（Christus docens）に触発されたものである。福音書のこの章では〈私を遣わした〉（qui me misit）者という言葉が五回出てくる。同章の一節（七：二四）は正義に言及している（「正しい裁きをしなさい」iustum iudicium iudicate）。そして、同じくこの章にある、神殿という場面設定は、ラクタンティウスの〈新しき神殿〉（novum templum）を示唆するものである。この論点は別個に議論されるであろう。

☆一二五――Benzo of Alba, *Ad Heinricum*, VI, 7, *MGH*, *SS*, XI, 669, 1 にある “De coelo missus, non homo carnis ”（人間の体をもたない、天より遣わされた者）という表現は、おそらく「生ける法」に言及したものとも思われるが――cf. *Nov*. 105, 2, 4：「（神は）彼を生ける法として人間たちに遣わすことにより」legem animatam eum mittens hominibus）――両者の間には漠然とした類似が見られるにすぎない。

☆一二六――*MGH*, *SS*, xxii, 316, line 388：

Tu *lex viva* potes dare, solvere, condere, leges,

Stantque caduntque duces, regnant te iudice reges ;

Rem, quocumque velis, *lex animata* geris.

Cf. Steinwenter, "Nomos," 255.

☆一二七———"... nisi quid speciale dicere volueris circa prohibitionem summi pontificis, qui est *lex vel canon vivus*." Cf. Franz Gillmann, "Magister Albertus, Glossator der Compilatio II," *AKKR*, cv (1925), 153. この一節は、Mochi Onory, *Fonti*, 76 によって注目されている。

☆一二八———Cf. Joannes Andreae, on c. 11, VI, 1, 14, v. *Iuris*——「[選出された審判人は] 彼らがそこから権限を与えられた者へと控訴されるのが至当である。したがって、地上における生ける法たる教皇へと控訴されることになる」([arbitri electi] ad ipsumius a quo potestatem habent, oportet appellari : et sic ad Papam qui est *lex animata in terris*)。Steinwenter, "Nomos," 251 には、この一節やそれ以外の例が挙げられている。これに付加して、Oldradus, *Consilia*, 328, n. 6 (Venezia, 1571), fol. 164 を挙げることができる。オルドラドゥスは、単に *Nov*. 105 だけを引用している。また、F. Gillmann, "Dominus Deus noster papa ?" *AKKR*, XCV (1915), 270, n. 3 も参照。これとの関連で、教皇派の政治理論が、一般的に皇帝側の諸理論との類比で構成されていたことを指摘できるだろう。教皇は、〈地上の法廷の法〉(ius fori) の主人であるにもかかわらず、〈天上の法〉(ius poli) に仕える者として、この〈天上の法〉に拘束された (cf. Rudolph Sohm, *Das altkatholische Kirchenrecht und das Dekret Gratians* [München und Leipzig, 1918], 611 f.)。また、教皇に対しても、彼が自らの意図に従って法に服することが期待されていた。たとえば、Hostiensis, *Summa aurea*, on X 1, 30 (*De officio legati*), n. 3 (Venezia, 1586), 324 参照。ホスティエンシスは、このような趣旨で、ローマ法学者と教会法学者の双方において慣例として行われていたように、princeps legibus solutus とともに lex digna を引用している。また、Johannes Teutonicus, on c. 20, C. XII, q. 2, v. *papae*――「しかし、確かに〔教皇は〕法から解放されてはいても、法に従って生きなければならない」(*sed certe licet sit solutus legibus, tamen secundum leges vivere debet*)。*Aegidius Romanus*, *De eccles. pot.*, III, 8, ed. Scholz, 190 は、この理論を次のように要約している――「確かに、たとえ至高の司祭が、はづなや手綱をつけられていない被造物であり、実定法の上にある人間であったとしても、彼は自らにはづなや手綱を課し、制定された法に従って生きなければならない」(Nam licet summus sacerdos sit animal sine capistro et freno et sit homo supra positivas leges, ipse tamen debet sibi imponere capistrum et frenum et vivere secundum conditas leges)(cf. III, c. 7, Scholz, 181)。これと関連した、教皇に対する抵抗権については、Brian Tierney, "Grosseteste and the Theory of Papal Sovereignty," *Journal of Ecclesiastical History*, VI (1955), 1-17 の優れた研究を参照。

☆一二九――― *Glos. ord.*, on *D.* 1, 3, 22, v. *cum lex*――「法律とは、すなわち地上における生ける法たる皇帝である」(lex, id est imperator qui est *lex animata in terris*); on *D.* 2, 1, 5, v. *alieno beneficio*; on *C.* 10, 1, 5, 2, v. *vigorem*(前出註☆三六参照); on *Nov.* 12, 4, v. *Patres*(前出註☆三七); on *Nov.* 105, 2, 4, v. *legem animatam*, ここでは lex digna が引用されている。Cynus, on *D.* 2, 1, 5, n. 7, fol. 26v は(同じ法律の alieno beneficio に対する)標準註釈に反論しているが、それは必ずしも適切な反論とは言えない。すなわち、委任された裁判権をさらに委任すること(下位への委任)は、もともとの裁判権が法律から直接的に由来するならば可能であるが、他の人間に由来する場合は不可能とされている。この下位への委任についてキュヌスは次のように述べている――「標準註釈は、『他からの、すなわち他の人間の授与により〔裁判権を〕有する者は他者へと裁判権を委ねる〔すなわち「委任する」〕ことはできない。……しかし、〔裁判権を」法の授与によって有する者は、〔これを他へと〕委任することができる。……そして、君主は人間ではなく、むしろ地上における生ける法である……』と述べている。……このような答えは嘲笑すべきものである。なぜならば、たとえ君主は生ける法であっても、人間に変わりはないからである」(dicit glossa qui habet [iurisdictionem] beneficio alieno, scilicet hominis, non potest demandare [i. e. 'delegare'] . . Sed qui habet [iurisdictionem] beneficio legis, bene potest delegare . . . , et *princeps non est homo, sed est lex animata in terris* . . . Ista responsio est derisibilis, quia licet princeps sit lex animata : tamen est homo)。この点、きわめて正当な説明を与えているのが、Albericus de Rosate, on *D.* 1, 3, 31, n. 10, fol. 31 である。――「それゆえ、適切に言うと、君主は法の上にあると言われるべきではなく、法のなかに置かれていると言われるべきであり、したがって地上における生ける法と言われるのである」(propter quod princeps non debet dici proprie sub lege, sed in lege positus, et ideo dicitur lex animata in terris)。

☆一三〇――John of Viterbo, *De reg. civit.*, c. 128, ed., Salvemini, 266 ; cf. *Erg. Bd.*, 86 ; Steinwenter, "Nomos," 254.

☆一三一――Karolus de Tocco, *Apparatus in Lombardum*, on 1, 3, 1 (*Leges Longobardorum cum glosis Karoli de Tocco*, Venezia, 1537, fol. 8^{v}), v. *non possibile*――「確かに、たとえ君主は法から解放されていても、法に従って生きなければならない……(C. 6, 23, 3)。皇帝のあらゆる大権とその権威は法に依存し、法によって存在するに至ったからである……(C. 1, 14, 4)。そして彼自身、生ける法であるがゆえに……(*Nov.* 105, 2, 4)、法において過ちを犯すはずはない。……なぜなら、法に違反するような法の援助を求めても無駄だからである」(nam et si legibus sit princeps solutus, legibus tamen vivere debet . . . (*C.* 6, 23, 3), cum omnis imperialis maiestas et eius auctoritas a lege pendeat et ab ea sit inducta. l. digna vox etc. (C. 1, 14, 4); nam cum ipse sit *lex animata* . . . (*Nov*. 105, 2, 4), non debet in legem committere . . . quia frustra legis invocat auxilium qui contra legem committit)。Cf. F. Calasso, "Origini italiane della formola 'Rex in regno suo etc.,'" *Rivista di storia del diritto italiano*, III (1930), 241, n. 91; Heydte, 324, n. 23. さらに、Andreas de Isernia, on *Lib. aug*., III, 26, ed. Cervone, 355 b ――「立法者たる君主は、地上における生ける法であり……臣民たちの父である」(Princeps legislator, qui est *lex animata in terris* . . . est pater subiectorum)。また、Matthaeus de Afflictis (前出註☆三八) も参照。しかしながら、Marinus de Caramanico, *Prooem, in Coust*., ed. Cervone, xxxiii, ed. Calasso, *Glossatori*, 182, 10 ff. が、「法は、王でなくて何であろうか」(Quid enim aliud est lex quam rex?) と述べるとき、彼はユスティニアヌスの『新勅法』(*Novellae* 105) を念頭に置いているのではなく、*Digesta* 1, 3, 2 を読者に指示している。この一節は、〈法は王なり〉(*νόμος βασιλεύς*) に関するクリュシッポスの断片であり、(ピンダロス [Pindar, fr. 169] に由来する) この観念は、〈生ける法〉と、同一とは言えないまでも関連したものと言える。Steinwenter, "Nomos," 261 ff. 参照。そしてこの問題全般については、Hans Erich Stier, "ΝΟΜΟΣ ΒΑΣΙΛΕΥΣ," *Philologus*, LXXXIII (1928), 225-258; アエギディウス・ロマヌスの著作における二つの理論の融合については、後出註☆一四八参照。クリュシッポスの断片 "*ὁ νόμος πάντων ἐστὶ βασιλεὺς θείων τε καὶ ἀνθρωπίνων πραγμάτων* . . ." (「法は、神と人間に関するあらゆる事柄の王である」) が、中世の政治理論にほとんど影響を及ぼしていなかったことは、翻訳がその原因なのかもしれない。というのも、マリヌス・デ・カラマニコは決定的な一節を、〈法は王なり〉(lex est rex) と訳したのに対して、公式の訳は〈法は女王なり〉(lex est regina) と訳しており、このような寓意的な暗喩は、法と君主を同一視する、より現実的な解釈を示唆することはなかった。確かにバルドゥス (Baldus, on *D*. 1, 3, 2, n. 2, fol. 17^{v}) は文

字通りの意味でこれに言及している（「法は君主であり指揮者であり規準であることに注意すべきである」Nota quod lex est Princeps, Dux et regula）。しかし、この後すぐに彼は、*Nov.* 105, 2, 4 のいっそうよく知られた定式へと目を向け、「王は生ける法である。……そこで臣民は、『私は眠り、私の心、すなわち我が王は眠らずに監視する』（「雅歌」五：二）と言うことができる」（Rex est lex animata: et . . . subditi possunt tunc dicere: Ego dormio et cor meum, id est, Rex meus, vigilat）と述べている。このバルドゥスの言葉は、支配者の遍在性を簡潔に言い表わしている（後出註☆一六七参照）。〈眠らずに監視する正義〉（vigilans iustitia）については、後出註☆一四六参照。筆者は別の機会に〈不眠の王〉（rex exsomnis）についての新しい理念を議論するつもりである。

☆一三二――Wolfram von den Steinen, *Das Kaisertum Friedrichs des Zweiten* (Berlin und Leipzig, 1922), 63 は関連箇所を引用している。また、Steinwenter, "Nomos," 255, n. 28 参照。

☆一三三――Böhmer, *Acta imperii*, 1, 264, No. 299: "(maiestas nostra) que est *lex animata in terris* et a qua iura civilia oriuntur." Cf. *MGH*, *Const.*, II, 184, n. 1; *Erg. Bd.*, 86 f.

☆一三四――前出第二章註一五参照。

☆一三五――*Erg. Bd.*, 85.

☆一三六――Gaines Post, "Blessed Lady Spain," *Speculum*, XXIX（1954）, 200, n. 10 参照。また、Post, "Two Notes on Nationalism in the Middle Ages," *Traditio*, IX（1953）, 299, n. 11 によって引用されている一節は、おそらく、同じ思想の複合体に属するものであろう。

☆一三七――Cf. *MGH*, *Const.*, II, 184, n. 1: Huillard-Brêholles, III, 469.

☆一三八――Church, *Const. Thought*, 58, 70, 193, and passim（Index, s. v. "King" も参照）、また、

Esmein, "Princeps legibus solutus," 206, n. 1. Cf. Matthaeus de Afflictis, on *Lib. aug.*, 1, 6, n. 32, fol. 52v ——「そして、王は王国において生ける法と言われる」(et rex in regno dicitur lex animata)。より前の事例（一二九五年のナポリのシャルル〔カルロ〕二世）については、Romualdo Trifone, *La legislazione angioina* (Napoli, 1921), 119, No. LXII.

☆一三九———Lucas de Penna, on *C.* 11, 69, 1, n. 4 (Lyon, 1582), 613——「確かに、もし都市の法がこれを行うことができる［すなわち、公けの場所に建物を建てることができる］ならば、なおさらのこと当の都市の法を制定した統合体自体がこれを行うことは可能である。……、なぜならば、魂のあるものが魂のないものよりはるかに強いように、生ける法は死せる法よりも強いからである」(nam si potest hoc [sc. aedificare in publico permittere] lex municipalis, fortius ipsa universitas quae legem municipalem constituit . . . , quia potentior est lex viva quam mortua sicut excessive animatum potentius est [in] animato)。ルカスはここで、〈統合体〉(universitas) が生きた、あるいは魂をもった「人格」であることを言おうとしているのである。この観念は、〈擬制的人格〉(persona ficta) の理論を前提にしている。彼は〈生ける法〉と〈死せる法〉の区別に関して、*C.* 11, 41, n. 20 に対する自身の註解を引用している。後出註☆一五〇参照。

☆一四〇———*Eth. Nicom.*, V, 1132 a, 20 ff.——「裁判官へと訴えることは、正義へと訴えることである。というのも、裁判官（ディカステス）とは、生ける正義（ディカイオン・エンプシュコン）のような者たることを意味するからである」(*τὸ δ' ἐπὶ τὸν δικαστὴν ἰέναι, ἰέναι ἐστὶν ἐπὶ τὸ δίκαιον. ὁ γὰρ δικαστὴς βούλεται εἶναι οἷον δίκαιον ἔμψυχον*)。Cf. Delatte, *Traités*, 246; Goodenough, "Hellenistic Kingship," 63; Steinwenter, "Nomos," 260. 言うまでもなく、正義はあらゆる徳と同様に中間的ではあるが、

それはより峻厳な異なった種類の徳である。なぜならば正義は、おのおのが悪徳であるような両極端の間でバランスを維持するようなことはないからである（たとえば、臆病と向こう見ずな態度の中間にある剛毅のように）。*Eth. Nicom.*, V, 1129 a, 1 ff.; 1133 b, 30 ff. 参照。

☆一四一 ―― Aquinas, *In Ethicorum Aristotelis ad Nicomachum Expositio*, § 955, ed., R. M. Spiazzi (Torino e Roma, 1949), 261 f. ――「確かに、裁判官は、或る種の生ける正義のような者でなければならず、それゆえ、彼の精神は全面的に正義によって占められていなければならない。裁判官の許へ逃れてくる人々は、紛争当事者の中間にある者を求めていると考えられる。それゆえ、彼らは裁判官を、仲裁者あるいは媒介者と呼ぶのである」(... nam iudex debet esse quasi quoddam iustum animatum, ut scilicet mens eius totaliter a iustitia possideatur. Illi autem qui refugiunt ad iudicem, videntur quaerere medium inter partes quae litigant; et inde est quod iudices vocant medios vel mediatores)。しかし、Aristoteles, *Nic. Eth.*, 1132 a, 22-23 には次のようにあるのを見よ――「そして彼らは、裁判官が中間的（メソス）であることを求めており、或る人々は〔裁判官を〕メシディオス（仲裁者）と呼んでいる」(*καὶ ζητοῦσι δικαστὴν μέσον, καὶ καλοῦσιν ἔνιοι μεσιδίους*)。

☆一四二 ―― Aquinas, *Summa theol.*, II-IIae, q. LVIII, a. 1, ad 5: "iudex est iustum animatum et princeps est custos iusti."「守護者」としての王については次註参照。

☆一四三 ―― Aquinas, *In Politicorum Aristotelis Expositio*, § 849, ed., Spiazzi (Torino e Roma, 1951), 284 ――「そして〔アリストテレスは〕王の職務は、正義の守護者たることであると述べている。そして、王は正義の守護者たることを欲する。それゆえ、王へと訴えることは、生ける正義へと訴えることである」(Et dicit [Aristoteles] quod officium regis est esse custodem iustitiae. Et vult custos esse iusti.

Et ideo recurrere ad regem est recurrere ad iustum animatum)。Aristoteles, *Pol.*, V, 1311 a, 1 参照。アリストテレスは「正義の守護者」という言葉を用いることなく、ただ単に「王は守護者であることを欲する」(βούλεται δὲ ὁ βασιλεύς εἶναι φύλαξ [Vult enim rex esse custos]; § 706, ed., Spiazzi, p. 282) と述べているだけである。しかし、その意味は、〈正義の守護者〉(custos iusti) ということである。

☆一四四 —— John of Paris, *De potestate*, c. XVII, ed., Leclercq, 225, 6 ——「……生ける正義であり、正しきことの守護者である君主には……が属している」(... ad principem pertinet qui est *iustitia animata* et custos iusti)。臣民の仲裁者および神と人間の媒介者という、王の二つの様態については、Valdenberg, in *Byzantion*, 1, 572 f. 参照。

☆一四五 —— Baldus, on c. 33 X 2, 24, n. 1, *In Decretales*, fol. 261 ——「同様に、*Nov.* 105, 2, 4 にあるように、王は生ける正義でなければならない」(Item debet esse iustum animatum, ut in Auth. de consulibus [= *Nov.* 105, 2, 4])。

☆一四六 —— Albertus Magnus, *In Matthaeum*, VI, 10, ed., A. Borgnet (Paris, 1893), XX, 266 f. ——「しかし、この権力は、生ける正義でなければならない。なぜならば、王は単に正しくあるべきのみならず……怠惰であったり居眠りをしてはならないからであり、生ける正義、眠ることなく監視する正義たるべきだからである。……そして、たとえ王は法の上にあるとしても、法に反することはない。そして、王は法の生ける形相であり、法により形成され規律されるというよりは、むしろ法を形成し規律する者なるがゆえに、法の上にあるのである……」(Haec autem potestas animata debet esse iustitia, quia rex non tantum debet esse iustus ..., non torpens vel dormiens, sed *viva* et vigilans *iustitia* ... Et licet rex supra legem sit, tamen non est contrarius legi : et est supra legem, eo quod ipse est *viva forma legis*, potius formans et regulans legem quam formatus et regulatus a lege . . .)。〈不眠の王〉あるいは〈眠ることなく監視する王〉については前出註☆一三一および後出註☆一六七参照。

☆一四七――Dante, *Parad.*, VI, 88――「余を鼓吹する生ける正義は」(Chè la viva Giustizia che mi spira)。然るべき場所でユスティニアヌスに決定的な言葉を引用させることにより、ダンテは彼ならではの仕方で、帝国、教会、ローマ法、アリストテレス、そして神的霊感を受けた神の対型たる皇帝、その他数多くの関連した事柄や理念を結び合わせているのである。

☆一四八――『ニコマコス倫理学』第五巻から理解されうるように、もし法が行為の規範であるならば、裁判官自身は、そして法を制定する王自身はなおさらのこと、行為に関する或る種の規範たるべきである〔以下、本文で引用された箇所が続く〕……王は生ける法であり、生ける行為規範だからである……」(Si lex est regula agendorum: ut haberi potest ex 5 Ethic., ipse iudex, et multum magis ipse rex cuius est leges ferre, debet esse quedam regula in agendis. Est enim rex sive princeps quaedam lex; et lex est quaedam rex sive princeps. Nam lex est quidam inanimatus princeps. Princeps vero est quaedam animata lex. Quantam ergo animatum inanimatum superat, tantum rex sive princeps debet superare legem . . . Rex quia est quaedam animata lex, est quaedam animata regula agendorum . . .)。アエギディウス・ロマヌスについては、Carlyle, *Political Theory*, V, 70 ff., 特に 73 f. 参照。ここではテクスト全体が引用されている。また、Steinwenter, "Nomos," 253 f.; Berges, *Fürstenspiegel*, 211 ff., 特に 218 f. ベルゲスは、アエギディウスの論考の簡潔な分析を行っている。参考文献および中世においては信じられない数の(少なくとも一〇以上の)異なる言語への翻訳については、320 ff. 参照。

☆一四九――Plato, *Politicus*, 294-296; Steinwenter, "Nomos," 262 ff.

☆一五〇———アトモントのエンゲルベルト（Engelbert von Admont）については、Steinwenter, "Nomos," 253; George B. Fowler, *Intellectual Interest of Engelbert of Admont* (New York, 1947), 170 f. 参照。Cf. Lucas de Penna, on *C.* 11, 41, n. 20 (Lyon, 1582), 453——「そして、魂あるものは魂のないものよりもはるかに強いように、君主は法よりもはるかに強いと［修道士アエギディウスは］同じ第一巻第二部で述べている。そして、死せる法を破るより生ける法を軽視することのほうが危険であり、より重い犯罪である」（Et sicut animatum excessive potentius est inanimato, sic princeps excessive potentior est ipsa lege, dicit ［frater Aegidius］ ibidem lib. 1, parte 2. Et periculosius est contemnere legem vivam, maiusque crimen, quam legem mortuam）。

☆一五一———Carlyle, *Political Theory*, V, 75, n. 2: "... quod melius est regi rege quam lege." Cf. Baldus, on *D.* 1, 1, 5, n. 5, fol. 10v; Matthaeus de Afflictis, on *Lib. aug.*, I, 30, n. 8, fol. 147v. Aquinas, *Summa theol.*, I-IIae, q. XCV, art. 1, ad 2 は、アリストテレスに従い、少なくとも裁判官に関してはより懐疑的である。トマス・アクイナスは「裁判官の生ける正義は多くの裁判官に見られるわけではないから」（quia *iustitia animata iudicis* non invenitur in multis）、すべてが法によって命じられていたほうがよいと考えている。

☆一五二———Carlyle, *loc. cit.*——「王あるいはその他どのような支配者も、自然法と実定法の媒介者であることを知るべきである。……それゆえ、自然法が〔支配者の〕上にあるように、実定法は支配者の下にある」（Sciendum est regem et quemlibet principantem esse medium inter legem naturalem et positivam ... Quare positiva lex est infra principantem sicut lex naturalis est supra ...）。Cf. Gierke, *Gen. R.*, III, 614, n. 264. これに先行する文章で、アエギディウスは『ニコマコス倫理学』第五巻に言及して

いることから、支配者を「媒介的な」存在として理解するよう彼を促したのは、明らかに、「仲裁者としての裁判官」というアリストテレス的観念であった。トマス・アクイナス（次註参照）は、支配者の地位を同じように解釈しており、アリストテレス『政治学』の註解（§15, ed., Spiazzi, p. 7）において、政治権力は「いわば部分的に支配し、……部分的に服従する」（quasi secundum partem principetur ... et secundum partem sit subiectus）と説明している。

☆一五三――Aquinas, *Summa theol.*, I-IIae, q. XCVI, a. 5, ad 3；Carlyle, *Political Theory*, V, 475 f. における、この一節の議論を参照。また、Jean-Marie Aubert, *Le droit romain dans l'œuvre de Saint Thomas*（Bibliothèque thomiste, XXX [Paris, 1955]）, 83 f. を参照。

☆一五四――*De iure magistratuum*（Esmein, "Princeps legibus solutus," 209, n. 1 に引用されている）。君主は、「市民法から確かに解放されている。……しかし、公法、あるいは身分に関しては、法から解放されていない（!）、それゆえ、適切にも〔君主は〕なおさらのこと自然法と神法からは解放されていないと、通常言われているのである」（solutus nonnisi de legibus civilibus ..., non autem de iure publico et ad statum (!), ut dici solet, pertinente, multoque minus de iure naturali et divino）。トマス・アクイナスの区別への言及は無数に存在する。歴史上にこれが初めて引用されたのは、Andreas de Isernia, on *Feud*. II, 51（'De capit. qui'）, n. 29, fol. 231 より前であろう。アンドレアスには、「なぜならば、法の指導的な力に関するかぎり、君主は、あらゆる人々と同じように法に服しているからである……」（nam quantum ad vim directivam legis, Princeps est subditus legi, sicut quilibet ...）という言葉が見られる。また、この引用は、Bossuet, *Politique tirée des propres paroles de l'écriture sainte*, IV, proposition 4（ed., H. Brémond, *Bossuet : Textes Choisis et commentés*, Paris, 1913, II, 115）が最後であったわけでもない。ボ

シュエは、レクス・ディグナ（「ローマ皇帝のこのすばらしい法律」）を引用した後、「それゆえ王は、他の人々と同じように法の衡平（équité）に服している。……しかし、彼らは法の刑罰（peines）には服していない。あるいは、神学で［すなわち、トマス・アクイナスによって］語られているように、王は法の強制的な力（puissance coactive）に関しては法に服してはいないが、法の指導的な力（puissance directive）に関しては法に服している」と述べている。また、Albericus de Rosate, on *D.* 1, 3, 31, n. 10, fol. 31 に見られる区別も参照。アルベリクスによれば、〈生ける法〉たる君主は、確かに法の下に置かれてはいないが、法のなかに置かれている（前出註☆一二九）。そして彼は、「詩篇」一：二（「主の掟のなかに彼の意志はある」In lege Domini voluntas eius）を引用しながら、「これは、法のなかにあることと法の下にあることが異なることを述べているのである。法のなかにある者は、意図的に法に服することによって法に従った行動を採る。これに対して、法の下にある者は、強制の恐怖に強いられて法に従った行動を採るのである」（dicit aliud est esse in lege, aliud sub lege. Qui enim in lege est, secundum legem agit voluntarie obediendo legi ; qui autem sub lege est, secundum legem agit necessitatis timore coactus）と説明し、最後にレクス・ディグナを引用している。また、前出註☆二二五（ソールズベリーのヨハネス）および註☆五二以下参照。そして、その後の理論については、Church, *Constitutional Thought*, 197, 232, passim.

☆一五五——*Siete Partidas*, II, 9, 28, ed., Real Academia de la Historia (Madrid, 1807), II, 84 : "la justicia que es medianera entre Dios e el mundo."

☆一五六——Baldus, on *C.* 36 X 1, 6, n. 4, *In Decretales*, fol. 76——「正義は、これ以外のあらゆる徳や生命、名声、そして知に勝ることに注意すべきである」（Nota quod iustitia triumphat super omnem aliam virtutem, vitam, famam et scientiam）。また、*D.* 1, 1 に対するバルドゥスの諸註釈については、

Ullmann, "Baldus," 388 ff. の解説を参照。そして、Ullmann, *Lucas de Penna*, 35 ff. には、これと関連した他の引用箇所が収録されている。あらゆる徳の集合としての正義については、ナポリ大学における法学博士の昇進を扱った、ナポリ王ロベルト（ロベール）の或る書簡のなかの荘重な演説（ed., G. M. Monti, "Da Carlo I a Roberto di Angiò," *Archivio storico per le province napoletane*, LIX, 1934, 146）を参照。また前出註☆七〇参照。

☆一五七――前出註☆六〇および☆六四参照。

☆一五八――前出註☆五九以下、および☆八〇参照。

☆一五九――iuris religio という用語は、註釈学派が『法学提要』のユスティニアヌスの「序文」を解釈するとき、必ずと言ってよいほど用いられていた。ユスティニアヌスはこの序文で「最も敬虔なる法の礼拝者」(iuris religiosissimus) (*D.* 31, 1, 67, 10 も同様に）と呼ばれているからである。たとえば、Placentinus, *Summa Inst.*, ed., Fitting, *Schriften*, 222, 21; Azo, *Summa Inst.*, fol. 268; ed., Maitland, *Bracton and Azo*, p. 6; *Glos. ord.*, V. *religiosissimus* ――「法によってどのように神聖なことが行われるか注意すべきである。なぜならば、法自体が神聖なるものだからである」(Nota quem fieri religiosum per leges; nam ipsae sunt sacrae)。皇帝がここで武器と法との二元性につき語っていることから、註釈学者もこの論点について説明を加えている。たとえば、標準註釈は次のように述べている――「同様に、ここで四つの比例関係に注目すべきである。すなわち武器、武器の使用、勝利、凱旋式であり、同じく法、法の使用、告訴と反駁、法の礼拝である」(Item nota hic quatuor proportionalia: scilicet arma, usus armorum, victoria, triumphus; item leges, usus legum, calumniae, repulsio, et iuris religio)。軍事的な凱旋式と法の礼拝が同列に置かれている。religio という言葉はキケロ（*De invent.*, II, 161）に従って、「配慮し、儀式を執り行う徳」(Virtus curam ceremoniamque afferens) と定義されていた (H. Kantorowicz, *Glossators*, 19) ことから、世俗的な意味でこの観念を、正義への配慮と法廷の訴訟手続きへと適用すること (*Lib. aug.*, 1, 32, Cervone, 82 ――「正義の祭式は沈黙を要求する」Cultus iustitiae silentium reputatur. cf. *Erg. Bd.*, 89)、あるいは、後世において、これを絶対主義の王権の半ば宗教的な訴訟手続へと適用することは、困難なことではなかった。さらに、正義の娘である六つの市民的徳の第一のものは、キケロによれば religio であった (前出註☆六一参照)。それゆえ、「臣民のなかに注入され、あるいは獲得された正義は、礼拝 (敬虔) や愛に形を与えていく」(Iustitia in subiecto infusa vel acquisita informat ad religionem, pietatem, etc.) と一般に指摘されていた。Baldus, on *D.* 1, 1, 10, n. 2, fol. 15^{v} 参照。また、Ullmann, "Baldus," 390 f. 最後に、*Institutiones*, 4, 16, rubr. では、〈誓約の礼拝 (敬虔)〉(iurisiurandi religio) という言葉がある。たとえば、Andreas de Isernia, on *Lib. aug.*, 1, 99, Cervone, 168 ――「正義は数多くの部分を有し、キケロが彼の修辞学において述べるところによれば、そのなかには礼拝 (敬虔) と宣誓が含まれている。したがって、全体が部分と見なされているのである。確かに、宣誓は敬虔であり、それゆえ誓約の敬虔と言われるのである」(Iustitia habet multas partes, inter quas est religio et sacramentum secundum Tullium in Rhetorica sua. Ponitur ergo totum pro parte: nam sacramentum est religio: unde dicitur iurisiurandi religio [ここでは C. 2, 58, 1-2 が引用されている。前出註☆一〇五参照])。ここで、Cuias, on *Inst.*, prooem. (*Scholia*) が「最も敬虔であるということは、きわめて神聖なる法の司祭であることとほとんど同一である」(Religiosissimus fere idem est, quod sanctissimus iuris sacerdos) と述べていることを指摘しておく価値があるだろう。Cuias, *Opera* (Prato, 1836), II, 607. フォーテスキュー (後出第五章註☆八九) もまた、〈法の秘蹟〉(legis sacramentum) とか〈イングランド法の秘儀〉(mysteria legis Angliae）につき語っており、この点で彼はイタリアの法学者の意味のわからない奇妙な用語法に合致している。たとえば、Baldus, on *Liber Extra*, prooem., rubr., n. 7, fol. 3 によれば、「或る［名辞は］法の秘儀によって導入された」（Quaedam［nomina］misterio iuris sunt introducta）のに対して、「法によって一定の秘儀が与えられなかった」（quibus non est datum certum mysterium a iure）他の名辞が存在する。

☆一六〇――*D.* 1, 1, 10, 2――「法学とは神的および人的な事柄に関する知識であり、正と不正とに関する学知である」（Iuris prudentia est divinarum atque humanarum rerum notitia, iusti atque iniusti scientia）。これと同じ言葉が、*Inst.* 1, 1, 1 でも繰り返されている。

☆一六一――「法は善と衡平の技芸（術）である」（Ius est ars boni et aequi. *D.* 1, 1, 1）。イルネリウス以来、註釈学派の法学者は、この言葉を繰り返し解釈した。初期の註釈については、H. Kantorowicz, *Glossators*, 63 f. 参照。比較的初期の時代には、〈技芸〉（ars）という言葉を、ポルピュリオスに帰せられた一節に従って定義するのが慣例であった。Azo, *Summa Inst.*, on *Inst.* 1, 2, n. 2, fol. 269 ; ed., Maitland, p. 24. そして、*Glos. ord.* on *D.* 1, 1, 1, v. *ius est ars*――「すなわち、無限なるものを限定する有限な学問である。なぜならば、ポルピュリオスに従えば、術とは無限なるものに関する有限なる学だからである」（id est scientia finita, quae arctat infinitas ; nam ars est de infinitis finita doctrina, secundum Porphyrium）。この後、アリストテレスの「技芸は自然を模倣する」（Aristotle, *Physics*, II, 2, 194 a, 21）が優勢となった。後出第六章註☆八一参照。また、アエギディウスについては、Berges, *Fürstenspiegel*, 218, n. 1 参照。

☆一六二――*D.* 1, 1, 1 に対する欄外註釈。後世、これは慣例となった。たとえば、この箇所に対するクヤキウスの註釈（*Opera*, VII, 12）には、「至聖なる女神のごとく」（quasi Deam sanctissimam）とある。そして、ビュデ（Budé, *Annotationes*, 28 f.）は、正義をギリシアの女神ディケになぞらえ、「裁判官は、……この女神の奉仕者にして下僕と言われている」(eiusque Deae diaconi et ministri ... Iudices dicuntur) と付言している。もちろんこれは、正義を古代ギリシアやローマの宗教の女神として理解する歴史学派の見方である。これに対して中世の法学者は、この女神を〈神の運動〉(Dei motus) ないし〈神の聖霊〉(Dei spiritus) と理解していた。Ullman, *Lucas de Penna*, 36.

☆一六三———前出註☆一六〇。habitus としての正義については、Ullmann, "Baldus," 388 f. Durandus, *Speculum iuris*, II, part. iii, § 6, n. 19 (Venezia, 1602), II, 791 f. により引用されたさまざまな判決形式を参照。ドゥランドゥスは、「もし問題が困難な場合には次のような前文で始めるのがよい」(si autem arduum sit negotium, incipias cum praefatione sic) と勧めて、次のような形式を示している——「裁判官の精神のなかで理性の命令が指揮を執り、真理を審問する正義が判事席に座を占め、玉座にある王のように判決の正しさが座を占める。……地上において正しい裁判官が選ばれるのは、正しい判決がその容貌から発せられる正しき永遠の裁判官の摂理によるものであった。……」(Presidente rationis imperio in animo iudicantis, sedet in examine veritatis pro tribunali iustitia et quasi Rex in solio iudicii rectitudo ... Haec enim recti fuit eterni providentia iudicis, de cuius vultu recta iudicia procedent, ut recti iudices eligentur in orbe ...)。

☆一六四———Pollock and Maitland, *English Law*, 1, 208 (=p. 187), n. 3 は、ブラクトンに言及している。ブラクトンは、「なぜならば、我々は正義を礼拝するからである」(iustitiam namque colimus) という言葉に、「そして我々は聖なる法に仕える」(et sacra iura ministramus) と付言しているが、これはアゾに従ったものである。Cf. Maitland, *Bracton and Azo*, 23 f.

☆一六五———前出註☆一三一参照。また、c. 84, *C.* XI, q. 3, ed. Friedberg, 1, 666 (「キリストの叡知は

……正義であり……」Christus sapientia est, iustitia . . .)。たとえば、Lucas de Penna, on *C.* 12, 45, 1, n. 61 (ed., 1582), p. 915 は、正義の売買が聖職売買であることを説明する際に、この一節を引用している――「聖職禄を売るよりも、正義を売るほうが、より大きな罪である。ここにはキリストが正義であると書かれているのであり、キリストが聖職禄であるとは書かれていない。……キリストたる正義を売ることは、最も重い罪と見なされるべきである」(gravius crimen est vendere iustitiam quam praebendam. Legimus enim Christum esse iustitiam . . . Non legitur autem esse praebendam . . . Vendere iustitiam quae Christus est, gravissimum est censendum)。この言葉の基礎にある問題については、Gaines Post, "The Legal Theory of Knowledge as a Gift of God," *Traditio*, XI (1955), 197-210 参照。また、Lucas de Penna, on *C.* 10, 70, 4, n. 8, p. 345, and *ibid.*, n. 4――「正義とは、〔トリメギストゥスがきわめて正当に定義したごとく〕神の運動にほかならない」(Iustitia quidem [sicut verissime Trimegistus diffinit] nihil aliud est quam Dei motus)。さらに、*ibid.*, n. 5 でルカスは、ヨアンネス・クリュソストモスの *Opus imperfectum super Matthaeum* に見られる、「正義を行い、自らの心に正義を思念する者はすべて神を見る。正義は神の像であるからである。事実、神は正義であり……」(qui omne iustitia facit et cogitat mente sua, Deum videt, quoniam iustitia figura Dei est. Deus enim iustitia est . . .) という言葉を引用している。そしてさらにルカスは「箴言」(一一:四) に言及し、「たえず正義に従う者は死ぬことがない」(Qui vero iustitiam sectatur, non moritur) と述べている (n. 7)。

☆一六六――Baldus, *Consilia*, III, 218, fol. 64 (col. b, in fine) ――「そして、確かなことは、〔君主は〕正義に、すなわち善と衡平の実体に〔これに先行する文章にある「正義の実在」に〕身を委ねる。法を宣《の》べる者〔裁定者〕は誤りを犯すことがあっても、正義は誤ることがないからである。……同様に確かなのは、人格を伴わずしては、理性と正義は何も行うことができないことである。……したがって、紛争が生じたときに正義を司る役職にある者がいなければ、正義は葬り去られる」(Et certum est quod submittit se iustitiae, id est, substantiae boni et aequi [ʻrealitati iustitiaeʼ]. Ius enim reddens quandoque errat, sed iustitia nunquam errat . . . Item certum est quod ratio et iustitia sine persona nihil agit . . . Unde sine magistratu iustitia in controversiam posita sepulta est)。後出第七章註☆四二〇参照。この基礎にある考え方は、正義は可能態であるがゆえに、人間や顕職によって現実化される必要があるということである。Cf. Petrus de Vinea, *Epp.*, III, 68, ed., Schard, 507 ——「[皇帝が]可能態において担うものが、正義の下僕[前出註☆一六二]としての彼ら[裁判官や役人]によって現実態へともたらされるのである」(quod in potentia gerimus per eos velut ministros iusticiae deduceretur ad actum)。ここに我々は、言うまでもなく「可能態から現実態へ」(de potentia ad actum)というアリストテレスの概念を認めることができる。

☆一六七 ―――― *Lib. aug.*, 1, 17, Cervone, 41 ——「余は、個人的な禁止者としてあらゆる場所に現在することはできないが、可能態としてあらゆる場所に居合わせると信じられている」(Et sic nos etiam, qui prohibente individuitate personae ubique praesentialiter esse non possumus, ubique potentialiter adesse credamur)。また、Vinea, *Ep.* II, 8, ed., Schard, 271; *MGH*, *Const.*, II, 306, 37 f., No. 223; cf. *Erg. Bd.*, 94. さらに、Nicholas of Bari, ed., Kloos, *DA*, XI, 175, § 16(フリードリヒ二世への頌詞)参照。著者は、「皇帝はあらゆるものを新たに創造し、誤りを犯すことがありえないがゆえに[バルドゥスの Iustitia に関する見解については前出註☆一六六参照]、……そして可能態としての皇帝は遍在的に見出され、それゆえ彼の目を逃れることはできないがゆえに」(quia omnia novit et falli non potest . . . , quia ubique eius potentia invenitur et ideo fuge aditus denegatur)、あらゆる臣民は皇帝に仕えるべきことを要求してい

る。Baldus, *Consilia*, 1, 333, n. 1, fol. 105^{v} は、委任の性格を説明するために、非常に似た言葉を用いている――「[皇帝] 自身は個人としてあらゆる場所に存在することはできない」(Ipse [Imperator] personaliter ubique esse non possit . . .)。皇帝が〈生ける法〉なるがゆえに遍在することについては、前出註☆一三一参照(「私は眠り、私の心、すなわち我が王は眠らずに監視する」)。このイメージは珍しいものではなかった。Philip of Leyden, *De cura reipublicae*, VI, 1, p. 36――「……臣民の休眠を準備すべく、眠らずに夜を過ごすのが常であった君主……」(. . . princeps, qui ad qietem subditorum praeparandam noctes transire consuevit insomnes . . .)。これらすべての観念(君主の遍在性、彼の〈生ける法〉たる性格、不可謬性[「王は誤りを犯しえない」]、そして、彼の絶えざる不寝番)は、Matthaeus de Afflictis, on *Lib. aug.*, 1, 6, n. 32, fol. 52^{v} (ここには、Baldus, *Consilia*, 1, 141, n. 4, fol. 42^{v} が引用されている)で要約されている――「ここで(バルドゥスは)、王はその王国の臣民に対して、肉体をもった神のようであり、……法は不正や邪悪を行わないことを述べている。なぜならば、法の目は、神の目のごとくあらゆることを見て、あらゆることを観察するからである。……そして、王国において王は生ける法と言われている。……それゆえ、古代においては、皇帝の不可視の帝冠が当の皇帝に対して神により置かれたと言われていた。……なぜならば、福音書に明らかなように……、神法は君主たちに至高の権力を与えたからである。……」(ubi dicit quod rex quoad suos subditos in regno suo est tanquam quidam corporalis Deus . . . , quod lex non exequitur aliquod iniustum, vel iniquum: quia oculus legis sicut oculus Dei omnia videt, omnia intuetur . . . et rex in regno dicitur lex animata . . . Et ideo antiquitus dicebatur quod corona imperialis invisibilis imponebatur a Deo ipsi principi . . . quia ius divinum concessit principibus supremam potestatem, ut patet in evangelio . . .)。また、皇帝および王の遍在性については、拙論、"Invocatio nominis imperatoris," *Bollettino del Centro di Studi Filologici e Linguistici Siciliani*, III (1955), 35-50, そしていくつかの付加については、"Zu den Rechtsgrundlagen der Kaisersage," *DA*, XIII (1957), nos. 61 ff. 参照。

☆一六八――ソールズベリーのヨハネスの理論については、Schulz, "Bracton on Kingship," *EHR*, LX (1945), 165. この論文について一つ言えることは、シュルツがソールズベリーのヨハネスの影響を過小評価していることである。彼の影響力はフロワモンのヘリナンドゥス (Helinandus) やトゥルネーのギルベルトゥス (Gilbertus) に限られてはおらず (たとえば、Post, "Two Notes," 293, n. 53 参照)、法学文献においては十六世紀までその影響力を跡づけることができる。Ullmann, "Influence of John of Salisbury," *EHR*, LIX (1944), 384 ff. 同論文の興味ある概観は主としてイタリアに限定されており、論者も述べているように完全なものではない。ソールズベリーの擬制は、概して〈正しき王〉(rex iustus) に関する擬制であり、これは、十三世紀フランスの政治的神秘主義の代表者であるトゥルネーのギルベルトゥスの論考では、〈天使のやり方で〉(angelico more) 支配すると想定された王の擬制へと変わっていった (ギルベルトゥスの *Eruditio regum et principum* に関する丹念な分析については、Berges, *Fürstenspiegel*, 150 ff., 特に 156 f. 参照)。〈正しき王〉や〈天使的王〉のほうが、〈キリストの似姿たる王〉や〈生ける法〉としての王といった観念に比べ、より実現可能かどうかといったことは、言うまでもなくそもそも問題となりえない。というのも、現代の「政治的綱領」にとって、これらの理念はすべて同様に役に立たないものだからである。ここで重要なのは、十三世紀において「完全性」の比喩が変化し新たな様相を呈するに至ったことである。「完全性」のイメージは霊化されるか (〈天使的王〉、〈天使的教皇〉、メシア的皇帝)、あるいは世俗化されるか (〈生ける法〉、〈生ける正義〉、王冠、威厳) のどちらかであり、また、このことは両者の相互的な重なり合いを排除するわけではない。私は、中世のどのような政治理論も、或る種の擬制や「完全性の比喩」なしに有効に作用しうるとは思わない。現代の政治理論についても同じことではないかと自問してみることもできるだろう。

☆一六九――この問題全体については、Gierke, *Gen. R.*, III, 610――「国家と法は、相互に依存し合い、相互のために、相互に服することによって存在するという考え方は中世にはなかった。中世は、実定法を自然法の理念と対置させることによって問題を解決したのである」。この一節は、メイトランド訳（*Political Theories*, 74）による。メイトランドはこの一節に対して、「国家の上にある法と法の上にある国家」という表題を欄外に付けている。

☆一七〇――〈母にして娘〉（mater et filia）については、前出註☆四〇参照。教会法学者によるこの種の用語の法的な解釈については、Gierke, *Gen. R.*, III, 278 f., n. 96 および 332, n. 272（トラーニのゴフレドゥスについて）。ジョン・フォーテスキューは、王位継承問題を議論する際に、次のような論旨を展開した。すなわち、「父親の王たる地位はその娘によって相続されえないがゆえに、彼女は王位が自分の息子へと相続されていく媒介者たりえない」。なぜならば、彼女は、もともと自らが有してはいないものを、息子へと伝えることができないからである（Chrimes, *Const. Ideas*, 10 ff.）。フォーテスキューの指針となったのはローマ法であった。仮に彼が、神学の影響を受けた法学を指針としたならば、その議論はほとんど説得的とは言えないものになっただろう。というのも、〈神の母〉（Theotokos）たる聖母マリアは神性を有していなくても、彼女の息子の神性を損なうことにならないことを、それほど困難なしに主張しえたからである。

☆一七一――Charles H. McIlwain, *Constitutionalism Ancient and Modern* (Ithaca, N. Y., 2nd ed., 1947), 83. この著作に見られるブラクトンに関する卓越した議論は、それ自体、十三世紀の文脈内部におい

て、いわゆる「矛盾」を明確にして解釈するための重要な第一歩と言えるものである。

☆一七二――現在のブラクトンに対する生き生きとした関心は、おそらくヘルマン・カントーロヴィチの異論の余地ある著作（Hermann Kantorowicz, *Bractonian Problems*, Glasgow, 1941）によって刺激されたものであり、その後、非常に有益な議論が、フリッツ・シュルツの数多くの論文を通じて展開され続けてきた。Fritz Schulz, "Critical Studies on Bracton's Treatise," *LQR*, LIX（1943）, 172-180；"A New Approach to Bracton," *Seminar*, II（1944）, 42-50；"Bracton and Raymond of Penafort," *LQR*, LXI（1945）, 286-292；"Bracton as Computist," *Traditio*, III（1945）, 264-305. 彼の研究 "Bracton on Kingship"（前出註☆一六八）は、本書の研究の論点と直接的に関連している。より以前の文献については、p. 136, n. 2 参照。H. G. Richardson の二論文（"Azo, Drogheda, and Bracton," および "Tancred, Raymond, and Bracton," *EHR*, LIX［1944］, 22-47, 376-384）に付け加えて、Gaillard Lapsley, "Bracton and the Authorship of the 'Addicio de Cartis,'" *EHR*, LXII（1947）, 1-19 は、ブラクトンの王権概念を扱っている。さらに、ゲインズ・ポウスト（Gaines Post）による非常に示唆的で啓発的な研究、特に "A Romano-Canonical Maxim, *Quod omnes tangit*, in Bracton," *Traditio*, IV（1946）, 197-251 参照。マクルウェインの学問的寄与については、前出註☆一七一参照。これに加えて、彼のテクスト批判的な考察 "The Present Status of the Problem of the Bracton Text," *Harvard Law Review*, LVII（1945）, 220-240 が挙げられるだろう。

☆一七三――ブラクトンが自著を完成したのは一二五九年頃であるというのが一般的な想定であったし、おそらく今でもそうである。H. Kantorowicz, *Bractonian Problems*, 29 ff. は、より早い時期を示唆している。しかし、Post, *op. cit.*, 217, n. 104 および Stephan Kuttner and Beryl Smalley, "The 'Glossa ordinaria' to the Gregorian Decretals," *EHR*, LX (1945), 97-105 を参照。

☆一七四――外交関係については、拙論 "Petrus de Vinea in England," *Mitteilungen des Österreichischen Instituts für Geschichtsforschung*, LI, 74 ff., 81 ff. 後出註☆二〇九参照。

☆一七五――Maitland, *Select Passages from the Works of Bracton and Azo* (Selden Society, VIII, London, 1894) は同時に、アゾの『法学提要大全』(*Summa Institutionum*) のかなり長い箇所の有益な版を含んでいる。アゾと皇帝の宮廷との関係については、たとえば、Niese, in *HZ*, CVIII (1912), 521, n. 2 および Capasso, "Storia esterna," 442 (アゾの弟子であったウィネアのグイレルムスが扱われている)。

☆一七六――しかし、このことは、正義に関する哲学的思索を排除することにはならない。ブラクトンの著作には、中世的な意味における、すなわち国家の真の存在根拠たる〈平和と正義〉(pax et iustitia) に言及した数多くの箇所が見られる。また、正義に関する議会での政治的な説教も、常に見出されるだろう(興味ある具体例については、Chrimes, *Const. Ideas*, 121 f., 197 参照)。エリザベス朝時代に関しては、Yates, "Queen Elizabeth as Astraea," *Warburg Journal*, X (1947), 27-82.

☆一七七――マクルウェインは、ブラクトンの王が法の上にあると同時に下にあることをたえず強調している。*Growth of Political Thought*, 361 ff., 367 (王は「絶対的であるが制限されている」) 参照。さらに、より力強くこれを強調するのが、*Constitutionalism*, 75 ff. である。gubernaculum と iurisdictio との間に彼が設けている区別は、今ここで論じられ、引き続く頁で概観される諸問題と密接に関連している。しかし筆者がこの概念を用いないとすれば、その理由は、「王冠」と「王」という観念が gubernaculum と iurisdictio と事実上合致していないからである。法の上にあり時間を超越した「王冠」は、それに関して支配者が「絶対的」であるところの gubernaculum と同一ではなく、また、iurisdictio も、自然的身体としての王と同一ではない。また、この同一視を逆にすることも容易ではないだろう。ここで、gubernaculum と iurisdictio とが統合されれば、複雑な問題がますますややこしくなるだけだろう。ここから新たに生ずる錯綜した関係は、事態をほとんど理解不可能にしてしまうからである。これ以外の引用については、Lapsley, *op. cit.* (前出註☆一七二), p. 8 f.

☆一七八――"Si dicitur legem aliquam positivam esse supra principantem, hoc non est ut positiva, sed ut in ea reservatur virtus iuris naturalis." Aegidius Romanus, *De regimine principum*, III, 2, c. 25 and c. 29. この一節は、Gierke, *Gen. R.*, III, 612, n. 259 ; Maitland, *Pol. Theories*, 175 によって引用されている。

☆一七九――たとえば、*Addicio de cartis* は、諸侯戦争の時代の追加物であろう。Schulz, "Kingship," 173 ff. ; Lapsley, "Addicio de Cartis," *EHR*, LXII (1947), 1-19 参照。

☆一八〇――「司法と平和とに属する事柄、そして正義と平和とに結びつけられた事柄は、ほかでもない王冠と王の威厳のみに属するのであり、これらこそ王冠を王冠たらしむるものである。それゆえ、これらが王冠から分離されることはありえない」(Ea vero quae iurisdictionis sunt et pacis, et ea quae sunt iustitiae et paci annexa, ad nullum pertinent nisi tantum ad coronam et dignitatem regiam, nec a corona separari poterunt, cum faciant ipsam coronam)。Bracton, *De Legibus*, f. 55 b, ed., G. E. Woodbine (New Haven, 1922), II, 167. ここで強調されているのは王冠であって、〈支配する王〉(rex regnans) でないことに注意すべきである。

☆一八一――Bracton, f. 5 b (Schulz, C. 2), Woodbine, II, 33, and f. 107 (Schulz, A, 31), Woodbine, II, 306. Schulz, "Kingship," 137-145 において議論されているテクストの文章やパラグラフは、これから

は括弧（ブラケット）に入れて付加することにする。ボローニャの法律家が用いたこの韻を踏んだ短い表現に関しては、たとえば、プラケンティヌスについて、Hermann Kantorowicz, “Poetical Sermon,” 22 ff., 36 ff. あるいはロフレドゥスについて、Ferretti, “Roffredo Epifanio da Benevento,” *Studi medievali*, III (1908), 236 f. 参照。

☆一八二——第八トレド教会会議の決議（*PL.*, LXXXIV, 431 A）参照。また、Hinschius, *Decretales Pseudo-Isidorianae*, 392; Schulz., “Kingship,” 169, n. 4. この西ゴートの観念は、王権を制限するよりは人格を拘束することによって権力を高揚したのである。また〈いかなる者も自分を王にすることはできない〉(Nemo potest facere se ipsum regem) という有名な格言も、異なった理由によってではあるが、王権の甚大なる強化へと導いていった。「ひとたび王が創られたからには、彼を王国から追放することは人民の権限のなかにはない。この後は、人民の自由な意志は強制へと変わるのである」(Facto enim rege de regno eum repellere non est in potestate populi, et sic voluntas populi postea in necessitatem convertitur)。このような思想は、偽クリュソストモスの *Opus imperfectum*（前出第三章註☆一〇五）に初めて登場するが、この歴史的展開については、Jordan, “Der Kaisergedanke in Ravenna,” 111-126 参照。そして、この思想が *Collectio monumentorum* を通じてイングランドへ拡張したこと（Aelfric, in: *Homilies of the Anglo-Saxon Church*, ed. B. Thorpe [1844], I, 212）については、Walter Holtzmann, “Zur Geschichte des Investiturstreites: Englische Analekten, 2,” *Neues Archiv*, L (1934), 282 ff.

☆一八三——レクス・ディグナについては、前出註☆五一以下、および☆一二八、一三一、一五三参照。また、Schulz, “Kingship,” 141 (A, 31), および 168 f. ここでシュルツは、法と権力の間にある相互性を強調している。レクス・ディグナの観念は、Dante, *Monarchia*, III, 10 によっても述べられている——「皇帝は［裁判権を］皇帝たるかぎりにおいて変更することはできない。なぜならば彼は、皇帝たる身分を裁判権から受けとるべきだからである」(Imperator ipsam [iurisdictionem] permutare non potest, in quantum Imperator, quum ab ea recipiat quod est)。

☆一八四――Bracton, fol. 107 (Schulz, A, 16 f.), ed., Woodbine, II, 305: "Nihil enim aliud potest rex, cum sit Dei minister et vicarius in terris, nisi id solum, quod de iure potest. Nec obstat quod dicitur: 'Quod principi placet, legis habet vigorem,' quia sequitur in fine legis: 'cum lege regia, quae de imperio eius lata est [, populus ei et in eum omne suum imperium et potestatem conferat].'" アゾについては、Maitland, *Bracton and Azo*, p. 2, また、Schulz, 141 (A, 31) 参照。括弧に入れた *D.* 1, 4, 1 の付加部分については、次註参照。

☆一八五――ブラクトンにおける〈解決不可能な問題〉の、シュルツによる巧みでエレガントな解決は、Schulz, 153-156 参照。ここでシュルツは、ジョン・セルデン (John Selden) にまで遡る妙な解釈、すなわち、cum lege regia を「lex regia とともに」という意味に取り、接続詞の cum を前置詞に置き換える解釈を排除している。Ioannis Seldeni, *Ad Fletam Dissertatio*, III, 2, ed., David Ogg (Cambridge, 1925), 24 f. McIlwain, *Constitutionalism*, 158 f. は、シュルツ教授の解釈を認めることにためらいを感じている。

☆一八六――Bracton, *loc. cit.* (レクス・ディグナについて)。Cf. Schulz, 141 (A, 28-31); 前出註☆一八三。

☆一八七――Bracton, *loc. cit.* (Schulz, A, 18): "id est, non quidquid de voluntate regis temere presumptum est, sed quod magnatum suorum consilio, rege auctoritatem praestante et habita super hoc deliberatione et tractatu, recte fuerit definitum." ここに見られる consilium は、助言と評議会を意味する

のであるが、両者の意味が同時に出るような訳は困難である。また、Addicio de cartis は、国王評議会の権限や役割について異なった観念を含んでいるが、ここでは考慮の外に置かざるをえない。前出註☆一七九参照。

☆一八八――ローマ法については、C. 1, 14, 8 参照。これは、Schulz, 139（A, 18）により引用されている。一般的な叙述としては、John Crook, *Consilium Principis*（Cambridge, 1955）。また後出註☆一九四以下参照。この点につき適切な説明が、Gerhoh of Reichersberg, *De edificio Dei*, c. 21, *MGH*, *LdL*, III, 152, 17 によって与えられている。ゲルホーは、コンスタンティヌス大帝が「帝国の他の卓越せる人々によって助言されることなしに」（nisi consultis consulibus ceterisque regni maioribus）、その有名な贈与をなしえなかった旨を主張し、その理由として、〈公物〉（publica）は、「王侯たちの助言が関与することによって」（communicato principum consilio）のみ譲渡されうることを挙げている。言うまでもなく、教会法も、助言に関する明確なルールを設けていた。たとえば、「聖堂参事会の同意なくして高位聖職者によってなされる事柄について」（*De his quae fiunt a praelato sine consensu capituli* [X 3, 10], ed. Friedberg, II, 501 ff.）なる表題でまとめられた諸教令や、これに対する諸註釈を参照。問題はあまりにも錯綜しているので、ここで論じることはできない。しかし、ヨーロッパのさまざまな国に見られる実務の比較研究や、ローマ法や教会法上の諸理論の比較研究は、実り多いものとなるだろう。Cf. Brian Tierney, "A Conciliar Theory of the Thirteenth Century," *Catholic Historical Review*, XXXVI (1950–51), 424 f. 古い研究（たとえば、V. Samanek, *Kronrat und Reichsherrschaft im 13. und 14. Jahrhundert*, Freiburg, 1910）は、完全に時代遅れである。

☆一八九――グランヴィルとブラクトンについては、Schulz, 171 参照。

☆一九〇――この格言については、Steinwenter, "Nomos," 256 f. この意味については、F. Gillmann, "Romanus pontifex iura omnia etc.," *AKKR*, XCII (1912), 3-17, and CVI (1926), 156-174 (前出第三章註☆一五参照)。Post, "Two Notes," *Traditio*, IX, 311 および "Statute of York," *Speculum*, XIX, 425, n. 35.

☆一九一――後出註☆一九五参照。Cf. Andreas de Isernia, on *Feud*. I, 3, n. 16 ("Qui succes. ten."), fol. 21^{v}――「君主は、彼の評議会のなかに多くの有識者を抱えており……このゆえに愛知に満ちた者と言われていると考えられる。……事実、君主が専門の法学者であることは稀有のことである」(Potest dici, quod quia princeps multos habet in suo consilio peritos . . . et ideo dicitur Philosophiae plenus . . . : raro enim invenitur princeps Iurista)。この一節全体が評議会を論じている。

☆一九二――通常の裁判官としての王につき語りながら、ブラクトンはこのように説明している((fol. 556, ed., Woodbine, II, 166) : habet enim omnia iura in manu sua, quae ad coronam et laicalem pertinent potestatem et materialem gladium, qui pertinet ad regni gubernaculum)。ゲインズ・ポウスト(前出註☆一九〇)が注意深く示唆しているように、ブラクトンは、有名な格言を「言い換えているか、あるいは漠然と想起していた」のかもしれない。しかし、言葉遣いは典礼的である。聖金曜日における〈荘厳典礼儀式〉(Orationes solemnes) のなかの、皇帝のための執り成しに引き続く祈願に、「……神よ、諸王国のあらゆる法は御手のなかにある」(. . . Deus, *in cuius manu* sunt . . . *omnia iura regnorum*) という言葉がある。これらの言葉は、ゲラシウスの典礼書には不在であり、グレゴリウスの典礼書で付け加えられたものである。Cf. H. A. Wilson, *The Gelasian Sacramentary* (Oxford, 1894), 78, n. 28, および *The Gregorian Sacramentary under Charles the Great* (Henry Bradshaw Society, 49 : London, 1915), 52;

PL., LXXVIII, 80 A. さらにこの種の言葉は、九〇〇年頃のフランク王国の戴冠式にも見出され、ここではミサの終結部の〈王についての祈り〉(Oratio super regem) のなかに現われている。「王たちがそれによって統治し、諸王国のあらゆる法がその手のなかに存在する全能の神」(Deus omnipotens, per quem reges regnant et *in cuius manu omnia iura regnorum* consistunt)。Cf. Schramm, "Die Krönung bei den Westfranken und Angelsachsen," *ZfRG*, kan. Abt. XXIII (1934), 206, § 18; *Sacramentarium ad usum aecclesiae Nivernensis*, ed., A. J. Crosnier (Nevers, 1873), 112. この表現は、フリードリヒの或る勅許状の演説にも見られる。Cf. Huillard-Bréholles, I, 261; Schaller, *Kanzlei Friedrichs II.*, 83, n. 123.

☆一九三 ―― 一二九六年から一二九七年にかけて書かれたフランスの法学者（おそらくプイイのトマであろうか）の覚書 (Memorandum) を参照。ed., F. Kern, *Acta Imperii Angliae et Franciae* (Tübingen, 1911), 200, 13 f., No. 271, § 5 ―― 「フランス国王は、皇帝が帝国において有するあらゆる帝権を、自己の王国において有するがゆえに……皇帝について言われるのと同様に、王についても、あらゆる法は、なかでもその王国に属する法は、彼の胸のなかに閉じ込められていると言われうるのである」(Cum rex Francie omne imperium habet in regno suo, quod imperator habet in imperio . . . et de eo potest dici, sicut de imperatore dicitur, videlicet quod omnia iura, precipue iura competentia regne suo, in eius pectore sunt inclusa . . .)。ここで法学者は、明らかに皇帝の特権をフランスの王へと移している。しかし彼は、王の胸中にある〈法〉を限定し、〈その王国に属する法〉と述べている。これは、漠然とではあるが、〈王冠……に属し、王国統治に……属する〉法という、ブラクトンの言葉と関連している。

☆一九四 ―― Cynus, on C. 6, 23, 19 (Frankfurt, 1578), fol. 367r ―― 「[君主は自らの胸中の文庫にあらゆる法を有するべきである] ということをあなたは、字義通りに理解すべきではない。……むしろ、彼の胸中の文庫は、その宮廷、すなわち、多くの優れた法の博士が集まるはずの彼の宮廷として理解されるべきであり、法をきわめて敬虔な心で尊ぶ君主は、これら法の博士の口を通して言葉を発するのである」(Quod [princeps debet habere omnia iura in scrinio sui pectoris] non intelligas ad litteram . . . , sed intelligi debet in scrinio sui pectoris, id est, in curia sua, quae debet egregiis abundare Doctoribus, per quorum ora loquatur iuris religiosissimus princeps)。〈きわめて敬虔なる君主〉(religiosissimus princeps) については、前出註☆一五九参照。かつて神がローマ皇帝の口を通して語ったように、君主は法の博士たちの口を通じて語るのである。前出註☆一一九参照。キュヌスの弟子であったルカス・デ・ペナ (Lucas de Penna, on *C.* 12, 16, n. 1, p. 706 [“De silentiariis”]) は、使徒たちをキリストの顧問会と解釈している。後出第七章註☆三四一参照。

☆一九五——— Matthaeus de Afflictis, on *Lib. aug.*, 1, 37, n. 12, fol. 157——「[王の評議会の] これらの助言者たちは、*C.* 9, 8, 5 rubr. にあるように王自身の身体の一部であり、これらの助言者のゆえに、王は自らの胸中の文庫にあらゆる法を収めていると言われる。……君主が法学者であることは稀有だからである」(quia isti tales consiliarii sunt pars corporis ipsius regis : ut in l. quisquis. *C.* ad. l. iul. maiest. [*C.* 9, 8, 5 rubr.] : et propter istos consilliarios dicitur rex habere omnia iura in scrinio pectoris sui . . . quia raro princeps iurista invenitur)。また、Matthaeus de Afflictis, on *Lib. aug.*, II, 30, n. 1, vol. II, fol. 65v 参照。彼はここでイセルニアのアンドレアスの言葉 (前出註☆一九一で引用) をそのまま繰り返している。

☆一九六——— 皇帝を代弁する尚書 (logothetes) としてのペトルス・デ・ウィネアの役割については、*Erg. Bd.*, 89 f.

☆一九七——— McIlwain, *Constitutionalism*, 71 参照。

☆一九八――Bracton, f. 107; Schulz, 140 (A, 20): "Potestas itaque sua iuris est et non iniuriae, et cum ipse sit auctor iuris, non debet inde iniuriarum nasci occasio, unde iura nascuntur."

☆一九九――Bracton, f. 34, ed., Woodbine, II, 109――「……〔法の〕解釈は〔法を〕制定する者に属する」(... cum eius sit interpretari, cuius est condere)。王は法の創り手(auctor)や制定者(conditor)であるばかりか、法の解釈者(legis interpres)で保護者(protector〔次註参照〕)でもある。

☆二〇〇――Bracton, f. 107 (Schulz, A, 7), Woodbine, II, 305――「法を制定し、司法を行うことは、法を保護する者がいないかぎり無益であろう」(et supervacuum esset, leges condere et iustitiam facere, nisi esset, qui leges tueretur)。Cf. *Lib. aug.*, 1, 31 (前出註☆三四)――「……法の起源と法の保護という二つのものが同一の人格に共存する……」(... in eiusdem persona concurrentibus his duobus, iuris origine scilicet et tutela)。

☆二〇一――Bracton, f. 107 (Schulz, A, 16): "Nihil enim aliud potest rex, cum sit Dei minister et vicarius in terris, nisi id solum, quod de iure potest." Cf. Schulz, 147 ff.

☆二〇二――Bracton, f. 5 b, ed., Woodbine, II, 33, Schulz, 173 はこの一節を括弧でくくり (p. 144, C. 4)、「改竄の可能性がある」と考えている。なぜならば、「長い神学的な比較は、文脈から外れているように思われるからである」。筆者はこの議論に従うことはできない。ブラクトンの序文は神学的な観点や類比に満ちており、それゆえメイトランドも、「彼はアゾよりはるかに高揚した筆致で書いている」と指摘しているほどである (*Bracton and Azo*, 15)。ブラクトンにおいて神学的な比較はそれほど稀ではなく、このようなことだけを根拠にして改竄を推定することは正しくないと思われる。ブラクトンがアゾのテクストに付加した「神学的」説明については、後出註☆二一二参照。

☆二〇三——前出第三章註☆二五。また、Pollock and Maitland, I, 182, n. 3 参照。

☆二〇四——*Policraticus*, 523 bc, Webb, I, 252, 6 ff.；前出註☆五二。

☆二〇五——ローマ市民としてのキリストについては、Orosius, *Adversus paganos*, VI, c. 20, ed., Zangemeister (*CSEL*, V), 418 f. この議論は中世を通じてきわめて頻繁に用いられていた。たとえば、*Liber de unitate Ecclesiae*, I, c. 3, *MGH*, *LdL*, II, 188, 7；Dante, *De Monarchia*, II, c. 12；*Purg.*, XXXII, 102. キリストを「ローマ化」し、アウグストゥスを「キリスト教徒化」する試みについては、Erik Peterson, "Kaiser Augustus im Urteil des antiken Christentums : Ein Beitrag zur Geschichte der politischen Theologie," *Hochland*, XXX (1933), 289 ff. キリストの登録は、美術においても (C. Diehl, *Manuel d'art byzantin* [2nd ed., Paris, 1925], II, 797 [fig. 394], 832 [fig. 415])、また文学においても馴染みのテーマであった。ローマの代官クイリヌスの代書人は、子供の父親が誰であるかマリアに尋ねると、「神が父である」との答えを受けた。これに従って代書人は、子を「神の子」として登録したのである。たとえば、John of Euboea, *Sermo in conceptionem Deiparae*, c. 18, *PGr.*, XCVI, 1489. 聖母マリアが、謙虚にも〈法律の定めるところに〉(legalibus institutis) 服したにもかかわらず、彼女が〈法律の上にある〉(supra legem)〈特異な特権〉(singulare privilegium) を有していたことにブラクトンは触れている。筆者は、この特権の歴史的由来を知らない。しかしこれは、トリエント公会議の決議 (*Sessio* VI, *canon* 23) で触れられており、そこでは、いかなる人間も、「祝福された処女マリアから教会が受け取るような、神の格別の特権によらないかぎり」(nisi ex speciali Dei privilegio, quemadmodum de beata Virgine tenet Ecclesia)、生涯において小さな罪を回避することができないと言われている。H. Denzinger, *Enchiridion symbolorum* (Freiburg, 1937), 298, No. 833 参照。

☆二〇六――グラティアヌス教令集の二つの箇所が、この論点との関係で引用されるのが通例である。c. 10, C. XXV, q. 1 および c. 22, C. XXIII, q. 8, ed., Friedberg, I, 1009 および 961. たとえば、Marinus de Caramanico, *Prooem. in Const.*, ed. Cervone, p. xxxiv, ed., Calasso, *Glossatori*, 186, 47 ff. 参照――「さらに教皇は王に従い、自らが彼に服すことを認めた。……そして神の子キリスト自身、租税が自らに対し支払われることを要求した地上の王に服すことを明らかに示した。……」(Papa etiam regi obsequitur et ei se subesse fatetur . . . Et ipse Christus Dei filius terreno regi subditum se ostendit qui cum pro se solvi tributum faceret . . .)。教会法学者もこの見解を共有していた。たとえば、Gloss on c. 10, C. XXV, q. 1, v. *subditos* (ヨハネス・デ・ファントゥティイス Johannes de Fantutiis [?] の註釈) 参照。

☆二〇七――Bracton, f. 107 (Schulz, A, 11-13), Woodbine, II, 305; fol. 5 b 参照。Woodbine, II, 33――王は「裁判で審理を受けるときは、最も小さき者、あるいはそれに似た者である」(minimus, vel quasi, in iudicio suscipiendo)。

☆二〇八――原告としての王については、Schulz, 149; Pollock and Maitland, I, 515 ff. 参照。王冠が告訴されないことの歴史的由来およびイングランドにおける原告としての国家については、Robert D. Watkins, *The State as a Party Litigant* (Johns Hopkins diss., Baltimore, 1927).

☆二〇九――〈法の創り手〉としての王については、前出註☆一九八以下参照。法の解釈も、言うまでもなく王の権限に属する (前出註☆一九九)。Bracton, f. 34, Woodbine, II, 109――「しかし、王の書状や王たちの行為について、司法に携わる役人や私人は論議すべきではなく論議することもできない。そして、これらについて疑問の点が生じても、彼らはそれを解釈することもできない。たとえ疑問の点があり不明確であっても、……主君たる王の解釈と意図とを待つべきである。なぜならば、解釈は制定する者に属するからである」(De cartis vero regiis *et factis regum* non debent nec possunt iusitiarii nec privatae personae disputare, nec etiam, si in *illis* dubitatio oriatur, possunt *eam* interpretari. Etiam in dubiis et obscuris... domini regis erit expectanda interpretatio et voluntas, cum eius sit interpretari cuius est condere)。Schulz, 173 は、〈王たちの行為について〉(et factis regum) を「改竄されたに違いない」という理由で括弧に入れている。さらにシュルツは、その次に出てくる illa (前記の引用文中の illis) と eam は「もともとは、ただ cartae (書状) という言葉しか文頭になかったことを示している」と主張している。しかし、この議論は受け容れ難い。eam は明らかに dubitatio (疑問) を指しており、dubitatio の前の単語は illa ではなくて illis である (少なくとも、ウッドバインのいわば標準的とも言えるテクストに関してはそうである。そして、ウッドバインはトラヴァーズ・トウィス [Travers Twyss] 卿の刊本 [Roll Series, London, 1878, 1, 268] にある illa という読み方を、彼の研究資料のなかに書き入れてはいない)。したがって、文法上の理由からして改竄を推定する必要はない。さらに、et factis regum は表現として完全に適切である。Cf. *Lib. aug.*, 1, 4, ed., Cervone, 15――「彼の裁決や行為や勅法、そして助言について議論することは、瀆聖罪の一部である」(Est enim pars sacrilegii disputare de eius iudiciis, *factis* et constitutionibus atque consiliis...)。フリードリヒ二世は、シチリア国王ルッジェーロ二世の「ヴァティカン法令」(Vatican Assizes) の法令第十七および「カッシーノ集成」の法令第十一を、ほとんど言葉通りに繰り返している。Brandileone, *Diritto Romano*, 103 and 122 ; Niese, *Gesetzgebung*, 66 参照。これは、当時広く慣例的に用いられていた表現であった。たとえば、Rudolf M. Kloos, "Ein Brief des Petrus de Prece zum Tode Friedrichs II," *DA*, XIII (1957). ここでは、皇帝の公証人が、「君主の行為を論議することは、いわば瀆聖罪に等しいものと見なされるがゆえに……」(... eo quod sacrilegii quodammodo censetur ad instar *de factis principum* disputare) と書いている。これらすべての法律の出典は、*Codex* 9, 29, 2であり、これは、市長シュンマクス (praefectus Urbi Symmachus) に対し、グラティアヌス、ウァレンティニアヌスそしてテオドシウスが三八五年に発布した勅令である——「君主の裁決について議論すべきではない。皇帝が選択したことが適切か否かを疑うことは、瀆聖罪のごときものである」(Disputari de principali iudicio non opportet; sacrilegii enim instar est dubitare, an is dignus sit, quem imperator elegerit)。ここには facta という言葉は見られず、これと関連する勅令 *C.* 12, 17, 1 や *Cod. Theod.*, 1, 6, 9 にもこの言葉は見あたらない。しかしこの言葉は、ローマ皇帝の勅令の表現を少しばかり変えたシチリアとイングランドの史料に登場している——両者のうち、シチリアのほうが一世紀早い(一二三一年のものは再発布されたものにすぎない)。さて、最後にシュルツは、「王の (regis) ではなく王たちの (regum) とあるのが奇妙である」と指摘し、再びこれを改竄と想定している。しかし、筆者はそうは思わない。たとえば、*Lib. aug.*, 1, 4 の表題は、「いかなる者も王たちの行為や助言に口をさしはさむべきではない」(Ut nullus se intromittat *de factis* seu consiliis *regum*) となっている。複数形になったのは、*C.* 9, 29, 2 の見出しが *Idem AAA* (= *Augusti*) *ad Symmachum pu.* (= *praefectum Urbi*) とあるのが原因だったのかもしれない。その上、ビザンツの皇帝の複数表現は、南イタリアの書記や尚書にしばしば影響を与えていた。Ladner, "Portraits of Emperors," *Speculum*, XVII, 189 ff. 参照。しかし、複数形は、言明を一般化し、さらに過去の王たちをも指示することになる点で、有効なものであった。それは、「王たちの行為は議論されるべきではない」ということを意味したのであり、ブラクトンにおける意味もこのようなものであった(「王の書状や王たちの行為は論議されるべきではない」)。ブラクトンとシチリアの法典の間に見られる類似性をどのように説明すべきかは別問題である。しかし、ブラクトンが論考を書いたとき、イングランドはシチリア人で溢れていた。拙論 "Petrus de Vinea in England," 74 ff., 81 ff., そしてまた、これから公刊される拙論 "The Prologue to *Fleta* and the School of Petrus de Vinea," *Speculum*, XXXII (1957) を参照。

☆二一〇――「王と暴君」については、Schulz, 151 ff. シュルツは、本質的に重要な史料を要領よく総括している。

☆二一一――Bracton, f. 107 (Schulz, A, 3-4), Woodbine, II, 305: "Ad hoc autem creatus est rex et electus, ut ustitiam faciat universis, et ut in eo Dominus sedeat et per ipsum sua iudicia discernat."

☆二一二――"Utilitas autem est, quia nobilitat addiscentes et honores conduplicat et profectus, et facit eos principari in regno et sedere in aula regia et in sede ipsius regis quasi throno Dei, tribus et nationes, actores et reos ordine dominabili iudicantes, vice regis quasi vice Ihesu Christi, cum rex sit vicarius Dei. Iudicia enim non sunt hominis sed Dei. . ." Bracton, f. 1 b, Woodbine, II, 20. アゾとの比較については、Maitland, *Bracton and Azo*, 3 and 7, さらに p. 15 の註を参照。

☆二一三――ブラクトンは、王座を比喩的に神の玉座と呼んでいるが、これは伝統的な慣わしに沿ったやり方であった。たとえば、*Norman Anonymous*, *MGH*, *LdL*, III, 669, 45 and 670, 1 f. 明らかにブラクトンはこの比喩を好んでいた。彼は何度もこれを繰り返しているからである。f. 1 b, Woodbine, II, 21――「翼が生える前に、神の玉座のように高いところから飛ぼうとする者が墜落することのないように、……愚かで無知な者が、神の玉座とも言える裁判官の座に着こうとすべきではない」(Sedem quidem iudicandi, quae est quasi thronus Dei, non praesumat quis ascendere insipiens et indoctus . . . , ne ex alto corruat quasi a throno dei, qui volare inceperit antequam pennas assumat)。ここでもブラクトンは、「翼が生える前に飛ぼうとする者が墜落する」という比喩にも、〈神の玉座のように〉という言葉を付加しているが、これは彼がアゾから借用したものであり、ボローニャの教授たちが使用した表現法に典型的に見られるものであった。カプアのトマス、グイード・ファーバ、そしてプロツァンのアルノルトの『書式集』(Formularium) については、拙論 "Guido Faba," 280, n. 1 を参照。ブラクトンは、どちらかというと専門的ではなく文学的な箇所において、ボローニャで教えられていた〈作文法〉(dictamen) に由来する比喩を盛んに用いていることが指摘できるだろう。もっとも、彼がこの種の表現の多くを借用したのは、法学者たちの著作からである。

☆二一四——これ以外の箇所 (前出註☆二一三) においてブラクトンは、王に言及することなく、裁判官の席を「神の玉座」と呼んでいる。これと同じような精神で、John Fortescue, *De laudibus*, CC. III and VIII, ed. Chrimes, pp. 8, 22 は、「歴代誌」下 (一九:六) を引用している。ここでは、ユダ王国の王ヨシャパテにつき、次のように言われている。ヨシャパテは「裁判人たちに戒告した。『あなたがたは自分のなすことに気をつけなさい。あなたがたは人のために裁判するのではなく、主のためにするのです……』」(praecipiens iudicibus, 'Videte, ait, quid faciatis ; non enim hominis exercetis iudicium sed Domini')。前出註☆一〇二参照。

☆二一五——*Quaestiones Veteris et Novi Testamenti*, C. XXXV, ed., A. Souter, *CSEL*, 50 (1908), 63.

☆二一六——前出第三章註☆八四参照。

☆二一七——*MGH*, *LdL*, III, 667, 8 ff. (前出第三章註☆三〇). また p. 663, 11 f. 参照。ここでは、完全なる永遠性は、司祭たるキリストではなく、王たるキリストだけに認められている。——「キリストは正義の王であり、永遠の昔より支配し、永遠に、そして永遠を超えて支配するだろう。しかし、司祭と言われるキリストは、永遠に支配するであろうが、永遠を超えたところまでは支配しない。司祭職は永遠に、あるいは永遠を超えたところまで必要とは言えないからである」(Ipse Christus rex est iusticie, qui ab eterno regnat, et regnabit in eternum *et ultra*. Qui sacerdos dicitur in eternum, *non ultra*. Neque enim in eterno vel ultra eternum sacerdotium erit necessarium)。人間としてのキリストを司祭職と同一視することは、きわめて古い伝統に属する。また、父なる神を王と見る観念もそうである。たとえば、Augustinus, *In Psalmos*, CIX, 4, *PL*., XXXVII, 1459；あるいは、イングランドの圏内については、Beda, *Retractatio*, II, 36 参照。ベーダは、Isidorus, *Etym*., VII, 2, 2 に従っている。Cf. M. L. W. Laistner, *Bedae Venerabilis Expositio Actuum Apostolorum et Retractatio* (Cambridge, Mass., 1939), 105.

☆二一八――Wycliffe, *Tractatus de officio regis*, eds., A. W. Pollard and C. Sayle (London, 1887), 13 and 137；*De fide catholica*, c. 1, in Wycliffe's *Opera minora*, ed., J. Loserth (London, 1913), 102. Cf. W. Kleinecke, *Englische Fürstenspiegel* (Halle, 1937), 82, n. 5；F. Kern, *Gottesgnadentum und Widerstandsrecht* (Leipzig, 1915), 112, n. 198, and 119――「ヨークの逸名著者の思想は、当時においてはほとんど異端であり、近世の初頭において勝利を収めることになった」。

☆二一九――*MGH*, *LdL*, II, 468, また、472, 33 and 490, 6.

☆二二〇――Schulz, 137 および 148 参照。

☆二二一――Bracton, f. 3, Woodbine, II, 24 は、アゾに従って、*Digesta*, 1, 1, 1 の有名な一節を引用している。Maitland, *Bracton and Azo*, 24, また、Fortescue, *De laudibus*, C. III, ed., Chrimes, 8 参照。

☆二二二――Matthew Paris, *Chronica maiora* (*ad a*. 1252), ed., Luard, V, 336. この終わりのほうに、女伯爵の叫びと addicio de cartis との或る種の類似性を認めることができる。私がこの一節を知ったのは、ブラウン大学のB・C・キーニー (B. C. Keeney) 教授のおかげである。

☆二三三 —— *Rotuli Parlamentorum*, 1, 71 : "[rex] qui pro communi utilitate per prerogativam suam in multis casibus est supra leges et consuetudines in regno suo usitatas" ; and p. 74 : "dominus rex qui est omnibus et singulis de regno suo iusticie debitor." Cf. E. C. Lodge and G. A. Thornton, *English Constitutional Documents, 1307-1485* (Cambridge, 1935), 9. 〈正義の負債者〉(debitor iustitiae) という用語は、インノケンティウス三世の教令 (c. 11 X 2, 2, ed., Friedberg, II, 251) に由来するように思われ、他の人々によってもしばしば繰り返されていた。たとえば、Andreas de Isernia, *Usus feudorum*, fol. 235^{v} (*De prohibita feudi alien.*, § *Quoniam inter dominum*, n. 5 —— 「君主は確かに正義の負債者である」Princeps quidem est debitor iustitiae) および fol. 301 (*Quae sunt regalia*, § *Ad Iustitiam*, n. 64 —— 「なぜならば、君主と高位聖職者は、正義の負債者だからである」Quia sunt debitores iustitiae Principes et praelati)。「法の上にある王」という考え方は、社会の多様な階層のなかに擁護者を見出した。たとえば、G. O. Sayles, *Select Cases in the Court of King's Bench under Edward I* (Selden Society, LVIII ; London, 1939), III, XLI ; cf. XLVIII. 全面的に異なった観念から出発して、ウォルター・バーリー (Walter Burley) は、その『アリストテレス政治学註解』(一三三八年頃執筆) で、「王は法の上にあり、自らの上にある」(Est enim rex supra legem et supra se ipsum) と言うことができた。Cranz, *Aristotelianism*, 166 f. 参照。

☆二三四 —— Pollock and Maitland, 1, 516 ff. ; Francis Bacon, "Argument on the Writ *De non procedendo rege inconsulto*," *Works*, ed., Spedding (London, 1870), VII, 694 は、〈国王ジェイムズへの令状〉(Praecipe Jacobo Regi) という言葉で飾られた令状を嘲笑している。一般的な問題として、L. Ehrlich, *Proceedings against the Crown, 1216-1377* (Oxford, 1921) ; R. D. Watkins, *The State as a Party*

Litigant (Baltimore, 1927), 5 ff. 令状そのものの歴史については次の論文を参照——Fritz Schulz, " The Writ *Precipe quod reddat* and its Continental Models," *Juridical Review*, LIV (1952), 1 ff.

☆二三五———Sir Maurice Powicke, *King Henry III and the Lord Edward* (Oxford, 1947), 11, 780 ff.

☆二三六———グラティアヌスによって集められた時効に関するさまざまな引用箇所 (C. XVI, q. 3, ed., Friedberg, 1, 788 ff.) は、ほとんど例外なしに、シャルトルのイヴォその他の人々の著作に既に見られるものである。イングランドの教会法学者については、Stephan Kuttner and Eleanor Rathbone, "Anglo-Norman Canonists of the Twelfth Century," *Traditio*, VII (1949-51), 279-358. そして、時効については、pp. 345, 354, 355 参照。Carl Güterbock, *Bracton and his Relations to the Roman Law*, trans. by Brinton Coxe (Philadelphia, 1866), 118 ff. が指摘したように、「時効は、古イングランド法、そしてさらにグランヴィルにとっても知られてはいなかった」というのが通説であるように思われる。Cf. Pollock and Maitland, II, 140 ff. (「我々の中世法は土地に対する取得時効を知らなかった」). 〈王に対し時は経過することなし〉 (Nullum tempus currit contra regem [あるいは occurrit regi]) という格言の起源を突き止めることは筆者には不可能である。もっとも、似たような表現はグラティアヌス教令集にもある (c. 14, C. XVI, q. 3)。ローマ法学者や封建法学者は通常、もっと具体的な言い方をしていた。たとえば、「百年の時効が国庫に対して成立する」(centenaria praescriptio currit contra fiscum) とイセルニアのアンドレアスは述べている (Andreas de Isernia, *Usus feudorum*, on *Prohibita feudi alienatio per Fredericum*, n. 51, fol. 271v)。あるいはまた、Matthaeus de Afflictis, on *Lib. aug.*, III, 31, n. 4, fol. 186 には、「百年経過しないかぎり、王の国庫に対しては、いかなる時効も成立しない」(nulla praescriptio currit contra fiscum regium nisi centenaria）とある。しかし、ブラクトンの表現と正確に一致するものに筆者は出食わさなかった。

☆二二七――なかでも、Bracton, fol. 52, Woodbine, II, 57――「長期の占有は、母親のごとく占有権を生む」（Longa enim possessio sicut mater ius parit possidendi）。また fols. 40, 43 a, 43 b, Woodbine, II, 126, 134, 140, and passim; Guterbock, *Bracton*, 118; W. S. Holdsworth, *A History of English Law* (3rd ed., London, 1923), II, 284; Pollock and Maitland, II, 141 ff.

☆二二八――Georges de Lagarde, *La naissance de l'esprit laïque au declin du moyen âge, I: Bilan du XIII*[e] *siècle*（Wien, 1934）, 158, n. 23 は、国家の権利を不可譲とする観念が、「浸透するのに最も時間のかかった観念の一つであった」ことを指摘している。大陸における発展に関するいくつかの説明については、Schramm, *English Coronation*, 198 f. および "Das kastilische Königtum in der Zeit Alfonsos des Weisen," *Festschrift Edmund E. Stengel*（Münster und Köln, 1952）, 406. スペインについては、Gifford Davis, "The Incipient Sentiment of Nationality in Mediaeval Castile: The Patrimonio real," *Speculum*, XII（1937）, 351-358 も参照。不可譲の条項がフランスの戴冠式の誓約に加えられたのは、一三六五年になってからである（Schramm, *König von Frankreich*, 1, 237 f., nos. 1 and 7）。しかし基本的な考え方は、もっとずっと昔に遡る。一般的には、拙論 "Inalienability," *Speculum*, XXIX（1954）, 488-502, そして、この問題に関するごく最近の研究、Peter N. Riesenberg, *Inalienability of Sovereignty in Medieval Political Thought*（New York, 1956）を参照。

☆二二九――J. F. Baldwin, *The King's Council in England during the Middle Ages*（Oxford, 1913）, 346, §3; Powicke, *King Henry III*, 1, 336 f.; Robert S. Hoyt, *The Royal Demesne in English*

Constitutional History : 1066-1272 (Ithaca, N. Y., 1950), 162――これは、いま触れられている問題に関する最も重要で内容豊かな議論の一つである。

☆二三〇――Hoyt, *Demesne*, 84 ff., 123 f.

☆二三一――教会の影響については、拙論 “Inalienability,” 498 ff. 参照。もちろん、ローマ法も、世襲財産 (patrimonium) と国庫 (fiscus) との相違を明確にしていた。しかし、不可譲性に関する最初の考察は、それほどテクニカルではない問題から生じたものと思われる。すなわち、augustus という言葉の意味に関する問題である。この言葉は、伝統的にユスティニアヌスのこれ以外の称号 (〈永遠なる〉 perpetuus や 〈至聖なる〉 sacratissimus といった称号) とともに議論の対象とされていた。たとえば、Fitting, *Jurist. Schriften*, 148. *Augustus* (これは、一般に想定されているように 〈増加させる〉 augere に由来する) は「帝国を拡大する者」を意味した。したがって、皇帝は「減少させる者」ではありえず、帝国の財産を譲渡することはできない。Cf. Gerhard Laehr, *Die Konstantinische Schenkung in der abendländischen Literatur des Mittelalters bis zur Mitte des 14. Jahrhunderts* (Berlin, 1926), 64, n. 44, cf. 99.

☆二三二――Hoyt, *Demesne*, 134 ff. は、「古来よりの直領地」の意味と、これに関するいくつかの主題を、かなりの程度明確に分析している。また、彼の論文 “The Nature and Origins of the Ancient Demesne,” *Engl. Hist. Rev.*, LXV (1950), 145-174 参照。

☆二三三――後出第七章第二節参照。

☆二三四――Hoyt, *Demesne*, 124.

☆二三五――覚書 *De iure et de appendiciis corone regni Britannie* を参照。これは、*Leges Anglorum saeculi XIII ineunte Londiniis collectae*, edited by F. Liebermann, *Die Gesetze der Angelsachsen*

(Halle, 1903-1916) の1部 (1, 635 f.) を構成するものである。Cf. Schramm, *English Coronation*, 197; Hoyt, *Demesne*, 146, n. 47. 前出註☆二二五参照。

☆二三六――Bracton, fols. 14, 56, 103, Woodbine, II, 58, 167, 293, and passim. Cf. Pollock and Maitland, 1, 572 ff., 584, II, 14-44. メイトランドは、〈王に対し時は経過することなし〉という原則を「非常に健全な格言」と考えているが、実務においてこれが効力を有していたことを疑問視している。オグ (Ogg) は、セルデンの *Ad Fletam* への序文 (p. xliv) で、この格言を「ブラクトン自身の、あるいは特定の地域にだけ通用していた」ものとして引用している。しかし、この法理は広く知られており、ブラクトンはこれをただ繰り返すか、言い換えているにすぎない。

☆二三七――最も重要な箇所は、Bracton, fol. 14, Woodbine, II, 57 f. 自由人もまた〈準神聖物〉である。というのも、彼は国庫財産や教会財産と同様に、売却されえないからである。ブラクトン (fol. 407, Woodbine, III, 266) は、霊的事物に付随し (spiritualitati annexa) 司教たちによって神に捧げられる (per pontifices Deo dedicata) ことのないすべてのものを、準神聖物と呼んでいる。Güterbock, *Bracton*, 85 が指摘するように、ブラクトンは、終始、ユスティニアヌスの『法学提要』(*Inst.*, 2, 1) やアゾに依拠しながら、〈神聖物〉(res sacrae) と〈宗教的な事物〉(res religiosae) を混同していた。また後出註☆三〇二参照。

☆二三八――"De iure gentium pertinent ad coronam propter privilegium regis," Bracton, fol. 103, Woodbine, II, 293; cf. fol. 55 b, p. 167 および *Inst.*, 2, 1, 4 f. また、万民法については、Gierke, *Gen. R.*, III, 211, n. 72 および 611 f. さらに、「公的利益」の問題全般については、Gaines Post, "Public Law," 42 ff. そして "Two Laws," 421 ff. に見られる考察を参照。

☆二三九——Bracton, fol. 103, Woodbine, II, 293 f. ——「そして、このような事例においては、〔王が〕訴求したとき、彼に対して時間は経過することがない。王は立証する必要がなく、立証しなくて自らの主張を通すことができる。……彼は、長期にわたる時間の経過によって自らの主張を擁護するわけではないからである」(et in quibus casibus nullum tempus currit contra ipsum si petat, cum probare non habeat necesse, et sine probatione obtinebit . . . quia se ex longo tempore non defendet)。Cf. Maitland, *Bracton and Azo*, 175.

☆二四〇——大逆罪は、「裁判所と貴族」によって裁かれるが、これには裁判官として行動する王も参与する。Bracton, fol. 119 b, Woodbine, II, 337 (*De crimine laesae maiestatis*) ——「王が、同等者〔たる貴族〕を伴わずして、自分自身と彼の司法官だけで、原告かつ裁判官とならないように、同等者〔たる貴族〕が参加しなければならない」(debent pares associari, ne ipse rex per seipsum vel iustitiarios suos sine paribus actor sit et iudex)。Cf. Lapsley, "Bracton," *Engl. Hist. Rev.*, LXII (1947), 10. 国庫に関して王が、あるいは〈国庫〉それ自体が、〈自らが訴訟当事者であるような訴訟〉の裁判官となりうることは、たえず強調されている。たとえば、Cynus, on *C.* 7, 37, 3 (Lyon, 1547), fol. 306^{v} ——「皇帝は、自らに関する訴訟を自ら審理することはなく、別の人々を裁判官にする。しかし、皇帝がそれを望めば、自らに関する訴訟においても彼は裁判官になることができる」(Imperator causas suas non ipse cognoscit : sed iudices alios facit. Licet quando velit et ipse possit in re sua iudex esse)。これは、だいたいにおいて、イセルニアのアンドレアスの見解でもあった。Andreas de Isernia, *Usus feudorum* (on *De prohib. feudi alien.*, nos. 84 ff.), fol. 281. さらに、Lucas de Penna, on *C.* 11, 58, 7, n. 16 (Lyon, 1582), 564 は、国庫に関する訴訟において、「〔王の〕威厳と王冠を損なうことによって」(in praeiudicium dignitatis et coronae) 譲渡

された事物を取り戻す場合には、「君主は自らに関する訴訟における裁判官である」(princeps est iudex in causa sua) と主張している。これより後の時代については、Gierke, *Gen. R.*, IV, 247, n. 149. イングランド国王が、〈イングランドの王冠の古来の領地に関する〉(de antiquo dominico corone Angliae) 訴訟において裁判官であったことも、基本的に同じような考え方によっている。王は、個人として彼自身の私的な訴訟の裁判官になりえないが、ちょうど、司教が「(決して死ぬことのない) 教会に関する訴訟において」(in causa ecclesiae [quae nunquam moritur]) ――この訴訟は、司教個人に関する訴訟 (causa propria) と同じものではない――裁判官たりうるのと同様に、〈準神聖物に関する訴訟〉(causa rerum quasi sacrarum) においては裁判官となりうるのである。Gierke, *Gen. R.*, III, 257, n. 41 参照。

☆二四一―――たとえば、Marinus de Caramanico, *gl.* on *Liber aug.*, III, 39, Cervone, 399 参照。より慎重なのが同じ法律に対するイセルニアのアンドレアスの註釈 (p. 400) である。また同じく、Andreas de Isernia, *gl.* on *Liber aug.*, III, 8, p. 312 では、「国庫は公的なるがゆえに、直領地は公的なものである。国庫とローマ人民とローマ国は同じものである」(Demania sunt publica quia fiscalia sunt publica. Fiscus, Populus Romanus et Respublica Romana idem sunt)。また、Andreas de Isernia, *Usus feudorum*, *loc. cit.*, n. 51, fol. 272――「直領地は、公物がローマ人民のものであるように、君主のものである。国庫と公物は同じものだからである」(Demania sunt principis sicut publica populi Romani, quia fiscus et respublica idem sunt)。国庫に属するすべてのものは公的なものである。*Glos. ord.*, on *D.* 1, 1, 2, v. *in sacris*; cf. Post, "Two Laws," 421, n. 18. また、たとえば、Cynus, on *D.* 1, 1, rubr., n. 17 (Lyon, 1547), fol. 2――「国庫法は公法と言われると法律は定めている」(. . . lex dicit quod fiscale dicitur ius publicum)。ブラクトンは、このように国庫、人民、国家、王冠、王をすべて同一視するようなことまではしていないが、

本質的には同一の見解を抱いている。というのも、彼にとっても同様に、〈準神聖物〉は公物であって、古来よりの直領地はこのような公物に属するからである。Hoyt, *Demesne*, 232 ff. および 188.

☆二四二 ―― Bractos, fol. 14, Woodbine, II, 58 : "Diuturnitas enim temporis in hoc casu iniuriam non minuit, sed auget." ブラクトンによって言及されている原則は、教会法上のものである。c. 11 X 1, 4 (*De consuetudine*), ed. Friedberg, II, 41 ―― 「罪を負った不幸な魂を長い間保持すればするほど、罪はより重くなるのであるから……」(Quum tanto sint graviora peccata, quanto diutius infelicem animam detinent alligatam . . .)。自然法と実定法に反している「古来の慣習」(longaeva consuetudo) の問題、および慣習の規範的な効力を取り扱った教令は、時効との関連でたびたび引用されていた。たとえば、Andreas de Isernia, *Usus feudorum*, praeludia, n. 30, fol. 4^{v} ―― 「いかなる権限もなしに、単に不法な使用により保持されているものは、どんなに時間が経過しても時効取得されえない……特に、天上の法に従えば、長く保持すればするほど、罪はより重くなるのである」(Ea quidem quae nullo titulo, sed sola usurpatione tenuntur, nullo tempore praescribuntur . . . , maxime iure poli, ubi tanto gravius peccatur, quanto diutius)。また、c. 11 X 1, 4 への註釈 (*rubr.*) は、「自然法に反するいかなる慣習も有効ではない。同様に、理に適い、時効にかかった慣習は実定法に優越する」(Contra ius naturale nulla consuetudo valet. Item contra ius positivum praevalet consuetudo rationabilis et praescripta) と述べ、また同じ註釈 (v. *naturali iuri*) は、「自然法は不変で、実定法は可変的である」(et naturalia quidem iura immutabilia sunt, civilia vero mutabilia) と述べている。ブラクトンは、以上のような見解をすべて直領地や国庫の問題へと適用しながら、〈準神聖物〉をいわば〈自然法〉と同じものと見なしている。

☆二四三 ―― 「さらに、王個人の特権として王冠に属すが、公共の利益に関するものではなく、したがって贈与され移譲されうる他の事物が存在する。というのも、〔これらの事物は〕たとえ移譲されても、この移譲は、王ないし君主自身以外の誰をも害することがないからである」(Sunt etiam aliae res quae pertinent ad coronam propter privilegium regis, et ita communem non respiciunt utilitatem, quin dari possunt et ad alium transferri, quia, si transferatur, translatio nulli erit damnosa nisi ipsi regi sive principi)。Bracton, fol. 14, Woodbine, 11, 58. また、fol. 56, p. 167 参照。これは、基本的に言ってあらゆる法学者の見解であった。

☆二四四――Bracton, fol. 14, p. 58――「……というのも、このような自由に関して特別の許可を得なかったのであれば、たとえ長期間の経過による時効取得を自らのために主張しても、自らを擁護することはできない。……この種のものは、万民法上、王冠に属するからである」(... quia si warantum non habuerit specialem in hac libertate se defendere non poterit, quamvis pro se praetenderit longi temporis praescriptionem... huiusmodi de iure gentium pertineant ad coronam)。前出註☆二三八参照。

☆二四五――〈それほど神聖ではない事物〉は、fol. 14, p. 58 で触れられている。Cf. fol. 55 b, Woodbine, II, 166 f.

☆二四六――国庫(fiscus)と皇帝の世襲財産(patrimonium)、そして私物(res privatae)の区別は、古代においてさえ明確さを欠いていた(Vassalli, "Fisco" [後出註☆二七二], 97 ff. 参照)。そして、中世ローマ法学者は、これらの用語がさまざまなところで異なった意味で用いられていたことを、必ずしも常に自覚してはいなかった。Peregrinus, *De iure fisci*, I, 1, n. 8, fol. 1^v は、次のように述べて、註釈学派の見解を正しく要約している――「国庫財産とは、君主職の世襲財産に〔君主の世襲財産 patrimonium Principis とは言われていないことに注意〕含まれ、この財産の管理は、帝国の保護と人民たちの善き統治のために、労働に対する俸給のごとく、使用収益の対象として君主に認められている」（Fisci autem res sunt, quae in Principatus sunt patrimonio, quorum administratio, quasi stipendia laboris, in usum et usufructum Principi concessa est, pro tuitione imperii et populorum bono regimine）。Accursius, on C. 7, 37, 3, v. *omnia principis* が「あるいはより正しく言えば、すべてのものは、すなわち国庫財産と世襲財産は彼のものである」（Vel verius omnia sua sunt, scilicet fiscalia et patrimonialia）と説明しているのも、これと同じような観点からである。この見解は、Andreas de Isernia, on *Lib. aug.*, III, 4, Cervone, 293 においても表現されている――「同様に、財産が〔君主の財産に〕組み入れられれば、それはすべて君主のものになる」（Item, licet postquam bona sunt incorporata, omnino sunt Principis）とアンドレアスは述べるが、その後で、「しかし、直領地とそれ以外の宮廷の財産には……したがって国庫財産と世襲財産には相違がある」（Differentia tamen est inter res Demanii et alia bona Curiae . . . , sic inter fiscalia et patrimonialia）と主張している。筆者は、この錯綜した問題をこれ以上議論することをさし控えたい。特にブラクトンにおいては、封建的な概念が、到る所でローマ法学者の用語に干渉しているからである。

☆二四七――もちろん、これが問題の核心である。「すべての人々に触れるもの」は公物に属して、時間の影響を受けない。有名な論文、G. Post, "Quod omnes tangit," *Traditio*, IV (1946), 197 ff. 参照。

☆二四八――Bracton, fol. 14: "et in quibus currit tempus contra regem sicut contra quamlibet privatam personam." Cf. fol. 56――「立証が必要とされる他の事物においては、他のあらゆる人々に対してと同様、王に対しても時間は経過する」（In aliis enim, ubi probatio necessaria fuerit, currit tempus contra ipsum sicut contra quoscumque alios）。言うまでもなく、王の私的財産も同様に時効にさらされている。

☆二四九――ここで我々は、ノルマンの逸名著者を想い起こすことができるだろう。彼は、言うところの〈聖なる王〉(rex sanctus)を、時間と空間を超えたところに置いていた(cf. Williams, *Norman Anonymous*, 160, and 225 ff., *Digressio de voce "sanctus"*)。もっとも、これは国庫上の根拠によるものではなかった。また、前出註☆四参照。ブラクトンは〈時間〉の問題を、或る意味で自覚していたとも思われる。或る箇所で(fol. 102 b-103, Woodbine, II, 293)、彼はユスティニアヌスの『法学提要』の一節(*Inst.*, 4, 12)に従いながら、永久的行為と時間的行為とを区別している。すなわち、永久的に妥当する行為(法律、元老院決議あるいは皇帝の勅法)と、時間によって限定された行為との区別である。しかし、全く思いもよらないことに、ブラクトンは――明らかに永久性と時間的限定という観念に刺激されて――、『法学提要』には、本題から離れたこのような補註を付する理由となるものがないにもかかわらず、〈王に対し時は経過することなし〉に関する一節を挿入しているのである。Cf. Maitland, *Bracton and Azo*, 175.

☆二五〇――前出一四九―一五〇頁参照。このことは、より前の時代において、公的権能と私的権能の区別が全く存在しなかったことを意味しない。たとえば、一一三〇年頃、ライヒャスベルクのゲルホー(Gerhoh von Reichersberg, *De edificio Dei*, c. 21, *MGH*, *LdL*, III, 152, 12)は、コンスタンティヌス大帝の贈与を論じながら(前出註☆二三一)次のように指摘している――「公物である王国の権能について、王は私的な贈与を行ってはならない。それは後の承継者たる王たちのために損なうことなく保持されるべきであり、あるいは王侯たちの評議会にかけてから贈与されるべきである。私物については、王は他の王侯たちと同様に私的な贈与を行うことができる」(De regni autem facultate, quae est res publica, non debet a rege fieri donatio privata. Est enim aut regibus in posterum successuris integre conservanda aut communicato principum consilio donanda. De re autem privata tam a regibus quam a ceteris principibus potest fieri donatio privata)。Irene Ott, "Der Regalienbegriff im 12. Jahrhundert," *ZfRG*, kan. Abt., XXXV (1948), 262 f. は、この一節から、国家を「法人」と見なす見解を引き出しているが、これは明らかに行き過ぎである。後世、ローマ法学者や教会法学者は、王が「王としてではなく、人間および理性的動物として」(non tanquam rex, sed tanquam homo et animal rationale) 私的に所有する事物につき、再三再四言及している。たとえば、Baldus, *Consilia*, 1, 271, n. 6, fol. 82 参照。しかし、このような〈私物〉(res privatae) はブラクトンにより少しも議論されてはいない。

☆二五一――Post, "Public Law," 46 ff., 49, また "Two Laws," 421 ff.

☆二五二――Bracton, fol. 14, Woodbine, 11, 58 : "Est etiam *res quasi sacra res fiscalis*, quae dari non potest neque vendi neque ad alium transferri a principe vel a *rege regnante*, et quae faciunt ipsam *coronam* et communem respiciunt utilitatem, sicut est pax et iustitia quae multas habent species." 残念ながらブラクトンは、「平和や正義」のさまざまな形態をとりたてて議論してはいない。しかし、これらは〈公的な利用〉(usus publicus) や〈公共の利益〉(communis utilitas) といったポウストが論じたような (Post, "Public Law," 50 ff.) 観念と親和する観念であろう。ブラクトンの論考における「王冠」は、明らかに「人格化された国家」ではなく、また未だ〈擬制的人格〉とも考えられてはいない。もっとも、隠された団体的概念がブラクトンのなかに姿を現わし始めていることは、ポウストがその研究 "Quod omnes tangit" で立証した通りである。

☆二五三――T. F. T. Plucknett, "The Lancastrian Constitution," *Tudor Studies Presented to A. F. Pollard* (London, 1924), 168, n. 10. ここに含まれている問題(すなわち王が或る個人に対して行った私的契約は、緊急事態 casus necessitatis によって無効とされるという原則)については、Post, "Two

Laws," 424 および "Public Law," 53 参照。また、レイデンのフィリップス（後出註☆二五九）の簡潔な定式化（Philip of Leyden, *Tabula*, rubr. 1, n. 9, p. 370）――「国家の事物に関して、慣習や制定法はこれを害してはならない」(In rebus reipublicae consuetudo vel statutum non praeiudicant）を参照。これは、特許や特権の付与にもあてはまるだろう。*Black Lettler Vulgate*（London, 1679), II, parts 7-8, p. 63 からペイストンの議論のテクスト全体を筆者のために複写してくださったのは、ロンドンのエリザベス・ワイゲル嬢である。重罪犯の贈与は、法的に見て常に興味ある事例であった。たとえば、Selden, *Ad Fletam*, III, 1, ed., Ogg, p. 22 参照。実際のところペイストンは、〈自己に対する重罪犯〉(felo cle se すなわち自殺者）が、無遺言で死亡し、その結果、終意処分の欠如を理由としても国庫が彼の相続人とされることを想定し、その仮想的事例をさらに複雑化している。これは、レイデンのフィリップス（後出註☆二五九）も無遺言の死亡との関連で、同じようにキリスト＝国庫の類比関係に言及している点で興味深い。一般的には、筆者の簡単な覚書、"Chistus-Fiscus," *Synopsis: Festgabe für Alfred Weber*（Heidelberg, 1948), 225 ff. 参照。これは、両者の比較の起源や、その後の歴史的展開に関する知識なしに書かれたものである。

☆二五四――Andrea Alciati, *Emblemata*（Lyon, 1551), No. CXLVII, p. 158. この標語は、一五三二年に刊行が予定されていた版には未だ掲載されておらず、一五三一年の〈初版〉に初めて登場する。Henry Green, *Andrea Alciati and the Books of Emblems*（London, 1872), 324 参照。

☆二五五――Green, *Alciati*, p. viii.

☆二五六――たとえば、Johannes Georgius Seyboldus, *Selectiora Adagia latino-germanica*（Nürnberg, 1683), 306; K. F. W. Wander, *Deutsches Sprichwörterlexikon*（Leipzig, 1867), I, 538, Nos. 54, 56, 57; V, 1102, No. 95, cf. Nos. 103 f.; Gustavo Strafforello, *La sapienza del mondo ovvero dizionario univer-*

sale dei proverbi di tutti popoli (Torino, 1883), II, 86, s. v. “Fisco” 参照。

☆二五七——Edward and Guthrum, *Prol.*, cc. 2 and 12; VIII Aethelred, cc. 2, 15, 36, 38; I Canute, cc. 2 and 4; ed., Felix Liebermann, *Die Gesetze der Angelsachsen* (Halle, 1903), I, 128 f., 134 f., 263, 265, 267, 280 f. 参照。

☆二五八——Matthaeus de Afflictis, on *Lib. aug.*, 1, 7 (*De decimis*), fol. 53^v; *praeludia*, q. XV, n. 3, fol. 14^v.

☆二五九——Philippus de Leyden, *De cura rei publicae et sorte principantis*, 1, n. 9, eds., R. Fruin and P. C. Molhuysen (Den Haag, 1915), 13. このテクストに筆者の注意を向けさせてくれたのは、Berges, *Fürstenspiegel*, 265 である。フィリップスについては、F. W. N. Hugenholtz, “Enkele Opmerkingen over Filips van Leydens *De cura rei publicae et sorte principantis* als historische bron,” *Bijdragen voor de Geschiedenis der Nederlanden*, Nos. 3-4, 1953 も参照。フィリップスは、*Codex* 10, 10, 1 に基づいて、無遺言相続財産に対する国庫の権利を論じ、都市やその他の地方団体の側からの要求を拒絶している（国庫と諸都市の論争については、Cecil N. Sidney Woolf, *Bartolus of Sassoferrato* [Cambridge, 1913], 120 ff. および団体における〈無遺言相続〉successio ab intestato については、Gierke, *Gen. R.*, III, 291, n. 139）。都市によって取り上げられた遺産は、君主によって取り消されねばならない——「ある程度までキリストの世襲財産と国庫を比較することができる。……キリストの財産の管理者は、貧民の生活の糧を勝手に処分できないように……国庫財産も国家の保護と維持のために利用されねばならない」（Et quasi bona patrimonialia Christi et fisci comparantur. Ut administratores rerum Christi pauperum cibos ad libitum non disponant . . ., sic bona fisci in protectionem et conservationem reipublicae servanda sunt）。

Philippus de Leyden, 1, n. 15, p. 14 は事実、グラティアヌス教令集（*Decretum*）から関連箇所（次註参照）を引用している。貧民が教会財産の所有者であるという広範に流布した法的観念については、*Gierke*, *Gen. R.*, III, 293, n. 143 参照。

☆二六〇———c. 8, *C.* xvl, q. 7, ed., Friedberg, 1, 802 参照。この一節は、言うまでもなく広く知られており、一三四〇年代にはアルベリクス・デ・ロサーテの *Dictionarium Iuris tam Civilis quam Canonici* (Venezia, 1601), fol. 120, s. v. *Fiscus* で引用され、そこでは「キリストが受け取らないものは国庫が奪い去る」(Quod non accipiet Christus, ubi aufert fiscus) とある。

☆二六一———［Pseudo-］Augustinus, *Sermones supposititii*, LXXXVI, 3, *PL.*, XXXIX, 1912.

☆二六二———Augustinus, *Enarrationes in Psalmos*, CXLVI, 17, *PL.*, XXXVII, col. 1911.

☆二六三———「あなたがたは、誰かが国庫のドラゴンではないかと恐れなくともよい。たとえ国庫の取立て人は恐怖をもって従われようとも。国庫とは公けの金庫である。主も、かつて彼が財布を有していたとき、この世において金庫を有していた。これらの財布はユダに委ねられたのである（ヨハネによる福音書一二：六）……」(Ne putetis quia aliquis draco est fiscus, quia cum timore auditur exactor fisci ; fiscus saccus est publicus. Ipsum habebat Dominus hic in terra, quando loculos habebat ; et ipsi loculi Judae erant commissi . . .)。

☆二六四———Lucas de Penna, on *C.* 10, 1, 1, n. 7 (Lyon, 1582), p. 5 ; (Lyon, 1597), fol. 11^{v}.

☆二六五———決定的に重要な箇所は、c. 12 and c. 17, *C.* XII q. 1, ed., Friedberg, 1, 681, 683——「教会が自らの財布をもたないとするならば、なにゆえ［キリストは］財布をもち、天使たちがそれを管理したのだろうか」(Quare habuit ［Christus］ loculus cui angeli ministrabant, nisi quia ecclesia ipsius loculos habitura erat?）および、「主は、信者から施されたものを聖化する財布を有していた……」（Habebat Dominus loculos, a fidelibus oblata consecrans . . .）。これら二つの箇所は、Augustine, *In Johannem*, 12, 6（前出註☆二六三）から取られたものであり、聖霊派フランシスコ会士に対する教令のなかで、教皇ヨハネス二十二世によって引用されている。Cf. *Extravagantes Ioannis XXII*, tit. XIV, c. 5, ed., Friedberg, II, 1230 ff., esp. 1233. loculus という財布を意味する言葉は、アウグスティヌスによって示されたように（前出註☆二六三）、「国庫」の意味で理解することも可能であった。それゆえ、法学者たちは、言葉の固有の意味においてキリストが国庫を有したか否かという問題につき詳述したのである。たとえば、Matthaeus de Afflictis, *Praeludia*, q. xv, nos. 7-9, fol. 14v 参照。

☆二六六――教会の財産を示すために〈キリスト〉という名前を用いることは、キリストがその所有者と見なされ（Gierke, *Gen, R*., III, 250, n. 18）、あるいは神（後出註☆二九八）、ないしは貧民（前出註☆二五九）がその所有者と見なされている事実により説明される。教会財産の不可譲性に関する初期中世の歴史については、Arnold Pöschl, "Kirchengutsveräusserungen und das kirchliche Veräusserungsverbot im früheren Mittelalter," *AKKR*, CV（1925）, 3-96, 349-448.

☆二六七――「それゆえ、王国の国庫を管理する人々は、封土が死手に帰したと述べているが、より正しく適切には永久手と言われるべきである。なぜならば、教皇座が死なないように……そして、永遠である帝国が死なないように……教会は決して死ぬことがないからである」（Unde fiscales regni dicunt quod feudum pervenit ad manus mortuas; sed verius et proprius diceretur manus perpetuas; nam ecclesia nunquam moritur . . . sicut nec sedes apostolica . . . sic nec imperium quod semper est）。Lucas de Penna, on *C*. 11, 69, 5, n. 2（Lyon, 1582）, p. 515 参照。ルカスは、Andreas de Isernia, on *Feud*., 1, 13, n.

3, v. *Ecclesiae*, fol. 49^{v} を引用している。Cf. Gierke, *Gen. R.*, III, 365, n. 43.〈国庫は死なず〉(fiscus nunquam moritur) という表現については、後出註☆二九二参照。

☆二六八――――Bartolus, on C. 11, 62 (61), 4, n. 1, fol. 45^{v}: "... cum ecclesia et fiscus paribus passibus ambulent." ここでは、*Codex* 1, 2, 23 が援用されている。この箇所には、〈私的利益〉(privata commoda) に〈神法および公法〉(divinum publicumque ius) が対置されている。したがって、「神法と公法は対等に歩みをともにしている」(ius divinum et publicum ambulant pari passu) と強調することが法学者の間で一般化していた。Cf. Post, "Two Notes," 313, n. 81 (ここでは、ジャック・ド・レヴィニー Jacques de Révigny [一二七〇―一八〇年頃] が引用されている). また、前出註☆二六七および後出註☆二八三、二八五参照。

☆二六九――――たとえば、Baldus, on C. 7, 38, 1, fol. 29――「カエサルのものは時間の経過により時効にかかることはない。……帝国とローマ教会に対しては時効は成立しない」(... nullo tempore praescribitur res Caesaris ... Contra Imperium et Romanam Ecclesiam non praescribitur. 後出註☆二八〇)。また、Baldus, on C. prooem., n. 38, fol. 3――「時効にかかりえないものは譲渡されえない」(quod non potest prescribi, non potest alienari)。

☆二七〇――――法学者の態度およびこの問題全般については、Laehr, *Konstantinische Schenkung*, 98 ff., 129 ff., 184 f. また、B. Nardi, "La Donatio Constantini e Dante," *Studi Danteschi*, XXVI (1942), 81 ff.; Ullmann, *Mediaeval Papalism*, 107 ff., 163 ff.: Woolf, *Bartolus*, 94 ff., also 343 ff. Baldus, on c. 33 X 2, 24, fol. 261 は、単にそれが「奇蹟」であったという理由だけにより寄進（贈与）の有効性を支持しているが、それが合法的でないことを認めていた。また、*Consilia*, III, 159, n. 3, fol. 45^{v} 参照。ここでバルドゥス

は、かなり率直に次のように述べている――「というのも、奇蹟であったコンスタンティヌスの贈与について、どのようなことが言われても、王によって同じような贈与がなされたとき、それは後継者を拘束しない。彼らには、王国の浪費ではなく王国の保護が委ねられているからである」(nam quicquid dicatur de donatione Constantini, quae fuit miraculosa, si similes donationes fierent a regibus, non ligarent successores, quibus regni tutela, non dilapidatio est commissa)。イングランドについては、Schramm, *English Coronation*, 197 ff.; Hoyt, *Demesne*, 146 参照。

☆二七一 ――― 前出註☆二二六。叙任権闘争の間、教会財産の永久性は何度も強調されていた。たとえば、Placidus of Nonantula, *De honore ecclesia*, c. 7, *MGH*, *LdL*, II, 577, 30――「ひとたび教会に与えられたものは、永久にキリストのものであり、いかなる仕方においても教会の財産からの譲渡はありえない」(Quod semel aecclesiae datum est, in perpetuum Christi est, nec aliquo modo alienari a possessione aecclesiae potest)。これに対して、帝国側の主張の擁護者たちは、教会の世俗的財産の永久性を否定し、さらには、世俗権力それ自体の永久性をも否定するに至った。彼らは、新しい王と新しい司教が位に就くたびに、叙任がたえず繰り返され、教会に対する贈与がそのつど確認されるべきことを主張した。たとえば、Wido of Ferrara, *De scismate Hildebrandi*, II, *MGH*, *LdL*, I, 564, 42――「帝国と王国が連続していないように、王国の権利や皇帝たちの権利も連続しておらず、王や皇帝の許にたえず留まるわけではない。しかし、もしこれらが永久に彼らの許に留まらないのであれば、これらが譲渡される［司教の許に］永久に留まることがありえようか」(Sicut enim imperium et regnum non est successorium, sic iura quoque regnorum et imperatorum successoria non sunt, nec regibus et imperatoribus perpetim manere possunt. Si vero perpetim non manent illis, qualiter his [sc. episcopis], quibus traduntur, perpetim manere possunt ?)。確かにウィドは、永久的な皇帝の権利（imperialia iura）を確立しようと試みているのであるが、この観念を充分に拡張させて連続性の分断を克服するところまで至っていない。むしろ彼は、皇帝が即位するたびに、新しい皇帝の手で司教の叙任が新たに行われる必要性を主張するために、このような分断を認めざるをえなかった。

☆二七二――以下の叙述については、Gierke, *Gen. R.*, III, 209 ff. 国庫の歴史については、Filippo E. Vassalli, “Concetto e natura del fisco,” *Studi Senesi*, XXV（1908）, 68-121, 177-231 参照。非常に有益なのがヴェネツィアの教会法学者マルクス・アントニウス・ペレグリヌス（Marcus Antonius Peregrinus）の *De privilegiis et iuribus fisci libri octo*（Venezia, 1611）である。ペレグリヌスは引用箇所において中世の註釈学者の見解を要領よくまとめている。

☆二七三――フランク王国の文書や法律や年代記のなかに「国庫」という言葉がたびたび見受けられるが、これらは古代の行政上の言語の残存以上のものを意味してはいない。国庫が以前に有していた非人格的な性格は、既にトゥールのグレゴリウスの著作において、純粋に人格的な観念に途を譲っている。Vassalli, “Fisco,” 181 ff. の解説を参照。たとえば、James Westfall Thompson, *The Dissolution of the Carolingian Fisc in the Ninth Century*（Berkeley, 1955）のような著作に、“fisc” の意味を特定化しようとする、ほんのわずかの努力も払われていないことは、意義深いことである。

☆二七四――たとえば、Fitting, *Juristische Schriften*, 200――「国庫は、金銭が仕舞い込まれる王の財布のことである。しかし、転義により、王権に属するあらゆる所有物も国庫と言われる」（Fiscus dicitur regius sacculus, quo recipiebatur pecunia regis. Per translationem vero dicitur omne dominium regie maiestatis）。もちろんこの定義は全くもって非独創的なものである。国庫の人格的概念については、皇帝ハインリヒ五世が一一一一年にシュパイアーに対して与えた特許状を参照。ここで皇帝は、「国庫、すなわち皇帝の利益のために彼個人に属するものに対する」(in locis fiscalibus, id est ad utilitatem *imperatoris* singulariter pertinentibus) 権利につき語っている。Cf. Vassalli, "Fisco," 186, n. 2. ヴァッサッリは、特許状の確認に関して、〈皇帝の〉(imperatoris) から〈帝国の〉(imperii) への表現上の変化が一一八二年に生じたことを記録している。〈王の財布〉(sacclus regis) という定義の残存については、たとえば、Bartolus, on C. 10, 1, rubr., n. 11 (Venezia, 1567), fol. 2^{v} ——「国庫とは、カエサルないし王あるいは国家の財布である」(Fiscus est saccus cesaris vel regis vel reipublicae) 参照。しかしバルトルスは国庫を〈帝国の金庫〉(camera imperii) とも呼び、公的なものと私的なものを明確に区別している——「……我々は、皇帝の金庫を、彼が皇帝であるかぎりにおいて理解するか……あるいは、彼が私人であるかぎりにおいて理解する。そしてこの場合、帝国の金庫は彼の金庫と異なることになる」(... aut accipimus cameram imperatoris prout est imperator ..., aut prout est privatus, et tunc differt camera imperii a camera sua)。この種の区別がかなり早い時期から見られることについては、後出註☆二七六参照。また、Peregrinus, *De iure fisci*, 1, 1, n. 6.

☆二七五——プラケンティヌスとアゾについては、Gierke, *Gen. R.*, III, 211; Post, "Public Law," 449. そして一般的には、Vassalli, "Fisco," 189 ff. レクス・レギアは、たとえば、Cynus, on C. 2, 54, 4 (Lyon, 1549), fol. 81 および (Frankfurt, 1678), fol. 114^{v} に引用されている——「さらに、国庫の国家がローマ人民の国家を引き継いだこと、すなわち、人民のあらゆる権利を君主へと移譲したレクス・レギアによって、〔国庫の国家がローマ人民の国家を引き継いだこと〕は否定されえない。……それゆえ、〔国庫の国家はローマ人民の国家の〕特権と地位を受け取った」(Praeterea negari non potest, quin Respublica fisci successerit in locum Reipublicae Romanorum per legem regiam, quae omne ius populi transtulit in principem . . . Ergo eius privilegia et conditionem assumpsit)。国庫と君主の同一性は、たとえば *D*. 43, 8, 2, 4 にある「国庫財産は君主自身の私的な財産である」(res enim fiscales quasi propriae et privatae principis sunt) という一節によって支持されている。Baldus, on *C*. 10, 1, nos. 11-13, fol. 232^{v} は、事実上考えられるあらゆる可能な解釈を、賛成と反対の論拠とともに議論している。彼はまたレクス・レギアから生じた諸結果を考察し (n. 12)、これを基礎として窮極的にはローマ人民が国庫を所有するという結論を引き出し、「なぜならば、君主はかの人民を代表し、かの人民は、たとえ君主は死んでも帝国を代表するからである」(quia princeps repraesentat illum populum, et ille populus Imperium, etiam mortuo principe) と述べている。もちろんバルドゥスは、国庫を君主と同一視するのが困難であることを認めている――「皇帝が死去したら、この国庫はどこにあるのだろうか。というのも、国庫であった者が死去してしまったからである。解答は次のごとくである。別の皇帝が生まれるまでの間、それは死んでいないものと見なされ、むしろ、人格のように行為するのである」(Quaero, mortuo imperatore, ubi est iste fiscus, cum sit mortuus ille qui erat fiscus? Responsum: fingitur non mortuus, donec alius creetur imperator, sed vice personae fungetur)。もちろん、世襲君主制やイタリアの共和国においては、国庫の空位は存在しなかった。他の多くの法学者と同様、バルドゥスは国庫を〈帝国の金庫〉(camera imperii. 次註参照) と定義している。他方、バルトルスは *D*. 49, 14, 2 への註解 (Bartolus, on *D*. 49, 14, 2, n. 2, fol. 254^{v}) やこれ以外の箇所で、「主権」に関する彼の有名な見解に従いながら、「自由な人民は自己自身にとり国庫である」(populus liber est sibi ipsemet fiscus) と主張している。Cf. Vassalli, "Fisco," 191, n. 3. 〈人民〉(populus) と〈国庫〉(fiscus) の関係については、P. W. Duff, *Personality in Roman Private Law* (Cambridge, 1938), 52-61 も参照。国庫の人格化については、Gierke, *Gen. R.*, III, 359, n. 17 ; そして一般的には、Vassalli, "Fisco," 211 ff. 参照。

☆二七六 ―――― *Glos. ord.* on *D.* 1, 1, 1, 2, v. *in sacris*, また、on *C.* 10, 1, rubr. 参照 ―― 「国庫は、皇帝ないし帝国の金庫と言われる。これは、皇帝の世襲財産ではない」(Fiscus dicitur ipsa imperialis vel imperii camera, non dico patrimonii Imperatoris)。最後の言葉は、しばしば特別な強調をもって繰り返されている。たとえば、Odofredus, on *C.* 10, 9, 1, n. 10 (Vassalli, "Fisco," 189) は、〈帝国の金庫〉という言葉に、「君主の世襲 [の金庫] ではない」(non patrimonialis [camera] principis) という説明を付加している。バルトルスは、〈皇帝の世襲財産の〉という言葉を註釈しながら、明確な区別を設け、「というのも、このとき皇帝は私人として理解されており、この [世襲財産の] 管理者は、国庫の管理者とは異なるからである」(Quia tunc Imperator capitur ut privatus, et tunc eius [patrimonii] procurator differt a procuratore fisci) と述べている。そして、Baldus, on *C.* 10, 1, n. 13, fol. 232 は、一般化して次のように説明している ―― 「国庫は帝国の金庫である。それゆえ、国庫のあるところに帝国がある」(Fiscus est camera imperii ; ubi ergo est fiscus, ibi est Imperium)。一般論としては、Peregrinus, I, 1, nos. 2, 4, 8, and passim, fol. 1v ; Post, "Public Law," 48 ff. および "Two Laws," 421 f., nn. 18 f., そして、国庫の永久性については、Vassalli, "Fisco," 215, また、fiscus を、永久という意味での fixus に由来すると見なす慣例的な語源論については、Peregrinus, I, 1, n. 37, fol. 3v 参照 ―― 「国庫は不易で不動である。それは永久で死ぬことがないからである。……そして所有者の人格は変化しても、国庫は永久に同一である」(fiscus est fixus et stabilis, quia perpetuus et nunquam moritur . . . et quamvis mutetur domini persona, semper tamen idem est fiscus)。

☆二七七――〈記憶されうる期間〉(tempus memoratum) については、たとえば、*C*. 7, 39, 4, 2 参照。ブラクトン (fol. 230, Woodbine, III, 186) は、国庫に対し時効が成立する非常に明確な理由を挙げている――「同様に、人間の記憶を超える長期間の経過と使用を示さなければならない。このような期間が法の代わりになるのは、法が尽きたからではなく、訴権ないし立証が充分でないからである」(Item docere oportet longum tempus et longum usum qui excedit memoriam hominum. Tale enim tempus sufficit pro iure, non quia ius deficiat sed quia actio deficit vel probatio)。Andreas de Isernia, on *Feud*., II, 55 (*De prohib. alien.*), n. 50, fol. 271v は、国庫に対する時効がありうるか否かを議論している――「同様に、王国や帝国の直領地が時効にかかりうるかが問題となる。シチリア王国の有識者たちは、[*Lib. aug*., III, 8, Cervone, 307 ff.] に対する註釈者 [マリヌス・デ・カラマニコ] と同じように、否と述べている。……それゆえ、直領地については、記憶が存在しないような期間の時効は成立する……と言うべきだと思われる」(Item quaeritur an demania regni vel imperii possint praescribi : periti regni Siciliae dicunt, quod non, sicut glossator [Marinus de Caramanico] in constitutione 'Si dubitatio' [*Lib. aug*., III, 8, Cervone, 307 ff.] . . . Videtur ergo dicendum quod praescriptio temporis cuius non extat memoria, procedat et in demaniis . . .)。同じ見解は、*Lib. aug*., III, 8 に対するアンドレアスの註釈においても表明されている。

☆二七八――*Novellae* 9 (ローマ教会に対して) および *Codex* 1, 2, 23, 3-4 (特定の事例について教会一般に対して)。これはその後変遷を経て、四十年へと短縮された (cf. *Nov*. 111, また *Nov*. 131, 6) にもかかわらず、〈百年の時効〉(praescriptio centum annorum) は、ローマおよび教会法においては効力をもち続けた。グラティアヌス教令集 (*Decretum*, c. 17 C. XVI, q. 3, ed., Friedberg, 1, 796) を参照。

☆二七九――*Gloss. ord*. on c. 14 X 2, 26, v. *centum annorum* では、百年の時効は、時効が全く認めら

れていないに等しいことが強調されている――「しかし、明らかに、百年の時効が立証されることは不可能と思われる。教皇が『ローマ教会に対して時効が成立することを、余は欲さない』と述べたとしても、同じことである」(Sed videtur certe impossibile probari praescriptionem centum annorum. Idem est ac si diceret Papa: Nolo quod currat praescriptio contra Romanam ecclesiam)。そして註釈者は、百年間の占有を立証するためには証人は少なくとも百十四歳でなければならないと付言する。証人として認められるためには十四歳になっていなければならないからである。これは、当該のインノケンティウスの教令の慣例的な解釈として通用していた。たとえば、Baldus, on c. 14 X 2, 26, n. 2, fol. 273^{v}, また、Matthaeus de Afflictis, on *Lib. aug.*, III, 7, n. 6, fol. 122 参照。マタエウスは、直領地との関連で、「百年の時効と、その開始時の記憶が存在しないほど長い期間の時効の間に、何らかの相違があるかどうか」(an autem sit aliqua differentia inter praescriptionem centum annorum, et praescriptionem tanti temporis, cuius initii memoria non existit) を議論している。これらの議論はすべて、シチリアの勅令を註釈した初期の註釈者たちによって既に提示されていた。Marinus de Caramanico, on *Lib. aug.*, III, 39, Cervone, 399, また、Andreas de Isernia (*ibid.*, p. 400) 参照。

☆二八〇――Baldus, on C. 7, 39, 3, n. 17, fol. 31――「……聖なるローマ教会に対しては、百年間が経過しなければ時効は成立しない。しかし、他の教会に対しては四十年間で時効が成立する」(. . . ecclesia sancta Romana, contra quam non praescribitur nisi spatio centum annorum; contra vero alias ecclesias praescribitur spatio 40 [annorum])。*Ibid.*, 17 b――「同様に、普遍的支配権の徴《しるし》として確保されているものに関しては、ローマ教会と帝国に対して時効は成立しない」(Item ecclesiae Romanae et Imperio non praescribitur super his quae reservata sunt in signum universalis dominii)。*Ibid.*, 17 d――

「時効に対してローマ教会が享受しているのと同じ特権を帝国は享受している」(Qua enim praerogativa gaudet Romana ecclesia contra praescribentem eadem gaudet Imperium)。*Ibid.*, 18——「しかし、今日では、百年未満の時効は認められていないように思われ、このことは、帝国が教会と同列に取り扱われていることを示している」(Sed *hodie* non videntur praescribi minore tempore centum annorum ex quo imperium aequiparatur ecclesiae)。また、Baldus, on C. 7, 30, 2, n. 2, fol. 19^{v}——「しかし今日では、勅法に従えば、百年未満では充分でない。なぜならば、ローマ帝国は［ローマ教会と］同一の特権を享受しているからである。……しかし注意すべきことは、支配権が、その卓越性と優越性の徴として自らに留保したものに対しては、帝国ないしローマ教会に対する時効が成立するために、百年でも充分ではないということである……」(*Hodie* vero de iure authenticorum non sufficit minus tempus centum annorum, quia sicut Romanum imperium gaudet [ecclesia Romana] eadem praerogativa . . . Attende tamen quod nec centum annorum sufficit praescriptio contra imperium vel Romanam ecclesiam in his quae etiam sibi reservavit imperium in signum praeeminentiae et superioritatis . . .)。また、on C. 7, 40, 1, n. 7, fol. 34——「［ローマ教会に対しては］百年が経過しないかぎり時効は成立しない。……そして、今日では帝国もこれと同じ特権を享受していると思われる」(non enim praescribitur [contra Romanum ecclesiam] nisi spatio centum annorum . . . Et eadem praerogativa videtur *hodie* gaudere imperium)。また、Peregrinus, VI, 8, n. 6, fol. 145^{v} 参照。ここでペレグリヌスはバルドゥスその他の法学者に言及し、彼がヴェネツィア人であったことから、帝国とローマ教会と同じ百年の時効を享受する例としてヴェネツィアのシニョーリアを含めている。

☆二八一 ——— Hermann Kantorowicz, *Glossators*, 135.

☆二八二———*Lib. aug.*, III, 39, Cervone, 398 : "Quadragenalem praescriptionem et sexagenariam, quae contra fiscum in publicis hactenus competebat, usque ad centum annorum spatium prorogamus."

☆二八三———Marinus de Caramanico, v. *Quadragenalem*——「しかしこの勅令（*C*. 1, 2, 23. 前出註☆二七九参照）は、四十年を百年へと延長し、かくして古《いにしえ》の法へと回帰したのである」(Sed haec constitutio prorogat quadragenalem in centum annos, et sic redit ad ius antiquum. *C.* de sacrosan. eccles. l. fin.)。すなわち、フリードリヒは、神法と公法を（divinum publicumque ius）その序文において同一のレヴェルに置いていたローマの或る法律に従って、教会と都市双方にとって妥当する条件へと立ち戻ったということである。この法律に対する標準註釈を参照。フリードリヒの勅令が新たな内容を含んでいたことは、Andreas de Isernia, on *Feud*., II, 55, n. 51, fol. 271ᵛ によっても示唆されているように思われる。ここでアンドレアスは、「勅令 'Quadragenalem' によって、国庫に対する時効は百年と定められた」(Centenaria praescriptio currit contra fiscum per constitutionem 'Quadragenalem') と一般的な言い方をしている。他方、Azo, on *C*. 7, 38, n. 7, fol. 216ᵛ は、国庫に関する百年の時効を未だ知らないように思われる。彼は明らかに、ローマ教会に対して妥当する百年間の時効をユスティニアヌスが短縮したこと（*Nov*. 111. 前出註☆二七八）を是認しており、「[ローマ] 市が君主よりも大いなる特権をもつことは不合理である」(Absurdum enim esset civitatem [Romam] maioris esse privilegii quam principem) と論じている。しかし、*Glos. ord*. on *Nov*. 7, 2, 1, v. *nec multum*（後出註☆二八五、二九六参照）は、〈神聖物〉(res sacrae) と〈公物〉(res publicae) の異同を議論しながら、「[両者は] 類似性を有している。なぜならば、これら二つのものは、この法律に従うと、百年により時効が成立するからである」(similitudinem autem habent ; nam utriusque res iure isto adhuc centum annis praescribuntur) と述べている。国庫が〈公物〉に属することは、フリードリヒが自らの法律のなかで述べており、Marinus de Caramanico の註釈 (on *Lib. aug.*, III, 39, Cervone, 398, v. *in publicis*) では、「すなわち、公物と言われる国庫物 (前出註☆二四一参照)」(Id est, fiscalibus rebus, quae dicuntur publicae) と述べられている。マリヌスは、この後で (Cervone, p. 399)、「勅令の冒頭を同じように理解すべきである。既述のごとく国庫に対しては、封土に関しても、これ以外の財産に関しても、百年間の時効が妥当すべきだということである。……なぜならば、あらゆる封土は公的なものだからである」(Item intellige principium constitutionis, quod praescriptio centum annorum, sicut dictum est, locum habeat contra fiscum, tam in feudis, quam in aliis bonis . . . Omnia enim feuda publica sunt) と付言している。これと同じ言葉がイセルニアのアンドレアス (*ibid.*, p. 400) でも繰り返されている。また、Andreas de Isernia, on *Lib. aug.*, III, 8, Cervone, 308 ——「封土は確かに公的なものに属する」(Feuda quidem de publico sunt) という言葉も参照。筆者が誤っていなければ、これは「公物」(things public) に関するイングランドの観念とは一致していない。帝国に対する百年の時効は、十三世紀の末期には周知のことであったに違いない。というのも、フランス人は、時効上の権利によってフランスが帝国から独立していることを立証するために、これを用いているからである。Lagarde, *Bilan du XIIIe siècle*, 248, n. 56; Ullmann, "Sovereignty," 14.

☆二八四 —— Pollock and Maitland, II, 81, また 141; W. Holdsworth, *A History of English Law* (3rd ed., London, 1923), III, 8 および 166 ff.

☆二八五 —— "Loca ad sacrum dominium pertinentia." (聖なる所有権に属する場所) *Codex* 7, 38, 3 参照。この表題は、同列関係を示唆している——「皇帝位に属するもの、あるいは神殿に関する所有物取戻し訴権は、時効の抗弁によって退けられることはない」(Ne *rei dominicae* vel *templorum* vindicatio temporis exceptione submoveatur)。神的領域と公的領域の〈同列化〉を立証するために、たびたび引用された他の箇所として、*Codex* 1, 2, 23（前出註☆二八三）がある。また、*Nov*. 7, 2, 1――「司祭の教権と皇帝権は相互にそれほど異ならない。そして神聖物は、公共物や公物とそれほど異ならない」(Nec multo differant ab alterutro sacerdotium et imperium, et sacrae res a communibus et publicis) および、この法律に対する標準註釈（*Glos. ord*., v. *nec multum*［前出註☆二八三］）を参照。Cf. Bartolus, on *Nov*. 7, 2, v. *sinimus*, n. 4, fol. 13v――「ここでは、帝権と教権が同列に扱われることが述べられている」(dicitur enim hic quod imperium et sacerdotium aequiparantur)。また、Baldus, on *C*. 10, 1, 3, n. 3, fol. 236――「確かに、教会と国庫は同列に扱われる」(aequiparantur enim ecclesia et fiscus)。もちろん、教会と国庫は未成年や狂人とも同等視された。これらはすべて成年に満たないからである。たとえば、Baldus, on *C*. 4, 5, 1, n. 6, fol. 12――「もし、このような判決が、国庫、教会あるいは未成年者や狂人に対して下されなければ、……なぜならこれらはすべて、未成年者と同等のものとされるからである」(... nisi talis sententia esset lata contra fiscum, ecclesiam, vel pupillum, vel furiosum, quia aequiparantur pupillo)。この比較については、Gierke, *Gen. R*., III, 483. ブラクトンの一節（fol. 12, Woodbine, n. 51 f.）は、彼がこれらの諸概念に精通していたことを示している。

☆二八六――*Codex* 7, 37, 2 においては、〈至聖なる国庫〉(sacratissimus fiscus) と〈至聖なる国有財産〉(sacratissimum aerarium) が言及されているが、この形容詞は「帝国の」という意味に他ならない。この法律に言及して、たとえば、Lucas de Penna, on *C*. 10, 1, n. 8（Lyon, 1582）, p. 5 は、「国庫は至聖なるものと言われている」(Fiscus dicitur sanctissimus) と述べている。

☆二八七――Baldus, *Consilia*, 1, 363, n. 2, fol. 118――「……国庫それ自体は、同意せず単に表現する

にすぎない、魂なき身体のようなものである」(. . . fiscus per se est quoddam corpus inanimatum consensum per se non habens, sed simpliciter repraesentans)。この考え方の起源については、Gierke, *Gen. R.*, III, 281 (n. 110 も) 参照。

☆二八八——Baldus, *Consilia*, 1, 271, n. 2, fol. 81^{v}——「そして、[国庫は] 国家自体の魂であり、生命の支えであると私が言うように」(et, ut ita loquar, est [fiscus] ipsius Reipublicae anima et sustentamentum)。メネニウス・アグリッパ (Menenius Agrippa) の物語に似た仕方で、国庫を胃袋に喩えることは、古くは Corippus, *In laudem Iustini*, II, 249 ff., *MGH*, *Auct. ant.*, III, 2, p. 133 に見出され、Lucas de Penna, on C. 11, 58, 7, n. 10 (Lyon, 1582), 564 によって繰り返されている。国庫は、〈胃袋のようなもの〉(instar stomachi) である。

☆二八九——*Glos. ord.* on *C.* 7, 37, 1, v. *continuum*; また欄外に、「国庫は遍在する」(Fiscus ubique praesens est) とある。

☆二九〇——Marinus, on *Lib. aug.*, III, 39, v. *in publicis*, Cervone, 399——「そして、特にそこでは、『敵の王国に現存する……云々』と述べており、したがって、それは国庫について語ってはいないことになる。国庫は常に現在するからである」(et specialiter ubi dicit 'praesente in regno adversario suo' etc.; sic non loquitur de fisco, qui semper est praesens)。ここでは標準註釈(前註)が援用されている。また、同じ勅令(III, 39)に対するマタエウス・デ・アフリクティスの註釈(n. 3, fol. 186)には、「……国庫の現存を立証する必要はない。国庫は常に現在するからである」(. . . nec requiritur probare de praesentia fisci, quia fiscus semper est praesens) とある。Cf. Peregrinus, 1, 2, n. 42, fol. 7.

☆二九一——Baldus, on C. 7, 37, 1, n. 2, fol. 37——「……国庫は到る所にあり、したがって、この点で

神に似ている。それゆえ、国庫は不在を申し立てることはできない」(... quod fiscus est ubique, et sic in hoc Deo est similis. Et ideo fiscus non potest allegare absentiam)。また、Baldus, on *C.* 4, 27, 1, n. 27, fol. 74^{v}には、「国庫は到る所にあるからである」(quia fiscus est ubicunque) とある。同様の遍在性は、ローマ教会とその国庫にも帰せられている。Peregrinus, 1, 2, n. 22, fol. 6 ——「霊的事柄およびこれに従属する事柄において、ローマ教会の首長たる教皇は、到る所に一般的な国庫を有している。したがって、これらの事柄に関して犯された犯罪のゆえに……犯罪者の財産は国庫に没収されるべきである。この犯罪者の財産は、どこにそれがあろうと、ローマ教会の国庫へと取り立てられる。というのも、ローマ教会が到る所にあるように、ローマ教会の国庫も到る所に存在しなければならないからである」(in spiritualibus et inde dependentibus Papa, qui est caput Romanae Ecclesiae, fiscum generalem ubique habet, ut pro delicto in his commisso ... bona delinquentis sint confiscenda; in fiscum Romanae Ecclesiae bona illius, ubilibet sint, cogantur, quia sicut Romana Ecclesia ubique est, sic fiscum Ecclesiae Romanae ubique existere oportet)。Baldus, on c. 9 X 2, 14, n. 38, fol. 190^{v}は、国庫と教会を「同列化」している——「国庫は無形態の人格であり、それゆえ到る所にある。……そしてこの場合、抽象的形態における国庫や教会のように……無形態のもののなかに無形態のものが［所有されることになる］」(Fiscus est persona incorporalis et ideo ubique ... Quandoque est [possessio] de non corpore in non corpus, ut fiscus vel ecclesia in abstracto ...)。教会や国庫は、たとえば地役権のような無形態なものを所有することがあり、かくして、そのものは〈神秘的に所有される〉(possidetur mistice) ことになる。

☆二九二 —— Baldus, *Consilia*, 1, 271, n. 3, fol. 81^{v} ——「……国家と国庫は、たとえその配置はしばしば変化しても、その本質に関して言えば永遠で恒久的なものだからである。国庫は決して死ぬことがないからである」(... cum respublica et fiscus sint quid eternum, et perpetuum quantum ad essentiam, licet dispositiones saepe mutentur : fiscus enim nunquam moritur)。「変化する配置」と「変化にもかかわらず同一であること」に関しては、Gierke, *Gen. R.*, III, 365, n. 43 および後出第六章二節参照。

☆二九三——この問題に関する簡単な議論と、いくつかの史料については、拙論 “Inalienability,” 492, n. 26 参照。非常に高い蓋然性で、この観念は、ノルマン人たちへの封土授与の時代に、改革教皇庁によって導入されたと思われる。Irene Ott, “Der Regalienbegriff im 12. Jahrhundert,” *ZfRG*, kan. Abt., XXXV (1948), 234-304 は正当にも、(主にゲルマン的形態における) 司教の世俗的権利 (temporalia) の意味での regalia と、王の特権ないし国庫上の権利 (fiscalia) という意味での (すなわち、主として法的に理解された国庫という意味での) regalia を区別しているが、残念なことに、明らかに後者のカテゴリーに属する〈聖ペテロの王権〉(regalia S. Petri) を議論していない。Arnold Pöschl, “Die Regalien der mittelalterlichen Kirchen,” *Festschrift der Grazer Universität für 1927* (Graz, 1928) を筆者は入手できなかった。いくつかの説明については、Niese, *Gesetzgebung*, 54, n. 1 参照。

☆二九四——政治的な小論考の著述家たちは、この観念を取り上げて詳論している。たとえば、Gerhoh, *De investigatione*, 1, 69, *MGH*, *LdL*, III, 388, 45 によれば、司教は十分の一税や寄進といった〈司教としての権利〉(sacerdotalia) だけでなく、王としての〈王権〉(regalia) をも有しており、それゆえ、〈或る意味においては、主の王侯かつ司祭〉(quodammodo et reges et sacerdotes Domini) たることを要求することができる。そして彼らは、人民に対して服従のみならず忠誠の誓約を、「すなわち、福音ペテロの王権と同時に司教権を守護する」(ad defensionem videlicet regalium simul et pontificalium beati Petri) 忠誠の誓約をも要求する権限を有している。また、Gerhoh, *ibid.*, 389, 10 ; *Dialogus de pontificatu*, *ibid.*, 538,

30 参照。

☆二九五 ——— Schramm, "Sacerdotium und Regnum" は、初期中世に関してこの問題を優れた仕方で議論している（世俗的支配者による〈聖職の模倣〉imitatio sacerdotii および聖職者による〈帝権の模倣〉imitatio imperii）。しかし、後期中世に関しては、研究がほとんどなされていない。いくつかの論点については、拙論 "Mysteries of State," *Harvard Theological Review*, XLVIII (1955), 65-91 を参照。

☆二九六 ——— *Nov.* 7, 2, 1 および前出註☆二八五参照。

☆二九七 ——— 〈擬制的人格〉(persona ficta) 概念に関しては、Gierke, *Gen. R.*, III, 279 ff.（インノケンティウス四世について）および *ibid.*, 204（何人かの先駆者について）を参照。また、Maitland, *Political Theories*, xviii f. および後出第六章を参照。

☆二九八 ——— Bracton, fol. 14, Woodbine, II, 57 f. ——「しかし、この種の神聖物［準神聖物をも含む］は、いかなる者によっても譲与されることも保持されることもありえない。なぜならば、これらは無主物に属するからである。すなわち、これらは誰か特定の人間の財産ではなく、却って神の財産あるいは国庫の財産に属するからである」(Huiusmodi vero res sacrae a nullo dari possunt nec possideri, quia in nullius bonis sunt, id est, in bonis alicuius singularis personae, sed tanquam in bonis *Dei vel* bonis *fisci*)。Cf. fol. 12, Woodbine, II, 52 f. ここでブラクトンは、「まず第一に贈与は神と教会に対してなされるのであり、第二次的に司祭に対しなされるにすぎない」(primo et principaliter fit donatio Deo et ecclesiae et secundario canonicis) ことを強調している。すなわち、神ないし教会が真の所有者であって、これに対して聖職者は「彼の教会の名によらずしては何も所有してはいない」(nihil habent nisi nomine ecclesiae suae)。

☆二九九 ——— 前出註☆二五二参照。

☆三〇〇――――「王冠」とか「威厳」といった観念への言及は特に、王の裁判所がキリスト教裁判所(courts Christian)と対置されている箇所で、ほぼ規則的に登場しているように思われる。たとえば、ブラクトンの *De exceptionibus* と題する章(fols. 399 b-444 b)がそうである。またたとえば、fol. 400 b, Woodbine, IV, 248 には、「聖職と教会の法廷に属す裁判権には正規のものと委任によるものとがある。……そしてもう一つ別の裁判権は……世俗の法廷における王冠と王の威厳、そして王国に属し、これにも正規のものと委任されたものとがある」(Est etiam iurisdictio quaedam ordinaria, quaedam delegata, quae pertinet ad sacerdotium et forum ecclesiasticum . . . Est et alia iurisdictio, ordinaria vel delegata, quae pertinet *ad coronam* et *dignitatem* regis et ad *regnum* . . . in foro saeculari)と述べられている。Cf. fol. 401, p. 249 ; fol. 401 b, p. 251――「逆に、王冠や王の威厳、そして王国に属する事柄に関して、俗人が教会の裁判官の面前に来ることはない」(Vice versa non est laicus conveniendus coram iudice ecclesiastico de aliquo quod pertineat *ad coronam*, *ad dignitatem regiam* et *ad regnum*)。同じ言葉は令状にも現われている。たとえば、fol. 402, p. 252(三回); fol. 403 b および 404, p. 257 f ; fol. 404 b, p. 259 ; fol. 406 b, p. 264, and passim. ブラクトンは確かに別のところでも、〈王の威厳と王冠〉という言葉を用いている。たとえば、fol. 103, Woodbine, II, 293. この問題はさらに探究される必要がある。後出第七章註☆一〇七以下参照。

☆三〇一――――*Digesta* 1, 8, 1――「しかし、神法に属するものは無主物に属する。……公的なものは無主物に属すると考えられる」(Quod autem divini iuris est, id nullius in bonis est . . . Quae publicae sunt, nullius in bonis esse creduntur)。Cf. *Inst*. 2, 1, 7――「しかし、神聖なる事物、宗教的で聖なる事物は無主物である」(Nullius autem sunt res sacrae et religiosae et sanctae)。

☆三〇二――ブラクトン（fol. 14）は、〈神聖物〉(res sacrae)、〈宗教的な事物〉(res religiosae) そして〈聖なる事物〉(res sanctae) を混同している（前出註☆二三七）。というのも、彼は〈準神聖物〉を〈公物〉(res publicae) と〈聖なる事物〉(res sanctae) の両者を指すものとして使っているからである――「所有されえないものは譲与されえない。たとえば、神聖物ないし宗教的な事物、あるいはこれに準ずる国庫物［＝公物］のごときもの、あるいは都市の壁や門のごとき準神聖物［＝聖なる事物］がそうである」(Donari autem non poterit res quae possideri non potest, sicut res sacra vel religiosa vel quasi, qualis est res fisci [=res publicae], vel quae sunt quasi sacrae sicut sunt muri et portae civitatis [=res sanctae])。典拠は、*Inst.* 2, 1, 10 あるいは *D.* 1, 8, 11 である。しかしここでは壁や都市の門が繰り返し〈聖なる事物〉(res sanctae) と呼ばれており、〈準神聖物〉(res quasi sacrae) とは呼ばれていない。都市の壁が「聖なること」や、壁を飛び越えることが瀆聖行為とされていた事実は、ブラクトンにとってさほど重要なことではなかった。もっとも、*D.* 1,8,11 には、レムス (Remus) の死について語られており、註釈学者たちが好んでこの箇所に註解を加えていたことは確かである。

☆三〇三――*Inst.* 2,1,8 は〈祭式において神官により〉(rite et per pontifices) 捧げられるものだけが〈神聖物〉(res sacrae) であると説明し、さらに「……もし誰か或る者が、自らの権威によって半ば神聖なるもの〔準神聖物〕を自分のために建立しても、それは神聖ではなく世俗のものである」(... si quis vero auctoritate sua *quasi sacrum* sibi constituerit, sacrum non est, sed profanum) と付言している。半ば神聖な (quasi sacrum) という言葉は、ここでは少しばかり軽蔑的な意味で使われている。ブラクトンがこの言葉を、このような意味で〈公物〉へと自覚的に適用したとはとても考えられない。しかし、別の論点との関連において、彼がこの言葉をこのような意味で使ったことはありうるだろう。註釈学派の著作のなかで、

〈公物〉(res publicae) に代えて〈準神聖物〉(res quasi sacrae) という言葉が用いられている例を、筆者は見出せなかった。

☆三〇四——前出註☆三〇一参照。また拙論 "Christus-Fiscus," 234 f. 参照。

☆三〇五——Ambrosius, *Ep.*, XX, 8, *PL.*, XVI, 1039 A——「神のもの（神物）は皇帝の権力には服していないこと……」(quae divina sunt, imperatoriae potestati non esse subiecta)。この一節は後世、教会法の集成のなかにも見出される。たとえば、Deusdeditus, III, c. 211, ed., Victor Wolf von Glanvell, *Die Kanonessammlung des Kardinals Deusdedit* (Paderborn, 1905), 1, 511, 19; Gratianus, c. 21, C. XXIII, q. 8, ed., Friedberg, 1, 959. 解釈については、H. Lietzmann, "Das Problem Staat und Kirche im weströmischen Reich," *Abh. preuss. Akad.* (Berlin, 1940), Abh. 11, p. 8; Kenneth M. Setton, *Christian Attitude towards the Emperor in the Fourth Century* (New York, 1941), 110 参照。

☆三〇六——ここで想い起こされるのが、皇帝コンラート二世が述べたと想定される次のような有名な言葉である。Wipo, *Gesta Chuonradi*, c. 7, ed., H. Bresslau, 29 f. によると、コンラート二世の先帝が死んだ後、パヴィアの市民は同市にあった宮殿の要塞を破壊した。市民の主張するところによれば、この宮殿の所有者は死去し、今や宮殿は誰のものでもなくなったからである。これに対してコンラートは、〈王の住居〉(domus regis) と〈王位の住居〉(domus regalis) とを区別し、破壊のとき、王は存在しなかったのであるから、王の住居が破壊されたとは言えないことを認めながら、やはりそれが王位の建物の破壊に変わりない旨を強調して、次のように続けた——「ちょうど漕ぎ手がいなくなっても船は残るように、たとえ王は死去しても王国は存続していた。宮殿は私的なものではなくて公的なものであった」(Si rex periit, regnum remansit, sicut navis remaneat, cuius gubernator cadit. Aedes *publicae* fuerant, non *privatae*)。これは、法的な言葉遣いである。この問題については、A. Solmi, "La distruzzione del palazzo regio in Pavia nell'anno 1024," *Rendiconti dell'Istituto Lombardo di Scienze e Lettere*, LVII (1924), 97 ff. ゲルホーの著作に見られる〈公的〉と〈私的〉の区別については、前出註☆二五〇を参照。また、*Annales Disibodenbergensens*, ad a. 1125, *MGH*, SS, XVII, 23 において述べられていることを参照。これによれば、ロタール三世は、没収された財産について、「王の財産に服すよりは、むしろ統治権に服す」(potius regiminis subiacere ditioni, quam regis proprietati) べきことを命じた。Cf. Vassalli, "Fisco," 187.

☆三〇七――Vassalli, "Fisco," 213, n. 4 は、ピエール・グレゴワール (Pierre Grégoire [Tholosanus]) の *De re publica*, VII, 20, 31 にある「国庫は君主と国家を象徴的に表現する」(Fiscus repraesentat principem et rempublicam) という言葉を引用している。これは、索引 (s. v. *Fiscus*) で引用されている表題である。原典テクスト (Lyon, 1609, p. 237) では、「国庫は君主の公物を意味する」(Fiscus publicam rem et principis refert) と書かれている。

☆三〇八――*Glos. ord.*, on *D.* 3, 1, 10 には欄外註釈があり、そこでは、バルドゥスがこの法律 (*D.* 3, 1, 10) を、「国庫と国家、そしてさらに祖国が、これらに対して示されるべき畏敬の念に関して同列に置かれているがゆえに」(quia *fiscus*, *respublica* et etiam *patria* aequiparantur quoad reverentiam eis exhibendam)、特異な法律と見なしていたことが指摘されている。筆者はバルドゥスのこの箇所を突き止めることができなかった。もっとも、この法律には〈祖国〉という言葉があり、したがって、バルドゥスが前記のように説明したことは充分ありうることである。

☆三〇九――Post, "Quod omnes tangit," 235 f., 250, and passim, また、"Two Laws," 特に 425 ff. (n. 35 も含む) 参照。ここでは、(一)主として頭（たる君主）に触れる事項、(二)主として四肢（たる人民）に

触れる事項、そして㈢頭と同時に四肢にも触れる事項が区別されている。これらの区別は、私的な事物と公的な事物の区別には合致しない。というのも、王の私的な財産（身分）は、たえず公的な関心の対象となった（あるいは、なりえた）からである。

☆三一〇――君主は国庫の管理者であるという主張は、*D*. 41, 4, 7, 3――「なぜならば、後見人が未成年者の財産に対し、所有者のごとく見なされうるのは、後見人が被後見人の財産を管理している場合であって、未成年者から略奪を行う場合ではないからである」(nam tutor in re pupilli tunc domini loco habetur, cum tutelam administrat, non cum pupillum spoliat) に基礎を置いている。未成年者としての国庫については、前出註☆二八五参照。一般的には、Gierke, *Gen. R*., III, 226 f., 332, 482. 君主が国庫の所有者ではなく、〈正当な管理者〉(legitimus administrator) であることは、何度も繰り返し述べられている。たとえば、Baldus, *Consilia*, 1, 271, nos. 2-3, fol. 81^{v}; Peregrinus, 1, 2, n. 47, fol. 7^{v}. また、この格言は、コンスタンティヌス帝の寄進（贈与）の合法性（前出註☆二七〇）を論駁するためにも利用された。たとえば、John of Paris, *De Potestate*, c. 21, ed. Leclercq, 244 f. パリのヨハネスによれば、コンスタンティヌスの贈与が私的な贈与であれば、それは有効であっただろう。しかし、「常に存続すべき国庫財産から彼が贈与するときはそうではない」(non quando donat de patrimonio fisci quod semper debet manere)。なぜならば、君主は「帝国と公物（国家）の管理者」(administrator imperii et reipublicae) だからである。「しかし、もし彼が帝国の管理者ならば、贈与は無効である」(Sed si imperii administrator est, donatio non valet)。ここではレクス・レギアと *D*. 41, 4, 7, 3 が引用されている。

☆三一一――数多くの他の箇所（後出〔下巻〕三一頁以下参照）に付け加えて、たとえば *Nov*. 6, epil. を参照。

☆一 ――より初期の時代について一般的には、Schramm, "Austausch," また、拙著 *Laudes regiae*, 129 ff. 参照。

☆二 ――皇帝の司教冠やその他の象徴については、Schramm, *Herrschaftszeichen und Staatssymbolik* (Schriften der MGH, XIII [Stuttgart, 1954], 特に 68 ff. 参照。

☆三 ――〈教皇の大権〉(pontificalis maiestas) については、Mochi Onory, *Fonti*, 113: cf. *Laudes regiae*, 140, nos. 94, 95 参照。

☆四 ――Ladner, "Aspects," 特に 409 ff., また、彼のより最近の研究 "The Concepts: Ecclesia, Christianitas, Plenitudo Potestatis," *Sacerdozio e regno da Gregorio VII a Bonifacio VIII* (Miscellanea Historiae Pontificiae, XVIII; Roma, 1954) 49-77, 特に 53 ff. 参照。〈神秘体〉に関しては特に、ローマ教皇の回勅 *Mystici corporis* が一九四三年に公布された後に、数多くの文献が現われた。比較的最近書かれた包括的な研究としては、Émile Mersch, *Le corps mystique du Christ, études de théologie historique* (2 tomes, Louvain, 1933). 思想史との関連における優れた考察は、Henri de Lubac, *Corpus mysticum* (2nd ed., Paris, 1949) に負うところが大きい。また *Recherches de science religieuse*, XXIX (1939), 257-302, 429-480 および XXX (1940), 40-80, 191-226 も参照。以下の頁において著者はリュバックの豊富な史料(この多くを筆者は入手できなかった)とその解釈から適当なものを単に取り出しているにすぎない。初期スコラ学についてはまた、Ferdinand Holböck, *Der Eucharistische und der Mystische Leib Christi in ihrem Beziehungen zueinander nach der Lehre der Frühscholastik* (Roma, 1941) も参照。ブライアン・

テイアニーの非常に重要な著作、Brian Tierney, *Foundations of the Conciliar Theory : The Contribution of the Medieval Canonists from Gratian to the Great Schism* (Cambridge Studies in Medieval Life and Thought, N. S., IV ; Cambridge, 1955) は、ごく最近に出版されたものであり、ここで考慮に入れることができなかった。特に、Part II, 87 ff., 106 ff., 132 ff. を参照。

☆五———Aquinas, *Summa theol*., III, q. VIII, 2, 3.

☆六———聖パウロの隠喩については、「コリント人への第一の手紙」一二：一二および二七、そして六：一五、「エペソ人への手紙」四：四、一六、二五および五：三〇、「コロサイ人への手紙」二：一九参照。T. Soiron, *Die Kirche als der Leib Christi nach der Lehre des hl. Paulus* (Düsseldorf, 1951) は、未だ入手しえていない。古代の哲学的伝統における聖パウロの有機体論的概念の位置づけに関しては、Wilhelm Nestle, "Die Fabel des Menenius Agrippa," *Klio*, XXI (1926-27), 358 f. (これは同著者の *Griechiche Studien*, 1948, 502 ff. にも収録されている). また、A. Ehrhardt, "Das Corpus Christi und die Korporationen im spät-römischen Recht," *ZfRG*, rom. Abt., LXX (1953), 209-347 および LXXI (1954), 25-40 も、目下問題とされているテーマと関連する。同様に、M. Roberti, "Il corpus mysticum di S. Paolo nella storia della persona giuridica," *Studi in Onore di Enrico Besta* (Milano, 1939), IV, 37-82.

☆七———カロリング朝における論争については、Lubac, *Corpus mysticum*, 39 ff. ; cf. 41 f. (Hrabanus Maurus, *De clericorum institutione*, I, c. 33, *PL*., CVII, 324 A について).

☆八———Lubac, 88.

☆九———ベレンガリウスに対する反論については、Lubac, *Corpus mysticum*, 104 ff., 162 ff., そして、神秘体という表現の意味の「転化」一般については p. 19. 〈キリストの聖体〉の祝日（聖体祭）の制定については、P. Browe, "Die Ausbreitung des Fronleichnamsfestes," *Jahrbuch für Liturgiewissenschaft*, VIII (1928), 107-143. またブローヴェは、その著 *Textus antiqui de festo Corporis Christi* (Münster, 1934) に、初期の原典史料を収集している。ごく最近の研究については、Anselm Strittmatter, in *Traditio*, V (1947), 396 ff. 参照。

☆一〇――Ladner, "Aspects," 415 は、〈神秘体〉の新しい解釈と、十三世紀の教会＝政治上および国制上の発展との間にある関係を指摘し、これを大いに力説している。これと関連するいくつかの考察については、G. Le Bras, "Le droit romain au service de la domination pontificale," *Revue historique de droit français et étranger*, XXVII (1949), 349 参照。

☆一一――Ladner, "The Concepts of Ecclesia, etc.," 53, n. 2 によって引用されているこの有益な概念は、アルフォンス・シュティックラーによって導入された。Alfons Stickler, "Der Schwerterbegriff bei Huguccio," *Ephemerides Iuris Canonici*, III (1947), 216. シュティックラーは、この概念を〈キリストの神秘体〉と対置させている。

☆一二――〈神聖なる帝国〉という用語は、綱領のようなものとして、一一五七年にフリードリヒ一世の下で初めて現われたように思われる。*MGH*, *Const.*, I, 224, No. 161 ; cf. Kern, *Gottesgnadentum*, 134, n. 245.

☆一三――Lubac, *Corpus mysticum*, p. 116 ff.

☆一四――"Duo sunt corpora Christi. Unum materiale, quod sumpsit de virgine, et spirituale collegium, collegium ecclesiasticum"――Lubac, *Corpus mysticum*, p. 122 に引用あり。

☆一五――Gregory of Bergamo, *De veritate corporis Christi*, c. 18, ed., H. Hurter, *Sanctorum patrum opuscula selecta* (Innsbruck, 1879), vol. XXXIX, 75 f.: "Aliud est corpus, quod sacramentum est, aliud corpus, cuius sacramentum est . . . : Christi corpus, quod videlicet ipse est, aliud autem corpus, cuius ipse caput est." Cf. Lubac, *Corpus mysticum*, p. 185.

☆一六――Guibert of Nogent, *De pignoribus sanctorum*, II, *PL.*, CLVI, 629, 634 C（〈比喩的身体〉corpus figuratum), and 650 A――「……我らが主は、我らを原初的身体から神秘体へと導こうと欲し給うた」(. . . a principali corpore ad mysticum Dominus noster nos voluit traducere)。Cf. Lubac, *Corpus mysticum*, p. 46. リュバック（p. 93）は、〈原初的〉(principalis）という言葉を、ギリシア語のプロトテュポン（*πρωτότυπον*）と同義のものとして説明している。

☆一七――Lubac, *ibid.*, p. 123 f., また p. 185（n. 155). ここでは、〈キリストの二重の身体〉(duplex corpus Christi）についていくつかの例が付加されている。

☆一八――以下の説明については、Gierke, *Gen. R.*, III, S. 546 ff. 参照。また、古代の範例については、Nestle, "Menenius Agrippa"（前出註☆六）。

☆一九――John of Salisbury, *Policraticus*, V, 2 ff., 540 a, Webb, I, 282 ff. は、彼の比喩がプルタルコスの『トラヤヌスへの教示』(*Institutio Traiani*）からの借用であると述べている。H. Liebeschütz, "John of Salisbury and Pseudo-Plutarch," *Warburg Journal*, VI（1943), pp. 33-39 参照。リーベシュッツは、偽プルタルコスはソールズベリーのヨハネス自身にほかならないと示唆している。しかし、A. Momigliano, *ibid.*, XII（1949), p. 180 ff. を見よ。当時の法学者については、たとえば Fitting, *Jurist. Schriften*, 148, p. 23 ff.（"princeps" への註釈。後出註☆四二).

☆二〇――Isaac de Stella, *Serm.* XXXIV, *PL.*, CXCIV, 1801 C; Lubac, *Corpus mysticum*, p. 120.

イサアクはキリストを木の根と較べている——「一つの頭、一つの根たるキリストの下にあるこの神秘体には、……多くの部分が存在する」(in hoc mystico corpore *sub* uno capite Christo et *una radice* . . . membra multa sunt)。この木は上部に根を有し、枝を地上へと降ろしている。リュバックは、きわめて正当にも、この神秘体を「逆立ちした木のような」(semblable à un arbre renversé) ものと呼んでいる。しかし、この逆立ちした奇妙な木には、長い歴史があり、これはプラトンの『ティマイオス』(90 a) にまで遡ると考えられるだろう。プラトンにおいては、——植物の根を頭と見なしていた古代の植物生理学に合致して——人間の頭は根 (*ῥίζα*) とも呼ばれ、これは空中に吊るされ、「全身体を導く」(*ὀρθοῖ πᾶν τὸ σῶμα*) とされた。この比喩は非常に複雑な歴史を有している。これから公けにされるメンヒェン゠ヘルフテンの研究 Otto J. Maenchen-Helften, *The Inverted Tree* を参照。この研究は特に、考古学的な資料を収集している。

☆二二———Aquinas, *Summa theol.*, III, q. VIII, 1 : Gierke, *Gen. R.*, III, 518, n. 7 ; Lubac, *Corpus mysticum*, 127 ff., nos. 60-64 (関係箇所が集められている).

☆二三———Lubac, *Corpus mysticum*, 129, n. 71.

☆二三———Lubac, *Corpus mysticum*, 128, n. 63 はこれらの変化を強調する。

☆二四———Aquinas, *Summa theol.*, III, q. XLVIII, a. 2 : "Dicendum quod caput et membra sunt quasi una persona mystica." これに類似の数多の箇所については、Lubac, *ibid.*, 127, n. 60 参照。

☆二五———Rudolph Sohm, *Das altkatholische Kirchenrecht und das Dekret Gratians* (München und Leipzig, 1908), 582——「教会はキリストの身体 (Körper) からキリストの団体 (Körperschaft) へと変わった」。

☆二六———一般的な発展については、Gierke, *Gen. R.*, III, 246 ff. 参照。また、〈表象された人格〉(persona representata) については、G. de Lagarde, *Ockham et son temps* (Paris, 1942), 116 ff., さらに、Le Bras, "Le droit romain" (前出註☆一〇), 349 の政治的〈神秘体〉に関する説明も参照。ル・ブラは、神秘体を「もろもろの法人格のアルバムのなかに分類されるようになった……概念」と形容している。

☆二七———Lubac, *Corpus mysticum*, 130 ff. は、〈神秘体〉という観念の変質に関する興味深い資料を要約している。この観念の法学的解釈は、キリスト教徒の魂をよりよく配慮できるのは法学者か、それとも教皇たる神学者かという問題がたびたび議論されていた時代にあって、少しも驚くべきことではない。M. Grabmann, "Die Erörterung der Frage, ob die Kirche besser durch einen guten Juristen oder durch einen Theologen regiert werde," *Eichmann Festschrift* (Paderborn, 1941) 参照。グラープマンは、ゴドフロワ・ド・フォンテーヌとアウグスティヌス・トリウムフスとを論じている。また、Michele Maccarone, "Teologia e diritto canonico nella Monarchia, III, 3," *Rivista di storia della Chiesa in Italia*, V (1951), 20 により、いくつかの付加(たとえばフランチェスコ・カラッチョーロ)がなされている。マッカローネの論文は、教会における法学者の支配に対してダンテが抱いた深い嫌悪感を巧みに論証している。

☆二八———〈教会の王国〉(regnum ecclesiasticum) という表現は、十三世紀にきわめて広範に用いられていた。たとえば、Alexander of Roes, *Memoriale*, cc. 14, 24, 37, 38 および *Notitia saeculi*, c. 8, eds., H. Grundmann and H. Heimpel, *Die Schriften des Alexander von Roes* (Deutsches Mittelalter : Kritische Studientexte der MGH, IV, Weimar, 1949), SS. 32, 46, 66, 78. また、Lubac, *Corpus mysticum*, 129 (ヴィテルボのヤコブスに関して)、加えて、Scholz, *Publizistik*, 140 f. さらに、Scholz, *Streitschriften*, I, 252 (作者不明の著作に見られる principatus christianus について)、II, 34, 42 (ペトルス・デ・ルトラに見られる

principatus ecclesiasticus について), II, 456 ff., 468, 479（オッカムのウィリアムに見られる principatus papalis および principatus apostolicus について), また、Scholz, *Wilhelm von Ockham als politischer Denker und sein 'Breviloquium de principatu tyrannico'*（Leipzig, 1944), 59 ff. and passim ; Ladner, "Aspects," 412, n. 34 参照。Lubac, *Corpus mysticum*, 126, n. 55 はローマ教会の公教要理を引用している。これによれば、聖職者の司牧権（potestas ordinis）は〈真の体〉（聖体）に関するものであるのに対し、聖職者の裁判権（iurisdictionis potestas）はキリストの神秘体に関係する。このようにして、自然的身体と神秘体とはともに聖職者の権力（potestas）の源泉となったが、神秘体は裁判権の源泉となったとされている。この理論については、James of Viterbo, *De regimine christiano*, cc. 4-5, ed., H.-X. Arquillière（Paris, 1926), 199 f., 201 参照。

☆二九——Lucas de Penna, on *C*. 11, 58, 7, n. 8（Lyon, 1582), p. 563 : "Unde et ecclesia comparatur congregationi hominum politicae et papa est quasi rex in regno propter plenitudinem potestatis"（Aquinas, *Summa theol*., Suppl. III, q. XXVI, a. 3 への言及). また、教皇の〈十全なる権力〉（plenitudo potestatis）については、Ladner, "Concepts," 60 ff., n. 64 参照。

☆三〇——著者不明の論考 *De potestate ecclesia*（十四世紀）については、Scholz, *Streitschriften*, I, 253 参照。

☆三一——Hermann of Schilditz, *Contra hereticos*, II, c. 3, ed., Scholz, *Streitschriften*, II, 143 f.

☆三二——「教会の王冠を有し、教会そのものと言われうる教皇」(summus pontifex qui tenet apicem ecclesiae et qui potest dici ecclesia）という有名な表現については、Aegidius Romanus, *De ecclesiastica potestate*, III, c. 12, ed., Scholz（Weimar, 1929), 209, また、Scholz, *Publizistik*, 60. この同一視に対する抵

抗は、一三〇〇年が過ぎて間もなく開始され、教皇令註釈者パノルミタヌス（一四五三年歿）は、自らの見解を完璧なほど明確に表明している――「首長にして花婿であるのは司教［キリスト］である。しかし、教皇は司教キリストの代理者にすぎず、真なる意味での教会の首長ではない」(Caput et sponsus est ipse Episcopus [Christus]; papa autem est vicarius Episcopi, et non vere caput Ecclesiae)。Lubac, *Corpus mysticum*, 131, n. 85 参照。

☆三三――N. Jung, *Alvarus Pelayo* (L'Église et l'état au moyen âge, III; Paris, 1931), 150, n. 2 はこの一節を引用しているが、決定的に重要な第二番目の文章を省略している。Scholz, *Streitschriften*, II, 506 ff. 参照。イグナティオスの言葉が想起されるだろう。Ignatius, *Ad Smyrn.*, VIII, 2. この言葉は通常「司教のいるところに教会あり」と訳されている（たとえば、H. Lietzmann, *Geschichte der alten Kirche* [Berlin, 1936], II, 49)。しかし、原文は「キリストのいるところ公教会あり」であり、司教については「司教の現われるべきところに群衆がいるべきである」と述べ、これは、人々は司教のいるところに集まるべきであるという意味である。

☆三四――Baldus, on *C.* 10, 1, n. 13, fol. 232（前出第四章註☆二七六). この格言の出典としては Hērōdianos, I, 6, 5――「皇帝のいますところにローマあり」(ἐκεῖ τε ἡ 'Ρώμη ποτ' ἂν ὁ βασιλεὺς ᾖ)。これと興味深くも類似した表現が、T・G・アーミシュによって公刊されたヘロディアノスの古い版 *Herodiani Historiarum Libri Octo* (T. G. Irmisch, 1789, I, 209) で引用されている。また、*Paneg. lat.*, XI, 12 (Mamertinus, *Genethl. Maxim.*), ed., W. Baehrens (1911), 285, 2 および、*Cambridge Ancient History*, XII, 374, 386 参照。さらに、クラウディアヌス (Claudianus, *In Rufinum*, II, 246 f., ed., Birt, *MGH*, *Auct. ant.*, X. 43 では「いずこであろうとスティリコが天幕を張った場所が祖国である」(quocumque loco Stilicho tentoria figat, haec patria est）と言われ、これは軍営を兵士の祖国としているのである。Reinhard Höhn, "Der Soldat und das Vaterland während und nach dem Siebenjährigen Krieg," *Festschrift Ernst Heymann*（Weimar, 1940）, 255 は、S. B. N とだけ知られている著者不詳の *Die wahren Pflichten des Soldaten und insonderheit eines Edelmanns*（フランス語からの翻訳）, 1753, p. 12 には「将軍が陣を張った場所が汝らの祖国でなければならない」（Der Ort wo der Feldherr sein Lager hat, muss Euer Vaterland seyn）とある。また、Modoinus, *Ecloga*, 40 f., *MGH*, *Poetae*, I, 386 は、カール大帝とアーヘンに言及しながら、「世界の首都がある場所をローマと呼ぶことがおそらく許されるだろう……」（Quo caput orbis erit, Roma vocitare licebit/Forte locum . . .）と述べている。また、フリードリヒ二世も、この格言を使用していた。Huillard-Bréholles, II, 630（一二三六年六月）――「……余の人格と余の帝国の諸侯あるところにドイツの宮廷あり」（. . . ibi sit Alemanie curia, ubi persona nostra et principes imperii nostri consistunt）。*Erg. Bd.*, 41 参照。

☆三五――たとえば、Oldradus de Ponte, *Consilia*, LXII, n. 3, fol. 22ᵛ――「……これらのことは、普遍的ローマ教会について言われていると解されるべきであり、この教会は教皇がいるところにあるのである」（. . . ista intelligantur de ecclesia Romana universali, quae est ubicunque est papa）。Hostiensis, *Summa aurea*, on X 1, 8, n. 3, col. 155――「……なぜならば、ローマあるところに教皇がいるのではなく、その逆だからである。確かに、場所が人間を聖化するのではなく、人間が場所を聖化するのである」（. . . quia non ubi Roma est, ibi Papa, sed econverso : locum enim non sanctificat hominem, sed homo locum）。「場所が人間を聖化するのではなく云々」の格言については、Hermann Kantorowicz, *Glossators*, 22, Johannes Andreae, *Novella Commentaria*, on c. 4 X 2, 24（Venezia 1612）, fol. 185ᵛ――「教皇がいる

ところに使徒たちの墓所があると理解される」(limina enim apostolorum esse intelliguntur, ubi est papa)。Cf. Jung, *Alvaro Pelayo*, 148, n. 1——「教皇のいるところにローマ教会あり……」(Et quod ubicumque est papa, ibi est Ecclesia romana...)。Baldus, on *D*. 1, 18, 1, n. 26, fol. 44——「……すなわち、王国において王のいる都市が王国の首都と言われるように、……は、王ないし司教の宮殿がある場所と考えるべきである。……そして、食卓において、主人のいるところがその中心であるのと同様に、たとえ教皇が農夫の納屋に閉じ込められているとしても、教皇のいるところがローマである」(...puta ubi est palatium regis vel episcopi, sicut in regno regia civitas dicitur caput regni...Et in mensa, ubicumque est dominus, ibi caput; sicut ubi Papa, ibi Roma, etiam si esset in quodam tugurio rusticano reclusus)。Baldus, on *D*. 3, 2, 3, n. 2, fol. 164 は、新たな意味合いを導入しており、これは〈王国と祖国〉(rex et patria) という表現にとり重要な意味をもつ（後出参照）。バルドゥスは「ローマと皇帝が同等視されることに注意すべきである。それゆえ事実、インノケンティウス四世が、皇帝のいるところローマあり——すなわち観念的な意味で——と述べたのも当然のことと理解しうる。なぜならば、皇帝の法とローマの法は同一の法だからである。……」(nota quod Roma et Imperator aequiparantur. Unde verum quod notat Inn[ocentius IV] ubi est Imperator, ibi est Roma, scilicet intellectualiter, quia idem iuris est de Imperatore et de urbe...) と述べた後、次のような結論を導き出している (on *D*. 5, 1, 2, 3, n. 1, fol. 258v)——「……ローマは共通の祖国であるが、これは、教皇ないし皇帝がいるところを意味するものと私は理解する」(...Roma sit communis patria, et intelligo ubicunque est Papa vel Imperator)。また、Baldus, on c. 4 X 2, 24, n. 11, fol. 249 は、インノケンティウス四世を引用しながら次のように言う——「教皇のいるところ、ローマ、イエルサレムそしてシオンの山があり、共通の祖国がある、とインノケンティウスは述べている」

(Dicit Innocentius quod ubi est Papa, ibi est Roma, Hierusalem et mons Sion, ibi et est communis patria)。〈共通の祖国〉(communis patria) としてのローマについては、前出第三章註☆八九また後出三一九頁参照。そして、ローマとイェルサレムとの関係については、Tierney, *Cath. Hist. Rev.*, XXXVI, p. 428, n. 57 参照。ティアニーは、ホスティエンシスの言葉、「この都市〔ローマ〕は、もう一つ別のイェルサレムと理解されるべきである」(Urbs ista [Roma] altera Ierusalem intelligatur) を引用し、またノルマンの逸名著者にも言及している。言うまでもなく、ローマ＝イェルサレムという考え方は古代キリスト教のものである。これは、キリスト教美術で重要な意味をもつ（たとえば、サンタ・マリーア・マッジョーレの「聖母の奉献」については、A. Grabar, *L'empereur dans l'art byzantin* [Paris, 1936], 216 ff. 参照)。そしてこれは、その後、法学文献のなかでも一定の役割を演じていた。たとえば、Oldradus de Ponte, *Consilia*, LXXXV, n. 1, fol. 32 参照。イェルサレムの理念がローマへと移された過程を体系的に研究することは、確かに実り多いものになるだろう。いくつかの所見については、Williams, *Norman Anonymous*, 137 ff. 参照。

☆三六――Ambrosius, *Sermones*, XXXVIII, c. 2, *PL.*, XVII, 702 B――「キリストが現在せるところにヨルダンもあり」(Ubique enim nunc Christus, ibi quoque Jordanis est)。

☆三七――Scholz, *Streitschriften*, II, 428. ここでは二度ばかりこの表現が登場する。

☆三八――Gierke, *Gen. R.*, III, 277, n. 91 はパウルス・デ・カストロ（Paulus de Castro 一四三九年歿）を引用している――「〔教会は〕かつて生きていたとは言えない人格を表現する統合体である。というのも、この人格は神なるがゆえに、肉体をもたず可死的でないからである」([ecclesia] universitas repraesentans personam quae nunquam potest dici vixisse, quia non est corporalis nec mortalis, ut est

Deus)。この法学者は、もし彼が教会をキリストの神秘体と考えていたならば、このような説明をすることはなかっただろう。キリストが決して生きてはいなかったとは言えないからである。

☆三九——たとえば、教皇ボニファティウス八世は、回勅 *Unam Sanctam* で、「コリント人への第一の手紙」一一：三に基づき、教会の神秘体に言及していた——「その〔教会の〕頭《かしら》はキリストであり、キリストの頭は神である」(cuius caput est Christus, Christi vero Deus)。また、Aquinas, *Summa theol.*, III, q. VIII, art. 1, ad 2. 初期の数世紀において、父なる神を〈教会の頭〉(caput ecclesiae) と形容することに人々が極度のためらいを感じていたことについては、たとえば Peter of Poitier, *Sententiae*, IV, c. 20, *PL.*, CCXI, 1215 C. そして、彼に依拠して、*Quaestiones Varsavienses trinitariae et christologicae*, ed., F. Stegmüller, in *Miscellanea Giovanni Mercati* (Studi e Testi, 122, Roma, 1946), II, 303 f., §§ 4 および 6.

☆四〇——〈神秘体〉の観念が団体法の形成に及ぼした影響に関するいくつかの説明は、Pollock and Maitland, *History*, I, 495. Cf. Tierney, *Conciliar Theory*, 134 ff.

☆四一——*De unitate ecclesiae*, in *MGH*, *LdL*, II, 228, 16 (Ladner, "Aspects," 413, n. 36 により引用). また、Hugh of Fleury, *De regia potestate*, I, 3, *ibid.*, II, 468, 28 ff. ——「彼の身体たる王国のなかの王」(rex in regni sui corpore)。

☆四二——*Policraticus*, V, c. 2, ed., Webb, I, 282 ff. 有機体的な諸理論は、確かにソールズベリーのヨハネスとともに始まったわけではない。これらは、同時代の法学者の著作においても——彼らも、この理論を初めて創り出したわけではないが——充分に展開されていた。たとえば、Fitting, *Jur. Schr.*, 148, 20 (前出註☆一九), princeps への註釈——「いわば第一の頭として、裁判官たちは、ちょうど四肢が頭により支配されるように、彼らによって支配される他の人々の頭である。しかし、君主は他の裁判官たちの頭であり、彼らは君主により支配されている」(Quasi primum caput, iudices enim capita sunt aliorum hominum, qui ab eis reguntur, ut membra a suis capitibus ; sed princeps est caput aliorum iudicum et ab eo reguntur)。これに続いて、さまざまな顕職（〈卓越せる人々〉illustres、〈注目すべき人々〉spectabiles）が、目、手、胸、脚などと明確に比較され、そしてまた、教会の顕職も人体の諸器官と比較されている。有機体的な比喩は、言うまでもなく、ローマにも見出される。たとえば、*Codex* 9, 8, 5（*Cod. Theod.*, 9, 14, 3）——「余の諮問会や評議会に参加する高名なる人々、そして元老院議員たちの（死を計画した者の財産は国庫へと没収されるべきである）……なぜならば彼らは余の身体の一部だからである」(virorum illustrium qui consiliis et consistorio nostro intersunt, senatorum etiam, nam ipsi pars corporis nostri sunt)。この一節は、再三再四引用され（後出第七章註☆三四一以下）、教皇庁にも適用された。たとえば、Johannes Andreae, *Novella*, on c. 4 X 2. 24（Venezia, 1612), fol. 184——「なぜならば、彼ら自身［枢機卿］は教皇とともにローマ教会を構成し、教皇の身体の一部だからである（*Codex* 9, 8, 5)」(cum ipsi [cardinales] cum papa constituant ecclesiam Romanam, et sint pars corporis papae, ar. C. ad l. Jul, ma. l. quisquis)。一般的には、Nestle, "Menenius Agrippa"（前出註☆六).

☆四三——— *Speculum doctrinale*, VII, c. 8. この箇所は、Gierke, *Gen. R.*, III, 548, n. 75 に引用されている。Cf. Maitland, *Political Theories*, 131. 筆者自身はこの箇所を見つけることができなかったことを認める［これはギールケの誤りである。*Spec. Doctr.*, VII, c. 15 を見よ］。しかし、これは疑いもなく、ウィンケンティウスが生きた時代と、彼の周囲の人々の間では周知の表現であった。たとえば、Berges, *Fürstenspiegel*, 195, n. 1, および 306, § 15.

☆四四———Gilbert of Tournai, *Eruditio regum et principum*, II, c. 2, ed., A. de Poorter（Philosophes

Belges, IX, Louvain, 1914), 45; Berges, *Fürstenspiegel*, 156.

☆四五――――「教会の内部にある国家」は、便宜的なさまざまな理由から Ladner, "Plenitudo potestatis," 50 f. によって「カロリング朝の伝統」と呼ばれている。ラードナーは、この伝統が十三世紀に霧散し始めたこと、そして〈王国〉を起源と性格において自然的なものと見なしたアクイナスの思想のなかには、カロリング朝の伝統のいかなる痕跡も見出されないことを、きわめて巧みに立証している。

☆四六――――〈神秘体〉から法的意味における〈統合体〉への移行は、Oldradus de Ponte, *Consilia*, 204, n. 1 (Lyon, 1550), 78v により、充分に例証されている。クリュニー修道院長は全クリュニー修道会の唯一の首長と言えるかという問題が提出された。オルドラドゥスは、神秘体との類比を指摘することによって、この問題に答えている――「彼が唯一の首長であることは、第一に、真の身体と神秘体との類比によって立証される。自然的身体においては頭は一つである。さもないと、これは怪物になってしまうと言えるだろう。……神秘体においても同様である。……さらに、統合体や修道会が一つの身体を表現していることは明らかである」(Et quod unum tantum sit caput, prout probatur primo ex corporis mystici ad corporis veri similitudinem. Sicut enim in corpore naturali unum est caput, alias diceretur declinare ad monstrum ..., sic et in corpore mystico ... Constat autem quod universitas et religio unum corpus repraesentat)。これに続いてレクス・モルトゥオが援用されている。後出第六章註☆七三参照。法人を自然人から区別されるものとして説明するさまざまの表現については、Gierke, *Gm. R.*, III, 428 参照。また、神秘体と同義の〈比喩的身体〉(corpus figuratum) という表現については、前出註☆一六参照。〈統合体〉と〈神秘体〉については、Tierney, *Conciliar Theories*, 134 ff. 参照。

☆四七――――この問題に関しては、Fritz Kern, *Humana Civilitas* (Leipzig, 1913), 11, n. 1; Dante,

Monarchia, I. c. 3 参照。

☆四八———*Antonius de Rosellis, Monarchia sive Tractatus de potestate imperatoris et papae*, II, c. 6, ed., Goldast, *Monarchia* (Frankfurt, 1668), 1, 312——「確かに、自然的身体におけると同様に、多くの神秘体においても、[単一者の支配が最良の統治形態である]……また、同じことは、これ以外の統合された人々の神秘体についてもあてはまる。なぜならば、これらは一人の者により支配されるときに、より善いものとなるからである。アリストテレスによれば、共同社会には五つのものがある……」(Nam sicut est in uno corpore naturali, ita est in pluribus mysticis corporibus . . . Et idem est in aliis mysticis corporibus universitatum, quia melius se habent cum per unum reguntur. Sunt enim secundum Philosophum quinque communitates . . . [cf. Gierke, *Gen. R.*, III, 545, n. 64])。この著者については、Karla Eckermann, *Studien zur Geschichte der monarchischen Gedankens im 15. Jahrhundert* (Abh. zur mittleren und neueren Geschichte, LXXIII [Berlin-Grunewald, 1933]).

☆四九———Baldus については、Gierke, *Gen. R.*, III, 428, n. 37 and 431 f., 433, n. 61, 後出第八章註七〇参照。

☆五〇———Aquinas, *Summa theol.*, III, q. VIII, a. 1, ad 2——「身体は……ある種の秩序づけられた多数者である」(corpus . . . aliqua multitudo ordinata)。

☆五一———Aristotle, *Polit.*, III, 9 ff. (1280 a-1282 b), そして Aquinas, *In libros Politicorum Aristotelis*, III, *lect.* VII and VIII, ed., Raymundus M. Spiazzi (Torino e Roma, 1951), 141 ff. アリストテレスにおける国家の倫理的性格については、Max Hamburger, *Morals and Law : The Growth of Aristotle's Legal Theory* (New Haven, 1951), 特に 177 ff. 〈道徳的身体〉(corpus morale) としての国家の本質は、

言うまでもなく、その目的が何らかの善を志向する事実に存する。確かに、これは「最高の善であり、最も追求されている善である。というのも、政治の領域における善は正義だからである」。トマス・アクィナスは、アリストテレス『政治学』への序文（*Prooemium*, § 6, ed., Spiazzi, p. 2）のなかで、政治学（scientia politica）が、慣例的な分類に従うと〈道徳の学〉（scientia moralis）である旨を強調する。アリストテレスは、もちろん後世の意味における「団体論者」ではなかったが、国家（ポリス）は——したがって、あらゆる統合体は——その部分に優先するという考え方や、身体全体が存在しなければ脚も手も存在しえないという考え方によって、団体論的解釈を助長したのである。この理論は、後に有機体論者によって利用されることになり、トマス・アクィナスもこれを力説していた（*In Polit. Arist.*, 1. 1, § 38 f., ed., Spiazzi, 11 f.）。

☆五二——Godfrey of Fontaines, *Quaestiones ordinariae*, 1, 2, 5, ed., Odon Lottin (Philosophes Belges, XIV, Louvain, 1937), 89 ; cf. P. de Lagarde, "La philosophie sociale d'Henri de Gand et de Godefroid de Fontaines," *L'Organisation corporative du moyen âge à la fin de l'ancien régime*, VII (Recueil de travaux d'histoire et de philologie, 3me série, XVIII ; Louvain, 1943), 64.

☆五三——後出註☆五九参照。

☆五四——皇帝の戴冠と関連した「指環」の歴史の概観は、Eichmann, *Kaiserkrönung*, II, 94 ff. (Index, s. v. "Ring" も参照)。司教の指環の意義は、叙任権闘争の間に広く議論されていた。*De anulo et baculo*（「指環と笏について」in *MGH*, *LdL*, II, 508 ff. ; III, 720 ff., 723 ff., 726 ff.）に見られる多数の論考や詩を参照。司教の叙階式に際しての「指環授与」の儀式は、戴冠に際して行われるこれと対応した儀式としばしばほとんど異なるところがなかった。司教の指環はまた〈信仰の小さな徴《しるし》〉(fidei signaculum) とも呼ばれていた。婚姻の式語〈花嫁を……汝が保護するかぎりにおいて〉(quatenus sponsam . . . custodias）は必ずしも常に叙階式に含まれていたわけではない。婚姻に関する教会法上の隠喩に関しては、たとえば、Andrieu, *Pontifical romain*, I, 48 and 149 参照。次註☆五五および六一参照。

☆五五――Mochi Onory, *Fonti canonistiche*, 151, n. 1 参照（c. 10, D. 63, [v. '*subscripta relatio*'] に対するウグッチョの註釈からの抜粋）。（Clm. 10247, fol. 69^{rb-va} からの）ウグッチョのテクスト全体を（後世の教会法学者への参照をも含めて）筆者が利用できたのは、ロバート・L・ベンスン博士の好意のおかげである。ウグッチョは、*Digesta* 50, 17, 30――「同棲ではなく合意が婚姻を形成する」（Nuptias non concubitus, sed consensus facit）へと特に言及することなく、司教の選任を婚姻の合意になぞらえている。「選任はまた結合とも言われる。すなわち、選任する者と選任される者との相互的な合意によって、両者の間で霊的婚姻が結ばれる。それゆえ、今やこの者は、この教会、あるいはこれらの聖職者たちの花婿と呼ばれ、この教会は彼の花嫁と呼ばれるべきである」（Item electio dicitur vinculum, quod ex mutuo consensu, scilicet eligentium et electi, contrahitur inter eos matrimonium spirituale, ut ille iam dicatur sponsus istius ecclesie vel istorum clericorum et hec ecclesia sponsa ipsius）。同様の考え方は c. 10, D. 63（v. 'relatio'）への標準註釈（ヨハネス・テウトニクス）でも繰り返され、また *Apparatus 'Ius naturale'*（Kuttner, *Repertorium*, 67 ff.）に見られる同じ法文への註釈（v. 'subscripta'）にも見られ（Paris, Bibl. Nat. MS. lat. 15398, fol. 49）、ここではウグッチョが引用されている――「そしてウグッチョによれば、選任および選任される者の正当な合意により……」（et secundum Ug(uccionem) ex electione et electi consensu legitimo）。また、インノケンティウス三世の教令（c. 2 X 1, 7; Friedberg, II, 97）も参照――「選任と教会法上の承認の後に選任する者と選任される者の間で霊的婚姻が結ばれたことを疑うべきではない」（. . . non debeat in dubium revocari, quin post electionem et confirmationem canonicam inter personas eligentium et electi coniugium sit spirituale contractum)。最後に、パヴィアのベルナルドゥス（*Summa decretalium*, I, 4, 5, ed., E. A. T. Laspeyres, *Bernardi Papiensis Faventini episcopi Summa Decretalium* [Regensburg, 1860], p. 8）は、「……［選任された者は］自らに関してなされた選任を是認することによって、相互的な合意のゆえに教会の花婿となる」（... dum approbat [electus] de se factam electionem, ecclesiae sponsus efficitur propter mutuum consensum）と述べている。ウグッチョと *Apparatus* '*Ius naturale*' はともに、司教の選任を皇帝の選挙と類似したものと考えている。ウグッチョについては、Mochi Onory, *loc. cit.*; *Apparatus* はきわめて簡潔に「そして、選帝侯が皇帝を作ると言われるように、聖職者たちの選出により高位聖職者が作られる」（et sicut principes imperatorem dicuntur facere, et ita clerici prelatum electione）と述べており、これに先立つ一節では「司教と教会の間で結ばれる婚姻」（Matrimonium inter episcopum et ecclesiam contractum）が言及されている。それゆえ、遅かれ早かれ、婚姻の観念は、君主と〈国家〉（respublica）の関係へと、ほとんど必然的に移されていった。次註参照。

☆五六——Cynus, on *C.* 7, 37, 3, n. 5（Frankfurt, 1578）, fol. 446rb——「なぜならば、ちょうど相互の合意により婚姻が成立するように、皇帝が選挙され、国家による選挙が（皇帝によって）受容されることにより、ただちに皇帝が支配の座につき、彼が権限を獲得することは否定できないからである。……そして、肉体的な婚姻と精神的な婚姻との比較は適切なものである。というのも、夫が妻の保護者と言われるように……皇帝は国家の保護者と言われるからである」（quia ex electione Imperatoris et acceptione electionis Reipublicae iam praepositus negari non potest et eum ius consecutum esse, sicut consensu mutuo fit matrimonium . . . Et bona est comparatio illius corporalis matrimonii ad istud intellectuale : quia sicut maritus defensor uxoris dicitur . . . , ita et Imperator Reipublicae . . .)。キュヌスの論拠はもっぱらローマ

法から採られているが、彼の議論が教会法学者の議論に従ったものであることは明らかである。もっとも、注目に値するのは、教会法学者の言う〈霊的な婚姻〉(matrimonium spirituale) が、ここでは〈精神的な婚姻〉(matrimonium intellectuale) に変わっていることである。キュヌスの教師であったヤコブス・デ・ラウァニス（ジャック・ド・レヴィニー）やペトルス・デ・ベッラペルティカ（ピエール・ド・ベルペルシュ）がおそらく以前に婚姻の比喩を用いていたかもしれないが、筆者はこの点を確証することができなかった。

☆五七——Albericus de Rosate, on C. 7, 37, 3, n. 12 (Venezia, 1585), fol. 107va——「なぜならば、婚姻が合意によって完成するように…… [*D*. 50, 17, 30]、選挙する者と選挙される者との相互の合意によって、皇帝は完全なる権利を獲得する。……それゆえ、このことによって皇帝が国家を統治することに注意すべきである。そして、肉体的な婚姻から、この精神的な婚姻を類推する議論は当を得たものである。というのも、夫が妻の保護者であるように…… [*Inst*. 4, 4, 2]、皇帝は国家の保護者だからである……」(quia sicut matrimonium consensu perficitur . . . [*D*. 50, 17, 30], sic ex mutuo consensu eligentium et electi ius plenum consequitur Imperator . . . Nota ergo quod ex quo res administrat, et est bona argumentatio matrimonii carnalis ad istud intellectuale, quia sicut maritus est defensor uxoris . . . [*Inst*. 4, 4, 2], ita Imperator Reipublicae . . .)。

☆五八——パヴィアの〈法学博士〉(legum doctor) ヨハネス・ブランカゾルスの覚書 (ed., Edmund E. Stengel, *Nova Alemanniae*, Berlin, 1921, I, No. 90, ii, § 6, S. 50) 参照。この種の漠然としたもう一つ別の比較については、Ullmann, *Lucas de Penna*, 176, n. 1 参照。しかしウルマンは、以下に続く註で引用される興味深い箇所の意義を理解していないように思われる。

☆五九——Lucas de Penna, on C. 11, 58, 7, n. 8, p. 563——「もし我々が真なることを述べ、真なることを知ろうと欲するならば、君主はまた、……ルカヌスの言に従うと国家の夫である」(Item princeps si verum dicere vel agnoscere volumus . . . , est maritus reipublicae iuxta illud Lucani . . .)。この後に、〈都市の父、そして都市の夫〉(urbi pater urbique maritus) というルカヌス (*Pharsalia*, II, 388) からの引用が続く。ローマの〈父〉(pater) という呼称の歴史については、アルフェルディの称讃すべき次の論文を参照。Alföldi, "Die Geburt der kaiserlichen Bildsymbolik," *Museum Helveticum*, IX (1952), 204-243 : X (1953), 103-124 : XI (1954), 133-169. 〈都市の夫〉(urbi martius) という呼称も、それほど珍しいものではなかった。たとえば、Servius, XI, 472 参照。セルウィウスは、プリスキアヌス同様、ルカヌスを引用している。しかし、アリストパネスの『鳥』(1706 ff.) では、王国 (*βασίλεια*) がアルキビアデスの花嫁と呼ばれている。ルカス・デ・ペナは、キュヌスの著作をふんだんに利用しており、実際はキュヌスの見解をさらに発展させていたのかもしれない。以下に続く本文の説明については、拙論 "Mysteries of state," *Harvard Theological Review*, XLVIII (1955), 76 ff. も参照。

☆六〇——Lucas de Penna, *loc. cit.*: "Inter principem et rempublicam matrimonium morale contrahitur et politicum. Item, sicut inter ecclesiam et praelatum matrimonium spirituale contrahitur et divinum . . . , ita inter principem et rempublicam matrimonium temporale contrahitur et terrenum ; et sicut ecclesia est in praelato et praelatus in ecclesia . . . , ita princeps in republica et respublica in principe." この後に前出註二九で引用された箇所が続く。君主と〈国家〉の婚姻の比喩はルカス・デ・ペナにより、ここで指摘する必要があると思われた以上に、いっそう詳細な仕方で展開されている。しかし、この点に関しては、ウグッチョが彼の先駆者であった(前出註☆五五)。ウグッチョは、選任を婚姻の〈合

意〉(consensus) になぞらえただけでなく、教会の上位者による選任への同意を婚姻後の床入りと同義のもの、あるいは叙階式を〈同棲〉(concubitus) と同義のものと考えていた——「ちょうど、肉体的な婚姻において、同席者の言葉による婚約が先行し、この後に肉体的な結合が続くように、ここでも、相互の合意において霊的な婚姻が先行し、この後に肉体的な結合に類似のものが続くのである。というのも、彼は今や教会を律し、司牧しているからである」(Sicut enim in matrimonio carnali precedit matrimonium in desponsatione per verba de presenti, et postea sequitur carnalis commixtio, sic et hic in mutuo consensu precedit matrimonium spirituale et postea sequitur quasi carnalis commixtio, cum iam ecclesiam disponit et ordinat)。そして、司教が職務に就くことを一時的に禁止され、あるいは他の仕方で職務を停止させられる場合に関してさえ、ウグッチョは婚姻上の比喩を見つけ出していた。——「同じく、夫と妻の間でも、月経や出産の時、あるいは四旬節において……」(Idem est in marito et uxore tempore menstrui vel partus vel dierum quadragesimalium . . .)。

☆六一 ———言うまでもなく、この比喩は「エペソ人への手紙」五:二五(「キリストが教会を愛したように」sicut et Christus dilexit ecclesiam) に遡る。これはまた、結婚式のミサにおいても根本的な役割を有している。それゆえ、初期キリスト教の結婚指環の爪には、教会とキリストの婚姻が描かれていた。O. M. Dalton, *Catalogue of Early Christian Antiquities and Objects from the Christian East . . . of the British Museum* (London, 1901), 130 and 131 参照。ワシントンD・Cにあるダンバートン・オークス研究図書館および資料館には、大英博物館より多くの遺品があり、一個だけ特に美しい指環がある。司教座と司教の婚姻は、司教叙階式においても述べられている。さらに、インノケンティウス三世の教令 (c. 2 X 1, 7, ed. Friedberg, II, 97) を参照。バンベルク司教座と離別することを拒んだ教皇クレメンス二世は、きわめて感動的な言葉で、この婚姻に言及していた。逆に、教皇ケレスティヌス五世の譲位は、特に彼の後継者ボニファティウス八世に敵対した人々により、教皇が結婚した普遍教会との教会法に違反する「離婚」と解されていた。たとえば、P. Dupuy, *Histoire du différend d'entre Pape Boniface VIII et Philippe le Bel* (Paris, 1655), 453 ff., and passim: Burdach, *Rienzo*, 52 f.

☆六二———c. 7, C. VII, qu. 1, ed. Friedberg, I, 568 f. 参照。

☆六三———後出第七章註☆三九九—四〇九参照。

☆六四———前出第一章註☆一三、Bacon, *Post-nati*, 667 参照。

☆六五———Seneca, *De clementia*, 1, 5, 1: "... tu animus rei publicae tuae es, illa corpus tuum." Lucas de Penna, *loc. cit.*, n. 8, p. 564. この一節は、同じ問題と関連して、イセルニアのアンドレアスによっても引用されている (Andreas de Isernia, *Prooemium in Lib. aug.*, ed., Cervone, p. xxvi)。

☆六六———Lucas de Penna, *loc. cit.*,: "... item, sicut vir est caput uxoris, uxor vero corpus viri [Eph. 5: 23] ... ita princeps caput reipublicae, et res publica eius corpus." ルカス・デ・ペナは「プルタルコスによれば」(secundum Plutarchum) と付言しているが、これは、ソールズベリーのヨハネス (*Policraticus*, v, 1 ff. 前出第四章註☆二〇) が引用していた偽プルタルコスのことである。中世の法学者たちはソールズベリーのヨハネスをきわめて頻繁に援用していた。Ullmann, "The Influence of John of Salisbury on Medieval Italian Jurists," *EHR*, LIX (1944), 387, n. 4.

☆六七———Lucas de Penna, *loc. cit.*: "Item, sicut membra coniunguntur in humano corpore carnaliter, et homines spirituali corpori spiritualiter coniunguntur, cui corpori Christus est caput ..., sic moraliter et politice homines coniunguntur reipublicae quae corpus est: cuius caput est princeps ..."

☆六八――Enea Silvio Piccolomini, *De ortu et auctoritate imperii Romani*, ed., Gerhard Kallen, *Aeneas Silvius Piccolomini als Publizist* (Stuttgart, 1939), 82, lines 418 ff.; 後出註☆一二一参照。

☆六九――Lucas de Penna, *loc. cit.*: "Amplius sicut Christus alienigenam, id est, gentilem ecclesiam sibi copulavit uxorem . . . , sic et princeps rempublicam quae, quantum ad dominium, sua non est, cum ad principatum assumitur, sponsam sibi coniungit . . ." ここで、ルカス・デ・ペナは、c. un., C. XXXV, qu. 1, ed., Friedberg, I, 1263（アウグスティヌス『神の国』第一五巻第一六章についてのグラティアヌスの註解）に言及している。

☆七〇――「不可譲性」に関する後出第七章を参照。

☆七一――Lucas de Penna, *loc. cit.*, n. 9, p. 564――「確かに、これらにつきあらかじめなされる譲渡に関する誓約は、ひとたびなされると取り消しできないことについては、王も司教も同様である。同じく、帝国ないし国家の財産に属し、皇帝の私有財産とは別個に存在する国庫財産を皇帝が譲渡することも、正当に禁じられていることがわかる。このように、教会財産に対して侵害行為が許されないならば、なおさらのこと皇帝は、いっそう強い意味において国家の財産に属する国庫財産を譲渡することはできない。……確かに、国庫というものは国家の一部なのである……」(Nam aequiparantur quantum ad hoc etiam iuramentum super his praestitum de alienatione facta non revocando episcopus et rex. Ita et principi alienatio rerum fiscalium, quae in patrimonio imperii et reipublicae sunt et separate consistunt a privato patrimonio suo, iuste noscitur interdicta. Ita et fortius non potest princeps fiscalem rem alienare quae plus est in bonis reipublicae quam actio iniuriarum in bonis ecclesiae . . . Nam et fiscus est pars reipublicae . . .)。これを基礎として、ルカス・デ・ペナはさらに国庫を、〈国家〉(respublica) の

〈嫁資〉(dos) と同一視している。当然のことながら〈ペテロの財産〉(patrimonium Petri) も、教皇の花嫁たるローマ教会の〈嫁資〉として表現されている。たとえば、Oldradus de Ponte, *Consilia*, LXXXV, n. 1 (Lyon, 1550), fol. 28^{v} は、アヴィニョンの教皇に対して「あなたの聖性が花嫁に戻るように、……そしてさまざまな仕方で害を受けている花嫁の財産と嫁資を恢復するように」(ut sanctitas vestra revertatur ad sponsam . . . et reparet suum patrimonium et suam dotem, quae multipliciter est collapsa) と戒告している。キリストと教会との霊的婚姻における〈嫁資〉の問題については、Aquinas, *Summa theol.*, Suppl. III, qu. XCV, art. 1 and 3;〈嫁資〉の意味を理解することには問題があった。すなわちトマス・アクイナス (art. 1, ad 2) が指摘しているように、「花婿(すなわちキリスト)の父は、一位たる父のみであるのに対し、花嫁の父は三位のすべてである」(pater sponsi (scilicet Christi) est sola persona Patris; pater autem sponsae est tota Trinitas) ことから、また、キリストは「神秘体」と同一であり、したがって「花婿としてのみならず、花嫁とも呼ばれる」(nominat se etiam sponsam, et non solum sponsum. art. 3, ad 3) ことから、特別に困難な問題が生じていたのである。

☆七二 ―― Aristotle, *Polit.*, 1259 a; Aquinas, *In Polit. Arist.*, I, *lect.* X, § 152, ed., Spiazzi, 47 f. ――「夫は妻を民主的(ポリス的)支配によって統治する。すなわち、選挙されて支配者となった者が国家を統治するのと同様である」(Vir principatur mulieri politico principatu, id est sicut aliquis, qui eligitur in rectorem, civitati praeest)。これに加えて、アリストテレスは、専制的および家父長的支配を議論している。おそらくルカス・デ・ペナ (*loc. cit.*) は、「聖職者も夫も、君主と同様に、選挙によらずしてその地位に就くことはない」(Praelatus quoque et vir non nisi per electionem assumitur, sicut et princeps) と述べたとき、アリストテレスのこの箇所を念頭に置いていたのだろう。

☆七三――Carl Schäfer, *Die Staatslehre des Johannes Gerson* (Köln diss., 1935), 55, n. 86. これは、Gerson, *Opera omnia*, ed., Ellies du Pin (Antwerpen, 1706) 所収の *Vivat rex* (IV, 597 B/C) を引用している――「単一の身体におけるあらゆる部分が自然的な本能によって頭を保護する用意のあるように、真の臣下から構成されている神秘体においても、臣下は彼らの主人に対して同じような態度を採らねばならない」(Secundum quod per naturalem instinctum omnia membra in uno solo corpore sese exponunt pro capitis salute, pariformiter esse debent in corpore mystico verorum subditorum ad suum dominum)。

☆七四――Schäfer, 58, n. 101. 一四一三年の演説 *Rex in sempiternum vive* (*Opera*, IV, 676) が引用されている。

☆七五――Schäfer, 53, n. 77. *Vivat rex* (*Opera*, IV, 616 C/D) が引用されている――「国家の生命や王や王国を防護するために食物や保存物資を確保し、援助金を取り立てる必要のあるとき、これは、全神秘体に対して平等かつ公平な仕方で行われなければならない」(Postquam necessarium est ad protectionem et vitae civilis, regis et regni nutritionem et conservationem accipere et levare subsidia, id in bona aequalitate aut aequitate per totum corpus mysticum fieri debet)。

☆七六――*Opusculum de meditacionibus quas princeps debet habere*, c. 2, ed., Antoine Thomas, *Jean de Gerson et l'éducation des Dauphins de France* (Paris, 1930), 37 : "Habes illos de primo statu tanquam brachia fortissima ad corpus tuum misticum, quod est regalis policia, defendendum." ジェルソンはここで、いわば王太子の独白のようなかたちでこの言葉を述べている。王の「二つの生命」については、Gerson, *Vivat rex*, II, prol., (*Opera*, IV, 592) ――「王の第二の生命については、明らかにこれを国家的ないし政治的な生命として表現することができ、これは、王の地位ないし威厳とも言われる。そしてこの

生命は、正統な継承を通じて永続するがゆえに、単なる肉体的な生命より優れたものである」(De secunda Regis vita verba faciemus, civili videlicet et politica, que status regalis dicitur aut dignitas. Estque eo melior sola vita corporali, quo ipsa est diuturnior per legitimam successionem)。また、*Vivat rex*, I, consid. iv (*Opera*, IV, 591) も参照——「父親は、自然的あるいは政治的に死去した後も依然として彼の息子の人格のなかに生き続ける」(Pater post naturalem, aut civilem, mortem in filii sui adhuc vivit persona)——王の「政治的な死」は、たとえば譲位や精神的無能力の場合に生じるだろう。これは、シャルル六世の狂気のゆえに、ジェルソンが論考を著した一四〇五年に現実に起こっていたことである。実際のところ、ジェルソンは第三の霊的な生命をさらに付加しているように思われる。というのも、論考の挨拶の言葉(salutatio)で彼は次のように言挙げしているからである——「[王よ]御身の体の永く生きられんことを。政治的に、かつ国家として永く生きられんことを。そして霊的に、かつ永遠に生きられんことを」(Vivat [rex] corporaliter, vivat politice et civiliter, vivat spiritualiter et indesinenter)。

☆七七——Jean de Terre Rouge, *Tractatus de iure futuri successoris legitimi in regiis hereditatibus*, I, art. 1, conclusio 24 (これは、François Hotman, *Consilia*, Arras, 1586 の付録として公刊されたものである), p. 34——「……慣習がかつて存在しており、これは、三つの身分の、王国の国家的ないし神秘的な全身体の合意によって導入されたものである」(Consuetudo ... fuit et est introducta ex consensu trium statum et totius corporis civilis sive mystici regni)。この後に、グラティアヌス教令集からの引用が続き、この引用のなかには「軍隊が皇帝を創造すべきである」(exercitus imperatorem faciat. [c. 24, D. XCIII])という言葉が含まれており、テール・ルージュによって「人民の集団が王ないし皇帝を創造する」(exercitus populi facit *regem*, sive imperatorem) と言い直されている。そして、この引用に続いて、「……さ

らに、王位に属するさまざまの顕職は、ちょうど教会の顕職が教会に属するように、王国の国家的ないし神秘的な全身体に属する」(... Praeterea dignitates regiae sunt totius corporis civilis sive mystici regni: sicut dignitates ecclesiasticae sunt ecclesiarum) と述べられている。テール・ルージュについては次の著作を参照。A. Lemaire, *Les lois fondamentales de la monarchie française d'après des théoriciens de l'ancien régime* (Paris thesis, 1907), 58; J. M. Potter, "The Development and Significance of the Salic Law of the French," *EHR*, LII (1937), 244; Church, *Constitutional Thought*, 29, n. 20; また Hartung, "Krone," 29, n. 3; Jean Comte de Pange, *Le roi très chrétien* (Paris, 1949), 427 f.

☆七八――Church, *Constitutional Thought*, 34, n. 36.

☆七九――Guy Coqilles, *Les œuvres* (Paris, 1666), I, 323 (Church, 278, n. 16 による引用) ――「というのも、王は頭であり、三つの身分の人民は四肢である。そして、これら全体が政治的かつ神秘的な身体を形成しているのである。……」(Car le Roy est le Chef, et le peuple des Trois Ordres sont les membres, et tous ensemble sont le corps politique et mystique ...)。コキーユは、通例の有機体論的な解釈に執着している――「政治的身体におけるこのような三つの身分の区別は、三つの主要部分から構成されている人間の身体に呼応するものである。……これら三つの部分とは、脳[聖職者]、心臓[貴族]そして肝臓[第三身分]である」(Cette distinction des Trois Ordres au corps politique a correspondance à ce qui est du corps humain qui est composé de trois principales parties ... qui sont le cerveau, le cœur et le foye)。

☆八〇――一四八九年の諫言に筆者の注意をご親切にも喚起してくださったのは、R・E・ギージー (R. E. Giesey) 博士である。この諫言は、Édouard Maugis, *Histoire du Parlement de Paris* (Paris, 1913), I, 374 f. に収載されている。

☆八一 ——Charles de Grassaille, *Regalium Franciae libri duo*, I, ius XX (Paris, 1545), 217 ——「王は国家の花婿と言われる。……そして、教会と聖職者の間で霊的婚姻が結ばれるように、これは道徳的かつ政治的な婚姻と言われている。……そして、夫は妻の頭、妻はまさしく夫の体であるように、……王は国家の頭、国家は彼の体である」(Rex dicitur maritus reipublicae . . . Et dicitur esse matrimonium morale et politicum : sicut inter ecclesiam et Praelatum matrimonium spirituale contrahitur . . . Et sicut vir est caput uxoris, uxor vero corpus viri . . . , ita Rex est caput reipublicae et respublica eius corpus)。この箇所全体はルカス・デ・ペナに由来するものである(前出註☆五九および六六参照)。グラッサイユについては、Church, *Constitutional Thought*, 47 ff., 57 ff. 参照。ちなみに、「道徳的かつ政治的」という二つの言葉の結合が、十三世紀以来、再三再四見受けられることを指摘しておこう。たとえば、Pierre Dubois, *De recuperatione Terrae Sanctae*, c. 109, ed. Langlois (Paris, 1891), 96 には、「道徳的かつ政治的に言って」(moraliter et politice loquendo) という表現が見られる(この言葉の前後にアリストテレスが引用されている)。

☆八二 ——René Choppin, *De Domanio Franciae*, II, tit. 1, n. 2 (Paris, 1605), 203 ——「ユリア法によれば、嫁資が夫によって不可譲であるように、王冠に属する財産も分割不可能な国家の嫁資である」(Sicuti enim Lege Julia dos est a marito inalienabilis : ita Regium Coronae patrimonium individua Reipublicae dos. 後出註☆八三参照)。François Hotman, *Francogallia*, c. IX, n. 5 (Frankfurt, 1586), 66 ff. ——「王の直領地は王国の嫁資のごときものである」(Est enim Domanium regium quasi dos regni)、そして、「夫が自分の妻の嫁資に対して有する権利は、王が自らの直領地に対して有する権利と同等かつ同一のものである」(Par idemque esse ius Regium in suum Domanium quod est viri in dotem suae uxoris)。

ここでは、ルカス・デ・ペナが引用されている（オトマンの *Francogallia* が初めて公刊されたのは一五七六年である。ただし、そこには第九章は含まれていなかった）。この著作に見られる結婚の比喩については、Lemaire, *Lois fondamentales*, 100 参照。また、*Francogallia* の諸刊本については、同書 93, n. 2 と 99, n. 2 を参照。Pierre Grégoire, *De Republica*, IX, 1, 11 (Lyon, 1609 一五七八年初版), 267 A では、君主は〈国家の花婿〉(sponsus reipublicae)、国庫は〈責務を果たすために与えられる嫁資〉(dos pro oneribus danda) と言われている。ボダン（*De republica*, VI, 2, n. 641）やその他の著述家たちについては、Vassalli, "Fisco" 198, nos. 3-4, and 201 参照。

☆八三――前出註☆八一参照。ルカス・デ・ペナの定式化に立ち帰った最初の人物がグラッサイユであったとはとうてい思えない。ルカスの著作は、フランスにおいて一五〇九年のパリ版に始まり、十六世紀を通じて六回以上版を重ねていた。Ullmann, *Lucas de Penna*, 14, n. 2 参照。事実、パリ高等法院《パルルマン》における王の法律顧問であったジャック・カッペル師は、一五三六年の「弁護」(plaidoyê) でルカス・デ・ペナの比喩を利用していたと思われる。この著作は、Pierre Dupuy, *Traitez touchants les droits du Roy* (Paris, 1655), 275 に引用されている――「……普通法、神法そして実定法により、王冠の神聖なる財産および君主の古来の直領地は、人間の商取引の対象にはならず、国家の政治的な夫であり配偶者たる王以外の者にはふさわしくないものである。国家は、王の聖別と戴冠に際して、上記の領地を王冠の嫁資として王に与えるのである。王たちは、聖別と戴冠の儀式において、どのような理由によっても、この嫁資を決して譲渡しないことを誓約する。というのも、この嫁資は不可譲なるものだからである」(. . . par les droits commun, divin et positif le sacré patrimoine de la Couronne et ancien domaine du Prince ne tombe au commerce des hommes, et n'est convenable à autre qu'au Roy qui est mari et époux politique de la chose publique, laquelle luy apporte à son Sacre et Couronnement ledit domaine en dot de sa Couronne, lequel dot les Rois à leur Sacre et Couronnement iurent solennellement ne iamais aliener pour quelque cause que ce soit, comme aussi il est inalienable)。Cf. *Plaidoyez de feu maistre Jacques Cappel* (Paris, 1561), p. 11. ここには容易にルカス・デ・ペナの議論を認めることができる。そして、この箇所が書かれたのが、フランスの戴冠式における「指環の授与」の規則が修正される以前ではありえなかったと想定する必要はない（次註☆八四、八五参照）。

☆八四――Th. Godefroy, *Le Cérémonial de France* (Paris, 1619), 348. 司教の叙任式から借用された「指環の祝別」が、シャルル五世の戴冠式規則のなかに取り入れられたことは確かである。*The Coronation Book of Charles V of France*, ed., E. S. Dewick (Bradshaw Society, XVI, London, 1899), 33 (cf. p. 83) 参照。Schramm, *König von Frankreich*, I, 238 f. (cf. II, 117) は、司教の叙任式からこれが借用されていること自体が、王と王国との結婚を含意していると主張する。しかしながら、司教への「指環の授与」に見られる決定的に重要な言葉「神の花嫁を……無傷のままに保護せよ」(sponsam Dei . . . illibate custodias) が、ここには欠けている。さらに法学者たちは、はるか以前よりこの比喩を用いており、フランスにおける戴冠の儀式でこの比喩が初めて現われたのは一五四七年であった。司教の叙任式で指環が授与される際に行われる祈りもまた、それなりの歴史を有している。しかし、この問題は、ここでの関心事ではない。前出註☆五四参照。

☆八五――Godefroy, *Cérémonial*, 661――「王の指環」――聖別式の当日、王は厳かに自らの王国と婚姻を結び、結婚の甘く祝福に満ちた親密な絆によるごとく、夫と妻のように互いに愛し合うように、自らの臣民と不可分に結ばれた。そして、既に述べられたシャルトル司教によって、この相互的な結合の徴《しるし》として一つの指環が彼に渡された」(ANNEAU ROYAL；Parce qu'au jour du Sacre le Roy espousa solemnellement son Royaume, et fut comme par le doux, gracieux, et amiable lien de mariage inseparablement uny avec ses subjects, pour mutuellement s'entraimer ainsi que sont les epoux, luy fut par le dit Evesque de Chartres presenté un anneau, pour marque de ceste reciproque conjonction)。祈りの後の規程では、司教は、「王がそれによって王国と婚姻を結んだ上記の指環を、王の右手の第四指に嵌めた。この指からは、心臓へとつながる血管が出ているのである」(mit le dit anneau, duquel le Roy espousoit son Royaume, au quatriesme doigt de sa main dextre, dont procede certaine veine attouchant au cœur)。薬指に関する最後の言及については、グラティアヌス教令集（*Decretum*, c. 7, C. XXX, qu. 5, ed., Friedberg, I, 1106）を参照。このような結婚の儀式への言及は、後の時代にも頻繁に見られる。たとえば、*Recueil des anciens lois françaises*, ed., Isambert, Taillandier, and Decrusy (Paris, 1829), XV, 328, No. 191 を参照。ここでは、アンリ四世が、ナヴァールの私有地を王冠へと再統合することに関する（一六〇七年の）勅令のなかで、先王たちにつき「彼らは、神聖かつ政治的と一般に呼ばれている一種の婚姻を、王冠（!）と結んだ」と述べている。フランス国王の「神聖かつ政治的な婚姻」(mariage saint et politique) は、おそらく、ルース・M・チャーニス氏がご親切にも私の注意をそれへと向けてくださった、ルイ十四世の興味深い発言のなかに表現されていると思われる。Saint-Simon, *Mémoires*, ed., Gonzague Truc (Pléiade édition；Paris, 1953), IV, 1069, ch. 58 は、王家の血筋を引く王子と王家の庶子との間にルイ十四世が設けた区別について報告している――「彼は、前者［王家の血筋による王子］を、国家と王冠の子供（enfants de l'État et de la couronne）と見なしたのに対し……これ以外の王子を、彼の愛から生まれた子供として慈しんだ」。

☆八六――前出註☆六〇および六四―六六を参照。

☆八七――Chopin, *De Domanio Franciae*（前出註☆八二), III, tit. 5, n. 6, p. 449――「王は、国家の神秘的な保護者であり……その配偶者である」(Rex, curator Reipublicae ac mysticus . . . ipsius coniunx)。この理論は、法学者たちが教皇を、〈世俗国家の夫〉(huius reipublicae temporalis maritum) と見なすことによって、教会領に対する国庫上その他の権利を教皇に認めたときも、逆廻りで一周して元の場所に戻ってきたことになる。もっとも、これ以外の点に関しては、教皇が霊的な意味において〈教会の夫〉(vir Ecclesiae) であることに変わりはなかったが。Cf. Vassalli, "Fisco," 209. ここでは、デ・ルカ (de Luca) 枢機卿が引用されている。

☆八八――*Parliamentary History of England* (London, 1806), I, 930.

☆八九――Fortescue, *De laudibus*, c. XIII, ed., Chrimes, 30, 17. また、「この章はフォーテスキューのあらゆる著作のなかで最も有名なものである」というクライムズの指摘 (p. 156) を参照。言うまでもなく、フォーテスキューは、世俗の制度と教会の制度を同列に置いて対比させる法学者たちの方法をきわめて巧みに利用していた。たとえば、*op. cit.*, c. VIII, ed., Chrimes, 22 を参照。ここで、フォーテスキューは〈教会の秘儀〉(misteria ecclesiae) を〈イングランド法の秘儀〉(misteria legis Anglie) と対置し、君主に対して法の秘蹟を探究する (legis sacramenta scrutare) ことを試みないように忠言し、このような探究は、法学の訓練を受けた専門の法学者だけが果たしうる任務であると述べている (cf. cc. III and VII, pp. 6 ff., 18 f.)。一六〇八年にクックは、まさにこの議論に言及したことで、国王ジェイムズ一世の大いなる不興を買ったのであった。Coke, *Reports*, XII, 63 ff.（禁止令状の事例）.

☆九〇――*De laudibus*, c. XII, ed., Chrimes, 28. 群衆 (cetus)、人民 (populus)、神秘体 (corpus)

という三つの段階が、窮極的にはアリストテレスに由来することについては、Vincent de Beauvais, *Speculum doctrinale*, VII, c. 7 (Venezia, 1494), fol. 91r 参照。

☆九一―――*Rot. Parl.*, IV, 367――議長は「卓越せる仕方で……同じ議会召集の理由を宣言した」(causam summonitionis eiusdem Parliamenti . . . egregie declaravit)。これは通常の手続きであった。「説教の後、イングランドの大法官……あるいは、これにふさわしい他の栄えある能弁なる裁判官ないし聖職者が……最初に一般的な仕方で、その後に特殊な仕方で議会の問題を布告しなければならない」(Post praedicationem debet cancellarius Angliae . . . vel alius idoneus, honestus, et facundus justiciarius vel clericus . . . pronuntiare causas parliamenti, primo in genere, et postea in specie)。*Modus Tenendi Parliamentum*, in Stubbs, *Selected Charters*, 503 参照。リンドウッドはこの手続きに従っていた。彼は、「彼の玉座は堅くされるであろう」(Firmabitur solium regni eius) という「歴代誌」上二二：一〇の言葉について語った後、王国の〈三重の統一性〉(triplex unio) を論じている――「一つは、……可動的な事物の固まりや集合におけるような集合的統一性、もう一つは、……人間の身体においてさまざまな器官が結合しているような構成的統一性、そして第三は、あらゆる神秘体において、一致した意志や愛情によるような合意的統一性」(unam . . . collectivam, ut in rerum mobilium congerie et congregatione ; alteram . . . constitutivam, ut in corpore humano diversorum membrorum annexione ; et tertiam consentaneam, ut in cuiuslibet *corporis mistici* unanima voluntate et dilectione)。リンドウッドのウィリアムについては、Maitland, *Roman Canon Law in the Church of England* (London, 1898)；Arthur Ogle, *The Canon Law in Mediaeval England* (London, 1912) 参照。

☆九二―――前出註☆六参照。

☆九三――Chrimes, *Ideas*, 180 はこの説教を再録している。これが最初に印行されたのは、John Gough Nichols, *Grants from the Crown during the Reign of Edward the Fifth* (Camden Society, LX; London, 1854), p. li においてである。

☆九四――Chrimes, *Ideas*, 185; Nichols, *Grants*, p. lviii.

☆九五――Chrimes, *Ideas*, 175, また 332, n. 6; Nichols, *Grants*, p. xlvi.

☆九六――前出註☆三四以下、そしてフランスの理論については前出註☆七九以下参照。

☆九七――B. Wilkinson, "The 'Political Revolution' of the Thirteenth and Fourteenth Centuries in England," *Speculum*, XXIV (1949), 502-509 は、国制的に見て真に「暗黒なる時代」を手探りしながら慎重に論じている。事実、彼が「複合的」(composite) 主権と名づけているものは、「国家の有機的統一」(p. 504, n. 8) と不可分のものに思われ、この有機的統一が堅持されたがゆえに、大陸で発展した「抽象的国家」の諸観念にイングランドは屈服することがなかった。

☆九八――*Year Books*, 39 Edward III, f. 7 a. これは、Maitland, *Sel. Ess.*, 107 で引用されている。また、McIlwain, *Constitutionalism*, 89, n. 32; Wilkinson, *op. cit.*, 504, nos. 14-15 参照。*Modus*, ed., Stubbs, *Selected Charters*, 503 によれば、王は「議会の頭にして根源かつ頂点」(caput, principium, et finis parliamenti) であり、したがって彼のみが議会の第一位 (primus gradus) を構成する (*Modus* は六つの位を区別している)。

☆九九――たとえば、*Fleta*, II, c. 2――「王は、その議会における評議会のなかに、自らの宮廷を有している」(habet enim rex curiam suam in consilio suo in parliamentis suis) を想い起こすことができるだろう。ウィルキンソン (Wilkinson, *op. cit.*, 504, n. 13) とともに、筆者は、「王と貴族たちが国家において主権を行使する」ことを含意するものとしてこの言葉を解釈することにためらいを感ずる。この点、Gaines Post, "The Two Laws and the Statute of York," *Speculum*, XXIX (1954), 417-432 は、新しい重要な視点を提示している。

☆一〇〇――S. Harrison Thomson, "Walter Burley's Commentary on the Politics of Aristotle," *Mélanges Auguste Pelzer* (Louvain, 1947), 577――「そしてさらに王国においては、いわば王や王国の有力な貴族たちや賢者たちによって構成された集団が支配する。それゆえ、この種の集団は、単独の王と同じくらいに、あるいはそれ以上に善く支配するのであり、このために王は、困難な任務を果たすべく議会を召集するのである」(et adhuc in regno multitudo constituta ex rege et proceribus et sapientibus regni quodammodo principatur. Itaque tantum vel magis principatur huiusmodi multitudo quam rex solus, et propter hoc rex convocat parliamentum pro arduis negociis expediendis)。そして、この後、おなじみのアリストテレスの議論を提示してから、バーリーはエドワード三世に言及している――「最良の政体においては……誰もが自分の身分を尊重し、これに満足している。そして誰もが卓越せる名誉を欲して、統治しており、自分が王において、そして王とともに支配していることが彼には明らかである。そして今日、イングランド人の王に関して明らかなように、臣民が王に対し親密なる愛情を抱くことによって、臣民の間にも親密な和合が生まれ、王国は最も強固なものとなる」(In optima enim policia . . . quilibet diligit gradum suum et contentus est, et quilibet vult singularem honorem, regit, et videtur sibi *quod in rege et cum rege conregnat*, et propter intimam dileccionem civium ad regem est intima concordia inter cives, et est regnum fortissimum sicut hodie patet de rege Anglorum . . .)。トムスンにより引用されている一節については、これを、Aquinas, *In Polit. Arist.*, § 473, ed., Spiazzi, p. 167 と比較すると興味深い。

☆一〇一———フォーテスキューとトマス・アクイナスとの関係をめぐる問題については、A. Passerin d'Entrèves, "San Tommaso d'Aquino e la costituzione inglese nell' opera di Sir John Fortescue," *Atti della R. Accademia di Torino*, LXII (1927), 261-285 に加えて、Felix Gilbert, "Sir John Fortescue's 'Dominium regale et politicum'," *Mediaevalia et Humanistica*, II (1943), 88-97, 特に 91 ff. における根本的に重要な研究を参照。ここでは、このテーマに関する文献も検討されている。

☆一〇二———法と犠牲の関連性については、前出第四章註☆九一、九二参照。

☆一〇三———*Rot. Parl.*, III, 459, § 32（三位一体との比較）および 466, § 47（ミサとの比較）. Chrimes, 68 f. 参照。議会に関する比較表現はしばしば生彩あるものである。たとえば、ウィンチェスター司教ヘンリーは、一四二五年の議会での説教で、王の評議会成員を象に喩えている。なんとなれば、彼らは「怒らず、実直で、強力な記憶力の持ち主」(sine felle, inflexibilis, et immensae memoriae) たるべきだからである。*Rot. Parl.*, IV, 261.

☆一〇四———この点に関しては、Chrimes, *Ideas*, 116, そしてまた 332, n. 6 参照。

☆一〇五———Coke, *Rep.*, VII, 10 a（カルヴィン事件）. これは、エドワード四世治世二十一年目に関するものである (21 Edward IV, f. 38 b)。後出第七章註☆三一二参照。

☆一〇六———Maitland, *Sel. Ess.*, 107 に引用あり。

☆一〇七———この有名な一節については、*Letters and Papers of Henry VIII*, vol. XII, p. iv, n. 3, そして p. 107, No. 221 参照。Cf. A. F. Pollard, *The Evolution of Parliament* (London, 1926), 231.

☆一〇八———*Statutes of the Realm*, III, 427 f.; Stephenson and Marcham, *Sources of English Constitutional History*, 304, No. 74 B; Maitland, *Sel. Ess.*, 107 f. Coke, *The 4th Part of the Institutes of the Laws of England*, c. 74 (London, 1809), 341は、イングランドが一つの「帝国」であったこと、しかもあらゆる時代において帝国であったことを証明するために、この法令を採用している。この問題については、A. O. Meyer, "Der Kaisertitel der Stuarts," *QF*, X (1907), 231 ff. 参照。マイアーは、ヘンリー八世の皇帝の称号から議論を始めている（いくつかの付加については、E. E. Stengel, "Kaisertitel und Souveränitätsidee," *DA*, III [1939], 46）が、大いに研究する価値のあるこのテーマを、あらゆる観点で網羅的に論じているとは言えない。このテーマは、依然として徹底的かつ体系的な探究を必要としている。

☆一〇九――フィリップ四世については、後出三二二頁以下参照。王国の「政治的身体」に関する議論（Chrimes, *Ideas*, 304, 332 f., nos. 6-8）は、ヘンリー八世の治世において大いに活発化した。たとえば、Richard Sampson, *Oratio qua docet, hortatur, admonet omnes etc.* (London, 1533), fol. B^{v}（この頁付けは、バークリーのカリフォルニア大学図書館所蔵の稀覯本マイクロフィルムによる）――「王国全体が一つの政治的身体であること、個々の人間が同じ身体の一部であることを知らない者がいるだろうか。この身体の頭は、一体誰だろうか。それが王以外でありうるだろうか」(Quis nescit totum regnum unum esse politicum corpus, singulos homines eiusdem corporis membra esse? Ubi nam est huius corporis caput? Estne aliud quam rex?)。Cf. A. Passerin d'Entrèves, "La teoria del diritto e della politica in Inghilterra all' inizio dell' età moderna," *R. Università di Torino: Memorie dell' Istituto Giuridico* (Ser. II, No. IV, 1929), 27, n. 15.

☆一一〇――"Tota tua ratio concludit te Ecclesiam existimare corpus politicum esse . . . Quantum enim distat caelum a terra, tantum inter civilem potestatem et ecclesiasticam interest: tantum hoc corpus Ecclesiae quod est corpus Christi, ab illo, quod est politicum et mere humanum, differt."

Cardinal Pole, *Ad Enricum VIII . . pro ecclesiasticae unitatis defensione*, in Juan T. Rocaberti, *Bibliotheca maxima pontificia* (Roma, 1698), XVIII, 204. この一節は、d'Entrèves, *op. cit.*, 27., n. 15 からの引用である。

☆一一一――前出註☆三三参照。また、Gierke, *Gen. R.*, III, 596, n. 214.

☆一一二――テール・ルージュについては、前出註☆七七参照。Church, *Constitutional Thought* は十六世紀フランスにおける立憲主義思想と絶対主義思想の闘争を優れた仕方で浮彫りにしている。我々はしばしば、フォーテスキューの説得的な対立観念がどの程度まで彼の時代において有効であったか知りたい気持になる。

☆一一三――Baldus, on *Cod.* 10, 1, rubr., nos. 12, 13, 18; Gierke, *Gen. R.*, III, 596, n. 216; Gierke, *Johannes Althusius*, 137, n. 47. 〈朕は国家なり〉(l'état c'est moi) の本質的観念 (cf. Fritz Hartung, “L'État c'est moi,” *Historische Zeitschrift*, CLXIX [1949], 1 ff.) が、はるか以前に遡りうることは、Viktor Ehrenberg, “Origins of Democracy,” *Historia*, 1 (1950), 519 が最近指摘した通りである（「御身は国家、御身は人民なり」という言葉がアイスキュロスの『救いを求める女たち』370 ff. に見られる）。もっとも、言い廻しの類似性よりも、その背後にある一般的な精神風土の深い相違のほうをおそらく強調すべきであろう。

☆一一四――Maitland, *Sel. Ess.*, 108; Plowden, *Reports*, 233 a; 前出第一章註☆一三。

☆一一五――前出註☆九五。*Gesta Edwardi* に見られる、ブリッドリントンの聖堂参事会会員の感嘆については、*Chronicles of the Reigns of Edward I and II*, ed. Stubbs, II, 70 ――「何と不可思議なことだろう。議会において王の同意が少しも必要とされずに貴族たちにより協議が行われるとき、四肢が頭からどのように切り離されるかを見るがいい」(Mira res！ ecce qualiter membra a capite se disjungunt quando fit consideratio per magnates in parliamento, regis assensu minime requisito)。これは、ディスペンサー兄弟に対抗する一三二一年の行動に言及したものである。Wilkinson, "The Coronation Oath of Edward II and the Statute of York," *Speculum*, XIX (1944), 460, n. 4 参照。

☆一一六――――Gierke, *Gen. R.*, III, 590 ; *Johannes Althusius*, 126.

☆一一七――――Gierke, *Johannes Althusius*, 144 (d'Entrèves, "La teoria," 36, n. 27 に引用されている)、また、Holdsworth, *History of English Law*, IV, 213 および、この著作において Hooker, *Ecclesiastical Polity*, 1, § 2, 7 が引用されている箇所を参照。

☆一一八――――筆者の解釈に誤りがなければ、マクルウェイン教授 (McIlwain, *Constitutionalism*, 89 f.) は、フォーテスキューとブラクトンを対照させながら、まさにこの種の変化を示唆している。

☆一一九――――一般的な問題としては、Halvdan Koht, "The Dawn of Nationalism in Europe," *AHR*, LII (1947), 265-280 および拙論 "Pro patria mori," *AHR*, LVI (1951), 472-492 参照。この論文では、少し異なった観点から、そしてより限定された基礎の上に、同じテーマが論じられているが、場合によっては、より豊富な参考資料が引用されている。本書の刊行が進められている間に、Gaines Post, "Two Notes on Nationalism in the Middle Ages : 1. *Pugna pro patria,*" *Traditio*, IX (1953), 281 ff. という優れた研究が発表された。この研究のなかでポウストは、筆者が気づかなかったか不当にも無視していた〈祖国〉に関する法的史料を検討することによって、きわめて満足のいく仕方で拙論を補っている。筆者が彼の論文を入手したのは、本書が既に完成した後のことであり、したがって筆者は、彼が引用している豊富な史料のいくつかと、示唆的な結論のいくつかを、校正の最終段階で採り入れる以上のことはできなかった。

☆一二〇——拙論 "*Pro patria mori*," 474, n. 8 を参照。さらに、Louis Krattinger, *Der Begriff des Vaterlandes im republikanischen Rom* (Diss. Zürich, 1944) は、当該の問題に関して有益な議論を展開し、イタリアがキケロとカエサルの時代になって初めて〈祖国〉となったこと (p. 59)、そして〈帝国〉(imperium) は古典期には〈祖国〉とは呼ばれなかったのに対して、〈国家〉(res publica) やローマ市は限定なしに〈祖国〉とされていたことを立証している。このことは、中世の法学者によっても支持されている。ポウスト (Post, "Two Notes," 286, n. 22) が立証しているように、中世の法学者たちは〈小なる祖国〉(minor patria) たる故郷と、〈共通の祖国〉(communis patria) たるローマを区別していた。後出註☆一六五以下参照。

☆一二一——"Pro patria mori," 477, n. 16 にあるいくつかの説明を参照。詩人や学識者 (literati) たちが古典古代の英雄を描くとき、〈祖国〉という言葉を何度も用いていた。たとえば、Walter of Châtillon (Philippus Gualtheri), *Alexandreis*, III, 313 (ed. F. A. W. Müldener, Leipzig, 1863) は、イッソスの戦いを叙述しながら、「主君と祖国のために正しく死ぬことができたかぎり……」(Pro domino patriaque mori dum posset honeste . . .) と語っている。また、*ibid*., II, 355——「祖国のために立ち上がり、祖国の尊厳と名誉を配慮することは正しい……」(Pro patria stare et patriae titulis et honori/Invigilare decet . . .)。より興味深いのはウィポである。ウィポは〈祖国〉という言葉を、一度も定義することなく首尾一貫して古典的伝統に合致した意味で用いている。ウィポは、*Gesta Chuonradi*, prol., ed., Bresslau (*MGH*, *SS. r. germ.*), pp. 7, 20 において、自分がものを書く理由 (causa scribendi) として、それが〈祖国の役に立つ〉(quod proderit patriae) 事実を挙げている。また、pp. 9, 14, and passim (cf. Index, 123, s. v. *patria*) 参照。

☆一二二 ―― デュ・カンジュ (Du Cange) は、その *Glossarium* (s. v. *patria*) で、もっぱら地域的な意味だけに言及している。また、Ernest Perrot, *Les institutions publiques et privées de l'ancienne France jusqu'en 1789* (Paris, 1935), 400 f. ―― 「祖国という言葉自体は……それ以前は地域 (région) という狭い意味において、地理的な価値しか有していなかった」、さらに、Koht, "Dawn of Nationalism," 266 f., n. 6; Post, "Two Notes," (祖国という言葉の、しばしば非常に不明確な用法について) 参照。

☆一二三 ―― イングランドにおける〈祖国による〉裁判に、ご親切にも筆者の注意を向けてくださったのは、ジョウゼフ・R・ストレイヤー (Joseph R. Strayer) 教授である。また Pollock and Maitland, *English Law*, II, 620 f., 624, 627 参照。

☆一二四 ―― たとえば、ノルマン人が侵入したときのアングロ＝サクソンのイングランドや、これに類似の出来事を想起しうるだろう。言うまでもなく、一つの重要な例外はイタリアの諸都市である。これらの都市は、古代の都市国家の性格を失うことがなかった。Italia を patria と同一視することは、比較的後の時代のことである。前出註☆一二〇参照。そして、Post, "Two Notes," 292 にある有益な指摘を参照。また、残念なことに非常に不完全な概観ではあるが、Hans Haimar Jacobs, "Studien zur Geschichte des Vaterlandsgedankens in Renaissance und Reformation," *Die Welt als Geschichte*, XII (1952), 85-105 参照。

☆一二五 ―― Post, "Two Notes," 288, n. 13 参照。ここでは、ヨハネス・テウトニクスの註釈 (Johannes Teutonicus, on c. 18, C. XXII, q. 5) その他が引用されている。

☆一二六 ―― 〈祖国〉としての天上界の「政治的」側面については、何にもまして Augustinus, *De civ. Dei*, v, c.16 参照。一般的な説明としては、Karl Ludwig Schmidt, *Die Polis in Kirche und Welt*

(Rektoratsprogramm der Universität Basel, 1939); Hans Bietenhard, *Die himmlische Welt im Urchristentum und Spätjudentum* (Tübingen, 1951), 192-204. 天上のイェルサレムの半ば政治的な観念は、エーリク・ペーターゾン (Erik Peterson) のいくつかの研究の焦点とされてきた。これらの研究は今では、*Theologische Traktate* (München, 1951) にまとめられている。なかでも、165 ff.: "Zeuge der Wahrheit"; 323 ff.; "Von den Engeln" などを参照。キリスト教徒の〈共通の祖国〉(communis patria) としての天上界は、コイネ・パトリス (κοινὴ πατρίς) にたとえられ、後者は古代においては冥府を指し示していた。Plutarch, *Moralia*, 113 C; また、拙論 "*Pro patria mori*," 475 f., そしてメルシエ (Mercier) 枢機卿とビヨ (Billot) との間の二十世紀における論争については、*ibid*., 472 f. 参照。

☆一二七――この問題全般については、Joseph R. Strayer, "Defense of the Realm and Royal Power in France," *Studi in Onore di Gino Luzzatto* (Milano, 1949), 289 ff.; Helene Wieruszowski, *Vom Imperium zum nationalen Königtum* (Historische Zeitschrift, Beiheft 30, München und Berlin, 1933), 168 ff. and passim; また、拙論 "*Pro patria mori*," 478 f., そして後出註☆一二九参照。

☆一二八――Strayer, "Defense," 292, n. 7 は一二六五年に関して〈カルカッソンヌ代官（セネシャル）所管区の祖国を守護するための〉(ad tuitionem patrie senescallie Carcassonensis) 事例を引用している。ここでは明らかに、カルカッソンヌの代官を守護するために、限定つきの軍務が要求されている。しかし、この代官所管区は、ボケールのそれと同様、一二二九年以来フランス国王に直属しており (F. Kern, *Die Anfänge der französischen Ausdehnungspolitik* [Tübingen, 1910], 319)、その結果、本件においては局所的な〈祖国〉は同時に、フランスの王冠と直接結びついたものであった。一三〇二年（八月二十九日）に国王フィリップ四世は、ブールジュの代官（バイイ）所官区の聖職者に対して、「尊ぶべき古《いにしえ》の祖先が、子供たちに対する愛情よりも、それを保護することを優先させ、そのために戦うことを命じたところの故国を守護するために」(ad defensionem natalis patrie pro qua reverenda patrum antiquitas pugnare precepit, eius curam liberorum preferens caritati) 補助金を要請する書簡を書いている。拙論 "*Pro patria mori*," 479, n. 26 を参照。また、Wieruszowski, *Vom Imperium*, 173, n. 107 も参照。フィリップ四世の書簡は、*D.* 49, 15, 19, 7 の「ローマの親たちにとって、軍営の規律のほうが子供に対する愛情よりも重要であった」(disciplina castrorum antiquior fuit parentibus Romanis quam caritas liberorum) という一節に倣ったものである。この一節は、法学者たちによってしばしば援用されている。たとえば、Petrus de Ancharano, *Consilia*, CCCIII, n. 4 (Venezia, 1574), fol. 162. Post, "Two Notes," 287, n. 28, and 290, n. 42 参照。

☆一二九――Post, "Two Notes," 282 ff. 正戦の原型としての異教徒に対する戦争については、後出註☆一五五以下で、ヘントのヘンリクスの見解が触れられている。

☆一三〇――Post, "Two Notes," 285 ff. Cf. *D.* 32, 1, 101. ここでは、"*τῇ γλυκυτάτῃ μου πατρίδι*" というギリシア語が〈最も優美なる我が祖国に〉(patriae meae suavissimae) とか、(標準註釈におけるように)〈最も甘美なる我が祖国に〉(patriae meae dulcissimae) と訳されている。Cf. Post, 286, n. 22, and passim.

☆一三一――〈共通の祖国〉(communis patria) については、後出註☆一六五以下参照。

☆一三二――〈祖国〉に関するイングランドの史料は未だ収集されておらず、特に選別されてもいない。しかし、島全域の君主国を指すために十二世紀にこの言葉が用いられていたと想定する充分な理由が存在する(モンマスのジェフリー [Geoffrey of Monmouth] については後出註☆一四五以下参照)。

☆一三三——Bracton, fol. 35 b, ed., Woodbine, II, 113 and 114. 封建領主に対して〈祖国〉が優先することについては、Post, "Two Notes," 283, n. 13; 288, nos. 34 ff.; Andreas de Isernia, on *Feud*. II, 6 (*De forma fidelitatis*), n. 1, fol. 90^{v}——臣下は「息子や父親に反対しても」(etiam contra filium vel patrem [後出註☆一六一参照]) 領主を支持するよう義務づけられているが、「自己自身あるいは祖国に反対してまで [領主を支持すべき] 義務には服さないだろう。……なぜならば、臣下は自分の息子よりも祖国に対してより強い義務を負うからである」(non tamen erit [obligatus] contra seipsum vel *contra patriam* . . ., quia plus tenetur patriae quam filiis)。また、patriae という言葉に対するアンドレアスの註釈には、より豊富な説明が見られる。

☆一三四——Bracton, fol. 336 b, Woodbine, IV, 71——「もし、国家に関わる事柄のように、緊急の必要性を理由として、主君たる王の命令により、祖国の守護のために王とともに軍隊に参加して旅立ったならば、〔その者は〕これに義務づけられているのであるから、このことは不出廷の弁明の事由となりうる」(Si autem ex causa necessaria et utili ut rei publicae causa, ita quod profectus sit in exercitum cum domino rege *ad defensionem patriae* per praeceptum domini regis, cum ad hoc obligatus sit, excusatur . . .)。また、fol. 339, Woodbine, IV, 76——「また、聖地での役務と同じように、王のための海外での永久的役務を理由に不出廷を正当化される者は、海外にいることがその弁明の事由とされる。……」(Item de ultra mare excusatur quis per essonium de servitio regis aeterni sicut de Terra Sancta . . .)。

☆一三五——Franci が liberi であることについては、たとえば、Alexander of Roes, *Memoriale*, c. 17, eds., H. Grundmann and H. Heimpel (Deutsches Mittelalter: Kritische Studientexte der *MGH*, IV; Weimar, 1949), p. 38, 13, and passim; また、ソクヴィルのギヨーム (William of Sauqueville) の説教

(ed., Hellmut Kämpf, *Pierre Dubois*, 112 f.) を参照。さらに、Leclercq（後出註☆一七六）, p. 170 f., lines 103 ff. に印行されている作者不明の説教も参照。また、偽トゥルピヌスについては、Schramm, *Frankreich*, 1, 138; Berges, *Fürstenspiegel*, 76 f. 新たに選ばれた民としてのフランスについては、アヴィニョンの最初の教皇クレメンス五世の書簡の一つを参照――「天上の命令を執行すべく、主たる神によって特別の民へと選ばれたフランス王国は、格別の名誉と恩寵の尊厳によって特徴づけられている」(regnum Francie in peculiarem populum electum a Domino in executione mandatorum celestium specialis honoris et gratie titulis insignitur)。*Registrum Clementis V Papae*, No. 7501 にあるこの一節は、Kämpf, *Pierre Dubois*, 99 に引用されている。

☆一三六――Pliny, *Naturalis historia*, III, XX, 138.

☆一三七――これはインノケンティウス三世の教令、*Novit* (c. 13 X 2, 1, ed., Friedberg, II, 242) に見られる。Post, "Blessed Lady Spain," *Speculum*, XXIX (1954), 203, n. 28 参照。

☆一三八――たとえば、Richier, *La vie de Saint-Remi*, ed. W. N. Bolderston (London, 1912), line 61――「神は多くのことを通じて、フランスに対する特別の愛を明らかに示し給う」(Molt fait dieus aperte monstrance/D'especial amour a France)、あるいは、line 114――「善き神より聖霊の恩寵がフランスへと広められる」(A bien Dieus [en] France eslargie/La grace dou Saint Esperite)。いくつかの史料が、Kämpf, *Pierre Dubois*, 91, 99 and passim. Wieruszowski, *Vom Imperium*, 147 f., n. 26; Schramm, *Frankreich*, 1, 228 f. に収集されている。フランスの法学者――フロット、プレジアン、ノガレ、デュボワなど――は、フランスが選ばれた民であることをたえず繰り返していた。そして、国王派のドミニコ会士ソクヴィルのギヨームは、フランク人＝自由人の定式を何度も繰り返しながら、「適切に言えば、キリストと至福者たちの唯一の王国以外の、いかなる王国も、フランスの王国と呼ばれるべきではない」(proprie loquendo nullum regnum debet vocari regnum Francie nisi solum regnum Christi et beatorum）と述べる。このドミニコ会士の説教は、同じ作者の他の説教とともに、筆者のかつての学生ヒルデガルト・ケスター嬢によってパリ国立図書館所蔵写本（Paris, Bibl. Nat. MS lat. 16495, fols. 98-100v）から転写され、議論されている。Hildegard Coester, *Der Königskult in Frankreich um 1300 im Spiegel der Dominikanerpredigten*（Thesis [Staatsexamens-Arbeit] Frankfurt, 1935-36, typescript）, p. VIII. これに似た言葉は、Kämpf, *op. cit.*, 113 において印行された説教のなかにも見られる。ここで我々はまた、ジャン・ド・ジャンダンの *Tractatus de laudibus Parisius* (in: *Paris et ses historiens aux XIVe et XVe siècles*, eds., Le Roux de Lincy and L. M. Tisserand [Paris, 1857], 32-79）に見られるパリの讃美を想起しうるだろう〈勝利せるイエルサレムのごとき聖なる土地〉instar triumphantis Jerusalem, locus sanctus, etc.)。しかし、この種の考え方は、ポウスト（前出註☆一三七）がスペインについて立証したように、フランスだけに限られていたわけではない。しかし、当時において、これが最も首尾一貫した仕方で実践されていたのはフランスであった。

☆一三九――――これは、Erdmann, *Kreuzzugsgedanke* における優れた研究の主導的テーマの一つである。

☆一四〇――――"Illuc quicumque tenderit, /Mortuus ibi fuerit, /Caeli bona receperit, /Et cum sanctis permanserit." Dreves, *Analecta Hymnica*, XLV b, 78, No. 96; Erdmann, *Kreuzzugsgedanke*, 248 参照。

☆一四一――――「罪の赦免」については、Erdmann, *op. cit.*, 316 f., also 294, and passim. このような混同は、教会法学者の間でさえ一般化していた。Cf. *Summa Parisiensis*, on c. 14, C. XVI, q. 3, ed., Terence P. McLaughlin (Toronto, 1952), 184――「教会は、サラセン人に抵抗するようキリスト教徒を激励し、守護

のために旅立ち死亡した人々を罪から解き放した」(...ad resistendum Saracenis Christianos hortatur ecclesia eosque quae profecti defensione moriuntur a peccatis absolvit)。カッチャグイーダについては、*Paradiso*, XV, 148 を参照。

☆一四二———*PL*., CXLII, 1400 B : "Debueras pro seniore tuo mortem suscipere ... et martyr Dei pro tali fide fieres." Cf. Bloch, *Rois thaumaturges*, 244, n. 3.

☆一四三———*La Chanson de Roland*, lines 1128-1135, ed., J. Bédier (Paris, 1931), 96 ; Leonardo Olschki, *Der ideale Mittelpunkt Frankreichs* (Heidelberg, 1913), 14 ff. ; Franz Cumont, *Lux perpetua* (Paris, 1949), 445 を参照。

☆一四四———カール大帝自身に関して、Jocundus, *Translatio S. Servatii*, *MGH*, *SS*., XII, 93 (一〇八八年頃執筆) では次のように言われている——「カールは祖国のために死ぬこと、教会のために死ぬことを恐れなかった。それゆえ、彼は世界中を渉り歩き、神に反抗しようとする者たちを攻撃した」(Karolus mori pro patria, mori pro ecclesia non timuit, Ideo terram circuit universam et quos Deo repugnare invenit, impugnabat)。この一節に対して筆者の注意を喚起してくださったのはM・チェルニアフスキー教授である。一般論としては、Robert Folz, *Le Souvenir et la Légende de Charlemagne dans l'Empire germanique médiéval* (Paris, 1950), 137 f.

☆一四五———Geoffrey of Monmouth, *Historia Regum Britanniae*, IX, c. 1, ed., Jacob Hammer (Mediaeval Academy of America Publications, No. 57 [Cambridge, 1951]), 152, 7——「それゆえドゥブリキウスは、祖国の不幸を嘆き悲しみ、自らの許に集った司教たちを前にして、アーサーに王国の王冠を被らせた」(Dubricius ergo, calamitatem patriae dolens, associatis sibi episcopis, Arthurum regni diademate insignivit)。*Ibid*., line 17──「……なぜならば、［アーサーは］島全体の君主国を相続権により獲得したはずだからである」(. . . cum [Arthurus] totius insulae monarchiam debuerat hereditario iure obtinere)。

☆一四六───*Hist. Reg. Brit*., IX, c. 2, Hammer, 154, 80──「[サクソン族は］祖国をザブリナ河まで荒廃させている」([Saxones] patriam usque ad Sabrinum mare depopulant)。アーサーの演説については、*ibid*., lines 88 ff. ; pietas と patria については、lines 95 f. 参照。これら二つの観念は古代ローマ思想において不可分のものであったが、トマス・アクイナス（*Summa theol*., II-II, qu. 101, art. 1 and 3）は再びこれらを巧妙に結び合わせている。

☆一四七───*Ibid*., 154, 97-104 : "Pugnate pro patria（後出註☆一五九参照), et mortem, si supervenerit, ultro pro eadem patimini. Ipsa enim victoria est et animae remedium. Quicumque enim pro confratribus suis mortem inierit, vivam hostiam se praestat Deo Christumque insequi non ambigitur, qui pro fratribus suis animam suam dignatus est ponere. Si aliquis igitur vestrum in hoc bello mortem subierit, sit mors illa sibi omnium delictorum suorum paenitentia et absolutio . . ." この興味深い一節に筆者の注意を喚起してくださったことに対し、故ジェイコブ・ハマー教授に感謝する。

☆一四八───〈祖国（同胞）のため〉(pro patria [fratribus]) に犠牲となった者とキリストを比較する際の聖書の一節として、「ヨハネの第一の手紙」三：一六が繰り返し援用されていた。たとえば後出註☆一五七参照。

☆一四九───Paul Kehr, *Papsturkunden in Spanien, 1 : Katalanien*（Abh. Göttingen, N. F., XVIII : 2, Berlin, 1926), 287 f., No. 23 : "In qua videlicet expeditione si quis pro Dei et fratrum suorum dilectione occuberit, peccatorum perfecto suorum indulgentiam et eterne vite consortium in venturum se ex clementissima Dei nostri miseratione non dubitet." Cf. Erdmann, *Kreuzzugsgedanke*, 294.

☆一五〇——Cf. "*Pro patria mori*," 481 f., nos. 34-36 ; Erdmann, *op. cit*., 248 ; グラティアヌス教令集の箇所については、Post, "Two Notes," 282.

☆一五一——Thomas Aquinas, *De regimine principum*, III, c. 4, ed., Joseph Mathis (Roma e Torino, 1948), 41. トロメーオ（Tolomeo）は、その Determinatio compendiosa, c. 21, ed., Mario Krammer, 1909（*MGH*, *Fontes iuris Germanici antiqui*）, 42 f. においても、同じくアウグスティヌス（*De civ. Dei*, V, c. 12-19）を引用するとともに、ローマの諸事例を引用している。Theodore Silverstein, "On the Genesis of *De Monarchia*, II, v," *Speculum*, XIII（1938）, 326 ff., そして一般的には、Hélène Pétré, *Caritas*（Louvain, 1948）, 35 ff. 参照。

☆一五二——Cicero, *De off*., 1, 57. この一節は頻繁に引用されていた。

☆一五三——Post, "Two Notes," 287, n. 28, and passim.

☆一五四——*Summa theol*., 1, qu. 60, art. 5, resp.——「国家全体の維持のために、自らを死の危険にさらすのが有徳な市民の行うことである」(Est enim virtuosi civis ut se exponat mortis periculo pro totius reipublicae conservatione)。〈祖国〉に関するもう一つ別の一節については、前出註☆一四七参照。また、トマス・アクイナスの〈祖国〉観念についての有益な解説は、*Die Deutsche* Thomas-Ausgabe (Heidelberg, 1943), XX, 343 ff. しかし、トマスが〈祖国〉について語るとき、通常彼の念頭にあったのは「天界」や「天国」である。たとえば、*Summa theol*., II-II, qu. 83, art. 11 ; III, qu. 8, art. 3, etc.

☆一五五——Henry of Ghent, *Quodlibeta*, XV, qu. 18（Paris, 1518［*Quodlibeta Magistri Henrici*

Goethals a Gandavo]), fols. 594 ff.（ご親切にもこの複写を筆者に提供してくださったのはシェイファー・ウィリアムズ博士である）. 最終的には Cicero, *De off.*, 1, 83 から着想を得ている主張は、「先頭に立って敵の軍隊へと突進する兵士は、高潔な行いをしているわけではない」（Quod miles praevolans in exercitum hostium non facit opus magnanimitatis）というものである。Paul de Lagarde, "La philosophie sociale d'Henri de Gand et de Godefroid de Fontaines,"（前出註☆五二）, 80 ff. 参照。筆者がヘンリクスのこの *Quodlibet* に注意を払うようになったのは、ド・ラガルドの同論文を通じてである。

☆一五六——ヘンリクスは、他の人々が逃亡しているときに自分の持ち場を動かない人々につき議論している（fol. 596）——「これは彼らにとって正しい行動である。この場合、他の人々は彼らとともに敵に立ち向かうべきであり、一緒になって敵を打ち負かすか、彼らとともに死ぬ覚悟をしなければならない。あるいは、彼らに対して霊的な務めを行うべき人々がそのなかにいれば、その人々は逃亡することはできない」（Hoc licitum est eis, et tunc alii tenentur cum eis contra hostes stare et esse parati aut cum aliis hostes devincere aut simul mori cum illis; aut si sint aliqui inter illos qui tenentur eis ministrare spiritualia, fugere non possunt）。これに先行する一節（fol. 595v）もまた、〈聖職者の逃亡に関する〉（de fuga praelatorum）議論を含んでいる。「キリスト教の掟と信仰に敵対する者どもが、祖国や祖国の法に対して戦いを挑んできたとき、この戦いから逃亡することが許されるか否か」（si licitum sit fugere bellum, quod contra patriam aut patrias leges attentatum est ab hostibus legis et fidei christianae）を判断することが困難であるとヘンリクスは考え、次のように述べている——「しかし私は、この問題について、上級および下級の聖職者の逃亡と、上位および下位の王侯の逃亡を同一のものと見なす。……なぜならば、人々の霊的生命の保護と維持のために、聖職者が霊的な事柄に関して人々に奉仕すべく義務づけられているように、君主たちも、人々の世俗の生命の保護と維持のために、世俗的な事柄に関して人々に奉仕するよう義務づけられているからである」(Et censeo in hac materia idem de fuga praelatorum maiorum et minorum, et principum superiorum et inferiorum . . . quia sicut praelati tenentur ministare populo in spiritualibus ad fomentum et conservationem vitae eorum spiritualis, sic principes ministrare tenentur eidem in temporalibus ad fomentum et conservationem vitae eorum temporalis)。ヘントのヘンリクスは、聖職者の義務に対する彼の態度に関して、言うまでもなくスコラ学の教えに完全に合致していた。Cf. Aquinas, *Summa theol.*, II-II, qu. 185, art. 4 and 5;また、Post, "Public Law," 48 にある解説も参照。ヘンリクスの見解は、一般的に言って教会法の教説とも一致していた。Cf. Stephan Kuttner, *Kanonistische Schuldlehre von Gratian bis auf die Dekretalen Gregors IX* (Studi e Testi, 64; Vatican City, 1935), 254 f.; A. M. Stickler, "Sacerdotium et Regnum nei decretisti e primi decretalisti," *Salesianum*, XV (1953), 591, on c. 19, C. XXIII, q. 8 (regalia を有する聖職者の闘いについて).

☆一五七――Fol. 596. 逃げることができたにもかかわらず最後まで持ち場を離れないことを選んだ人々(「一緒に生きるか、一緒に死ぬかのどちらか」aut pariter vivant aut pariter moriantur の人々)に関して、ヘンリクスは、「ヨハネの第一の手紙」三:一六(前出註☆一四八)の一節を引用している――「ここにおいて、使徒ヨハネが『我々のためにキリストが彼の生命を捧げられたように、我々もまた、兄弟のために我々の生命を捧げねばならない』と述べながら称讃した、かの慈愛が最も強く認められる」(Hinc maxime probatur illa charitas quam Johannes apostolus commendat dicens: 'Sicut pro nobis Christus animam suam posuit, sic et nos debemus animas nostras pro fratribus ponere')。キケロその他の引用箇所については、fols. 595^{v} および 596 を参照。十四世紀の教会法学者ペトルス・デ・アンカラノ(Petrus de

Ancharano）の「助言」（*Consilia*, CCLXXXI, n. 9［Venezia, 1574］, fol. 148）もまた「ヨハネの第一の手紙」三：一六を引用し、騎士階級たる〈武装した軍隊〉（militia armata）に、聖職者たる〈天上の軍隊〉（militia coelestis）とを対比させている。この法学者によれば、聖職者にとってふさわしいことは、「自分の羊たちのために自らの生命を捧げたキリストの戦士として、死を逃れようとしないことである。*Codex* 2, 53（54), 5 にあるように［この引用は誤っている］武装した軍隊の兵士が誓約によって、国家のために死をも回避しないよう義務づけられているのであるから、なおさらのこと、教会のために結集した天上の軍隊の兵士は、このことへと義務づけられているのである」(et mortem etiam non fugere tanquam miles Christi, qui animam suam posuit pro ovibus suis. nam et miles armatae militiae obligatur iuramento mortem non vitare pro Republica, ut l, fi. ff. ex qui. cau. ma.［*C*. 2, 53（54), 5 ?］, quanto magis ad hoc adstringitur miles coelestis militiae pro Ecclesiae unitate)。

☆一五八———De monarchia, II, 5, 15, そして、『帝政論』のこの一章に関するシルヴァースタインの重要な研究（前出註☆一五一）を参照。

☆一五九———W. J. Chase, *The Distichs of Cato*（Madison, 1922), 12. そして、この問題の全体については、*Pugna pro patria* に対するポウストの解説（"Two Notes," 281 ff.)。

☆一六〇———*Inst.*, 1, 25, prol.; *D*. 11, 7, 35; cf. Post, *op. cit.*, 287.

☆一六一———この法律に対するアックルシウスの註釈については、Post, 287, n. 25, 教会法学者については、283, n. 10 を参照。また、ルカス・デ・ペナとノガレについては、後出註☆一六三と一七八を参照。言うまでもなく、この議論は何度も蒸し返されていた。たとえば、Durandus, *Speculum iuris*, IV, part. III, § 2, n. 32（Venezia, 1602), III, 321——「確かに、祖国の守護のためには、父親を殺すことも許されている」(Nam pro defensione patriae licitum est patrem interficere)。

☆一六二———Salutati, *Ep.*, I, 10, ed., F. Novati, *Epistolario di Coluccio Salutati* (Roma, 1891), I, 28, 22 ff.: "... ignoras quam sit dulcis amor patriae: si pro illa tutanda augendave expediret, non videretur molestum nec grave vel facinus paterno capiti securim iniicere, fratres obterere, per uxoris uterum ferro abortum educere." Cf. A. von Martin, *Coluccio Salutati und das humanistische Lebensideal* (Leipzig und Berlin, 1916), 126. この論文は、このようなサルターティの異教的な(?)見解が、晩年になってサルターティ自身により訂正されたことを主張している。

☆一六三———〈祖国を拡大するために〉(pro patria augenda) 戦争を行うべきでないことに異論を唱える法学者はいなかった。Cf. Kuttner, *Schuldlehre*, 255. また、ヘントのヘンリクスについては前出三一五頁参照。また、Post, 282, n. 9. Lucas de Penna, on *C.* 10, 31 [32], 35, n. 2 (Lyon, 1582), p. 162 には、兵士の妻に関する説明が見られる——「そして祖国のためには、息子は父親を、父親は息子を、夫は妻を顧みることなく立ち上がらねばならない」(Et pro patria filius in patrem, et pater in filium, ac vir in uxorem insurgere debent)。ルカスによる *D.* 11, 7, 35 およびケレスティヌス三世の教令 (c. 1 X 3, 33, ed., Friedberg, II, 587) の援用は、言うまでもなく完全に冷静なものであり、サルターティの教説とはいささかも似ていない。

☆一六四———Baldus, *Consilia*, III, 264, n. 1, fol. 74ᵛ——「もし、敵対する獣を殺すことが正当であり、創造主に犠牲を捧げることであるならば、自分が生まれた祖国を守護せんとする公的慈愛の情熱に燃えて、祖国に対する残忍な敵を殺す者は、兄弟の殺害者とは言われない。むしろ、祖国のために闘う者は、善きことに満ちた神的な行いをなす者と呼ばれる……」(Qui fervore *publicae charitati*[*s*] pro tutela naturalis patriae accensus cruentissimum eiusdem patriae hostem occidit, non dicitur fratricida, sed pugnans pro patria nuncupatur opus divinum faciens plenum laudis, si quidem convenit hostiles beluas mactare, et fit sacrificium creatori . . .)。Andreas de Isernia, on *Feud*. II, 24, n. 7（"Quae sit prima causa"), fol. 126r-v には、ストア派からの（特にセネカの）引用で色づけされた〈公的慈愛〉に関する（あまりにも長大ゆえ、ここで引用することのできない）内容豊かな議論が展開されている。

☆一六五――*D*. 48, 22, 7, 15; cf. Post, *op. cit.*, 286, n. 22. また、〈我らが共通の祖国〉（communis nostra patria）としてのローマについては、*D*. 50, 1, 33 および Post, 291, n. 45 参照（プルタルコスに見られるこれと関連する表現については、前出註☆一二六参照）。この概念の起源（たとえば、Cicero, *De lege agraria*, 2, 86）については、Tierney, *Consiliar Theory*, 140, n. 1.

☆一六六――Apparatus, "Ecce vicit leo" を著した教令集註釈者（一二〇二―一二一〇年頃執筆）のこの一節は、Post, 301, n. 22 に引用されている――"Odie tamen non fit, quia non sunt omnes sub imperatore, sed ecclesia . . ."

☆一六七――Post, 291, nos. 45, 46, そして 293, n. 54（ここではピエール・ド・ベルペルシュが引用されている）参照。同じことはアヴィニョンについてもあてはまる。Baldus, on *D*. 5, 1, 2, 3, n. 1, fol. 258v（ローマは、教皇あるいは皇帝が住まうところである。前出註☆三五）――「……しかし、使者はそこで［ローマで］出会うことはできない。……聖職者たちはアヴィニョンに赴くのであるから、そこで会うことができるかどうか聖職者たちの前に告示されるべきである。彼らは教皇以外の裁定者を有していないからである」（. . . tamen ibi non possunt conveniri legati . . . et hoc est notandum pro clericis, quia vadunt Avinionem, an possint ibi conveniri, quia non habent alium iudicem quam Papam . . .)。

☆一六八——"... quia Roma est communis patria, sic corona regni est communis patria, quia caput." これは、Post, 290, n. 44 で引用されているジャック・ド・レヴィニーの言葉である。前出註☆三五参照。

☆一六九——Heydte, *Geburtsstunde des souveränen Staates*, 73, 参照。ここでは、"Ulrich von Strassburg, *Summa theologiae*, VI, 3, Cod. Vat. lat." が引用されている。

☆一七〇——Philip of Leyden, *De cura reipublicae*, Tabula tract., rubr. VII, 105, eds., Fruin and Molhuysen, p. 421——「『今日、帝国は分断されている』といった言い方や『あらゆる君主は自らの祖国において皇帝である』といった言い方は、どのように理解されるべきであろうか」(Quomodo intelligitur 'scissum est imperium hodie' et 'quilibet est in patria sua imperator'?)。要約は、*Casus* IX, 28 に言及している (p. 54) が、そこでは〈祖国〉という言葉が繰り返し用いられてはいない。

☆一七一——言うまでもなく、ポウストがこれを見逃すはずはなかった——Post, 292 f. 参照。ポウストは、第二の研究ノートで (296 ff.)、「王＝皇帝」の理論を特に論じている。

☆一七二——Lucas de Penna, on *C.* 10, 70, 4, n. 7, p. 345 : "Idem iustitia est patriam et socios defendere."

☆一七三——Lucas de Penna, on *C.* 10, 31 [32], 35, n. 2, p. 162 : "Pertinet autem ad virtutis officium, et vivere patriae et propter patriam filios procreare."

☆一七四——Andreas de Isernia, on *Feud.* II, 24 ("Quae sit prima causa"), n. 21, fol. 131 : "Ante omnia, principem et rempublicam plus quam patrem diligere debemus."

☆一七五——Jacobs, "Vaterlandsgedanken" (前出註☆一二四). ペトラルカについては、H. W.

Eppelsheimer, *Petrarca* (Bonn, 1926), 137 ff., 203 ff. サルターティについては、前出註☆一六二参照。

☆一七六——Dom Jean Leclercq, "Un sermon prononcé pendant la guerre de Flandre sous Philippe le Bel," *Revue du moyen âge latin*, 1 (1945), 165–172. Leclercq, 165, n. 2（また、176, n. 8）で指摘されているように、この説教はソクヴィルのギヨームの説教と密接な関係がある（前出註☆一三五と一三八にあるケンプフとケスターの研究を参照）。しかし、この説教はまた、ノガレやそれ以外の法学者（レジスト）によりなされた公的プロパガンダや演説に含まれる観念とも比較検討されねばならない。Leclercq, 166, n. 6, また前出註☆一二八参照。

☆一七七——この言葉は、アナーニでのボニファティウス八世襲撃に関する問題でノガレが行った「自己弁護」や、当該教皇に対する彼の抗議のなかにも再三再四登場している。たとえば、Robert Holtzmann, *Wilhelm von Nogaret* (Freiburg, 1898), 268 (Beilage IX, 3) では、「……公教会の信仰を守護し、聖母教会の統一を助けてシスマの危険を避けるために、……そしてまた、これに劣らず主君たる王と祖国たるフランス王国を守護するために、私は憂き身をやつしている」(... uror et estuor in immensum etenim pro fidei catholice defensione, pro sancte matris ecclesie unitate servanda scismatisque vitando periculo . . . , nihilominus pro defensione domini mei regis ac patrie, regni Francorum) と言われている。また、一三〇三年におけるベネディクトゥス十一世に対するノガレの自己弁護（次註参照）をも参照。さらに、Dupuy, *Histoire du différend*, 310, § 25（「既に述べた私の主君と祖国たるフランス王国の安寧を護るために」pro defensione quoque salutis dicti domini mei patriaeque meae, regni Franciae）；同じ内容は、p. 312, § 37 にも見られ、また p. 585 では、クレメンス五世がこれらの言葉を引用している（「……グリエルムス［ノガレのギヨーム］と呼ばれる者は、忠誠の義務によって、彼の主君たる既述の王を守護し……しかも、彼の祖国たるフランス王国をも守護すべく拘束されていた」. . . dictus Guillelmus de debito fidelitatis erat astrictus dominum suum Regem praedictum defendere . . . nec non et patriam suam regni Franciae)。また、Strayer, "Defense," 294, n. 6（筆者は付加的な知識をストレイヤー教授の教示に負っている）.

☆一七八――Dupuy, *Histoire du différend*, 309, § 20（ベネディクトゥス十一世に対するノガレの自己弁護）――「同じように、自分の祖国を守護すべく義務づけられている者は、これを守護するために、たとえ父親を殺しても、それは功績であって刑罰を科せられるべきではない（前出註☆一六〇以下参照）。私の祖国であるフランス王国を……守護し、この守護のために生命を捧げることが私に許されていたどころか、むしろ必要性がこのことを私に強制したのである」（Item cum quisque teneatur patriam suam defendere, pro qua defensione si patrem occidat, meritum habet nec poenam mereretur, nedum mihi licebat, sed necessitas incumbebat patriam meam, regnum Franciae . . . defendere et pro ipsa defensione exponere vitam meam)。

☆一七九――Dupuy, *Histoire du différend*, 26. ランス大司教のボニファティウス八世への書簡（一二九七年）。これは、「戦う教会を形成するこの地上の祖国において、創造主の摂理が……」（In hac terrestri patria Ecclesiam militantem constituens providentia conditoris . . .）という言葉で始まった後、狭義の世俗的な祖国、すなわちフランス王国へと話を移し、この王国では王と貴族たちが「王国のあらゆる住民一人一人に、王国と祖国の守護を……しきりに呼びかけている」（cum omnes tum singulos incolas dicti regni ad defensionem regni et patriae . . . vocare praetendunt）と述べる。Cf. Wieruszowski, *Vom Imperium*, 173, そして、緊急事態における聖職者への課税に関する教会法学者の見解については、Post, 284 f., nos. 16

-18 参照。

☆一八〇——Durandus, *Speculum iuris*, IV, part. iii, § 2, n. 31（前出註☆一六一）を参照。外国の勢力と戦争する場合は、王への忠誠が領主への忠誠に優先する——「なぜならば、［下臣たちは］より上位の法廷へと召喚されているからである。……そして、これが正しい理由は、王国の統治権を有する王が彼らを共通善のために、すなわち祖国と王冠の守護のために召喚しているからであり、それゆえ、彼らは万民法によって王に従うべく義務づけられているのである」（nam vocati sunt [tenentes] ad maius tribunal . . . Et hoc verum est. nam Rex, qui habet administrationem regni, vocat eos pro communi bono, scilicet pro defensione patriae et coronae. unde sibi iure gentium obedire tenentur . . .）。Hartung, "Die Krone," 21, n. 2 は、この引用箇所を承認することにためらいを感じている。既に、Perrot, *Institutions publiques*, 400 f. が出典を明示することなく、この箇所を引用していた。〈王国の王冠を擁護するために〉（pro corona regni defendenda）という表現は、当時においていささかも珍しいものではなかった。一一九七年の事例について、Strayer, "Defense," 292, n. 4, また、拙論 "Pro patria mori," 483, n. 40, そして前出註☆一六八参照。

☆一八一——Leclercq, "Sermon," 166 参照。

☆一八二——Leclercq, "Sermon," 169, 12-26. Henry of Ghent（前出註☆一五五）, *Quodlibeta*, XV, qu. 16, fol. 595（最後の一行）は、アコニテス人が、「第一マカベア書」三：一九以下の言葉を信頼して異教徒に抵抗しなかったことを残念なことと考えている。そして彼は、もし彼らがこれらの言葉を信頼していたならば、「詩篇」一一六：一五の「主の聖徒の死は、その御前において尊い」（Pretiosa in conspectu domini mors sanctorum eius）という言葉をも想起しえたであろうと付言している。換言すれば、アコニテス人たちは、たとえ殺されても殉教者や聖人になったということである。

☆一八三——たとえば、パリ大学の神学教授たちの返答（一三〇八年三月二十五日）については、Georges Lizerand, *Le dossier de l'affaire des Templiers*（Paris, 1923), 62——「……聖なる先任者の称讃すべき習慣を模倣するあなたがた」（... vos sanctorum predecessorum vestrorum mores laudabiles imitantes)。Cf. Jean de Paris, *De potestate regia et papali*, C. XXI, ed., Leclercq, 246, 22——「聖なる王たちがフランスの王国を……支配していた」（Tenuerunt ... regnum Franciae reges sancti)。ソクヴィルのギヨームの説教（前出註☆一三八）は、この種の観念に満ちている。また、Schramm, *Frankreich*, I, 228；Bloch, *Rois thaumaturges*, 244, n. 1, and passim；Kämpf, *Pierre Dubois*, 59；Wieruszowski, *Vom Imperium*, 145 ff. を参照。説教者が王朝を念頭に置いていることは、彼が次のように語るとき、明らかに示されている（Leclercq, 169, 15）——「私生児たちによって汚された他の血筋に比べ、フランス王たちの血筋は最も純粋に保たれている。というのも、彼らの最初の王であるプリアモスから現代の王まで、すなわち四十八代の諸王の間、私生児が現われることは決してなかったからである」（aliis enim sanguinibus foedatis per spurios et spurias, sanguis regum Franciae purissimus remanet, cum a Priamo primo eorum rege usque ad istum, reges scilicet XLVIII, nunquam spurius est exortus)。ホーエンシュタウフェン朝が〈神的〉（divus）という称号を与えられたことについては、*Erg. Bd.*, 222 f. 参照。確かに、〈神聖な〉（sanctus）という称号は、〈神聖なるフリデリクス〉（sanctus Fridericus）といった表現も含めて、ホーエンシュタウフェン朝の周囲の人々の間で使われていた。Cf. *Erg. Bd.*, 209, また、バーリのニコラウスはフリードリヒ二世に宛てた頌詞（ed., Kloos, in *DA*, XI［1954］, 169 ff.）で、ほとんどもっぱら聖者の比喩（「これは、イザヤの根より出たる若枝、すなわち先祖から咲き出たる花」Hec est virga de radice Iesse, id est de avo flos）や、呼びかけ（「幸いあれ、神の恩寵に満たされし皇帝よ、主が御身とともにあらんことを」Ave, domine imperator, gracia Dei plene, dominus tecum）しか用いていない。逆に、〈神的なるフランスの王家〉（divina et regia domus Franciae）という表現は、少なくともイタリアでも見出すことができる。たとえば、Luigi Colini-Baldeschi, "Rolandino Passagerii e Niccolò III," *Studi e memorie per la storia dell'Università di Bologna* VIII（1924）, 181 f.（一二七七年について言及）。

☆一八四 ——— Leclercq, "Sermon," 169, 24 ——「第四に、彼らは自らの聖性を公けに示す。というのも、これらの王のみが生前に奇蹟を行い、その病いを癒すからである」（Quarto sanctitatem declarant, cum hi soli reges vivi miracula operentur et ab illa infirmitate curent）。癒しの奇蹟とフィリップ四世の下でのフランスの政治的プロパガンダについては、Bloch, *Rois thaumaturges*, p. 110, n. 1（ノガレとプレジアンについて）、p. 116, n. 3（王の外科医であったモンドヴィルのヘンリクスについて。ここでは、外科医キリストとフランス国王が比較されている）．また、p. 129 f., n. 1（*Quaestio in utramque partem* について。ここではキリストとの比較もなされている。この論考の著者はプレジアンであるという指摘がなされてきた。確かに、この *Quaestio* にある〈隠れもなき奇蹟〉aperta miracula という言葉は、プレジアンの *Memorandum* にも見られる）．さらに、p. 130（歴史家たちについて）、そして p. 131（ソクヴィルのギヨームについて）を参照。また、Kämpf, *Pierre Dubois*, 34, 38, 98 参照。

☆一八五 ——— Leclercq, "Sermon," 169, 21 ——「……〔フランスの王たちは〕聖なる諸王を生み出していくがゆえに、神聖性を拡大させていく」（... sanctitatem generant, cum generent sanctos reges）。Vergilius, *Aeneis*, IX, 642 ——「神々から生まれ、神々を生む」（dis genite et geniture deos）、また、Seneca, *Consolatio ad Marcum*, XV, 1 ——「神々から生まれ、神々を生み出すと言われるカエサルたち」（Caesares qui dis geniti deosque genituri dicuntur）、そして銘刻 *CIL*, III, 710（ディオクレティアヌスと

マクシミアヌス）――「神々から生まれた者、そして神々の創造者」(diis geniti et deorum creatores)。これ以外の箇所については、Alföldi, “Insignien,” 84, n. 2 参照。説教者自身、フランス国王がプリアモスの子孫たることに既に言及していた（前出註☆一八三）。したがって、説教者の言葉がウェルギリウスの一節から採られた可能性も考えられる。フランス人がトロイア人の子孫であるという伝説については、Leclercq, “Sermon,” 167, n. 12, また、170, 91-102 を参照。

☆一八六――Leclercq, “Sermon,” 170, 78 ff. および 172, 163 ff. ――「悪徳を克服し、人間が理性に従って生きるのは、偉大な勝利である。なぜならば、もし彼ら自身［フランドル人］が不正によって征服されることを望んでいるならば、我々は、彼らが王の権力と軍隊によって打ち負かされるよう祈ろう。邪悪に征服され、不正のなかで生き続けるよりも、王に征服されるほうが彼らにとって幸いだからである」(Summa enim victoria est ut, vitiis debellatis, secundum rationem homo vivat, quia si ipsi [Flamengi] volunt ab injustitia vinci, orabimus ut a potestate et exercitu regio devincantur. Melius est enim eis a rege vinci quam a malo et in injustitia perdurare)。この基礎にあるスコラ学の教説については、Harry Gmür, *Thomas von Aquino* und der Krieg (Leipzig und Berlin, 1933), 7 f. and 46 参照。

☆一八七――Leclercq, “Sermon,” 170, 63 ff. ――「王の平和は王国の平和である。そして王国の平和は教会の平和、学問、徳、正義の平和であり、聖地奪回〔の条件〕である」(Pax regis est pax regni; pax regni est pax ecclesiae, scientiae, virtutis et iustitiae, et est acquisitio Terrae Sanctae)。アテナイとローマからパリへの〈学府の移転〉(translatio studium) については、Herbert Grundmann, “Sacerdotium-Regnum-Studium,” *Archiv für Kulturgeschichte*, XXXIV (1951), 5-22 における興味深い研究を参照。グルントマンは、テーマを網羅的に議論しているわけではないが、レースのアレクサンデルの諸論考

が依拠しているこの三分法を分析している。なかでも、*Notitia seculi*, c. 12 ——「教皇権と王権と学問は、一つの教会たるべきである」(sacerdotium, regnum et studium una esset ecclesia), ed., Grundmann and Heimpel, 84；*Memoriale*, c. 25, p. 48 ——「……ローマの人民があたかも老人のごとく教権で豊かにされ、ゲルマン人ないしフランク人があたかも若者のごとく帝権で豊かにされていたように、フランス人ないしガリア人は、より学識のある者のごとく学問で豊かにされていた」(. . . ut sicut Romani tamquam seniores sacerdotio, sic Germani vel Franci tamquam iuniores imperio, et ita Franci gene vel Gallici tamquam perspicatiores scientiarum studio ditarentur)。ここに見られる seniores-iuniores-perspicatiores という三つ組の表現は、作者の独創によるものではなく、プリスキアヌスの *Institutiones grammaticae*, 1, 1(「文法学……の著者は、若ければ若いほど洞察に富んでいる」grammatica ars . . . cuius auctores, quanto sunt iuniores, tanto perspicaciores)に由来する。このように、レースのアレクサンデルの見解は、十二、十三世紀における進歩の観念を表わす標語に合致したものであった。フランスの政治的プロパガンダにおける studium については、Scholz, *Publizistik*, 427 ff., Kern, *Ausdehnungspolitik*, 51 ff.；Kämpf, *Pierre Dubois*, 97 ff. をも参照。

☆一八八——ここでは、十字軍の理念と、皇帝冠をフランスの王朝に確保しようとするさまざまな試みの関連性を想起するだけで充分である。たとえば、一二七三年のシャルル・ダンジューの *Memorandum*(これは、教皇庁に派遣されたフランスの使節の報告書のなかに挿入されている。*MGH*, *Const.*, III, No. 618, pp. 587 f.)や、一三〇八年のピエール・デュボワの *Memoriale*(*ibid.*, IV, No. 245, pp. 208 ff.)を参照。後者では、デュボワが彼の著作『聖地の回復について』(*De recuperatione terre sancte*, ed., Ch.-V. Langlois [Collection des textes, IX], Paris, 1891)のなかで示唆したことにきわめて類似した仕方で、フランスが世界征服の完全なる計画を展開していくための口実として、十字軍が利用されている。

☆一八九――*Disputatio inter clericum et militem*, in: Melchior Goldast, *Monarchia Romani imperii* (Hannover, 1611-13), 1, 16. これは、Baethgen (in: *ZfRG*, *kan. Abt.*, XXIV [1953], 380 [Wieruszowski, *Vom Imperium* の書評]) によって引用されている。Leclercq, "Sermon," 170, 63 ff. にある類似の説明については、前出註☆一八七参照。

☆一九〇――Leclercq, "Sermon," 170, 65 ff.: "Igitur qui contra regem invehitur, laborat contra totam ecclesiam, contra doctrinam catholicam, contra sanctitatem et iustitiam et Terram Sanctam."

☆一九一――「ルカによる福音書」二一：二五――「そして、日、月（星）に徴《しるし》が現われ」(Et erunt signa in sole et luna) に基づくソクヴィルのギヨームの説教を参照。ここでギヨームは、フランス国王の二つの旗――百合の旗と赤い幟――を、キリストの二度の来臨 (adventus)、すなわち受肉と再臨になぞらえている――「適切に言えば、キリストと至福者たちの唯一の王国以外のいかなる王国も、フランスの王国と呼ばれるべきではない。（「ガラテヤ人への手紙」四：二六に）『上にあるイェルサレムのみが自由である』と言われている通りである。地上のあらゆる王国は奴隷の王国である。それゆえ、地上の王国で至高なるローマ教皇は、正当にも自らを神の僕のなかの僕と呼んでいる。ところでフランス人民の王たるキリストは、過去および未来におけるその二度の来臨において、それぞれ異なる二つの旗を用いたし、用いるだろう。キリスト来臨の旗には百合の花が描かれていた。確かに、キリストの第一の来臨の象徴は花ないし純潔の百合であった。……しかし、キリストが罪人を制圧すべく、彼に敵対する人々を攻めに来る再臨の旗は、血の色に染められているだろう。……第一の旗は怒りではなく［フランスの］王の平和と温良を示すものである。……しかし、血の色をした第二の旗は王の怒りを示し、これに少しも恐れを感じないほど勇敢な者はいないだろう」(Proprie loquendo nullum regnum debet vocari regnum Francie nisi solum regnum Christi et beatorum : *Sola illa que sursum est, Jerusalem libera est* (Gal. 4 : 26). Omne regnum mundanum est regnum servorum. Merito summus pontifex maior in regno mundo vocat se servum servorum Dei. Modo rex Francorum Christus in duplo adventu suo usus est et utetur duplici vexillo. Vexillum enim adventus Christi fuit depictum cum fioribus liliorum. Signum enim adventus sui primi fuit flos vel lilium virginitatis . . . Set vexillum adventus secundi, quando veniet contra adversarios ad peccatores debellandum, erit totum coloris sanguinei . . . Primum vexillum non indicabit furorem sed pacem et mansuetudinem regis [Francie] . . . Sed secundum vexillum sanguineum ab eo indicabit furorem regium, quod non erit ita audax, qui non tremat totus)。Coester, *Königskult in Frankreich* (前出註☆一三八), p. viii ; Bibl. Nat. MS lat. 16495, fol. 99ᵛ 参照。

☆一九二———"Tous ceulx qui guerroient au dit saint royaume de France guerroient contre le roy Jhesus . . ." Cf. Jules Quicherat, *Procès de condamnation et de rêhabilitation de Jeanne d'Arc* (Paris, 1841-49), V, 126.

☆一九三———〈自然理性〉(ratio naturalis) という概念は、当時のあらゆる文献に浸透していた。たとえば、Wieruszowski, *Vom Imperium*, 173, n. 107, 186, n. 146 ; 198, n. 183 は、貨幣や武器や馬などの海外流出を禁止するフィリップの勅令(一二九六年)の一節を引用している。王がこのような措置を採ったのは、〈自然理性がこれを示唆し、衡平がこれを説き勧める〉(naturalis ratio suggerit et aequitas persuadet) からである (Dupuy, *Histoire du différend*, 13)。また、ノガレは、一三〇四年の自己弁護のなかで (*ibid.*, 243 f.)、私人をも含めてあらゆるキリスト教徒は、霊的および世俗的権力の過誤に対し対抗すべく、神法と人定法の権威により義務づけられるべき旨を主張し、〈たとえ、このことを明白に規定する法律がなくても、自然理性がこれを充分に明示している〉(et si nulla lex hoc exprimeret, satis hoc ratio naturalis ostendit) と述べている。この種の言い廻しは際限なく枚挙することができるだろう。この ratio naturalis は、フリードリヒ二世の〈支配する理性〉(ratio prepotens) と、全く同一ではないにしても、関連した観念である。前出第四章註☆五四参照。後者はローマ法に由来し、ほとんど擬人的と言ってよい表現であるのに対して、前者はスコラ学およびアリストテレス思想の影響を示している。

☆一九四 ―― Leclercq, "Sermon," 169, 52 ff. ―― 「自然理性がこのことを命ずる。というのも、自然理性は、あらゆる器官が頭によって指揮され、頭に仕え、頭のために進んで自らを危険にさらすことを命ずるからである。それゆえ、頭に対して攻撃をしかける器官は、全身体を破壊し、したがって自己自身を破壊するものと考えられる。しかし、王国の頭は王であり、したがって、王を攻撃する王国のどのような部分も、正当に罰せられるべきである」(Hoc dictat ratio naturalis, cum dictat quod omnia membra dirigantur a capite, subserviant capiti et pro capite se exponant, et ideo membrum quod contra caput inveheretur, niteretur totum corpus destruere et per consequens seipsum. Caput autem regni rex est, et ideo quaecumque pars regni contra regem invehitur, merito est punienda)。ここで議論されているような問題との関連で、自己破壊の議論は頻繁に用いられていた。Dupuy, *Histoire du différend*, 21 f. (後出註☆二〇〇) 参照。Dubois, *Summa*, ed., Kämpf, 53, 29 (Kämpf, *Pierre Dubois*, 72, n. 16) ―― 「国家に敵対する者は自分自身を攻撃する者である」(Qui contra rempublicam vadit, se ipsum impugnat)。逆に「自分自身を攻撃する者は国家に敵対する者である」(qui se ipsum impugnat, contra rempublicam vadit) とも言えるだろう。すなわち、自殺は大逆罪であるという意味である。

☆一九五――Leclercq, "Sermon," 170, 87 ff.: "Cum enim nobilissimum moriendi genus sit agonizare pro iustitia (Ecclus. 4:28), non dubium quin isti qui pro iustitia regis et regni moriuntur, a Deo ut martyres coronentur." 一三〇四年のノガレの自己弁護(Dupuy, *Histoire du différend*, 250, § 60)を参照――「グリエルムスと呼ばれる者は、神と信仰、神の聖なる教会の守護、そして特に彼の主君たるフランスの王と王国への正しき熱愛とによって、既に述べられた点に関して正当に行動したこと、正義のために苦闘し、ローマ教会、国家……そして祖国と主君たるフランス国王のために苦闘しながら行動したことを結論している」(...concludit dictus Guillielmus se in praemissis bono zelo Dei et fidei ac defensionis Ecclesiae sanctae Dei, et specialiter sui domini Regis et regni Franciae ... ac legitime processise, agonizando pro iustitia, pro Romana Ecclesia, pro Republica ... ac pro sua patria dicti regni ac pro suo domino Rege Franciae ...)。信仰、教会、正義、王国、祖国、そして王の列挙は、今問題となっている説教とノガレの自己弁護に共通している。〈正義のために苦闘する〉(agonizare pro iustitia)という表現は、「集会の書」(四:三三)にまで遡るが、非常に特殊な意味をもった表現である。agonizare という動詞自体は「闘争する」あるいは「戦う」ことを意味するが、(Du Cange, *Glossarium*, s.v. *agonizare* によれば)主として宗教的な意味で用いられ、特にキリストと殉教者とに関して「苦しみを受ける」という意味で用いられたものであり、今やこの観念が〈祖国〉へと移されたのである。

☆一九六――ratio status という表現については、ヘントのヘンリクスが或る機会にこれを用いており、これを、「『国家理性』の前触れ」と理解することもできるだろう。このことは、Post, "Statute of York," 421, n. 16 によって指摘されているが、ポウストは、status という言葉が、人格化された国家ではなく、共通の福利を意味していた旨を付言している。

☆一九七———前出註☆一七八。
☆一九八———前出註☆一七九。
☆一九九———一三〇二年の輸出禁止に関する王の勅令（Dupuy, *Histoire du différend*, 87）——「……然るべき負担を負うことを拒み、祖国の守護を怠った者が財産を没収され、〔祖国の守護から生まれる〕収益から除外されることは適正で正当なことである。それにもかかわらず〔この義務に〕違反する者は、余の恩恵の外に置かれ、確実に余と王国の敵対的な憤怒を身に受けることだろう」（... dignum est enim et competens, ut defensionis patriae desertores bonorum habitatione priventur et excludantur a fructu, qui onera recusant debita supportare, et nihilominus transgressor huius extra gratiam nostram positus, et indignationem illa prorsus se nostrum et regni noverit inimicum）。貨幣を国外に出し、武器や馬などを輸出する者たちは、彼らの財産を没収され、「王の憤怒」を受け、「王の恩恵」を喪失する脅威にさらされた。王の憤怒という制裁については、まずこれを用いたのは十一世紀の帝権化された教皇庁であり、〈教皇の憤怒〉（indignatio papae）という観念が知られていた。これに対し、いま問題とされている時代になると、霊的制裁は「王の憤怒」という世俗的制裁により圧倒されてしまった。この種の制裁の興味深い歴史については、Rudolf Köstler, *Huldentzug als Strafe*（Kirchenrechtliche Abhandlugen, LXII；Stuttgart, 1910）；Joachim Studtmann, "Die Pönformel der mittelalterlichen Urkunden," *AUF*, XII（1932）, 302, 320 f., 324 ff., and passim 参照。
☆二〇〇———小論考 *Antequam essent clerici*（Dupuy, *Histoire du différend*, 21 f.）："Et quia turpis est pars, quae suo non congruit universo, et membrum inutile et quasi paralyticum, quod corpori suo subsidium ferre recusat, quicumque, sive clerici sive laici sive nobiles sive ignobiles, qui capiti suo vel

corpori, hoc est domino regi et regno, imo etiam sibimet auxilium ferre recusant, semetipsos partes incongruas et membra inutilia et quasi paralytica esse demonstrant.”「それゆえ、このような人々に対する割当てとして援助金が要請されたとき、これらは、税の取り立てとか、強請とか、損失とか言われるべきではなく、むしろ、頭と身体と器官に対して義務づけられた援助金と言われるべきである」(Unde si a talibus pro rata sua subventionum auxilia requiruntur, non exactiones vel extorsiones vel gravamina dici debent, sed potius capiti et corpori et membris debita subsidia)。前出註☆一九四参照。

☆二〇一――― *Antequam essent clerici* については、Scholz, *Publizistik*, 359 ff. 参照。Wieruszowski, *Vom Imperium*, 183 f. は、正当にも、この小論考の著者が、教会の身体を聖職の位階秩序と同一視しようとする教皇派の教説を激しく排斥した(「〔教会は〕聖職者のみならず、俗人によっても〔構成されている〕」non solum est ex clericis, sed etiam ex laicis) ことを強調している。また、Kurt Schleyer, *Anfänge des Gallikanismus im 13. Jahrhundert* (Historische Studien, 314; Berlin, 1973), 91 f. 参照。

☆二〇二―――教会の〈神秘体〉論は、フランスの法学者(レジスト)によって、〈ガリア教会〉(ecclesia Gallicana) が、この身体の最も重要な器官の一つであることを示すために援用されていた。たとえば、Dupuy, *Histoire du différend*, 243 f., 585 f., and passim. 他方、ボニファティウス八世の攻撃も、しばしば有機体論的な議論によって拒絶されていた(「人間の耳に触れる者は、その人間全体に触れたものと見なされる」qui tangit aurem hominis, totum hominem tetigisse videtur)。Cf. Dupuy, *Histoire du différend*, 309, § 19. ここには、教皇ベネディクトゥス十一世に対するノガレの自己弁護と、その種々の繰り返しが掲載されている。フィリップ四世は、一三〇八年のトゥールの議会において「救世主とともに一つの身体となり、これから支配せんとする余は……」(... qui sumus unum corpus regnaturi cum eo 〔sc.

Domino Salvatore] pariter）と述べていた（Lizerand, *Dossier*, p. 104. また、プレジアンのこれと類似の発言については、p. 184）。しかし、これらの箇所は、Wieruszowski, *Vom Imperium*, 147 や、その他の研究者が考えているように、王とキリストの身体の同一性に言及したものではなく、あらゆるキリスト教徒が将来キリストと一つになることを述べているのである。

☆二〇三———前出註☆一七七。

☆二〇四———〈王と祖国のために〉という表現は、つい最近に至るまでプロイセンの軍隊にも残っており（"Für König und Vaterland"）、一九一八年に義務の衝突が生じていた。ヴィルヘルム二世がオランダに逃亡した後に初めて将校たちは、〈国家〉に奉仕する自由が自分たちに与えられたと感じた。このとき、彼らの「封建的な」忠誠の誓約は無効となったからである。これに似た状況は、一九四五年に、個人的な誓約が彼らを〈祖国〉に対抗すべく拘束したときにも起こった。

☆二〇五———王のこの決闘に関する史料は、Johannes Haller, *Das Papsttum : Idee und Wirklichkeit* (Stuttgart, 1953), V, 341 f. Cf. A. Nitschke, in *DA* XII (1956), 184.

☆二〇六———Post, *op. cit.*, 284, n. 15.

☆二〇七———Lizerand, *Dossier*, 88.

☆二〇八———初期の例としては、Gerbert of Reims, *Ep.* 183（オットー三世への書簡）, ed., J. Havet, *Lettres de Gerbert* (Paris, 1889), 168——「君主にとり、……祖国、宗教、そして自己の国家の安全のために自らを大いなる危険にさらすことほど……偉大な栄誉があるだろうか」(Et quaenam certe maior in principe gloria . . . quam . . . seipsum pro patria, pro religione, pro suorum reique publicae salute maximis periculis opponere)。

☆二〇九――Aeneas Silvius Piccolomini, *De ortu et auctoritate imperii Romani*, ed., R. Wolkan, *Der Briefwechsel des Eneas Silvius Piccolomini* (Fontes rerum Austriacarum, LXVII [Wien, 1912]), 8 ff.; ed., Gerhard Kallen, *Aeneas Silvius Piccolomini als Publizist* (Stuttgart, 1939), 52 ff.

☆二一〇――*De ortu*, ed. Wolkan, 18; ed. Kallen, 80, 383 ff.――「……明らかに、もし国家の緊急事態がそれを要請するならば、不正な人間からのみならず、善良で、国家のために尽くした人間からでさえ、彼自身の土地や家や財産を取り上げることは、皇帝にとって自由である」(... nempe liberum est imperatori, non solum homini nequam sed etiam viro bono ac de re publica bene merito, proprium agrum, proprias domos propriasque possessiones auferre, si rei publicae necessitas id expostulat)。〈緊急事態は法をもたない〉(Necessitas non habet legem) という原則については、c. 11, *De consecr.*, D. 1, ed., Friedberg, 1, 1297; Post, "Public Law," 56.「我々は、我々自身だけのために生まれてきたのではない」(non nobis solum nati sumus) という格言については、Cicero, *De off.*, 1, 22 (プラトンが引用されている).

☆二一一――*De ortu*, ed. Wolkan, 18 f.; Kallen, 82, 403 ff.

☆二一二――*De ortu*, ed. Wolkan, 19; Kallen, 82, 418 ff.――「全体と合致しないような部分はすべて堕落している。そして、より大きな悪を回避するには、常に小さな悪が容認されねばならない〔以下本文の引用箇所が続く〕」(Turpis enim est omnis pars, que suo toto non convenit et semper minus malum tolerandum est, ut evitetur maius; nec grave videri debet, si pro salute corporis pedem vel manum, ut sunt in re publica cives, dicimus resecandam, cum princeps, qui caput est mystici rei publicae corporis, cum salus communis expostulat, vitam ponere teneatur ...)。

☆二一三――*Ibid.*――「模倣すべきはイエス・キリストである。キリストは……教会の首長、教会の君主かつ指導者であるにもかかわらず、我々から死を取り除くために、自ら進んで死を引き受けたのである」(Imitandus est enim Christus Jesus, qui . . . ipse quoque, cum esset caput ecclesiae, princeps et rector, ut nobis mortem demeret, voluntariam mortem subivit)。類似の比較については前出註☆一四七(モンマスのジェフリー)および☆一五七(ヘントのヘンリクス)を参照。

☆二一四——Dubois, *Summaria brevis*, ed., Kämpf, 19, 21 ff.: "... remanentes in terra vestra natali liberorum procreacioni, eorum educacioni, instruccioni, exercituum preparacioni vacando——ad honorem Dei . . ." また、デュボワの *De recuperatione*, cc. 119 ff., ed., Langlois, 111 ff. 参照。ここでは、この見解が充分詳細に論じられている。Cf. Kämpf, *Pierre Dubois*, 70.

☆二一五——*Ibid.*——「もし誰かがこのような統治の仕方はほかに聞いたことがないと主張したならば……私は次のように答える。かつて、数多くのローマ皇帝がこのような仕方で、世界の非常に多くの王国や地域を支配していたと確かに書かれている。私は、タタール人と一緒にいたことのある人が、次のごとく語るのを聞いたことがある。彼らの国の王は、自らの王国の只中で平穏に休らいながら、王国の個々の部分的領域にこのように〔将軍を〕派遣し、他の人々を通じて闘っていた。必要性がこのことを要求したからである」(Si quis arguat iste modus regendi est alias inauditus . . . , respondeo : ymmo legitur nonnullos Romanos imperatores sic quamplura mundi regna et climata gubernasse. Audivi quendam qui cum Tartaris conversatus fuerat, recitare quod rex terre eorum quiescens circa medium regni sui sic mittit ad singulas partes eius pugnans per alios, cum necessitas hoc exposcit)。

☆二一六——我々は、これ以外の数多くのビザンツの皇帝を想い浮かべることができるだろう。テオドシウス一世からヘラクレイオスまでの間、個人として戦いに赴いた皇帝は一人もいなかった。G. Ostrogorsky, *Geschichte des byzantinischen Staates* (München, 1940), 60.

☆二一七――Ps.-Aristotle, *De mundo*, 398 a-b, ed. W. L. Lorimer (Paris, 1933), 83 ff. 二つのラテン語訳については、Lorimer, *The Text Tradition of Pseudo-Aristotle 'De mundo'* (St. Andrews University Publications, XVIII, 1924), 76 ff. そして、ロリマーによる最終的な刊本は、*Aristoteles latinus* (Roma, 1951), XI : 1-2, pp. 42 and 70. また、筆者の素描 "Invocatio nominis imperatoris," 46 f., nos. 41 ff. 参照。

☆二一八――*Roman de Sidrach*, c. 333, ed., Adolfo Bartoli, *Il Libro di Sidrach* (Bologna, 1868), 355 f.（これは、十四世紀のイタリア語版である）. 優れた序論の付いた抜粋は、Ch.-V. Langlois, *La connaissance de la nature et du monde au moyen âge* (Paris, 1911), 180 ff. and 251. シドラクは「英雄的人物」ではない。しかし、「下手に留まるよりは、上手に逃げたほうがよい」(Mieux vaut un bon fuir que mauvaise demorée) と彼が述べるとき、これはシニカルな意味ではなく、抵抗と同時に逃亡をも擁護するスコラ学者たちと同じことを述べているにすぎない（ヘントのヘンリクスについて前出註☆一五五以下参照）。シドラクによれば、王は戦場にいるべきではなく、軍隊の後衛に留まるべきである。［本文引用箇所の原文は次の通りである］――"Si l'ost est perdu et le seignor eschape, il recoverra .i. autre ost ; et se il est perdu, tout est perdu." Heydte, *Geburtsstunde des souveränen Staates*, 329 f., n. 31 は、明らかにこの箇所に言及している（ここではパリ国立図書館の "Cod. franc. 24395" が引用されているが、大部の本作品の何章の何頁からの引用であるかは明記されていない）。また、同じような態度に関しては、プレーケのペトルス (Petrus de Prece 一二六六―六七年頃) が国王コンラディンのために書いた『君主の鑑』(ed., Kloos, "Petrus de Prece und Konradin," *QFIAB*, XXXIV [1954], 107, § 14, and 108) 参照。

☆二一九――Froissart, *Chroniques*, II, c. 87, ed., Gaston Raynaud (Paris, 1894), IX, 127 ; Christine de Pisan, *Le livre des fais et bonnes meurs du sage roy Charles V*, ed., S. Solente (Paris, 1936), 131 参照。ここでは、シャルル五世が〈自らそこに赴かなかったにもかかわらず〉(non obstant n'y alast en personne)、戦いにおいて大いなる成功を収めた事実が述べられている。Cf. Heydte, *op. cit.*, 334, n. 42. ちなみに、シャルル五世は『シドラク』のいくつかの写本を所有していた。Langlois, *op. cit.*, 180, n. 1 参照。

☆二二〇――Augustinus de Ancona, *De summa potestate ecclesiastica*, I, qu. vi, ad 6 (Augsburg, Johannes Schüssler, 1483), fol. $66^{r\text{-}v}$ (この作品に対して通常与えられている表題は、*Summa de potestate ecclesiastica* であるが、シェイファー・ウィリアムズ博士がご親切にも筆者のために調べてくださった議会図書館蔵の初期刊本には、別の表題が付いている). 著者は、教皇から別の存在者へと上訴するさまざまな可能性を論じている(「第一に、教皇から神へと上訴されうるか。第二に、教皇から神へと上訴することは、神に逆らって上訴することではないだろうか、等々」Primo : Utrum a papa possit appellari ad Deum. Secundo : Utrum a papa appellare ad Deum sit appellare contra Deum, etc.)。第六の問題は、「教皇から一般公会議へと上訴されうるか」(Utrum a papa possit appellari ad concilium generale) という問題であり、これにつき彼は次のように説明している――「……神は、自らが創った多くのものを観た。そして、それらはきわめて善きものであった。神により創造されたすべてのものは、それ自体において善きものである。しかし、これらがきわめて善きものであるのは、これらのものが相互に維持している秩序のゆえにである。それゆえ、教皇は教会の全秩序の指揮官であり首長であるがゆえに、上訴によってこのような秩序が覆されてしまうように、〔以下、本文引用箇所に続く〕」(... Vidit deus cuncta que fecerat, et erant valde bona. Omnia a deo producta bona quidem erant in se ; sed valde bona propter ordinem quem ad invicem retinent, cum ergo totius ecclesiastici ordinis dux et caput sit ipse papa ; sicut per appellationem tolleretur talis ordo, ita tolleretur tale bonum, quia cum bonum exercitus non sit nisi propter bonum ducis, et bonum ecclesie non nisi propter bonum pape. Maius bonum est bonum ducis quam totius exercitus ; et bonum pape maius quam totius ecclesie)。 Cf. G. de Lagarde, “Individualisme et corporatisme au moyen âge,” *L'Organisation corporative du moyen âge à la fin de l'ancien régime* (Recueil de travaux d'histoire et de philologie, 2me sér., XLIV ; Louvain, 1937), II, 42, n. 3. また、Gierke, *Gen. R.*, III, 596, n. 214 参照。

☆二一一 ——— Aristoteles, *Metaph.*, 1075 a, 12-17 (XII, 10, 1-2). ラテン語版については、Thomas Aquinas, *In Metaph.*, eds., Cathala e Spiazzi (Torino, 1950), 611, § 1102 f.

☆二二二 ——— Aquinas, *In Metaph.*, § 2627 ff., ed., Cathala and Spiazzi, p. 612, 特に、§ 2630 参照 —— 「これは、軍隊において我々が見る通りである。というのも、軍隊の善は、軍隊の秩序それ自体と、軍隊を指揮する指揮官のなかに存在するからである。しかし、軍隊の善は、秩序のなかよりも、むしろ指揮官のなかに存する。なぜならば、目的は、目的のために存在するものよりも、善においてより卓《すぐ》れているからである。ところで、軍隊の秩序は指揮官の善の実現のために、すなわち、勝利を達成せんとする指揮官の願望の実現のために守られねばならないのであり、これとは逆に、指揮官の善が秩序の善のためにあるのではない」(Sicut videmus in exercitu : nam bonum exercitus est et in ipso ordine exercitus et in duce qui exercitui praesidet : sed magis est bonum exercitus in duce quam in ordine : quia finis potior est in bonitate his quae sunt ad finem : ordo autem exercitus est propter bonum ducis adimplendum, scilicet ducis voluntatem in victoriae consecutionem ; non autem, e converso, bonum ducis est propter bonum ordinis)。次の段落 (§ 2631) で、トマスは宇宙の秩序を第一動者 (primum movens) と関連させている

――「このように、第一動者たる分離された善は、宇宙に内在する秩序の善よりも卓れた善である。というのも、宇宙の全秩序は第一動者のためにあるからである。……」(Ita etiam bonum separatum, quod est primum movens, est melius bonum bono ordinis, quod est in universo. Totus enim ordo universi est propter primum moventem . . .)。それゆえ、アウグスティヌス・トリウムフスは、単に〈第一動者〉を教皇と同一視しているにすぎない。さらにまた、彼は善(bonum)という言葉の意味を定義せず、曖昧にしたままである(たとえば「指揮官の善」と、これに対置される「指揮官における善」とを区別していない)。ダンテは、*Monarchia* 1, 6, 2 で同じ一節を引用しているが、トマスに従っている(cf. *Convivio*, IV, 4, 5)。また次註参照。

☆二二三――トマス・アクイナスは、アリストテレスのこの一節に何回か言及している。たとえば、*Summa theol.*, I, qu. 103, art. 2, ad 3.――「……宇宙の目的は、それ自体において実在する何らかの善、すなわち宇宙自体の秩序である。しかし、この善は窮極的な目的ではなく、〔アリストテレスの〕『形而上学』第十二巻で言われているように、指揮官へと秩序づけられているのである」(. . . finis quidem universi est aliquod bonum in ipso existens, scilicet ordo ipsius universi; hoc autem bonum non est ultimus finis, sed ordinatur ad ducem, ut dicitur in XII. Metaphys.)。トマスは単にアリストテレスの言葉を別の言葉で言い換えているにすぎない。しかし、軍隊の秩序は「指揮官へと」秩序づけられていると述べているのであるから、軍隊全体が指揮官に比べて無価値であるなどと主張しているわけではない。この点につきトマスは、或る主張に対する返答のなかで(*Summa theol.*, I-II, qu. 5, art. 6)、より率直に自分の意見を述べている。ここでトマスは、アリストテレスの言う指揮官を天使になぞらえている――「人間が至福者となりうるのは、何らかの上位の被造物、すなわち天使の働きによるものと思われる。事物のなかには二重の秩序が見出され、一つは宇宙の諸部分相互の秩序であり、他の一つは宇宙全体が宇宙の外にある善に対して有する秩序である。第一の秩序は、目的に対するごとく第二の秩序へと配置づけられており、これは『形而上学』第十二巻で、軍隊の諸部分相互の秩序は軍隊全体が指揮官に対して有する秩序のために存在すると言われているのと同様である」(Videtur quod homo possit fieri beatus per actionem alicuius superioris creaturae, scilicet Angeli. Cum enim duplex ordo inveniatur in rebus—unus partium universi ad invicem, alius totius universi ad bonum quod est extra universum—primus ordo ordinatur ad secundum sicut ad finem [!], ut dicitur XII. Metaphys.: sicut ordo partium exercitus ad invicem est propter ordinem totius exercitus ad ducem...)。それゆえ、この主張は、アウグスティヌス・トリウムフスと同様に、指揮官や天使を〈目的〉(finis)と見なすのであるが、これに対してトマスは、きわめて論理的に次のように答えている。すなわち、船を操舵する舵手の術には、船が造られた目的のために当の船を利用することが含まれていると。この答えは、『形而上学』への註解でトマスが、軍隊の秩序の最終目的は指揮官の手腕による勝利であると述べていたのと同じ趣旨である。それゆえ、トマスは次のごとく容易に結論することができた――「それゆえ、宇宙の秩序のなかで、人間は窮極目的へと到達するために天使によって助けられる。……しかし、窮極目的自体に達するのは、神たる第一動者によるのである」(Sic igitur in ordine universi homo quidem adiuvatur ab angelis ad consequendum ultimum finem...; sed ipsum ultimum finem consequitur per ipsum primum agentem qui est Deus)。トマス・アクイナスの比喩は、たとえば、「舵手の善が船全体の善より上位にある」といった主張がどれほど無意味なものであるかを充分明確に示している。しかし他方で、アウグスティヌス・トリウムフスのごとき教皇権至上主義者は、〈指揮官の善のために〉(propter bonum ducis)という表現から、「教皇の善は教会全体の善より上位にある」という遠大な主張を容易に引き出すことができた。しかし、この主張は、控え目に言っても誤解を招きやすいものであり、非アリストテレス的で、しかも非キリスト教的なもののように思われる——この主張が、教皇から一般公会議への上訴に関して何も立証しえないことは言うまでもない。もっとも、問題は錯綜しており、ここでは、アウグスティヌス・トリウムフスがどのようにして驚くべき主張へと到達しえたのかを示唆する以上のことはできない。

☆二二四——*Summa theol.*, III, qu. 8, art. 6 (resp.)。

☆二二五——たとえば、前出註☆一九四参照。

☆二二六——Dupuy, *Histoire du différend*, 243 f., §§ 26, 27, 29; cf. 586, and passim. 王や騎士だけでなく、すべてのキリスト教徒は、〈教会の体〉の一器官として、教会の防衛と保持のために立ち上がらねばならない。

☆二二七——Gregory of Bergamo, *De veritate*, c. 18, ed., Hurter, 75f. 前出註☆一五参照。

☆二二八——前出第一章註☆二一。

☆二二九——*Eth. Nicom.*, 1138 a, 9 ff. (v, 15). ラテン語版については、Aquinas, *In Ethic. ad Nicom.*, ed. Spiazzi (Torino, 1949), 300, § 781 ff. 参照。そしてまた、トマス・アクイナスの註解 (p. 301, § 1094) では、「しかし、何に対して不正がなされたのかを考えねばならない。〔自殺者は〕或る市民からものを奪い取るのではなく、国家(ポリス)に対して不正を行っているのである。また、彼は自分自身に対して不正を行っているのでもない」(Sed considerandum est cui iniustum facit. Facit enim iniustum civitati quam privat uno cive, sive non facit iniustum sibiipsi)。Cf. R. Hirzel, "Der Selbstmord," *Archiv für Religionswissenschaft*, XI (1908), 271; Hamburger, *Morals and Law*, 80 f. ローマ法 (*D.* 48, 21, 3) によれば、自殺行為が何らかの犯罪に対する刑罰を逃れるためになされた場合にかぎり、自殺からは財産没収と

相続人の相続権剝奪が効果として生じたが、これ以外の場合に自殺者が処罰されることはなかった。イングランドにおいては、自殺は重罪行為（「自分自身に対する重罪」felo de se）と見なされ、罰せられた。しかし、ブラクトンはローマ法の制度に従うほうがよいと考えている。Güterbock, 170; Pollock and Maitland, II, 488. 国家を「政治的身体」として捉える考え方と、自殺を「重罪」（felony）行為として解釈することとの間には、何らかの関連性があると思われるが、この点については未だきらなる解明が必要な状態である。前出註☆一九四（君主と政治的身体に反抗する者は自殺を企てる者である）、また、"Pro patria mori," 491, n. 62 参照。

☆二三〇——もちろん、バルドゥスは、個人的人格（persona personalis）と理念的人格（persona idealis）とを区別している。また、他の法学者たちは、裁判官に二重の人格（duplex persona）を帰している（後出第七章註☆二七五、三九七、四二二を参照）。しかし、これらすべての事例において、有機体的観念は団体理論により背後に押しやられている。Seneca, *Ep.* 85, 35, は、舵手が船客であると同時に船長であるという理由で、舵手の二つの人格について語っている（「舵手は二つの人格を有している」Duas personas habet gubernator）。しかし、この一節は確かに知られていたものの、これを引用したのがかなり後の時代の法学者だけであることも明らかである。Vassalli, "Fisco," 205 ff. 参照。

☆二三一——Gierke, *Gen. R.*, III, 266 ff. また、Post, "Two Laws," 425, n. 35 参照。

☆二三二——Wilkinson, in *Speculum*, XIX (1944), 460, n. 4. 前出註☆一一五参照。

☆二三三——前出註☆二四。

☆二三四——Cf. Post, "Public Law," 45 f.; "Two Laws," 422.

☆二三五——〈status〉の概念については、Post, "Two Laws," 420 ff., n. 8. アリストテレスの『政治

学』に対するトマス・アクイナスの註解が、この論点との関連で考察されねばならない。彼は status を、抽象的な存在形態の意味をもたせずに、記述的なやり方で使用している。たとえば、§§ 393-398, ed., Spiazzi, 139 f. ここでは、〈人民支配の状態〉(status popularis [民主主義])、〈少数者支配の状態〉(status paucorum [寡頭政治])、〈貴族支配の状態〉(status optimatum [貴族政治])が、繰り返し言及されている。また、§ 414, p. 147 参照。この箇所では、(トマスの註解を引き継いだ) オーヴェルニュのギヨームがさまざまな status を〈王国〉(regnum) と同列に置いているが、そこで言及されているのは常に統治形態だけである。換言すれば、status 自体には「善い状態」という意味はなく (〈王国や教会の善き状態〉bonus status regni, ecclesiae 等々)、また、言うまでもなく「諸身分」という意味もなく (諸身分という観念は当時、同様に広範に使われるようになっていったが)、さらに抽象的な国家という意味もなかった。それは統治を、すなわち共同体の〈公的状態〉(status publicus) を意味したのであり、これが後世になって疑いもなく「国家」を意味するようになるのである。

本書は一九九二年三月二六日、平凡社より刊行された。

考古学はどんな学問か　鈴木公雄

物的証拠から過去の行為を復元する考古学は時に歴史的通説をも覆す。犯罪捜査さながらにスリリングな学問の魅力を味わう最高の入門書。（櫻井準也）

戦国の城を歩く　千田嘉博

室町時代の館から戦国の山城へ、そして信長の安土城へ。城跡を歩いて、その形の変化を読み、新しい中世の歴史像に迫る。（小島道裕）

性愛の日本中世　田中貴子

稚児を愛した僧侶、「愛法」を求めて稲荷山にもうでる貴族の姫君。中世の性愛信仰・説話を介して、日本のエロスの歴史を覗く。（川村邦光）

琉球の時代　高良倉吉

いまだ多くの謎に包まれた古琉球王国。成立の秘密や、壮大な交易ルートにより花開いた独特の文化を探り、悲劇と栄光の歴史ドラマに迫る。（与那原恵）

博徒の幕末維新　高橋敏

黒船来航の動乱期、アウトローたちが歴史の表舞台に躍り出てくる。虚実を腑分けし、稗史を歴史の中に位置付けなおした記念碑的労作。（鹿島茂）

増補 文明史のなかの明治憲法　瀧井一博

木戸孝允、大久保利通、伊藤博文、山県有朋らの西洋体験をもとに、立憲国家誕生のドラマを描く。角川財団学芸賞、大佛次郎論壇賞W受賞作の完全版。

朝鮮銀行　多田井喜生

植民地政策のもと設立された朝鮮銀行。その銀行券等の発行により、日本は内地経済破綻を防ぎつつ軍費調達ができた。隠れた実態を描く。（板谷敏彦）

百姓の江戸時代　田中圭一

百姓たちは自らの土地を所有し、織物や酒を生産・販売していた――庶民の活力にみちた前期資本主義社会として、江戸時代を読み直す。（荒木田岳）

近代日本とアジア　坂野潤治

近代日本外交は、脱亜論とアジア主義の対立構図により描かれてきた。そうした理解が虚像であることを精緻な史料読解で暴いた記念碑的論考。（苅部直）

日本大空襲　原田良次

帝都防衛を担った兵士がひそかに綴った日記。各地の空爆被害、斃れゆく戦友への思い、そして国への疑念……空襲の実像を示す第一級資料。（吉田裕）

平賀源内　芳賀徹

物産学、戯作、エレキテル復元など多彩に活躍した平賀源内。豊かなヴィジョンと試行錯誤、そして失意からなる「非常の人」の生涯を描く。（稲賀繁美）

陸軍将校の教育社会史（上）　広田照幸

戦時体制を支えた精神構造は、「滅私奉公」ではなく「活私奉公」だった。第19回サントリー学芸賞を受賞した歴史社会学の金字塔、待望の文庫化！

陸軍将校の教育社会史（下）　広田照幸

陸軍将校とは、いったいいかなる人びとだったのか。前提とされていた「内面化」の図式を覆し、「教育社会史」という研究領域を切り拓いた傑作。

餓死《うえじに》した英霊たち　藤原彰

第二次大戦で死没した日本兵の大半は飢餓や栄養失調によるものだった。彼らのあまりに悲惨な最期を詳述し、その責任を問う告発の書。（一ノ瀬俊也）

城と隠物の戦国誌　藤木久志

村に戦争がくる！　そのとき村人たちはどのような対策をとっていたか。命と財産を守るため知恵を結集した戦国時代のサバイバル術に迫る。（千田嘉博）

裏社会の日本史　フィリップ・ポンス　安永愛訳

中世における賤民から現代社会の経済的弱者まで、また江戸の博徒や義賊から近代以降のやくざまで――フランス知識人が描いた貧困と犯罪の裏日本史。

古代の朱　松田壽男

古代の赤色顔料、丹砂。地名から産地を探ると同時に古代史が浮き彫りにされる。標題論考に、「即身佛の秘密」、自叙伝「学問と私」を併録。

江戸　食の歳時記　松下幸子

季節感のなくなった日本の食卓。今こそ江戸に学んで四季折々の食を楽しみませんか？　江戸料理研究の第一人者による人気連載を初書籍化。（飯野亮一）

古代の鉄と神々　真弓常忠

弥生時代の稲作にはすでに鉄が使われていた！　原型を遺さないその鉄文化の痕跡を神話・祭祀に求め、古代史の謎を解き明かす。（上垣外憲一）

増補　海洋国家日本の戦後史　宮城大蔵

戦後アジアの巨大な変貌の背後には、開発と経済成長という日本の「非政治」的な戦略があった。海域アジアの戦後史に果たした日本の軌跡をたどる。

日本の外交　添谷芳秀

憲法九条と日米安保条約に根差した戦後外交。それがもたらした国家像の決定的な分裂をどう乗り越えるか。戦後史を読みなおし、その実像と展望を示す。

世界史のなかの戦国日本　村井章介

世界史の文脈の中で日本列島を眺めてみるとそこには意外な発見が！　戦国時代の日本はそうとうにグローバルだった！（橋本雄）

増補　中世日本の内と外　村井章介

国家間の争いなんておかまいなし。中世の東アジア人は海を自由に行き交い生計を立てていた。私たちの「内と外」の認識を歴史からたどる。（榎本渉）

武家文化と同朋衆　村井康彦

足利将軍家に仕え、茶や花、香、室礼等を担ったクリエイター集団「同朋衆」。日本らしさの源流を生んだ彼らの実像をはじめて明らかにする。（橋本雄）

古代史おさらい帖　森浩一

考古学・古代史の重鎮が、「土地」「年代」「人」の基本概念を徹底的に再検証。「古代史」をめぐる諸問題の見取り図がわかる名著。

大元帥　昭和天皇　山田朗

昭和天皇は、豊富な軍事知識と非凡な戦略・戦術眼の持ち主でもあった。軍事を統帥する大元帥としての積極的な戦争指導の実像を描く。（茶谷誠一）

江戸の坂　東京の坂（全）　横関英一

東京の坂道とその名前からは、江戸の暮らしや庶民の心が透かし見える。東京中の坂を渉猟し、元祖「坂道」本と謳われた幻の名著。（鈴木博之）

つくられた卑弥呼　義江明子

邪馬台国の卑弥呼は「神秘的な巫女」だった？ 明治以降に創られたイメージを覆し、古代の女性支配者たちを政治的実権を持つ王として位置づけなおす。

北一輝　渡辺京二

明治天皇制国家を批判し、のち二・二六事件に連座して刑死した日本最大の政治思想家北一輝の生涯。第33回毎日出版文化賞受賞の名著。（臼井隆一郎）

中世を旅する人びと　阿部謹也

西洋中世の庶民の社会史。旅籠が客に課す厳格なルールや、遍歴職人必須の身分証明のための暗号など、興味深い史実を紹介。（平野啓一郎）

中世の星の下で　阿部謹也

中世ヨーロッパの庶民の暮らしを具体的、克明に描き、その歓びと涙、人と人との絆、深層意識を解き明かした中世史研究の傑作。（網野善彦）

中世の窓から　阿部謹也

中世ヨーロッパに生じた産業革命にも比する大転換——。名もなき人びとの暮らしを丹念に辿り、その全体像を描き出す。大佛次郎賞受賞。（樺山紘一）

1492 西欧文明の世界支配　ジャック・アタリ　斎藤広信訳

1492年コロンブスが新大陸を発見したことで、アメリカをはじめ中国・イスラム等の独自文明は抹殺された。現代世界の来歴を解き明かす一冊。

憲法で読むアメリカ史（全）　阿川尚之

建国から南北戦争、大恐慌と二度の大戦をへて現代まで。アメリカの歴史は常に憲法を通じ形づくられてきた。この国の底力の源泉へと迫る壮大な通史！

専制国家史論　足立啓二

封建的な共同団体性を欠いた専制国家・中国。歴史的にこの国はいかなる展開を遂げてきたのか。中国の特質と世界の行方を縦横に考察した比類なき論考。

暗殺者教国　岩村忍

政治外交手段として暗殺をくり返したニザリ・イスマイリ教国。広大な領土を支配したこの国の奇怪な活動を支えた教義とは？（鈴木規夫）

増補 魔女と聖女 池上俊一

魔女狩りの嵐が吹き荒れた中近世、美徳と超自然的力により崇められる聖女も急増する。女性嫌悪と礼賛の熱狂へ人々を駆りたてたものの正体に迫る。

ムッソリーニ ロマノ・ヴルピッタ

統一国家となって以来、イタリア人が経験した激動の歴史。その象徴ともいうべき指導者の実像とは。既成のイメージを刷新する画期的ムッソリーニ伝。

資本主義と奴隷制 エリック・ウィリアムズ 中山毅訳

産業革命は勤勉と禁欲と合理主義の精神などではなく、黒人奴隷の血と汗がもたらしたことを告発した歴史的名著。待望の文庫化。（川北稔）

文天祥 梅原郁

モンゴル軍の入寇に対し敢然と挙兵した文天祥。宋王朝に忠義を捧げ、刑場に果てた生涯を、宋代史研究の泰斗が厚い実証とともに活写する。（小島毅）

歴史学の擁護 リチャード・J・エヴァンズ 今関恒夫／林以知郎／與田純訳

ポストモダニズムにより歴史学はその基盤を揺るがされた。学問を擁護すべく著者は問題を再考し、論議を投げかける。原著新版の長いあとがきも訳出。

増補 中国「反日」の源流 岡本隆司

「愛国」が「反日」と結びつく中国。この心情は何に由来するのか。近代史の大家が20世紀の日中関係を解き、中国の論理を描き切る。（五百旗頭薫）

世界システム論講義 川北稔

近代の世界史を有機的な展開過程として捉える見方、それが〈世界システム論〉にほかならない。第一人者が豊富なトピックとともにこの理論を解説する。

インド文化入門 辛島昇

異なる宗教・言語・文化が多様なまま統一された稀有な国インド。なぜ多様性は排除されなかったのか。共存の思想をインドの歴史に学ぶ。（竹中千春）

ブルゴーニュ公国の大公たち ジョゼフ・カルメット 田辺保訳

中世末期、ヨーロッパにおいて燦然たる文化的達成を遂げたブルゴーニュ公国。大公四人の生涯と事績を史料の博捜とともに描出した名著。（池上俊一）

新版 魔女狩りの社会史
ノーマン・コーン
山本通訳

「魔女の社会」は実在したのだろうか？ 資料を精確に読み解き、「魔女」にまつわる言説がどのように形成されたのかを明らかにする。（黒川正剛）

増補 大衆宣伝の神話
佐藤卓己

祝祭、漫画、シンボル、デモなど政治の視覚化は大衆の感情をどのように動員したか。ヒトラーが学んだプロパガンダを読み解く「メディア史」の出発点。

ユダヤ人の起源
シュロモー・サンド
高橋武智監訳
佐々木康之／木村高子訳

〈ユダヤ人〉はいかなる経緯をもって成立したのか。歴史記述の精緻な検証によって実像に迫り、そのアイデンティティを根本から問う画期的試論。

中国史談集
澤田瑞穂

皇帝、彫青、男色、刑罰、宗教結社など中国裏面史を彩った人物や事件を中国文学の碩学が独自の視点で解き明かす。怪力乱「神」をあえて語る！（堀誠）

ヨーロッパとイスラーム世界
R・W・サザン
鈴木利章訳

〈無知〉から〈洞察〉へ。キリスト教文明とイスラーム文明との関係を西洋中世にまで遡って考察し、読者に歴史的見通しを与える名講義。（山本芳久）

消費社会の誕生
ジョオン・サースク
三好洋子訳

グローバル経済は近世イギリスの新規起業が生み出した！ 産業が多様化し雇用と消費が拡大する産業革命前夜を活写した名著を文庫化。（山本浩司）

図説 探検地図の歴史
R・A・スケルトン
増田義郎／信岡奈生訳

世界はいかに〈発見〉されていったか。人類の知が全地球を覆っていく地理的発見の歴史を、時代ごとの地図に沿って描き出す。貴重図版二〇〇点以上。

レストランの誕生
レベッカ・L・スパング
小林正巳訳

革命期、突如パリに現れたレストラン。なぜ生まれ、なぜ人気のスポットとなったのか？ その秘密を膨大な史料から複合的に描き出す。（関口涼子）

ブラッドランド（上）
ティモシー・スナイダー
布施由紀子訳

ウクライナ、ポーランド、ベラルーシ、バルト三国。西側諸国とロシアに挟まれた地で起こった未曾有の惨劇。知られざる歴史を暴く世界的ベストセラー。

ブラッドランド(下)　ティモシー・スナイダー　布施由紀子訳

民間人死者一四〇〇万。その事実は冷戦下で隠蔽され、さらなる悲劇をもたらした——。圧倒的讃辞を集めた大著、新版あとがきを付して待望の文庫化。

奴隷制の歴史　ブレンダ・E・スティーヴンソン　所康弘訳

全世界に満遍なく存在する奴隷制。その制度のもっとも嫌悪すべき頂点となったアメリカ合衆国の奴隷制を中心に、非人間的な狂気の歴史を綴る。

同時代史　タキトゥス　國原吉之助訳

古代ローマの暴帝ネロ自殺のあと内乱が勃発。絡みあう人間ドラマ、陰謀、凄まじい政争を、臨場感あふれる鮮やかな描写で展開した大古典。(本村凌二)

明の太祖 朱元璋　檀上寛

貧農から皇帝に上り詰め、巨大な専制国家の樹立に成功した朱元璋。十四世紀の中国の社会状況を読み解きながら、元璋を皇帝に導いたカギを探る。

ハプスブルク帝国1809-1918　A・J・P・テイラー　倉田稔訳

ヨーロッパ最大の覇権を握るハプスブルク帝国。その19世紀初頭から解体までを追う。多民族を抱えつつ外交問題に苦悩した巨大国家の足跡。(大津留厚)

歴史(上)　トゥキュディデス　小西晴雄訳

野望、虚栄、裏切り——古代ギリシアを殺戮の嵐に陥れたペロポネソス戦争とは何だったのか。その全貌を克明に記した、人類最古の本格的「歴史書」。

歴史(下)　トゥキュディデス　小西晴雄訳

多くの「力」のせめぎあいを通して、どのように諸々の政治制度が確立されてきたのか？ 透徹した眼差しで激動の古代ギリシア世界を描いた名著。

日本陸軍と中国　戸部良一

中国スペシャリストとして活躍し、日中提携を夢見た男たち。なぜ彼らが、泥沼の戦争へと日本を導くことになったのか。真相を追う。(五百旗頭真)

世界をつくった貿易商人　フランチェスカ・トリヴェッラート　玉木俊明訳

東西インド会社に先立ち新世界に砂糖をもたらし西欧にインドの捺染技術を伝えたディアスポラの民。その商業組織の全貌に迫る。文庫オリジナル。

カニバリズム論　中野美代子

根源的タブーの人肉嗜食や纏足、宦官……。目を背けたくなるものを冷静に論ずることで逆説的に人間の真実に迫る血の滴る異色の人間史。（山田仁史）

インド大反乱一八五七年　長崎暢子

東インド会社の傭兵シパーヒーの蜂起からインド各地へ広がった大反乱。民族独立運動の出発点ともいえるこの反乱は何が支えていたのか。（井坂理穂）

帝国の陰謀　蓮實重彦

一組の義兄弟による陰謀から生まれたフランス第二帝政。「私生児」の義弟が遺した二つのテクストを読解し、近代的現象の本質に迫る。（入江哲朗）

増補　モスクが語るイスラム史　羽田正

モスクの変容——そこには宗教、政治、経済、美術、人々の生活をはじめ、イスラム世界の全歴史が刻み込まれている。その軌跡を色鮮やかに描き出す。

交易の世界史（上）　ウィリアム・バーンスタイン　鬼澤忍 訳

絹、スパイス、砂糖……。新奇なもの、希少なものへの欲望が世界を動かし、文明の興亡を左右してきた。数千年にもわたる交易の歴史を一望する試み。

交易の世界史（下）　ウィリアム・バーンスタイン　鬼澤忍 訳

交易は人類そのものを映し出す鏡である。圧倒的な繁栄をもたらし、同時に数多の軋轢と衝突を引き起こしてきたその歴史を圧巻のスケールで描き出す。

フランス革命の政治文化　リン・ハント　松浦義弘 訳

フランス革命固有の成果は、レトリックやシンボルによる政治言語と文化の創造であった。政治文化とそれを生み出した人々の社会的出自を考察する。

戦争の起源　アーサー・フェリル　鈴木主税／石原正毅 訳

人類誕生とともに戦争は始まった。先史時代からアレクサンドロス大王までの壮大なるその歴史をダイナミックに描く。地図・図版多数。（森谷公俊）

近代ヨーロッパ史　福井憲彦

ヨーロッパの近代は、その後の世界を決定づけた。現代をさまざまな面で規定しているヨーロッパ近代の歴史と意味を、平明かつ総合的に考える。

イタリア・ルネサンスの文化（上）　ヤーコプ・ブルクハルト　新井靖一訳

中央集権化がすすみ緻密に構成されていく国家あってこそ、イタリア・ルネサンスは可能となった。ブルクハルト若き日の着想に発した畢生の大著。

イタリア・ルネサンスの文化（下）　ヤーコプ・ブルクハルト　新井靖一訳

緊張の続く国家間情勢の下にあって、類稀な文化と個性的な人物達は生みだされた。近代的な社会に向かう時代の、人間の生活文化様式を描ききる。

増補 普通の人びと　クリストファー・R・ブラウニング　谷喬夫訳

ごく平凡な市民が無抵抗なユダヤ人を並べ立たせ、ひたすら銃殺する——なぜ彼らは八万人もの大虐殺に荷担したのか。その実態と心理に迫る戦慄の書。

叙任権闘争　オーギュスタン・フリシュ　野口洋二訳

十一世紀から十二世紀にかけ、西欧では聖職者の任命をめぐり教俗両権の間に巨大な争いが起きた。この出来事を広い視野から捉えた中世史の基本文献。

ナチズムの美学　ソール・フリードレンダー　田中正人訳

ナチズムに民衆を魅惑させた、意外なものの正体は何か。ホロコースト史研究の権威が第二次世界大戦後の映画・小説等を分析しつつ迫る。（竹峰義和）

大航海時代　ボイス・ペンローズ　荒尾克己訳

人類がはじめて世界の全体像を識っていく大航海時代。その二百年の膨大な史料を、一般読者むけに俯瞰図としてまとめ上げた決定版通史。（伊高浩昭）

衣服のアルケオロジー　フィリップ・ペロー　大矢タカヤス訳

下着から外套、帽子から靴まで。19世紀ブルジョワジーを中心に、あらゆる衣類が記号として機能してきた実態を、体系的に描くモードの歴史社会学。

20世紀の歴史（上）　エリック・ホブズボーム　大井由紀訳

第一次世界大戦の勃発が20世紀の始まりとなった。この「短い世紀」の諸相を英国を代表する歴史家が渾身の力で描く。全二巻、文庫オリジナル新訳。

20世紀の歴史（下）　エリック・ホブズボーム　大井由紀訳

一九七〇年代を過ぎ、世界に再び危機が訪れる。不確実性がいやますなか、ソ連崩壊が20世紀の終焉を印した。歴史家の考察は我々に何を伝えるのか。

アラブが見た十字軍　アミン・マアルーフ　牟田口義郎／新川雅子訳

十字軍とはアラブにとって何だったのか？ 豊富な史料を渉猟し、激動の12、13世紀をあざやかに、しかも手際よくまとめた反十字軍史。

バクトリア王国の興亡　前田耕作

ゾロアスター教が生まれ、のちにヘレニズムが開花したバクトリア。様々な民族・宗教が交わるこの地に栄えた王国の歴史を描く唯一無二の概説書。

ディスコルシ　ニッコロ・マキァヴェッリ　永井三明訳

ローマ帝国はなぜあれほどまでに繁栄しえたのか。その鍵は〝ヴィルトゥ〟。パワー・ポリティクスの教祖が、したたかに歴史を解読する。

戦争の技術　ニッコロ・マキァヴェッリ　服部文彦訳

出版されるや否や各国語に翻訳された最強にして安全な軍隊の作り方。この理念により創設された新生フィレンツェ軍は一五〇九年、ピサを奪回する。

マクニール世界史講義　ウィリアム・H・マクニール　北川知子訳

ベストセラー『世界史』の著者が人類の歴史を読み解くための三つの視点を易しく語る白熱の入門講義。本物の歴史感覚を学べます。文庫オリジナル。

古代ローマ旅行ガイド　フィリップ・マティザック　安原和見訳

タイムスリップして古代ローマを訪れるなら？ そんな想定で作られた前代未聞のトラベル・ガイド。必見の名所・娯楽ほか情報満載。カラー頁多数。

古代アテネ旅行ガイド　フィリップ・マティザック　安原和見訳

古代ギリシャに旅行できるなら何を観て何を食べる？ そうだソクラテスにも会ってみよう！ 神殿等の名所・娯楽ほか現地情報満載。カラー図版多数。

古代ローマ帝国軍 非公式マニュアル　フィリップ・マティザック　安原和見訳

帝国は諸君を必要としている！ ローマ軍兵士として必要な武器、戦闘訓練、敵の攻略法等々、超実践的な詳細ガイド。血沸き肉躍るカラー図版多数。

世界市場の形成　松井透

世界システム論のウォーラーステイン、グローバルヒストリーのポメランツに先んじて、各世界が接続される過程を描いた歴史的名著を文庫化。（秋田茂）

甘さと権力
シドニー・W・ミンツ
川北稔／和田光弘訳
砂糖は産業革命の原動力となり、その甘さは人々のアイデンティティや社会構造をも変えていった。モノから見る世界史の名著をついに文庫化。（川北稔）

スパイス戦争
ジャイルズ・ミルトン
松浦伶訳
大航海時代のインドネシア、バンダ諸島。欧州では黄金より高価な香辛料ナツメグを巡り、英・蘭の男たちが血みどろの戦いを繰り広げる。（松園伸）

メディアの生成
水越伸
無線コミュニケーションから、ラジオが登場する二〇世紀前半。その地殻変動はいかなるもので何を生みだしたかを捉え直す、メディア史の古典。

オリンピア
村川堅太郎
古代ギリシア世界最大の競技祭とはいかなるものであったのか。遺跡の概要から競技精神の盛衰まで、綿密な考証と卓抜な筆致で迫った名著。（橋場弦）

古代地中海世界の歴史
本村凌二
中村るい
メソポタミア、エジプト、ギリシア、ローマ——古代に花開き、密接な交流や抗争をくり広げた文明を一望に見渡し、歴史の躍動を大きくつかむ！

大衆の国民化
ジョージ・L・モッセ
佐藤卓己／佐藤八寿子訳
ナチズムを国民主義の極致ととらえ、フランス革命以降の国民主義の展開を大衆的儀礼やシンボルから考察した、ファシズム研究の橋頭堡。（板橋拓己）

英霊
ジョージ・L・モッセ
宮武実知子訳
第一次大戦の大量死を人々はいかに超克したか。仲間意識・男らしさの称揚、英霊祭祀等が「戦争体験の神話」を構築する様を緻密に描く。（今井宏昌）

ヴァンデ戦争
森山軍治郎
仏革命政府へのヴァンデ地方の民衆蜂起は、大量殺戮をもって弾圧された。彼らは何を目的に行動したか。凄惨な内戦の実態を克明に描く。（福井憲彦）

増補 十字軍の思想
山内進
欧米社会にいまなお色濃く影を落とす「十字軍」の思想。人々を聖なる戦争へと駆り立てるものとは？その歴史を辿り、キリスト教世界の深層に迫る。

ちくま学芸文庫

王《おう》の二《ふた》つの身体《しんたい》　上

二〇〇三年五月七日　第一刷発行
二〇二四年三月五日　第五刷発行

著者　E・H・カントーロヴィチ
訳者　小林　公（こばやし・いさお）
発行者　喜入冬子
発行所　株式会社　筑摩書房
東京都台東区蔵前二―五―三　〒一一一―八七五五
電話番号　〇三―五六八七―二六〇一（代表）
装幀者　安野光雅
印刷所　中央精版印刷株式会社
製本所　中央精版印刷株式会社

ISBN978-4-480-08764-5　C0122